L'intervention des tierces parties dans le règlement des différends à l'OMC

Ngoc Ha NGUYEN

L'INTERVENTION DES TIERCES PARTIES DANS LE RÈGLEMENT DES DIFFÉRENDS À L'OMC

Préface de Marie-Pierre LANFRANCHI

L'Harmattan

5-7, rue de l'École-Polytechnique, 75005 Paris

http://www.harmattan.fr
diffusion.harmattan@wanadoo.fr

ISBN : 978-2-343-10483-6
EAN : 9782343104836

Cet ouvrage est issu d'une thèse de doctorat, soutenue en juillet 2015 à Aix-Marseille Université, pour l'obtention du grade de docteur en droit public. Le jury était composé de :

***Nicolas ANGELET** : Professeur à la Faculté de droit, Université libre de Bruxelles, Rapporteur ;*

***Jean-Christophe MARTIN** : Professeur à la Faculté de droit, Université de Nice Sophia Antipolis, Rapporteur ;*

***Marie-Pierre LANFRANCHI** : Professeure à la Faculté des affaires internationales, Université du Havre, Directrice de thèse ;*

***Habib GHERARI** : Professeur à la Faculté de droit et de science politique, Aix-Marseille Université, Suffragant ;*

***Yann KERBRAT** : Professeur à l'École de droit de la Sorbonne, Université de Paris 1, Panthéon Sorbonne, Suffragant.*

REMERCIEMENTS

Je tiens particulièrement à remercier Madame le Professeur Marie-Pierre LANFRANCHI qui a bien voulu accepter de me diriger dans ce travail et dont le soutien constant, les conseils avisés, les remarques pertinentes et la relecture minutieuse durant toutes ces dernières années m'ont été précieux. Sans sa volonté et sa disponibilité, ce travail n'aurait jamais vu le jour. Puisse-t-elle trouver dans ces lignes l'expression de ma sincère gratitude et de mon profond respect.

Je voudrais également présenter les meilleurs remerciements aux membres du jury, qui m'ont fait l'honneur de prendre de leur temps pour évaluer mon travail et être présents à ma soutenance.

Mes remerciements s'adressent à Nadia et Madame Van Dung NGUYEN, ma belle-mère, pour leur intense effort de relecture et pour leur immense encouragement. Sans elles, le travail de thèse aurait été beaucoup plus long et difficile.

Je profite de cette occasion pour exprimer ma gratitude la plus sincère à Madame le Professeur Thi Mo NGUYEN, à l'École supérieure du commerce extérieur de Hanoï, qui m'a toujours encouragé dans cette recherche. Mes remerciements sont également adressés aux professeurs d'Aix-Marseille Université et notamment à toute l'équipe du CERIC pour leur disponibilité de répondre à temps aux multiples questions logistiques relatives à la thèse.

Merci encore à mes amis, mes collègues à l'École supérieure de commerce extérieur de Hanoï (au Vietnam) et au CERIC, lesquels m'ont encouragé durant la réalisation de cette recherche.

Enfin, à ma femme et mon petit bébé, qui m'accompagnent depuis toujours et sont là pour partager la joie ainsi que les difficultés multiples rencontrées tout au long de ces dernières années.

SOMMAIRE

LISTE DES SIGLES ET DES ABRÉVIATIONS

1. SIGLES

Accord OTC	:	Accord sur les obstacles techniques au commerce
Accord P4	:	Accord des partenaires économiques stratégiques transpacifiques entre Singapour, le Brunei, la Nouvelle-Zélande et le Chili
Accord SMC	:	Accord sur les subventions et mesures compensatoires
Accord SPS	:	Accord sur l'application des mesures sanitaires et phytosanitaires
Accord sur les ADPIC	:	Accord sur les aspects des droits de propriété intellectuelle qui touchent au commerce
AELE	:	Association européenne de libre-échange
AGCS	:	Accord général sur le commerce des services
ALÉNA	:	Accord de libre-échange nord-américain
ASEAN	:	Association des pays de l'Asie du Sud-Est
CCLO	:	Centre consultatif sur la législation de l'OMC
CE	:	Communauté(s) européenne(s)
CEDEAO	:	Communauté économique des États de l'Afrique de l'Ouest
CEDH	:	Cour européenne des droits de l'homme
CEMAC	:	Communauté économique et monétaire de l'Afrique centrale
CIJ	:	Cour internationale de Justice
CJUE	:	Cour de Justice de l'Union européenne
COMESA	:	*Common Market for Eastern and Southern Africa* (Marché commun de l'Afrique orientale et australe)
Convention EDH	:	Convention européenne des droits de l'homme
CPJI	:	Cour permanente de Justice internationale
ECCIS	:	*Economic Court of Commonwealth of Independent States* (Cour économique de la Communauté des États indépendants)

GATT	:	Accord général sur les tarifs douaniers et le commerce
NPF	:	Nation la plus favorisée
OMC	:	Organisation mondiale du commerce
ONG	:	Organisation non gouvernementale
ONU	:	Organisation des Nations Unies
ORD	:	Organe de règlement des différends de l'OMC
Pays ACP	:	Pays d'Afrique, Caraïbes et Pacifique
SADC	:	*Southern Africain Development Community* (Communauté de développement de l'Afrique australe)
SRD	:	Système de règlement des différends de l'OMC
UE	:	Union européenne
WTO	:	*World Trade Organization*
TIDM	:	Tribunal international du droit de la mer

2. ABRÉVIATIONS

c.	:	contre
coll.	:	collection
dir.	:	sous la direction de
edt.	:	éditeur pour les ouvrages en langue anglaise
et al.	:	et autre(s)
ibid.	:	même référence
infra	:	en dessous
op. cit.	:	même ouvrage
p., pp.,	:	page, pages
para.	:	paragraphe(s)
s.	:	et suivant
supra	:	en dessus

PRÉFACE

À l'instar des pratiques à l'œuvre devant les juridictions nationales, les procédures d'intervention se sont développées et généralisées dans la sphère internationale. Aussi la question du tiers à l'instance devant les juridictions internationales constitue-t-elle un sujet d'étude et de réflexion désormais classique en droit du contentieux international. Que l'on songe, par exemple, aux travaux de l'UMR de droit comparé et du CERDIN de l'Université de Paris I pour la décennie écoulée (2005) ou bien encore au très beau cours du professeur Santiago Torres Bernárdez à l'Académie de droit international de la Haye (2005 toujours), pour s'en tenir à des publications en langue française. Rares sont toutefois les analyses, récentes et d'ampleur, centrées sur le cas spécifique du système de règlement des différends de l'Organisation mondiale du commerce (OMC).

Voici donc une première raison de se réjouir de l'ouvrage de Monsieur Ngoc Ha NGUYEN.

Il y en a d'autres.

Si le blocage des négociations entamées à Doha en 2011 et la montée concomitante du régionalisme commercial témoignent d'une OMC en crise, encore ces phénomènes de blocage et de contournement n'affectent-ils guère son système de règlement des différends, du moins pas dans les mêmes termes. Si la menace d'asphyxie des procédures de règlement des différends renvoie aujourd'hui à une réalité certaine, cela est largement dû à une attractivité forte et non démentie d'un mécanisme de règlement des différends victime en somme de son succès. Plus de 500 demandes de consultations ont ainsi été enregistrées depuis le 1er janvier 1995, portant sur des différends de plus en plus complexes. C'est dire l'intérêt d'une étude portant sur un système si important dans le jeu des relations commerciales internationales.

Au regard de l'angle retenu - l'intervention des tierces parties - cet intérêt se trouve renforcé par une pratique ici particulièrement abondante et, de ce fait, semble-t-il atypique dans le contentieux international interétatique. Sans doute, le contexte, et donc les raisons d'être, de cette abondante pratique ne relèvent guère du mystère. L'interdépendance caractérisant le commerce international, le croisement des questions commerciales et des enjeux sociétaux aussi emblématiques et sensibles que sont la santé, l'environnement ou les droits l'homme, le caractère obligatoire du système de règlement des différends qui, contrairement à la Cour internationale de Justice (CIJ), assure à l'OMC que ses Membres n'hésiteront pas à enclencher les procédures en raison des possibilités d'intervention : autant de facteurs mis en évidence par la doctrine depuis longtemps et qui expliquent les larges possibilités d'intervention reconnues dans le Mémorandum d'accord sur le règlement des différends et confirmées par la pratique libérale de l'OMC. Mais au-delà de ce contexte, que l'ouvrage de Monsieur NGUYEN rappelle et explicite avec talent, l'intérêt de cette publication est alors d'avoir su explorer, avec subtilité, rigueur, et un grand sens pédagogique, cette pratique désormais colossale.

La synthèse livrée au lecteur permet de mesurer d'abord les spécificités de l'intervention dans les procédures à l'OMC. De ce point de vue, l'ouvrage décline on ne peut mieux le constat qu'exprime en ces termes Santiago Torres Bernárdez : « Au-delà de la notion générale et de la raison d'être de l'intervention en tant qu'institution du droit de la procédure, et du fait qu'elle atteint un degré d'universalité notable du point de vue de sa consécration par les différents systèmes juridiques, l'intervention est un moyen qui n'est pas taillé sur un modèle unique. Il existe toute une diversité de formes d'intervention possibles ». L'ouvrage de Monsieur Ngoc Ha NGUYEN vient magnifiquement éclairer cette réalité ductile, par le jeu, notamment, de la comparaison avec la pratique de la CIJ.

Au-delà, l'ouvrage interroge ensuite les incidences de l'intervention, positives ou discutables, donc placées, selon le point de vue de l'auteur, dans le registre de l'ambivalence. L'un des grands mérites de cet ouvrage, non le moindre, est d'illustrer remarquablement que les mécanismes de règlement des différends de l'OMC n'échappent pas à cette logique commune à l'ensemble des juridictions, qu'elles soient nationales ou internationales , que le Juge Jean-Claude Bonichot exprimait en ces termes : « chaque juridiction… est amenée à développer des raisonnements qui lui sont propres et qui correspondent à la fois au rôle qu'elle est appelée à jouer et au contexte juridique et social dans lequel elle se trouve » (*Le tiers à l'instance devant les juridictions internationales,* Paris, A. Pedone, 2005). L'ouvrage de Monsieur NGUYEN permet alors de vérifier et mesurer une fois encore cette réalité et, refermant le livre, le lecteur a alors le sentiment, si ce n'est la conviction, d'avoir exploré lui-même l'ensemble des facettes de ce riche sujet.

Marie-Pierre LANFRANCHI

Professeure de droit public à la Faculté de droit et science politique d'Aix-Marseille Université

Directrice-adjointe du CERIC (Centre d'études et de recherches internationales et communautaires), UMR DICE n° 7301

INTRODUCTION GÉNÉRALE

« On ne se baigne jamais deux fois dans le même fleuve »

– Héraclite –

1.- L'image à caractère philosophique d'un fleuve coulant dont les eaux se renouvellent toujours et transportent avec leurs mouvements tout ce qu'elles ont dissous ou arraché des territoires traversés[1] correspond parfaitement à celui du système de règlement des différends de l'Organisation mondiale du commerce (ci-après, l'OMC) et à celui du régime juridique régissant l'intervention des tierces parties Membres dans ce système.

2.- Il faut noter tout d'abord qu'à l'origine présente dans la procédure interne[2], l'intervention de tierces parties se répand progressivement dans le droit du contentieux international[3]. Toutefois, l'incorporation des règles régissant l'intervention dans la procédure de règlement des différends internationaux n'était pas immédiate. Comme un auteur a pu le dire de manière convaincante :

> « L'intervention des tiers au procès n'est pas une institution que l'on rencontrera donc facilement dans les systèmes primitifs de règlement des litiges. Sa reconnaissance et son développement présupposent des modes de règlement traduisant des sensibilités relativement avancées. Ainsi dans l'évolution historique des systèmes de règlement relevant du

---

[1] VILLENEUVE C. & BACK F., *Le Fleuve aux Grandes Eaux*, Québec/Amérique, 1995, p. 16.

[2] Sur ce sujet, voir notamment : HABSCHEID W. J., « Les conditions de l'intervention volontaire dans un procès civil. Étude de théorie générale de la procédure et de droit comparé en vue de l'interprétation de l'article 62 du Statut de la Cour internationale de Justice », *in* CIJ Mémoires, *Plateau continental (Tunisie/Jamahiriya arabe libyenne)*, vol. III, pp. 459-484 ; SAINT-HILAIRE P. D., *Le tiers à l'acte juridique*, Bibliothèque de droit privé, tome 333, Paris, L.G.D.J, 2000, 571 p. ; JUR-VILLIERS-ZUCCARO E., *Le tiers en droit administratif*, thèse, Université de Nancy 2, 2010, 602 p.

[3] SANTULLI C., *Droit du contentieux international*, Paris, Montchrestien, 2005, pp. 299 ; RUIZ FABRI H. & SOREL J.-M. (dir.), *Le tiers à l'instance devant les juridictions internationales*, Coll. Contentieux international, Paris, A. Pedone, 2005, 266 p. ; GIORGETTI C. (edt.), *The Rules, Practice, and Jurisprudence of International Courts and Tribunals*, Leiden/Boston, Martinus Nijhoff Publishers, 2012, pp. 44-46, 118-119, 333, 559-560.

droit international, l'on rencontre d'abord les parties au litige qui s'opposent face à face, puis les parties et un tiers neutre dépourvu de pouvoirs arbitraux ou judiciaires, puis encore les parties et un arbitre et, finalement, les parties et le juge. Eh bien ! Il a fallu attendre que l'on établisse des cadres préconstitués ou des tribunaux permanents pour aboutir à des procédures internationales admettant la participation à l'instance non seulement des parties et du juge (ou arbitre) mais encore d'un intervenant »[4].

3.- Tel est le cas de l'intervention dans le règlement des différends à l'OMC. Le régime juridique de l'intervention n'est pas tout de suite apparu dans les articles XXII et XXIII de l'Accord général sur les tarifs douaniers et le commerce de 1947 (ci-après, le GATT de 1947) qui ont trait au règlement des différends. Il s'est développé au fil du temps, dès lors que l'on trouvait nécessaire de défendre de l'intérêt des tierces parties contractantes qui pourrait être remis en cause par le règlement des litiges entre les parties principales. Néanmoins, avant d'approfondir nos analyses sur l'évolution de ce régime, il faut noter que cette évolution s'inscrit dans le cadre plus général de l'évolution du système de règlement des différends de l'OMC (ci-après, le SRD).

L'évolution du SRD

4.- Le SRD trouve son fondement dans Mémorandum d'accord sur les règles et procédures régissant le règlement des différends (ci-après, le Mémorandum d'accord), annexé et faisant partie intégrante de l'Accord instituant l'Organisation mondiale du commerce[5], lequel a hérité et modifié les règles adoptées en la matière à l'époque du GATT de 1947. Aujourd'hui, ce mécanisme fait encore l'objet de négociations dans le cadre du cycle de Doha[6] ; celles-ci visent à apporter les

---

[4] TORRES BERNARDEZ S., « L'intervention dans la procédure de la Cour internationale de Justice », *in* Académie de droit international, *Recueil des cours,* tome 256, Martinus Nijhoff Publishers, 1995, p. 223.

[5] Cet accord est le fruit d'un cycle des négociations commerciales menées dans le cadre du GATT de 1947, durant huit ans (1986-1994), intitulé « Cycle d'Uruguay ». Il comprend un corps de 16 articles visant à créer une nouvelle organisation internationale gérant le commerce multilatéral, appelée « l'Organisation mondiale du commerce », et de quatre annexes qui sont les accords multilatéraux et plurilatéraux régissant différents secteurs du commerce international. Le Mémorandum d'accord est son annexe II. Voir l'ensemble de ces instruments dans : OMC, *Résultats des négociations commerciales multilatérales du cycle d'Uruguay : textes juridiques,* GATT, Genève, 1994, 591 p. Ils sont également disponibles sur le site officiel de l'OMC à l'adresse : http://www.wto.org/french/docs_f/legal_f/legal_f.htm (url consultée le 10 septembre 2013).

[6] La Déclaration ministérielle de Doha de 2001 a précisé en son paragraphe 30 que : « Nous convenons de négociations sur les améliorations et clarifications à apporter au Mémorandum d'accord sur le règlement des différends. Les négociations devraient être fondées sur les travaux effectués jusqu'ici ainsi que sur toutes propositions additionnelles des Membres, et viser à convenir d'améliorations et de clarifications au plus tard en mai 2003, date à laquelle nous prendrons des mesures pour faire en sorte que les résultats entrent en vigueur ensuite dès que possible ». Bien que

changements appropriés à la situation actuelle des différends commerciaux, répondant ainsi à la demande et l'attente des Membres. Comme F. Voeffray l'a affirmé, le SRD « donne l'image d'un mécanisme en évolution », parce qu' « il est sorti d'un schéma traditionnel purement bilatéral et axé sur la protection de droits et obligations réciproques, mais n'a pas (...) achevé sa mutation en un système de défense de la légalité protégeant pleinement les intérêts de tous les Membres »[7].

5.- Force est, cependant, de constater que le mécanisme actuel de règlement des différends a connu un succès non négligeable. Il est considéré comme « l'une des modifications les plus significatives et novatrices »[8] apportées au système commercial multilatéral moderne par rapport au mécanisme du GATT de 1947[9]. Ce succès peut être justifié sous différents angles.

---

la première échéance (mai 2003) ait été passée, l'inachèvement de ce cycle ne permet pas encore, jusqu'à maintenant, de lui apporter des modifications finales. Voir : ORD – Session extraordinaire, *Rapport du Président, M. l'Ambassadeur Ronald Saborío Soto, au Comité des négociations commerciales,* TN/DS/25, le 21 avril 2011 ; ORD – Session extraordinaire, *Rapport du Président, M. l'Ambassadeur Ronald Saborío Soto,* TN/DS/26, le 30 janvier 2015 ; ORD – Session extraordinaire, *Rapport du Président, M. l'Ambassadeur Ronald Saborío Soto,* TN/DS/27, le 6 août 2015 ; et ORD – Session extraordinaire, *Rapport du Président, M. l'Ambassadeur Ronald Saborío Soto,* TN/DS/28, le 4 décembre 2015.

[7] VOEFFRAY F., *L'action popularis ou la défense de l'intérêt collectif devant les juridictions internationales,* Paris, Presses universitaires de France, 2004, p. 190.

[8] CANAL-FORGUES E., *Le règlement des différends à l'OMC,* 3e édition, Bruxelles, Bruylant, 2008, p. 5. De même idée, voir également : FOOTER M. E., « Some Aspects of Third Intervention in GATT/WTO Dispute Settlement Proceedings », *in* PETERSMANN E.-U. (edt.), *International Trade Law and the GATT/WTO Dispute Settlement System,* London, Kluwer Law International, 1997, p. 211-244.

[9] Pour avoir une vue globale sur le mécanisme dans son ensemble et sur le fonctionnement, voir notamment: CANAL-FORGUES E., *op.cit.*, note 8, 218 p. ; BOSSCHE P. V. D., *The Law and Policy of the World Trade Organization, Text, Cases and Materials*, 2nd edition, Cambridge, Cambridge University Press, 2008, pp. 168-315 ; CARREAU D. & JUILLARD P., *Droit international économique,* 4e édition, Paris, Dalloz, 2010, pp. 86-109 ; CHAISSE J. & BALMELLI T. (edt.), *Essays on the Future of the World Trade Organization, Volume II : The WTO Judicial System : Contributions and Challenges,* Genève, Éditions interuniversitaires suisses, 2008, 350 p. ; CÔTÉ C.-E., *La participation des personnes privées au règlement des différends internationaux économiques : l'élargissement du droit de porter plainte à l'OMC,* Bruxelles, Bruylant et Éditions Yvons Blais, 2007, 635 p. ; GEORGIEV D., & DER BORGHT K. v. d., *Reform and Development of the WTO Dispute Settlement System,* London, Cameron May, 2006, 475 p. ; LESAFFRE H., *Le Règlement des différends au sein de l'OMC et le droit de la responsabilité internationale,* Paris, L.G.D.J, 2007, 614 p. ; PALMETER D. & MAVROIDIS P. C., *Dispute Settlement in the World Trade Organization, Practice and Procedure,* 2e edition, Cambridge, Cambridge University Press, 2004, 348 p. ; PETERSMANN E.-U. (edt.), *International Trade Law and the GATT/WTO dispute settlement system,* London, Kluwer Law International, 1997, 704 p. ; PETERSMANN E.-U., *The GATT/WTO Dispute Settlement System : International Law, International Organizations and Dispute Settlement,* London, Kluwer Law International, 1997, 347 p. ; RUIZ FABRI H. & STERN B. (dir.), *La jurisprudence de l'OMC/The Case of the WTO,* vol. 1999-2, Leiden, Martinus Nijhoff Publishers, 2008, 317 p. ; WAINCYMER J., *WTO litigation : procedural aspects of formal dispute settlement,* London, Cameron May, 2002, 935 p. ; WEISS F. (edt.), *Improving WTO dispute settlement procedures : issues and*

6.- *Statistiquement*, durant ses vingt années d'existence depuis le 1er janvier 1995, ce mécanisme a donné lieu à plus de 500 affaires[10] par rapport aux 300 affaires durant les quarante-huit années d'existence du GATT de 1947, 164 affaires durant les soixante-neuf années d'existence de la Cour internationale de Justice[11], 23 affaires durant les dix-neuf années de fonctionnement du Tribunal international du Droit de la mer[12]...)[13]. Parmi les 163 Membres de l'OMC[14], 104 ont participé au moins une fois, (soit en tant que partie demanderesse, soit en tant que partie défenderesse, soit en qualité de tierce partie)[15]. De façon remarquable, un certain nombre de pays en développement Membres, malgré leur position plus faible que celle des pays développés Membres au regard de leur niveau d'expertise sur le droit de l'OMC, de leurs ressources humaines et financières, y ont progressivement et activement participé, non seulement pour défendre leurs intérêts commerciaux mais encore dans d'autres buts variés (par exemple, pour faire valoir leur besoin en matière de développement, pour exprimer les points de vue contre l'imposition de certaines règles par les pays développés Membres...). Cette participation prouve une confiance grandissante de Membres de l'OMC envers son mécanisme de règlement des différends[16].

---

lessons from the practice of other international courts and tribunals, London, Cameron May, 2000, 430 p. ; WOLFRUM R., STOLL P.-T. & KAISER K. (edt.), *WTO : Institutions and Dispute Settlement*, Leiden, Martinus Nijhoff Publishers, 2006, 671 p. ; World Trade Organization, *A Handbook on the WTO Dispute Settlement System*, Cambridge, Cambridge University Press, 2004, 215 p. ; MITCHELL A. D., *Legal Principles in WTO Disputes*, Melbourne, Cambridge University Press, 2008, 308 p. ; YERXA R. & WILSON B. (edt.), *Key Issues in WTO Dispute Settlement: the first ten years*, Cambridge, Cambridge University Press, 2005, 289 p. ; SACERDOTI G., YANOVICH Y. & BOHANES J. (edt.), *The WTO at Ten : The Contribution of the Dispute Settlement System*, Cambridge, Cambridge University Press, 2006, 531 p. ; PACE V., *L'Organisation mondiale du commerce et le renforcement de la réglementation juridique des échanges commerciaux internationaux*, Paris, L'Harmattan, 2000, pp. 159-262.

[10] Plus exactement, jusqu'à la fin de mars 2016, 507 affaires ont été introduites à l'ORD.

[11] Voir la liste de ces affaires (contentieuses et consultatives) sur le site web de la CIJ à l'adresse : http://www.icj-cij.org/docket/index.php?p1=3&p2=2 (url consultée le 31 mars 2016).

[12] Voir la liste de ces affaires sur le site web de la TIDM à l'adresse : https://www.itlos.org/fr/affaires/ (url consultée le 31 mars 2016).

[13] HUGHES V., « Why is the WTO Dispute Settlement mechanism so successful ? », *in* ANZSIL Conference, Victoria University Wellington, New Zealand, 6 July 2012, p. 13, disponible sur : http://mdsweb.vuw.ac.nz/Mediasite/Viewer/Viewers/Viewer320TL.aspx?mode=Default&peid=375b3db3-0b6d-4d8e-b3b0-7d45a9d2d904&pid=3daf095e-e1a8-4f1f-8ec2-0abfd39640be&playerType=WM7# (url consultée le 10 septembre 2013) ; HORN H., JOHANNESSON L. & MAVROIDIS P. C., « The WTO Dispute Settlement System 1995-2010 : Some Descriptive Statistics », *Research Institute of Industrial Economics Working Paper No. 891,* 2011, p. 6, disponible sur : http://www.ifn.se/wfiles/wp/wp891.pdf (url consultée le 31 mai 2013).

[14] Ce nombre est mis à jour jusqu'au 14 juillet 2016. Voir la liste des Membres de l'OMC sur : http://www.wto.org/french/thewto_f/whatis_f/tif_f/org6_f.htm (url consultée le 15 juillet 2016).

[15] Voir cette liste sur le site web de l'OMC à l'adresse suivante : https://www.wto.org/french/tratop_f/dispu_f/dispu_by_country_f.htm (url consultée le 31 mars 2016).

[16] HUGHES V., *ibid.,* note 13, pp. 2-10.

7.- *Sous l'angle institutionnel*, la création de l'Organe de règlement des différends ainsi que d'un organe permanent chargé de l'examen en appel, intitulé Organe d'appel, à côté des groupes spéciaux ou arbitres constitués *ad hoc*, permettent une juridictionnalisation plus profonde du mécanisme de règlement des différends[17]. Notamment en ce qui concerne l'Organe d'appel, en prenant un rôle primordial dans l'interprétation et la clarification des « accords visés » conformément aux règles coutumières d'interprétation du droit international (article 3.2 du Mémorandum d'accord), il contribue sans cesse à éclairer les Membres sur la mise en œuvre de leurs obligations conformément à ces accords. Bien que les interprétations des instances de règlement des litiges ne disposent pas de valeur obligatoire pour tous les Membres[18], elles deviennent « partie intégrante de l'acquis du SRD »[19]. Cet acquis est susceptible d'être ensuite utilisé par les parties à l'appui de leurs arguments juridiques dans les procédures de règlement des différends ultérieures ou d'être pris en compte par les Membres lors de leur adoption ou

---

[17] Un bon nombre d'auteurs qualifie le système de règlement des différends de l'OMC une juridiction internationale. Voir en ce sens, par exemple, PACE V., *op. cit.*, note 9, pp. 229-262 ; RUIZ FABRI H., « Le règlement des différends dans le cadre de l'Organisation Mondiale du Commerce (OMC) », *Journal du droit international*, 1997, n°. 3, pp. 709-755 ; RUIZ FABRI H., « L'appel dans le règlement des différends de l'Organisation Mondiale du Commerce (OMC) : Trois ans après, quinze rapports plus tard », *Revue générale de droit international public*, 1999, vol. 103, n°. 1, pp. 47-128 ; RUIZ FABRI H., « Le règlement des différends au sein de l'OMC : naissance d'une juridiction, consolidation d'un droit », *in* KAHN P., LOQUIN E., LEBEN C. & SALEN M. (dir.), *Souveraineté étatique et marchés internationaux à la fin du 20ème siècle : à propos de 30 ans de recherche du CREDIMI – Mélanges en l'honneur de Philippe Kahn*, Paris, Litec, 2000, p. 303 et s. ; SANTULLI C., « Qu'est-ce qu'une juridiction internationale ? Des organes répressifs internationaux à l'ORD », *Annuaire français de droit international*, 2000, vol. 46, p. 59 ; LORENZO L., « Une nouvelle juridiction internationale : Le système de règlement des différends interétatiques de l'OMC », Thèse, Université Lumière Lyon 2, 2003, 551 p.

[18] À noter qu'au titre de l'article IX.2 de l'Accord de Marrakech, le rôle d'interpréter les accords commerciaux multilatéraux est exclusivement réservé à la Conférence ministérielle et le Conseil général de l'OMC. Cet article dispose que : « La Conférence ministérielle et le Conseil général auront le pouvoir exclusif d'adopter des interprétations du présent accord et des Accords commerciaux multilatéraux. S'agissant d'une interprétation d'un Accord commercial multilatéral figurant à l'Annexe 1, ils exerceront leur pouvoir en se fondant sur une recommandation du Conseil qui supervise le fonctionnement dudit accord… ».

[19] *États-Unis – Mesures antidumping finales visant l'acier inoxydable en provenance du Mexique*, Rapport de l'Organe d'appel du 30 avril 2008, WT/DS344/AB/R, para. 160.

amendement des règles internes relatives au commerce international. Il sert également de base au juge de l'OMC[20] pour résoudre une même question juridique dans une affaire ultérieure[21].

8.- *Sous l'angle procédural,* les procédures de règlement des différends de l'OMC ont connu des changements très importants. Les procédures unifiées dans un seul et unique instrument – le Mémorandum d'accord – ont permis d'éviter le *forum shopping* qui existait à l'époque du GATT de 1947[22]. Le principe de « consensus négatif » résultant de l'article 16.4[23] et 17.14[24] du Mémorandum d'accord qui remplace celui de « consensus positif »[25] sous le GATT de 1947 montre ses effets positifs, puisque jusqu'à maintenant, aucun rapport des groupes spéciaux ou de l'Organe d'appel n'est rejeté par l'ORD en raison du veto d'un Membre quelconque. La création d'une procédure d'examen en appel, résultant de la nécessité de contrôler sur le fond les rapports des groupes spéciaux adoptés quasi automatiquement grâce au principe de « consensus négatif »[26], est considérée comme une des innovations majeures du Mémorandum d'accord. À la fin de mars 2016, bien que tous les rapports des groupes spéciaux n'aient pas fait l'objet de l'appel, l'Organe d'appel a été saisi 147 fois et a rendu 128 rapports qui ont

---

[20] Puisque le système de règlement des différends de l'OMC est déjà considéré comme une juridiction internationale, nous qualifions « le juge de l'OMC » les membres des groupes spéciaux, de l'Organe d'appel et des arbitres établis au titre de l'article 21, 22 et 25 du Mémorandum d'accord. Voir dans ce sens : RUIZ FABRI H., « Le juge de l'OMC (Organisation mondiale du commerce) : ombres et lumières d'une figure judiciaire singulière », *Revue générale de droit international public,* 2006, vol. 110, n°. 1, pp. 40-41 ; World Trade Organization, *op. cit.*, note 9, p. 4.

[21] L'Organe d'appel a argumenté que : « Assurer « la sécurité et la prévisibilité » du système de règlement des différends, comme il est prévu à l'article 3.2 du Mémorandum d'accord, suppose que, en l'absence de raisons impérieuses, un organisme juridictionnel tranchera la même question de la même façon dans une affaire ultérieure ». *Ibid.,* WT/DS344/AB/R, note 19, para. 160.

[22] Ce *forum shopping* résultait du fait qu'après l'adoption des codes dans le cycle de Tokyo, une partie demanderesse pouvait choisir soit les procédures de règlement des différends contenues dans le GATT même de 1947, soit celles prévues par certains de ces codes. Voir NOUVEL Y., « L'unité du système commercial multilatéral », *Annuaire français de droit international,* 2000, pp. 663-664 ; CANAL-FORGUES E., *op. cit.*, note 8, p. 14.

[23] L'article 16.4 du Mémorandum d'accord concernant l'adoption du rapport d'un groupe spécial dispose : « Dans les 60 jours suivant la date de distribution du rapport d'un groupe spécial aux Membres, ce rapport sera adopté à une réunion de l'ORD, à moins que [...] l'ORD ne décide par consensus de ne pas adopter le rapport. »

[24] L'article 17.14 du Mémorandum relatif à l'adoption du rapport de l'Organe d'appel stipule : « Un rapport de l'Organe d'appel sera adopté par l'ORD et accepté sans condition par les parties au différend, à moins que l'ORD ne décide par consensus de ne pas adopter le rapport de l'Organe d'appel, dans les 30 jours suivant sa distribution aux Membres ».

[25] Ce principe a fait l'objet des critiques tant en théorie qu'en pratique. Il est la raison principale empêchant la création des groupes spéciaux ainsi que l'adoption du rapport de ces derniers, ce qui provoque l'inefficacité de ce mécanisme. Pour plus d'informations, voir : CARREAU D. & JUILLARD P., *op. cit.*, note 9, p. 88 ; CANAL-FORGUES E., *op. cit.*, note 8, p. 32.

[26] PACE V., *op. cit.*, note 9, p. 241.

ensuite été adoptés par l'ORD[27]. Avec ces appels, l'Organe d'appel s'est bien acquitté de sa tâche[28] de confirmer, de modifier ou surtout de déclarer bon nombre d'interprétations contenues dans des rapports de groupes spéciaux non justifiées au titre des dispositions concernées[29]. De plus, une procédure renforcée de surveillance et de contrôle relative à la mise en œuvre des conclusions et recommandations de l'ORD a été mise en place. Bien qu'il y ait des préoccupations sur l'efficacité de cette procédure[30], elle a obligé plusieurs Membres perdants à retirer des mesures jugées incompatibles avec le droit de l'OMC[31].

9.- *Substantiellement*, l'ORD, par le biais des groupes spéciaux et l'Organe d'appel, a pu se prononcer sur des préoccupations allant au-delà du cadre commercial

---

[27] Cette donnée comprend les appels initiaux et les appels au titre de l'article 21.5 du Mémorandum d'accord. Voir également : Organe d'appel, *Rapport annuel pour 2012,* le 9 avril 2013, WT/AB/18, pp. 12-14 ; Organe d'appel, *Rapport annuel pour 2013,* le 14 mars 2014, WT/AB/20, pp. 12-13 ; Organe d'appel, *Rapport annuel pour 2014,* le 3 juillet 2015, WT/AB/24, p. 15 ; Organe d'appel, *Rapport annuel pour 2015,* le 3 juin 2016, WT/AB/26, pp. 12-13.

[28] L'article 17.13 du Mémorandum d'accord prévoit : « *L'Organe d'appel pourra confirmer, modifier ou infirmer les constatations et les conclusions juridiques du groupe spécial* ».

[29] Dès le premier appel demandé dans l'affaire *États-Unis – Normes concernant l'essence nouvelle et ancienne formules* (Rapport de l'Organe d'appel du 29 avril 1996, WT/DS2/AB/R), il est facile de trouver des formules péremptoires utilisées par l'Organe d'appel pour confirmer, modifier ou infirmer la constatation faite par le groupe spécial : par exemple, « À notre avis [avis de l'Organe d'appel], le Groupe spécial a commis ici une erreur en se référant à sa conclusion juridique relative à l'article III.4 au lieu de se référer à la mesure en question » (p. 17) ; « l'Organe d'appel relève que le rapport du Groupe spécial n'a pas tenu compte de manière adéquate des termes effectivement utilisés dans les différents paragraphes de l'article XX » (p. 19) ; « Nous approuvons cette constatation faite dans le rapport du Groupe spécial » (p. 30) ; « le Groupe spécial a commis une erreur de droit en concluant que les règles d'établissement des niveaux de base contenues dans la Partie 80 du Titre 40 du Recueil de réglementations fédérales n'entraient pas dans le cadre de l'article XX g) de l'Accord général » (p. 32)…

[30] MCRAE D., « Measuring the effectiveness of the WTO dispute settlement system », *Asian Journal of WTO & International Health Law and Policy,* 2008, vol. 3, n°. 1, pp. 1-20 ; MAGNUS J., « Compliance with WTO Dispute Settlement Decisions : Is there a Crisis ? », *in* YERXA R. & WILSON B. (edt.), *Key Issues in WTO Dispute Settlement : the First Ten Years,* Cambridge, Cambridge University Press, 2005, p. 242 ; CANAL-FORGUES E., *op. cit.*, note 8, p. 11 ; RUIZ FABRI H., « Le contentieux de l'exécution dans le règlement des différends de l'Organisation mondiale du commerce », *Journal du droit international,* 2000, n°. 3, pp. 605-645.

[31] Il faut noter ici que la caractéristique du régime de responsabilité internationale des Membres de l'OMC par rapport à celui demandé dans le Projet d'articles sur la responsabilité de l'État pour fait internationalement illicite, établi par la Commission du droit international et dont l'Assemblée générale des Nations Unies a pris note en 2001, est de ne pas établir une responsabilité ou de réparer des dommages causés par une mesure illicite, mais de retirer des mesures jugées incompatibles avec les accords visés de l'OMC et de permettre d'appliquer des sanctions en cas de non-retrait de ces mesures (articles 21 et 22 du Mémorandum d'accord). Sur ce sujet, voir notamment : CANAL-FORGUES E., *op. cit.*, note 8, pp. 48-50 ; PACE V., *op. cit.*, note 9, pp. 249-262 ; LESAFFRE H., *op. cit,* note 9, pp. 217-319 ; SHADIKHODJAEV S. & PARK N., « Cessation and Reparation in the GATT/WTO Legal System : A View from the law of State responsibility », *Journal of World Trade,* 2007, vol. 41, n°. 6, pp. 1237-1258.

de ce système[32]. Les questions relatives à l'environnement, la santé, la sécurité du consommateur, la politique fiscale ou le développement, qui sont, par nature, au cœur des pactes sociaux nationaux ou des instruments régissant la responsabilité sociale et environnementale des entreprises[33], ont été traités soigneusement dans un certain nombre de litiges. Dès lors, la sensibilité de l'ORD sur ces enjeux, ainsi que sur les mesures commerciales en cause mises en œuvre par Membres concernés, a considérablement contribué, pour sa part, tant à la légitimité du mécanisme de règlement des différends de l'OMC qu'à la visibilité progressive du système du commerce multilatéral[34].

10.- Parmi ces succès du mécanisme de règlement des différends de l'OMC par rapport à celui du GATT de 1947, figure également l'intervention des Membres en tant que tierces parties tout au long du processus de résolution des litiges portés devant l'ORD[35]. Le régime actuel de l'intervention, est fondé sur un ensemble de dispositions dans le Mémorandum d'accord : essentiellement les articles 4.11[36], 10[37] et 17.4[38]. Ce régime a connu une évolution quasiment aussi

---

32 FRANCIONI F., « WTO Law in contexte : the integration of international humain right and environmental law in the dispute settlment », *in* SACERDOTI G., YANOVICH Y. & BOHANES J. (edt.), *The WTO at Ten : The Contribution of the Dispute Settlement System*, Cambridge, Cambridge University Press, 2006, pp. 143-154 ; WEISS F., « The limits of the WTO : facing non trade-issues », SACERDOTI G., YANOVICH Y. & BOHANES J. (edt.), *The WTO at Ten : The Contribution of the Dispute Settlement System*, Cambridge, Cambridge University Press, 2006, pp. 155-190 .

33 Par exemple, les Principes directeurs de l'OCDE à l'intention des entreprises multinationales, version mise à jour du 2011, disponible sur : http://www.oecd.org/fr/daf/inv/mne/48004355.pdf (url consultée le 10 septembre 2013). Voir également, LANFRANCHI M.-P., « L'Organisation mondiale du commerce et la protection de l'environnement », *in* MALJEAN-DUBOIS S. (dir.), *L'outil économique en droit international et européen de l'environnement,* Paris, La documentation française, 2002, pp. 127-143.

34 CANAL-FORGUES E., *op. cit.*, note 8, p. 10.

35 Voire l'auteur M. E. FOOTER l'a considéré comme une des quatre innovations les plus importantes de ce mécanisme. Voir FOOTER M. E., *ibid.*, note 8, p. 214.

36 L'article 4.11 prévoit l'intervention à la consultation. Il dispose : « Chaque fois qu'un Membre autre que les Membres qui prennent part aux consultations considérera qu'il a un intérêt substantiel dans les consultations [...], il pourra informer lesdits Membres ainsi que l'ORD, dans les 10 jours suivant la date de transmission de la demande de consultations au titre dudit article, de son désir d'être admis à participer aux consultations. Ledit Membre sera admis à participer aux consultations à condition que le Membre auquel la demande de consultations est adressé reconnaisse l'existence d'un intérêt substantiel ; dans l'affirmation, ils en informeront l'ORD... ».

37 L'article 10 donne l'accès de tierces parties au stage de groupes spéciaux. L'article 10.2 stipule : « Tout Membre qui aura un intérêt substantiel dans une affaire portée devant un groupe spécial et qui en aura informé l'ORD (dénommé dans le présent mémorandum d'accord « tierces parties ») aura la possibilité de se faire entendre par ce groupe spécial et de lui présenter des communications écrites. Ces communications seront également remises aux parties au différend et il en sera fait état dans le rapport du groupe spéciaux ».

38 L'article 17.4 prévoit l'intervention de tierces parties à l'examen en appel. Il dispose : « Seules les parties au différend, et non les tierces parties, pourront faire appel du rapport d'un groupe spécial. Les tierces parties qui auront informé l'ORD qu'elles ont un intérêt substantiel dans l'affaire

longue que celle du GATT/OMC. Les analyses suivantes nous permettent de revenir sur cette évolution et ensuite de définir l'expression « l'intervention des tierces parties ».

Histoire de l'intervention des tierces parties dans le système de règlement des différends du GATT et de l'OMC

11.- Dans la Charte de La Havane instituant une organisation internationale du commerce de 1948[39] dont le chapitre IV sur la politique commerciale a été l'origine du GATT de 1947, il existait un chapitre portant sur le règlement des différends (chapitre VIII). Néanmoins, les six articles de ce chapitre ne comprenaient aucune règle sur l'intervention[40]. Les deux articles XXII et XXIII du GATT de 1947 portant sur le règlement des différends ne contiennent, non plus, aucune règle donnant directement aux tierces parties la possibilité d'intervenir. Le régime de l'intervention a donc d'abord résulté de la pratique née durant les premières années d'existence du GATT de 1947, et ensuite de la codification de cette pratique ainsi que des modifications consécutivement apportées à cette codification.

12.- La première apparition de tierces parties avait été constatée dans la pratique des groupes spéciaux (*panels* en anglais) établis après 1952[41]. Ces groupes spéciaux avaient été constitués par les PARTIES CONTRACTANTES pour

---

conformément au paragraphe 2 de l'article 10 pourront présenter des communications écrites à l'Organe d'appel et avoir la possibilité de se faire entendre par lui ».

[39] Voir Conférence des Nations Unies sur le commerce et l'emploi, *Acte final et documents connexes,* E/CONF.2/78, publication des Nations Unies, 1948.II.D.4, disponible également sur : http://www.wto.org/french/docs_f/legal_f/havana_f.pdf (url consultée le 10 mai 2012).

[40] L'article 96 de la Charte la Havane, intitulé « Renvoi devant la Cour internationale de Justice » ne concerne que des renvois tombant dans la compétence consultative de la Cour. C'est pourquoi, les deux articles 62 et 63 de son Statut ne s'y appliquent pas. De plus, même si les paragraphe 2 et 3 de cet article ont prévu à un État membre dont les intérêts sont lésés par la décision de la Conférence sur le règlement de différends la possibilité d'introduire à la CIJ une requête de révision, au moyen d'une demande d'avis consultatif accompagnée d'un exposé sur les raisons de le faire, fourni par l'Organisation internationale du commerce, après la consultation avec les États membres substantiellement intéressés, ce n'est pas une disposition permettant directement l'intervention. Voir : CARMODY C., « Of Substantial Interest : Third Parties Under GATT », *Michigan Journal of International Law,* 1996-1997, vol. 18, n°. 4, pp. 623-624.

[41] Il faut noter qu'avant 1952, il s'agissait des « groupes de travail » (*working parties*). Ces derniers, dont le mandat type était d' « examiner la question à la lumière des dispositions de l'Accord général applicables en l'espèce et de présenter un rapport au Conseil », comprenaient souvent un représentant de chacune des parties principales, d'une ou deux parties contractants appuyant chaque partie principale ainsi que des membres neutres. Sur ce sujet, voir : GATT - PARTIES CONTRACTANTES, *Mémorandum d'accord concernant les notifications, les consultations, le règlement des différends et la surveillance,* Annexe – Description convenue de la pratique habituelle du GATT en matière de règlement des différends (Article XXIII, paragraphe 2), adopté le 28 novembre 1979, L/4907, para. 6 (i) ; CARMODY C., *ibid.,* note 40, p. 624 ; HUDEC R. E., *The GATT Legal System and World Trade Diplomacy*, 2nd edition, New Hampshire, Butterworth Legal Publishers, 1990, pp. 78-79.

« examiner les questions et formuler des constatations propres à aider les PARTIES CONTRACTANTES à faire des recommandations ou à statuer ainsi qu'il est prévu à l'article XXIII, paragraphe 2 »[42]. Les procédures élaborées par ces groupes spéciaux avaient prévu qu'un groupe spécial pourrait entendre le point de vue de toute partie contractante qui n'avait pas été partie originaire du différend mais avait eu un intérêt substantiel dans l'affaire et avait exprimé au Conseil son désir de présenter ses vues devant ce groupe[43]. Ainsi, dans le silence du GATT de 1947 sur le sujet, ces procédures avaient permis aux tierces parties pouvant se prévaloir d'un intérêt substantiel d'avoir l'accès à telle ou telle affaire. Cette ouverture, d'une part, avait démontré la volonté des groupes spéciaux d'ouvrir la procédure aux parties contractantes autres que celles au différend, et d'autre part, avait multilatéralisé le caractère bilatéral des procédures[44]. Dans la pratique, quelques parties contractantes en avaient profité pour participer à certaines affaires[45].

13.- Des changements significatifs accompagnés de la codification de l'intervention de tierces parties, tant au stade des consultations que devant les groupes spéciaux, se sont produits les années suivantes. La première codification relative à l'intervention de tierces parties dans les consultations avait eu lieu en 1958 avec la décision prise par le Conseil du GATT (GATT *Council*) sur la clarification de certains aspects des consultations menées au titre de l'article XXII du GATT. À cet égard, la décision avait consacré deux paragraphes qui méritent d'être cités ici intégralement :

> « b) Toute tierce partie contractante qui déclarera avoir un intérêt commercial substantiel en la matière informera, dans les quarante-cinq jours qui suivront la notification par le Secrétaire exécutif de la demande

42 La version en anglais de ce mandat-type est la suivante : *« To examine the matter and make such findings as will assist the CONTRACTING PARTIES in making the recommendations or rulings provided for in paragraphe 2 of Article XXIII »*. Voir : *Ibid.*, L/4907, note 41, Annexe, para. 6(ii).

43 *Ibid.*, L/4907, note 41, Annexe, para. 6(iv).

44 Sur ce sujet, voir : CHINKIN C., *Third Parties in International Law*, Oxford, Clarendon Press, 1993, p. 1 ; FASTENRATH U. *et al.* (edt.), *From bilateralism to community interest : essays in honour of Judge Bruno Simma*, Oxford, Oxford University Press, 2011, p. 1 ; SIMMA B., « From Bilateralism to community interest in international law », *in* Académie de droit international, *Recueil des cours*, tome 250, Martinus Nijhoff Publishers, 1994, pp. 217-384.

45 Par exemple, dans l'affaire *Royaume-Uni – Contingents zone dollar* (BISD 20S/236), le groupe spécial a exprimé son désir d'entendre les points de vues des représentants de la Jamaïque, du Trinidad et de Cuba (GATT - Conseil, *Procès-verbal de la réunion tenue au Palais des Nations*, Genève, le 19 décembre 1972, C/M/83) ; dans l'affaire *CEE – Régime concernant les prix minimum à l'importation, le certificat et le cautionnement pour certains produits transformés à base de fruits et légumes* (BISD 25S/68), la délégation d'Israël et de l'Australie ont respectivement déposé leur communication écrite en tant que tierces parties (voir *Rapport du Groupe spécial adopté le 18 octobre 1978*, L/4687 – 25S/75, para. 1.4 ; et GATT – Conseil, *Procès-verbal de la réunion tenue au Palais des Nations, à Genève le 15 juillet 1976*, C/M/115, p. 5).

de consultation, les parties à la consultation et le Secrétaire exécutif de son désir d'être admise à y participer ;

c) Ladite partie contractante sera admise à participer à la consultation sous réserve que la ou les parties contractantes auxquelles est adressée la demande de consultation reconnaissent le bien-fondé de la revendication d'un intérêt substantiel ; dans l'affirmative, elles en informeront les parties contractantes intéressées et le Secrétaire exécutif »[46].

Conformément à ces deux paragraphes, l'accès des tierces parties aux consultations était subordonné à diverses conditions : l'existence d'un « intérêt commercial substantiel », le respect du délai pour en informer les parties principales et le secrétariat, l'examen de l'existence de cet intérêt par la ou les parties principales, etc. Les termes de l'actuel article 4.11 du Mémorandum d'accord restent peu différents de ceux cités ci-dessus. Les conditions d'accès des tierces parties aux consultations prévues dans l'article 4.11 du Mémorandum d'accord reprennent largement ce dispositif. Les deux différences se trouvent donc dans les conditions procédurales : le délai de notification d'un intérêt commercial substantiel qui a été raccourci de 45 jours à 10 jours ; et l'examen de l'existence de l'intérêt commercial substantiel qui est actuellement attribué au Membre en cause.

14.- Pour ce qui est de l'intervention des tierces parties dans les travaux des groupes spéciaux, dans le cadre du cycle de négociations de Tokyo, les PARTIES CONTRACTANTES avaient adopté un nouveau texte intitulé « Mémorandum d'accord concernant les notifications, les consultations, le règlement des différends et la surveillance » (ci-après, le Mémorandum d'accord de 1979)[47]. La première phrase de l'article 15 de cet accord avait prévu la possibilité pour une partie contractante ayant l'intérêt substantiel dans une affaire introduite devant un groupe spécial d'être entendue par celui-ci[48]. Les termes de cette disposition suggéraient que le droit d'intervention d'une partie présentant cet intérêt n'était pas absolu[49], dès lors qu'il s'agissait d'un accès conditionnel. Cependant, les conditions exigées n'étaient pas si rigoureuses que cet accès soit freiné. Considérée comme une innovation importante, cette disposition était tout de suite invoquée dans la pratique de règlement des différends après 1979. Dans la majorité des affaires, les groupes spéciaux n'avaient pas mentionné dans leurs rapports la participation de tierces parties. Toutefois, nous avons également pu trouver la trace

[46] GATT – PARTIES CONTRACTANTES, *Consultations dans le cadre de l'article XXII – Procédure adoptée le 10 novembre 1958*, L/928.

[47] *Ibid.*, L/4907, note 41.

[48] Il est stipulé comme suit : « Toute partie contractante ayant un intérêt substantiel dans une question dont un groupe spécial est saisi, et qui en aura donné notification au Conseil, devrait avoir la possibilité de se faire entendre par le groupe ».

[49] CARMODY C., *ibid.*, note 40, p. 627.

de la participation de parties contractantes à qualité de tierces parties dans certaines affaires[50]. Particulièrement, la reconnaissance de l'intérêt de tierces parties y avait été clairement mentionnée dans le mandat du groupe spécial. Par exemple, dans l'affaire *Communauté européenne – Traitement tarifaire à l'imposition de produits du secteur des agrumes en provenance de certains pays de la région méditerranéenne*[51], s'était ajoutée au mandat du groupe spécial la déclaration du Président du Conseil de GATT suivante :

> « L'accord sur le mandat précité repose sur une position commune définie ci-après. Il est entendu que les produits visés sont ceux qui sont mentionnés dans le document L/5337 auquel il est fait référence. En raison de la nature particulière de l'espèce, qui tient à ce que le traitement tarifaire à examiner par le groupe spécial est un élément des accords conclus par la Communauté européenne avec certains pays méditerranéens, le groupe spécial devra tenir dûment compte, entre autres, des rapports des groupes spéciaux qui ont eu à connaître de ces accords ainsi que des procès-verbaux des sessions du Conseil où ces rapports ont été examinés et adoptés, et devra, dans ses propres procédures de travail, accorder à

---

[50] Par exemple, dans l'affaire *Restrictions appliquées par le Japon à l'importation de tabacs fabriqués en provenance des États-Unis* (BISD 28S/100 – Rapport du groupe spécial du 11 juin 1981) entre le Japon et les États-Unis, le Canada, la Communauté économique européenne et la Suède ont participé en tant que tierces parties à cette affaire ; dans l'affaire *Canada – Administration de la loi sur l'examen de l'investissement étranger* (BISD 30S-140 – Rapport du groupe spécial du 7 février 1984 (L/5504 – 30S/147)) entre le Canada et les États-Unis, l'Argentine était tierce partie ; dans l'affaire *Les mesures appliquées par le Japon aux importations de cuirs* (BISD 31S/94 – Rapport du groupe spécial adopté les 15/16 mai 1984 (L/5623 – 31S/102)) entre le Japon et les États-Unis, l'Australie, les Communautés européennes, l'Inde, la Nouvelle-Zélande et le Pakistan sont devenus tierces parties ; dans l'affaire *Papier journal* (BISD 31S/114 – Rapport du groupe spécial adopté le 20 novembre 1984 (L/5680 – 31S/125)) entre le Canada et les Communautés européennes, la Nouvelle-Zélande, les pays nordiques, l'Autriche et le Chili étaient tierces parties ; dans l'affaire *Japon – Droits de douane, fiscalité et pratiques en matière d'étiquetage concernant les vins et les boissons alcooliques importés* (BISD 34S-92 – Rapport du groupe spécial adopté le 10 novembre 1987 (L/6216 – 34S/92)), entre le Japon et les Communautés européennes, l'Argentine, le Canada, les États-Unis, la Finlande et la Yougoslavie ont participé en tant que tierces parties ; dans l'affaire *États-Unis – Taxes sur le pétrole et certains produits d'importation* (BISD 34S/154 – Rapport du Groupe spécial adopté le 17 juin 1987 (L/6175 – 34S/154) entre le Canada et les États-Unis, l'Argentine, l'Australie, le Chili, la Colombie, l'Indonésie, le Koweït, la Malaisie, le Nigéria et la Norvège se sont réservé le droit de participer conformément au paragraphe 15 du Mémorandum d'accord de 1979 ; dans l'affaire *Japon – Commerce des semi-conducteurs* (BISD 35S-116 – Rapport du groupe spécial adopté le 4 mai 1988 (L/6309 – 35S/126)) entre la Communauté économique européenne et le Japon, les États-Unis, l'Argentine, l'Australie, l'Autriche, le Brésil, le Canada, la Corée, Hong Kong, la Malaisie, le Mexique, Singapour, la Suède, la Suisse et la Thaïlande étaient présents en tant que tierces parties.

[51] *Communauté européenne – Traitement tarifaire à l'importation de produits du secteur des agrumes en provenance de certains pays de la région méditerranéenne,* Rapport non adopté du groupe spécial du 7 février 1985, L/5776, disponible sur : http://wto.org/gatt_docs/English/SULPDF/90080242.pdf (url consultée le 10 septembre 2012).

ces pays toutes facilités pour participer à ses travaux autant qu'il sera nécessaire et approprié ».[52]

Ce type de déclaration, apparaissant encore dans certaines autres affaires[53], a spécifiquement montré la reconnaissance par des groupes spéciaux de l'existence de l'intérêt substantiel des tierces parties, ainsi que le besoin de le protéger. C'est également au profit du multilatéralisme que cette reconnaissance, même théorique[54], a joué un rôle primordial.

15.- Malgré la codification de l'accès des tierces parties aux consultations et aux travaux des groupes spéciaux, leurs droits procéduraux étaient restés quelque peu imprécis. Le paragraphe 15 du Mémorandum d'accord de 1979 mentionnait simplement que les tierces parties « devraient avoir la possibilité de se faire entendre par le groupe ». D'autres droits, tels que le droit de recevoir les communications des parties, le droit de participer aux audiences et de faire une déclaration orale, le droit de répondre aux questions posées par les parties principales ou par les groupes spéciaux, etc., n'étaient pas indiqués. Ce faisant, l'élargissement des droits de tierces parties participant aux procédures de groupes spéciaux a fait l'objet de vives discussions et propositions durant le cycle d'Uruguay[55]. Ceci a conduit les négociateurs à donner des précisions supplémentaires aux règles régissant l'intervention de tierces parties prévues dans la Décision du 12 avril 1989 sur l'amélioration des règles et procédures du règlement des différends du

---

[52] *Ibid.*, L/5776, note 51, para. 1.5 ; GATT – Conseil, *Procès-verbal de la réunion tenue au Centre William Rappard le 26 mai 1983,* C/M/168, p. 5 ; CANAL-FORGUES E., *L'institution de la conciliation dans le cadre du GATT,* Bruxelles, Bruylant, 1993, p. 570.

[53] Par exemple, *ibid.,* BISD 35S-116, note 50, para. 4 ; *États-Unis – Redevances pour les opérations douanières* (BISD 35S/245), Rapport du groupe spécial adopté le 2 février 1988, para. 2.

[54] Cette reconnaissance était théorique parce que, dans l'affaire *Communauté européenne – Traitement tarifaire à l'importation de produits du secteur des agrumes en provenance de certains pays de la région méditerranéenne,* deux groupes de tierces parties (le premier composé de pays méditerranéens et le second composé de l'Australie, du Brésil, du Chili et du Pakistan) ayant participé ont ensuite contesté le rapport du groupe spécial (ce qui a provoqué le fait que ce rapport n'a pas été adopté). Israël, un des participants tiers, a fait valoir que : « Le groupe spécial n'a pas tenu compte de la décision du Conseil du 26 mars 1983 qui l'appelait à ménager pour les pays méditerranéens des possibilités adéquates de participer à ses travaux dans la mesure où cela serait nécessaire et approprié, et c'était cela qui préoccupait principalement Israël. Se référant au paragraphe 18 du Mémorandum d'accord de 1979 concernant les notifications, les consultations, le règlement des différends et la surveillance (IBDD S26/231), l'intervenant a déclaré que le fait que le groupe spécial n'ait pas soumis la partie descriptive de son rapport aux parties concernées – ce qui pour le Conseil signifiait en l'espèce tous les pays méditerranéens – constituait un grave vice de procédure. Ce vice mettait en question le travail du groupe spécial et l'on ne voyait pas bien comment on pouvait y remédier ». GATT, *Compte rendu de la réunion tenue au Centre William Rappard le 12 mars 1985,* C/M/186, p. 14.

[55] Voir, par exemple, les propositions de la Hongrie (MTN.GNG/NG13/W/18), du Mexique (MTN.GNG/NG13/W/26, MTN/GNG/NG13/8), des pays les moins avancés (MTN.GNG/NG13/18), de Hong Kong, la Hongrie, Singapour et la Suisse (MTN.GNG/NG13/W/38), etc.

GATT[56]. D'autres modifications significatives ont été apportées à la fin du Cycle avec de nouvelles dispositions insérées dans le Mémorandum d'accord, surtout sur la participation de tierces parties à l'examen en appel. Ce sont les dispositions du Mémorandum d'accord qui constituent le régime actuel de l'intervention de tierces parties.

16.- Ainsi, le régime juridique actuel d'intervention de tierces parties dans le règlement des différends devant l'ORD est le fruit des codifications et modifications successives apportées tant par les négociateurs durant les cycles de négociations que par la pratique de règlement des différends sous le GATT de 1947. Il est remarquable d'observer que durant toute l'évolution de ce régime, aucune définition de l'expression « intervention de tierces parties » n'avait été donnée, ni dans les textes juridiques, ni dans la pratique de règlement des différends sous le GATT de 1947, ni devant l'ORD aujourd'hui. En conséquence, la signification de l'expression qui se trouve au cœur de cette étude nécessite d'être clarifiée.

Définition de l'expression « intervention de tierces parties »

17.- Tout d'abord, s'agissant des termes « tierces parties », il existe actuellement différentes définitions. Dans le Vocabulaire juridique de G. Cornu, ce n'est pas le terme « tierce partie » mais « tiers » qui est défini avec des sens variés. Dans le sens général et vague, le « tiers » désigne « toute personne étrangère à une situation juridique ou même personne autre que celle dont on parle »[57], et dans le sens proprement dit judiciaire, « toute personne qui n'est ni partie ni représentée »[58]. De plus, l'ouvrage définit aussi l'expression « tiers intervenant » qui s'entend par « celui qui, volontairement, intervient au procès engagé entre les parties originaires »[59]. Il semble que le terme « tiers intervenant » ressemble à ce que l'on entend par « tierces parties ». Cependant, il est plus vaste parce qu'ici, il existe peut-être deux types de « tiers intervenants », même si leur intervention a le même caractère volontaire : des tiers intervenants qui ont certains intérêts propres à protéger dans l'affaire, mais aussi d'autres tiers intervenant comme « non-partie » et dont l'intervention ne vise pas à protéger leurs propres intérêts : tel est le cas des *amici curiae*[60].

---

[56] *Amélioration des règles et procédures de règlement des différends du GATT,* Décision du 12 avril 1989, L/6489, BISD 36S/61-67.

[57] CORNU G. (dir.), *Vocabulaire juridique,* 9e édition, Association Henri Capitant, Paris, Quadrige/PUF, 2011, p. 1016.

[58] CORNU G. (dir.), *op. cit.*, note 57, p. 1016.

[59] CORNU G. (dir.), *op. cit.*, note 57, p. 1016.

[60] Il faut noter que dans ce vocabulaire, l'*amicus curiae* est défini comme « la faculté attribuée à une personnalité ou à un organe non partie à une procédure judiciaire de donner des informations de nature à éclairer le tribunal sur des questions de fait ou de droit ». CORNU G. (dir.), *op. cit.*, note 57, p. 55.

18.- À l'inverse de la terminologie française qui ne se réfère pas directement au terme « tierce partie », la terminologie anglaise renvoie à l'expression « *third party* ». Selon le *Black's Law Dictionary*, « *third party* » s'entend par « *a person who is not a party to a lawsuit, agreement, or other transaction but who is usually somehow implicated in it* » et « *someone other than the principal parties* »[61]. Il s'agit ici d'une définition de vaste portée: d'une part, la tierce partie s'entend par toute personne autre que les parties principales. Dès lors, elle comportera, par exemple, dans une affaire litigieuse, les avocats, les témoins, les parties civiles, etc.[62] ; d'autre part, cette personne se trouve à la place d'un tiers par rapport aux parties principales non seulement dans une affaire litigieuse mais également dans d'autres relations juridiques, telles que la relation contractuelle, la relation conventionnelle, etc.

19.- En droit international, la notion de « tierces parties » peut être appréhendée de façon un peu différente. Comme le Dictionnaire du droit international public dirigé par Jean Salmon l'indique, le « tiers » s'entend par « la qualité d'un État par rapport à un différend ou un traité auquel il n'est pas partie »[63]. Ainsi la qualité de tiers dans le droit international public est-elle attribuée à un État et non à d'autres entités (organisations, personnes privées, etc.), bien que les sujets du droit international public ne se limitent pas aux États souverains[64]. De plus, cette définition détermine les tiers par rapport à deux situations juridiques différentes : la première dans le règlement des différends et l'autre dans la relation conventionnelle. Dans le premier rapport, c'est-à-dire dans les différends, le tiers est conçu comme un État qui n'est pas partie à un différend. Il semble qu'ici, cette définition reflète bien l'idée développée dans la pratique de la Cour internationale de Justice (ci-après, la CIJ). L'article 62 de son Statut prévoit dans son premier paragraphe : « Lorsqu'un État estime que, dans un différend, un intérêt d'ordre juridique est pour lui en cause, il peut adresser à la Cour une requête, à fin d'intervention ». Notons que dans les travaux préparatoires à cet article à l'époque de la Cour permanente de Justice internationale (ci-après, la CPJI) le terme « tierce partie » avait été ajouté à la fin de la phrase : « ...à fin d'intervention comme tierce partie »[65]. Mais l'effacement de ces trois mots « comme tierce partie » (« *as third party* » dans la version en anglais) dans le Statut de la CPJI et ensuite dans

---

[61] GARNER B. A. (editor in chief), *Black's Law Dictionary*, 9th edition, Minnesota, West – Thomson Reuteurs, 2009, p. 1617.

[62] JOUANNET E., « Incertitudes sur le tiers et désordres de la justice internationale », *in* RUIZ FABRI H. & SOREL J.-M. (dir.), *Le tiers à l'instance devant les juridictions internationales*, Coll. Contentieux international, Paris, A. Pedone, 2005, pp. 255-263.

[63] SALMON J. (dir.), *Dictionnaire de droit international public*, Bruxelles, Bruylant/AUF, 2001, p. 1083.

[64] DUPUY P.-M., *Droit international public*, 9e édition, Paris, Dalloz, 2008, pp. 27-30 ; KOLB R., *Théorie du droit international*, 2e édition, Bruxelles, Bruylant, 2013, pp. 255-258.

[65] Sur l'histoire de l'intervention sous l'époque de la CPJI, voir surtout : ROSENNE S., *Intervention in the International Court of Justice*, Leiden, Martinus Nijhoff Publishers, 1993, pp. 19-38.

celui de la CIJ a fait apparaître une question sur la qualité de l'État tiers intervenant (ou l'État intervenant) dans une affaire engagée devant cette juridiction : l'État intervenant est-il partie ou non-partie dans une affaire ? Cette distinction est significative pour attribuer à l'État intervenant des droits et obligations permettant une participation efficace à un différend[66]. Toutefois, la position prise par la Cour à ce sujet dans l'affaire *Différend frontalier terrestre, insulaire et maritime (El Salvador/Honduras)* était ambiguë[67], lorsqu'elle s'est prononcée ainsi :

> « Il est donc patent que l'État admis à intervenir dans une instance ne devient pas aussi une partie en cause du seul fait qu'il est un intervenant. Réciproquement, il est vrai que, sous réserve du consentement requis des parties en cause, l'intervenant n'est pas empêché par sa qualité d'intervenant de devenir lui-même partie au procès »[68], et que :

> « L'État intervenant ne devient pas partie à l'instance ; il n'acquiert pas les droits et n'est pas soumis aux obligations qui s'attachent à la qualité de partie en vertu du Statut et du Règlement de la Cour ou des principes juridiques généraux de procédure »[69].

Il a fallu attendre l'affaire *Différend territorial et maritime (Nicaragua c. Colombie)* pour que la réponse de la Cour soit plus claire. Elle a distingué deux manières d'intervenir sur le fondement de l'article 62 selon que l'État devient partie ou pas. Cette distinction est basée notamment sur l'existence d'une base de compétence entre l'État intervenant et les États principaux au différend :

> « De l'avis de la Cour, le statut d'intervenant en tant que partie nécessite, en tout cas, l'existence d'une base de compétence entre les États concernés, dont la validité est établie par la Cour au moment où elle autorise l'intervention. Cependant, même si l'article 81 du Règlement prévoit que la requête doit indiquer toute base de compétence qui existerait entre l'État qui demande à intervenir et les parties à la procédure principale, cette base de compétence n'est pas une condition de l'intervention en tant que non-partie »[70].

---

[66] TORRES BERNARDEZ S., *ibid.*, note 4, pp. 405-412 ; ROSENNE S., *op. cit.*, note 65, pp. 196-197.

[67] TREVES T., « Commentaire », *in* RUIZ FABRI H. & SOREL J.-M. (dir.), *Le tiers à l'instance devant les juridictions internationales,* Coll. Contentieux international, Paris, A. Pedone, 2005, pp. 73-74 ; AL-QAHTANI M., « The status of would-be intervening States before the International Court of Justice and the application of *Res Judicata* », *The Law and Practice of International Courts and Tribunal,* 2003, vol. 2, n°. 2, pp. 269-294.

[68] *Différend frontalier terrestre, insulaire et maritime (El Salvador/Honduras),* Requête à fin d'intervention du Nicaragua, Arrêt du 13 septembre 1990, C.I.J. Recueil 1990, para. 99.

[69] *Différend frontalier terrestre, insulaire et maritime (El Salvador/Honduras), ibid.*, note 68, para. 102.

[70] *Différend territorial et maritime (Nicaragua c. Colombie)*, Requête à fin d'intervention du Honduras, Arrêt du 4 mai 2011, C.I.J. Recueil 2011, para. 28.

De cet arrêt, la Cour a accepté en principe l'intervention en qualité de partie. Néanmoins, aucune demande d'intervention à ce titre n'a été admise, jusqu'à maintenant, par la Cour. Il est donc difficile de savoir plus précisément en quoi consiste le statut d'un intervenant en qualité de partie.

20.- Au contraire, dans le cadre de l'OMC, l'expression « tierces parties » est directement utilisée dans le Mémorandum d'accord. Il faut tout d'abord révéler que dans certains accords commerciaux de l'OMC, apparaît également l'expression « tiers ». Par exemple, dans l'Accord sur les aspects des droits de propriété intellectuelle qui touchent au commerce (ci-après, l'Accord sur l'ADPIC), l'article 30 demande aux Membres de tenir compte « des intérêts légitimes des tiers » lors de leurs déterminations des exceptions aux droits exclusifs conférés à l'auteur d'un brevet ; l'article 31 prévoit l'utilisation d'un brevet par des tiers autorisés par les pouvoirs publics sans autorisation du détenteur du droit. Ou bien, dans l'Accord sur les subventions et les mesures compensatoires (ci-après, l'Accord SMC), l'article 6.3 permet de déterminer un préjudice grave au sens de l'article 5.c du même accord lorsqu'il existe une subvention ayant pour effet de détourner, soit les importations d'un produit similaire d'un autre Membre du marché du Membre qui accorde la subvention ou de les entraver, soit du marché d'un pays tiers les exportations d'un produit similaire d'un autre Membre, ou d'entraver ces exportations. L'article 6.7 de cet accord prévoit ensuite des situations dans lesquelles il n'y a ni détournement, ni entrave au sens de l'article 6.3, dont la prohibition ou restriction appliquée aux exportations du produit similaire de la partie plaignante, ou aux importations en provenance de cette partie sur le marché du pays tiers concerné... Le terme « tiers » utilisé dans telle ou telle disposition n'est pas défini. Jusqu'à présent, il ne fait l'objet d'aucune interprétation faisant l'autorité ou faite par le juge de l'OMC. De plus, il s'agit plutôt des tiers dans des relations conventionnelles, non dans le cadre d'un différend. Il ne peut par conséquent pas nous aider à comprendre la signification du terme « tierce partie » visée dans le Mémorandum d'accord.

21.- Revenons au Mémorandum d'accord. Le terme « tierce partie » est officiellement mentionné dans son article 10.2 (« Tout Membre qui aura un intérêt substantiel dans une affaire portée devant un groupe spécial et qui en aura informé l'ORD (dénommé dans le présent mémorandum d'accord « tierce partie »)...), et apparaît ensuite dans l'article 17.4 (« les tierces parties qui auront informé l'ORD... »). Dans les Procédures de travail pour l'examen en appel du 15 févier 1996[71], les rédacteurs, d'une part, ont donné la définition de la notion « tierce partie » qui s'entend par « tout Membre de l'OMC qui a notifié à l'ORD son intérêt substantiel dans l'affaire portée devant le groupe spécial conformément au paragraphe 2 de l'article 10 du Mémorandum d'accord » ; d'autre part,

[71] Organe d'appel, *Procédures de travail pour l'examen en appel du 15 février 1996*, WT/AB/WP/1.

ils ont créé une nouvelle notion appliquée spécifiquement dans le cadre de l'examen en appel : « participant tiers ». Cette dernière notion s'est tout d'abord référée à « toute tierce partie qui a déposé une communication conformément à la règle 24 » et a été ensuite élargie pour comprendre aussi « toute tierce partie qui comparaît à l'audience, qu'elle fasse ou non une déclaration orale à cette audience »[72]. Bien qu'il existe des termes différents pour désigner des Membres de l'OMC qui participent à une affaire engagée devant un groupe spécial (tierces parties) et à l'examen en appel (participants tiers), le point commun entre ces expressions s'exprime par le fait que les « tierces parties » ou « participants tiers » sont des Membres de l'OMC qui ne sont ni Membre(s) plaignant(s), ni Membre(s) mis en cause dans une affaire pendante et qui y participent parce qu'ils y ont l'intérêt substantiel.

22.- Il est important cependant de réitérer que tout règlement des différends au sein de l'ORD commence par les consultations. L'article 4.11 du Mémorandum d'accord donne à un Membre autre que le Membre demandant les consultations et le Membre auquel la demande de consultations est adressée, la possibilité de participer à de telles consultations, à condition de répondre aux exigences mentionnées dans cet article. Le terme « tierce partie » n'a pas ici été utilisé pour désigner tel ou tel Membre. Faute de pouvoir accéder aux travaux préparatoires pour les négociations du cycle d'Uruguay sur le règlement des différends, cette non-utilisation est difficile à justifier. Mais, selon nous, il serait raisonnable d'utiliser le terme « tierce partie » pour désigner des Membres intervenant dans les consultations, étant donné qu'ils ne sont pas les Membres principaux au différend, mais qu'ils ont également un « intérêt commercial substantiel » à protéger dans cette procédure, pour justifier leur qualité à intervenir.

23.- Après tout, dans le cadre de l'ORD, il est important de préciser que tierce partie s'entend par tout Membre de l'OMC, autre que les Membres parties principales au différend, participant aux consultations, aux travaux des groupes spéciaux, de l'Organe d'appel ou à d'autres procédures prévues par le Mémorandum d'accord. Il résulte du caractère interétatique du mécanisme qu'une personne privée n'a pas le droit de participer à telles ou telles procédures en tant que tierce partie.

24.- En ce qui concerne le terme « intervention », le Vocabulaire juridique de M. Cornu, désigne l'intervention, dans le sens relatif à la procédure civile, la « demande incidente par laquelle un tiers entre dans un procès déjà engagé, de son propre mouvement (intervention volontaire) ou à l'initiative de l'une des parties

---

[72] Cet élargissement a été inséré dans les Procédures de travail pour l'examen en appel du 1er mai 2003 et a permis à des Membres de l'OMC autres que ceux qui étaient tierces parties devant le groupe spécial de participer à l'examen en appel. Voir : Organe d'appel, *Procédures de travail pour l'examen en appel du 1er mai 2003*, WT/AB/WP/4.

en cause (intervention forcée) »[73]. Dans le *Black's Law Dictionary*, sous l'angle général, l'intervention est définie comme *« the entry into a lawsuit by a third party, who, dispite not being named a party to the action, has a personal stake in the outcome »*[74]. Dans le sens plus étroit concernant le contentieux, elle désigne *« the legal procedure by which such a third party is allowed to become a party to the litigation »*[75]. Ainsi l'intervention est-elle ici une notion ayant une relation étroite avec la notion de « tierce partie », elle est l'action des tierces parties visant à participer à une affaire pendante.

25.- Selon le Dictionnaire du droit international public, l' « intervention » peut être conçue dans deux situations différentes : intervention dans les affaires d'autrui[76] ou intervention devant une instance juridictionnelle. La définition de l'intervention dans la deuxième figure désigne alors « l'incident de procédure par lequel une personne juridique souhaite prendre part à une instance arbitrale ou judiciaire engagée entre deux autres personnes juridiques parties à cette instance »[77].

26.- Si ces définitions précitées mettent en évidence le caractère incident de l'intervention des tierces parties dans le procès, celle de S. Torres Bernardez précise les buts de ladite intervention. Selon cet auteur, l'intervention est « un moyen de procédure dont l'objet et le but consistent à faciliter la participation d'un tiers (l'intervenant), dans un procès ou une instance concernant un litige déterminé pendant entre d'autres personnes (les parties), soit en vue de la protection d'intérêts propres audit tiers, soit pour la sauvegarde des principes généraux de la justice ou d'efficacité protégés par le système juridique en cause, soit aux fins d'une combinaison variable de ces deux motifs »[78].

27.- Ainsi, de manière générale, dans une procédure de règlement des différends, l'intervention est l'action de tierces parties qui veulent participer à des fins variées, soit pour protéger leurs propres intérêts soit pour d'autres buts (par exemple, pour faire valoir l'intérêt commun, pour soutenir l'une des parties principales...). Comme point de départ, cette notion est également utile pour une recherche sur l'intervention de tierces parties devant l'Organe de règlement des différends de l'Organisation mondiale du commerce, parce que, dans ce cadre, les objectifs de l'intervention sont aussi variés. C'est pourquoi, aux fins de cette étude, l'intervention de tierces parties devant l'ORD peut être définie comme **« une procédure, conformément au Mémorandum d'accord et aux autres instruments concernés, permettant à tout Membre autre que les Membres**

---

73 CORNU G. (dir.), *op. cit.,* note 57, p. 567.

74 GARNER B. A. (editor in chief), *op. cit.,* note 61, p. 897.

75 GARNER B. A. (editor in chief), *op. cit.,* note 61, p. 897.

76 L'intervention dans les affaires d'autrui peut avoir des sens variés en fonction du contexte concret. Voir SALMON J. (dir.), *op. cit.,* note 63, pp. 608-612.

77 SALMON J. (dir.), *op. cit.,* note 63, p. 612.

78 TORRES BERNARDEZ S., *ibid.,* note 4, p. 223.

principaux au différend, de participer aux étapes de règlement des différends (y compris, mais non exclusivement, les consultations, les groupes spéciaux et l'examen en appel) pour défendre leurs propres intérêts ou à d'autres fins ». Cette notion soulève déjà quelque peu des caractéristiques de l'intervention dans le règlement des différends à l'OMC, ce qui nous aidera à mieux encadrer la problématique de notre recherche.

Problématique de la recherche

28.- L'intervention existe maintenant non seulement dans le mécanisme de règlement des différends de l'OMC, mais également depuis longtemps ou peu dans les procédures devant les autres juridictions ou mécanismes de règlements des différends internationaux. Les règles applicables à l'intervention de tierces parties peuvent en effet être trouvées dans les procédures de la Cour internationale de Justice[79], de la Cour de justice de l'Union européenne[80], des groupes spéciaux arbitraux établis dans le cadre de l'Accord de libre-échange nord-américain (ci-après, l'ALÉNA), de la Cour de justice de l'Afrique de l'Est[81], de la Cour de justice du Marché commun d'Afrique orientale et australe[82], de la Cour économique de la Communauté des États indépendants[83], de la Cour de justice de la

---

[79] Voir les deux articles 62 et 63 du Statut de la Cour internationale de Justice. Sur ce sujet, voir également : ROSENNE S., *op. cit.*, note 65, 207 p. ; CIJ, *La Cour internationale de Justice*, 5e édition, La Haye, 2004, pp. 65-66 ; EYFFINGER A., *The International Court of Justice,* The Hague, Kluwer Law International, 1996, pp. 140-141.

[80] Voir l'article 40 du Statut de la Cour de justice de l'Union européenne (version consolidée), JO L 228 du 23 août 2012, p.1.

[81] La Cour de justice de l'Afrique de l'Est (*East African Court of Justice for East African Community Free Trade Area*) est établie au titre du chapitre 8 du Traité établissant la Communauté de l'Afrique de l'Est du 30 novembre 1999 entre l'Ouganda, le Kenya et la Tanzanie, dernièrement amendé en 2007 avec l'accession du Rwanda et du Burundi. L'intervention est prévue à l'article 40 de ce traité. Voir Organisation mondiale du commerce - Comité du commerce et du développement, *Communauté de l'Afrique de l'Est, Communication des Parties du 11 octobre 2000,* WT/COMTD/25 ; Organisation mondiale du commerce - Comité du commerce et du développement, *Notification d'un accord commercial régional – Notification de l'adhésion de la République du Rwanda et de la République du Burundi au Protocole instituant l'Union douanière de l'Afrique de l'Est – Addendum du 15 octobre 2012,* WT/COMTD/N/14/add.2 ; UN Office of the Special Adviser on Africa (OSAA) & The African Union Permanent Observer Mission to the United Nations, *Africa's Regional Economic Communities Briefing to UN Member States,* disponible sur : http://www.un.org/africa/osaa/reports/new-reports/Background%20Note%20to%20the%20RECS%20briefings%20to%20Member%20States.pdf (url consultée le 10 mai 2012).

[82] La Cour de justice du Marché commun d'Afrique orientale et australe a été créée en 1994 après l'adoption et l'entrée en vigueur du Traité instituant le Marché commun de l'Afrique orientale et australe le 8 décembre 1994 (the Treaty establishing the Common Market for Eastern and Southern Africa, COMESA). L'article 36 de ce traité régit l'intervention des tierces parties. Voir ce traité sur : http://www.comesa.int/attachments/article/28/COMESA_Treaty.pdf (url consultée le 10 janvier 2012).

[83] Voir les articles 39 et suivants du Règlement de la Cour économique de la Communauté des États indépendants (*Economic Court of Commonwealth of Independent States – ECCIS*).

Communauté économique et monétaire de l'Afrique centrale[84], de la Cour de justice de la Communauté économique des États de l'Afrique de l'Ouest[85], du Tribunal de la Communauté de développement de l'Afrique australe[86], des tribunaux arbitraux établis dans le cadre de l'Association européenne de libre-échange (ci-après, l'AELE)[87], du tribunal arbitral établi selon les règles du chapitre XV de l'Accord des partenaires économiques stratégiques transpacifiques entre Singapour, le Brunei, la Nouvelle-Zélande et le Chili (ci-après, l'Accord P4)[88], etc.

29.- L'ajout dans les mécanismes de règlement des différends des règles relatives à l'intervention des tierces parties s'exprime surtout par le besoin de protéger l'intérêt de ces tiers dans une affaire pendante. Dans le droit du contentieux international, la relativité de la chose jugée, reconnue comme principe qui ne rend l'arrêt obligatoire que pour les parties principales[89], n'offre aux États tiers qu'une

---

[84] Cette cour est formée au titre des articles 2 et 5 du Traité instituant la Communauté économique et monétaire de l'Afrique centrale (CEMAC) signé en 1994 entre le Cameroun, la République centrafricaine, le Congo, le Gabon, la Guinée équatoriale et le Tchad. L'intervention est régie par deux articles 71 et 72 de l'Acte additionnel n° 4/00/CEMAC-041-CCE-CJ-02, portant Règles de procédure de la chambre judiciaire de la CEMAC de 2002. Cet acte est disponible sur : http://www.cemac.int/sites/default/files/documents/files/Regles_procedure_CJ.pdf (url consultée le 11 janvier 2012).

[85] La Cour de justice de la Communauté économique des États de l'Afrique de l'Ouest (CEDEAO) est établie sur la base de l'article 15 du Traité sur la Communauté économique des États de l'Afrique de l'Ouest de 1977, amendé en 1993 et du Protocole sur la Cour de justice de 1991, amendé en 2005. L'article 21 de ce Protocole prévoit l'intervention d'un État membre dans le règlement des différends porté devant la Cour. Voir ce protocole sur : http://www.courtecowas.org/site/index.php?option=com_wrapper&view=wrapper&Itemid=33&lang=en (url consultée le 10 décembre 2011).

[86] Le Tribunal de la Communauté de développement de l'Afrique australe (*the Southern African Development Community,* SADC), est établi conformément à l'article 16 du Traité de la Communauté de développement de l'Afrique australe de 1992, amendé de 2001. L'intervention de tierces parties est régie par l'article 30 du Protocole sur le Tribunal et ses règles de procédures de 2000. Voir ce protocole sur : http://www.sadc.int/files/1413/5292/8369/Protocol_on_the_Tribunal_and_Rules_thereof2000.pdf (url consultée le 15 décembre 2011). Il faut cependant noter que les activités du Tribunal ont été *de facto* suspendues selon la décision prise dans le sommet de SADC en 2010.

[87] Dans le cadre de l'Association européenne de libre-échange, les litiges peuvent être résolus par la consultation entre les parties au différend et/ou par l'arbitrage. L'article 48.2 de la Convention établissant l'Association européenne de libre-échange, consolidée au 20 septembre 2010, régissant l'arbitrage, prévoit l'intervention d'un État membre dans une telle procédure. Voir cette convention sur : http://www.efta.int/media/documents/legal-texts/efta-convention/efta-convention-texts/efta-convention-consolidated.pdf (url consultée le 15 décembre 2011).

[88] Le règlement des différends dans le cadre de l'Accord des partenaires économiques stratégiques transpacifiques entre Singapour, le Brunei, la Nouvelle-Zélande et le Chili est régi par les dispositions du chapitre 15. L'intervention des tierces parties est prévue dans l'article 15.4.4 (dans les procédures de consultation) et dans des dispositions de l'annexe 15.B sur l'arbitrage. Voir cet accord sur : http://www.mfat.govt.nz/downloads/trade-agreement/transpacific/main-agreement.pdf (url consultée le 10 novembre 2011).

[89] Sur ce sujet, voir : KOLB R., *La Cour internationale de Justice,* Paris, A. Pedone, 2013, pp. 785-800.

protection « *post festum* »[90] contre les effets directs de cet arrêt. Cette protection n'est certainement pas suffisante pour ceux qui veulent défendre, de manière opportune et immédiate, leur intérêt légitime. Par conséquent, dans une telle situation, un État tiers peut vouloir être présent au cours de la procédure pour faire connaître sa position ainsi que faire valoir ses droits. De plus, l'arrêt du juge international peut contenir des interprétations relatives à une règle du droit international, constituer un précédent[91] et contribuer parfois au développement du droit international. Dans cette optique, l'intervention permet à un État tiers de peser de tout son poids sur le jugement en faisant connaître au juge sa voix concernant certaines situations en rapport avec l'objet du différend[92].

30.- L'intervention devant l'ORD fonctionne dans la même logique susmentionnée. Toutefois, l'interdépendance économique et commerciale[93] de plus en plus importante entre les Membres de l'OMC peut justifier un besoin plus grand des Membres autres que les parties principales d'intervenir dans un litige. Sous l'effet de la clause de la nation la plus favorisée (ci-après, la clause NPF), une mesure mise en œuvre par un Membre (par exemple, le relèvement d'un droit de douane, l'application d'un obstacle technique au commerce, d'une mesure sanitaire sur un produit importé, etc.) est loin d'affecter un seul autre Membre mais souvent plusieurs autres Membres. Dès lors, lorsqu'un Membre A engage une action contre un Membre B dont une mesure est présumée violer le droit de l'OMC, un bon nombre d'autres Membres sont susceptibles de s'y intéresser et peuvent vouloir devenir tierces parties pour défendre leur intérêt.

En dehors de ce contexte matériel, certains traits procéduraux du système de règlement de l'OMC peuvent aussi influencer le statut des tierces parties Membres. Tout d'abord, il s'agit d'un système de règlement des différends exclusif et obligatoire[94]. « L'application des procédures visées au Mémorandum d'accord trouve dès lors sa base dans la seule accession des Membres à l'Organisation et ce, de façon égale pour chacun d'entre eux »[95]. La compétence préalablement établie permet donc à tout Membre de recourir aux règles prévues dans le Mémorandum d'accord lorsqu'il estime que des avantages sont réduits ou compromis par une mesure appliquée par un autre. De plus, cette compétence est encore

---

[90] KOLB R., *op. cit.*, note 89, p. 717.

[91] VON BOGDANDY A. & VENZKE I., « Chapter 23 : The Spell of Precedents : Lawmaking by International Courts and Tribunals », *in* ROMANO C. P., ALTER K. J. & SHANY Y. (edt.), *The Oxford Handbook of International Adjudication*, New York, Oxford University Press, 2014, pp. 503-522.

[92] KOLB R., *op. cit.*, note 89, p. 718.

[93] ANGELET N., « Le tiers à l'instance dans la procédure de règlement des différends de l'OMC », *in* RUIZ FABRI H. & SOREL J.-M. (dir.), *Le tiers à l'instance devant les juridictions internationales*, Coll. Contentieux international, Paris, A. Pedone, 2005, p. 211.

[94] CANAL-FORGUES E., *op. cit.*, note 8, pp. 22-23.

[95] ANGELET N., *ibid.*, note 93, p. 208.

renforcée par l'article 23 du Mémorandum d'accord, intitulé « Renforcement du système multilatéral » qui interdit explicitement toute action unilatérale des Membres en vue d'établir une violation du droit de l'OMC sans avoir recours aux règles et procédures du Mémorandum d'accord[96]. Ceci est alors tout à fait différent de la compétence non obligatoire de la CIJ, laquelle doit se fonder sur le consentement des parties au différend. De plus, il existe dans le Mémorandum d'accord plusieurs modes ou phases de règlement des différends : les consultations[97], bons offices, conciliation et médiation[98], les phases contentieuses (des groupes spéciaux, de l'examen en appel, de la mise en conformité)[99], et l'arbitrage[100]. Chaque mode est caractérisé par des règles de procédures qui prévoient ou non l'intervention. Le niveau d'utilisation de tel ou tel mode dans la pratique et son rôle au sein du système ne sont pas les mêmes et peuvent affecter le niveau d'intervention des Membres. Enfin, la rapidité est considérée comme un des principes qui sous-tendent ce système. En conséquence, la procédure est ponctuée de délais brefs, ce qui peut limiter l'ouverture de la procédure à la participation des tierces parties Membres.

31.- L'ensemble des éléments mentionnés ci-devant constituent le contexte particulier dans lequel s'inscrit le régime juridique régissant l'intervention des tierces parties dans le règlement des différends à l'OMC. Ils le rendent plus spécifique, par rapport à l'intervention des tierces parties devant d'autres juridictions internationales. Cette recherche vise dès lors à répondre à des questions juridiques prédominantes : l'intervention des tierces parties devant l'ORD présente-t-elle des spécificités ? En quoi et pourquoi est-elle spécifique ? La pratique de l'intervention justifie-t-elle ces spécificités ? Ces spécificités sont-elles un « plus » par rapport à l'intervention dans la procédure et la pratique d'autres juridictions internationales ?

32.- De plus, les analyses approfondies portant sur ces spécificités feront apparaître d'autres questions : dans un tel régime spécifique, quels rôles les tierces parties jouent-elles ? En quoi consistent-ils ? Sont-ils suffisants pour affirmer la nécessité de renforcer davantage leur position au sein de ce système ? Sur ce point, il est important de rappeler que certains auteurs ont cherché à les examiner sous différents angles. Tout d'abord, d'un point de vue général, la plupart des études relatives à la prise de décisions judiciaires, soit dans le cadre de juridictions

[96] Par exemple, l'article 23.1 du Mémorandum d'accord prévoit : « Lorsque des Membres chercheront à obtenir réparation en cas de violation d'obligations ou d'annulation ou de réduction d'avantages résultant des accords visés, ou d'entraves à la réalisation d'un objectif desdits accords, il auront recours et se conformeront aux règles et procédures du présent Mémorandum d'accord ».

[97] Voir l'article 4 du Mémorandum d'accord.

[98] Voir l'article 5 du Mémorandum d'accord.

[99] Voir les articles 6 à 22 du Mémorandum d'accord.

[100] Voir l'article 25 du Mémorandum d'accord.

internes, soit dans le cadre de juridictions internationales, ont affirmé l'effet des tierces parties sur ce processus[101]. Dans le cadre de l'ORD, dès 1997, dans son œuvre, l'auteur K. Arend a affirmé l'importance de la présence des tierces parties dans ce mécanisme en indiquant brièvement : « il est entendu que ces tierces parties contribuent à l'efficacité du règlement des différends et à la prévisibilité et la sécurité du système commercial mondial »[102]. Ensuite, selon A. Rosas et J. M. Smith, les arguments présentés par les tierces parties devant les groupes spéciaux et/ou l'Organe d'appel pourraient avoir un certain poids sur la décision de ces derniers : d'une part, A. Rosas démontre que les tierces parties pourront « aider à élargir l'éventail des arguments et des considérations mis devant des groupes spéciaux et l'Organe d'appel, et à éviter que les groupes spéciaux se concentrent trop étroitement sur les intérêts particuliers des parties au différend »[103], et d'autre part, J. M. Smith constate : « dans la pratique, les audiences sont d'une importance particulière au niveau de l'examen en appel (...), les informations émanant des participants tiers sont très appréciées lors de ces audiences. Pour les questions systémiques importantes où les règles de l'OMC peuvent être ambiguës, il est arrivé que les membres de l'Organe d'appel pressent les participants tiers de donner leur point de vue sur les questions qui n'avaient pas été abordées dans leur communication écrite »[104]. Cependant, ces trois auteurs n'ont pas décrit avec détail dans quelle mesure les tierces parties pourraient assurer telle ou telle

---

[101] BAILEY M. A., « Signals from the Tenth Justice : the Political Role of the Solicitor General in Supreme Court Decision Making », *American Journal of Political Science,* 2005, vol. 49, n°. 1, pp. 72-85 ; JOHNSON T. R., WAHLBECK P. J. & SPRIGGS J. F., « The influence of Oral Arguments on the U.S. Supreme Court », *American Political Science Review,* 2006, vol. 100, n°. 1, pp. 99-113 ; HELFER L. R. & SLAUGHTER A.-M., « Why States Create International Tribunals : A Response to Professors Posner and Yoo », *California Law Review,* May 2005, vol. 93, pp. 1-58 ; GARRETT G., KELEMEN R. D. & SCHULZ H. « The European Court of Justice, National Governments, and Legal Integration in the European Union » , *International Organization,* 1998, vol. 52, n°. 1, pp. 149-176 ; ALTER K. J., « Who Are the « Masters of the Treaty » ? : European Governments and the European Court of Justice », *International Organization,* 1998, vol. 52, n°. 1, pp. 121-147.

[102] « *It is understood that such third party status contributes to the efficiency of dispute settlement and to the predictability and security of the world trading system* ». AREND K., « Understanding on Rules and Procedures Governing the settlement of disputes (DSU) : Article 10 », *in* WOLFRUM R., STOLL P.-T., & KAISER K. (edt.), *WTO : Institutions and Dispute Settlement,* Leiden, Martinus Nijhoff Publishers, 2006, p. 374. La traduction en français de toutes les citations en anglais est effectuée par l'auteur de cet ouvrage.

[103] « *Assist in broadening the range of arguments and considerations which are put before panels and the Appellate Body, and avoiding that panels become too narrowly focused on the particular interests of the parties to the dispute* ». ROSAS A., « Joinder of Parties and Third Party Intervention in WTO Dispute Settlement », *in* WEISS F. (edt.), *Improving WTO dispute settlement procedures : issues and lessons from the practice of other international courts and tribunals*, London, Cameron May, 2000, p. 85.

[104] « *In practice, the oral hearing is of particular importance at the appellate level (...), input from third participants is highly valued during these hearings. On important systemic questions, where WTO rules may be ambiguous, Appellate Body members have been known to press third participants for their views on issues that were not even addressed in their written submission* ». SMITH J. M., « WTO dispute settlement : the Politics of Procedure in Appellate Body rulings », *World Trade Review,* 2003, vol. 2, n°. 1, p. 85.

rôle. Sous l'angle de l'économétrie, les modèles construits par les auteurs M. L. Busch et E. Reinhardt, dans le but d'examiner les influences de l'intervention sur toutes les étapes de règlement des différends, leur ont permis de conclure que les effets généraux de cette intervention étaient de « saper les perspectives de règlement rapide » et de « rendre plus susceptibles que les différends aillent jusqu'aux phases contentieuses »[105]. Les deux auteurs ont également indiqué que l'impact substantiel de la participation de tierces parties sur les décisions du juge de l'OMC était considérable[106]. Dans une constatation relative à l'incidence des arguments avancés par les tierces parties sur le développement du droit de l'OMC, le professeur H. Ruiz Fabri a de façon convaincante argumenté :

> « Même si l'on sait que les membres de l'OMC peuvent demander à être tierces parties, que ce statut leur est accordé libéralement et que certains membres de l'OMC (...) sont très souvent présents à ce titre pour faire valoir leurs arguments, que les rapports rappellent avec application, il n'est cependant pas toujours évident de peser ce que les groupes spéciaux et l'Organe d'appel en font exactement. Si l'on pourrait être tenté de considérer que l'effet est marginal, l'affaire [*Chine – Mesures affectant les droits de commercialisation et les services de distribution pour certaines publications et certains produits de divertissement audiovisuels*] pourrait néanmoins montrer que la participation des tierces parties n'est pas purement formelle et qu'elles sont écoutées »[107].

Toutes les constatations ci-dessus montrent que les tierces parties occupent une place déterminante et jouent un rôle important dans le règlement des différends de l'OMC. Cependant, ce thème ne fait pas encore l'objet d'une étude complète. La présente étude sera donc menée dans le but de compléter cette lacune.

Méthodologie de la recherche

33.- **La méthodologie de recherche utilisée** est surtout l'analyse comparative. Comme les analyses ci-dessus l'ont montré, l'intervention de tierces parties existe dans le mécanisme de règlement de l'OMC et dans d'autres juridictions ou mécanismes de règlement à vocation tant universelle que régionale. Puisque dans la plupart de ces mécanismes ou juridictions, la pratique de l'intervention de

---

[105] « *Undermines the prospects for early settlement* » et « *makes it more likely that disputes will go the legal distance to a ruling* ». BUSCH M. L. & REINHARDT E., « Three's a Crowd : Third Parties and WTO Dispute Settlement », *World Politics*, April 2006, vol. 58, n°. 3, pp. 475.

[106] Avec leur modèle, la probabilité marginale d'une décision en faveur de la partie plaignante, s'il n'y pas de tierces parties, est de 0.09 ; s'il y a des tierces parties intervenant en faveur de la partie plaignante, est de 0.29 ; si ces tierces parties soulèves des questions systémiques, est de 0.55 ; s'il y a des tierces parties intervenant en faveur de la partie mise en cause, est de 0.33. Voir BUSCH M. L. & REINHARDT E., *ibid.*, note 105, p. 474.

[107] RUIZ FABRI H. & MONNIER P., « Organisation mondiale du commerce : Chronique du règlement des différends 2009-2010 », *Journal du droit international (Clunet)*, 2010, n°. 3, p. 950.

tierces parties n'existe pas encore, les analyses comparatives contenues dans cette étude se concentreront notamment sur la comparaison entre l'intervention de tierces parties devant l'ORD et celle devant la CIJ et la CJUE. Une telle étude est possible, parce que cette procédure a connu de longues années d'existence au sein des trois juridictions avec des pratiques plus ou moins abondantes et significatives. De plus, cette comparaison permettra non seulement de faire valoir les caractères spécifiques de l'intervention de tierces parties devant l'ORD, mais également de contribuer au processus de négociations sur le Mémorandum d'accord dans le cadre du cycle de Doha des idées nécessaires pour bien examiner la question de l'élargissement des droits de tierces parties.

Plan de l'ouvrage

34.- Pour arriver à répondre de manière adéquate à toutes les questions susmentionnées, il nécessite d'analyser à la fois le cadre théorique et le cadre pratique de l'intervention des tierces parties dans le règlement des différends de l'OMC. Ces analyses nous permettront de trouver que ce régime comprend, dans les règles et dans la mise en œuvre de ces règles, des différences par rapport à l'intervention devant d'autres juridictions internationales. Ces différences constituent, de manière incontournable, les caractères spécifiques de ce régime. Ensuite, ces caractères spécifiques nous aideront à affirmer le rôle des tierces parties Membres au sein de l'ORD qui sera examiné à travers l'ensemble des incidences que produit leur intervention. Les idées de cette étude se construiront donc autour de deux grands axes : il s'agit tout d'abord des spécificités de l'intervention des tierces parties **(première partie)** ; et d'autre part, des incidences de cette intervention **(deuxième partie)**.

Première partie : Les spécificités de l'intervention des tierces parties ;

Deuxième partie : Les incidences de l'intervention des tierces parties.

Première partie

LES SPÉCIFICITÉS DE L'INTERVENTION DES TIERCES PARTIES

35.- L'intervention des tierces parties devient une procédure quasiment omniprésente dans les mécanismes de règlement des différends, au niveau interne ou international[108]. Dans le cadre de l'ORD, le régime d'intervention, comme indiqué dans l'introduction, a connu une longue histoire ; il est actuellement prévu dans le Mémorandum d'accord[109] et les Procédures de travail pour l'examen en appel[110]. Ces deux outils procéduraux ouvrent aux Membres désirant intervenir la possibilité de le faire et leur accordent les droits et obligations qui y sont attachés. Par rapport à celle existante dans les procédures d'autres juridictions, l'intervention devant l'ORD est, semble-t-il, spécifique. L'adjectif « spécifique » et le nom « spécificité » signifient « qui appartient en propre à une espèce, à une chose »[111]. Cela signifie que quand on parle des spécificités d'une personne ou d'une chose, il convient d'identifier les caractéristiques qui la différencient des autres.

36.- L'étude comparée menée dans cette première partie visera essentiellement à prouver que le régime juridique régissant l'intervention dans le règlement des différends de l'ORD contient des caractères qui permettent de la distinguer nettement de celle existante dans d'autres juridictions internationales.

37.- De manière générale, le terme « régime » désigne un « système de règles, considéré comme un tout, soit en tant qu'il regroupe l'ensemble des règles relatives à une matière, soit en raison de la finalité à laquelle sont ordonnées les règles »[112]. Dans le droit international, ce terme est utilisé pour désigner « l'ensemble des règles qui régissent une institution juridique déterminée »[113]. Sur ces

---

[108] CADIET L., NORMAND J. & MEKKI S. A., *Théorie générale du procès*, Paris, PUF, 2010, pp. 722-724 ; SANTULLI C., *op. cit.*, note 3, pp. 299-304.

[109] Voir les articles 4.11, 10, 17.4 du Mémorandum d'accord.

[110] Voir les règles 24, 27, 28 des Procédures de travail pour l'examen en appel du 15 septembre 2010, WT/AB/WP/6.

[111] *Le grand Larousse illustré 2014*, Paris, Larousse, 2014, p. 1087.

[112] CORNU G. (dir.), *op. cit.*, note 57, p. 868.

[113] SALMON J. (dir.), *op. cit.*, note 63, p. 958.

bases, nous pouvons en déduire que le régime d'intervention des tierces parties s'entend par l'ensemble des règles relatives à l'intervention, visant à déterminer les conditions de leur accès et à guider leur participation au sein d'un système de règlement des différends. Pour éviter toute perturbation éventuelle susceptible d'être causée par l'intervention des tierces parties, il est nécessaire que l'admission d'un acte introductif d'intervention[114] et leur participation suivant cette admission à un litige déjà engagé par les parties principales au différend soient régies par des règles préalablement prévues.

38.- Dans le cadre de l'OMC, le régime juridique régissant l'intervention comprend également deux volets : les règles relatives à l'admission de l'accès des tierces parties Membres et celles relatives à leur participation. Ces règles et la pratique de leur mise en œuvre nous leur font savoir qu'en ce qui concerne l'accès des tierces parties au système, un bon nombre des Membres de l'OMC ont pu se présenter fréquemment en qualité de tierces parties dans de différentes phases, telles que dans les consultations, dans les travaux des groupes spéciaux et devant l'Organe d'appel. Il s'agit donc, en premier lieu, des spécificités relatives à l'accès des tierces parties aux procédures de règlement des différends **(premier titre).**

En ce qui concerne la participation des tierces parties, les négociateurs du Mémorandum d'accord, voulant garder une distinction entre tierces parties et parties principales au différend[115], ont établi des limites à leurs droits participatifs, bien que les modalités prescrites à la participation soient assez souples. Ceci constitue, en second lieu, les spécificités relatives à la participation des tierces parties aux procédures de règlement des différends **(deuxième titre)**.

---

114 Puisqu'il existe des expressions différentes désignant la demande d'intervention (dans le cadre de l'OMC, il s'agit de la demande de participation aux consultations, la notification d'intérêt substantiel pour l'intervention dans la phase des groupes spéciaux… ; dans le cadre de la CIJ, la requête à fin d'intervention, la déclaration d'intervention…), l'expression « acte introductif d'intervention » est utilisée pour désigner toute sorte de demande d'intervention.

115 Voir surtout l'article 10 du Mémorandum d'accord ; *Communautés européennes – Conditions d'octroi de préférences tarifaires aux pays en développement,* le rapport du groupe spécial du 1er décembre 2003, WT/DS246/R, Annexe A, para. 7.

Premier titre

LES SPÉCIFICITÉS RELATIVES À L'ACCÈS DES TIERCES PARTIES AUX PROCÉDURES DE RÈGLEMENT DES DIFFÉRENDS

39.- Quand un litige naît entre deux ou plusieurs sujets du droit, ces derniers disposent de plusieurs moyens pour y mettre fin. Il existe en premier lieu la possibilité pour les deux parties d'entrer directement en négociation afin de trouver par elles-mêmes une solution mutuellement acceptable. Il s'agit de la consultation entre les parties au différend. Ce mode, par tradition, est largement préféré par certains pays dans le monde, surtout ceux d'Asie de l'Est et du Sud-Est, tels que la Chine, le Japon, la Corée ou le Vietnam[116].

Si cette consultation ne permet pas de régler leur différend, elles peuvent saisir un tiers « impartial et désintéressé »[117] qui, soit les aidera à trouver un accord n'ayant pas de caractère obligatoire (le médiateur ou le conciliateur), soit un tiers doté du pouvoir de rendre des décisions contraignantes vis-à-vis des parties (l'arbitre, le juge judiciaire ou l'instance administrative)[118]. Dans le dernier cas, il s'agit de l'accès des parties à la justice, au tribunal ou au juge, c'est-à-dire le « droit pour tout citoyen de s'adresser librement à la justice pour la défense de ses intérêts, même si sa demande doit être déclarée irrégulière, irrecevable ou mal fondée »[119]. Ainsi, lorsqu'une personne estime que ses intérêts sont affectés d'une manière ou d'une autre, elle se voit ménager la possibilité de recourir à la justice afin de protéger ces intérêts.

---

116 EWING-CHOW M., GOH A. W. S. & PATIL A. K., « Are Asian WTO Members Using the WTO DSU « Effectively » ? », *Journal of International Economic Law,* 2013, vol. 16, n°. 3, pp. 669-705 ; KIM C., « East Asia in the WTO dispute settlement mechanism », *in* TANIGUCHI Y., YANOVICH Y. & BOHANES J. (edt.), *The WTO in the Twenty-first Century: Dispute Settlement, Negociations, and Regionalism in Asia,* Cambridge, Cambridge University Press, 2007, pp. 262, 265.

117 CADIET L., NORMAND J. & MEKKI S. A., *op. cit.*, note 108, p. 722.

118 GUINCHARD S. *et al.*, *Droit processuel : droits fondamentaux du procès,* 7e édition, Paris, Dalloz, 2013, pp. 539-540.

119 CORNU G. (dir.), *op. cit.*, note 57, p. 10.

40.- Les différends nés des relations internationales en général ou des relations internationales économiques, commerciales sont susceptibles d'être résolus à travers les modes mentionnés ci-dessus[120]. Il est établi que les sujets du droit international disposent du libre choix des moyens de règlement[121]. Notons que ces possibilités sont réservées surtout aux parties principales au différend (c'est-à-dire le plaignant et le défendeur) sur la base, dans la plupart des cas, du concentement formé entre celles-ci[122]. Dans l'interdépendance de l'économie et du commerce international, l'issue d'un différend et ses conséquences ne concernent pas uniquement les parties principales du différend. En effet, la résolution d'un différend peut avoir des répercussions considérables sur l'ensemble des relations multilatérales[123]. Des entités, autres que les parties principales au différend, peuvent donc en subir les effets et nécessiter d'y intervenir.

41.- Dans le cadre de l'OMC, plusieurs modes de règlement des différends sont prévus dans le Mémorandum d'accord[124]. Lorsqu'un litige est déclenché par un Membre contre un autre, tout autre Membre a également la possibilité de se constituer soit co-plaignant, soit tierce partie conformément à des procédures respectivement prévues. S'il choisit d'intervenir en qualité de tierce partie, son accès au mécanisme n'est pas régi par les mêmes règles que celles relatives à l'accès en tant que partie principale[125]. La notion *d'intérêt à agir* pour la partie plaignante n'est pas prévue dans le Mémorandum d'accord et a été interprétée de manière extensive très tôt par l'Organe d'appel dans l'affaire *Communautés européennes – Régime applicable à l'importation, à la vente et à la distribution des bananes*[126],

---

120 L'article 33 de la Charte des Nations Unies de 1945. Voir également : SANTULLI C., *op. cit.*, note 3, pp. 3-15 ; DAILLIER P., FORTEAU M. & PELLET A., *Droit international public,* 8e édition, Paris, L.G.D.J., 2009, pp. 918-1043 ; DUPUY P.-M. & KERBRAT Y., *Droit international public,* 11e édition, Paris, Dalloz, 2012, pp. 616-660 ; CARREAU D. & MARRELLA F., *Droit international,* 11e édition, Paris, A. Pedone, 2012, pp. 599-690 ; COMBACAU J. & SUR S., *Droit international public,* 9e édition, Paris, Montchrestien, 2010, pp. 556-614.

121 Il s'agit d'un des principes fondamentaux du droit du contentieux international. Voir : COMBACAU J. & SUR S., *op. cit.,* pp. 561-562.

122 CHINKIN C., *op. cit.,* note 44, p. 1 ; KINGSBURY B. & DONALDSON M., « From Bilateralism to Publicness in International Law », *in* FASTENRATH U. *et al.* (edt.), *From Bilateralism to Community Interest : Essays in Honour of Judge Bruno Simma,* Oxford, Oxford University Press, 2011, pp. 79-89.

123 KOVAR R., *Le règlement des différends économiques interétatiques dans les organisations internationales,* Paris, Association des Hautes Études Internationales, 1969-1970, p. 78.

124 Selon les auteurs D. Carreau et P. Juillard, il s'agit d'une « panoplie des procédures utilisables ». Voir CARREAU D. & JUILLARD P., *op. cit.*, note 9, pp. 98-99.

125 CANAL-FORGUES E., *op. cit.*, note 8, p. 36 ; GUINCHARD S. *et al.*, *op. cit.*, note 118, pp. 1231-1232.

126 Voir l'affaire *Communautés européennes – Régimes applicables à l'importation de bananes,* Rapport de l'Organe d'appel du 9 septembre 1997, WT/DS27/AB/R ; CANAL-FORGUES E., *op. cit.*, note 8, pp. 34-37 ; GUINCHARD S. *et al.*, *op. cit.,* note 118, p. 1231.

tandis que l'accès pour un Membre, en qualité de tierce partie est toujours conditionné à l'existence d'un intérêt (à des degrés différents, en fonction de l'étape dans laquelle les tierces parties désirent intervenir). Cette condition freine-t-elle la présence des tierces parties dans les procédures ? Il nous semble que non. Les analyses contenues dans ce titre chercheront donc à constater que les tierces parties se présentent avec fréquence au tout long du règlement des différends de l'OMC[127]. Ceci résulte tout d'abord des conditions d'admission plutôt favorables (**chapitre 1**) et ensuite, d'un développement progressif de la pratique, lequel se traduit surtout par une volonté d'intervenir exprimée par les Membres ainsi que par une politique judiciaire ouverte mise en œuvre par le juge de l'OMC (**chapitre 2**). Cet état de chose constituera, bien évidemment, la première caractéristique du régime de l'intervention des tierces parties devant l'ORD.

[127] Voir aussi : IWASAWA Y., « Third Parties Before International Tribunals : the ICJ and the WTO », *in* ANDO N., McWHINNEY E. & WOLFRUM R. (edt.), *Liber Amicorum Judge Shigeru Oda,* The Hague, Kluwer Law International, 2002, vol. 2, p. 887. L'auteur a constaté que : « *Intervention is on the increase in the WTO* ». La pratique l'a justifié.

Chapitre 1

DES CONDITIONS D'ACCÈS PLUTÔT FAVORABLES

42.- L'accès de tierces parties dans des mécanismes de règlement des différends internes ou internationaux est toujours soumis à des conditions. L'ensemble de ces conditions se divisent en deux : les conditions de fond et les conditions de forme. Les conditions de fond annoncent les exigences relatives à la qualité de l'intervenant et à l'existence, de la part de l'intervenant, d'un intérêt à intervenir. Il faut noter que l'intervention commence toujours par le dépôt de la part d'une tierce partie d'un acte introductif d'intervention. Dès lors, les conditions de forme regroupent les exigences concernant l'acte introductif d'intervention (telles que le délai de sa soumission, sa forme, son contenu, etc.) et prévoient les procédures au regard desquelles le destinataire examine sa recevabilité.

43.- Ces conditions sont élaborées et mises en œuvre de façon plus ou moins exigeante selon le niveau d'ouverture du mécanisme aux tierces parties. En règle générale, si un mécanisme est favorable à l'accès des tierces parties, les conditions sont élaborées de manière à permettre leur présence la plus importante possible dans le règlement des différends. Inversement, si l'intervention des tierces parties est considérée comme un facteur perturbateur du déroulement des procédures et un risque au bilatéralisme et au consensualisme, les conditions pourront être codifiées de manière très rigoureuse.

44.- Dans le cadre de l'OMC, l'accès des tierces parties est également régi par un ensemble des règles fixant des conditions de fond et des conditions de forme. Ces conditions sont énoncées dans le Mémorandum d'accord, notamment pour l'accès des tierces parties aux consultations et aux travaux des groupes spéciaux. Elles sont principalement prévues pour l'accès des participants tiers à la phase d'appel dans les Procédures de travail pour l'examen en appel. Elles présentent à la fois des aspects positifs et négatifs pour leur accès. Mais dans l'ensemble, il apparaît qu'elles sont plutôt favorables à la présence des tierces parties dans telle ou telle procédure, parce qu'elles prévoient des conditions de fond peu contraignantes **(section 1)** et mettent en valeur la simplicité des conditions de forme **(section 2)**.

Section 1 : DES CONDITIONS DE FOND PEU CONTRAIGNANTES

45.- Les conditions de fond sont contenues dans les dispositions mêmes fixant le régime d'intervention. Par exemple, devant la CIJ, deux types d'intervention sont conditionnés par les articles 62 et 63 du Statut de la Cour et par certaines dispositions du Règlement de 1978[128]. L'intervention dans les recours directs devant la CJUE est subordonnée aux conditions fixées par l'article 40 du Statut de la Cour et par ceux contenus dans son Règlement[129], etc. Dans les procédures devant l'ORD, ces conditions sont également comprises dans les règles déterminant le régime juridique de l'intervention de tierces parties, rappelées par les articles 4.11, 10 et 17.4 du Mémorandum d'accord et par la règle 24 des Procédures de travail pour l'examen en appel[130]. L'ensemble des exigences sur la qualité personnelle et matérielle de l'intervenant dans le cadre de l'OMC se distinguent de celles d'autres juridictions internationales à travers surtout des conditions matérielles peu contraignantes **(II)** et de celle de la CJUE par le fait qu'elles déterminent un accès exclusif en tant que tierces parties aux Membres de l'OMC **(I)**.

---

[128] Règlement de la Cour internationale de Justice, adopté le 14 avril 1978 et entré en vigueur le 1er juillet 1978 avec amendement entré en vigueur le 14 avril 2005. La version électronique de ce Règlement est disponible sur le site : http://www.icj-cij.org/documents/index.php?p1=4&p2=3&p3=0 (url consultée le 31 mars 2016).

[129] Avant le 25 septembre 2012, ces conditions ont été énoncées dans un seul article 93 du Règlement. Voir : Le Règlement de procédure de la Cour de justice de l'Union européenne du 19 juin 1991 (JO L 176 du 4.7.1991, p.7 et JO L 383 du 29.12.1992 – rectificatifs) et avec les modifications du 21 février 1995 (JO L 44 du 28.2.1995, p. 61), du 11 mars 1997 (JO L 103 du 19.4.1997, p.1 et JO L 351 du 23.12.1997, p. 72 – rectificatifs), du 16 mai 2000 (JO L 122 du 24.5.2000, p. 43), du 28 novembre 2000 (JO L 322 du 19.12.2000, p.1), du 3 avril 2001 (JO L 119 du 27.4.2001, p. 1), du 17 septembre 2002 (JO L 272 du 10.10.2002, p. 24, et JO L 281 du 19.10.2002, p. 24 – rectificatifs), du 8 avril 2003 (JO L 147 du 14.6.2003, p. 17), du 19 avril 2004 (JO L 132 du 29.04.2004, p.2), du 20 avril 2004 (JO L 127 du 29.4.2004, p. 107), du 12 juillet 2005 (JO L 203 du 4.8.2005, p. 19), du 18 octobre 2005 (JO L 288 du 29.10.2005, p. 51), du 18 décembre 2006 (JO L 386 du 29.12.2006, p. 44 et JO L 332 du 18.12.2007, pp. 108-109 – rectificatifs), du 15 janvier 2008 (JO L 24 du 29.01.2008, p. 39), du 23 juin 2008 (JO L 200 du 29.07.2008, p. 18), du 8 juillet 2008 (JO L 200 du 29.07.2008, p. 8), du 13 janvier 2009 (JO L 24 du 28.01.2009, p.8), du 23 mars 2010 (JO L 92 du 13.04.2010, p. 12) et du 24 mai 2011 (JO L 162 du 22.06.2011, p. 17). Mais la plus récente version de ce Règlement, datée du 29 septembre 2012, a apporté des modifications importantes en concrétisant du régime d'intervention dans un chapitre comportant quatre articles aves des règles détaillées. Voir : Règlement de procédure de la Cour de justice, JOUE, L 265/1, le 29 septembre 2012.

[130] Voir : *Ibid,* WT/AB/WP/1, note 71 ; Organe d'appel, *Procédures de travail pour l'examen en appel du 28 février 1997*, WT/AB/WP/2 ; Organe d'appel, *Procédures de travail pour l'examen en appel du 24 janvier 2002*, WT/AB/WP/3 ; *ibid.,* WT/AB/WP/4, note 721 ; Organe d'appel, *Procédures de travail pour l'examen en appel du 1er janvier 2005*, WT/AB/WP/5 ; et *ibid.,* WT/AB/WP/6, note 110.

I. Un accès exclusivement réservé aux Membres de l'OMC

46.- L'intervention dans le règlement des différends au sein de la CIJ est une procédure incidente réservée aux États parties au Statut de la Cour[131]. Inversement, l'intervention dans le règlement des différends au sein de la CJUE est ouverte à un éventail plus large de personnes : États membres de l'Union européenne (ci-après, l'UE), institutions, organes ou organismes de l'UE, personnes privées et États parties à l'accord sur l'Espace économique européen (autres que les États membres de l'UE) ainsi que l'Autorité de surveillance AELE[132]. Il existe cependant dans ce cadre une exclusion : les personnes autres que les États membres et les institutions de l'UE ne peuvent pas intervenir dans les différends dits « institutionnels »[133].

47.- Au sein de l'ORD, l'intervention de tierces parties est une procédure réservée uniquement aux Membres de l'OMC. Il s'agit d'une condition qui ressemble à celle de la CIJ mais est différente à celle de la CJUE. Les articles 4.11 et 10 commencent tous par une même formule : « chaque fois qu'un Membre autre que les Membres… » (article 4.11), « tout Membre qui… » (article 10.2). L'article 17.4 fait référence aux « tierces parties qui auront informé l'ORD qu'elles ont un intérêt substantiel dans l'affaire conformément au paragraphe 2 de l'article 10… », donc seuls les Membres qui sont déjà intervenus dans les travaux du groupe spécial peuvent devenir participants tiers dans cette phase[134]. Cela ne

---

[131] L'article 35 de son Statut. Cependant, il faut noter qu'il existe des règles particulières selon lesquelles la Cour peut déclarer avoir la compétence dans une affaire précise. À ce sujet, voir également : CHINKIN C., « Third-party Intervention before the International Court of Justice », *American Journal of International Law,* 1986, vol. 80, n°. 3, pp. 503-504.

[132] L'article 40 du Statut de la CJUE.

[133] Il s'agit des différends nés entre les États membres, entre institutions ou entre États membres de l'UE, d'une part, et institutions de l'UE d'autre part (article 40.2 du Statut de la CJUE).

[134] Voir : *ibid.* WT/AB/WP/6, note 110, règle 24. Il faut noter que dans le cadre du cycle de Doha, certaines propositions visent à élargir la possibilité de devenir les participants tiers aux Membres qui ne notifient pas leur intérêt substantiel au titre de l'article 10.2 du Mémorandum d'accord. Sur ce sujet, voir : *Ibid.,* TN/DS/26, note 6, pp. 7, 79-82 ; *ibid.,* TN/DS/27, note 6, para. 3.27.

semble pas surprenant, puisque le contentieux dans le cadre de l'OMC a un caractère interétatique[135], même si, dans plusieurs affaires, il est mené pour défendre des intérêts d'acteurs privés[136]. Par conséquent, l'accès en tant que tierces parties est clos aux acteurs privés et aux pays non-Membres de l'OMC. Quels sont alors les Membres qui pourront intervenir dans une affaire déjà introduite à l'ORD ? Existe-il une exigence sur le lien juridictionnel entre le Membre intervenant et les parties principales au différend ? En dehors de la forme d'intervention prévue dans le Mémorandum d'accord, en existe-il d'autres permettant la présence d'un Membre dans le règlement des différends ? Pour y répondre, cela nécessite une analyse approfondie du lien entre tierces parties et parties principales au différend dans le cadre de l'ORD **(A),** également, de la distinction entre les tierces parties et les *amici curiae* **(B).**

A. Le lien entre tierces parties et parties principales comme condition pour leur accès ?

48.- S'agissant de l'intervention des États dans le cadre de la CIJ, l'article 81.2 du Règlement de la Cour de 1978 exige qu'une requête à fin d'intervention au titre de l'article 62 de son Statut doive contenir, entre autres, les informations spécifiant « toute base de compétence » qui « existerait entre lui et les parties ». Cette condition n'est posée ni dans l'article 62 de son Statut, ni dans le Règlement antérieur de la Cour. Son ajout dans le nouveau Règlement de la Cour de 1978 résulte en effet de la théorie, dite du « lien juridictionnel » (*jurisdictionnal link*), selon laquelle l'article 62 comprendrait implicitement une condition juridictionnelle à laquelle la requête à fin d'intervention fondée sur cet article devrait répondre, même si les conditions qui y étaient énoncées explicitement se verraient satisfaites[137]. La portée de cette disposition a été clarifiée par la Cour, à l'occasion de son examen des interventions de Malte de 1981 et surtout du Nicaragua de 1990. Selon elle, l'emploi des mots « toute base de compétence qui (...) existerait

---

[135] ANGELET N., *ibid.*, note 93, p. 208. Tout en notant que les Membres de l'OMC se composent des États et des territoires douaniers distincts (l'article 12 de l'Accord de Marrakech de 1994). Le groupe spécial, dans l'affaire *Japon – Mesures affectant les pellicules et papiers photographiques destinés aux consommateurs,* a également affirmé ce côté interétatique : « L'Accord sur l'OMC étant un accord international, qui n'assujettit directement à des obligations que les gouvernements nationaux et les territoires douaniers distincts, il s'ensuit implicitement que le terme *mesure,* à l'article XXIII.1.b) du GATT et à l'article 26.1 du Mémorandum d'accord, comme ailleurs dans l'Accord sur l'OMC, ne vise que les politiques ou actions des gouvernements, et non celles de parties privées ». Voir : *Japon – Mesures affectant les pellicules et papiers photographiques destinés aux consommateurs,* Rapport du groupe spécial du 31 mars 1998, WT/DS44/R, para. 10.52.

[136] L'affaire *Japon – Mesures affectant les pellicules et papiers photographiques destinés aux consommateurs* (WT/DS44) est peut-être l'exemple célèbre pour illustrer cette idée. L'action du gouvernement américain a été menée pour protéger le groupe Kodak devant la vive concurrence de la part du groupe japonais Fuji. Voir également : CANAL-FORGUES E., *op. cit.*, note 8, pp. 24-31 ; CARREAU D. & JUILLARD P., *op. cit.*, note 9, pp. 90-92.

[137] TORRES BERNARDEZ S., *ibid.*, note 4, pp. 295-296.

entre lui et les parties » n'a pas d'autre finalité que de permettre à la Cour de disposer de tous les éléments d'information éventuellement nécessaires à sa décision ; ces éléments joueraient un rôle déterminant s'il s'agit d'une demande d'intervention introduite dans une affaire concrète qui ne serait pas sous la forme prévue par le Statut. Cette disposition ne signifie pas qu'il doit exister entre l'État demandant l'intervention et les parties principales un lien de juridiction, comme une condition complémentaire à celles requises à l'article 62 du Statut pour l'admission d'une demande à cette fin[138]. C'est pourquoi, la Chambre de la Cour a écarté cette condition lors de sa décision sur la requête à fin d'intervention soumise par le Nicaragua dans l'affaire *Différend frontalier terrestre, insulaire et maritime (El Salvador/Honduras)*. Trouvant que cette requête correspondait aux exigences explicites de l'article 62 du Statut en ce qui concerne son objet et son but, elle a conclu : « l'absence de lien juridictionnel entre le Nicaragua et les Parties à la présente instance ne constitue pas un obstacle à l'octroi de l'autorisation d'intervenir »[139].

49.- L'exigence d'un lien juridictionnel n'est pas prévue dans les procédures régissant l'intervention devant la CJUE. Son règlement précise, entre autres, que l'intervention d'une personne doit avoir pour but de soutenir la conclusion d'une des parties principales au différend[140]. Il s'agit en effet d'une condition concernant la portée de la demande d'intervention déposée par une personne conformément à l'article 40 de son Statut, et non d'une condition exigeant le lien entre l'intervenant et les parties principales.

50.- Il en est de même dans le cas de l'ORD. Juridiquement, l'accès d'une tierce partie aux consultations ou aux travaux du juge de l'OMC n'est pas subordonné à l'existence d'un lien précis entre elle et les parties principales au différend. En effet, une tierce partie dispose d'une certaine liberté de choisir dans quelle affaire elle peut intervenir, à condition, comme les analyses ci-dessous vont

---

[138] La Chambre de la Cour a expliqué : « Il découle (...) de la nature juridique et des buts de l'intervention que l'existence d'un lien juridictionnel entre l'État qui demande à intervenir et les parties en cause n'est pas une condition du succès de la requête. Au contraire, la procédure de l'intervention doit permettre que l'État dont les intérêts risquent d'être affectés puisse être autorisé à intervenir, alors même qu'il n'existe pas de lien juridictionnel et qu'il ne peut, par conséquent, pas devenir partie à l'instance ». *Différend frontalier terrestre, insulaire et maritime (El Salvador/Honduras), ibid.*, note 68, p. 135, para. 100 ; TORRES BERNARDEZ S., *ibid.*, note 4, pp. 296-297 ; CHINKIN C., *op. cit.*, note 44, pp. 172-174.

[139] *Différend frontalier terrestre, insulaire et maritime (El Salvador/Honduras), ibid.*, note 68, p. 135, para. 101.

[140] Cette exigence est explicitement prévue dans la procédure relative à l'admission d'intervention chez certaines autres juridictions internationales. Voir l'article 70.4 du Tribunal de la Communauté de développement de l'Afrique australe ; l'article 89.1 des Règles et procédures de la Cour de justice de la Communauté économique des États de l'Afrique de l'Ouest ; l'article 36 du Traité instituant le Marché commun de l'Afrique orientale et australe, etc.

le montrer[141], qu'elle y ait, soit « un intérêt commercial substantiel », soit « un intérêt substantiel ». De plus, contrairement aux procédures de la CJUE, une tierce partie intervenant dans ces travaux n'a pas besoin de soutenir les allégations d'une quelconque partie principale au différend pour que son accès soit admis. Dès lors, s'affirme ainsi fortement un élément favorable à la présence de tierces parties devant les groupes spéciaux ou l'Organe d'appel.

51.- En pratique, la question est cependant soulevée lors de l'intervention dans les consultations, bien que l'article 4.11 du Mémorandum d'accord n'énonce rien à ce sujet. Dans l'affaire *Turquie – Restrictions à l'importation de produits textiles et de vêtements*[142], les Communautés européennes (ci-après, les CE) ont demandé la participation aux consultations menées entre Hong Kong et la Turquie. La demande des CE s'est essentiellement fondée sur la logique selon laquelle les mesures prises dans le cadre de l'union douanière entre elles-mêmes et la Turquie ne pouvaient faire l'objet de consultations qu'en présence de tous les membres de ladite union[143]. Elles cherchaient donc une intervention afin de soutenir la position de la Turquie dans ces consultations. Hong Kong s'est néanmoins opposé à la position des CE en argumentant que :

> « L'objectif de ces demandes ne pouvait être de s'associer à la Turquie dans ses consultations avec Hong Kong. S'il en était autrement, la décision sur le point de savoir si la partie requérante devait être admise à participer aux consultations appartiendrait à Hong Kong plutôt qu'à la Turquie »[144].

52.- Comme l'a constaté N. Angelet, la logique de cet argument insiste sur un fait : lorsqu'une des fonctions de l'admission de la participation aux consultations est d'empêcher l'établissement ultérieur de plusieurs groupes spéciaux à connaître de la même question en cause, cette fonction ne pourra pas être mise en œuvre si le Membre requérant l'intervention cherche à soutenir la partie défenderesse[145]. Néanmoins, au titre même de l'article 4.11 du Mémorandum d'accord, il appartient à la partie défenderesse le droit de reconnaître ou non l'existence d'un intérêt commercial substantiel. Implicitement, il s'ensuit pour le Membre défendeur qu'il a le droit d'accepter ou de refuser une demande de participer aux consultations de la part d'un Membre qui ne partage pas son point de vue[146], sans obligation de justifier son choix, en d'autres termes, sans obligation de faire savoir pourquoi il refuse une demande de ce type. Bien entendu, cette demande sera aisément

---

[141] Voir *infra*, para. 70 et s.

[142] *Turquie – Restrictions à l'importation de produits textiles et de vêtements*, WT/DS29.

[143] ORD, *Compte rendu de la réunion tenue au Centre William Rappard le 21 février 1996*, WT/DSB/M/11, p. 9.

[144] *Ibid.*, WT/DSB/M/11, note 143, p. 9.

[145] ANGELET N., *ibid.*, note 93, pp. 216-217.

[146] ANGELET N., *ibid.*, note 93, p. 217.

acceptée par le Membre défendeur dès l'instant où elle lui apporte un soutien explicite. Au contraire, elle peut être rejetée, même si l'intérêt commercial substantiel est bien justifié par le Membre désirant y participer.

53.- En conséquence, lors des discussions au sein de l'ORD au sujet de la contestation exprimée par le Japon sur le fait que les États-Unis avaient rejeté sa demande de participation aux consultations engagées entre eux et les CE dans l'affaire *États-Unis – Article 306 de la Loi de 1974 sur le commerce extérieur et modifications y relatives*[147], les CE ont indiqué que :

> « Si un pays prenait la liberté d'abuser des droits énoncés à l'article 4.11 du Mémorandum d'accord en vertu desquels il pouvait reconnaître ou non l'existence d'un intérêt substantiel et y substituait un critère différent et subjectif, il en résulterait des conséquences négatives pour le système. La partie plaignante avait la possibilité de présenter sa demande au titre de l'article XXII ou XXIII du GATT de 1994. Si une partie défenderesse pouvait abuser des droits que lui conférait l'article 4.11 du Mémorandum d'accord et n'accepter que les parties qui partageaient ses vues, alors la partie plaignante ne présenterait jamais sa demande au titre de l'article XXII, qui permettait la participation de tierces parties. Les droits des Membres en seraient donc sérieusement affectés. De l'avis des CE, l'article 4.11 du Mémorandum d'accord permettait de refuser d'accorder le statut de tierce partie à un Membre uniquement sur la base du critère de l'intérêt commercial substantiel. La partie défenderesse n'avait pas la faculté d'appliquer un critère différent. »[148]

54.- Cet argument se révèle tout à fait convaincant : en effet, l'exigence selon laquelle la demande de participation aux consultations doit contenir l'information indiquant le soutien du Membre la demandant au Membre en cause, n'est explicitement pas prévue dans l'article 4.11 du Mémorandum d'accord. Aucun autre instrument juridique de l'OMC n'énonce non plus une exigence équivalente. Dès lors, tout refus à cette demande, basé sur le fait qu'elle ne partage pas le même point de vue avec le Membre en cause, ne peut en aucun cas être justifié au titre du Mémorandum d'accord. Cependant, selon l'approche prévue à l'article 4.11, il demeure l'exigence implicite sur ce lien, laquelle constitue alors un obstacle à l'accès de tierces parties à cette étape.

55.- En tout état de cause, l'intervention en qualité de tierces parties devant l'ORD est destinée aux Membres de l'OMC. Toutefois, il existe dans la pratique

[147] *États-Unis – Article 306 de la Loi de 1974 sur le commerce extérieur et modifications y relatives*, WT/DS200.

[148] ORD, *Compte rendu de la réunion tenue au Centre William Rappard le 27 juillet 2000*, WT/DSB/M/86, para. 89.

de l'ORD une autre forme d'intervention, celle de l'*amicus curiae*, qu'il faudra distinguer de l'intervention en tant que tierces parties.

B. La distinction entre tierces parties et amici curiae

56.- Rappelons que seule la forme d'intervention en qualité de tierce partie est prévue dans le Mémorandum d'accord. Cependant, en pratique, il existe également une autre forme : l'intervention en tant qu'*amicus curiae*. La distinction entre les tierces parties et les *amici curiae* permet de mieux discerner les possibilités d'accès en tant que tierce partie dont dispose un Membre de l'OMC.

57.- En règle générale, la juridiction saisie dans une affaire peut inviter une personnalité à venir à l'audience « en qualité de consultant extraordinaire et d'informateur bénévole » afin de fournir, en présence de tous les intéressés, « toutes les observations propres à éclairer » le juge[149]. L'*amicus curiae* constitue donc une option destinée aux acteurs privés d'accéder au mécanisme de règlement des différends de l'OMC[150], ceux qui ne peuvent être présents ni en qualité de parties principales, ni en qualité de tierces parties.

58.- Basée sur l'identité de la personne intervenante, la distinction entre les tierces parties et les *amici curiae* a été bien définie et la possibilité d'avoir accès au mécanisme en qualité de tierce partie destinée aux Membres de l'OMC ne serait jamais concurrencée par l'apparition des acteurs privés. Cependant, après l'affaire *CE – Désignation commerciale des sardines* (*CE – Sardines*), cette simplicité a disparu pour faire naître une autre incertitude.

---

149 CORNU G. (dir.), *op. cit.*, note 57, p. 55.

150 Sur ce sujet, voir également : MENETREY S., *L'amicus curiae, vers un principe commun de droit procédural ?*, Dalloz, 2010, 506 p. ; ZAMBELLI M., « L'*amicus curiae* dans le règlement des différends de l'OMC : État des lieux et perspectives », *Revue internationale de droit économique*, 2005, vol. 19, n°. 2, pp.197-218 ; CÔTÉ E.-C., « Obstacles et ouvertures processuelles pour les acteurs privés défendant des intérêts non commerciaux dans l'interprétation des accords de l'OMC », *Les Cahiers de droit*, 2009, n°. 50, n°. 1, pp. 207-246 ; IOANNIDIS M., « A Procedural Approach to the Legitimacy of International Adjudication : Developing Standards of Participation in WTO Law », *German Law Journal*, 2011, vol. 12, n°. 5, pp. 1175-1202 ; MARCEAU G. & HURLEY M., « Transparency and Public Participation in the WTO : A Report Card on WTO Transparency Mechanisms », *Trade, Law and Development*, 2012, vol. 4, n°. 1, pp. 19-44 ; AHLBORN C. & PFITZER J. H., « Transparency and Public Participation in WTO Dispute Settlement », 2009, 58 p., disponible sur : http://www.ciel.org/Publications/Transparency_WTO_Dec09.pdf (url consultée le 31 mai 2013) ; ALAWODE G., « Right of participation in WTO dispute settlement proceedings : a study of cases involving *amicus curiae* briefs », May 13 2011, 18 p., disponible sur : http://www.dundee.ac.uk/cepmlp/gateway/?news=31249 (url consultée le 31 mai 2013) ; BUTLER L., « Effects and Outcomes of *Amicus Curiae* Briefs at the WTO : An Assessment of NGO Experiences », May 8 2006, 24 p., disponible sur : http://nature.berkeley.edu/classes/es196/projects/2006final/butler.pdf (url consultée le 31 mai 2013).

59.- Force est de constater tout d'abord que l'intervention en qualité d'*amicus curiae* n'est directement et explicitement étayée par aucune disposition du Mémorandum d'accord. Dès les premières affaires, plusieurs organisations non gouvernementales (ci-après, les ONG) et entreprises privées ont demandé la possibilité de déposer des communications auprès des groupes spéciaux en tant qu'*amicus curiae*. Toutefois, suivant la pratique existant à l'époque du GATT de 1947[151], ces demandes ont été toutes refusées. Il fallut attendre l'affaire *États-Unis – Prohibition à l'importation de certaines crevettes et de certains produits à base de crevettes* (*États-Unis-Crevettes*)[152] pour que les demandes d'intervention des ONG opérant dans le secteur de la protection de l'environnement à titre d'*amicus curiae* soient traitées de manière appropriée. Les États-Unis, partie défenderesse devant le groupe spécial, ont soutenu ces demandes qui, ensuite, ont été rejetées par ce dernier[153]. À l'inverse, l'Organe d'appel a décidé que ce rejet résultait d'une interprétation trop restrictive de l'article 13 du Mémorandum d'accord : « Il n'y a pas lieu d'assimiler le pouvoir de demander des renseignements à une interdiction d'accepter des renseignements qui ont été présentés à un groupe spécial sans avoir été demandés. Un groupe spécial se dote du pouvoir discrétionnaire, soit d'accepter et de prendre en compte soit de rejeter les renseignements ou avis qui lui ont été communiqués, qu'il les ait ou non demandés »[154]. Ainsi, le pouvoir discrétionnaire d'accepter des mémoires d'*amicus curiae*, à partir de cette décision, a été attribué au groupe spécial.

60.- Dans le cadre de la procédure en appel, après avoir accepté un certain nombre de mémoires d'*amicus curiae* sans préciser le fondement d'une telle acceptation, dans l'affaire *États-Unis – Imposition de droits compensateurs sur certains produits en acier au carbone, plomb et bismuth laminés à chaud originaires du Royaume-Uni* (*États-Unis - Plomb et Bismuth*), l'Organe d'appel a clairement expliqué la base juridique sur laquelle sa compétence s'appuyait : « Nous sommes d'avis que nous sommes habilités en droit, en vertu du Mémorandum d'accord, à accepter et à examiner

---

151 À cette époque, les mémoires des *amici curiae* ont été adressés au Secrétariat, mais les groupes spéciaux se sont jugés incompétents à se prononcer sur leur recevabilité. La raison donnée résultait du caractère strictement interétatique du système de règlement des différends contenus dans le GATT. Voir : CARMODY C., *ibid.*, note 40, pp. 615-636 ; STERN E., « L'intervention des tiers dans le contentieux de l'OMC », *Revue générale de droit international public*, 2003, vol. 107, n°. 2, pp. 257-303.

152 *États-Unis – Prohibition à l'importation de certaines crevettes et de certains produits à base de crevettes*, Rapport du groupe spécial du 15 mai 1998, WT/DS58/R, et Rapport de l'Organe d'appel du 12 octobre 1998, WT/DS58/AB/R.

153 Le groupe spécial a expliqué que du fait qu'il n'avait pas demandé les renseignements contenus dans les mémoires déposés par ces ONG, « accepter des renseignements non demandés émanant des sources non gouvernementales serait, à notre avis, incompatible avec les dispositions du Mémorandum d'accord telles qu'elles sont actuellement appliquées ». Voir : *ibid.*, WT/DS58/R, note 152, para. 7.7-7.8.

154 *Ibid.*, WT/DS58/AB/R, note 152, para. 108.

des mémoires d'*amicus curiae* si nous jugeons qu'il est pertinent et utile de le faire dans le cadre d'une procédure en appel »[155]. Bien que cette compétence soit basée sur l'article 17.9 du Mémorandum d'accord[156], l'Organe d'appel a ensuite affirmé que le fait de les accepter et examiner n'était pas une obligation juridique reconnue par le Mémorandum d'accord. Autrement dit, il s'agit ici de son droit discrétionnaire de décider de les accepter ou non. Il a finalement indiqué :

> « Les particuliers et les organisations, qui ne sont pas Membres de l'OMC, ne sont pas fondés en droit à présenter des communications ni à être entendus par l'Organe d'appel. L'Organe d'appel n'a pas d'obligation juridique d'accepter ou d'examiner des mémoires d'*amicus curiae* présentés spontanément par des particuliers ou des organisations qui ne sont pas Membres de l'OMC. L'Organe d'appel a l'obligation juridique de n'accepter et de n'examiner que les communications émanant de Membres de l'OMC qui sont parties ou tierces parties à un différend donné »[157].

61.- La différence entre les tierces parties et les *amici curiae* dans le cadre de l'ORD est clairement tracée par l'Organe d'appel. Comme indiqué ci-dessus, l'accès au SRD au titre d'*amicus curiae* est strictement réservé aux acteurs privés. Au contraire, l'accès à ce système en tant que tierces parties est attribué à ses Membres. Parallèlement, il subsiste une autre différence : lorsque l'Organe d'appel a l'obligation juridique d'accepter et d'examiner les communications des tierces parties, il ne doit pas le faire pour les mémoires d'*amicus curiae.* Ainsi le statut des tierces parties est-il clairement reconnu par le Mémorandum d'accord, ce qui n'est pas le cas pour l'*amicus curiae.*

62.- Après l'affaire *CE - Sardine*[158], toutefois, la différence portant sur l'identité de la personne intervenante n'est plus claire. Dans la procédure en appel de cette affaire, la Colombie, en tant que tierce partie participant à la procédure devant le groupe spécial mais dépassant le délai de 25 jours prévu dans les Procédures de travail pour l'examen en appel, a été autorisée à comparaître à titre d'*observateur passif.* Le Maroc, lui, qui n'avait pas participé à la procédure du groupe spécial, a déposé une demande d'intervention, non pas à titre de tierce partie mais d'*amicus curiae.* Le Pérou s'est fortement opposé à ce que le mémoire déposé par le Maroc

---

[155] *États-Unis – Imposition de droits compensateurs sur certains produits en acier au carbonne, plomb et bismuth laminés à chaud originaires du Royaume-Uni,* Rapport de l'Organe d'appel du 10 mai 2000, WT/DS138/AB/R, para. 42.

[156] Cet article prévoit : « L'Organe d'appel, en consultation avec le Président de l'ORD et le Directeur général, élaborera des procédures de travail qui seront communiquées aux Membres pour leur information. »

[157] *Ibid.*, WT/DS138/AB/R, note 155, para. 29.

[158] *Communautés européennes – Désignation commerciale des sardines*, Rapport de l'Organe d'appel du 26 septembre 2002, WT/DS231/AB/R.

soit accepté et examiné. Il a argumenté que le fait d'accepter un tel mémoire correspondait à la permission, de façon inadmissible, à un Membre de l'OMC de contourner le Mémorandum d'accord[159]. Les participants tiers, tels que le Canada, le Chili et l'Équateur ont tous demandé à l'Organe d'appel de rejeter ce mémoire. Le Canada a expliqué : « il n'y a pas d'accord clair entre les Membres de l'OMC quant au rôle des mémoires d'*amici curiae* dans le règlement des différends » et « le Mémorandum d'accord accorde aux Membres de l'OMC le droit légal de présenter des communications dans le cadre d'un différend, mais seulement s'ils réservent leurs droits de tierces parties au début de la procédure de règlement du différend »[160]. De plus, selon le Chili, si l'Organe d'appel acceptait le mémoire du Maroc, il lui accorderait ainsi un traitement plus favorable qu'aux autres Membres n'ayant que le statut d'observateur passif (la Colombie dans cette affaire)[161]. À l'inverse, les CE ont semblé favorables à la demande du Maroc, constatant que l'Organe d'appel ne devrait pas traiter les mémoires d'*amici curiae* présentés par des particuliers d'une manière différente de ceux déposés par des Membres de l'OMC[162]. Selon elles, si l'Organe d'appel peut accepter ou refuser un mémoire d'*amicus curiae* déposée par une personne privée, il pourra également faire de même pour celui d'un Membre.

63.- De son côté, l'Organe d'appel a rejeté les arguments formulés contre son acceptation du mémoire émanant du Maroc, rappelant qu'il a le droit discrétionnaire d'accepter et d'examiner les mémoires et communications émanant de sources autres que les participants et les participants tiers à une procédure d'appel, puisque ni le Mémorandum d'accord ni les Procédures de travail ne l'interdisent[163]. L'Organe d'appel a donc rejeté l'argument du Pérou. En revanche, il a accepté l'argument présenté par les CE, car en utilisant ce droit, il n'a pas établi de distinction entre les mémoires d'*amici curiae* présentés par les Membres de l'OMC et les non-Membres de l'OMC[164]. Il a précisé qu'il était *a fortiori* habilité à accepter un mémoire d'*amicus curiae* émanant d'un Membre de l'OMC puisqu'il n'existe aucune interdiction à ce sujet prévue dans le Mémorandum d'accord[165]. Par conséquent, selon lui, le fait d'accepter le mémoire d'*amicus curiae* présenté par le Maroc appartenait entièrement à son pouvoir légal, au titre de l'article 17.9 du Mémorandum d'accord[166].

---

159 *Ibid.*, WT/DS231/AB/R, note 158, para. 154.
160 *Ibid.*, WT/DS231/AB/R, note 158, para. 103.
161 *Ibid.*, WT/DS231/AB/R, note 158, para. 111.
162 *Ibid.*, WT/DS231/AB/R, note 158, para. 161.
163 *Ibid.*, WT/DS231/AB/R, note 158, para. 162-163.
164 *Ibid.*, WT/DS231/AB/R, note 158, para. 162-164.
165 *Ibid.*, WT/DS231/AB/R, note 158, para. 165
166 *Ibid.*, WT/DS231/AB/R, note 158, para. 166.

L'Organe d'appel a ensuite souligné que le fait d'accepter le mémoire d'*amicus curiae* déposé par le Maroc ne constituait pas une autorisation automatique. Il l'examinerait au cas par cas pour s'assurer qu'il ne perturberait pas le « règlement équitable, rapide et efficace des différends commerciaux »[167]. Afin d'éviter également que l'acceptation du mémoire d'*amicus curiae* du Maroc ne fasse de celui-ci une tierce partie *de facto*[168] dans la procédure d'appel, l'Organe d'appel a examiné si ledit mémoire lui serait utile. Constatant que son contenu comportait principalement des informations factuelles[169] et que les arguments juridiques avancés par ce Membre ne l'aidaient pas[170], l'Organe d'appel a affirmé qu'il ne lui fournissait aucune assistance juridique[171].

64.- La décision prise par l'Organe d'appel d'accepter un mémoire d'*amicus curiae* émanant d'un Membre a provoqué des controverses non seulement chez des Membres de l'OMC mais aussi chez les chercheurs.

65.- Au sein des Membres de l'OMC, lors d'une réunion organisée par l'ORD autour des questions nées dans cette affaire[172], bon nombre de Membres ont exprimé leur opposition à cette décision. La Colombie a constaté qu'elle avait participé à la procédure en appel à titre d'observateur passif parce qu'elle avait suivi la procédure dès son début. Au cours de l'audience en appel, elle avait informé le secrétariat de l'Organe d'appel qu'elle souhaiterait évoquer la question des mémoires d'*amici curiae*. Bien qu'il se soit agi d'une question de procédure, sa demande avait été refusée[173]. D'après ce Membre, il était inconcevable qu'un Membre qui n'avait pas déclaré son intérêt en tant que tierce partie, ait été autorisé à formuler son intérêt devant l'Organe d'appel. Par conséquent, l'Organe d'appel avait attribué un traitement plus favorable à une non-partie qu'à une tierce partie et cette décision laisserait des effets néfastes[174].

Le Canada a exprimé sa préoccupation, répétant qu'il avait fréquemment exhorté l'Organe d'appel à faire preuve de prudence lorsque ce dernier examinait la question des mémoires d'*amici curiae* présentés spontanément devant lui, car la

---

[167] *Ibid.*, WT/DS231/AB/R, note 158, para. 167.

[168] COVELLI N., « Member Intervention in World Trade Organization Dispute Settlement Proceeding After *EC – Sardines :* The Rules, Jurisprudence, and Controversy », *Journal of World Trade,* 2003, vol. 37, n°. 3, p. 685.

[169] *Ibid.*, WT/DS231/AB/R, note 158, para. 169

[170] *Ibid.*, WT/DS231/AB/R, note 158, para. 314.

[171] *Ibid.*, WT/DS231/AB/R, note 158, para. 170.

[172] ORD, *Compte rendu de la réunion tenue au Centre William Rappard le 23 octobre 2002,* WT/DSB/M/134, le 29 janvier 2003, pp. 9-25.

[173] *Ibid.*, WT/DSB/M/134, note 172, para. 50. Ce Membre a fait savoir que « la délégation colombienne n'avait pu donner son avis sur cette question, car on lui avait refusé la possibilité de prendre la parole à l'audience, alors qu'elle avait levé la plaque portant son nom pour demander la parole. »

[174] *Ibid.*, WT/DSB/M/134, note 172, para. 51.

participation d'*amicus curiae* pourrait avoir d'importantes incidences systémiques et institutionnelles pour l'OMC[175]. Le Pérou, le Chili et l'Équateur ont réaffirmé leur désaccord avec la décision de l'Organe d'appel[176]. D'autres Membres (tels que le Mexique, l'Inde, le Brésil, l'Égypte…) s'y sont ensuite opposés en argumentant que l'Organe d'appel avait excédé son pouvoir légal en établissant une nouvelle norme juridique qui n'était pas inclue dans les règles de l'OMC[177]. De son côté, seul le Maroc approuvait l'acceptation par l'Organe d'appel de son mémoire qui lui avait permis de défendre ses intérêts dans cette affaire[178].

66.- Si l'on se réfère aux chercheurs, l'auteur N. Covelli a constaté que sous l'angle des principes du procès équitable et de l'économie jurisprudentielle, il semblait que la décision de l'Organe d'appel soit une application appropriée du pouvoir discrétionnaire dont ce dernier disposait[179]. La permission donnée par l'Organe d'appel à un Membre de participer aux procédures de règlement des différends à titre d'*amicus curiae* résultait de sa créativité. Cependant, l'auteur a expliqué que lors de l'insertion de l'article 17.9[180] dans le Mémorandum d'accord, les Membres de l'OMC ne s'attendaient pas à ce que l'Organe d'appel exerce un pouvoir discrétionnaire aussi étendu que dans cette affaire. C'est pourquoi, ce que l'auteur a conclu est convaincant : « lorsque la procédure régulière a été assurée sous l'angle de l'économie jurisprudentielle à travers l'exercice par l'Organe d'appel de son pouvoir discrétionnaire, cet exercice s'est effectué au détriment de la prévisibilité et, selon l'opinion de plusieurs Membres, de la légalité »[181] de ce système. D'après les auteurs Albashar et Maniruzzaman, l'acceptation du mémoire d'*amicus curiae* émanant du Maroc a montré l'activisme de l'Organe d'appel et que ce dernier n'avait pas eu d'autre choix dans cette affaire que d'agir contre une règle explicite du Mémorandum d'accord selon laquelle les tierces parties étaient autorisées à intervenir[182]. Ils ont aussi avancé que l'Organe d'appel devait répondre à l'accusation selon laquelle il avait attribué plus de droits à un non-membre qu'à un Membre de l'OMC[183]. Reprenant le même argument, C. L. Lim a aussi montré que : « Les Membres pourraient tenter de voir *CE – Sardines*

---

[175] *Ibid.*, WT/DSB/M/134, note 172, para. 47.

[176] *Ibid.*, WT/DSB/M/134, note 172, para. 31-65.

[177] *Ibid*, WT/DSB/M/134, note 172, surtout para. 57-58.

[178] *Ibid.*, WT/DSB/M/134, note 172, para. 67.

[179] COVELLI N., *ibid.*, note 168, p. 686.

[180] Voir *supra*, note 156.

[181] « *While due process for intervening Members has been secured in a judicially economical manner through the exercise of the AB's discretion, it has been at the expense of predictability and, in the opinion of many Members, legality* ». COVELLI N., *ibid*, note 168, p. 686.

[182] ALBASHAR F. A. S. A. & MANIRUZZAMAN A. F. M., « Reforming the WTO Dispute Settlement System : A Rethink of the Third Party Right of Access to Panel and Appeal Processes from Developing Countries' Perspectives », *The Journal of World Investment & Trade,* 2011, vol. 11, n°. 3, pp. 344-345.

[183] ALBASHAR F. A. S .A. & MANIRUZZAMAN A. F. M., *ibid.*, note 182, p. 345.

comme l'activisme de l'Organe d'appel à un niveau élevé, ce que l'Organe d'appel serait bien avisé de ne pas répéter trop vite »[184].

67.- En fin de compte, il semble que l'Organe d'appel ait dépassé la fonction qui lui a été attribuée par le Mémorandum d'accord. Le fait d'accepter la communication écrite déposée par le Maroc a en effet attribué à ce Membre un droit qui n'est prescrit ni dans le Mémorandum d'accord, ni dans d'autres textes juridiques de l'OMC. Rappelons que l'article 3.3 du Mémorandum d'accord exige que les recommandations et décisions de l'ORD, y compris les recommandations et décisions données par l'Organe d'appel, ne puissent, en aucun cas, « accroître ou diminuer les droits et obligations énoncés dans les accords visés » (comprenant également le Mémorandum d'accord)[185]. Dès lors, si cette pratique est généralisée[186], le risque de contourner le Mémorandum d'accord sera non négligeable. Toutefois, après cette affaire, une telle communication n'a plus été déposée. Comme cette pratique est restée isolée, le risque de contourner le Mémorandum d'accord s'est révélé minime. En d'autres termes, il vaut donc mieux la considérer comme une erreur occasionnelle et éventuelle dans le fonctionnement de l'Organe d'appel.

68.- Cette démonstration signifie qu'il n'existera pas d'autres occasions d'intervention dans le règlement des différends destinée aux Membres de l'OMC que celles expressément prévues dans le Mémorandum d'accord. Toutefois, cela ne signifie pas que l'accès d'un Membre de l'OMC au règlement des différends en qualité de tierce partie est automatique. Il est subordonné encore à des conditions matérielles dont la rigueur varie en fonction de la phase dans laquelle ce Membre veut intervenir.

II. Des conditions matérielles peu exigeantes

69.- Les conditions matérielles pour l'intervention des tierces parties comprennent souvent, dans les procédures devant les juridictions internes ou internationales, des exigences relatives à l'intérêt de tierces parties qui pourrait être mis en cause dans l'affaire. Dans le Mémorandum d'accord, les articles 4.11 et

---

[184] « *Members could be tempted to view EC–Sardines as the high point of Appellate Body activism, which the Appellate Body will be advised not to repeat too quickly* ». LIM C. L., « The *Amicus Curiae* Brief Issue at the WTO », *Chinese Journal of International Law,* 2005, vol. 4, n°. 1, p. 119 ; voir également : LIM C. L., « Asian WTO Members and the Amicus Brief Controversy : Arguments and Strategies », *Asian Journal of WTO & International Health Law and Policy,* February 2006, vol. 1, n°. 1, pp. 44-61.

[185] Voir l'Appendice 1 du Mémorandum d'accord.

[186] Il convient de noter que dans un ouvrage publié en 2004 par le Secrétariat de l'OMC et préparé par la Division des affaires juridiques et l'Organe d'appel, une conclusion importante a été donnée : « *Under the current practice, howere, such Members may seek to submit a so-called* amicus curiae *brief, which the Appellate Body is entitled to accept, but not obliged to consider* ». World Trade Organization, *op. cit.*, note 9, p. 65.

10.2 prévoient explicitement l'existence soit d'un intérêt commercial substantiel, soit d'un intérêt substantiel comme condition essentielle à l'accès de tierces parties aux consultations ou aux travaux de groupes spéciaux. Il faut noter que l'intérêt substantiel est également utilisé, dans la pratique, par les arbitres constitués au titre de l'article 22.6 pour examiner une demande d'intervention à cet arbitrage, étant donné que le Mémorandum d'accord reste silencieux sur ce sujet. Le caractère peu exigeant de cette condition, par rapport à ce qui est exigé auprès de certaines autres juridictions internationales, s'exprime particulièrement ainsi : l'intérêt substantiel n'est pas un élément perturbateur pour l'intervention dans les travaux de groupes spéciaux et l'intervention à l'examen en appel n'est pas subordonnée à une telle condition **(B)**. Mais il faut reconnaître que l'intérêt commercial substantiel pour l'intervention dans les consultations **(A)** ou l'intérêt substantiel pour l'intervention dans l'arbitrage établi en vertu de l'article 22.6 du Mémorandum d'accord **(C)** constituent encore un obstacle pour certaines interventions.

A. L'intérêt commercial substantiel : obstacle principal à l'intervention des tierces parties durant les consultations

70.- La première phrase de l'article 4.11 du Mémorandum d'accord stipule : « Chaque fois qu'un Membre autre que les Membres qui prennent part aux consultations considérera qu'il a un intérêt commercial substantiel dans les consultations (...), il pourra informer lesdits Membres ainsi que l'ORD, (...) de son désir d'être admis à participer aux consultations. Ledit Membre sera admis à participer aux consultations à condition que le Membre auquel la demande de consultations est adressée reconnaisse l'existence d'un intérêt substantiel (...) ». L'exigence matérielle de l'intervention dans les consultations existe ici sous forme de présence d'un intérêt commercial substantiel (*substantial trade interest*) du Membre désirant y participer. Ce dernier doit démontrer l'existence d'un intérêt commercial substantiel, et le Membre en cause dans les consultations va l'examiner : s'il en reconnaît l'existence, la demande sera admise.

71.- Un autre mécanisme international de règlement des différends dans lequel l'intervention de tierces parties dans les consultations est prévue - l'Accord des partenaires économiques stratégiques transpacifiques de 2005 - exige, dans son article 15.4.4, comme condition de l'intervention, « un intérêt » de la partie voulant intervenir[187]. L'exigence d'un seul « intérêt », sans indication de nature, ni autre précision, semble très simple et pourrait favoriser l'accès de tierces parties à cette étape, puisque la partie voulant intervenir peut facilement justifier de

[187] Cet article stipule : *« Whenever a Party other than the consulting Parties considers that it has an interest in the consultations, such Party may notify the consulting Parties within 7 days after the notification of the request for consultations, of its desire to be joined in the consultations. The Party complained against shall give positive consideration to any request from a Party to attend consultations requested by any other Party ».*

l'existence d'un quelconque intérêt (cette possibilité deviendra plus facile, en cas d'échanges commerciaux entre ces parties). Cependant, jusqu'à présent, aucune consultation ne s'est tenue au titre de cet article 15.4. Il est donc difficile d'évaluer l'effet réel de cette condition simplifiée par rapport à celle prévue dans le Mémorandum d'accord.

72.- Qu'est-ce qu'un intérêt commercial substantiel ? Cette définition joue un rôle essentiel dans l'admission des demandes de participation aux consultations. Dès lors que son sens est clarifié, ceci facilitera aussi bien la préparation de la demande de participation aux consultations que l'examen de cette demande par le Membre défendeur et évitera également le risque de refus non justifié.

73.- Cependant, jusqu'à présent, aucune définition de cette expression n'est donnée, ni par la Conférence ministérielle, ni par le Conseil général de l'OMC. Même si l'Organe d'appel a fait référence à cet article dans l'affaire *Communautés européennes – Régime applicable à l'importation, à la vente et à la distribution des bananes (CE – Bananes III)* pour examiner l'existence ou non de l'intérêt juridique comme condition pour déposer une plainte devant l'ORD, la simple répétition (« il est vrai que, aux termes de l'article 4.11 du Mémorandum d'accord, un Membre qui désire participer à des consultations faisant intervenir plusieurs parties doit avoir "un intérêt commercial substantiel" »[188]) n'est pas suffisante pour faire comprendre la signification de cette expression.

74.- En pratique, dès les premières demandes de consultations déposées par un Membre auprès du Secrétariat dans le but d'organiser des consultations au titre de l'article 4 du Mémorandum d'accord, des demandes de participation aux consultations ont été immédiatement adressées aux Membres défendeurs. Par exemple, dans leur demande de participation aux consultations adressée aux États-Unis dans l'affaire *États-Unis - Imposition de droits d'imposition sur les automobiles en provenance du Japon au titre des articles 301 et 304 de la loi de 1974 sur le commerce extérieur (États-Unis – Automobiles)*[189], les CE ont exprimé qu'elles avaient un intérêt commercial substantiel en ce qui concerne « la stricte observation des règles concernant le renforcement du système multilatéral énoncées à l'article 23 du Mémorandum d'accord »[190]. L'Australie, le deuxième Membre demandant la participation aux consultations, a indiqué à la fois l'existence de son *intérêt commercial substantiel* et *intérêt substantiel*. L'intérêt commercial substantiel a été démontré dans l'immédiat et à long terme, puisque le Japon était l'un des principaux importateurs

---

188 *Ibid.*, WT/DS27/AB/R, note 126, para. 132.

189 *États-Unis - Imposition de droits d'imposition sur les automobiles en provenance du Japon au titre des articles 301 et 304 de la loi de 1974 sur le commerce extérieur*, WT/DS6.

190 *Ibid.*, note 189, Demande de participation aux consultations présentées au titre de l'article 4.11 du Mémorandum d'accord sur le règlement des différends - Communautés européennes du 6 juin 1995, WT/DS6/2, p. 1.

de l'Australie en vue de l'utilisation pour l'industrie automobile japonaise (pièces automobiles, cuir, charbon, acier, minerai de fer ainsi que d'autres matériaux et composants d'automobiles)[191]. En ce qui concerne l'intérêt substantiel, elle avait le même intérêt que celui exprimé par les CE. Ou bien, dans l'affaire *Japon - Taxes sur les boissons alcooliques (Japon – Boissons alcooliques II)*[192], les États-Unis et le Canada ont envoyé au Japon (partie défenderesse) la demande de participation aux consultations. Seuls les États-Unis ont indiqué que leur intérêt commercial substantiel s'expliquait par l'importance du marché japonais des boissons alcoolisées parce qu'il était le deuxième importateur des eau-de-vie distillées américaines avec un chiffre d'affaires de 93 millions de dollars EU en 1994 (soit 25% de leurs exportations totales de ce produit)[193].

75.- Ces exemples montrent que les Membres désirant participer aux consultations en tant que tierces parties expriment de manière variée leur intérêt. Plus précisément, à travers toutes les demandes de participation aux consultations déposées jusqu'à l'affaire *Indonésie – Mesure de sauvegarde concernant produits en fer ou en acier*[194], deux principaux types d'intérêts ont été souvent allégués :

- Les intérêts d'ordre commercial : il s'agit ici de l'intérêt d'un Membre, en tant qu'exportateur ou importateur du produit/service affecté par une mesure mise en cause dans l'affaire. Dès lors, l'allégation de l'intérêt commercial substantiel peut être justifiée de manière directe. En pratique, il est fréquent dans plusieurs demandes de participation aux consultations, de mentionner des données statistiques[195], ce qui constitue un argument solide pour une telle allégation.

---

[191] *Ibid.*, note 189, Demande de participation aux consultations au titre de l'article 4.11 du Mémorandum d'accord sur le règlement des différends - Communication de l'Australie du 12 juin 1995, WT/DS6/3, p. 1.

[192] *Japon - Taxes sur les boissons alcooliques*, WT/DS8.

[193] *Ibid.*, Demande de participation aux consultations présentée au titre de l'article 4.11 du Mémorandum d'accord sur le règlement des différends - Communication des États-Unis du 17 juillet 1995, WT/DS8/2.

[194] *Indonésie – Mesure de sauvegarde concernant certains produits en fer ou en acier*, WT/DS490. Dans cette affaire, Taïpei chinois a introduit une demande de consultations avec l'Indonésie le 12 février 2015 au sujet d'une mesure de sauvegarde imposée par l'Indonésie sur les importations en provenance de Taïpei chinois de certains produits laminés plats, en fer ou en acier, et de l'enquête et des déterminations ayant abouti à cette imposition.

[195] Les demandes indiquant les données statistiques sont souvent celles déposées par les Communautés européennes ou les États-Unis. Voir, par exemple, la demande de participation aux consultations des Communautés européennes dans l'affaire *Japon – Taxes sur les boissons alcooliques* (WT/DS10/3) ; des Communautés européennes dans l'affaire *Corée – Mesures concernant l'eau en bouteille* (WT/DS20/4) ; des Communautés européennes dans l'affaire *Japon – Mesures concernant les enregistrements sonores* (WT/DS28/2) ; des Communautés européennes dans l'affaire *Turquie – Restrictions à l'importation de produits textiles et de vêtements* (WT/DS29/2) ; des États-Unis dans l'affaire *Japon – Mesures concernant les enregistrements sonores* (WT/DS42/2) ; des États-Unis dans l'affaire *Chili – Taxes sur les boissons alcooliques* (WT/DS87/3), etc.

- Les intérêts d'ordre substantiel ou systémique : il s'agit des allégations d'intérêt non commercial, c'est-à-dire d'intérêt général. Le Membre demandant la participation aux consultations manifeste son intérêt sur la façon dont les dispositions des accords visés mis en cause dans l'affaire sont interprétées ou appliquées par les parties principales durant les consultations[196].

76.- Chaque demande peut comporter un de ces éléments ou une combinaison des deux, soit entre l'intérêt commercial et l'intérêt substantiel, soit entre l'intérêt commercial et l'intérêt systémique. Si le premier type d'intérêt est considéré comme répondant à l'exigence de l'article 4.11 du Mémorandum d'accord, qu'en est-il pour le deuxième ? Dans une très rare interprétation donnée par un Membre à ce sujet dans sa demande de participation aux consultations menées dans le cadre de l'affaire *États-Unis – Article 306 de la Loi de 1974 sur le commerce extérieur et modifications y relatives*[197], l'intérêt commercial substantiel a été conçu de manière très large :

> « À son avis, l'"intérêt commercial" visé à l'article 4:11 n'est pas limité à un intérêt commercial immédiat, mais est suffisamment large pour inclure des intérêts à la fois commercial et systémique. Participant souvent à des procédures de règlement des différends dans le cadre du Mémorandum d'accord, le Canada a un intérêt commercial significatif pour ce qui est de la bonne interprétation des dispositions de l'Accord sur l'OMC citées par les Communautés européennes dans leur demande de consultations »[198].

77.- Cette interprétation très large a été donnée dans l'objectif de permettre au Canada d'obtenir l'autorisation des États-Unis à participer aux consultations menées par les CE contre eux. Toutefois, cette demande a été rejetée par les États-Unis, ce qui peut signifier que l'allégation d'intérêt commercial substantiel mentionnée ci-dessus n'a pas été acceptée. Hong Kong, dans les discussions lors de la réunion de l'ORD sur ce sujet, a exprimé son accord avec l'idée avancée par le Canada. Il a fait savoir que l'article 4.11 du Mémorandum d'accord se référait soit à « *un intérêt commercial substantiel* », soit à « *un intérêt substantiel* », pour en déduire que cette exigence comprenait non seulement les intérêts à caractère commercial

---

[196] Voir, par exemple, la demande de participation aux consultations présentée par les Communautés européennes dans l'affaire *États-Unis - Imposition de droits d'imposition sur les automobiles en provenance du Japon au titre des articles 301 et 304 de la loi de 1974 sur le commerce extérieur* précitée (WT/DS6/2) ; par Honduras dans l'affaire *États-Unis – Mesures affectant les textiles et les vêtements* (WT/DS85/3) ; par l'Équateur dans l'affaire *Communautés européennes – Régime applicable à l'importation, à la vente et à la distribution des bananes* (WT/DS105/8) ; par la Colombie dans l'affaire *États-Unis – Articles 301 à 310 de la loi de 1974 sur le commerce extérieur* (WT/DS152/9), etc.

[197] *Ibid.,* WT/DS200, note 147.

[198] *Ibid.,* note 147, Demande de participation aux consultations – Communication du Canada du 27 juin 2000, WT/DS200/8.

mais également les intérêts généraux ou systémiques[199]. Dans une autre réunion, tenue en vue de la discussion sur l'affaire *États-Unis – Loi de 2000 sur la compensation pour continuation du dumping et maintien de la subvention (États-Unis – Loi sur la compensation (Amendement Byrd))*[200], la délégation du Canada, d'une part, a réitéré ce qu'elle avait avancé dans l'affaire ci-dessus[201], d'autre part, a fait savoir que si ce n'avait pas été le cas, les rédacteurs du Mémorandum d'accord l'auraient formulé de manière explicite[202].

78.- Hong Kong et le Canada ont ainsi insisté sur le fait que « l'intérêt commercial substantiel », comme prévu à l'article 4.11 du Mémorandum d'accord, comprend à la fois l'intérêt commercial et l'intérêt systémique. Cette interprétation dépasse la signification originelle de ce terme, étant donné qu'elle vise à élargir sa portée[203]. Rappelons que l'article 4.11 du Mémorandum d'accord reprend presque tout le contenu des règles relatives à l'intervention des tierces parties aux consultations, prévues dans la Décision de 1958 du Conseil du GATT sur les procédures de consultations au titre de l'article XXII[204]. Durant les discussions[205] sur celles-ci, le Royaume-Uni avait allégué que la formulation « intérêt commercial substantiel » utilisée devrait couvrir le cas d'une partie ayant un intérêt d'importateur[206] et avait ajouté : « Si cet intérêt est négligeable, il ne sera pas reconnu

---

[199] *Ibid.*, WT/DSB/M/86, note 148, para. 87.

[200] *États-Unis – Loi de 2000 sur la compensation pour continuation du dumping et maintien de la subvention*, WT/DS217, WT/DS234.

[201] ORD, *Compte rendu de la réunion tenue au Centre William Rappard le 16 février 2001*, WT/DSB/M/99, para. 52.

[202] *Ibid.*, WT/DSB/M/99, note 201, para. 52.

[203] Dans la même réunion, les CE ont fait savoir que dans l'intérêt du système de règlement des différends de l'OMC, il fallait permettre aux tierces parties de participer le plus largement possible au processus de règlement des différends (*ibid.*, WT/DSB/M/99, note 201, para. 57). Les États-Unis se sont tout de suite opposés à cette idée et ont indiqué que le simple but de ce système était de régler les différends (*ibid.*, WT/DSB/M/99, note 201, para. 59).

[204] La paragraphe b de cette décision a prévu : *« Any other contracting party asserting a substantial trade interest in the master shall, (...) advise the consulting countries and the Executive Secretary of its desires to be joined in the consultation »*.

[205] Il est important de noter également que cette décision a résulté des règles qui étaient tout d'abord élaborées pour mener des consultations sur les questions procédurales et spécifiques qui pourraient être soulevées dans le cadre de l'institution de la Communauté économique européenne (CEE) entre les parties contractantes et les membres de la CEE, et ensuite adoptées avec quelques petites modifications comme celles officiellement appliquées dans le cadre des consultations introduites au titre de l'article XXII du GATT. Les discussions ont eu lieu dans le cadre de cette adoption. Voir : GATT – Comité d'intersession, *Compte rendu des réunions tenues au Palais des Nations et au Bâtiment électoral, à Genève, du 14 avril au 2 mai 1958*, IC/SR.38, pp. 19-22 ; GATT – Comité d'intersession, *Compte rendu des réunions tenues au Palais des Nations à Genève du 24 au 26 septembre 1958*, IC/SR.41, pp.7-10 ; GATT – PARTIES CONTRACTANTES, *Rapport du Comité d'intersession : Rapport présenté aux PARTIES CONTRACTANTES sur les travaux du Comité entre la douzième et la treizième session*, L/886, pp. 1-4 ; GATT – PARTIES CONTRACTANTES, *Compte rendu de la quinzième séance tenue au Palais des Nations à Genève le 10 novembre 1958*, SR.13/15, p. 138.

[206] *Ibid.*, IC/SR.41, note 205, p. 10.

comme intérêt substantiel et les dispositions du paragraphe c) seront applicables »[207]. D'un point de vue plus général, M. Garcia-Oldini - représentant du Chili - avait proposé que :

> « ... l'existence d'un « intérêt substantiel » soit déterminée sur la base de l'incidence qu'un détournement du trafic concernant le produit en question pourrait avoir sur l'économie du pays en cause. L'expression « intérêt substantiel » doit être interprétée à la lumière de l'importance réelle que le produit présente pour l'économie du pays exportateur »[208].

79.- Bien qu'il s'agisse des opinions individuelles, et non d'une interprétation officielle des Parties Contractantes, les idées présentées correspondaient bien au contexte du GATT de 1947 dont le champ d'application se limitait au commerce des produits. Pour obtenir l'autorisation à avoir accès aux consultations, il était impératif que la partie contractante soit en mesure d'exposer les effets des échanges du produit concerné sur son économie. Par conséquent, il n'était pas surprenant que dans certaines demandes de consultations, les parties contractantes aient mentionné clairement que la déclaration de l' « intérêt commercial substantiel » devrait être accompagnée de données statistiques pour le soutenir[209]. Étant donné que l'OMC gère également le commerce des services et des questions de propriété intellectuelle touchant au commerce, cette exigence ne pourrait couvrir toutes les situations dans lesquelles pourra se présenter l'intérêt commercial substantiel. Toutefois, elle semble donner une bonne direction pour mieux comprendre le sens de cette expression qui devrait exclure tout intérêt systémique.

80.- La question de savoir si l'intérêt commercial substantiel comprend l'intérêt systémique a aussi fait l'objet de bon nombre de discussions dans le cadre des négociations du cycle de Doha portant sur ce sujet. Dans la première proposition relative à ce sujet, le Costa Rica, qui voulait renforcer la présence des tierces parties lors des tenues de consultations[210], a proposé d'effacer le mot « commercial » dans l'expression « l'intérêt commercial substantiel »[211]. De même, la Jamaïque,

---

[207] *Ibid.*, IC/SR.41, note 205, p. 10. Cette paragraphe (c) a prévu : « Il sera fait droit à une telle requête si les parties à la consultation reconnaissent l'intérêt substantiel de la tierce partie », voir: *Ibid.*, IC/SR.38, note 205, p. 22.

[208] *Ibid.*, SR.13/15, note 205, p. 156.

[209] Voir, par exemple, la demande de consultations du Royaume-Uni (GATT, *Consultations au titre de l'article XXII – Demande de consultations avec les États membres de la CEE présentée par le Royaume-Uni*, L/838, le 28 juillet 1958, p. 1) ; de l'Inde (GATT, *Consultations au titre de l'article XXII – Demande de consultations avec les États membres de la CEE présentée par l'Inde*, L/841, le 15 août 1958, p. 1) ; de l'Australie (GATT, *Consultations au titre de l'article XXII – Demande de consultations avec les États membres de la CEE présentée par l'Australie*, L/1010, le 4 juin 1959, p. 1).

[210] ORD – Session extraordinaire, *Proposition du Costa Rica – Droits des tierces parties : communication du Costa Rica*, TN/DS/W/12, p. 1.

[211] *Ibid.*, TN/DS/W/12, note 210, p. 2.

constatant que l'article 4.11 du Mémorandum mentionne consécutivement l'intérêt commercial substantiel et l'intérêt substantiel et pour savoir quelle sorte d'intérêt sera exigée, a allégué que la participation des tierces parties aux consultations devrait être conditionnée à l'existence de leur « intérêt substantiel »[212]. Lors du premier débat sur ces propositions, un grand nombre de Membres les ont félicitées et les ont soutenues[213]. Au contraire, le territoire douanier distinct de Taïwan, (Penghu, Kinmen et Matsu), dans un premier temps, s'y est fortement opposé, invoquant que « l'intérêt commercial substantiel devrait continuer d'être requis pour la participation des tierces parties », lorsque « l'ORD n'exerce pas encore formellement sa fonction de règlement »[214]. Dans un deuxième temps, ce Membre a proposé d'ajouter au Mémorandum d'accord un cinquième appendice portant sur la participation des tierces parties aux consultations, dans lequel des critères concernant « l'intérêt commercial substantiel » ont été suggérés ainsi:

> « Un Membre sera considéré comme ayant un intérêt commercial substantiel s'il a un intérêt comme principal fournisseur de l'un des Membres menant les consultations ou si le commerce faisant l'objet du différend affecte une part importante de ses importations ou exportations totales »[215].

81.- Cette définition, soutenant fortement l'idée donnée auparavant par son auteur, est de nature purement commerciale, elle exclut donc toute allégation de l'intérêt substantiel ou l'intérêt systémique. Il faut noter cependant que cette définition n'a été suivie d'aucune discussion, ce qui a laissé une lacune dans la détermination de l'intérêt commercial substantiel. Or, comme l'Argentine l'a ultérieurement constaté : « les efforts qui avaient été faits dans le passé pour régler cette question avaient porté sur le choix d'une définition appropriée de l'expression « intérêt commercial substantiel ». Ces efforts n'avaient pas jusqu'alors

---

212 ORD – Session extraordinaire, *Contribution de la Jamaïque au réexamen, prescrit à Doha, du Mémorandum d'accord sur le règlement des différends – Communication de la Jamaïque du 10 octobre 2002*, TN/DS/W/21, p. 2.

213 ORD – Session extraordinaire, *Compte rendu de la réunion tenue au Centre William Rappard*, le 10 septembre 2002, TN/DS/M/4.

214 ORD – Session extraordinaire, *Contribution du Territoire douanier distinct de Taiwan, Penghu, Kinmen et Matsu au réexamen, prescrit à Doha, du Mémorandum d'accord sur le règlement des différends – Communication du Territoire douanier distinct de Taiwan, Penghu, Kinmen et Matsu du 27 novembre 2002*, TN/DS/W/25, p.3 ; ORD – Session extraordinaire, *Compte rendu de la réunion tenue au Centre William Rappard du 13 au 15 novembre 2003*, TN/DS/M/6, para. 14.

215 ORD – Session extraordinaire, *Contribution du Territoire douanier distinct de Taiwan, Penghu, Kinmen et Matsu au réexamen, prescrit à Doha, du Mémorandum d'accord sur le règlement des différends – Communication du Territoire douanier distinct de Taiwan, Penghu, Kinmen et Matsu du 22 janvier 2003*, TN/DS/W/36, p. 5.

abouti car les participants ne parvenaient pas à s'entendre sur une définition commune »[216]. C'est la raison pour laquelle, dans deux versions des modifications proposées au Mémorandum d'accord, annexées dans deux rapports du Président de l'ORD au Comité des négociations commerciales du 2003 et 2011, l'expression « intérêt commercial substantiel » a été maintenue et aucune définition précise n'y a été ajoutée[217]. Il paraît logique de maintenir une telle conception étroite. Étant donné que les consultations, n'étant pas une phase contentieuse, se déroulent entre les parties principales. Donc, la liberté de ces dernières devient décisive et totale, notamment pour trouver, de cette négociation, une solution mutuelle acceptable à leur litige. Un élargissement du droit d'intervenir aux Membres ayant un seul « intérêt systémique » ou « substantiel » irait à l'encontre de l'intérêt des parties principales et empêcherait le bon déroulement de cette procédure.

82.- Ainsi, la complexité de la question et les discussions toujours en cours entre les Membres de l'OMC ne permettent pas d'aboutir à une solution satisfaisante visant à éliminer le manque de clarté, les doutes ou à avoir une signification compréhensible commune sur cette expression. Incontestablement, cela constitue un obstacle à l'accès de tierces parties aux consultations.

83.- Si l'accès de Membres de l'OMC en tant que tierces parties aux consultations est encore freiné par l'exigence de l'intérêt commercial substantiel, ce n'est pas le cas en ce qui concerne l'intervention aux travaux des groupes spéciaux. Même si cet accès est subordonné à l'existence d'un intérêt substantiel, cette condition n'y devient jamais un barrage.

B. L'intérêt substantiel : critère flexible pour l'accès des tierces parties aux travaux des groupes spéciaux

84.- L'accès de tierces parties aux modes contentieux de règlement des différends est souvent subordonné à l'intérêt de tierces parties dans l'affaire. Cependant, la nature de cet intérêt exigé n'est pas la même : si devant la CIJ, un intérêt d'ordre juridique est prévu pour l'intervention au titre de l'article 62 de son Statut et examiné de manière stricte, si devant la CJUE, un intérêt est énoncé pour l'intervention de certaines personnes dans les recours directs conformément à l'article 40 de son Statut et soumis également à l'examen du juge, en revanche, l'intervention dans les travaux des groupes spéciaux reste subordonnée seulement à « un intérêt substantiel » ne nécessitant pas d'être évalué par les groupes spéciaux, et l'intervention à l'examen en appel n'est pas soumise à une telle condition.

---

216 ORD – Session extraordinaire, *Compte rendu de la réunion tenue au Centre William Rappard*, le 28 février 2005, TN/DS/M/23, para. 3.

217 ORD – Session extraordinaire, *Rapport du Président, M. l'Ambassadeur Péter Balás, au Comité des négociations commerciales*, le 06 juin 2003, TN/DS/9, pp. 4-5 ; *ibid.*, TN/DS/25, note 6, pp. 10-11.

85.- Dans le cadre de la CIJ, lorsqu'une intervention au titre de l'article 63 de son Statut, relative à l'interprétation d'un traité international (plurilatéral ou multilatéral), est de droit et n'est pas conditionnée à l'existence d'un intérêt[218]; un intervenant au titre de l'article 62 doit démontrer que son « intérêt d'ordre juridique est pour lui en cause »[219]. La formule ici utilisée est claire : non pas n'importe quel intérêt mais « un intérêt d'ordre juridique » et la mise en cause de cet intérêt dans l'affaire pendante entre deux parties principales au litige. Ces deux exigences se complètent pour constituer une des conditions d'admission de l'intervention devant la CIJ que les juges de cette juridiction évaluent avec rigueur pour refuser la plupart des demandes d'intervention établies sur cette base. Cependant, l'article 62 du Statut de la CIJ ne donne pas la définition de l'expression « intérêt d'ordre juridique ». La CIJ s'est prononcée dans l'affaire *Sud-ouest africain (Liberia c. Afrique du Sud)* sur la question de déterminer le type d'intérêt requis pour l'État plaignant dans une affaire pour en déduire que cet intérêt doit être propre à l'État plaignant et que « pour engendrer des droits et des obligations juridiques, elle doit avoir une expression et une forme juridique »[220]. Il n'est pas aisé de prouver que cette définition soit applicable pour interpréter l'intérêt d'ordre juridique requis au titre de l'article 62, car la question sur la recevabilité d'une requête d'introduction d'une affaire et sur l'admission de l'intervention n'est pas la même[221].

86.- En ce qui concerne « l'intérêt d'ordre juridique », il s'agit ici d'un intérêt purement juridique. La limitation à seul intérêt d'ordre juridique peut être expliquée à travers un commentaire énoncé par le Comité de juristes de La Haye sur cette question en 1920, dans le cadre de l'avant-projet de Statut de la Cour permanente de Justice internationale :

> « La Cour statue sur la légitimité de cet intérêt, et, par la suite, sur la recevabilité de l'intervention. Dénier absolument l'intervention pourrait avoir des conséquences fâcheuses. L'essentiel est de la limiter aux cas d'intérêt d'ordre juridique, pour exclure l'intervention politique, et d'en faire juge la Cour »[222].

---

[218] CHINKIN C., *op. cit.*, note 44, pp. 178-180 ; TORRES BERNARDEZ S., *ibid.*, note 4, pp. 303-318.

[219] Il faut noter que cette exigence existe également dans les règles régissant l'intervention devant certaines autres juridictions. Voir, par exemple, l'article 32 du Statut du TIDM, l'article 30 des Règles de procédures de 2000 du Tribunal de la Communauté de développement de l'Afrique australe.

[220] *Sud-Ouest africain,* Deuxième phase, Arrêt, C.I.J. Recueil 1966, p. 34.

[221] CHINKIN C., *op. cit.*, note 44, p. 160.

[222] Cour permanente de Justice internationale – Comité consultatif de juristes, *Procès-verbaux des séances du Comité,* 16 juin-24 juillet 1920, p. 746.

87.- C'est pour autant de dires que, dans le cadre de la CIJ, l'invocation par l'intervenant des intérêts autres que celui d'ordre juridique (tel que l'intérêt politique, l'intérêt économique...[223]) provoquera le refus de la part de la CIJ de cette intervention. Les requêtes à fin d'intervention de Malte en 1981 et de l'Italie en 1983, ont été rejetées parce que selon la Cour, aucun intérêt d'ordre juridique, ni de Malte, ni de l'Italie, n'a été mis en cause en l'occurrence. Pour son cas, Malte a invoqué, comme intérêt juridique en cause, l'intérêt dans l'application par la Cour des « principes et règles de droits régissant la détermination des limites de son plateau continental »[224], et surtout ses intérêts juridiques qui « peuvent être affectés par l'appréciation que portera la Cour sur certaines caractéristiques géographiques et géomorphologiques de la région et par l'évaluation qu'elle fera de leur pertinence et de leur valeur juridique en tant que facteurs dans la délimitation des zones que Malte considère comme adjacentes à son plateau continental, ainsi que par tout ce qui a été prononcé par la Cour portant par exemple sur l'application de principes équitables ou de circonstances spéciales en ce qui concerne cette région »[225]. Quant à elle, la Cour a indiqué que cet intérêt n'appartenait pas seulement à Malte mais à d'autres États de la région de la Méditerranée centrale, et que les arguments avancés par Malte n'étaient pas suffisants à constituer pour elle-même un intérêt juridique concret propre[226] susceptible d'être affecté dans le différend entre la Tunisie et la Libye[227]. En ce qui concerne la requête à fin d'intervention déposée par l'Italie de 1983 dans l'affaire *Plateau continental (Jamahiriya arabe libyenne/Malte)*, cet État, de peur que la ligne de délimitation des zones du plateau continental entre la Libye et Malte, une fois décidée par la Cour, puisse passer à l'intérieur des zones qu'il considérait comme lui appartenant, a avancé la défense de son intérêt d'ordre juridique dans l'assurance que l'application des « principes et règles, ainsi que la méthode pratique de les appliquer ne soient pas

---

[223] TORRES BERNARDEZ S., *ibid.*, note 4, p. 289 ; DOUSSIS E., « L'intérêt juridique comme condition de l'intervention devant la Cour internationale de Justice », *Revue Hellénique de droit international*, 1999, vol. 52, n°. 2, pp. 281-288 ; GREIG D. W., « Third Party Rights and Intervention Before the International Court », *Virginia Journal of International Law*, 1991-1992, vol. 32, n° 2, pp. 285-376 ; PALCHETTI P., « Opening the International Court of Justice to Third States : Intervention and Beyond », *in* FROWEIN J. A. & WOLFRUM R. (edt.), *Max Planck Yearbook of United Nations Law*, 2002, vol. 6, pp. 131-181 ; LUCARI T., « Intervention under article 62 of the Statute of the I.C.J. », *Brooklyn Journal of International Law*, 1983, vol. 8, n°. 2, pp. 270-272.

[224] *Plateau continental (Tunisie/Jamahiriya arabe libyenne)*, Requête à fin d'intervention, Arrêt, C.I.J. Recueil 1981, para. 13 ; TORRES BERNARDEZ S., *ibid.*, note 4, p. 374 ; CHINKIN C., *ibid.*, note 131, p. 510 ; McGINLEY G. P., « Intervention in the International Court : the Libya/Malta Continental Shelf Case », *International and Comparative Law Quarterly*, 1985, vol. 34, n°. 4, pp. 680-681.

[225] *Plateau continental (Tunisie/Jamahiriya arabe libyenne)*, *ibid.*, note 224, para. 19.

[226] L'auteur S. Torres Bernardez a jugé que c'était « un intérêt trop peu précis, éloigné, indirect et hypothétique pour pouvoir être en cause dans le différend entre la Tunisie et la Libye et justifier, de ce fait, une intervention sur la base de l'article 62 du Statut ». TORRES BERNARDEZ S., *ibid.*, note 4, p. 374.

[227] *Plateau continental (Tunisie/Jamahiriya arabe libyenne)*, *ibid.*, note 224, para. 33 ; TORRES BERNARDEZ S., *ibid.*, note 4, p. 374 ; CHINKIN C., *ibid.*, note 131, p. 510.

déterminées par la Cour dans l'ignorance et au détriment de cet intérêt »[228]. Autrement dit, l'intérêt d'ordre juridique dans la présente intervention a été formulé sous forme d'un désir de protéger les droits souverains de l'Italie sur les zones du plateau continental en cause dans l'affaire[229]. La Cour, en revanche, dans son arrêt rendu le 21 mars 1984, a rejeté cette demande en expliquant que si la Cour admettait la demande à fin d'intervention déposée par l'Italie, elle devrait se prononcer sur ses droits, ce qui introduirait devant la Cour, selon toute probabilité, un nouveau différend[230]. La décision de la Cour a en effet poussé un État désirant intervenir dans une situation ambiguë, comme l'a souligné C. Chinkin :

> « Si un État tiers pense que ses droits peuvent être affectés par une décision dans une affaire en instance, il doit intervenir. Toutefois, si cette requête consiste en une revendication des droits qui peuvent être contestés, elle peut être rejetée aux motifs d'aller au-delà d'une simple intervention et de faire naître un nouveau différend qui n'entre pas dans les termes de l'accord spécial des parties établissant la compétence de la Cour » [231].

Ce constat est tout à fait juste. Il faut rappeler que la requête de Malte avait été rejetée faute d'un intérêt concret en cause pour lui dans l'affaire. En revanche, alors que l'Italie a revendiqué un intérêt plus concret portant sur la défense de ses droits souverains, la Cour, au lieu de se prononcer sur le fait de savoir si un tel intérêt constituait « l'intérêt d'ordre juridique » en cause au titre de l'article 62 de son Statut ou non, a insisté sur le risque d'introduire une nouvelle affaire devant elle pour refuser cette intervention.

88.- Cependant, dans les requêtes ultérieures à fin d'intervention déposées par le Nicaragua en 1990, par la Guinée équatoriale en 1999 et par la Grèce en 2011, la situation est un peu différente ; l'admission par la Cour de ces requêtes a pu éclairer d'une certaine manière la signification de l'expression « intérêt d'ordre juridique » en cause dans l'affaire. Le Nicaragua, par sa requête datée du 17 septembre 1989, a cherché à intervenir dans l'affaire *Différend frontalier terrestre, insulaire*

---

[228] CIJ Mémoires, *Plateau continental (Jamahiriya arabe libyenne/Malte),* vol. II, p. 424.

[229] *Plateau continental (Jamahiriya arabe libyenne/Malte),* Requête à fin d'intervention, Arrêt, C.I.J. Recueil 1984, para. 15.

[230] *Plateau continental (Jamahiriya arabe libyenne/Malte), ibid.,* note 229, para. 29-33. La Cour a souligné : « Il apparaît à la Cour que si, sur le plan formel, l'Italie lui demande de sauvegarder ses droits, sa requête a pour effet pratique inéluctable d'inviter la Cour à reconnaître ceux-ci et, pour ce faire, à statuer au moins partiellement sur les différends entre l'Italie et l'une des parties ou les deux » (para. 29).

[231] « *If a third States thinks its proprietary rights may be affected by a decision in pending proceedings it should intervene. However, if making this request involves making a claim to rights that may be challenged, its claim may be rejected as going beyond mere intervention and rising a new dispute which is not within the terms of the special agreement by which the parties granted the Court jurisdiction* ». CHINKIN C., *op. cit.*, note 44, p. 161 ; CHINKIN C., *ibid.,* note 131, p. 511.

et maritime entre El Salvador et le Honduras. Son intérêt d'ordre juridique a été déterminé par rapport à l'objet du litige pour n'inclure que celui relatif à la situation juridique des îles et des espaces maritimes[232] et s'est fondé sur une liste de « considérations particulières »[233]. La Cour, après avoir déploré le manque d'informations précises dans la requête sur l'intérêt d'ordre juridique du Nicaragua, qui selon elle, a été ensuite complété par les informations fournies par El Salvador et le Honduras[234], a examiné une série de points contenus dans la requête du Nicaragua, à savoir : les îles, la situation des eaux et la délimitation éventuelle des eaux à l'intérieur du Golfe de Fonseca, la situation des eaux et la délimitation éventuelle des eaux à l'extérieur de ce Golfe[235]. Il en résulte que la Cour n'a pas justifié l'intérêt d'ordre juridique du Nicaragua en cause sur les questions de la souveraineté des îles[236] dans ce Golfe, ni sur les questions de la délimitation maritime entre les deux parties principales[237], mais a trouvé cet intérêt dans les questions de la soumission des eaux du Golfe de Fonseca à une « communauté d'intérêts » des trois États souverains[238]. Cette dernière, constituant le point de départ de l'argumentation du Honduras, était une communauté d'intérêts comprenant, à l'égal du condominium invoqué par El Salvador, le Nicaragua en qualité d'un des trois États riverains, et couvrait donc l'intérêt de ce pays.

89.- Le point spécifique dans la décision de la Cour repose sur le fait qu'elle a examiné avec soin la concrétisation et la spécificité de l'allégation d'intérêt d'ordre juridique du Nicaragua par rapport à chaque question posée dans l'affaire[239]. Cela

---

[232] *Différend frontalier terrestre, insulaire et maritime (El Salvador/Honduras), ibid.*, note 68, para. 58. Il a précisé dans sa requête qu' « il n'entend pas intervenir dans les aspects de la procédure concernant la frontière terrestre en litige entre El Salvador et le Honduras ».

[233] *Différend frontalier terrestre, insulaire et maritime (El Salvador/Honduras), ibid.*, note 68, para. 37. De plus, il a clairement souligné son objet d'intervention comme suit : « Premièrement, de protéger généralement, par tous les moyens juridiques possibles, les droits de la République du Nicaragua dans le Golfe de Fonseca et dans les espaces maritimes adjacents. Deuxièmement, d'intervenir dans l'instance pour informer la Cour de la nature des droits du Nicaragua qui sont en cause dans le litige. Cette forme d'intervention aurait un but conservatoire : elle vise à garantir que les conclusions de la Chambre ne portent pas atteinte aux droits et intérêts de la République du Nicaragua, et le Nicaragua entend reconnaître l'effet obligatoire de la décision qui sera rendue ». La Chambre a ensuite souligné : « Dans la mesure où l'intervention a pour objet « d'informer la Cour de la nature des droits qui sont en cause dans le litige », on ne peut pas dire que cet objet n'est pas approprié : il semble d'ailleurs conforme au rôle de l'intervention » (*Ibid.*, para. 90).

[234] *Différend frontalier terrestre, insulaire et maritime (El Salvador/Honduras), ibid.*, note 68, para. 60-64.

[235] *Différend frontalier terrestre, insulaire et maritime (El Salvador/Honduras), ibid.*, note 68, para. 65-84.

[236] *Différend frontalier terrestre, insulaire et maritime (El Salvador/Honduras), ibid.*, note 68, para. 66.

[237] *Différend frontalier terrestre, insulaire et maritime (El Salvador/Honduras), ibid.*, note 68, para. 79 et 84.

[238] *Différend frontalier terrestre, insulaire et maritime (El Salvador/Honduras), ibid.*, note 68, para. 72-73.

[239] Voir : TORRES BERNARDEZ S., *ibid.*, note 4, pp. 290-292.

signifie que la concrétisation et la spécificité de l'intérêt d'ordre juridique en cause peuvent jouer un rôle primordial dans la décision de la Cour sur l'admission de l'intervention. En effet, la Cour a également utilisé ces critères pour examiner l'intérêt d'ordre juridique de la Guinée équatoriale en 1999 et de la Grèce en 2011, pour parvenir à une admission de la demande à fin d'intervention déposée par ces deux États[240].

90.- Il résulte de toutes les analyses qui précèdent que l'exigence d'intérêt d'ordre juridique en cause pour l'admission de l'intervention devant la CIJ est complexe, du fait d'une interprétation étroite[241] et d'un examen au cas par cas par la Cour. Il n'existe pas de critères communs pour le justifier. Ainsi, l'admission de l'intervention dépend souvent, d'une part, des arguments avancés par l'État

---

[240] *Frontière terrestre et maritime entre le Cameroun et le Nigéria,* requête à fin d'intervention, ordonnance du 21 octobre 1999, C.I.J. Recueil 1999, p. 1029 : L'intervention de la Guinée équatoriale résulte tout d'abord d'une conclusion de la Cour sur les exceptions du Nigéria (*Frontière terrestre et maritime entre le Cameroun et le Nigéria,* Exceptions préliminaires, Arrêt, C.I.J. Recueil 1998, p. 324) qui a affirmé : « La question de savoir si ces États tiers décideront d'exercer leurs droits à intervention dans l'instance conformément au Statut reste entière ». Cet État tiers a ensuite cherché à intervenir dans l'affaire pour les objectifs qui ressemblaient à ce que la Nicaragua avait fait valoir dans l'affaire antérieure (*Ibid.,* C.I.J. Recueil 1999, para. 4) et l'intérêt d'ordre juridique de cet État ne couvrait que la question sur la frontière maritime, pour exclure l'intervention dans les aspects de la procédure relatifs à la frontière terrestre entre le Cameroun et le Nigéria, y compris la détermination de la souveraineté sur la presqu'île de Bakassi. Cet intérêt a été ensuite reconnu par la Cour, grâce à son caractère concret et spécifique comme celui du Nicaragua et du fait que les deux États principaux au litige ne s'y sont pas opposés, la Cour a rendu une ordonnance sur l'admission de cette demande.

Dans la deuxième, *Immunités juridictionnelles de l'État (Allemagne c. Italie),* requête à fin d'intervention, ordonnance du 4 juillet 2011, C.I.J. Recueil 2011, p. 494, la Grèce a cherché à intervenir dans une affaire opposant l'Allemagne à l'Italie sur la question de savoir si la dernière avait violé l'immunité juridictionnelle de la première en déclarant exécutoire sur le sol italien la décision judiciaire rendue par une juridiction hellénique en l'affaire *Distomo,* pour « informer la Cour des droits et intérêts d'ordre juridique qui sont les siens, afin de s'assurer qu'ils ne seront ni entravés ni affectés [lorsque la Cour examinera les] questions relatives à l'immunité juridictionnelle et à la responsabilité internationale de l'État soulevées par les Parties » (*Ibid.,* para. 2). Dès lors, son intérêt d'ordre juridique s'est exprimé du fait que l'Allemagne avait admis sa responsabilité internationale à l'égard de la Grèce du fait de tous les actes commis par le IIIe Reich sur le territoire hellénique durant la deuxième guerre mondiale, et que la décision rendue par la Cour sur la question de savoir si « un jugement émanant d'une juridiction hellénique peut recevoir exécution sur le sol italien » pourrait affecter son intérêt d'ordre juridique. La Cour a décidé d'admettre cette demande et précisé notamment que : « Considérant que la Cour, dans l'arrêt qu'elle rendra dans la procédure principale, pourrait estimer nécessaire d'examiner, à la lumière du principe de l'immunité de l'État, les décisions rendues par la justice grecque en l'affaire Distomo aux fins de se prononcer sur la troisième demande formulée dans les conclusions de l'Allemagne [...], et que cela suffit à indiquer que la Grèce possède un intérêt d'ordre juridique auquel l'arrêt qui sera rendu dans la procédure principale est susceptible de porter atteinte ». Voir également, THIRLWAY H., « The Law and Procedures of the International Court of Justice 1960-1989 : Supplement, 2011 : Parts Eleven, Twelve and Thirteen », *Bristish Yearbook of International Law,* 2012, vol. 82, n°. 1, pp. 139-140.

[241] IWASAWA Y., *ibid.,* note 127, pp. 886-887.

tiers, d'autre part, de l'examen de la Cour sur la base de ces arguments, qui se diffèrent selon les affaires. Dès lors, apparaissent des difficultés pour un État tiers dans la préparation de sa requête, ce qui pourrait l'empêcher d'y intervenir.

91.- Devant la CJUE, la situation semble moins compliquée lorsque l'article 40 de son Statut ne demande pas l'existence d'un quelconque intérêt pour l'intervention des États membres et des institutions de l'UE. Dans l'affaire *Roquette c. Conseil,* la Cour a décidé que le Parlement européen, reconnu par celle-ci comme une institution de la CE, pouvait intervenir volontairement sans devoir indiquer son intérêt à la solution du litige[242]. Pour l'intervention d'autres personnes, il a été indiqué que : « Le même droit [d'intervention] appartient à toute autre personne justifiant d'un intérêt à la solution d'un litige soumis à la Cour »[243]. L'intérêt requis ici n'est que l'intérêt, sans d'autre précision. Il ne s'agit pas de l'intérêt d'ordre juridique comme celui requis pour l'intervention devant la CIJ, il ne s'agit pas non plus d'intérêt commercial ou d'autre forme d'intérêt précis. Les critères pour examiner ce type d'intérêt ont été instaurés par la Cour dans les affaires jointes *Belgique c. Vloeberghs et Haute Autorité* [de la Communauté européenne du charbon et de l'acier]. Elle a précisé : « l'intérêt à intervenir dans un litige pendant devant la Cour doit se justifier tant par rapport à la nature du litige auquel l'intervenant demande à être admis que par rapport aux conclusions d'une partie, au soutien ou au rejet desquels l'intervenant doit viser »[244]. Dès lors, l'intérêt d'intervenir doit être justifié dans deux relations principales : l'une avec la nature du litige et l'autre avec les conclusions d'une partie principale au différend. En outre, dans les affaires jointes *Amylum et autres c. Conseil et Commission,* elle y a ajouté l'exigence selon laquelle les intervenants devaient justifier d'avoir « un intérêt direct et actuel à ce qu'il soit fait droit à ces conclusions »[245]. Il convient de noter également que la Cour, à plusieurs reprises, a accepté l'intérêt collectif des associations comme motif justifiant l'intervention. La Cour a eu l'occasion de se prononcer sur cette question en insistant sur le fait que :

> « La pratique consistant à admettre l'intervention d'associations représentatives qui ont pour objet la protection de leurs membres dans des

---

[242] *Roquette c. Conseil,* Affaire 138/79, Arrêt de la Cour du 29 octobre 1980, Recueil de jurisprudence 1980, p. 3333 et s., para. 17-21. Voir également, USHER J. A., « Joinder of Actions, Submission of Observation in References for Preliminary Rulings, and Intervention by Member States, Community Institutions, and Any Other Person in ECJ Proceedings », *in* WEISS F. (edt.), *Improving WTO dispute settlement procedures : issues and lessons from the practice of other international courts and tribunals*, London, Cameron May, 2000, p. 98 ; BERRI M., « The Special Procedures Before the Court of Justice of the European Communities », *Common Market Law Review,* 1971, vol. 8, n°. 1, pp. 8-11.

[243] Article 40 alinéa 2 de son Statut.

[244] *Belgique c. Vloeberghs et Haute autorité,* Affaires jointes 9 et 12/60, Arrêt de la Cour du 12 juillet 1962, Recueil de la jurisprudence, 1962, p. 335 et s.

[245] *Amylum et autres c. Conseil et Commission,* Affaires jointes 116 et 143/77, Ordonnance de la Cour du 12 avril 1978, Recueil de jurisprudence, 1978, p. 893 et s., para. 9.

affaires soulevant des questions de principes de nature à affecter ces derniers ne peut pas être invoquée à l'appui d'une demande d'intervention présentée à titre individuel. En effet, l'adoption d'une interprétation large du droit d'intervention à l'égard des associations vise à permettre de mieux apprécier le cadre des affaires tout en évitant une multiplicité d'interventions individuelles qui compromettraient l'efficacité du bon déroulement de la procédure »[246].

Ainsi, l'intérêt ici doit passer par l'examen des juges communautaires, ce qui a provoqué le refus de la demande d'intervention dans plusieurs affaires[247]. Dès lors, même s'il existe sous une forme très simple, il constitue un obstacle pour l'intervention des personnes dites « non-privilégiées »[248].

92.- À la différence de l'intervention devant la CIJ et la CJUE, l'intervention dans les procédures de groupes spéciaux au titre de l'article 10 du Mémorandum d'accord est subordonnée à un « intérêt substantiel »[249]. Bien que cette condition soit affirmée par l'Organe d'appel dans les affaires *CE-Bananes III*[250] et *États-Unis – Crevettes*[251], cet intérêt substantiel n'a fait l'objet d'aucune définition par cet organe ou par les groupes spéciaux, comme ce qui a été dit dans la partie précédente. Rappelons que le terme « intérêt substantiel » n'est pas seulement utilisé

---

[246] *National Power et PowerGen/Bristish Coal et Commission,* Affaires jointes C-151/97 P(1) et C-157/97 P(I), Ordonnance de la CJCE du 17 juin 1997, Recueil de la jurisprudence, 1997.I, p. 3491 et s., para. 66.

[247] Par exemple, *National Power et PowerGen/Bristish Coal et Commission, ibid.*, note 246, pp. 3509 et s. ; *British Coal/Commission,* Affaire T-367/94, Ordonnance du président de la troisième chambre du Tribunal de première instance du 24 mars 1997, Recueil de la jurisprudence, 1997.II, pp. 477 et s. ; *Alexopoulou/Commission,* affaire C-155/98 P-I, Ordonnance du Président de la Cour du 23 juillet 1998, Recueil de la jurisprudence, 1998.I, pp. 4948 et s. ; *CAS Succhi di Frutta/Commission,* Affaire T-191/96, Ordonnance du Tribunal de première instance (deuxième chambre) du 20 mars 1998, Recueil de la jurisprudence 1998.II, pp. 583 et s., etc.

[248] DE SCHUTTER O., « Le tiers à l'instance devant la Cour de justice de l'Union européenne », *in* RUIZ FABRI H. & SOREL J.-M. (dir.), *Le tiers à l'instance devant les juridictions internationales,* Coll. Contentieux international, Paris, A. Pedone, 2005, p. 95 ; DE SCHUTTER O., « L'accès des groupements à la justice internationale », *Journal des tribunaux-Droit européen,* septembre 1999, n°. 61, pp. 153-162.

[249] Sur ce sujet, voir également : BURDA J., « L'efficacité du mécanisme de règlement des différends de l'OMC : vers une meilleure prévisibilité du système commercial multilatéral », *Revue québécoise de droit international,* 2005, vol. 18, n°. 2, pp. 9-10 ; IWASAWA Y., *ibid.*, note 127, pp. 886-889 ; PALMETER D. & MAVROIDIS P. C., *op. cit.*, note 9, pp. 109-110 ; COVELLI N., « Public International Law and Third Party Participation in WTO Panel Proceedings », *Journal of World Trade,* 1999, vol. 33, n°. 2, pp. 126-134.

[250] Dans cette affaire, l'Organe d'appel a rappelé : « Il est vrai que, (...), aux termes de l'article 10.2 du Mémorandum d'accord, une tierce partie doit avoir « un intérêt substantiel » dans une affaire portée devant un groupe spécial ». Voir : *ibid.,* WT/DS27/AB/R, note 126, para. 132.

[251] Dans cette affaire, l'Organe d'appel a affirmé : «... seuls les Membres qui ont « un intérêt substantiel dans une affaire portée devant un groupe spécial » peuvent être tierces parties dans la procédure de ce groupe spécial ». Voir : *ibid.*, WT/DS58/AB/R, note 152, para. 101.

dans l'article 10 du Mémorandum d'accord, mais déjà depuis longtemps mentionné dans l'article XXVIII du GATT de 1947/1994. Le premier paragraphe de cet article distingue « l'intérêt substantiel » de « l'intérêt comme principal fournisseur »[252] : lorsque la partie contractante, qui voudrait modifier ou retirer une concession, devrait mener des négociations et obtenir un accord avec les autres ayant « l'intérêt comme principal fournisseur », elle ne devrait mener des consultations qu'avec ceux ayant un intérêt substantiel. De plus, dans la note interprétative pour l'article XXVIII, annexée au GATT, le GATT a précisé :

> « Les PARTIES CONTRACTANTES ne devraient reconnaître l'intérêt d'une partie contractante comme principal fournisseur que si cette partie contractante a eu, pendant une période raisonnable antérieure à la négociation, une part plus large du marché de la partie contractante requérante que celle de la partie contractante avec laquelle la concession aurait été négociée primitivement ou si, de l'avis des PARTIES CONTRACTANTES, elle eût détenu une telle part en l'absence de restrictions quantitatives de caractère discriminatoire appliquées par la partie contractante requérante. Il ne serait donc pas approprié que les PARTIES CONTRACTANTES reconnussent à plus d'une partie contractante et, dans les cas exceptionnels où il y a presque égalité, à plus de deux parties contractantes, un intérêt de principal fournisseur »[253].

Et:

> « L'expression « intérêt substantiel » n'est pas susceptible de définition précise ; en conséquence, elle pourrait susciter des difficultés aux PARTIES CONTRACTANTES. Elle doit cependant être interprétée de façon à viser exclusivement les parties contractantes qui détiennent ou qui, en l'absence de restrictions quantitatives de caractère discriminatoire affectant leurs exportations, détiendraient vraisemblablement une part appréciable du marché de la partie contractante qui se propose de modifier ou de retirer la concession »[254].

---

[252] Le premier paragraphe de cet article, intitulé « Modification des listes », prévoit : « Le premier jour de chaque période triennale, la première période commençant le premier janvier 1958 (...), toute partie contractante (...) pourra modifier ou retirer une concession reprise dans la liste correspondante annexée au présent Accord, après une négociation et un accord avec toute partie contractante avec laquelle cette concession aurait été négociée primitivement ainsi qu'avec toute autre partie contractante dont l'intérêt comme principal fournisseur serait reconnu par les PARTIES CONTRACTANTES (...) et sous réserve qu'elle ait consulté toute autre partie contractante dont l'intérêt substantiel dans cette concession serait reconnu par les PARTIES CONTRACTANTES ».

[253] Voir GATT de 1994, Annexe I : Notes et dispositions additionnelles, Ad Article XXVIII, paragraphe premier, alinéa 4.

[254] *Ibid.*, note 253, alinéa 7.

93.- La différence entre les deux expressions ou termes est ainsi devenue très claire et son implication a également été évidente[255] : les précisions ci-dessus montrent que l'intérêt comme principal fournisseur a eu un poids plus important que l'intérêt substantiel dans la détermination de l'obligation de la partie contractante requérant la modification ou le retrait de concessions. En outre, s'il existe seulement une partie contractante ayant un intérêt comme principal fournisseur, il est possible d'avoir plusieurs parties contractantes ayant un intérêt substantiel. Par conséquent, il est logique de trouver que les règles régissant l'intervention de tierces parties dans les travaux de groupes spéciaux à l'époque du GATT de 1947 et l'article 10.2 du Mémorandum d'accord prouvent un choix : les Membres ayant un intérêt substantiel, et non un intérêt comme principal fournisseur (ou d'autres types d'intérêts), pourront avoir la possibilité d'intervenir en tant que tierces parties[256].

94.- Rappelons que durant le cycle d'Uruguay, les négociateurs ont adopté un Mémorandum d'accord sur l'interprétation de l'article XXVIII du GATT de 1994. Dans ce Mémorandum d'accord, a été ajoutée une autre interprétation permettant de déterminer le Membre ayant un intérêt comme principal fournisseur : il est évalué sur la base du rapport le plus élevé entre les exportations visées par la concession faisant l'objet de la modification ou du retrait et ses exportations totales, à l'exclusion des Membres ayant déjà un droit de négociateur primitif ou un intérêt comme principal fournisseur au titre de l'article XXVIII.1 du GATT[257]. Cette formule permet d'avoir plus d'un Membre ayant un intérêt comme principal fournisseur : l'un déterminé aux termes de l'article XXVIII.1 du GATT et l'autre au titre du paragraphe 1 de ce Mémorandum d'accord. Ce dernier précise également que la détermination d'un Membre ayant un intérêt comme principal fournisseur ou ayant un intérêt substantiel est basée seulement sur la prise en considération du commerce de produit visé effectué au régime de la NPF[258]. Ainsi l'intérêt substantiel, aux fins de la modification ou retrait d'une concession obtenue dans le GATT étaye-t-il la détermination sur le commerce du produit visé par cette concession. Comme indiqué ci-dessus, demeure évidemment la possibilité d'avoir plusieurs Membres ayant un intérêt substantiel qui, ensuite, pourront devenir des tierces parties devant les groupes spéciaux.

95.- Cependant, l'interprétation donnée ci-dessus n'est applicable que dans le cadre du GATT. Son applicabilité dans d'autres contextes en dehors de celui d'une modification ou retrait d'une concession tarifaire n'est jamais confirmée ni

---

[255] CARMODY C., *ibid.,* note 40, p. 625.

[256] CARMODY C., *ibid.,* note 40, pp. 625-626.

[257] Le paragraphe 1 du Mémorandum d'accord sur l'interprétation de l'article XXVIII du GATT de 1994.

[258] Le paragraphe 3 du Mémorandum d'accord sur l'interprétation de l'Article XXVIII du GATT de 1994.

par les institutions ayant compétence pour interpréter les accords de l'OMC, ni par le juge de l'OMC. C'est pourquoi, il manque une définition claire de l'expression « intérêt substantiel » au titre de l'article 10.2 du Mémorandum d'accord.

96.- Certains auteurs s'accordent sur le fait que l'intérêt substantiel ne nécessite d'être ni de nature juridique, comme demandé à l'article 62 du Statut de la CIJ, ni de nature commerciale comme « l'intérêt commercial substantiel » prévu à l'article 4.11 du Mémorandum d'accord même[259]. La pratique devant les groupes spéciaux semble indiquer, au contraire, que l'intérêt à caractère commercial constitue également la raison qui pousse un Membre à intervenir dans cette phase.

Effectivement, de nombreux Membres indiquent clairement leur intérêt substantiel de nature commerciale comme raison d'intervention devant les groupes spéciaux. Par conséquent, l'intérêt de nature commerciale occupe toujours le premier rang parmi les arguments avancés pour justifier l'existence d'un intérêt substantiel. Dans la première affaire introduite devant le groupe spécial, *États-Unis – Normes concernant l'essence nouvelle et ancienne formules* (*États-Unis – Essence*), les CE et la Norvège ont réservé le droit d'intervention en indiquant clairement leur raison :

Pour les CE : « en tant qu'exportateur d'essence pour automobiles et d'autres combustibles vers les États-Unis, elles avaient un intérêt substantiel dans l'affaire portée devant le Groupe spécial. En 1994, le volume total des exportations d'essence des 12 membres des CE à destination des États-Unis représentait 6 423 411 tonnes métriques. Ce volume avait augmenté depuis l'élargissement des CE, le premier janvier 1995 »[260].

Quant à la Norvège, elle a expliqué que d'une part, la Réglementation sur l'essence en cause dans l'affaire avait empêché l'essence en provenance de son pays de profiter du traitement national[261], et d'autre part, Statoil, sa compagnie étatique de pétrole, avait rencontré des difficultés lors de la mise en œuvre de cette réglementation[262].

---

[259] IWASAWA Y., *ibid.*, note 127, p. 888 ; ANGELET N., *ibid.*, note 93, p. 223 ; FOOTER M. E., *ibid.*, note 8, pp. 235-239 ; WEISS F., « Chapter 27 : Third Parties in GATT/WTO Dispute Settlement Proceedings », *in* DENTERS E. & SCHRIJVER N. (edt.), *Reflections on International Law from the Low Countries in Honour of Paul de Waart,* The Hague, Martinus Nijhoff Publishers, 1998, pp. 465-466.

[260] *États-Unis – Normes concernant l'essence nouvelle et ancienne formules,* Rapport du groupe spécial du 29 janvier 1996, WT/DS2/R, para. 4.1.

[261] *Ibid.,* WT/DS2/R, note 260, para. 4.10.

[262] *Ibid.,* WT/DS2/R, note 260, para. 4.11. Elle a indiqué que : « La *Norwegian State Oil Company* (Statoil) se trouvait dans une situation très difficile en raison de la façon dont la Réglementation sur l'essence était appliquée. Il était très intéressant pour la Statoil de pouvoir exporter vers le

Dans l'affaire *Communautés européennes – Mesures communautaires concernant les viandes et les produits carnés (hormones)* (*CE – Hormones*), l'Australie a indiqué son « intérêt commercial substantiel » en se basant sur le fait qu'elle était « un important exportateur de viande et, depuis quelques années, le principal exportateur mondial de viande bovine »[263]. Le même argument a été avancé, dans cette affaire, par la Nouvelle-Zélande qui a également ajouté des données statistiques pour soutenir cette affirmation[264] et ensuite exprimé ses inquiétudes sur la façon d'utiliser des mesures sanitaires ou phytosanitaires à constituer une restriction déguisée au commerce[265], ce qui pourrait empêcher les exportations des produits à base de viande de ce pays vers les CE.

Les arguments justifiant ce type d'intérêt sont faciles à trouver dans plusieurs affaires introduites ultérieurement devant des groupes spéciaux[266]. En d'autres termes, les raisons économiques ou l'intérêt commercial à protéger dans une affaire sont des facteurs incitant un Membre à y intervenir.

97.- À côté de l'intérêt substantiel à caractère commercial, un autre type d'intérêt est également avancé par des tierces parties Membres. La pratique devant

---

marché des États-Unis plutôt que vers d'autres marchés. En 1989, la Statoil avait construit la raffinerie de Mongstad dans l'intention de vendre aux États-Unis 0,5 million de tonnes par an environ sur une production totale annuelle de 2,5 millions de tonnes. En 1990, la Statoil avait vendu au total 470 000 tonnes d'essence environ aux États-Unis, dont 350 000 tonnes environ venaient de la raffinerie de Mongstad. Depuis décembre 1994, la Statoil n'exportait plus d'essence de Mongstad vers les États-Unis ».

263 *Communautés européennes – Mesures communautaires concernant les viandes et les produits carnés (hormones),* Rapport du groupe spécial du 18 août 1997, WT/DS26/R/USA (Plainte déposée des États-Unis) et WT/DS48/R/CAN (Plainte déposée par le Canada), para. 5.1.

264 Elle a précisé : « elle avait un intérêt substantiel dans cette affaire en tant que tierce partie parce que c'était un pays exportateur de produits agricoles et que les exportations de viandes représentaient une part considérable de ses exportations totales. Pendant l'exercice clos en décembre 1995, les produits primaires (viandes et produits carnés, produits laitiers, produits de la pêche, fruits et légumes, etc.) avaient représenté 72,1 pour cent de ses exportations totales de marchandises (en dollars néo-zélandais). Pendant la même période, les viandes et les produits carnés en avaient représenté 15,99 pour cent (en dollar néo-zélandais) ». *Ibid.,* WT/DS26/R/USA, note 263, para. 5.23.

265 *Ibid.,* WT/DS26/R/USA, note 263, para. 5.23.

266 Sur ce type d'intérêt dans le cadre de GATT de 1947, voir : WEISS F., *ibid.,* note 259, pp. 466-467. Dans le cadre de l'OMC, voir également : *Communautés européennes – Classement tarifaire de certains matériels informatiques,* Rapport du groupe spécial du 05 février 1998, WT/DS62/R (plainte des États-Unis) ; *Royaume-Uni – Classement tarifaire de certains matériels informatiques,* Rapport du groupe spécial du 05 février 1998, WT/DS67/R (plainte des États-Unis) ; *Irlande – Classement tarifaire de certains matériels informatiques,* Rapport du groupe spécial du 05 février 1998, WT/DS68/R (plainte des États-Unis), para. 6.25 ; *ibid.,* WT/DS58/R, note 152, para. 4.1, 4.19, 4.25 ; *Australie – Mesures visant les importations de saumons,* Rapport du groupe spécial du 12 juin 1998, WT/DS18/R, para. 5.27-5.28 ; *Chili – Taxes sur les boissons alcooliques,* Rapport du groupe spécial du 15 juin 1999, WT/DS87/R (plainte des CE), WT/DS110/R (plainte des CE), para. 5.1, 5.48, 5.50 ; *États-Unis – Articles 301 à 310 de la Loi de 1974 sur le commerce extérieur,* Rapport du groupe spécial du 22 décembre 1999, WT/DS152/R, para. 5.206, 5.290…

les groupes spéciaux fait naître en effet une autre situation : les tierces parties ayant l'intérêt systémique ont également eu l'occasion de prendre part aux travaux de ces groupes. Par conséquent, le seul intérêt général dans l'interprétation et l'application des accords visés mis en cause dans une affaire devient suffisant pour justifier le droit d'y intervenir de la part des tierces parties[267]. L'attitude d'ouverture[268] des groupes spéciaux, résultant de la clause de la nation la plus favorisée ainsi que du caractère multilatéral de ce système, a permis la présence la plus nombreuse possible des tierces parties qui pourront en tirer profit. Notons qu'une fois qu'une tierce partie intervient dans les travaux de groupes spéciaux pour protéger son intérêt systémique, cette intervention ressemble à celle prévue par l'article 63 du Statut de la CIJ ou par l'article 32 du Statut du TIDM[269]. Mais, les conditions pour une intervention alléguant l'intérêt systémique dans le cadre de l'ORD sont moins exigeantes que celles prévues par ces deux articles[270].

98.- En résumé, le fait que le sens du terme « intérêt substantiel » ne soit pas dégagé n'inquiète pas les Membres de l'OMC, grâce à une attitude ouverte des groupes spéciaux[271]. Dans le cadre des négociations sur le Mémorandum d'accord menées dans le cycle de Doha, le Kenya, au nom des pays africains et réagissant en faveur des pays en développement ainsi que des pays Membres moins

---

[267] ANGELET N., *ibid.*, note 93, p. 223 ; IWASAWA Y., *ibid.*, note 127, p. 888.

[268] ANGELET N., *ibid.*, note 93, p. 224.

[269] IWASAWA Y., *ibid.*, note 127, p. 887 ; ANGELET N., *ibid.*, note 93, p. 224.

[270] Pour ce qui est de l'intervention au titre de l'article 63 du Statut de la CIJ ou de l'article 32 du Statut du TIDM, il s'agit ici d'une intervention de droit, ou bien d'une intervention d'une tierce partie relative à l'interprétation d'une convention à laquelle elle fait partie. Même si l'article 63 du Statut de la CIJ ou l'article 32 du Statut du TIDM ne mentionne précisément pas la condition d'admission d'une déclaration d'intervention à ce propos, les règles dans le Règlement intérieur de chacune d'elles ont bien demandé que l'État tiers doive indiquer, dans la déclaration d'intervention, les informations justifiant son droit d'intervention, y compris les renseignements déterminant que l'État tiers fait partie à la convention mise en cause, l'indication des dispositions de cette convention dont l'interprétation est en cause, un exposé de l'interprétation qu'il donne de ces dispositions… (article 82 du Règlement de la CIJ de 1978, article 100 du Règlement du TIDM de 2009). ANGELET N., *ibid.*, note 93, p. 224 ; TORRES BERNARDEZ S., *ibid.*, note 4, pp. 303-318 ; LAGRANGE E., « Le tiers à l'instance devant les juridictions internationales à vocation universelle », *in* RUIZ FABRI H. & SOREL J.-M. (dir.), *Le tiers à l'instance devant les juridictions internationales*, Coll. Contentieux international, Paris, A. Pedone, 2005, pp. 51-52.

[271] IWASAWA Y., *ibid.*, note 127, p. 888. Cet auteur a allégué de manière très persuasive que : *« The parties to the dispute do not query whether the third party has « a substantial interest » in the manner before the panel, nor does the panel examine it. Thus, the requirement to have « a substantial interest » hardly works as a restraining factor for third-party intervention in the WTO ».*

avancés, a bien demandé d'ajouter à l'article 10.2 un paragraphe portant sur l'interprétation de l'expression « intérêt substantiel »[272] : cette demande n'a pas retenu beaucoup l'attention[273]. Ainsi, bien que l'intérêt substantiel soit requis pour l'intervention d'un Membre en qualité de tierce partie dans les travaux des groupes spéciaux, ce Membre peut le faire en alléguant l'existence soit d'un intérêt à caractère commercial, soit d'un intérêt systémique. De ce fait, on peut comprendre pourquoi dans le rapport du Président de l'ORD au Comité des négociations commerciales de 2011, il ait été proposé de supprimer le mot « substantiel » de l'article 10.2[274]. Cette proposition continue d'être retenue dans les négociations relatives à cette question durant ces derniers temps[275]. Dans ce cas, l'exigence d'un « intérêt » simple, grâce à l'approche libérale encore maintenue, ne constituerait pas non plus un élément à effet perturbateur pour cet accès.

99.- Ainsi, l'accès des tierces parties aux travaux des groupes spéciaux reste quasi automatique. À l'inverse, ce n'est pas le cas en ce qui concerne l'intervention des Membres dans l'arbitrage au titre de l'article 22.6 du Mémorandum d'accord.

C. L'intérêt substantiel : critère empêchant la présence des tierces parties dans le cadre de l'arbitrage au titre de l'article 22.6 du Mémorandum d'accord

100.- Rappelons que dans le Mémorandum d'accord, l'arbitrage est conçu soit comme un mode indépendant de règlement de différends[276], soit comme une phase suivant les phases des groupes spéciaux et/ou l'Organe d'appel[277]. Dans

---

[272] Il a proposé d'interpréter cette expression comme suit : « Aux fins des pays en développement et des pays les moins avancés Membres, l'expression « intérêt substantiel » s'entendra du volume de leurs échanges internationaux, de l'incidence du commerce sur les principaux indicateurs macro-économiques nationaux tels que l'emploi, le revenu national et les réserves de change, de l'acquisition d'une connaissance particulière des questions de procédure et de fond et des questions systémiques relatives au présent Mémorandum d'accord, et de la protection des intérêts à long terme en matière de développement qui pourraient être affectés par des mesures incompatibles avec les accords visés et par des constations, recommandations ou décisions ». Voir : ORD – Session extraordinaire, *Texte des propositions du groupe africain concernant les négociations sur le Mémorandum d'accord sur le règlement des différends – Communication du Kenya*, le 24 janvier 2003, TN/DS/W/42, p. 2.

[273] Du fait que les participants avaient décidé de ne plus mener de négociations générales de type conceptuel, la notion proposée par ce Membre n'a fait l'objet d'aucune discussion au sein des sessions extraordinaires ultérieures de l'ORD. Voir : ORD – Session extraordinaire, *Compte rendu de la réunion tenue au Centre William Rappard du 28 au 30 janvier 2003*, TN/DS/M/8, p. 3.

[274] *Ibid.*, TN/DS/25, note 6, p. 8.

[275] *Ibid.*, TN/DS/26, note 6, p. 7; *ibid.*, TN/DS/27, note 6, para. 3.15-3.16.

[276] C'est l'arbitrage constitué au titre de l'article 25 du Mémorandum d'accord.

[277] Ce sont l'arbitrage établi au titre de l'article 21.3 en vue de déterminer un délai raisonnable pour la mise en œuvre des recommandations du groupe spécial ou de l'Organe d'appel ; celui établi au titre de l'article 22.6 du Mémorandum d'accord pour régler la question de savoir si le niveau de

les deux cas cependant, n'est mentionnée aucune règle précise régissant les conditions substantielles pour l'accès des tierces parties. L'article 25.3 du Mémorandum d'accord qui établit l'arbitrage comme un mode indépendant prévoit : « D'autres Membres ne pourront devenir parties à une procédure d'arbitrage qu'avec l'accord des parties qui sont convenues d'avoir recours à l'arbitrage ». Bien que le terme exact utilisé ici soit « devenir parties à une procédure d'arbitrage », cette disposition n'écarte pas la possibilité de la participation de Membres en tant que tierces parties. En se basant sur la caractéristique fondamentale de l'arbitrage qui est le consentement, cet article se contente d'indiquer l'accord des parties ayant eu recours à l'arbitrage comme condition de procédure pour l'accès d'autres Membres (tant en qualité de parties qu'en qualité de tierces parties)[278].

101.- Conformément à l'article 22.6 du Mémorandum d'accord, l'arbitrage pourrait être établi pour examiner la demande d'un Membre sur le bien-fondé de la suspension proposée ou sur le respect des procédures de suspension établies au titre de l'article 22.3. Malgré l'absence d'une procédure explicitement prévue au sujet de l'intervention, certains Membres ont cherché d'y intervenir en tant que tierces parties, en alléguant également l'existence de leur « intérêt substantiel ».

102.- Par exemple, au cours de l'arbitrage établi à la demande des CE dans l'affaire *CE – Bananes III* pour contester le niveau de la suspension des concessions proposées par les États-Unis, l'Équateur a demandé de participer en indiquant qu'il avait un « intérêt spécial » dans cette procédure[279]. Cette demande a été rejetée. Les arbitres ont indiqué, d'une part, l'absence de règles régissant le statut de tierces parties à cet article, d'autre part, la non-affectation de l'affaire sur les droits de ce Membre qui, selon eux, étaient pleinement respectés[280]. Ces deux motifs ont été ensuite utilisés par les arbitres dans deux autres affaires (*Brésil – Programme de financement des exportations pour les aéronefs* (*Brésil – Aéronefs*) et *États-Unis – Mesures visant la fourniture transfrontières des services de jeux et paris* (*États-Unis – Jeux*)) pour refuser l'accès des tierces parties à la procédure[281]. Toutefois, dans

---

la suspension proposée est raisonnable ou si les procédures énoncées au titre de l'article 22.3 du Mémorandum d'accord sont respectées.

[278] ANGELET N., *ibid.*, note 93, p. 220.

[279] *Communautés européennes – Régime applicable à l'importation, à la vente et à la distribution des bananes – Recours des Communautés européennes à l'arbitrage au titre de l'article 22.6 du Mémorandum d'accord sur le règlement des différends,* Décision des arbitres du 9 avril 1999, WT/DS27/ARB, para. 2.8.

[280] *Ibid.*, WT/DS27/ARB, note 279, para. 2.8.

[281] *Brésil – Programme de financement des exportations pour les aéronefs – Recours du Brésil à l'arbitrage au titre de l'article 22 :6 du Mémorandum d'accord sur le règlement des différends et de l'article 4.11 de l'Accord SMC,* Décision des arbitres du 28 août 2000, WT/DS46/ARB, para. 2.4-2.6 ; *États-Unis – Mesures visant la fourniture transfrontières des services de jeux et paris – Recours des États-Unis à l'arbitrage au titre de l'article 22.6 du Mémorandum d'accord sur le règlement des différends,* Décision des arbitres du 21 décembre 2007, WT/DS285/ARB, para. 2.31.

ces deux arbitrages, il subsiste des remarques importantes qui attirent notre attention. Dans le premier cas, établi suivant le recours du Brésil pour contester les contre-mesures d'une valeur de 700 millions de dollars proposées par le Canada[282], l'Australie a demandé de participer en tant que tierce partie. Elle a indiqué qu'elle avait participé comme tierce partie à la procédure au titre de l'article 21.5 du Mémorandum d'accord et avait ensuite « un intérêt substantiel » dans cette procédure. La simple indication « intérêt substantiel », sans justification, n'était pas suffisante pour que les arbitres lui y accordent l'accès[283], l'Australie n'ayant pas fourni d'arguments supplémentaires pour étayer son allégation. Ce manque d'arguments a suscité cette remarque des arbitres : « Notre décision aurait pu être différente si l'Australie avait démontré que les contre-mesures que le Canada envisageait d'adopter pourraient affecter ses droits ou avantages au titre de l'Accord sur l'OMC »[284]. Faute de règles régissant l'accès des tierces parties à une telle procédure, les arguments avancés par la tierce partie pour justifier son droit d'accès jouent donc un rôle important dans l'examen de sa demande par les arbitres.

103.- Dans le deuxième cas, la situation se présente un peu différemment. Les CE ont tenté de participer à l'arbitrage constitué selon le recours des États-Unis aux fins de contester la suspension proposée par Antigua-et-Barbuda de ses concessions et d'obligations au titre de l'AGCS et de l'ADPIC représentant une valeur annuelle de 3,4434 milliards de dollars américains. Elles ont avancé des arguments précis pour justifier leur « intérêt substantiel » dans la présente procédure[285]. Néanmoins, les arbitres ont rejeté cette demande parce que son objet (les droits des CE à protéger au titre de l'article XXI.1.b de l'AGCS) n'a pas fait partie du mandat des arbitres (à savoir, examiner l'équivalence de la suspension proposée par Antigua-et-Barbuda au niveau de l'annulation ou de la réduction des avantages que ce Membre a dû supporter)[286].

104.- Jusqu'à présent, seule l'intervention à l'arbitrage dans l'affaire *CE – Hormones* a été acceptée[287]. Cette autorisation résultait d'une situation particulière : le

---

[282] *Brésil – Programme de financement des exportations pour les aéronefs,* Recours du Canada à l'article 4.10 de l'Accord SMC et à l'article 22.2 du Mémorandum d'accord sur le règlement des différends du 11 mai 2000, WT/DS46/16.

[283] *Ibid.,* WT/DS46/ARB, note 281, para. 2.4.

[284] *Ibid.,* WT/DS46/ARB, note 281, note de bas de page 11.

[285] Elles ont fait valoir que le présent arbitrage pouvait, à leur avis, affecter leurs droits dans le cadre de l'OMC dans le contexte des procédures en cours au titre de l'article XXI.1.b de l'AGCS relatives à la modification des engagements des États-Unis concernant les « Autres services récréatifs ». *Ibid.,* WT/DS285/ARB, note 281, para. 2.31.

[286] *Ibid.,* WT/DS285/ARB, note 285, para. 2.31.

[287] *Communautés européennes – Mesures concernant les viandes et les produits carnés – Plainte initiale des États-Unis – Recours des Communautés européennes à l'arbitrage,* Décision des arbitres du 12 juillet 1999, WT/DS26/ARB, para. 7 ; *Communautés européennes – Mesures concernant les viandes et les produits carnés –*

Canada et les États-Unis (deux parties plaignantes initiales), le Canada a sollicité le statut de tierce partie dans l'arbitrage engagé entre les CE (partie défenderesse initiale) et les États-Unis, et à l'inverse. Les arbitres ont fait valoir qu'ils disposaient du pouvoir discrétionnaire de statuer sur des questions de procédures non couvertes dans le Mémorandum d'accord en se référant, par analogie, à l'article 12.1 dudit instrument. Ce faisant, face au silence du Mémorandum d'accord relatif à la participation des tierces parties aux procédures de l'article 22, ils pourraient exercer ce pouvoir pour autoriser tel ou tel accès. Mais, ce qui est plus important est qu'ils ont affirmé que les droits du Canada et des États-Unis pouvaient être affectés dans ces deux procédures pour deux raisons principales : premièrement, les estimations des exportations non réalisées résultant de l'interdiction frappant les hormones devaient être fondées sur un contingent tarifaire qu'il faudrait partager entre ces deux Membres ; deuxièmement, les arbitres ont estimé nécessaire d'adopter des méthodes de calcul identiques ou fort semblables. Par conséquent, selon les exigences de la régularité de la procédure, ces trois parties devraient se voir attribuer l'occasion de faire des observations sur les méthodes proposées par chacune d'elles. Ainsi les intérêts du Canada et des États-Unis ont été reconnus par les arbitres dans la mesure où ces derniers ont trouvé la nécessité de leur participation pour bien régler des différends. Il convient de noter que les motifs avancés par les arbitres pour reconnaître l'intérêt du Canada ou des États-Unis montrent bien la nature commerciale de cet intérêt[288], bien que ces deux tierces parties n'aient montré que l'existence de leur intérêt substantiel dans tel ou tel arbitrage.

105.- En tout état de cause, étant donné l'absence de règles régissant le statut de tierces parties dans l'arbitrage au titre de l'article 22.6 du Mémorandum d'accord, l'existence d'un intérêt de tierces parties dans cette procédure devient primordiale pour une autorisation d'accès par les arbitres. Comme l'a constaté N. Angelet, si le Membre demandant le statut de tierce partie peut démontrer les influences des contre-mesures proposées sur ses droits et avantages, son accès devrait être accepté par les arbitres[289]. Cependant, il subsiste ici une incertitude sur la nature de l'intérêt à justifier devant les arbitres, et cette question n'a pas été réglée dans le cadre de cycle de Doha[290]. Il existe encore une grande marge discrétionnaire pour les arbitres lors de leur examen des demandes d'intervention déposées par tout Membre de l'OMC.

Plainte initiale du Canada – Recours des Communautés européennes à l'arbitrage, Décision des arbitres du 12 juillet 1999, WT/DS48/ARB, para. 7.

[288] ANGELET N., *ibid.,* note 93, p. 222.

[289] ANGELET N., *ibid.,* note 93, p. 222.

[290] *Ibid.,* TN/DS/25, note 6, p. 17. Ce rapport a fait savoir que les modifications de l'article 22.6 se concentreraient notamment sur la mise en place d'un mécanisme de contre-mesures collectives si le Membre proposant les contre-mesures est un pays en développement. Toutefois, dans

106.- En conclusion, par rapport à certaines juridictions internationales, même si l'accès des tierces parties aux travaux des groupes spéciaux est subordonné à l'existence de l'intérêt substantiel, ce dernier ne constitue pas un obstacle empêchant la présence fréquente des tierces parties devant ces groupes, et par la suite, devant l'Organe d'appel s'il y a lieu. Dans les procédures d'arbitrage au titre de l'article 22.6, le silence du Mémorandum d'accord sur le statut de tierces parties rend les arbitres plus prudents lors de l'examen des demandes d'accès en tant que tierces parties. Cependant, ces arbitres ne s'opposent pas à tel ou tel accès si les parties sont en mesure de justifier l'existence d'un intérêt dans la procédure.

107.- L'ensemble des analyses ci-haut montre déjà que, dans le cadre de l'OMC, les conditions de fond peu contraignantes constituent désormais un élément favorable à l'accès des tierces parties. S'y ajoute encore la simplicité des conditions de forme.

Section 2 : LA SIMPLICITÉ DES CONDITIONS DE FORME

108.- L'accès des tierces parties au système de règlement des différends à l'OMC est également subordonné aux conditions de forme. Ces conditions s'appliquent à la fois au Membre qui dépose l'acte introductif d'intervention et au destinataire de cet acte. Le respect de ces conditions par le Membre désirant intervenir est aussi important pour que son acte soit recevable. Pour le destinataire de cet acte, il doit l'examiner en bonne foi afin d'assurer l'accès à qui a vraiment besoin de défendre son intérêt en qualité de tierce partie. D'un point de vue général, il faut remarquer que par rapport à d'autres juridictions internationales, ces procédures sont jugées plus simples. Cette simplicité se manifeste tout d'abord par la flexibilité des procédures applicables aux Membres désirant intervenir **(I)**. Ensuite, les procédures applicables au traitement de l'acte introductif d'intervention par son destinataire se conçoivent en faveur de l'accès des tierces parties Membres **(II)**.

I. La flexibilité des procédures applicables aux tierces parties

109.- De manière procédurale, l'admissibilité d'un acte introductif d'intervention d'une tierce partie devant une juridiction internationale est souvent subordonnée d'une part, au respect du délai de dépôt de l'acte et, d'autre part, à sa forme et à son contenu. Dans le cadre de l'ORD, lorsque la forme et le contenu

---

les rapports du 30 janvier et du 6 août 2015, il a été indiqué que la participation en tant que tierce partie à cette procédure faisant déjà l'objet des discussions qui restaient encore très partagées. *Ibid.*, TN/DS/26, note 6, p. 7 ; *ibid.*, TN/DS/27, note 6, para. 3.45.

de l'acte introductif d'intervention ne sont quasiment pas encadrés dans le Mémorandum d'accord **(A)**, le bref délai de dépôt de cet acte ne constitue pas un obstacle majeur à leur accès **(B)**.

A. Une forme et un contenu peu encadrés

110.- Au sein de l'ORD, l'acte introductif d'intervention diffère selon l'étape de règlement du différend dans laquelle un Membre veut intervenir. Lorsqu'un Membre veut intervenir dans les consultations, au titre de l'article 4.11, il doit adresser au Membre mis en cause une demande de participation aux consultations. Une demande d'intervention à l'arbitrage au titre de l'article 22.6, même si cet article ne le mentionne pas, doit être adressée aux arbitres. Pour l'intervention dans les travaux de groupes spéciaux, une notification d'intérêt substantiel doit être envoyée à ces derniers et dans l'examen en appel à l'Organe d'appel, soit une communication écrite, soit une notification d'intention de comparaître à l'audience. Si leur forme est peu exigeante **(1)**, leur contenu n'est pas encadré dans le Mémorandum d'accord **(2)**.

1. Des exigences de forme atténuées

111.- La forme de la demande d'intervention aux consultations ou de la notification d'intérêt substantiel à l'ORD pour intervenir dans les travaux d'un groupe spécial n'est pas indiquée dans le Mémorandum d'accord. L'article 4.11 mentionne seulement que lorsqu'un Membre autre que les Membres prenant part aux consultations, veut participer aux consultations, il devra informer lesdits Membres ainsi que l'ORD de son désir. Cela consiste seulement à informer sans en préciser la forme. Cette imprécision est également observée à l'article 10.2 du Mémorandum d'accord[291]. Dans la pratique, toutes les demandes de participation aux consultations sont établies sous la forme écrite et explicitement numérotées parmi les documents de l'affaire publiés dans la rubrique dédiée aux règlements

[291] Cet article ne prévoit que : « Tout Membre qui aura un intérêt substantiel dans une affaire portée devant un groupe spécial et qui en aura informé l'ORD… ».

des différends du site web de l'OMC[292]. En revanche, aucune notification d'intérêt substantiel au titre de l'article 10.2 n'est numérotée parmi ces documents[293]. La manière dont un Membre informe l'ORD de l'intérêt substantiel pour une intervention devant quelconque groupe spécial est très variable : certains Membres ont déposé des notifications écrites à l'ORD ; d'autres ont pu faire une déclaration orale indiquant cette intention lors d'une réunion de l'ORD sur cette question. Cette dernière est devenue une pratique courante[294], puisque l'ORD organise souvent des réunions dans lesquelles les Membres peuvent exprimer leur point de vue sur une affaire et surtout informer l'ORD de leur intérêt substantiel pour participer en tant que tierce partie aux travaux du groupe spécial qui en connaît.

112.- En revanche, la notification d'intention d'intervenir dans l'examen en appel est subordonnée à une forme écrite. Cette exigence ne figure pas dans le Mémorandum d'accord mais est imposée par les Procédures de travail pour l'examen en appel. La première version de ces procédures, datée du 15 février 1996, a prévu : « toute tierce partie pourra déposer une communication écrite indiquant son intention de participer à l'appel en tant que participant tiers... »[295]. Avec l'élargissement des possibilités de devenir participants tiers dans cette procédure depuis le premier mai 2004[296], la forme écrite continue d'être exigée à la fois pour la communication prévue à la règle 24.1 ou pour la notification d'intention de

---

[292] Par exemple, les demandes de participation aux consultations dans l'affaire *Australie – Certaines mesures concernant les marques de fabrique ou de commerce, les indications géographiques et autres prescriptions en matière d'emballage neutre applicables aux produits du tabac et à leur emballage* (WT/DS458), ont été numérotées comme suit : celle du Canada du 14 mai 2013 : WT/DS458/2 ; celle de la Nouvelle-Zélande du 14 mai 2013 : WT/DS458/3 ; celle de la Norvège du 16 mai 2013 : WT/DS458/4 ; celle de l'Ukraine du 17 mai 2013 : WT/DS458/5 ; celle du Honduras du 17 mai 2013 : WT/DS458/6 ; celle de l'Union européenne du 22 mai 2013 : WT/DS458/7 ; celle de la République dominicaine du 22 mai 2013 : WT/DS458/8 ; celle de l'Uruguay du 21 mai 2013 : WT/DS458/9 ; celle du Brésil du 22 mai 2013 : WT/DS458/10 ; celle du Guatemala du 22 mai 2013 : WT/DS458/11 ; et celle du Nicaragua du 22 mai 2013 : WT/DS458/12.

[293] De plus, on trouve une formule souvent utilisée dans des rapports de groupes spéciaux : « Le Membre A, le Membre B, le Membre C... ont réservé leur droit de participer aux travaux du groupe spécial en tant que tierces parties ». Cette formule ne fournit aucune information complémentaire sur la forme ou la date de la notification d'intérêt substantiel au titre de l'article 10.2 du Mémorandum d'accord.

[294] Par exemple, dans la réunion datée du 27 septembre 1995 de l'ORD, lors de la discussion sur les demandes d'établissement de groupes spéciaux dans l'affaire *Japon – Taxes sur les boissons alcooliques,* la Norvège a exprimé son souhait de réserver ses droits en tant que tierce partie. ORD, *Compte rendu de la réunion du 27 septembre 1995,* WT/DSB/M/7, p. 9 ; voir également : ORD, *Compte rendu de la réunion tenue au Centre William Rappard du 11 octobre 1995,* WT/DSB/M/8, pp. 2, 4 ; *ibid.,* WT/DSB/M/11, note 143, p. 3 ; etc.

[295] *Ibid,* WT/AB/WP/1, note 71, règle 24.

[296] *Ibid.,* WT/AB/WP/4, note 72, règle 24 ; *ibid.,* WT/AB/WP/6, note 110, règle 24.

comparaître à l'audience prévue à la règle 24.2[297] ou 24.4[298] des Procédures de travail en vigueur.

113.- Pourquoi existe-t-il une telle différence dans la procédure concernant l'accès de tierces parties à ces différentes phases ? L'Inde, lors de la discussion sur les modifications apportées aux Procédures de travail pour l'examen en appel en 2002, a soulevé la question :

> « Une fois qu'un Membre avait réservé ses droits de tierce partie à une réunion de l'ORD ou dans les dix jours suivant l'établissement d'un groupe spécial, pourquoi devrait-il présenter une notification écrite au secrétariat de l'Organe d'appel ou pourquoi sa participation devrait-elle être subordonnée à la présentation de communications écrites à l'Organe d'appel ? L'Inde ne parvenait pas à comprendre cela et espérait que l'Organe d'appel y remédierait »[299].

114.- L'Inde n'a jamais reçu la réponse de la part de l'Organe d'appel. Cependant, il semble que l'on trouve une explication au travers de la différence entre l'Organe d'appel et les groupes spéciaux. Les groupes spéciaux sont établis *ad hoc*, c'est pourquoi les procédures devant eux présentent plus de souplesses. À l'inverse, l'Organe d'appel, étant une institution permanente, les procédures devant celui-ci sont régies par un instrument juridique strictement élaboré[300], dès lors, le formalisme se présente plus clairement. De plus, il n'existe au sein de l'Organe d'appel aucune réunion dans laquelle les Membres peuvent exprimer oralement leur souhait d'être participants tiers dans ses travaux. Les communications ou notifications écrites deviennent donc obligatoirement le moyen unique de communication entre l'Organe d'appel et les Membres de l'OMC. Force est de constater que la forme écrite requise à la règle 24 des Procédures de travail pour l'examen en appel ne constitue pas un obstacle à l'intervention à l'examen en appel, puisque les Membres de l'OMC l'ont bien respectée.

115.- Il convient d'attirer l'attention sur le fait que la définition des participants tiers énoncée dans cet instrument suggère une autre situation hypothétique : étant donné que les participants tiers s'entendent par « toute tierce partie

---

[297] La règle 24.2 a prévu : « Une tierce partie ne déposant pas une communication écrite notifiera au Secrétariat par écrit, (…), si elle a l'intention de comparaître à l'audience… ».

[298] La règle 24.4 a stipulé : « Toute tierce partie qui n'aura ni déposé une communication écrite conformément au paragraphe 1), ni présenté de notification au Secrétariat conformément au paragraphe 2), pourra notifier au Secrétariat qu'elle a l'intention de comparaître à l'audience, et pourra demander à faire une déclaration orale à l'audience. Les notifications et demandes en ce sens devraient être notifiées le plus tôt possible au Secrétariat par écrit ».

[299] *Ibid.*, WT/DSB/M/134, note 172, para. 93.

[300] Voir les règles de procédures contenues dans l'appendice 3 du Mémorandum d'accord et les Procédures de travail pour l'examen en appel.

qui comparaît à l'audience, qu'elle fasse ou non une déclaration orale à cette audience »[301], est-il possible qu'une tierce partie, sans avoir déposé au préalable une communication écrite au titre de la règle 24.1, ni avoir informé le secrétariat de l'Organe d'appel de son intention au titre de la règle 24.2, soit présente juste avant l'ouverture de l'audience et demande directement l'accès à l'audience à la section chargée de l'examen en appel ? Cette question en effet concerne à la fois le délai et la forme de la notification d'intention[302]. La règle 27.3 des Procédures de travail pour l'examen en appel ne prévoit pas cette situation. À notre avis, la réponse devrait être négative. La pratique devant l'Organe d'appel peut le confirmer, étant donné que jusqu'au 31 mars 2016, une telle hypothèse ne s'était pas réalisée.

116.- Si la forme de l'acte introductif d'intervention ne constitue pas un obstacle à l'accès d'un Membre désirant intervenir, c'est aussi le cas en ce qui concerne les exigences relatives à son contenu.

2. De faibles conditions concernant le contenu

117.- Dans les procédures devant d'autres juridictions internationales, le contenu de l'acte introductif d'intervention est prévu de manière précise et constitue une exigence à laquelle la tierce partie doit répondre. Par exemple, dans le cadre de la CIJ, une requête à fin d'intervention fondée sur l'article 62 de son Statut doit indiquer le nom de l'agent, préciser l'affaire et spécifier l'intérêt d'ordre juridique qui, selon l'État demandant à intervenir, est en cause pour lui. La requête doit également préciser l'objet de l'intervention et toute base de compétence qui existerait entre lui et les parties[303]. Elle doit, en outre, comporter un bordereau des documents à l'appui en annexes[304]. De même, une déclaration d'intervention au titre de l'article 63 de son Statut doit comprendre, hormis les informations relatives au nom de l'agent, à l'affaire et à la convention, des renseignements démontrant que l'État déclarant fait partie de la convention, l'indication des dispositions de la convention dont il estime que l'interprétation est en cause, un exposé de l'interprétation qu'il donne de ces dispositions et un bordereau des documents à l'appui qui sont annexés[305]. Sauf la requête de Fidji en 1973 dans les affaires *Essais nucléaires* qui ne spécifiait pas de manière concrète l'objet de l'intervention[306], toutes les requêtes à fin d'intervention ou déclarations d'intervention ultérieurement déposées[307] devant la Cour ont bien respecté cette exigence, sous

---

[301] *Ibid.*, WT/AB/WP/6, note 110, règle 1.

[302] Voir également : *Ibid.*, WT/DSB/M/134, note 172, para. 98.

[303] Article 81.2 du Règlement de la Cour de 1978.

[304] Article 81.3 du Règlement de la Cour de 1978.

[305] Article 82.2 du Règlement de la Cour de 1978.

[306] Cela résultait du fait que le Règlement de la Cour de 1946 ne le demandait pas. Voir : CIJ Mémoires, *Essais nucléaires,* vol. I, pp. 149-159, et vol. II, pp. 89-94.

[307] Y compris les requêtes à fin d'intervention de Malte de 1981 dans l'affaire *Plateau continental (Tunisie/Jamahiriya arabe libyenne),* de l'Italie de 1983 dans l'affaire *Plateau continental (Jamahiriya arabe*

peine de refus par la Cour de l'intervention. L'exigence de contenu précis de l'acte introductif d'intervention est également mentionnée dans les procédures d'autres juridictions internationales ou mécanismes de règlement des différends internationaux[308]. Bien évidemment, le contenu strictement exigé par telle ou telle juridiction devient une des conditions procédurales qu'une tierce partie doit satisfaire pour assurer l'admissibilité de sa demande. Ceci résulte des attitudes fermes au regard de l'intervention de tierces parties dans certaines juridictions internationales, de peur que cette intervention ne perturbe le déroulement des affaires à caractère fortement bilatéral.

118.- À l'inverse des constatations susmentionnées, dans le cadre de l'OMC, le contenu de l'acte introductif d'intervention n'est pas énoncé de manière détaillée. Hormis la communication écrite déposée au titre de la règle 24.1 des Procédures de travail pour l'examen en appel, laquelle doit contenir les motifs et arguments à l'appui de la position de tierce partie, d'autres actes ne devraient comprendre aucun contenu concret. De même pour la demande de participation aux consultations, l'article 4.11 du Mémorandum d'accord semble n'exiger, pour la tierce partie, que l'information indiquant l'intérêt commercial substantiel mis en cause dans l'affaire. En réalité, des demandes sans présenter ce type d'intérêt ne sont pas rares. Des pays en développement Membres ou de nouveaux Membres n'ayant pas d'expériences sur le fonctionnement du système de règlement des

---

libyenne/Malte), du Nicaragua de 1989 dans l'affaire *Différend frontalier terrestre, insulaire et maritime (El Salvador/Honduras*), de la Guinée équatoriale de 1999 dans l'affaire *Frontière terrestre et maritime entre le Cameroun et le Nigéria (Cameroun/Nigéria)*, de la Grèce de 2011 dans l'affaire *Immunités juridictionnelles de l'État (Allemagne/Italie)* ; et les déclaration d'intervention d'El Salvador de 1984 dans l'affaire *Activités militaires et paramilitaires au Nicaragua et contre celui-ci (Nicaragua c. États-Unis d'Amérique*), et de la Nouvelle-Zélande de 2012 dans l'affaire *Chasse à la baleine dans l'Antarctique (Australie/Japon).*

308 Par exemple, l'article 130 du Règlement de la CJUE datée du 29 septembre 2012 exige que la demande d'intervention doive contenir l'indication de l'affaire, l'indication des parties principales, les nom et domicile de l'intervenant, les conclusions au soutien desquelles l'intervenant demande à intervenir et l'exposé des circonstances établissant le droit d'intervenir lorsque la demande est présentée en vertu de l'article 40, deuxième ou troisième alinéa du statut. Règle 14.2 des Règles de la Cour caribéenne de justice de 2006 précise que la demande d'intervention doit contenir : *« particulars of the applicant including an address for service in accordance with rule 9.5(1) ; the substantial interest of a legal nature claimed by the applicant ; how that interest may be affected by a decision of the Court in the current proceeding, and the contentious which the applicant wishes to put forward in the current proceedings »*. Au titre de l'article 89 des Règles de la Cour de justice de la Communauté économique des États de l'Afrique de l'Ouest de 2002, la demande d'intervention doit contenir : *« the description of the case ; the description of the parties ; the name and address of the intervener ; the intervener's address for service at the place where the Court has its seatl the form of order sought, by one or more of the parties, in support of which the intervener is applying for leave to intervene ; a statement of thecircumstances establishing the right to intervene, where the Application is submitted pursuant to Article 21 of the protocol »*. Conformément à la règle 70.3 des Règles de procédures de 2001 du Tribunal de la Communauté de développement de l'Afrique australe, la demande d'intervention doit comprendre : « *the case to which it relates ; the precise object of the intervention ; the interest, which must be of a legal nature, which the intervener considers may be affected by the decision of the case ; any basis for jurisdiction and a list of documents in support of the application* »...

différends et n'ayant pas d'habitude de rédiger tel ou tel acte peuvent profiter de cette souplesse ; ceci contribuera pour sa part à y faciliter l'accès de ces Membres en tant que tierces parties.

119.- Ainsi, du fait qu'ils sont à ce jour peu encadrés dans la forme et le contenu, les actes introductifs d'intervention devant l'ORD mettent en évidence une certaine souplesse dans la procédure en faveur des Membres désirant intervenir dans le règlement des différends. Ceci se manifeste encore dans l'attribution des délais nécessaires pour les déposer.

B. Un bref délai pour déposer l'acte introductif d'intervention

120.- Conformément au Mémorandum d'accord et à d'autres textes concernant les procédures de règlement des différends, divers délais sont prévus pour le dépôt de l'acte introductif d'intervention.

121.- Concernant l'intervention dans les consultations, la demande à cette fin doit être adressée à l'ORD et aux parties prenant part aux consultations dans les 10 jours suivant la date de transmission de la demande de consultations[309]. Pour l'intervention au titre de l'article 17.4 du Mémorandum d'accord, il existe deux délais. Conformément aux règles 24.1 et 24.2 des Procédures de travail pour l'examen en appel de 2010, une communication écrite ou une notification d'intention de comparaître à l'audience de l'examen en appel doit être soumise au secrétariat de l'Organe d'appel dans un délai de 21 jours suivant la date de dépôt de la déclaration d'appel. Passé ce délai, une tierce partie a encore l'occasion de comparaître à l'audience si elle notifie son intention de le faire le plus tôt possible[310].

122.- Contrairement à la certitude relative aux délais susmentionnés, l'article 10 du Mémorandum d'accord laisse ouverte la question sur le délai de notification par un Membre de son intérêt substantiel à fin d'intervention dans les travaux des groupes spéciaux. Rappelons qu'à l'époque du GATT de 1947, le Président du Conseil a fait une déclaration, datée du 27 juin 1994, sur la participation des tierces parties aux travaux des groupes spéciaux dans laquelle il a précisé deux manières, y compris les délais, de notifier l'intérêt substantiel :

> « Les délégations en mesure de le faire [notifier l'intérêt substantiel] devraient indiquer leur intention de participer en tant que tierces parties aux travaux d'un groupe spécial à la réunion du Conseil au cours de laquelle le

---

[309] Article 4.11 du Mémorandum d'accord.

[310] Règle 24.4 des Procédures de travail pour l'examen en appel de 2010.

groupe spécial est établi. Les autres délégations qui souhaitent être considérées comme tierces parties devraient le faire savoir *dans les dix jours* qui suivent »[311].

Certes, une tierce partie a deux possibilités de notification d'intérêt substantiel : soit dans la réunion du Conseil dans laquelle le groupe spécial est établi, soit dans un délai de 10 jours suivant la date de l'établissement du groupe spécial. Bien qu'il ne soit pas officiel[312], ce document constitue une pratique souvent appliquée par les Membres de l'OMC. Il faut noter également que pour les groupes spéciaux constitués au titre de l'article 4 de l'Accord SMC, le délai de notification de cinq jours suivant la date de son établissement s'applique[313].

123.- Il existe, cependant, une incertitude relative au délai de notification d'intérêt substantiel pour l'intervention aux travaux des groupes spéciaux établis au titre de l'article 21.5 du Mémorandum d'accord. Dans le silence de cet article, et du fait que la déclaration ci-dessus s'est appliquée à l'intervention devant les groupes spéciaux établis au titre de l'article XXIII du GATT de 1947 puis aux groupes spéciaux initiaux établis au titre de l'article 10 du Mémorandum d'accord, la question a fait l'objet des discussions au sein de l'ORD. À la réunion du 14 octobre 1999, les CE ont exprimé leur souhait de pouvoir participer aux travaux du groupe spécial établi au titre de l'article 21.5, suite à la demande d'établissement du groupe spécial déposée par les États-Unis, dans l'affaire *Australie – Subventions accordées aux producteurs et exportateurs de cuir pour automobiles*. Le Président a pris note de ce souhait et rappelé que si d'autres Membres voulaient participer en tant que tierces parties, ils devraient notifier leur intention au secrétariat par écrit dans les cinq jours suivant la réunion[314]. Le Mexique lui a ensuite demandé des explications au regard de ce délai. En réponse à cette demande, le Président a fait référence à l'article 4 de l'Accord SMC[315]. Cela signifie que cette exigence n'était applicable que dans le cadre spécifique de groupes spéciaux établis pour connaître de litiges sur la subvention prohibée (groupes spéciaux initiaux et groupes spéciaux chargés de la mise en conformité), et non dans le cadre plus général de tous

---

311 GATT - Conseil, *Participation des tierces parties aux travaux des groupes spéciaux – Déclaration du Président du Conseil du 21 juin 1994*, C/COM/3.

312 Mais sur ce sujet, il faut noter que l'article XVI.1 de l'Accord sur l'OMC stipule que l'OMC « sera guidée par les décisions, les procédures et les pratiques habituelles des PARTIES CONTRACTANTES du GATT de 1947 et des organes établies dans le cadre du GATT de 1947 ».

313 ORD, *Compte rendu de la réunion tenue au Centre William Rappard du 12 mars 2001*, WT/DSB/M/101, para. 90 et 109. L'article 4.12 de l'Accord SMC énonce : « Aux fins des différends examinés en vertu du présent article, exception faite des délais qui y sont expressément prescrits, les délais applicables conformément au Mémorandum d'accord sur le règlement des différends pour l'examen de ces différends seront de moitié plus courts que ceux qui y sont prescrits ».

314 ORD, *Compte rendu de la réunion tenue au Centre William Rappard du 14 octobre 1999*, WT/DSB/M/69, p. 3.

315 *Ibid.*, WT/DSB/M/69, p. 3.

les groupes spéciaux établis au titre de l'article 21.5 du Mémorandum d'accord. La question a été de nouveau soulevée par l'Australie dans une réunion ultérieure de l'ORD[316] sur le recours du Canada au titre de l'article 21.5 du Mémorandum d'accord dans l'affaire *Brésil – Aéronefs*. Le Président, rappelant que le délai de cinq jours s'était appliqué dans des affaires antérieures semblables, a affirmé que « cela ne créait nullement un précédent »[317] de manière générale, mais un précédent pour les affaires des aéronefs, parce que ce délai avait été établi pour réserver les droits de tierces parties dans le cas des groupes spéciaux établis antérieurement au titre de l'article 21.5 dans ce domaine[318]. L'Australie, comme d'autres Membres, a dit de ne pas s'opposer à ce délai mais a demandé au Président des éclaircissements par l'intermédiaire du secrétariat[319].

124.- À la suite à cette demande, le secrétariat a préparé une note d'information[320]. Ce document n'est pas disponible au public, mais il semble que le secrétariat ait tenté d'officialiser les délais en la matière. Malheureusement, cette tentative a reçu de fortes objections de tous les Membres participant à la discussion portant sur ce sujet[321]. Le Mexique a exprimé ses préoccupations sur le fait que la note du secrétariat semble imposer cette pratique aux Membres. En partant du fait que la note d'information n'est pas un document juridique, il a affirmé que les droits et obligations des Membres ne pourraient pas être interprétés ou modifiés par celle-ci, mais par le biais de la Conférence ministérielle ou du Conseil général[322], que ce sujet n'avait jamais été soumis à ces instances et qu'il n'y avait eu aucun commun accord entre les Membres sur ces délais. Quant aux États-Unis, ils ont rappelé que les déclarations mêmes du Président sur ce sujet, y compris celle de 1994 et ultérieures, portaient uniquement le caractère de déclaration, et non de décision. Ceci a été confirmé par le Président[323] qui a ensuite objecté certains arguments avancés par le secrétariat[324] et surtout sa conclusion selon laquelle « l'ORD serait en passe d'ériger en pratique l'octroi aux Membres d'un délai de cinq jours pour se réserver le droit d'intervenir en qualité de tierces parties dans toute procédure de groupe spécial relevant de l'article 21.5 »[325].

---

316 *Ibid.*, WT/DSB/M/99, note 201, para. 29.

317 *Ibid.*, WT/DSB/M/99, note 201, para. 34.

318 *Ibid.*, WT/DSB/M/99, note 201, para. 34.

319 *Ibid.*, WT/DSB/M/99, note 201, para. 35.

320 ORD, *Délai de notification de l'intention de participer aux travaux d'un groupe spécial en qualité de tierce partie – Note d'information du Secrétariat du 21 février 2001*, JOB(01)/25.

321 ORD, *Compte rendu de la réunion tenue au Centre William Rappard le 1er mars 2001*, WT/DSB/M/100, para. 16 ; et *ibid.*, WT/DSB/M/101, note 313, para. 90-115.

322 *Ibid.*, WT/DSB/M/101, note 313, para. 92.

323 Le président de l'ORD a confirmé cette constatation lors de la réunion du 16 octobre 2001. *Ibid.*, WT/DSB/M/99, note 201, para. 40.

324 *Ibid.*, WT/DSB/M/101, note 313, para. 93-94.

325 *Ibid.*, WT/DSB/M/101, note 313, para. 95.

125.- Après de vives contestations des Membres, le Président de l'ORD a dû proposer ceci :

> « À la lumière de ce débat, il ne semblait pas approprié de suggérer l'application d'un délai de notification de cinq jours dans toutes les affaires d'exécution soulevées au titre de l'article 21.5, sauf dans le cas des groupes spéciaux qui examinaient uniquement des questions de subventions prohibées. Aucune pratique constante n'avait été appliquée à cet égard. Le Président souhaitait donc faire les suggestions suivantes. Premièrement, le délai général de notification de 10 jours devrait rester la norme. Deuxièmement, dans les affaires qui relevaient exclusivement de l'article 4 de l'Accord SMC relatif aux subventions prohibées, les Membres avaient accepté de ramener le délai de 10 à cinq jours. Ils devraient donc continuer à tenir compte de cette pratique dans les affaires qui relèveraient uniquement de l'article 4 de l'Accord SMC »[326].

126.- Ainsi la pratique antérieure est-elle maintenue. Du fait qu'il s'agit simplement des suggestions de la part du Président de l'ORD, et non pas de décision à caractère obligatoire, au sein du cycle de Doha, quelques Membres ont appelé à prescrire directement dans l'article 10 du Mémorandum d'accord ces délais[327]. Lesdites propositions figurent en effet dans les derniers rapports du Président de l'ORD au Comité des négociations commerciales[328]. Par conséquent, si un consensus final sur l'ensemble des modifications apportées au Mémorandum d'accord était trouvé, ces délais constitueraient directement et explicitement une condition de forme définitive pour l'accès de tierces parties aux travaux de groupes spéciaux.

127.- De manière générale, il est évident que ces délais sont courts par rapport à celui appliqué au dépôt d'une demande d'intervention dans le cadre de certaines autres juridictions. Par exemple, à la CIJ, une requête à fin d'intervention conformément à l'article 62 de son Statut doit être déposée le plus tôt possible avant la fin de la procédure écrite[329]. Le délai pour la procédure écrite décidé par la Cour en vertu de l'article 44 de son Règlement de 1978 est long, ce qui permet ensuite à l'État demandant l'intervention de préparer le contenu de sa demande. Pour la déclaration d'intervention fondée sur l'article 63 de son Statut, le délai est encore plus long : elle doit lui être soumise le plus tôt possible avant la date fixée pour

---

[326] *Ibid.*, WT/DSB/M/101, note 313, para. 109.

[327] *Ibid.*, TN/DS/W/12, note 210, p. 2 ; *ibid.*, TN/DS/W/25, note 214, p. 4 ; *ibid.*, TN/DS/W/36, note 215, p. 1.

[328] *Ibid.*, TN/DS/25, note 6, p. 12 ; *ibid.*, TN/DS/26, note 6, p. 7; *ibid.*, TN/DS/27, note 6, para. 3.16.

[329] Article 82.1 de son Règlement de 1978.

l'ouverture de la procédure orale[330]. Devant la CJUE, une demande d'intervention doit être présentée dans un délai de six semaines suivant la publication au Journal officiel de l'UE de la requête introductive d'instance[331]. Il faut reconnaître que ces délais, courts ou longs, dépendent entièrement de la politique judiciaire de telle ou telle juridiction concernée. Dans le cas de l'ORD, ces délais courts s'inscrivent bien dans l'esprit et l'objectif général de ce mécanisme visant le règlement rapide des différends[332]. De plus, rappelons que si devant la CIJ ou la CJUE, la demande d'intervention ou la déclaration d'intervention doivent comprendre un contenu très détaillé, ce n'est pas le cas devant l'ORD. Grâce à cette simplicité, les Membres de l'OMC n'ont pas besoin d'en mettre davantage de temps à la rédaction. En effet, ces délais ne sont pas jugés si courts qu'un Membre soit empêché de déposer un tel ou tel acte pour pouvoir avoir accès au règlement des différends en tant que tierce partie.

128.- Ainsi, les procédures applicables aux Membres voulant intervenir en qualité de tierces parties dans le règlement des différends de l'OMC présentent des points favorables à leur accès. De même, l'accès de tierces parties dans l'ensemble de ces procédures demeure favorisé grâce à quelques souplesses dans les procédures applicables aux personnes auxquelles les actes introductifs d'intervention sont adressés.

II. La suite donnée aux actes introductifs d'intervention

129.- Rappelons qu'un Membre de l'OMC a la possibilité d'intervenir à différentes phases du processus de règlement des différends. À chaque phase, l'acte introductif d'intervention doit être adressé à des destinataires différents : au Membre mis en cause dans les consultations, aux groupes spéciaux, à l'Organe d'appel ou aux arbitres. Pour chacun d'eux, il existe des procédures relatives à l'examen de cet acte et à la notification de son acceptation. Si les procédures applicables aux groupes spéciaux et à l'Organe d'appel lors de leur traitement de ces actes présentent des aspects favorables à l'accès de tierces parties **(B)**, le pouvoir discrétionnaire reconnu au Membre mis en cause pour examiner la demande de participation aux consultations reste encore un obstacle majeur pour l'accès des tiers à cette procédure **(A)**.

---

330 Article 83.1 de son Règlement de 1978.

331 L'article 130 du Règlement de la CJUE du 29 septembre 2012.

332 La rapidité du règlement des différends constitue également un des principes fondamentaux du système de règlement des différends et l'OMC et est directement prescrit par l'article 3.3 du Mémorandum d'accord.

A. Le pouvoir discrétionnaire du Membre défendeur dans le traitement de la demande de participation aux consultations

130.- Au titre de l'article 4.11 du Mémorandum d'accord, la demande de participation aux consultations doit être déposée à l'ORD et notifiée aux Membres prenant part aux consultations (c'est-à-dire aux Membres demandeur et défendeur). Cependant, il faut noter que l'ORD et le Membre demandeur ne jouent aucun rôle dans l'examen d'une telle demande parce que, selon cet article, ce rôle n'est réservé qu'au Membre défendeur. Le pouvoir discrétionnaire dont ce Membre dispose ici résulte de l'absence de critères applicables à l'examen de l'intérêt commercial substantiel **(1)** et de sa liberté de notifier son acceptation de la demande **(2)**.

1. L'absence de critères d'examen de l'intérêt commercial substantiel

131.- Comme indiqué dans les analyses ci-dessus, l'expression de l'intérêt commercial substantiel s'exprime de manière variée dans les demandes de participation aux consultations. L'article 4.11 prévoit seulement que cet intérêt soit reconnu par le Membre mis en cause dans les consultations pour que la demande soit admise[333]. Plusieurs questions se posent : Comment cet intérêt est-il reconnu ? Sur quels critères sera-t-il examiné ? Le Mémorandum d'accord laisse totalement ouvertes ces questions. Le Membre défendeur dispose donc d'un pouvoir discrétionnaire à décider de l'existence de cet intérêt[334]. Par voie de conséquence, les États-Unis ont tendance à accepter la demande d'un Membre ayant un intérêt commercial direct dans l'affaire et à refuser toute demande fondée sur un intérêt plus général (à caractère systémique, par exemple)[335]. En revanche, certains autres Membres acceptent également des demandes ne présentant qu'intérêt systémique. Il s'agit dès lors de l'aspect positif de ce pouvoir discrétionnaire[336].

132.- Toutefois, cela présente également des inconvénients. L'inconvénient majeur est de provoquer un refus non justifié de la part du Membre défendeur, même si le Membre demandant la participation aux consultations a un intérêt commercial substantiel ; et surtout lorsque ce dernier ne partage évidemment pas le point de vue du premier. Dans la pratique, cette constatation se vérifie fréquemment[337].

---

[333] L'article 4.11 stipule : « Ledit Membre sera admis à participer aux consultations à condition que le Membre auquel la demande de consultations est adressée reconnaisse l'existence d'un intérêt substantiel ».

[334] GOH G. & WITBREUK T., « An Introduction to the WTO Dispute Settlement System », *University of Western Australian Law Review*, 2001-2002, vol. 30, n°. 1, pp. 51-74.

[335] ANGELET N., *ibid.*, note 93, p. 217 ; voir *infra*, tableau 4.

[336] Voir *infra*, para. 161-162.

[337] Voir *supra*, para. 51-55.

133.- C'est pourquoi, dans le cadre du cycle de Doha, des modifications sur la méthode d'examiner l'intérêt commercial substantiel ont été proposées. Une nouvelle approche suggérée par un groupe de sept pays[338], dite « approche du tout ou rien »[339], insiste sur la base selon laquelle « le défendeur pourrait rejeter une demande de participation aux consultations uniquement s'il décidait de n'accepter aucune demande des autres Membres »[340]. Cependant, cette approche est jugée trop rigide. En exigeant que le Membre défendeur accepte ou refuse toutes demandes de participation aux consultations, elle ne tient pas compte de la différence entre les Membres présentant ces demandes. Elle provoquerait également le risque de voir toutes les demandes refusées, puisque le droit de refus ou d'acceptation sera encore attribué au Membre défendeur[341].

De son côté, Hong Kong a suggéré une solution de rechange. Sa suggestion se fonde sur la présomption de respecter le côté bilatéral des consultations : « il y aurait présomption d'acceptation de toutes les demandes émanant de pays tiers Membres souhaitant être admis à participer aux consultations, à moins que le Membre défendeur et le Membre plaignant ne décident conjointement ou séparément de rejeter la demande »[342]. Ici, se trouve l'implication du Membre plaignant dans le traitement de la demande de participation aux consultations et cette dernière n'est rejetée qu'après une décision négative des deux côtés. Cette proposition reprend l'idée de la décision de 1958, sur la nécessité d'un accord commun entre les parties principales au différend pour que la demande d'intervention soit admise. Cette décision a toutefois été rejetée dans le cycle d'Uruguay, il est donc difficile pour les Membres d'y revenir. C'est pourquoi, en 2011, dans le rapport du Président de l'ORD au Comité des négociations commerciales, une solution plus raisonnable a été proposée, à savoir :

> « Ledit Membre sera admis à participer aux consultations à moins que le Membre auquel la demande de consultations est adressée n'informe par écrit le Membre requérant et l'ORD, dans les sept jours suivant la date de réception de la demande de participation aux consultations, qu'il n'existe pas d'intérêt substantiel »[343].

Cette solution se révèle contraire à celle prévue dans l'article 4.11, lorsqu'au titre de l'article 4.11 actuel, l'accès aux consultations d'une tierce partie n'est autorisé que si le Membre défendeur reconnaît l'existence de son intérêt substantiel

---

[338] Y compris l'Argentine, le Brésil, le Canada, l'Inde, le Mexique, la Nouvelle-Zélande et la Norvège. Voir : *Ibid.,* TN/DS/M/23, note 216, pp. 1-2.

[339] *Ibid.,* TN/DS/M/23, note 216, para. 3.

[340] *Ibid.,* TN/DS/M/23, note 216, para. 3.

[341] Sur ce sujet, voir également l'opinion présentée par Hong Kong, Chine, dans : Organe de règlement des différends - Session extraordinaire, *Compte rendu de la réunion tenue au Centre William Rappard les 24 et 25 avril 2006,* TN/DS/M/32, para. 2.

[342] *Ibid.,* TN/DS/M/32, note 341, para. 2.

[343] *Ibid.,* TN/DS/25, note 6, pp. 6-7.

et informe l'ORD et cette tierce partie de son autorisation. Selon la nouvelle approche, cet accès devient quasi automatique, à moins que le Membre défendeur ne les informe de l'absence d'intérêt substantiel. Dans le dernier rapport du Président de l'ORD à ce sujet, il apparaît plus clairement que les Membres de l'OMC sont d'accord sur cette approche facilitant l'accès des tierces parties[344]. Si cette disposition était adoptée, elle pourrait donc constituer l'un des changements majeurs du Mémorandum d'accord relatifs au régime d'intervention des tierces parties.

2. La liberté de notifier son acceptation

134.- Au titre de l'article 4.11 du Mémorandum d'accord, une fois que le Membre défendeur reconnaît l'existence d'un intérêt substantiel d'un Membre demandant la participation aux consultations, il doit en informer l'ORD. Cette disposition fait naître deux situations distinctes. D'une part, s'il ne l'en informe pas, ce silence équivaut à un refus de demande de participation aux consultations, et dès lors, il n'a pas à faire savoir les motifs de ce refus. D'autre part, en cas d'acceptation, en vertu de ce même article, il n'existe aucune exigence relative au délai et au contenu de la notification d'acceptation que le Membre défendeur doit soumettre à l'ORD.

135.- Ces deux situations peuvent présenter des difficultés pour la participation des tierces parties.

Tout d'abord, un refus non motivé pourrait permettre à un Membres défendeur d'accepter uniquement la participation des Membres qui le soutiendraient[345]. Il pourrait également être confus pour les Membres demandant la participation aux consultations. Il leur est également difficile de contester le refus, puisqu'ils en ignorent les raisons[346], sauf au cours des réunions de l'ORD[347], où les idées exprimées n'ont en revanche aucune valeur juridique et contraignante.

---

344 *Ibid.,* TN/DS/26, note 6, p. 6. Dans ce rapport, le Président de l'ORD a indiqué que : « En ce qui concerne les droits des tierces parties dans les consultations, les objectifs communs sont clairs : l'acceptation automatique des demandes de participation aux consultations en l'absence d'une notification de rejet transmise à temps par le défendeur, et la transparence pour toutes les réponses à ces demandes – qu'elles soient négatives ou positives ». Voir également : *Ibid.,* TN/DS/27, note 6, para. 3.10.

345 Voir également l'opinion exprimée par le Japon, *ibid.,* WT/DSB/M/99, note 201, para. 54.

346 Cependant, il faut reconnaître une pratique exercée souvent par les États-Unis qui ont envoyé une lettre de refus à chaque Membre demandant la participation aux consultations dont la demande avait été rejetée. *Ibid.,* WT/DSB/M/86, note 148, para. 83, 86 ; *ibid.,* WT/DSB/M/99, note 201, para. 51 et s. ; ORD, *Compte rendu de la réunion tenue au Centre William Rappard les 17 février et 19 mars 2004,* WT/DSB/M/165, para. 33, etc.

347 Voir, par exemple, les contestations présentées par les Membres se sont vus refuser leur demande de participation aux consultations dans l'affaire *Indonésie – Certaines mesures affectant l'industrie automobile* (WT/DS55, plainte déposée par le Japon ; WT/DS59, plainte déposée par les États-Unis) dans : ORD, *Compte rendu de la réunion tenue au Centre William Rappard le 3 décembre 1996,*

Ensuite, en cas d'acceptation, si l'accord n'est pas donné suffisamment longtemps avant la tenue des consultations, les tierces parties disposent de trop peu de temps pour préparer leur participation. C'était le cas des tierces parties dans les consultations menées entre Hong Kong et la Turquie dans l'affaire *Turquie – Mesures concernant les importations de produits textiles et de vêtements*. Les CE, le Brésil, le Canada, la Corée, l'Inde, la Malaisie, le Pérou, les Philippines et la Thaïlande ont respectivement adressé à la Turquie une demande de participation aux consultations[348] pendant trois jours les 28, 29 février 1996 et le 1er mars 1996. La réponse affirmative n'a été donnée, par différentes voies[349], que, pour la demande de l'Inde, par voie orale, le 12 avril 1996[350] et, pour celle conjointe de trois pays de l'Association des pays de l'Asie du Sud-Est (ci-après, l'ASEAN) ainsi que celle du Pérou le 15 avril 1996[351], soit moins de 24 heures avant le début des consultations, à savoir le 16 avril 1996. Ces Membres ont fortement critiqué le retard de la Turquie parce qu'il a affecté leur participation aux consultations[352].

136.- Par conséquent, dans le cycle de Doha, la manière dont le Membre défendeur notifie au Membre requérant la recevabilité de sa demande de participation aux consultations a fait l'objet des négociations. Examinée dans l'ensemble de la nouvelle approche susmentionnée, il apparaît que cette notification serait mieux encadrée[353]. D'une part, le délai de notification serait fixé à sept jours suivant la date de réception de la demande de participation aux consultations. D'autre part, il s'agira d'une notification de refus et non plus d'une notification d'acceptation. Par conséquent, pour justifier son refus, le Membre défendeur devra donner des explications, surtout sur l'inexistence d'un intérêt substantiel du Membre requérant. Dès lors, ceci aiderait à savoir si un refus serait bien fondé

WT/DSB/M/27, pp. 2-3 ; dans l'affaire *Inde – Restrictions quantitatives à l'importation de produits agricoles, textiles et industriels* (WT/DS90, plainte déposée par les États-Unis ; WT/DS91, plainte déposée par l'Australie ; WT/DS92, plainte déposée par le Canada ; WT/DS94, plainte déposée par la Suisse), dans ORD, *Compte rendu de la réunion tenue au Centre William Rappard le 25 septembre 1997*, WT/DSB/M/37, pp. 32-34.

348 Voir la demande conjointe de la Malaisie, de la Thaïlande et des Philippines du 28 février 1996, WT/DS29/3 ; celle du Pérou du 28 février 1996, WT/DS29/4 ; celle de l'Inde du 29 février 1996, WT/DS29/5 ; celle du Canada du 1er mars 1996, WT/DS29/8 ; celle du Brésil du 1er mars 1996, WT/DS29/7 ; celle de la Corée du 1er mars 1996, WT/DS29/6 ; celle des Communautés européennes du 1er mars 1996, WT/DS29/2.

349 Seule la demande des Communautés européennes a été acceptée par la voie de notification à l'ORD. Voir : *Turquie – Restrictions à l'importation de produits textiles et de vêtements*, Acceptation par la Turquie de la demande de participation aux consultations présentée par les Communautés européennes au titre de l'article 4.11 du Mémorandum d'accord sur le règlement des différends, le 23 avril 1996, WT/DS29/9.

350 ORD, *Compte rendu de la réunion tenue au Centre William Rappard le 17 avril 1996*, WT/DSB/M/14, p. 8.

351 *Ibid.*, WT/DSB/M/14, note 350, pp. 7-8.

352 *Ibid.*, WT/DSB/M/14, note 350, pp. 7-8.

353 *Ibid.*, TN/DS/26, note 6, p. 6.

ou non, et permettrait sans doute d'éviter des refus arbitraires de demandes de participation aux consultations.

137.- En résumé, le pouvoir discrétionnaire attribué au Membre défendeur dans son traitement des demandes de participation aux consultations pourrait devenir un obstacle à l'accès des tierces parties à cette étape. Contrairement à cette approche, celle appliquée par les groupes spéciaux et par l'Organe d'appel en la matière présente plus de souplesse. Celle-ci se traduit par l'absence d'une exigence relative au traitement par ces juges des actes introductifs d'intervention.

B. La souplesse des règles appliquées par les groupes spéciaux et l'Organe d'appel

138.- Si dans le cadre de la CIJ, de la CJUE et de certaines autres juridictions internationales, une demande d'intervention doit passer à l'examen du juge pour que ce dernier se prononce son bien-fondé et décide de l'admettre ou non, il n'existe aucune exigence semblable pour l'intervention de tierces parties aux travaux de groupes spéciaux et de l'Organe d'appel.

139.- Au titre des articles 10.2 et 17.4 du Mémorandum d'accord, la possibilité des tierces parties d'être présentes au cours des travaux des groupes spéciaux et de l'Organe d'appel est positive dès qu'elles notifient au secrétariat de l'ORD ou de l'Organe d'appel leur intention d'y participer en tant que tierces parties, parce que leur notification ne doit faire face à aucun traitement spécifique de ces juges. De plus, il faut noter la règle énoncée dans l'appendice 3 du Mémorandum d'accord sur les procédures de travail des groupes spéciaux, selon laquelle « Toutes les tierces parties qui auront informé l'ORD de leur intérêt dans l'affaire seront *invitées* par écrit à présenter leurs vues au cours d'une séance de la première réunion de fond du groupe spécial réservée à cette fin »[354]. Cette disposition constitue une différence essentielle de l'intervention dans les travaux de groupes spéciaux de l'ORD par rapport à celle proposée dans les procédures de la CIJ ou de la CJUE. En réalité, il s'agit ici d'une intervention par l'invitation, à la différence

[354] Paragraphe 6 de l'appendice 3 du Mémorandum d'accord.

de l'intervention par l'autorisation devant la CIJ[355] ou la CJUE[356]. L'utilisation du mot « invitées », au lieu de « informées » ou d'autres mots équivalents, indique clairement une volonté certaine des négociateurs de laisser l'accès ouvert aux tierces parties.

140.- Aussi l'expression utilisée pour l'intervention dans l'examen en appel se révèle-t-il encourageante. La règle 27.2 des Procédures de travail pour l'examen en appel confie au secrétariat de l'Organe d'appel l'obligation de notifier la date de l'audience aux tierces parties et aux participants tiers qui ont déposé une communication écrite conformément à la règle 24.1 ou l'ont informé de leur intention de comparaître à l'audience conformément aux règles 24.2 et 24.4. Cela signifie aussi qu'une fois que les procédures exigées à la règle 24 sont satisfaites, les participants tiers sont automatiquement admis pour participer à l'audience suivant la notification du secrétariat à cette fin.

141.- Il faut rappeler que cette approche assez souple a déjà été utilisée dans le Mémorandum d'accord de 1979[357]. Elle s'est traduite par une volonté des États négociateurs du cycle de Tokyo, puis du cycle d'Uruguay, qui ont voulu mieux protéger leur intérêt légitime dans un système international de plus en plus élargi et développé. Cette volonté a, dès lors, reposé sur la reconnaissance de l'interdépendance progressive des Membres et sur le caractère multilatérale de ce système, ce qui nécessite la participation des Membres autres que les parties demanderesse(s) et défenderesse(s) au règlement des différends devant l'ORD.

-o0o-

[355] L'article 62.2 du Statut de la Cour stipule : « La Cour décide », c'est-à-dire qu'elle rendra la décision sur l'admission d'une requête à fin d'intervention déposée au titre de l'article 62.1 de ce Statut. Bien que l'article 63 du Statut de la Cour, constituant une forme d'intervention, dite intervention de droit, ne comporte pas pareille disposition, l'article 84.1 de son Règlement de 1978 prévoit également la décision de la Cour sur la recevabilité d'une telle intervention. Dans son arrêt rendu le 18 avril 1981 sur la requête à fin d'intervention de Malte, elle a décidé : « Elle ne considère pas que le paragraphe 2 [de l'article 62 du Statut] lui confère une sorte de pouvoir discrétionnaire lui permettant d'accepter ou de rejeter une requête à fin d'intervention pour de simples raisons d'opportunité. Au contraire, de l'avis de la Cour, la fonction que lui confie ce paragraphe est de déterminer si la requête est admissible ou non par application des dispositions pertinentes du Statut ». *Plateau continental (Tunisie/Jamahiriya arabe libyenne), ibid.*, note 224, para. 17.

[356] Le Règlement de la CJUE de 2012 prévoit l'examen par la Cour de la demande d'intervention fondée sur l'article 40 de son Statut. Le président doit ensuite soit rendre une décision (pour l'intervention au titre de l'article 40, premier et troisième alinéa), soit rendre une ordonnance ou déférer la demande à la Cour (pour l'intervention au titre de l'article 40, deuxième alinéa).

[357] Voir le paragraphe 15 du Mémorandum d'accord de 1979.

CONCLUSION DU CHAPITRE 1

142.- Il apparaît difficile de dessiner un panorama homogène sur les procédures régissant l'accès des tierces parties au mécanisme de règlement des différends de l'OMC. Les règles concernées présentent à la fois des éléments favorables et défavorables à un tel accès.

143.- La présence des tierces parties aux consultations demeure encore empêchée par l'exigence d'un intérêt commercial substantiel, soumis à l'examen discrétionnaire du Membre mis en cause dans les consultations, et contourné parfois par un autre critère portant sur l'exigence de soutenir le point de vue de ce Membre. En outre, le fait d'exiger de la partie défenderesse simplement l'obligation de notifier à L'ORD son acceptation des demandes de participation aux consultations pourrait avoir des répercussions néfastes sur cette participation. Pour y faire face, quelques solutions ont été soulevées dans le cadre du cycle de Doha. Ou bien encore, les règles régissant l'accès des tierces parties à l'arbitrage établi au titre de l'article 22.6 du Mémorandum d'accord ou à certains autres modes de règlement prévus dans cet instrument sont encore absentes. Ceci peut poser quelques difficultés aux Membres voulant intervenir pour protéger leur intérêt.

144.- En revanche, l'admission des tierces parties aux travaux de groupes spéciaux et de l'Organe d'appel est favorisée par des règles moins exigeantes. Elle repose simplement sur l'existence d'un intérêt substantiel, sans la nécessité d'être vérifiée par ces instances, et sur la simplicité de quelques règles procédurales. En réalité, l'exigence d'un « intérêt substantiel » comme condition pour l'accès de tierces parties aux groupes spéciaux n'a pas beaucoup de sens. Bien que l'interprétation de ce terme ne soit pas encore donnée, la pratique devant les groupes spéciaux montre qu'un Membre peut avancer soit un intérêt d'ordre commercial, soit un intérêt systémique sur la question en cause. Cela constitue un point vraiment positif par rapport à l'admission de la demande d'intervention dans les procédures applicables devant certaines autres juridictions. Dans la pratique, les Membres de l'OMC en ont largement profité dans la mesure où ils ont pu avoir un accès plus fréquent en qualité de tierces parties. Les analyses de chapitre 2 vont l'illustrer.

Chapitre 2

LE DÉVELOPPEMENT PROGRESSIF DE LA PRATIQUE

145.- Considérées déjà comme une preuve de la réussite incontournable du mécanisme de règlement des différends de l'OMC[358], les 507 affaires portées à l'ORD durant les vingt années de son existence revêtent également d'autres significations.

De la part des Membres défendeurs, bien qu'au titre de l'article XVI.4 de l'Accord de Marrakech de 1994, chaque Membre soit tenu d'assurer la conformité de ses lois, réglementations et procédures administratives avec les obligations telles qu'elles sont énoncées dans les accords visés de l'OMC[359], le degré de mise en œuvre de cette obligation diffère d'un Membre à l'autre. La différence de niveau de développement socio-économique, le besoin de protéger l'économie interne contre la concurrence des produits ou services étrangers, la nécessité de défendre des valeurs non-commerciales... ont contraint chaque Membre, à chaque moment donné, de choisir une politique commerciale appropriée selon les circonstances. Ce choix peut conduire ce Membre à violer une ou plusieurs de ses obligations engagées au sein de l'OMC. Dans la pratique, les cas ne sont pas rares. Plusieurs Membres de l'OMC ont été jugés pour avoir enfreint une ou plusieurs de ces règles.

De la part des Membres plaignants, la fréquence de l'utilisation de ce mécanisme a également mis en évidence l'activisme d'une grande partie des Membres de l'OMC. Plusieurs raisons semblent appropriées pour expliquer cet activisme. Il s'agit probablement de la confiance croissante des Membres envers l'efficacité du mécanisme, apportée suite à plusieurs modifications importantes obtenues dans le cycle d'Uruguay. Il est surtout justifié par le besoin de ces Membres de

---

[358] CÔTÉ C.-E., *op. cit.*, note 9, p. 3. Cet auteur l'a même qualifiée comme « une des réalisations les plus spectaculaires de l'OMC ».

[359] Le groupe spécial chargé de l'affaire *Communautés européennes et leurs États membres – Traitement tarifaire de certains produits des technologies de l'information* a interprété cette obligation comme suit : « Un Membre est tenu de veiller à ce que sa législation intérieure soit compatible avec les concessions figurant dans sa liste ». *Ibid.,* Rapport du groupe spécial du 16 août 2010, WT/DS375/R (plainte des États-Unis), WT/DS376/R (plainte du Japon) et WT/DS377/R (plainte de Taïpei chinois), note de bas de page 42.

protéger leurs intérêts au niveau macroéconomique ou microéconomique, contre toute violation présumée d'autres Membres de l'OMC.

146.- Si une grande partie des Membres de l'OMC est toujours prête à saisir l'ORD dans ces buts, fait-elle de même pour devenir tierces parties dans telle ou telle affaire ? En outre, comme nous l'avons souligné dans le premier chapitre, malgré quelques éléments négatifs, les règles régissant l'accès de tierces parties au règlement des différends devant l'ORD présentent des éléments favorables. Se pose donc la question de savoir si ces éléments entraînent des effets positifs dans la pratique. En d'autres termes, permettront-ils aux Membres d'être présents de manière fréquente tout au long du règlement des différends devant l'ORD ?

147.- Les analyses effectuées dans ce chapitre vont tout d'abord répondre de façon affirmative à ces questions, alors que nous pouvons constater un accès très fréquent de Membres de l'OMC en qualité de tierces parties à différentes phases de règlement des différends. Cette fréquence contribue également à illustrer la différence qui existe entre l'intervention des tierces parties dans le règlement des différends à l'OMC et l'intervention dans le cadre d'autres juridictions internationales **(section 1).** Ensuite, nous allons montrer que la facilitation de l'accès de tierces parties vise en théorie des objectifs variés **(section 2).**

Section 1 : UNE PRATIQUE GÉNÉRALISÉE

148.- Selon R. Kolb, « l'intervention procédurale est plus importante en droit international qu'en droit interne du fait de l'absence de juridiction obligatoire qui permettrait à tout État de porter toute contestation juridique devant le prétoire du juge »[360]. L'idée avancée par cet auteur semble indiquer que l'intervention devrait être utilisée davantage dans le contentieux international que dans le contentieux interne. Toutefois, la pratique de l'intervention devant plusieurs juridictions internationales a démontré le contraire. En particulier dans le cadre de la Cour internationale de Justice, une rareté d'intervention a été constatée : « Dans l'histoire de la Cour, l'intervention n'est jamais morte, bien qu'elle soit demeurée en sommeil au Palais de la Paix durant la plus grande partie de cette histoire »[361]. Il

[360] KOLB R., *op. cit.,* note 89, p. 721.

[361] *Immunités juridictionnelles de l'État (Allemagne c. Italie)*, *ibid.*, note 240, Opinion individuelle de M. le juge Cançado Trindade, para. 56. Autour de cette constatation, voir également : JACOB P., « L'intervention devant la Cour internationale de Justice à la lumière des décisions rendues en 2011 : Lente asphyxie ou résurrection ? », *Annuaire français de droit international*, 2011, vol. 57, pp. 213-234. Cet auteur a résumé de manière convaincante l'évolution de l'institution du régime d'intervention devant la CIJ comme suit : « Tandis que les rejets des demandes maltaise et italienne au début des années 1980 avaient paru sonner définitivement le glas d'une procédure déjà moribonde, l'admission partielle de celle du Nicaragua en 1990 lui avait donné un « nouveau souffle » avant que l'admission de la requête de la Guinée équatoriale, formée à l'initiative de la Cour elle-même, ne vienne confirmer une vitalité nouvelle, à peine entamée par le rejet d'une requête des Philippines en 2001.

apparaît que devant cette juridiction, il est difficile pour un État d'intervenir dans une affaire impliquant deux autres États, également en raison du consensualisme et du respect de la souveraineté[362].

149.- En revanche, l'intervention des tierces parties devant l'ORD est beaucoup plus fréquente. S'il existe seulement neuf demandes à fin d'intervention et déclarations d'intervention dans le cadre de la CIJ durant plus d'une soixantaine d'années de son existence, bon nombre d'interventions ont pu être constatées dans celui de l'ORD. Il en est de même si on compare l'intervention devant l'ORD et devant la CJUE : si l'intervention apparaît presque dans toutes les affaires soumises à l'ORD, ce n'est pas le cas devant la CJUE. Ces différences résultent d'une part, de la volonté de Membres de l'OMC d'y participer en tant que tierces parties **(I)**, et d'autre part, de la flexibilité des destinataires auxquels les actes introductifs d'intervention sont adressés, ce qui permet une acceptation quasi-systématique de ces actes **(II)**.

I. La volonté d'intervenir de Membres de l'OMC

150.- Toute intervention volontaire dans le règlement des différends d'une personne en tant que tierce partie commence par son désir d'y prendre part. Ce désir peut être motivé surtout par le besoin de protéger son propre intérêt qui pourrait être affecté par l'issue de ce règlement[363] ou par d'autres objectifs variés. L'intervention devant l'ORD n'est pas exceptionnelle. Si les Membres de l'OMC ne sont pas prêts à intervenir, les conditions d'admission d'intervention devant l'ORD, même avec des éléments favorables, ne pourront pas donner lieu à des effets positifs dans la pratique. Dès lors, la volonté des Membres de l'OMC d'intervenir devient l'élément primordial en vue d'assurer le succès de cette procédure. En réalité, il est souhaitable que la volonté d'intervention des Membres de l'OMC aille de pair avec la souplesse des conditions d'admission prévue en particulier pour l'intervention dans les travaux de groupes spéciaux et de l'examen en appel **(B)**. En ce qui concerne l'intervention dans les consultations, bien que la procédure d'admission présente encore des éléments à effet limitatif, les Membres de l'OMC y apparaissent néanmoins progressivement **(A)**.

Les décisions rendues au cours de la seule année 2011 résument les vicissitudes qui affectent cette procédure ».

362 KOLB R., *op. cit.*, note 89, p. 721.

363 SANTOLINI T., « L'intervention des tiers dans le procès constitutionnel en droit comparé », p. 1, disponible sur : http://www.droitconstitutionnel.org/congresParis/comC5/SantoliniTXT.pdf (url consultée le 10 septembre 2013) ; LEFORT C., « Le tiers dans le nouveau Code de procédure civile », *in Liber amicorum de R. Martin*, Paris-Bruxelles, L.G.D.J.-Bruylant, 2004, pp. 156-196.

A. L'accès fréquent des tierces parties aux consultations

151.- Rappelons que l'accès d'un Membre de l'OMC en tant que tierce partie aux consultations établies au titre de l'article 4 du Mémorandum d'accord reste subordonné à l'existence de son « intérêt commercial substantiel » qui est ensuite soumis à l'examen subjectif du Membre en cause dans l'affaire. Toutefois, nombreux Membres de l'OMC cherchent à exprimer leur point de vue, en adressant une demande de participation aux consultations en cours (*voir le tableau 1*).

Tableau 1 : État des lieux au 31 mars 2016 de la participation des Membres de l'OMC aux consultations en qualité de tierces parties[364]

Rang	Membre	Demandes acceptées	Demandes rejetées	Total
1	Union européenne(*)	58	55	113
2	Japon	32	64	96
3	Canada	54	34	88
4	États-Unis	34	51	85
5	Australie	31	36	67
6	Mexique	25	18	43
7	Nouvelle-Zélande	22	12	34
8	Guatemala	21	10	31
9	Inde	12	14	26
10	Brésil	15	10	25
11	Thaïlande	11	9	20
12	Colombie	7	12	19
13	Turquie	17	2	19
14	Suisse	2	15	17
15	Honduras	7	9	16
16	Chine	10	6	16
17	Corée	5	10	15
18	Norvège	12	3	15
19	Équateur	4	10	14
20	Argentine	9	5	14
21	Nicaragua	8	5	13

364 Les chiffres donnés dans cette étude sont établis par nous-mêmes à partir des données publiées sur le site web de l'OMC, notamment les demandes de participation aux consultations, les rapports des groupes spéciaux et les rapports de l'Organe d'appel.

22	Taïpei chinois	6	7	13
23	République dominicaine	3	9	12
24	Ukraine	7	4	11
25	Costa Rica	5	5	10
26	Pérou	3	7	10
27	Panama	5	4	9
28	Chili	5	3	8
29	El Salvador	6	2	8
30	Philippines	4	3	7
31	Uruguay	7	0	7
32	Jamaïque	3	3	6
33	Indonésie	3	3	6
34	Côte d'Ivoire	3	2	5
35	Hong Kong	1	4	5
36	Pakistan	1	4	5
37	Sainte-Lucie	1	3	4
38	Venezuela	1	3	4
39	Zimbabwe	3	1	4
40	Russie	1	3	4
41	Belize	2	1	3
42	Cuba	2	1	3
43	Hongrie	3	0	3
44	Islande	1	2	3
45	Barbade	2	0	2
46	Bulgarie	2	0	2
47	Chypre	2	0	2
48	Congo	2	0	2
49	Fidji	2	0	2
50	Guyane	2	0	2
51	Kenya	2	0	2
52	Madagascar	2	0	2
53	Malawi	2	0	2
54	Malte	2	0	2
55	Maurice	2	0	2

56	République slovaque	2	0	2
57	République tchèque	2	0	2
58	Roumanie	2	0	2
59	Saint-Kitts-et-Nevis	2	0	2
60	Singapour	0	2	2
61	Slovénie	1	1	2
62	Swaziland	2	0	2
63	Afrique du Sud	1	0	1
64	Bangladesh	1	0	1
65	Bolivie	0	1	1
66	Cameroun	1	0	1
67	Dominique	1	0	1
68	Israël	0	1	1
69	Malaisie	1	0	1
70	Saint-Vincent-et-les Grenadines	1	0	1
71	Sri Lanka	1	0	1
72	Suriname	1	0	1
Total		**513**	**470**	**983**

(*) Y compris les demandes antérieurement présentées par les CE.

Note : Les données sont effectuées sur la base des demandes de participation aux consultations soumises au secrétariat et numérotées par celui-ci jusqu'à l'affaire *République de Corée – Droits antidumping visant les valves pneumatiques en provenance du Japon* (WT/DS504).

152.- De ce tableau, il ressort tout d'abord l'enregistrement d'un grand nombre de demandes de participation aux consultations: 983 demandes durant les vingt années d'existence de ce mécanisme, soit une moyenne de 49 demandes par an et deux demandes par procédure de consultations déclenchée. Cette constatation est inédite par rapport à d'autres mécanismes de règlements de différends économiques internationaux, qui, eux, ne connaissent jamais un nombre d'interventions aussi nombreuses dans les consultations[365]. Près de la moitié des

[365] Il convient de rappeler que l'intervention dans les consultations existe également dans le mécanisme de règlement prévu dans l'Accord des partenaires économiques stratégiques transpacifiques de 2005 entre Singapour, le Chili, le Bruneï et la Nouvelle-Zélande. Jusqu'à maintenant, aucune consultation ne s'est produite, donc, aucune intervention n'existe.

Membres de l'OMC (72/163 Membres)[366] ont déposé au moins une demande de participation aux consultations. Parmi eux, 26 Membres (dont la plupart sont des Membres en développement) ont déposé au moins 10 demandes. Parmi les 10 Membres qui ont formulé le plus de demandes, on retrouve régulièrement : l'Union européenne avec 113 demandes dont 58 acceptées ; le Japon avec 96 demandes dont 32 acceptées ; le Canada, 88 demandes dont 54 acceptées ; les États-Unis, 85 demandes dont 34 acceptées ; l'Australie, 67 demandes dont 31 acceptées et la Nouvelle-Zélande, 34 demandes dont 24 acceptées. Ces exemples montrent la volonté d'être présents dès la première étape du règlement du litige au sein de l'ORD. Ce volontarisme s'explique surtout par le fait que ces Membres disposent des ressources nécessaires, à la fois financières et humaines. Nous constatons également un effort grandissant de la part des pays en développement Membres : quatre d'entre eux sont d'ores et déjà présents parmi les 10 Membres en ayant le plus demandé (le Mexique avec 43 demandes dont 25 acceptées ; le Guatemala, 31 demandes dont 21 acceptées ; l'Inde, 26 demandes dont 12 acceptées et le Brésil, 25 demandes dont 15 acceptées) ; d'autres ont également déposé plusieurs demandes : la Colombie, la Thaïlande, la Turquie, la Chine, l'Équateur, l'Argentine… Dans un contexte où les pays en développement Membres manquent souvent d'expertise sur le droit de l'OMC et également de ressources[367], cette participation mérite d'être davantage encouragée et souligne le succès du régime d'intervention devant l'ORD.

B. La présence fréquente de tierces parties dans les travaux de groupes spéciaux et de l'Organe d'appel

153.- En ce qui concerne l'accès de tierces parties aux travaux de groupes spéciaux, nous pouvons constater une présence importante tant devant les groupes spéciaux initiaux que devant ceux établis au titre de l'article 21.5 du Mémorandum d'accord *(voir le tableau 2).*

---

366 Ici, dans le cas de l'Union européenne, si nous le considérons comme représentant de ses pays membres, nous pourrons affirmer que plus de la moitié des Membres de l'OMC ont au moins une fois demandé de participer aux consultations en tant que tierces parties.

367 BOWN C. P., *Self-Enforcing Trade : Developing Countries and WTO Dispute Settlement*, Washington, Brookings Institution Press, 2010, pp. 63-137 ; SHAFFER G., « The Challenges of WTO Law : Strategies for Developing Country Adaptation », *World Trade Review*, 2006, vol. 5, n°. 2, pp. 177-199 ; SHAFFER G., « Can WTO Technical Assistance and Capacity-building serve developing Countries ? », *Wisconsin International Law Journal*, 2005, vol. 23, n°. 4, pp. 643-686 ; SHAFFER G., « How to Make the WTO Dispute Settlement System Work for Developing Countries : Some Proactive Developing Country Strategies », *in* International Center for Trade and Sustainable Development, *Towards a Development-Supportive Dispute Settlement System in the WTO*, ICTSD Resource Paper N°. 5, March 2003, pp. 1-65, disponible sur : http://ictsd.org/downloads/2008/06/dsu_2003.pdf (url consultée le 31 mai 2013) ; BUSCH M. L., REINHARDT E. & SHAFFER G., « Does legal capacity matter ? A survey of WTO Members », *World Trade Review*, 2009, vol. 8, n°. 4, pp. 559-577.

Dans l'ensemble, 79 Membres ont été présents 1337 fois en qualité de tierces parties dans les travaux de groupes spéciaux, ce qui est considérable par rapport à l'intervention devant la CIJ. En comparaison avec l'intervention dans les consultations, ce chiffre est aussi remarquable à la fois en raison de l'augmentation des Membres (79 Membres par rapport à 72 dans l'étape précédente), du nombre d'interventions (1337 fois par rapport à 983 fois à l'étape précédente), et surtout du taux moyen d'intervention (de 49 demandes par an et à seulement deux demandes par une procédure de consultations à 63 interventions par an et de cinq interventions par groupe spécial[368]). Cette augmentation révèle l'intérêt manifesté par les Membres de l'OMC aux questions réglées devant les groupes spéciaux. Étant donné que les groupes spéciaux ont l'obligation de dire le droit et disposent de la compétence de faire des constatations propres à aider l'ORD à formuler des recommandations ou à statuer sur les questions en cause[369], la participation à cette procédure devient encore plus significative pour les tierces parties. L'UE, le Japon, les États-Unis, la Chine, l'Australie, l'Inde, le Canada, le Brésil, la Corée du Sud et le Mexique sont également les 10 Membres intervenant le plus souvent. Parmi eux, les plus actifs sont la Chine et Taïpei chinois. La Chine n'a déposé que 16 demandes de participation aux consultations (dont 10 ont été admises), dans cette étape, elle est intervenue 75 fois devant les groupes spéciaux et se trouve en quatrième position parmi les Membres qui sont intervenus le plus souvent. Même observation pour Taïpei chinois : n'ayant déposé que 13 demandes de participation aux consultations, il est apparu 47 fois dans les travaux des groupes spéciaux, ce qui est considérable au regard de son adhésion à cette organisation[370]. Certains autres Membres ayant récemment adhéré à l'OMC[371], comme le Royaume de l'Arabie saoudite[372], le Vietnam[373], ont aussi montré leur

[368] Cette donnée est calculée pour l'ensemble des groupes spéciaux initiaux et établis au titre de l'article 21.5 du Mémorandum d'accord. Séparément, nous pouvons constater une moyenne de 6,5 interventions par groupe spécial initial et de 4,4 interventions par groupe spécial établi au titre de l'article 21.5 du Mémorandum d'accord. Ces taux sont toujours plus importants que celui d'intervention dans les consultations.

[369] L'article 7 du Mémorandum d'accord.

[370] Taïpei chinois est officiellement devenu Membre de l'OMC le 1er janvier 2002.

[371] Au titre des articles XI et XII de l'Accord de Marrakech de 1994, les Membres de l'OMC sont divisés en deux : des Membres originels et des Membres adhérents. Les Membres originels sont les parties contractantes au GATT de 1947 à la date d'entrée en vigueur de cet accord et les Communautés européennes (et maintenant, l'Union européenne) (l'article XI.1). Depuis son entrée en vigueur et que l'OMC est en fonction, plusieurs pays autres Membres originels sont devenus Membres de l'OMC par voie d'accession (l'article XII).

[372] Le Royaume de l'Arabie saoudite est officiellement devenu Membre de l'OMC le 11 décembre 2005.

[373] Le Vietnam est officiellement devenu Membre de l'OMC le 11 janvier 2007.

dynamisme en participant à bon nombre de groupes spéciaux afin de se familiariser avec ce mécanisme[374].

Tableau 2 : Intervention de tierces parties dans les travaux de groupes spéciaux - état au 31 mars 2016

Rang	Membre	Intervention dans les travaux des GS initiaux	Intervention dans les travaux des GS - 21.5	Total
1	Union européenne(*)	99	20	119
2	Japon	95	16	111
3	États-Unis	70	7	77
4	Chine	62	13	75
5	Inde	60	8	68
6	Australie	54	13	67
7	Canada	54	6	60
8	Brésil	48	10	58
9	Corée du Sud	45	9	54
10	Mexique	45	8	53
11	Taïpei chinois	44	3	47
12	Thaïlande	37	7	44
13	Norvège	37	3	40
14	Turquie	32	0	32
15	Argentine	28	2	30
16	Colombie	24	6	30
17	Chili	26	0	26
18	Nouvelle-Zélande	18	5	23
19	Équateur	21	2	23
20	Guatemala	20	2	22
21	Honduras	16	0	16
22	Arabie saoudite	14	0	16

[374] CAZALA J., « L'utilisation du système de règlement des différends de l'Organisation mondiale du commerce par les BRICs », *L'Observateur des Nations Unies*, 2012-2, vol. 33, p. 73.

23	Nicaragua	9	4	13
24	Viet Nam	13	0	13
25	Costa Rica	9	2	11
26	Hong Kong	9	2	11
27	Jamaïque	5	6	11
28	El Salvador	11	0	11
29	Venezuela	10	0	10
30	Paraguay	9	0	9
31	Russie	8	0	8
32	Côte d'Ivoire	2	5	7
33	Cuba	7	0	7
34	Dominique	3	4	7
35	Pakistan	6	1	7
36	République dominicaine	3	4	7
37	Sainte-Lucie	3	4	7
38	Belize	2	4	6
39	Cameroun	2	4	6
40	Pérou	5	1	6
41	Philippines	6	0	6
42	Saint Vincent et les Grenadines	1	4	5
43	Égypte	4	0	4
44	Panama	2	2	4
45	Uruguay	4	0	4
46	Israël	4	0	4
47	Singapour	4	0	4
48	Indonésie	4	0	4
49	Grenade	1	2	3
50	Maurice	0	3	3
51	Sri Lanka	3	0	3
52	Suriname	1	2	3
53	Suisse	3	0	3

56	Afrique du Sud	2	0	2
54	Barbade	2	0	2
55	Ghana	1	1	2
57	Haïti	0	2	2
58	Islande	2	0	2
59	Madagascar	1	1	2
60	Malaisie	2	0	2
61	Sénégal	2	0	2
62	Tchad	1	1	2
63	Oman	2	0	2
64	Bahreïn	1	0	1
65	Bangladesh	1	0	1
66	Bénin	1	0	1
67	Bolivie	1	0	1
68	Fidji	1	0	1
69	Guyane	1	0	1
70	Kenya	1	0	1
71	Koweït	1	0	1
72	Malawi	1	0	1
73	Nigeria	1	0	1
74	Pologne	1	0	1
75	Saint-Kitts-et-Nevis	1	0	1
76	Swaziland	1	0	1
77	Tanzanie	1	0	1
78	Trinité-et-Tobago	1	0	1
79	Zimbabwe	1	0	1
Total		**1137**	**200**	**1337**

(*) Y compris les interventions des CE auparavant.

Note : Ces données sont comptées sur la base d'intervention des Membres de l'OMC dans les travaux de groupes spéciaux qui ont rendu leur rapport jusqu'à l'affaire *Union européenne – Mesures antidumping visant le biodiésel en provenance d'Argentine*[375]. L'intervention dans les travaux d'un groupe spécial unique chargé d'examiner deux affaires ou plus est comptée une seule fois.

154.- La participation des Membres en qualité de participants tiers à l'examen en appel, se maintient de façon soutenue *(voir le tableau 3)*.

Tableau 3 : Participation des Membres de l'OMC en tant que participants tiers à l'examen en appel - état au 31 mars 2016

Rang	Membre	Participant tiers	Rang	Membre	Participant tiers
1	UE	71	37	République dominicaine	4
2	Japon	66	38	Sainte-Lucie	4
3	Chine	48	39	Honduras	4
4	Inde	47	40	Suisse	3
5	Australie	46	41	Cameroun	3
6	Taïpei chinois	41	42	Costa Rica	3
7	États-Unis	41	43	Pakistan	3
8	Corée	38	44	Panama	3
9	Mexique	36	45	Saint-Vincent-et-les Grenadines	3
10	Brésil	35	46	Suriname	3
11	Canada	34	47	Oman	3
12	Norvège	30	48	Islande	2
13	Thaïlande	25	49	Égypte	2
14	Colombie	23	50	Ghana	2
15	Turquie	20	51	Maurice	2
16	Argentine	20	52	Tchad	2
17	Équateur	18	53	Barbade	1
18	Arabie saoudite	16	54	Bahreïn	1
19	Nouvelle-Zélande	15	55	Bolivie	1
20	Guatemala	14	56	Fidji	1
21	Chili	12	57	Grenade	1
22	Viet Nam	9	58	Guyane	1

375 *Union européenne – Mesures antidumping visant le biodiésel en provenance d'Argentine*, Rapport du groupe spécial du 29 mars 2016, WT/DS473/R.

23	Hong Kong	8	59	Kenya	1
24	Russie	8	60	Koweït	1
25	Pérou	7	61	Madagascar	1
26	Venezuela	6	62	Nigeria	1
27	Jamaïque	5	63	Philippines	1
28	Paraguay	5	64	Saint-Kitts-et-Nevis	1
29	El Salvador	5	65	Swaziland	1
30	Israël	4	66	Trinité-et-Tobago	1
31	Belize	4	67	Namibie	1
32	Côte d'Ivoire	4	68	Bénin	1
33	Cuba	4	69	Malawi	1
34	Dominique	4	70	Sénégal	1
35	Indonésie	4	71	Tanzanie	1
36	Nicaragua	4	**Total**		**841**

Notes : Ces données ont été mises à jour jusqu'à l'examen en appel dans l'affaire *Communautés européennes – Mesures antidumping définitives visant certains éléments de fixation en fer ou en acier en provenance de Chine* (WT/DS397/AB/RW).

En comparaison avec l'intervention dans les consultations et dans les travaux des groupes spéciaux, l'on constate une baisse du nombre d'interventions et des Membres intervenants dans cette étape. Ceci est dû principalement au fait que seulement une partie des rapports des groupes spéciaux fait l'objet d'appels devant l'Organe d'appel. Cependant, de nombreux Membres de l'OMC ont continué à y participer : 71 Membres avec 841 fois d'intervention. Les Membres qui sont souvent intervenus dans les travaux des groupes spéciaux continuent à l'être à ce stade. Cela montre l'homogénéité dans la politique judiciaire de ces Membres à l'égard du SRD. En particulier, le fait que la Chine et Taïpei chinois occupent respectivement la troisième et la sixième place (par rapport à la quatrième et onzième place dans l'étape précédente) montre leur intérêt grandissant envers les questions juridiques et les interprétations du droit de l'OMC faisant l'objet de la présente procédure[376].

155.- En outre, il ressort des deux tableaux 2 et 3 que certains Membres, ne possédant pas une culture et une tradition juridiques[377], ont activement participé au SRD en tant que tierces parties. Par exemple, la Chine ou le Japon, dont la

[376] L'article 17. 6 du Mémorandum d'accord : « L'appel sera limité aux questions de droit couvertes par le rapport du groupe spécial et aux interprétations du droit données par celui-ci ».

[377] VANGRASSTEK C., *History and Future of the World Trade Organization*, WTO Publications, Geneva, 2013, p. 230.

culture politique et la tradition juridique restent encore influencées par le confucianisme qui met l'accent sur la prévention des litiges, sinon ces derniers « provoqueraient des dommages irréparables à la relation entre les parties et devraient n'être poursuivis qu'en dernier recours »[378], figurent toujours parmi les premiers Membres étant le plus intervenus dans les travaux des groupes spéciaux et de l'Organe d'appel. Ce constat révèle l'importance accordée à la participation, en tant que tierces parties à ce système, pour ces pays occupant une place non négligeable dans les échanges commerciaux mondiaux[379] et souhaitant protéger leur intérêt commercial dans des échanges de plus en plus difficiles, freinés par des mesures protectrices mises en place par leurs partenaires commerciaux (en particulier les États-Unis et l'UE).

156.- En résumé, à chaque étape du règlement des différends devant l'ORD, un grand nombre de Membres de l'OMC ont été présents en qualité de tierces parties. Bien qu'il existe encore un écart du niveau de participation entre eux, cela met en évidence leur activisme qui constitue désormais une des raisons principales expliquant la fréquence considérable des interventions dans ce cadre. Une autre raison peut être rattachée à la flexibilité des destinataires des actes introductifs d'intervention dans leur traitement de ces actes. Ceci a permis en pratique d'établir une acceptation quasi-systématique de l'accès des tierces parties.

II. Une acceptation quasi-systématique

157.- Contrairement à l'attitude de fermeture manifestée par les juges de la CIJ dans la plupart des affaires dans lesquelles une demande d'intervention lui a été soumise[380], ou par des juges de la CJUE[381] dans certaines affaires, une attitude d'ouverture a été, d'une manière ou d'une autre, exprimée dans la pratique, à la fois par les Membres en cause dans les consultations **(A)** et par les juges de l'OMC **(B)**.

---

[378] HAN L. & GAO H., « China's Experience in Utilizing the WTO Dispute Settlement Mechanism », *in* SHAFFER G. C. & MELENDEZ-ORTIZ R. (edt.), *Dispute Settlement at the WTO : the Developing Country Experience*, Cambridge University Press, Cambridge, 2010, p. 165.

[379] En 2012, la Chine a atteint le chiffre du commerce total des marchandises (y compris les exportations et importations) de 3 867 milliards de dollars américains (est classée en deuxième après les États-Unis avec un commerce total de 3 881 milliards de dollars américains). Ce chiffre du Japon était de 1 685 milliards de dollars américains (au quatrième rang, après les États-Unis, la Chine et l'Allemagne). Sur ce sujet, voir : OMC, *Statistiques du commerce international 2013*, p. 15, également disponible sur : https://www.wto.org/french/res_f/statis_f/ its2013_f/its13_highlights1_f.pdf (url consultée le 10 novembre 2013).

[380] La pratique de l'intervention devant la CIJ a montré que ne lui étaient jamais soumises deux demandes d'intervention ou plus dans une même affaire.

[381] Il faut réitérer que l'intervention des personnes dites « non-privilégiées » est subordonnée à l'existence d'un intérêt. La Cour ou la chambre de la Cour a donc rejeté des demandes d'intervention dans certaines affaires faute de cet intérêt.

A. L'évolution de l'acceptation des demandes de participation aux consultations

158.- Grâce aux notifications par les Membres défendeurs à l'ORD de leur acceptation de demandes de participation aux consultations conformément à l'article 4.11 du Mémorandum d'accord, nous pouvons établir les données statistiques sur l'acceptation ou le refus de ces demandes, ce qui révèle des signes significatifs : la plupart des demandes de participation aux consultations ont été admises avec une tendance d'acceptation progressive **(1)**. Ce progrès résulte également du fait que les Membres en cause dans les consultations ont tendance à accepter des demandes n'ayant pas répondu aux exigences requises **(2)**.

1. L'acceptation progressive des demandes de participation aux consultations

159.- Le tableau ci-après donne une vision générale sur l'acceptation des demandes de participation aux consultations *(voir le tableau 4)*.

Tableau 4 : Traitement des demandes de participation aux consultations par les Membres défendeurs – état au 31 mars 2016

	Membre	Acceptation	Refus	Total
1	Union européenne(*)	133	96	229
2	Chine	94	28	122
3	Australie	66	3	69
4	États-Unis	60	165	226
5	Argentine	30	10	40
6	Indonésie	23	23	46
7	République dominicaine	20	0	20
8	Colombie	12	1	14
9	Russie	10	4	14
10	Turquie	9	3	12
11	Japon	8	1	9
12	Canada	8	13	21
13	Corée	8	14	22
14	Brésil	6	14	20
15	Inde	6	61	67
16	Venezuela	5	1	6
17	Chili	4	12	16
18	Ukraine	3	0	3
19	Philippines	3	4	7

20	Mexique	3	5	8
21	Égypte	1	0	1
22	Hongrie	1	0	1
23	Moldova	1	0	1
24	Nicaragua	0	1	1
25	Pakistan	0	1	1
26	Pérou	0	1	1
27	République slovaque	0	1	1
28	Royaume Uni	0	1	1
29	Thaïlande	0	3	3
30	Uruguay	0	2	2
Total		513	470	983

(*) : Y compris les demandes antérieurement adressées aux CE

Notes : Ces données sont comptées jusqu'aux consultations menées dans l'affaire *République de Corée – Droits antidumping visant les valves pneumatiques en provenance du Japon* (WT/DS504).

Il en découle que, par rapport au nombre des Membres mis en cause dans toutes les affaires soumises à l'OMC, seuls 31 Membres ont reçu des demandes de participation aux consultations. Les deux Membres qui en ont reçu le plus grand nombre sont les États-Unis (226 demandes) et l'UE (229 demandes). Ceci correspond au fait que ce sont les deux Membres faisant l'objet majeur des demandes de consultations au sein de l'ORD[382]. Après les États-Unis et l'UE, vient la Chine, troisième Membre recevant bon nombre de demandes de participation aux consultations. Ce classement montre l'intérêt porté par les Membres de l'OMC aux mesures liées à la politique commerciale mise en œuvre par les trois plus grands partenaires commerciaux dans le monde. Ce constat est remarquable surtout en ce qui concerne la Chine : étant devenu Membre officiel de l'OMC seulement en 2001, ses mesures commerciales adoptées et mises en place ont fait l'objet d'une partie importante des demandes de consultations[383] auxquelles

[382] Les États-Unis sont devenus la partie défenderesse dans 124 affaires et l'Union européenne (et précédemment, les Communautés européennes) dans 80 affaires. Sur ce sujet, voir les données statistiques sur : http://wto.org/french/tratop_f/dispu_f/dispu_by_ country_f.htm (url consultée le 31 mars 2016). Voir également : HILLMAN J., « An Emerging International Rule of Law ? The WTO Dispute Settlement System's Role in its Evolution », *Ottawa Law Review*, 2010-2012, vol. 42, n°. 2, pp. 277-278 ; HORN H., JOHANNESSON L. & MAVROIDIS P. C., *ibid.*, note 13, pp. 8-15.

[383] La Chine est la partie défenderesse dans 33 affaires. Voir les données sur : http://wto.org/french/tratop_f/dispu_f/dispu_by_country_f.htm (url consultée le 31 mars 2016).

d'autres Membres ont demandé à participer en tant que tierces parties. En réalité, la Chine a reçu 122 demandes de participation aux consultations (soit en moyenne 3,7 demandes par affaire) et en a accepté 94 (soit en moyenne 2,9 demandes par affaire).

Parmi les 983 demandes soumises, 52% ont été acceptées. En chiffres absolus, les acceptations les plus importantes appartiennent à l'UE (133 demandes), la Chine (94 demandes), l'Australie (66 demandes) et les États-Unis (60 demandes). Cependant, en chiffres relatifs, l'UE et les États-Unis ne figurent pas en tête dans la liste des Membres les plus favorables à l'intervention dans cette étape : l'UE a accepté 58% des demandes et les États-Unis seulement 27%. Certains autres Membres développés y sont aussi moins favorables, tels que le Canada (38%) et la Corée du Sud (38%). L'hostilité à l'intervention semble être le plus exprimée par l'Inde, qui n'a admis que six sur les 67 demandes lui étant introduites (soit 9%). Parmi les plus favorables à l'intervention, se comptent surtout les Membres des pays en développement : la Chine (77%), la République dominicaine (100%), la Russie (71%) ; et deux Membres de pays développés : l'Australie (96%), et le Japon (89%)[384]. Au total, les Membres en développement en cause dans les consultations ont donné davantage de réponses positives (58%) à des demandes de participation aux consultations que les Membres développés (49%). Les Membres développés apparaissent donc plus fermés par rapport aux pays en développement face à l'accès de tierces parties.

160.- En outre, les données liées à l'acceptation de demandes d'intervention, classées année par année, ont révélé que durant ces dernières années, les Membres défendeurs ont exprimé une volonté plus favorable à cet accès *(voir le tableau 5)*.

Tableau 5 : Acceptation des demandes de participation aux consultations année par année

Année	Acceptation		Nombre total des demandes	Année	Acceptation		Nombre total des demandes
	En chiffre	En pourcentage			En chiffre	En pourcentage	
1995	17	59%	29	2006	42	84%	50
1996	24	41%	58	2007	48	94%	51
1997	8	10%	81	2008	6	21%	28
1998	0	0%	61	2009	37	61%	61
1999	0	0%	39	2010	30	83%	36

384 Cependant, le taux d'acceptation du Japon est moins significatif que celui de l'Australie : le premier n'a reçu que neuf demandes contre 69 demandes reçues par le second.

2000	0	0%	25	2011	4	40%	10
2001	4	10%	42	2012	74	87%	85
2002	82	83%	99	2013	48	86%	56
2003	60	78%	77	2014	13	35%	37
2004	7	24%	29	2015	4	34%	13
2005	5	31%	16	Total	513	53%	983

Notes : Ces données sont établies jusqu'aux consultations menées dans l'affaire *République de Corée – Droits antidumping visant les valves pneumatiques en provenance du Japon* (WT/DS504).

Dans ce tableau, il convient de diviser la situation d'acceptation des demandes de participation aux consultations en deux périodes : 1995-2001, et 2001-2013. Pour la première période, une tendance à la baisse d'acceptation des demandes de participation aux consultations a été constatée : pendant les deux premières années, avec l'enthousiasme lié à la mise en place d'un nouveau système de règlement des différends par rapport à celui du GATT de 1947 et l'intérêt porté aux questions systémiques relatives à l'interprétation de nouvelles règles, un grand nombre d'acceptations des demandes de participation aux consultations ont été enregistrées : en 1995, 59% de demandes ont été admises, et en 1996, 41%. Mais en 1997, les demandes acceptées n'étaient que huit sur 81 demandes déposées soit 10% seulement. Cette baisse était due au fait que certains Membres défendeurs ont refusé la plupart des demandes qui leur avaient été adressées. En 1997, les CE ont refusé toutes les demandes de participation aux consultations menées dans l'affaire qui les opposait au Panama autour des questions relatives au régime applicable à l'importation, à la vente et à la distribution des bananes[385]. Le Panama a continué à exprimer une attitude systématiquement fermée, suite au refus de semblables demandes dans la première affaire *CE – Bananes III*[386] déposée

[385] *Communautés européennes – Régime applicable à l'importation, à la vente et à la distribution des bananes* (Plainte du Panama), WT/DS105. Durant les consultations, neuf Membres leur ont adressé la demande de participation aux consultations demandées par le Panama (y compris la Colombie (WT/DS105/2), le Guatemala (WT/DS105/3), la République dominicaine (WT/DS105/4), le Mexique (WT/DS105/6), Costa Rica (WT/DS105/6), le Honduras (WT/DS105/7), les États-Unis (WT/DS105/9), la Côte d'Ivoire (WT/DS105/10) et l'Équateur (WT/DS105/8)).

[386] *Communautés européennes – Régime applicable à l'importation, à la vente et à la distribution des bananes* (plainte conjointe de l'Équateur, du Guatemala, du Honduras, du Mexique et des États-Unis), WT/DS27. Dans cette affaire, quatre Membres (République dominicaine (WT/DS27/2), Sainte-Lucie (WT/DS27/3), Nicaragua (WT/DS27/4) et Jamaïque (WT/DS27/5)) ont demandé de participer aux consultations mais leur demande a toujours été refusée par les Communautés européennes, bien que certains Membres aient bien montré l'existence de leur intérêt commercial substantiel dans les consultations : Sainte-Lucie avait indiqué qu'une chute des recettes provenant de l'exportation des bananes occupant 90% des exportations de produits agricoles de ce pays, provo-

contre les CE en 1996. L'Inde a également fait valoir son pouvoir dans le traitement des demandes de participation aux consultations dont elle dispose au titre de l'article 4.11 du Mémorandum d'accord. En 1997, les restrictions quantitatives maintenues par l'Inde à l'importation d'un grand nombre de marchandises (produits agricoles, textiles et industriels) ont fait l'objet des plaintes déposées séparément par quatre pays développés (États-Unis, Australie, Canada et Nouvelle-Zélande[387]). Plusieurs Membres[388] ont cherché à participer aux consultations entre l'Inde et chacun des quatre, mais l'Inde leur y a refusé l'accès. La demande de participation aux consultations adressées par chacun de ces Membres à l'Inde exprimait fortement leur intérêt pour les questions faisant l'objet des consultations, car la résolution de ces questions pourrait avoir des conséquences sur l'exportation desdits produits vers le grand marché indien[389]. Cependant, le refus de l'Inde a justifié une attitude défavorable qu'elle maintient au sujet de l'accès des tierces parties aux consultations.

La tendance à la baisse a continué, avec une période que l'on peut qualifier d'« hostile » à l'intervention dans les consultations. Ainsi, la première phase d'enthousiasme pour accueillir les tierces parties par certains Membres défendeurs a très vite fait place à une attitude « gelée » de tous ceux qui ont reçu les demandes à cette fin : durant les trois années 1998, 1999, 2000, aucune parmi les 125 demandes pour prendre part aux consultations n'a été admise, malgré le fait que bon nombre de demandes aient clairement indiqué l'existence de l'intérêt commercial substantiel comme motif d'intervention à cette étape[390]. Le refus arbitraire semble s'inscrire parfaitement dans la situation de perte de confiance des

quée par les mesures mises en cause des CE, pourrait avoir des conséquences négatives très sérieuses sur son économie (WT/DS27/3) ; la Jamaïque a justifié son intérêt commercial substantiel par le fait que l'activité bananière constituait pour ce pays une source majeure de devises et occupait une bonne partie de sa population et que le marché européen est son seul marché d'exportation des bananes (WT/DS27/4).

[387] *Inde – Restrictions quantitatives à l'importation de produits agricoles, textiles et industriels*, WT/DS90 (plainte déposée par les États-Unis), WT/DS91 (plainte déposée par l'Australie), WT/DS92 (plainte déposée par le Canada) et WT/DS93 (plainte déposée par la Nouvelle-Zélande).

[388] Au total, trente-cinq demandes de ce type ont été adressées à l'Inde.

[389] Par exemple, les Communautés européennes et la Suisse dans leur demande de participer aux consultations menées entre les États-Unis et l'Inde, ont indiqué l'importance du marché indien des produits concernés pour ces Membres. En 1995, l'exportation européenne de ces produits a connu un chiffre d'affaires de 4,5 milliards d'écus. Voir : *Inde – Restrictions quantitatives à l'importation de produits agricoles, textiles et industriels*, Demande de participation aux consultations, Communication des Communautés européennes, WT/DS90/3. La Suisse, en 1996, a exporté environ 150 millions de francs suisses de ces marchandises à destination de l'Inde (*ibid.*, note 387, Demande de participation aux consultations, Communication de la Suisse, WT/DS90/6).

[390] Par exemple, les États-Unis, dans l'affaire *Chili – Taxes sur les boissons alcooliques*, ont exprimé leur « intérêt commercial substantiel » en fournissant des données statistiques comme suit : « [les États-Unis] sont l'un des principaux producteurs et exportateurs d'alcools distillés. En 1996, leur production s'est chiffrée à 3,8 milliards de dollars selon les estimations, ce qui représente approximativement 17 pour cent de la production mondiale. La même année, leurs exportations totales

Membres de l'OMC dans le fonctionnement de l'OMC et dans son système de règlement des différends en particulier, surtout dans une perspective moins prometteuse, après l'échec de la conférence ministérielle de Seattle en 1999[391]. Il est clair que les Membres défendeurs, sous prétexte de la non-existence de l'intérêt substantiel requis par l'article 4.11, voulaient maintenir les consultations dans leur cadre bilatéral. Cela constituerait, dans une certaine mesure, une preuve évidente de la crise du multilatéralisme au cours de cette période.

La tendance s'est inversée au cours des dernières années. À partir de 2002, le taux d'acceptation des demandes redevient élevé : 2002 : 99% ; 2003 : 78% ; 2007 : 94% ; 2012 : 87% ; 2013 : 86%[392]. Ce changement a résulté essentiellement de ce que les Membres défendeurs agissent progressivement en faveur d'une présence importante des tierces parties dans les consultations, même si leur apparition pourrait avoir des conséquences sur le résultat des consultations. En outre, ils ont eu tendance à accepter des demandes de participation aux consultations, même lorsqu'elles n'étaient pas motivées par l'existence d'un intérêt commercial substantiel.

---

d'alcools distillés se sont élevées à 385 millions de dollars. Le Chili est le dix-neuvième marché d'exportation des États-Unis pour les alcools distillés. Les exportations d'alcools distillés des États-Unis se sont chiffrées en 1996 à 1,1 million de dollars » (*Chili – Taxes sur les boissons alcooliques*, Demande de participation aux consultations – Communication des États-Unis du 23 juillet 1997, WT/DS110/2). Ou bien, dans l'affaire *États-Unis – Plomb et Bismuth II*, le Canada a fortement argumenté l'existence de son intérêt commercial substantiel : « Les exportations canadiennes vers les États-Unis dépassent 200 milliards de dollars canadiens par an et représentent plus de 80% de la totalité des exportations canadiennes. Le traitement de l'effet de la privatisation sur des subventions accordées précédemment intéresse les exportateurs de marchandises provenant de sociétés qui ont été ou peuvent être privatisées. En effet, dans une récente enquête en matière de droits compensateurs, les États-Unis n'ont pas constaté que des subventions antérieures aient pris fin avec la privatisation. Enfin, le Canada est un exportateur important d'acier à destination du marché des États-Unis et de nombreuses enquêtes en matière de droits antidumping/droits compensateurs visant des marchandises canadiennes concernent des produits en acier » (*États-Unis – Imposition de droits compensateurs sur certains produits en acier au carbone, plomb et bismuth laminés à chaud originaires du Royaume-Uni*, Demande de participation aux consultations – Communication du Canada du 16 juillet 1998, WT/DS138/2). Cependant, toute demande en ce sens a été refusée sans en justifier les motifs.

[391] WAREGNE J.-M., « L'OMC après Seattle : le chantier inachevé », *Courrier hebdomadaire du CRISP*, 2001/7-8, n°. 1712-1713, pp. 5-76 ; COTTIER T., « Les tâches de l'OMC : évolution et défis », *Revue internationale de droit économique*, 2004, vol. 18, n°. 3, pp. 273-291 ; Rongead-Global Citizen Initiative - Alliance pour un monde responsable et solidaire - Fondation Charles Mayer pour le progrès de l'homme, *De l'échec de Seattle...aux conditions d'une gouvernance globale*, 68 p., disponible sur : http://www.rongead.org/IMG/pdf/Delechec.pdf (url consultée le 10 juillet 2013).

[392] Toutefois, il faut remarquer que cette tendance semble se répéter selon un cycle de trois ans, c'est-à-dire, après deux ans de croissance des acceptations, ce nombre diminue en troisième année.

2. L'admission des demandes ne présentant pas d'intérêt commercial substantiel

161.- Au terme de l'article 4.11 du Mémorandum d'accord, il semble que l'existence d'un intérêt commercial substantiel soit primordiale pour l'admission des demandes de participation aux consultations. Dans la pratique, si bon nombre de demandes ont fait référence explicite à l'article 4.11 et indiqué l'existence d'un intérêt commercial substantiel dans les consultations, il n'en demeure pas moins que des demandes ont précisé l'existence d'un type d'intérêt différent de celui requis, ou bien n'ont indiqué ni l'un, ni l'autre. Malgré cela, une partie importante de ces demandes a été acceptée et ensuite, l'intervention qui en a fait l'objet a été admise. Nous pouvons donc remarquer une attitude d'ouverture de certains Membres défendeurs lorsqu'ils ont accepté ces demandes. Par exemple, en 2002, les États-Unis, auparavant défavorables à l'accès de tierces parties aux consultations menées contre eux, ont ensuite admis une série de demandes de participation aux consultations dans le cadre de huit affaires *États-Unis – Mesures de sauvegarde définitives à l'importation de certains produits en acier* (*États-Unis – Sauvegardes concernant l'acier*)[393], ou de l'affaire *États-Unis – Règles d'origine concernant les textiles et les vêtements* (*États-Unis – Règles d'origine pour les textiles*)[394]. Dans les premières affaires, parmi les Membres ayant demandé l'intervention, le Venezuela a invoqué « l'intérêt commercial substantiel » sans l'avoir précisé[395], le Canada a indiqué l'existence d' « un intérêt commercial substantiel direct » alors qu'il s'agissait plutôt d' « un intérêt systémique »[396], le Mexique a avancé le même argument que celui du Canada[397]. Dans la deuxième affaire, le Bangladesh n'a pas indiqué

[393] Ces affaires introduites par les Communautés européennes (WT/DS248), le Japon (WT/DS249), la République de Corée (WT/DS251), la Chine (WT/DS252), la Suisse (WT/DS253), la Norvège (WT/DS254), la Nouvelle-Zélande (WT/DS258) et le Brésil (WT/DS259).

[394] *États-Unis – Règles d'origine concernant les textiles et les vêtements* (plainte déposée par l'Inde), WT/DS243.

[395] *Ibid.*, note 393, Demande de participation aux consultations - Communication du Venezuela du 20 mars 2002, WT/DS248/2.

[396] Le Canada a allégué qu'il avait « un intérêt commercial substantiel direct dans ces consultations car la demande des CE soulève la question de « l'obligation de parallélisme entre les produits importés qui font l'objet de l'enquête et les produits importés qui sont soumis à l'application des mesures ». *Ibid.*, note 393, Demande de participation aux consultations – Communication du Canada du 15 mars 2002, WT/DS248/7.

[397] « Le Mexique considère qu'il a un intérêt commercial substantiel, étant donné que les Communautés européennes font valoir qu'il y a non-respect de l'obligation de parallélisme entre les produits importés qui font l'objet de l'enquête et les produits importés soumis à l'application des mesures, ainsi que des discriminations fondées sur la provenance des produits ». *Ibid.*, note 393, Demande de participation aux consultations – Communication du Mexique du 22 mars 2002, WT/DS248/8.

l'existence d' « un intérêt commercial substantiel »[398], les CE ont invoqué de manière simple « l'importance du commerce des textiles pour l'économie des États membres des CE » et « des implications que l'affaire peut avoir sur le commerce des textiles des CE » comme motifs de leur intervention[399]. Récemment, ils ont continué d'admettre tel ou tel motif pour donner le feu vert aux demandes de participation de consultations dans les affaires telles que *États-Unis – Mesures concernant les crevettes en provenance de Thaïlande* (*États-Unis – Crevettes (Thaïlande)*)[400], ou *États-Unis – Subventions et autres mesures de soutien interne pour le maïs et d'autres produits agricoles* (*États-Unis – Subventions à l'agriculture*)[401]. L'Australie, l'UE (anciennement les CE), le Canada, la Chine, la République dominicaine ou certains autres Membres ont également accepté des demandes de ce type.

162.- Alors pourquoi certains Membres en cause ont-ils accepté les demandes de participation aux consultations qui ne présentaient pas d'intérêt commercial substantiel ? Il est difficile d'y répondre, parce qu'au titre même de l'article 4.11 du Mémorandum d'accord, ces Membres n'ont pas l'obligation de se prononcer sur les raisons de les accepter[402]. Dans de très rares cas où les raisons d'acceptation des demandes de participation aux consultations ont été explicitement exposées, les CE, face aux demandes du Pérou[403] et de la Colombie[404] dans l'affaire

---

[398] *Ibid.*, note 394, Demande de participation aux consultations – Communication du Bangladesh du 31 janvier 2002, WT/DS243/2.

[399] *Ibid.*, note 394, Demande de participation aux consultations – Communication des Communautés européennes du 30 janvier 2002, WT/DS243/3.

[400] *États-Unis – Mesures concernant les crevettes en provenance de Thaïlande* (plainte déposée par la Thaïlande), WT/DS343. Parmi les Membres désirant être admis à participer aux consultations, le Japon a évoqué l'intérêt commercial substantiel sans l'avoir précisé (WT/DS343/4), l'Inde a indiqué d'avoir un intérêt systémique dans la question du calcul des marges de dumping ainsi que la prescription obligeant à maintenir un cautionnement permanent d'un montant égal à la marge du droit antidumping multipliée par la valeur des importations de crevettes tropicales importées par l'importateur au cours de l'année précédente (WT/DS343/2).

[401] *États-Unis – Subventions et autres mesures de soutien interne pour le maïs et d'autres produits agricoles* (plainte présentée par le Canada), WT/DS357. Parmi huit Membres demandant l'intervention, le Guatemala (WT/DS357/3) et l'Uruguay (WT/DS357/7) ont respectivement invoqué l'article 4.11 du Mémorandum d'accord sans avoir précisé l'intérêt commercial substantiel, la Thaïlande, quant à elle, a indiqué l'existence d' « un intérêt substantiel et systémique ».

[402] Voir *supra*, para. 134-137.

[403] *Communautés européennes – Mesures affectant l'approbation et la commercialisation des produits biotechnologiques*, Demande de participation aux consultations - Communication du Pérou du 27 mai 2003, WT/DS291/2. Dans cette demande, le Pérou a mentionné l'existence de son « intérêt systémique substantiel » concernant les incidences de la question en cause sur l'application de l'Accord sur l'agriculture, de l'Accord sur l'application des mesures sanitaires et phytosanitaires et de l'Accord sur les obstacles techniques au commerce.

[404] *Ibid.*, note 403, Demande de participation aux consultations - Communication de la Colombie du 04 juin 2003, WT/DS291/3. Dans cette demande, la Colombie a allégué « l'intérêt commercial substantiel » sans avoir donné plus de détails.

Communautés européennes – Mesures affectant l'approbation et la commercialisation des produits biotechnologiques (*CE – OGM*), ont fait savoir que même si le Pérou et la Colombie n'ont ni exporté de produits agricoles vers ces pays, ni en ont importé, leurs demandes ont été acceptées. Selon les CE, ces consultations aideraient la Colombie à mieux comprendre la situation des produits génétiquement modifiés dans les CE et les autres Membres de l'OMC[405] et le Pérou à être au courant des décisions, étant donné les importantes influences que pourraient avoir les allégations des parties plaignantes sur sa législation[406]. Les CE ont donc accepté un intérêt à caractère systémique comme motif d'intervention. Ceci montre qu'elles ont exercé avec flexibilité le droit qui leur est attribué au titre de l'article 4.11 du Mémorandum d'accord en faveur de l'accès des tierces parties et que l'exigence liée à l'existence d'un intérêt commercial substantiel énoncée au titre du même article a perdu dans une certaine mesure sa signification. L'admission progressive des demandes de participation aux consultations n'ayant pas présenté uniquement cet intérêt commercial substantiel a donc contribué à atténuer les effets négatifs imposés par cette exigence sur l'accès de tierces parties aux consultations.

B. Une politique judiciaire favorable à l'accès des tierces parties

163.- Exerçant la même attitude que certains Membres mis en cause dans les consultations, certains groupes spéciaux **(1)** ainsi que l'Organe d'appel **(2)** ont fait de sorte que ne soit pas empêché l'accès de Membres voulant intervenir dans leurs travaux.

1. L'ouverture de certains groupes spéciaux

164.- Étant donné que les conditions substantielles pour l'admission de l'intervention des tierces parties dans les travaux des groupes spéciaux n'ont pas de valeur pratique, les demandes sont essentiellement examinées sous l'angle procédural. À ce sujet, nous avons pu constater que dans certaines affaires, les groupes spéciaux ont exprimé leur volonté d'accepter des notifications de participer à leurs travaux même lorsqu'elles ne respectent pas le délai imposé.

165.- En ce qui concerne le délai de notification de l'intérêt substantiel, rappelons que le délai est fixé, selon la pratique, à 10 jours, à compter de la date d'établissement de ce groupe spécial. La plupart des tierces parties Membres de l'OMC ont notifié leur intérêt à l'ORD dans les limites de ce délai. Néanmoins, des Membres l'ont dépassé et certains groupes spéciaux ont cependant accepté

---

[405] *Ibid.*, note 403, Communication des Communautés européennes du 17 juin 2003, WT/DS291/17, p. 1.
[406] *Ibid.*, WT/DS291/17, note 405, p. 1.

leur intervention, en particulier sur la base du respect de certains éléments de garanties du procès équitable.

166.- Dans la première affaire en ce sens, *Communautés européennes – Subventions à l'exportation de sucre,* le Kenya et la Côte d'Ivoire ont demandé à participer en tant que tierces parties, après l'expiration du délai de notification de 10 jours fixé par le Président de l'ORD lors de l'établissement du groupe spécial, mais avant que la composition de ce dernier soit déterminée[407]. Les parties sont convenues d'accepter la participation du Kenya. Au contraire, les plaignants se sont opposés à celle de la Côte d'Ivoire[408].

Indiquant que le Mémorandum d'accord est muet sur cette question, et sachant que l'Organe d'appel avait décidé dans l'affaire *CE – Hormones* que « le Mémorandum d'accord (…) laisse aux groupes spéciaux une marge discrétionnaire pour s'occuper, toujours dans le respect des droits de la défense, des situations particulières qui peuvent se poser dans un cas précis et qui n'ont pas été expressément prévues »[409] et également que l'intervention de ces deux Membres dans cette affaire ne pouvait ni perturber la sélection ou la composition du groupe spécial, ni entraver ses travaux, le groupe spécial a finalement accepté la demande des deux[410]. Il est important de noter qu'ici, la décision rendue par le groupe spécial était bien basée sur les garanties du procès équitable, surtout celle des droits de la défense, de la célérité et de l'indépendance et de l'impartialité du groupe spécial.

167.- Plus tard, dans l'affaire *Turquie – Mesure affectant l'importation de riz (Turquie – Riz),* le Pakistan a notifié au groupe spécial son intérêt de devenir tierce partie à l'ORD plus de 10 jours après la détermination de composition de ce dernier[411]. Après avoir réitéré les arguments avancés par le groupe spécial saisi dans l'affaire précédente, le groupe spécial chargé de cette affaire a essentiellement insisté sur le fait que :

---

407 *Communautés européennes – Subventions à l'exportation de sucre,* Rapport du groupe spécial du 15 octobre 2004, WT/DS265/R (plainte de l'Australie), WT/DS266/R (plainte du Brésil) & WT/DS283/R (plainte de la Thaïlande), para. 2.1.

408 Les raisons d'un tel refus n'ont pas été mentionnées dans ce rapport.

409 *Communautés européennes – Mesures communautaires concernant les viandes et les produits carnés (hormones),* Rapport de l'Organe d'appel du 16 janvier 1998, WT/DS26/AB/R & WT/DS48/AB/R, note de bas de page 138.

410 *Ibid.,* WT/DS265/R, WT/DS266/R & WT/DS283/R, note 407, para. 2.3 et 2.4. Voir également : RUIZ FABRI H. & MONNIER P., « Organisation mondiale du commerce : Chronique du règlement des différends 2004 », *Journal du droit international (Clunet),* 2005, n°. 3, p. 983.

411 *Turquie – Mesures affectant l'importation de riz,* Rapport du groupe spécial du 21 septembre 2007, WT/DS334/R, para. 6.1. Sur cette affaire, voir également : RUIZ FABRI. H. & MONNIER P., « Organisation mondiale du commerce : Chronique du règlement des différends 2007-2008 », *Journal du droit international (Clunet),* 2008, n°. 3, 874-880.

« Bien que la composition du groupe spécial ait déjà été déterminée au moment où le Pakistan a présenté sa demande de participation en tant que tierce partie, nous ne voyons aucune raison de penser que l'acceptation de la demande du Pakistan affecterait l'indépendance des membres du présent groupe spécial, comme il est indiqué à l'article 8.2 du Mémorandum d'accord, et il ne semble pas non plus qu'elle porterait atteinte d'une manière quelconque à la façon dont le présent groupe spécial s'acquitte de ses fonctions telles qu'elles sont indiquées à l'article 11 du Mémorandum d'accord »[412].

Le groupe spécial a de nouveau fait référence à la garantie de l'impartialité de ses membres, l'un des éléments des garanties procédurales du procès équitable, pour attribuer au Pakistan le droit d'accès à la procédure engagée devant celui-ci.

168.- Enfin, dans l'affaire *Communautés européennes et leurs États membres – Traitement tarifaire de certains produits des technologies de l'information* (*CE – Produits des technologies de l'information*) qui oppose respectivement les États-Unis, le Japon et Taïpei chinois aux CE, chaque plaignant a demandé de participer en qualité de tierce partie dans les deux autres affaires. La notification d'intérêt exigée par l'article 10.2 n'a été faite que 122 jours après l'établissement de ce groupe spécial et qu'un jour après leur composition[413]. Les CE, soucieuses de ce que ces notifications tardives puissent entraver leur position et intérêt dans l'affaire, ont demandé au groupe spécial d'examiner et de prendre les mesures nécessaires dans le but de préserver un juste équilibre entre les droits procéduraux des défendeurs et ceux des plaignants et, de manière plus générale, d'assurer la régularité de la procédure[414]. Après un bref examen, le groupe spécial a ensuite donné son accord à la participation des tierces parties. Son raisonnement résultait du fait que l'acceptation des demandes des plaignants n'affecterait effectivement pas l'indépendance des membres du groupe spécial puisqu'auparavant, ces membres avaient été sélectionnés en tenant compte de la position des plaignants[415]. Autrement dit, au regard de l'accès de chaque plaignant à deux autres affaires en tant que tierce partie, l'allégation des CE, selon le groupe spécial, n'était pas justifiée sur ce point, dans la mesure où la régularité de la procédure était assurée.

169.- Ainsi trouve-t-on que l'accès du Kenya, de la Côte d'Ivoire, du Pakistan, des États-Unis, du Japon et de Taïpei chinois, en tant que tierces parties dans telle ou telle affaire a été fortement subordonné à un certain nombre d'éléments du procès équitable. Les deux décisions précitées n'ont fait l'objet d'aucun appel des parties au différend à l'Organe d'appel, et partant, ce dernier n'a pas eu à se

[412] *Ibid.*, WT/DS334/R, note 411, para. 6.8.
[413] *Ibid.*, WT/DS375/R, WT/DS376/R et WT/DS377/R, note 359, para. 7.68.
[414] *Ibid.*, WT/DS375/R, WT/DS376/R et WT/DS377/R, note 359, para. 7.69.
[415] Les trois membres de ce groupe spécial, M. Wilhelm Meier, M. David Evans et Mme Valérie Hughes, ne sont pas ressortissants de ces trois plaignants.

prononcer sur cette question. Elles paraissent raisonnables et justifiées sous l'angle des principes procéduraux énoncés dans le Mémorandum d'accord et affirmés par l'Organe d'appel[416].

2. L'attitude libérale grandissante de l'Organe d'appel

170.- La volonté de l'Organe d'appel d'ouvrir l'audience à une participation plus large des Membres de l'OMC en qualité de participants tiers se manifeste donc forcément par la modification de la règle 24 des Procédures de travail pour l'examen en appel **(a)** d'une part, et par l'application souple de la même règle **(b)** d'autre part.

a. La modification des règles en faveur de l'accès des participants tiers

171.- Étant donné qu'il dispose du droit d'élaborer ses propres procédures de travail[417], l'Organe d'appel a procédé à des modifications successives de celles-ci. Parmi ces modifications, il convient de citer celles relatives à la règle 24, permettant une participation plus importante des participants tiers.

172.- Dans la première version de ces procédures de travail, datée du 15 février 1996[418], un nouveau terme avait été inséré : « participant tiers » pour désigner « toute tierce partie qui a déposé une communication conformément à la règle 24 »[419]. Cet ajout s'expliquait par la nécessité de distinguer les tierces parties ayant notifié leur intérêt substantiel au titre de l'article 10.2 du Mémorandum d'accord et voulant de nouveau participer aux travaux de l'Organe d'appel, de celles qui ne voulaient pas y participer. Une obligation avait été fixée comme condition d'admission pour comparaître à l'audience : déposer une communication dont la forme écrite a été ensuite déterminée par la règle 24[420]. Cette obligation avait évidemment empêché de comparaître à l'audience les Membres qui ne disposaient pas de l'expertise suffisante pour rédiger une communication écrite sur les questions en cause en appel, souvent compliquées, relatives à l'interprétation et

---

416 Il faut surtout rappeler l'affirmation de l'Organe d'appel dans l'affaire *États-Unis – Traitement fiscal des « sociétés de ventes à l'étranger »* : « Les règles de procédure du mécanisme de règlement des différends de l'OMC ont pour l'objectif de promouvoir (...) le règlement équitable, rapide et efficace des différends commerciaux ». Voir : *États-Unis – Traitement fiscal des sociétés de ventes à l'étranger*, Rapport de l'Organe d'appel du 24 février 2000, WT/DS108/AB/R, para. 166.

417 L'article 17.9 du Mémorandum d'accord.

418 *Ibid.*, WT/AB/WP/1, note 71.

419 *Ibid.*, WT/AB/WP/1, note 71, règle 1.

420 Cette règle a prévu : « Toute tierce partie pourra déposer une communication écrite indiquant son intention de participer à l'appel en tant que participant tiers et contenant les motifs et arguments juridiques à l'appui de sa position, dans un délai de 25 jours après la date du dépôt de la déclaration d'appel ».

l'application du droit de l'OMC[421]. Dès lors, cette disposition avait établi une barrière rigide pour ces Membres.

173.- Selon l'explication de l'Organe d'appel, il s'agissait d'une « rigidité non intentionnelle »[422] des Procédures de travail pour l'examen en appel. Cependant, il fallut attendre jusqu'en 2003 pour que cette règle soit modifiée. L'Organe d'appel a adopté une approche plus souple demandée par certains Membres, en ajoutant de nouvelles dispositions qui ne subordonnent plus la possibilité d'assister à l'audience des tierces parties au dépôt d'une communication écrite. Depuis le 1er mai 2003, date de l'entrée en vigueur de la quatrième version des Procédures de travail pour l'examen en appel[423], plusieurs options sont données aux tierces parties pour devenir participants tiers dans cette étape: à côté des tierces parties qui déposent une communication écrite au titre de la règle 24.1, d'autres tierces parties peuvent notifier au secrétariat de l'Organe d'appel leur intention de comparaître à l'audience dans le délai fixé par la règle 24.2[424]. Même si ce délai est dépassé, toute tierce partie a encore la possibilité de comparaître et de demander à faire une déclaration orale à l'audience au titre de la règle 24.4[425].

174.- Ces modifications, fortement approuvées par les Membres, ont eu des effets favorables dans la pratique : depuis 2004, 273 interventions ont été formulées au titre de l'article 24.2 et de l'article 24.4[426]. L'Organe d'appel lui-même en a constaté le résultat positif dans ses rapports sur l'augmentation du taux moyen de participants tiers par appel : entre 1996-2002, il ne comptait en moyenne que 2,8 participants tiers par appel ; en 2003 : 5 participants tiers par appel[427] ; en

---

[421] *Ibid.*, WT/DSB/M/134, note 172, pp. 25 et s. ; *Modifications apportées aux procédures de travail pour l'examen en appel*, Communication de l'Organe d'appel du 19 décembre 2002, WT/AB/WP/W/6, p. 2.

[422] *Ibid.*, WT/AB/WP/W/6, note 421, p. 2.

[423] *Ibid.*, WT/AB/WP/4, note 72.

[424] Cette règle prévoit : « Une tierce partie ne déposant pas une communication écrite notifiera au Secrétariat par écrit, dans le même délai de 25 jours, si elle a l'intention de comparaître à l'audience et, si tel est le cas, si elle a l'intention de faire une déclaration orale ».

[425] Cette règle prévoit : « Toute tierce partie qui n'aura ni déposé une communication écrite conformément au paragraphe 1), ni présenté de notification au Secrétariat conformément au paragraphe 2), pourra notifier au Secrétariat qu'elle a l'intention de comparaître à l'audience, et pourra demander à faire une déclaration orale à l'audience. Les notifications et demandes en ce sens devraient être notifiées le plus tôt possible au Secrétariat par écrit. »

[426] Ces données sont comptées jusqu'à l'appel examiné dans l'affaire *Argentine – Mesures affectant les importations de marchandises* (WT/DS438, WT/DS444 & WT/DS445).

[427] Organe d'appel, *Rapport annuel de l'Organe d'appel pour 2004*, le 25 janvier 2005, WT/AB/3, p. 6.

2004 : 6,6 participants tiers par appel[428] et en 2005 : 6,7 participants tiers par appel[429].

175.- Ainsi la levée de la barrière pour l'accès des participants tiers à l'appel mise en œuvre depuis 2003 a-t-elle montré une volonté d'ouverture des procédures à la participation des tierces parties. Selon le professeur H. Ruiz Fabri, il s'agit d'une « approche très souple » qui « s'incorpore bien dans la politique judiciaire d'ensemble de l'Organe d'appel tournée vers l'ouverture de la procédure aux tiers » pour « faciliter la participation des parties tierces à l'audience d'appel »[430].

176.- Nous pouvons à nouveau constater cette volonté à travers la souplesse de l'Organe d'appel lors de sa mise en œuvre de ces procédures.

b. La souplesse de l'Organe d'appel dans l'application de ces règles

177.- L'Organe d'appel, lors de la mise en œuvre de la règle 24 de ses Procédures de travail, se montre favorable à la présence des participants tiers dans ses audiences d'appel. Nous pouvons le justifier sous la lumière de la pratique de participation passive avant 2004 **(i)** et son admission des notifications ne répondant pas aux conditions énoncées dans cette règle après 2004 **(ii)**.

i. La pratique de la participation passive

178.- Comme nous venons de l'indiquer, l'accès des tierces parties à l'appel avant le 1er mai 2003 était subordonné au dépôt d'une communication écrite. En réalité, certaines tierces parties avaient tenté de déposer une demande de participation en tant que participant tiers sans dépôt de ladite communication[431]. Le Paraguay, dans la première affaire en ce sens, *Argentine – Mesures de sauvegarde à*

---

428 *Ibid.*, WT/AB/3, note 427, p. 6.

429 Organe d'appel, *Rapport annuel de l'Organe d'appel pour 2005*, le 25 janvier 2006, WT/AB/5, p. 6.

430 RUIZ FABRI H. & MONNIER P., « Organisation mondiale du commerce : Chronique du règlement des différends 2002 », *Journal du droit international (Clunet)*, 2003, n°. 3, p. 936.

431 Voir, par exemple, le cas du Paraguay dans l'affaire *Argentine – Mesures de sauvegarde à l'importation de chaussures*, Rapport de l'Organe d'appel du 14 décembre 1999, WT/DS121/AB/R, para. 7 ; du Zimbabwe dans l'affaire *Communautés européennes – Mesures affectant l'amiante et les produits en contenant*, Rapport de l'Organe d'appel du 12 mars 2001, WT/DS135/AB/R, para. 7 ; du Japon et du Canada dans les affaires *États-Unis – Mesures de sauvegarde à l'importation de viande d'agneau fraîche, réfrigérée ou congelée en provenance de Nouvelle-Zélande et d'Australie*, Rapport de l'Organe d'appel du 1er mai 2001, WT/DS177/AB/R & WT/DS178/AB/R, para. 8-9 ; du Japon dans les affaires *Inde – Mesures concernant le secteur automobile*, Rapport de l'Organe d'appel du 19 mai 2002, WT/DS146/AB/R & WT/DS175/AB/R, para. 13-14 ; du Japon et du Nicaragua dans l'affaire *Chili – Système de fourchettes de prix et mesures de sauvegarde appliqués à certains produits agricoles*, Rapport de l'Organe d'appel du 23 septembre 2002, WT/DS207/AB/R, para. 6 ; et de la Colombie dans l'affaire *Communautés européennes – Désignation commerciale des sardines, Ibid.*, WT/DS231/AB/R, note 158, para. 18.

l'importation de chaussures (*Argentine – Chaussures (CE)*)[432], avait demandé, dans une première lettre envoyée à l'Organe d'appel, d'assister à l'audience sans avoir déposé une communication écrite requise. Dans sa deuxième lettre, il a précisé qu'il ne voudrait pas faire une déclaration orale pendant l'audience. Malgré tout, il avait dit avoir le droit de « participer passivement » à l'audience, en constatant qu'il était déjà tierce partie dans les travaux du groupe spécial dont le rapport faisait l'objet dudit appel[433]. L'Organe d'appel avait donné une réponse positive à la participation du Paraguay en tant qu' « observateur passif »[434] en faisant référence à l'article 10.2, 17.4 du Mémorandum d'accord ainsi qu'aux règles 24 et 27 des Procédures de travail. Alors que les articles cités ne contiennent aucune disposition permettant un accès en ce sens, il est clair que cette autorisation avait été basée sur le pouvoir discrétionnaire dont dispose l'Organe d'appel[435]. Dans la décision de l'Organe d'appel, nous pouvons également constater le rôle de l'objection des participants et d'autres participants tiers sur cette question. L'Organe d'appel avait indiqué dans cette affaire qu' « aucun participant et participant tiers ne s'[était] opposé à la participation « passive » du Paraguay »[436]. Cela signifie que la non-contestation en la matière des participants et participants tiers avait contribué pour sa part à la décision favorable de l'Organe d'appel à telle ou telle participation. Puis, en réponse à la demande du Japon et du Canada dans les affaires suivantes de ce type, l'Organe d'appel avait mis l'accent sur l'accord des participants et participants tiers en les informant qu'il était « disposé à autoriser le Canada et le Japon à assister à l'audience en tant qu'observateurs passifs, si

---

[432] *Ibid.*, WT/DS121/AB/R, note 431, para. 7.

[433] *Ibid.*, WT/DS121/AB/R, note 431, para. 7.

[434] *Ibid.*, WT/DS121/AB/R, note 431, para. 7.

[435] Voir *supra*, note 156. De même, la règle 16.1 de ses Procédures de travail en vigueur à cette période (*ibid.*, WT/AB/WP/2, note 130) a stipulé : « Pour assurer l'équité et le bon déroulement d'une procédure d'appel, dans les cas où se pose une question de procédure qui n'est pas visée par les présentes règles, une section pourra adopter une procédure appropriée aux fins de cet appel uniquement, à condition que celle-ci ne soit pas incompatible avec le Mémorandum d'accord, les autres accords visés et les présentes règles. Dans les cas où une telle procédure sera adoptée, la section le notifiera immédiatement aux participants et aux participants tiers à l'appel ainsi qu'aux autres membres de l'Organe d'appel ». Dans l'affaire *États-Unis – Imposition de droits compensateurs sur certains produits en acier au carbone, plomb et bismuth laminés à chaud originaires du Royaume-Uni*, face à la question de la recevabilité des mémoires d'*amicus curiae*, l'Organe d'appel a fait savoir qu'il « dispose d'un large pouvoir lorsqu'il s'agit d'adopter des règles de procédure qui n'entrent pas en conflit avec les règles et procédures énoncées dans le Mémorandum d'accord ou les accords visés. Par conséquent, nous sommes d'avis que pour autant que nous agissions conformément aux dispositions du Mémorandum d'accord et des accords visés, nous sommes habilités légalement à décider de l'opportunité d'accepter et d'examiner ou non les renseignements que nous estimons pertinents et utiles dans le cadre d'une procédure d'appel ». Voir : *Ibid.*, WT/DS138/AB/R, note 155, para. 39.

[436] *Ibid.*, WT/DS121/AB/R, note 431, para. 7.

aucun des participants ou des participants tiers n'y élevait d'objection »[437]. Toutefois, la question qui se pose ici est la suivante : face au pouvoir discrétionnaire de l'Organe d'appel, l'objection des participants et participants tiers joue-t-elle un rôle décisif ? Il semble que non, puisque dans l'affaire *CE - Sardines*, l'Organe d'appel avait autorisé la Colombie à assister à l'audience en tant qu'observateur passif, bien que les deux participants, les CE et l'Équateur, s'y soient opposés[438]. Dès lors, le pouvoir discrétionnaire de l'Organe d'appel a prévalu.

179.- En bref, l'exercice du droit discrétionnaire de l'Organe d'appel a permis à certains Membres d'assister à l'audience en tant qu'observateurs passifs[439]. La création de ce statut, non mentionné ni dans le Mémorandum d'accord ni dans les Procédures de travail, a montré une adaptation nécessaire de l'Organe d'appel, ce qui l'a aidé à atténuer les effets défavorables de la rigidité non intentionnelle établie par la règle 24 des Procédures de travail avant 2004.

ii. L'admission des notifications ne répondant pas aux conditions de forme

180.- La pratique de la participation passive a cessé après les modifications apportées par l'Organe d'appel à la règle 24 des Procédures de travail en mai 2003. Les règles 24.2 et 24.4 permettent actuellement l'accès des tierces parties en tant que participants tiers à l'audience sans avoir besoin de déposer une communication écrite. Dans ces deux cas, leur accès reste subordonné à d'autres règles procédurales, telles que le délai pour une notification d'intention de comparaître à l'audience au titre de la règle 24.2, ou la forme écrite de cette notification au titre des règles 24.2 et 24.4. Nous constatons à nouveau ici une flexibilité de l'Organe d'appel dans l'application de ces conditions.

181.- Dans l'affaire *Philippines – Taxes sur les spiritueux distillés* (*Philippines – Spiritueux distillés*), la Colombie ayant exprimé son intention d'assister à l'audience au titre de la règle 24.2, a déposé sa notification trois jours après l'échéance de 21 jours fixée par cette règle. Toutefois, ce retard n'a pas empêché sa présence à l'audience, grâce à la décision favorable prise par la section chargée de l'appel qui a considéré cette notification conforme à la règle 24.4[440]. Un autre participant tiers, la Thaïlande, au lieu de déposer une notification écrite d'intention d'assister à l'audience, a communiqué au secrétariat de l'Organe d'appel ainsi qu'à d'autres

---

[437] *Ibid.*, WT/DS177/AB/R & WT/DS178/AB/R, note 431, para. 9.

[438] Les Communautés européennes ont fait savoir qu'elles s'opposaient à ce que la Colombie assiste à l'audience en tant qu'observateur passif. L'Équateur a estimé qu'il n'y avait aucun fondement juridique pour appliquer un statut d'observateur passif et refuser à ce pays le droit d'assister en tant que participant tiers. *Ibid.*, WT/DS231/AB/R, note 158, para. 18.

[439] ALBASHAR F. A. S. A & MANIRUZZAMAN A. F. M, *ibid.*, note 182, p. 339 ; COVELLI N., *ibid.*, note 168, p. 682.

[440] *Philippines – Taxes sur les spiritueux distillés*, Rapport de l'Organe d'appel du 21 décembre 2011, WT/DS396/AB/R, WT/DS403/AB/R, note de bas de page 18.

participants et participants tiers la liste de sa délégation à l'audience. Bien que cette action ne soit pas conforme aux prescriptions de la règle 24, l'Organe d'appel l'a interprétée comme une notification d'intention d'assister à l'audience conformément à la règle 24.4, estimant avec moins de rigueur qu' « en l'espèce, le fait qu'il n'y a pas eu strict respect de la règle 24.4 n'a pas suscité de préoccupation concernant la régularité de la procédure »[441]. Il convient d'observer que cela découle du raisonnement suivant : dès lors qu'une tierce partie participe à l'audience conformément à la règle 24.4, il est peu probable que sa participation puisse exercer une quelconque influence sur les garanties du procès équitable, puisque ses droits, prévus par la règle 27.3.c s'ajoutant à la règle 24.4, se limitent uniquement à faire une déclaration orale et à répondre aux questions posées par la section chargée de l'appel[442].

182.- Ainsi, l'ajout de nouvelles règles depuis la version de 2003 des Procédures de travail, ainsi que la souplesse de l'Organe d'appel dans l'application de ses règles, basée soit sur son droit discrétionnaire, soit sur le respect des garanties de la régularité des procédures, ont pour objectif surtout d'élargir la participation des tierces parties à l'appel.

183.- En résumé, la volonté d'une grande partie des Membres de l'OMC et la souplesse des destinataires des actes introductifs d'intervention ont effectivement permis que se développe une pratique fréquente de l'intervention tout au long du règlement des différends. Dès lors, quels sont les objectifs poursuivis ? Les analyses suivantes chercheront donc à répondre à cette question.

Section 2 : LES OBJECTIFS RECHERCHÉS

184.- De manière générale, l'intervention des tierces parties dans la procédure des juridictions internationales peut servir à des objectifs différents. Comme Y. Ronen et Y. Naggan le décrivent, les tierces parties peuvent « informer le juge de divers intérêts – juridiques, politiques, économiques ou moraux – non présentés par les parties. Ils fournissent au juge un panorama plus complet du droit et des faits relatifs au différend, ce qui lui permet de rendre un jugement plus équilibré. La participation des tierces parties allège également la charge de travail du juge, en évitant le risque de plaintes multiples et celui de jugements contradictoires. Dans le même temps, elle change la nature des litiges, ce qui affaiblit leur caractère contradictoire et guidé uniquement par les parties principales. Les parties

---

441 *Ibid.*, WT/DS396/AB/R, WT/DS403/AB/R, note 440, note de bas de page 18.

442 Toutefois, il convient de noter que ses droits peuvent s'élargir du fait de pouvoirs discrétionnaires dont dispose l'Organe d'appel. La règle 27.3.c énonce également que : « Toute tierce partie qui aura présenté une demande conformément à la règle 24.4 pourra, à la discrétion de la section qui connaît de l'appel, et compte tenu des prescriptions relatives à la régularité de la procédure, faire une déclaration orale à l'audience et répondre aux questions posées par la section ».

principales peuvent se trouver devant des arguments présentés par les tierces parties qu'elles ne se seraient pas attendues à rencontrer et faire face à des adversaires inattendus »[443].

185.- En positionnant les tierces parties dans une relation triangulaire (juge - parties principales - tierces parties), ce point de vue permet d'examiner les contributions présumées de ces tiers dans deux optiques différentes. Pour le juge, elles sont vues sous l'angle informationnel, c'est-à-dire, les tierces parties peuvent fournir des informations utiles au juge. Pour les parties principales, cette intervention présente un double enjeu : elles peuvent en tirer profit en leur faveur, ou à l'inverse, faire face à des adversaires nouveaux.

186.- Toutefois, force est de reconnaître que ces contributions ne sont peut-être pas les mêmes pour les tierces parties intervenant devant une juridiction internationale ou une autre. En outre, l'importance de ce rôle dépend de la fréquence d'intervention et de la puissance des tierces parties. Cela signifie que les contributions des tierces parties dans le cadre de l'ORD sont susceptibles d'être différentes de celles devant la CIJ ou la CJUE, étant donné que les tierces parties interviennent plus fréquemment dans le règlement des différends devant l'ORD que devant d'autres juridictions internationales. Est-ce donc vraiment le cas ? En d'autres termes, quels sont les objectifs précis de l'accès des tierces parties dans le cadre du SRD ? Examiner ces objectifs sous deux points de vue différents, celui du système **(I)** et celui de Membres intervenants **(II)**, va nous permettre de répondre à ces questions.

I. Les objectifs du point de vue du SRD

187.- L'intervention des tierces parties dans le règlement des différends de l'OMC pourra apporter au fonctionnement du système des avantages non négligeables, s'illustrant d'une part, par le besoin d'information des juges de l'OMC **(A)** et d'autre part, par le besoin d'assurer le respect des principes procéduraux ainsi que la légitimité même du système **(B)**.

---

[443] « *Primarily, it informs the court of various interests – legal, political, economic, or moral – not presented by the parties. It thus offers a more comprehensive factual and legal picture relating to the dispute, enabling the court to deliver a more harmonious judgment. Third party participation also alleviates judicial workload by averting the need for multiple litigations and the risk of contradictory judgements. At the same time, it changes the nature of litigations, weakening its adversarial and party-driven character. Parties may find themselves addressing issues which they did not expect to litigate and facing unanticipated adversaries.* » Voir : RONEN Y. & NAGGAN Y., « Chapter 37 : Third Parties », *in* ROMANO C. P., ALTER K. J. & SHANY Y. (edt.), *The Oxford Handbook of International Adjudication,* New York, Oxford University Press, 2014, p. 807.

A. Le besoin d'information du juge de l'OMC

188.- De manière générale, « le juge, pour trancher un litige et dire le droit, doit connaître le droit et les faits de l'affaire qui lui est soumise. Il connaît le droit par présomption et les faits grâce aux parties »[444]. Le juge de l'OMC n'est pas loin de cette perspective. Il s'oblige à recueillir les informations jugées pertinentes et utiles à sa fonction de règlement des différends. Ces informations peuvent concerner le droit **(1)** ou les faits **(2)**.

1. Le besoin d'information sur le droit applicable

189.- Défini par les articles 7, 11 et 17[445] du Mémorandum d'accord, le rôle d'un groupe spécial ou de l'Organe d'appel est d'appliquer le droit de l'OMC pour régler des questions dont il est saisi dans une affaire donnée. La fonction de l'un ou de l'autre consiste toujours et en premier lieu à interpréter et appliquer le droit de l'OMC[446].

190.- Cependant, dans le contexte moderne, ce rôle est assez complexe. Ainsi que l'a constaté S. Guinchard : « Le juge n'est plus seulement chargé de dire le droit, de trancher un litige entre deux personnes privées. Appelé plus souvent que naguère à statuer en opportunité, en équité même parfois, il doit sans cesse rechercher quelles sont les finalités qui inspirent les réformes des textes et mesurer leur impact sur les différents groupes sociaux »[447]. Il en ressort que le rôle de dire le droit se trouve souvent placé dans l'évolution progressive des normes de droit. Cela signifie que dans le contexte de l'OMC, le juge est appelé à se prononcer non seulement sur les questions à caractère purement commercial, mais également sur celles concernant des sujets extra-commerciaux (l'environnement, le développement, la santé et la sécurité alimentaire, etc.)[448]. Ce faisant, le droit de

---

[444] MENETREY S., *op. cit.*, note 150, p. 97.

[445] L'article 7.1 précise tout d'abord le mandat type d'un groupe spécial, une fois que celui-ci est établi par l'ORD : « Examiner, à la lumière des dispositions pertinentes de (nom de l'(des) accords visé(s) cité(s) par les parties au différend), la question portée devant l'ORD par (le nom de la partie) dans le document… ; faire des constatations propres à aider l'ORD à formuler des recommandations ou à statuer sur la question, ainsi qu'il est prévu dans ledit (lesdits) accord(s) ». L'article 7.2 s'ensuit : « les groupes spéciaux examineront les dispositions pertinentes de l'accord visé ou des accords visés cités par les parties au différend ». En ce qui concerne le rôle de l'Organe d'appel, l'article 17.12 prévoit que l'Organe d'appel examinera chacune des questions de droit soulevées en appel.

[446] MARCEAU G., « WTO Dispute Settlement and Human Rights », *European Journal of International Law*, 2002, vol. 13, n°. 4, pp. 753-814.

[447] GUINCHARD S. *et al.*, *Procédure civile*, 27e édition, Paris, Dalloz, 2003, p. 62.

[448] CANAL-FORGUES E., *op. cit.*, note 8, p. 10.

l'OMC ne peut pas constituer un régime autosuffisant[449] (*self-contained regimes*[450]) apte à aider son juge à les résoudre. Autrement dit, le besoin d'information du juge de l'OMC sur le droit applicable fait que celui-ci ne peut se limiter au seul droit de l'OMC. Pour arriver à bien accomplir sa fonction, il est nécessaire que le droit applicable puisse s'étendre à d'autres sources du droit international[451].

191.- Cette approche est tout d'abord affirmée par l'article 3.2 du Mémorandum d'accord faisant référence explicite aux « règles coutumières d'interprétation du droit international public », lorsqu'il s'agit d'un des objectifs visés par le mécanisme de règlement des différends de l'OMC, à savoir « clarifier les dispositions existantes de ces accords » commerciaux constituant le droit de l'OMC ou « un système juridique intégré » (« *an integrated legal system* »)[452]. Ensuite, l'Organe d'appel a précisé la relation mutuelle entre le droit de l'OMC et le droit international public en la confirmant très tôt dans l'affaire *États-Unis – Essence* :

> « Cette règle générale d'interprétation est devenue une règle du droit international coutumier ou général. En tant que telle, elle fait partie des « règles coutumières d'interprétation du droit international public » que l'Organe d'appel a pour instruction, en vertu de l'article 3.2 du Mémorandum d'accord sur le règlement des différends, d'appliquer lorsqu'il s'emploie à clarifier les dispositions de l'Accord général et des autres « accords visés » de l'Accord de Marrakech instituant l'Organisation mondiale du commerce (l'Accord sur l'OMC). Cette instruction est dans une certaine mesure la reconnaissance du fait qu'il ne faut pas lire l'Accord général en l'isolant cliniquement du droit international public »[453].

192.- Le droit de l'OMC ne peut pas exister dans une « isolation clinique ». Il s'agit d'une présomption sur la validité en droit international : ce faisant, les règles du droit de l'OMC devraient être lues en harmonie avec les principes du droit

---

[449] Commission du droit international, « Fragmentation du droit international : Difficultés découlant de la diversification et de l'expansion du droit international », Rapport du Groupe d'étude de la Commission du droit international du 28 juillet 2006, A/CN.4/L.702, para. 6, 10, pp. 11-13 ; SANTANA DE ANDRADE D. B., « Les régimes autosuffisants : une menace à l'unité de l'ordre juridique international ? », *L'Observateur des Nations Unies*, 2011-2, vol. 31, pp. 19-27 ; LAMY P., « The Place of the WTO and its Law in the International Legal Order », *European Journal of International Law*, 2006, vol. 17, n°. 5, pp. 969-984 ; YEARWOOD R. R. F., *The Interaction Beetween World Trade Organization (WTO) Law and External International Law : The Constrained Openness of WTO Law (A Prologue to a Theory)*, Book Reviewed by COOREMAN B., *Leiden Journal of International Law*, 2013, vol. 26, n°. 2, pp. 492-497.

[450] PAUWELYN J., « The Role of Public International Law in the WTO : How Far Can We Go ? », *The American Journal of International Law*, 2001, vol. 95, n°. 3, p. 539.

[451] MARCEAU G., *ibid.*, note 446, p. 758 ; SANTANA DE ANDRADE D. B., *ibid.*, note 449, pp. 22-24.

[452] LAMY P., *ibid.*, note 449, p. 972.

[453] *Ibid.*, WT/DS2/AB/R, note 29, pp. 17-18.

international[454]. En outre, en rejetant un argument *a contrario* selon lequel la référence explicite de l'article 3.2 du Mémorandum d'accord exclut l'application des règles du droit international autre que celles d'interprétation[455], le groupe spécial connaissant de l'affaire *Corée – Mesures affectant les marchés publics* a eu une approche plus large :

> « Nous notons que l'article 3.2 du Mémorandum d'accord exige que nous cherchions, dans le contexte d'un différend particulier, à clarifier les dispositions existantes des Accords de l'OMC conformément aux règles coutumières d'interprétation du droit international public. Cependant, le lien entre les Accords de l'OMC et le droit international coutumier est plus large que cela. Le droit international coutumier s'applique d'une façon générale aux relations économiques entre les Membres de l'OMC. Il s'applique dans la mesure où les Accords de l'OMC ne contiennent pas de clauses qui les excluent de son champ d'application. En d'autres termes, dans la mesure où il n'y a pas de conflit, ni d'incompatibilité, ni d'expression dans un accord visé de l'OMC donnant à entendre qu'il en va autrement, nous estimons que les règles coutumières du droit international s'appliquent au traité de l'OMC et au processus d'élaboration des traités à l'OMC »[456].

193.- Ainsi le juge de l'OMC a-t-il la possibilité d'évoquer comme droit applicable, tout d'abord le droit de l'OMC et, dans une certaine mesure, le droit international. Il est vrai que, sous la lumière du principe *jura novit curia,* le juge de l'OMC est présumé connaître le droit applicable et son contenu[457]. La possibilité de retrouver des règles applicables, de les interpréter et de les appliquer dans un différend donné dépend néanmoins de toute une série d'éléments : la disponibilité des règles applicables, l'expertise du juge, le contexte juridique, politique, économique ou social dans lequel le litige se produit[458], la pression politique, économique ou diplomatique, etc. Par conséquent, la possibilité des parties, y compris des tierces parties, de lui fournir les informations sur le droit applicable peut être jugée très importante pour qu'il puisse bien s'acquitter de sa fonction. De la part des tierces parties, elles pourraient contribuer d'une part à fournir des informations concernant l'interprétation, l'application des règles évoquées, d'autre part,

---

454 LAMY P., *ibid.*, note 449, p. 973.

455 *Corée – Mesures affectant les marchés publics*, Rapport du groupe spécial du 1er mai 2000, WT/DS163/R, note de bas de page 753. Le groupe spécial a également indiqué que : « Le texte de l'article 3.2 à cet égard s'applique à un problème spécifique qui s'était posé dans le cadre du GATT dans la mesure où, entre autres choses, l'historique des négociations avait été utilisé d'une façon que l'on pouvait considérer comme incompatible avec les règles d'interprétation des traités du droit international coutumier ».

456 *Ibid.*, WT/DS163/R, note 455, para. 7.96.

457 VAN DAMME I., « Treaty Interpretation by the WTO Appellate Body », *European Journal of International Law*, 2010, vol. 21, n°. 3, p. 610.

458 MENETREY S., *op. cit.*, note 150, p. 99.

à l'unité du droit de l'OMC ainsi qu'à l'articulation du droit de l'OMC avec le droit international (comme nous allons le voir en deuxième partie de cet ouvrage).

194.- Devant l'abondance d'informations fournies et du fait que derrière cela se profilent toujours les objectifs propres de celui qui les fournit, il est important que le juge puisse choisir ce qu'il jugera nécessaire et approprié pour assurer que ce qu'il dira soit le « vrai droit ». En dehors du besoin d'information sur le droit, le juge de l'OMC a également besoin d'information sur les faits.

2. Le besoin d'information sur les faits

195.- L'information sur les faits occupe une place importante, parce qu'elle aidera les groupes spéciaux à bien s'acquitter du rôle de juge de fait[459] qui consiste, entre autres, en l'évaluation objective des faits de la cause conformément à l'article 11 du Mémorandum d'accord[460]. Pour ce faire, les groupes spéciaux disposent du pouvoir, conféré même par le Mémorandum d'accord et consolidé par les interprétations de l'Organe d'appel, de l'acquérir[461] et de l'évaluer (ou dans l'ensemble, de l'administrer)[462].

196.- L'information sur les faits est tout d'abord fournie par les parties principales au différend pour défendre leur position[463], selon un ordre fixé à la fois par l'article 12 et l'appendice 3 du Mémorandum d'accord[464] et une charge de la

---

459 GHERARI H., « La preuve dans le règlement des différends de l'OMC », *in* RUIZ FABRI H. & SOREL J.-M. (dir.), *La preuve devant les juridictions internationales*, Coll. Contentieux international, Paris, A. Pedone, 2007, pp. 88-89.

460 Cet article prévoit tout d'abord l'obligation d'un groupe spécial de procéder à une évaluation objective de la question dont il est saisi. Cette obligation, aux termes mêmes de cet article, comprend une évaluation objective des faits de la cause, de l'applicabilité des dispositions des accords visés et de la conformité des faits avec ces dispositions.

461 « L'acquisition des preuves » est l'expression utilisée par J. Ngambi pour décrire d'où et comment le groupe spécial reçoit les preuves sur la base desquelles il établit les faits. Voir : NGAMBI J., *La preuve dans le règlement des différends de l'Organisation mondiale du commerce*, Bruxelles, Bruylant, 2010, p. 235.

462 Sur ce sujet, voir particulièrement : NGAMBI J., *op. cit.*, note 461, 597 p. ; EL BOUDOUHI S., *L'élément factuel dans le contentieux international*, Bruxelles, Bruylant, 2013, 359 p.

463 C'est ce que l'Organe d'appel a affirmé dans l'affaire *Inde – Brevets* : « Toutes les parties participant au règlement d'un différend au titre du Mémorandum d'accord doivent, dès le début, tout dire en ce qui concerne aussi bien les allégations en question que les faits en rapport avec ces allégations. Les allégations doivent être clairement formulées. Les faits doivent être volontairement divulgués ». *Inde – Protection conférée par un brevet pour les produits pharmaceutiques et les produits chimiques pour l'agriculture*, Rapport de l'Organe d'appel du 19 décembre 1997, WT/DS50/AB/R, para. 94.

464 L'article 12.6 du Mémorandum d'accord prévoit l'ordre de dépôt de la première communication écrite par les parties comme suit : « La partie plaignante présentera sa première communication avant celle de la partie défenderesse, à moins que le groupe spécial ne décide, (…) que les parties devraient présenter leurs premières communications simultanément ». Le paragraphe 4 de l'appendice 3 précise que ces communications doivent être déposées au groupe spécial avant la première réunion de fond avec les parties, en fonction du calendrier fixé par le groupe spécial

preuve déterminée par la jurisprudence[465]. Cette charge appartient à la partie qui affirme un fait[466] qu'elle soit demanderesse ou défenderesse. Plus précisément, appartient à une partie voulant l'affirmer, la charge de fournir des preuves *prima facie*[467] ; et à l'autre partie voulant le réfuter ou invoquer un moyen en défense (par exemple, exceptions au titre de l'article XX du GATT, de l'article XXIV de l'AGCS) la charge d'apporter également des preuves suffisantes à ces fins, sous peine d'une présomption controversée, à savoir la déduction des conclusions défavorables à la partie ne les ayant pas produites suffisamment[468]. L'ensemble de ces informations, acquises spontanément, constitue la première partie de celles que les groupes spéciaux doivent réunir pour formuler leur jugement.

---

conformément au paragraphe 12 du même appendice. En ce qui concerne les deuxièmes communications écrites, intitulées les réfutations, sont présentées lors de la deuxième réunion de fond avec les parties, conformément au paragraphe 7 dudit appendice.

465 Ni Mémorandum d'accord, ni d'autres instruments juridiques portant sur le règlement des différends ne contiennent de disposition particulière sur l'obligation des parties au différend de fournir au juge de l'information pour affirmer un fait. La charge de la preuve a été en effet précisée par l'Organe d'appel faisant référence à la pratique de diverses juridictions internationales, y compris celle développée par la CIJ.

466 *États-Unis – Mesure affectant les importations de chemises, chemisiers et blouses, de laine, tissés en provenance d'Inde*, Rapport de l'Organe d'appel du 25 avril 1997, WT/DS33/AB/R, pp. 15-16. L'Organe d'appel a en outre précisé : « Un critère de la preuve généralement admis en régime « code civil », en régime « *common law* » et, en fait, dans la plupart des systèmes juridiques, est que la charge de la preuve incombe à la partie, qu'elle soit demanderesse ou défenderesse, qui établit, par voie d'affirmation, une allégation ou un moyen de défense particulier. Si ladite partie fournit des éléments de preuve suffisants pour établir une présomption que ce qui est allégué est vrai, alors la charge de la preuve se déplace et incombe à l'autre partie qui n'aura pas gain de cause si elle ne fournit pas des preuves suffisantes pour réfuter la présomption ».

467 C'est une locution latine souvent utilisée dans la version anglaise des rapports de groupes spéciaux et de l'Organe d'appel. La traduction en français a connu en réalité des difficultés lorsque des termes variés ont été utilisés (présomption, commencement de preuves, preuves *prima facie*). Sur la question, voir surtout : ABI-SAAB G., « Commentaire », *in* RUIZ FABRI H. & SOREL J.-M. (dir.), *La preuve devant les juridictions internationales*, Coll. Contentieux international, Paris, A. Pedone, 2007, p. 101.

468 Cette conclusion est tout d'abord tirée du rapport de l'Organe d'appel dans l'affaire *CE – Hormones* : « Il convient également de garder à l'esprit qu'un commencement de preuve, en l'absence de réfutation effective par la partie défenderesse, fait obligation au groupe spécial, en droit, de statuer en faveur de la partie plaignante fournissant le commencement de preuve » (*Ibid.*, WT/DS26/AB/R & WT/DS48/AB/R, note 409, para. 104). Allant plus loin, dans l'affaire *Canada – Mesures visant l'exportation des aéronefs civils*, celui-ci a établi une véritable règle de procédure en affirmant que les groupes spéciaux ont « le pouvoir de tirer des déductions défavorables du refus d'un Membre de fournir des renseignements » (*Canada – Mesures visant l'exportation des aéronefs civils*, Rapport de l'Organe d'appel du 2 août 1999, WT/DS70/AB/R, para. 202). Cependant, c'est une conclusion discutable en ce qui concerne cette institution propre de l'Organe d'appel qui ne va pas dans le même sens avec la jurisprudence internationale. Voir : EL BOUDOUHI S., *op. cit.*, note 462, pp. 136-139 ; CUENDET S., EL BOUDOUHI S. & HERVE A., « Les rapports des groupes spéciaux et de l'Organe d'appel de l'OMC (2012) », *Annuaire français de droit international*, 2012, vol. 58, pp. 572-573.

197.- Comme tout juge international, les groupes spéciaux de l'OMC disposent également du pouvoir d'instruction en matière procédurale, c'est-à-dire le pouvoir leur permettant à ce stade de récolter les éléments factuels nécessaires et appropriés. Conformément au paragraphe 8 de l'appendice 3 du Mémorandum d'accord, ils pourront à tout moment poser des questions aux parties et leur demander des explications pour obtenir des informations complémentaires. De plus, au titre de l'article 13, ce pouvoir très élargi leur permet de demander des renseignements à toute source, aussi bien intérieure qu'extérieure[469]. L'insertion de cet article dans le Mémorandum d'accord illustre d'une part, de manière générale et parfaite, le vrai besoin des groupes spéciaux d'avoir en main des informations complémentaires face au manque résultant de l'absence de collaboration stricte des parties dans la production des éléments de preuves[470], d'autre part, un moyen leur permettant d'appréhender, dans des cas précis, des questions techniques qui dépassent leurs connaissances et expertise juridiques[471].

198.- Tout au long du processus d'acquisition par les groupes spéciaux des informations factuelles, les tierces parties trouvent une place leur permettant de répondre au besoin des premiers. Les analyses de la deuxième partie de cet ouvrage en sera une justification.

199.- Au-delà de cet objectif, l'intervention des tierces parties peut viser également à assurer les objectifs généraux et la légitimité du SRD.

B. Le besoin d'assurer les objectifs généraux et la légitimité du SRD

200.- Les objectifs essentiels du SRD qui sont dégagés du texte du Mémorandum d'accord consistent en l'assurance de la sécurité et la prévisibilité du système

---

[469] COLLINS D., « Institutionalized Fact Finding at the WTO », *University of Pennsylvania Journal of International Economic Law*, 2006, vol. 27, n°. 2, pp. 367-391 ; CANAL-FORGUES E., *op. cit.*, note 8, pp. 81-84 ; BOSSCHE P. V. D., *op. cit.*, note 9, pp. 207-212.

[470] COLLINS D., *ibid.*, note 469, pp. 369-372 ; NGAMBI J., *op. cit.*, note 461, pp. 288-324 ; GHERARI H., *ibid.*, note 459, pp.92-93.

[471] NGAMBI J., *op. cit.*, note 461, pp. 326-350.

commercial multilatéral[472], le règlement rapide[473], le règlement à travers les procédures multilatérales[474], le règlement en bonne foi[475]. Pour atteindre ces objectifs, cela requiert des efforts de la part de tous les acteurs présents dans les affaires introduites à l'ORD. La participation de Membres de l'OMC en tant que tierces parties tout au long du processus de règlement des différends est considérée comme un élément fondamental pour atteindre cet objectif.

201.- Une des caractéristiques essentielles du système repose sur la confidentialité. Les consultations, la procédure des groupes spéciaux et l'examen en appel sont conduits dans le respect de ce principe[476]. Par conséquent, le système suscite des questions relatives à sa transparence et à sa légitimité en général. Ce faisant, la participation des tierces parties dans ce mécanisme contribue à les rassurer face aux critiques concernant le manque de transparence[477] ou le déficit de démocratie[478] dans l'enceinte de l'ORD.

---

[472] L'article 3.2 du Mémorandum d'accord. Le groupe spécial saisi dans l'affaire *États-Unis – Section 301, Loi sur le commerce extérieur* l'a affirmé : « Garantir la sécurité et la prévisibilité du système commercial multilatéral est un autre objet et but essentiels du systèmes, qui pourrait contribuer à la réalisations des grands objectifs inscrits dans le préambule. De toutes les disciplines de l'OMC, le Mémorandum d'accord est l'un des instruments les plus importants lorsqu'il s'agit de protéger la sécurité et la prévisibilité du système commercial multilatéral et ce faisant, celles du marché et des différents intervenants ». *Ibid.*, WT/DS152/R, note 266, para. 7.75.

[473] L'article 3.3 du Mémorandum d'accord.

[474] L'article 23 du Mémorandum d'accord.

[475] L'article 3.10 du Mémorandum d'accord.

[476] Voir les articles 4.6, 14 et 17.10 du Mémorandum d'accord. La partie VII des Règles de conduite relatives au Mémorandum d'accord sur les règles et procédures régissant le règlement des différends prévoit également le respect par toute personne concernée visée par ces règles de la confidentialité. Sur ce sujet, voir également : BOSSCHE P. V. D., *op. cit.*, note 9, pp. 212-216.

[477] SANDFORD I., « The Importance of Transparency in WTO Dispute Settlement », *in* Lowy Institute Conference on Enhancing Transparency in the Multilateral Trading System, 4 July 2007, 11 p., disponible sur : http://lowyinstitute.richmedia-server.com/docs/ETMTS/Iain_Sandford.pdf; GONZALO V. P. & BADER A.-H., « The Transparency Deficit of Dispute Settlement in the World Trade Organization », *Manchester Journal of International Economic Law*, 2011, vol. 8, n°. 1, pp. 2-17 ; MARCEAU G. & HURLEY M., *ibid.*, note 150, pp. 29-44 ; AHLBORN C. & PFITZER J. H., *ibid.* note 150, pp. 10-15.

[478] Sur ce sujet, voir : ELSIG M., « The World Trade Organization's Legitimacy Crisis : What does the Beast Look Like », *Journal of World Trade*, 2007, vol. 41, n°. 1, pp. 75-98 ; GREISBERGER A., « Enhanching the Legitimacy of the World Trade Organization : Why the United States and the European Union Should Support the Advisory Centre on WTO Law », *Vanderbilt Journal of Transnational Law*, 2004, vol. 37, n°. 3, pp. 827-860 ; FAKHRI M., « Reconstruing WTO Legitimacy Debates », *Notre Dame Journal of International & Comparative Law*, 2011, vol. 2, n°.1, pp. 64-100 ; IOANNIDIS M., *ibid.*, note 150, pp. 1175-1202 ; FUKUNAGA Y., « Civil Society and the Legitimacy of the WTO Dispute Settlement System », *Brooklyn Journal of International Law*, 2008-2009, vol. 34, n°. 1, pp. 85-118 ; FUKUNAGA Y., « Discontinuity in the Internalization of the World Trade Organization Rules : Assessing the Democratic Deficit Critique Against the World Trade Organization Dispute Settlement System », *Alberta Law Review*, 2009, vol. 46, n°. 4, pp. 1039-1060 ;

202.- En somme, au point de vue du SRD, l'intervention des tierces parties vise les objectifs différents. S'y ajoutent également les objectifs recherchés par les Membres intervenants mêmes.

II. Les objectifs recherchés par les Membres intervenants

203.- Les objectifs recherchés par les Membres de l'OMC lors de leur intervention en qualité de tierces parties peuvent être très différents, comme l'a synthétisé l'auteur J. Cazala :

> « Revendiquer le statut de tierce partie permet à un Membre de l'OMC d'être associé à une procédure de règlement des différends sans en supporter pleinement le poids. Cette « association » peut viser à poursuivre quatre objectifs différents : défendre un intérêt commercial substantiel ; marquer la désapprobation de la jurisprudence sur une question particulière ; manifester son désaccord quant à la manière dont le plaignant ou le défendeur plaide sa cause et enfin une volonté de former l'administration nationale à la procédure de règlement des différends »[479].

Toutefois, il est important de remarquer que ces objectifs semblent communs à l'intervention tout au long du processus de règlement des différends **(B)**. En revanche, pour l'intervention aux consultations, il peut y avoir un autre objectif **(A)**, propre à chaque intervenant.

A. L'objectif propre de l'intervention durant les consultations : éviter une solution bilatérale au détriment des Membres tiers

204.- Conçues, entre autres, comme un mode consensuel de règlement de différends, les consultations sont préférées à une procédure contentieuse de règlement des différends[480]. Cette préférence résulte certainement de l'article 3.7 du Mémorandum d'accord qui précise : « Le but du mécanisme de règlement des différends est d'arriver à une solution positive des différends. Une solution mutuellement acceptable pour les parties et compatibles avec les accords visés est nettement préférable ». L'Organe d'appel a également eu l'occasion de confirmer l'importance des consultations :

KHOURY M. E., « The role of environmentalist NGOs in the Democratisation of the WTO Dispute Settlement Procedure », *Southern Cross University Law Review*, 2012, vol. 15, pp. 53-72 ; MAKI P. C., « Interpreting GATT Using the Vienna Convention on the Law of Treaties : A Method to Increase the Legitimacy of the Dispute Settlement System », *Minnesota Journal of Global Trade*, 2000, vol. 9, n°. 1, pp. 343-360.

[479] CAZALA J., *ibid.*, note 375, p. 73 ; HORN H., JOHANNESSON L. & MAVROIDIS P. C., « The WTO Dispute Settlement System 1995-2010 : Some descriptive Statistics », *Journal of World Trade*, 2011, vol. 45, n°. 6, p. 1115.

[480] CANAL-FORGUES E., *op. cit.*, note 8, p. 52 ; BOSSCHE P. V. D., *op. cit.*, note 9, p. 173.

> « À la faveur des consultations, les parties échangent des renseignements, évaluent les points forts et les points faibles de leurs thèses respectives, réduisent la portée des divergences qui les séparent et, bien souvent, trouvent une solution mutuellement acceptable, suivant la préférence exprimée explicitement à l'article 3.7 du Mémorandum d'accord. Par ailleurs, même lorsqu'aucune solution mutuellement acceptable n'est trouvée, les consultations donnent aux parties la possibilité de définir et de circonscrire la portée du différend entre elles. Manifestement, les consultations comportent de nombreux avantages pour les parties plaignantes et les parties défenderesses, de même que pour les tierces parties et le système de règlement des différends dans son ensemble. »[481]

205.- Dans bon nombre d'affaires, les consultations ont en effet permis aux parties principales d'obtenir une solution mutuellement convenable et acceptable[482]. Cependant, les consultations menées conformément au Mémorandum d'accord sont forcément caractérisées par leur côté bilatéral[483]. Ce côté bilatéral est encore renforcé par l'article 4.6 du Mémorandum d'accord, prévoyant que le déroulement des consultations est mené avec confidentialité. Dès lors, il existe le risque majeur que la solution mutuellement convenue par les parties principales prenant part aux consultations, en absence d'autres Membres en tant que tierces parties, pourra affecter les droits et intérêts dont d'autres Membres peuvent bénéficier au titre des accords visés. Par conséquent, la présence d'un Membre tiers, autre que les Membres faisant partie au différend, oblige ces derniers à convenir, s'ils peuvent y parvenir, à des solutions ne portant pas atteinte à l'intérêt de ce Membre.

206.- Par ailleurs, il convient de signaler l'absence, dans le Mémorandum d'accord, d'un mécanisme de contrôle des consultations[484]. Au titre de l'article 3.6 du Mémorandum d'accord, seule est prévue l'obligation de notifier les solutions convenues d'un commun accord à l'ORD et aux Conseils et Comités compétents pour l'issue des consultations. De même, conformément à l'article 6.2 du Mémorandum d'accord, dans la demande d'établissement d'un groupe spécial, la partie plaignante a l'obligation d'indiquer seulement que « des consultations ont eu lieu ». Par la suite, le groupe spécial, s'il doit être constitué, n'a que l'obligation de vérifier si les consultations ont vraiment eu lieu, et non pas de contrôler leur

---

[481] *Mexique – Enquête antidumping concernant le sirop de maïs à haute teneur en fructose (SHTF) en provenance des États-Unis – Recours des États-Unis à l'article 21.5 du Mémorandum d'accord sur le règlement des différends*, Rapport de l'Organe d'appel du 22 octobre 2001, WT/DS132/AB/RW, para. 54. Sur ce sujet, voir également : BOSSCHE P. V. D., *op. cit.*, note 9, para. 269.

[482] Selon l'auteur P. v. d. Bossche, jusqu'en 2008, dans 16% des affaires, les parties sont mutuellement parvenues à une solution commune à terminer l'affaire. Voir : BOSSCHE P. V. D, *op. cit.*, note 9, p. 179.

[483] CANAL-FORGUES E., *op. cit.*, note 8, p. 53.

[484] CANAL-FORGUES E., *op. cit.*, note 8, pp. 54-57.

sincérité[485]. Alors, ces deux obligations ne permettent pas de savoir si les consultations ont bien été menées avec bonne foi et dans le respect de certains principes guidant le SRD. Ce faisant, la présence des tierces parties dans les consultations bilatéralement et confidentiellement menées pourrait contribuer à faire respecter aux parties principales les garanties procédurales, ainsi que l'obligation d'assurer « la sécurité et la prévisibilité du système commercial multilatéral »[486].

B. Les objectifs communs de l'intervention

207.- Sous l'angle des Membres intervenants, l'intervention a des objectifs différents d'un Membre à l'autre. Si une intervention de plusieurs Membres vise à protéger leur intérêt ou à exprimer un point de vue sur des questions en cause, l'intervention prend une place importante pour les pays en développement Membres ou Membres ayant récemment adhéré à l'OMC lorsqu'il s'agit d'une intervention en vue de former les experts locaux.

208.- En ce qui concerne la possibilité d'une tierce partie de défendre son intérêt, il faut noter tout d'abord que, selon G. Shaffer, le sort d'une affaire portée devant l'ORD comporte à la fois une composante tangible (*tangible component*) et une composante systémique (*systemic component*) :

> « La composante tangible est qu'une mesure se trouve soit en état de violer ou de se conformer à une obligation juridique, et s'il s'agit d'une violation, elle donne lieu à un remède, qui bénéficie à la fois à l'exportateur et (potentiellement) à la politique commerciale d'un pays. La composante systémique affecte la compréhension de l'application de la règle dans l'interprétation judiciaire future, laquelle influence la signification de la règle dans le temps »[487].

209.- Défendre un intérêt reste le premier objectif de toute intervention dans la procédure d'un mécanisme international de règlement des différends. D'une part, avoir un intérêt à défendre dans une affaire donnée constitue souvent une condition substantielle pour l'admission d'une intervention. D'autre part, un État cherchant à intervenir est souvent amené à le faire en raison de l'existence de certains intérêts que l'issue de cette affaire pourrait ou non lui apporter. Devant l'ORD, cette perspective n'est pas exclue.

---

[485] CANAL-FORGUES E., *op. cit.*, note 8, pp. 54-57.

[486] Article 3.2 du Mémorandum d'accord.

[487] *« The tangible component is that a mesure is found to either violate or comply with the legal obligation, and if it is in violation, it gives rise to a remedy, both benefiting the exporter and (potentially) a country's terms of trade. The systemic component affects the understanding of the law's application in subsequent judicial interpretation, which affects what the law means over time ».* SHAFFER G., *ibid.*, note 366, p. 172.

Rappelons qu'au titre des articles 4.11 et 10.2 du Mémorandum d'accord, l'intérêt commercial substantiel, ou l'intérêt substantiel, constitue une condition matérielle à l'intervention. Cependant, dans le contexte du commerce international, une mesure mise en œuvre par un Membre pourra avoir des répercussions sur le commerce non seulement d'un mais de plusieurs Membres. Il n'est donc pas surprenant qu'un Membre cherche à intervenir dans un différend engagé par deux parties principales dans le but de protéger son intérêt. Or, la décision d'intervenir pour un Membre résulte souvent d'un besoin réel de défendre un intérêt qu'il espère à l'issue de ce règlement. Cet intérêt peut exister sous forme d'intérêt commercial (direct ou indirect) ou de simple intérêt systémique. Il s'agit d'un intérêt commercial direct lorsque la mesure mise en œuvre par la partie défenderesse a des effets négatifs sur le commerce des Membres tiers (par exemple, une mesure de sauvegarde ou une barrière technique qui pourrait affecter à la fois la partie plaignante et d'autres Membres de l'OMC)[488]. Dans ce cas, ces derniers ont la possibilité de décider de devenir co-plaignants ou tierces parties. S'il ne veut pas assumer la charge d'être co-plaignant dans la procédure[489], le choix d'être tierce partie est une solution convenable qui lui offre la possibilité de protéger cet intérêt, bien que cette protection soit moins efficace, car les droits dont dispose une tierce partie ne sont pas les mêmes que ceux d'un co-plaignant[490]. Dans le cas où un Membre n'a qu'un intérêt indirect ou systémique, la participation dans ce système en tant que tierce partie semble être la meilleure solution pour le protéger.

210.- En ce qui concerne l'expression d'un point de vue sur les questions en cause soulevées par les parties plaignantes, relatives soit à l'incompatibilité des mesures mises en œuvre par la partie défenderesse avec les accords de l'OMC, soit à l'interprétation des dispositions du droit de l'OMC etc., la présence d'une tierce partie dans telle ou telle procédure lui permet d'avoir l'occasion de le faire. Ses opinions peuvent viser à exprimer un accord ou un désaccord, avec une allégation accompagnée d'arguments avancés par une partie pour défendre sa position[491], à donner des arguments différents de ceux des parties, à contester une interprétation développée par les parties ou les juges, ou bien à contribuer dans

---

488 PIEROLA F., « Third-party Participation in WTO Dispute Settlement Proceedings for Training Purposes », *Global Trade and Customs Journal*, 2007, vol. 2, n°. 10, p. 367.

489 CAZALA J., *ibid.*, note 375, p. 73.

490 Voir *infra*, para. 325 et s.

491 La présence nombreuse des tierces parties dans un différend peut être un bon signe pour qu'une partie principale qui peut en bénéficier y renforce sa position. « Le nombre de tierces parties intervenantes (…) semblent au demeurant indiquer que le combat n'est pas isolé », voir : BUSSEUIL G., GARINOT J.-M., JOURDAIN-FORTIER C., MOINE-DUPUIS I. & PIRONON V., « Chronique commentée des décisions de l'Organe de règlement des différends (novembre 2011-août 2013), *Revue internationale de droit économique*, 2013, vol. 27, n°. 3, p. 367.

une certaine mesure au développement du droit de l'OMC[492]. La présence de nombreuses tierces parties dans un différend peut aussi donner un bon signe de soutien à une partie principale.

211.- Enfin, de manière générale, la participation au SRD d'un Membre en quelle qualité que ce soit lui apporte toujours « des avantages notables »[493]. Les pays en développement Membres représentent les deux tiers des Membres de l'OMC et 88% se trouvent souvent dans une position moins favorable dans les différends commerciaux, en raison de leur capacité encore limitée à traiter des questions juridiques[494]. Pour eux, ces avantages s'illustrent particulièrement dans la perspective de renforcer leurs capacités internes ou de former leurs experts juridiques locaux. De ce point de vue, comme le Directeur général adjoint de l'OMC l'a affirmé lors de l'ouverture d'une session de formation en 2012 pour des fonctionnaires de 26 pays en développement sur de nouvelles façons de gérer les différends commerciaux : « les pays en développement ne peuvent cependant tirer parti de ces possibilités que s'ils ont les moyens de s'orienter dans ce système juridique de plus en plus complexe. Il ne s'agit pas seulement de connaître les règles, mais surtout de savoir comment aborder les procédures en pratique »[495]. Toutefois, les connaissances et les expériences sur le fonctionnement du SRD, en théorie comme en pratique, ne peuvent pas s'acquérir d'un jour à l'autre[496]. Pour ce faire, la participation progressive à ce système, surtout en qualité de tierce partie constitue un moyen efficace pour former des cadres et experts juridiques nationaux. Autrement dit, « *learning by doing* »[497] deviendra une stratégie primordiale pour ces Membres afin de se familiariser avec ce système dans un premier temps et, dans un deuxième temps, accroître la possibilité d'obtenir une issue favorable dans les différends portés devant l'ORD.

---

492 WU C.-H., *WTO and the Greater China : Economic Integration and Dispute Resolution*, Nijhoff International Trade Law Series, vol. 8, Martinus Nijhoff Publishers, 2012, pp. 162-163 ; ALBASHAR F. A. S. A & MANIRUZZAMAN A. F. M, *ibid.*, note 182, pp. 316-317.

493 OMC, Trois organisations collaborent pour aider les pays en développement à gérer les différends commerciaux, Communiqué de presse du 3 mai 2012, disponible sur : http://www.wto.org/french/news_f/pres12_f/pr661_f.htm (url consultée le 10 juillet 2013).

494 OMC, *ibid*, note 493.

495 OMC, *ibid.*, note 493.

496 PORNCHAI D., « Case study on Thailand's Experience in the WTO Dispute Settlement System », ICTSD Paper, 2006, disponible sur : http://www.ictsd.org/dlogue/2006-01-25/Pornchai.pdf, p. 12. Cet auteur a constaté : *« Experience in the WTO dispute settlement mechanism cannot be gained…overnight. Capacity-building, of which developing countries are badly in need…and have called for repeatedly, is no exception »*.

497 International Centre for Trade and Sustainable Development (ICTSD), « Dispute Settlement at the WTO : The Developing Country Experience », ICTSD International Trade Law Programme, Information Note, April 2012, p. 7, disponible sur : http://ictsd.org/downloads/2012/05/developing-country-experiences-information-note.pdf (url consultée le 10 avril 2013).

---oOo---

CONCLUSION DU CHAPITRE 2

212.- Les analyses dans ce chapitre ont fait apparaître, tout d'abord, que le niveau de présence des tierces parties dans le règlement des différends de l'OMC n'est pas le même à chaque étape. Étant donné l'usage fréquent de procédures de consultations, de groupes spéciaux et d'examen en appel, les Membres de l'OMC pratiquent une présence régulière en tant que tierces parties durant ces étapes. En revanche, l'intervention des tierces parties dans certaines procédures, telles que bons offices, conciliation et médiation, arbitrage établi au titre de l'article 22.6 et de l'article 25 du Mémorandum d'accord, est plus rare.

213.- Ensuite, on peut aisément constater que le niveau d'accès de chaque Membre en tant que tierce partie au mécanisme est très variable. Généralement, les Membres développés se présentent comme tels plus souvent qu'une grande partie des Membres en développement. Cette disproportion résulte de ce que les premiers, étant donné leur part importante dans le commerce international, ont souvent des intérêts économiques et commerciaux à protéger, d'une part, et sont dotés des ressources nécessaires à cet effet, d'autre part. Pour la plupart des pays en développement Membres, le manque d'expérience relative au droit de l'OMC ainsi qu'à son mécanisme de règlement des différends reste l'une des raisons empêchant leur accès aux procédures principales. Inversement, c'est un élément induisant leur participation en tant que tierces parties, même avec le statut d'observateur passif, parce que cela constitue, de manière incontournable, un moyen efficace d'apprendre le fonctionnement de ce mécanisme si complexe.

214.- Enfin, il ne faut pas nier le rôle que jouent certains Membres et les juges de l'OMC dans la multiplication d'occasions pour les Membres d'être tierces parties dans l'une ou l'autre procédure. Face à la volonté progressivement exprimée par ceux-ci, considérée comme simplement pragmatique, il est évident que certaines exigences posées à l'accès des tierces parties n'ont plus les effets décourageants d'autrefois.

CONCLUSION DU PREMIER TITRE

215.- De manière générale, en ce qui concerne l'accès de tierces parties, par rapport à d'autres mécanismes de règlement des différends internationaux, celui de l'OMC se présente plus ouvert. En effet, le Mémorandum d'accord contient des règles plutôt favorables encadrant les conditions matérielles et procédurales d'admission de l'intervention ; ensuite, il apparaît une grande volonté en faveur de cet accès, exprimée tant par ses Membres que par ses juges. Ces deux aspects révèlent un lien étroit entre les règles concernées et la pratique abondante de l'intervention devant l'ORD, ce qui constitue une politique judiciaire générale d'ouverture propre à l'ORD, visant à faciliter la présence des Membres de l'OMC en tant que tierces parties dans ce mécanisme.

216.- Pourquoi une telle approche a-t-elle été mise en œuvre ? Il a été démontré que de manière théorique, les tierces parties pouvaient jouer un certain rôle lors de leur accès au mécanisme. Quelle que soit leur position, leur présence peut contribuer à renforcer le système dans son ensemble. En outre, les tierces parties elles-mêmes ont évidemment l'opportunité non négligeable de sauvegarder leurs propres intérêts. Il s'agit là d'un moyen permettant d'obtenir de bons résultats, à tous les niveaux, grâce à une plus grande ouverture aux Membres autres que ceux qui s'engagent en tant que parties principales au différend.

217.- En tout état de cause, il est évident que l'obtention de ces résultats dépend de la participation effective des tierces parties tout au long du mécanisme. La seule présence, si elle ne s'accompagne pas d'action, n'est pas productrice de résultats. Dès lors, il est nécessaire d'analyser, en détail, le régime juridique régissant leur participation. Dans le titre 2 ci-après, nous allons évoquer le paradoxe qui existe dans le régime de la participation des tierces parties.

Deuxième titre

LES SPÉCIFICITÉS RELATIVES À LA PARTICIPATION DES TIERCES PARTIES AUX PROCÉDURES DE RÈGLEMENT DES DIFFÉRENDS

218.- Tous les auteurs s'accordent sur une caractéristique principale de l'intervention dans les mécanismes de règlement des différends internationaux : il s'agit d'une procédure incidente[498] par rapport aux procédures principales - procédure n'ayant pas d'existence autonome et étant liée à une procédure principale pendante[499]. Dans les procédures devant la CIJ, l'intervention est classée parmi les procédures incidentes[500], comprenant celles relatives aux mesures conservatoires[501], aux exceptions préliminaires[502], aux demandes reconventionnelles[503], à l'intervention[504], au renvoi spécial devant la Cour[505] et au désistement[506]. Pour la CJUE, l'article 129.2 du Règlement de la procédure de la Cour de justice précise que l'intervention, par sa nature, est « accessoire au litige principal », ce qui a pour corollaire qu' « elle perd son objet lorsque l'affaire est rayée du registre de la Cour,

---

498 Sur ce sujet, voir : SANTULLI C., *op. cit.*, note 3, p. 302 ; TORRES BERNARDEZ S., *ibid.*, note 4, pp. 270-273.

499 TORRES BERNARDEZ S., *ibid.*, note 4, p. 270.

500 Section D du Titre III du Règlement de la Cour de 1978 avec amendement entré en vigueur en 2005.

501 Les articles 73 à 78 du Règlement de la Cour de 1978.

502 L'article 79 du Règlement de la Cour de 1978. L'amendement de cet article est entré en vigueur le 1er février 2001.

503 L'article 80 du Règlement de la Cour de 1978. L'amendement de cet article est également entré en vigueur le 1er février 2001.

504 Les articles 81 à 86 du Règlement de la Cour de 1978. Ces articles n'ont pas figuré parmi les amendements récents apportés à ce Règlement. Il convient de noter que la Cour, dans l'affaire *Haya de la Torre*, a affirmé le caractère incident de l'intervention en se prononçant que : « La Cour rappelle que toute intervention est un incident de procédure ; par conséquent, une déclaration déposée à fin d'intervention ne revêt, en droit, ce caractère que si elle a réellement trait à ce qui est l'objet de l'instance en cours ». *Haya de la Torre (Colombie c/ Pérou)*, Arrêt du 13 juin 1951, C.I.J. Recueil 1951, p. 76.

505 L'article 87 du Règlement de la Cour de 1978.

506 Les articles 88 et 89 du Règlement de la Cour de 1978.

à la suite d'un désistement ou d'un accord survenu entre les parties, ou lorsque la requête est déclarée irrecevable ».

219.- Le Mémorandum d'accord n'indique pas explicitement que l'intervention des tierces parties est incidente ou accessoire au litige principal, sa pratique devant l'ORD contribue, en revanche, à l'affirmer. D'une part, les tierces parties ayant informé l'ORD de leur intérêt au titre de l'article 10.2 du Mémorandum d'accord ne peuvent pas continuer à intervenir dans les travaux d'un groupe spécial établi mais non constitué[507], ou d'un groupe spécial constitué mais suspendant ses travaux, suite à un accord commun entre les parties principales[508] ou suite à la demande de la partie plaignante ou des parties au différend[509]. Elles ne peuvent pas non plus participer à l'appel, suite à un désistement d'appel[510] conformément à la règle 30 des Procédures de travail pour l'examen en appel[511]. D'autre part, après avoir eu une réponse positive de la part du Membre défendeur ou une notification de la part d'un groupe spécial, de l'Organe d'appel ou de l'arbitre, un Membre tierce partie peut exercer son droit de désistement, qui n'affectera en rien le déroulement des procédures principales[512].

---

507 Par exemple, des groupes spéciaux établis dans les affaires *Communautés européennes – Droits sur les importations de céréales* (WT/DS9) ; *Argentine – Mesures affectant les importations de chaussures* (WT/DS164) ; *Nicaragua – Mesures visant les importations en provenance du Honduras et de la Colombie* (WT/DS188) ; *Philippines – Mesures affectant le commerce et l'investissement dans le secteur automobile* (WT/DS195), etc.

508 Par exemple, dans les affaires *Communautés européennes – Désignation commerciale des pectinidés* (WT/DS7, WT/DS12 & WT/DS14) ; *Australie – Mesures affectant l'importation de salmonidés* (WT/DS21) ; *Communautés européennes – Mesures affectant des produits butyreux* (WT/DS72), etc.

509 Par exemple, *États-Unis – Loi pour la liberté et la solidarité démocratique à Cuba* (WT/DS38) ; *États-Unis – Mesures affectant les marchés publics* (WT/DS88 & WT/DS95) ; *Chili – Mesures concernant le transport en transit et l'importation d'espadons* (WT/DS193) ; *Japon – Contingents d'importation d'algues séchées et d'algues assaisonnées du genre Porphyra Spp* (WT/DS323), etc.

510 Par exemple, l'appel a été suspendu par le désistement d'appel de l'Inde dans l'affaire *Inde – Mesures concernant le secteur automobile* (*Ibid.*, WT/DS146/AB/R & WT/DS175/AB/R, note 431, para. 18).

511 Cette règle prévoit : « 1) À tout moment au cours d'un appel, l'appelant pourra se désister en le notifiant à l'Organe d'appel, qui le notifiera immédiatement à l'ORD. 2) Dans les cas où une solution convenue d'un commun accord à un différend qui fait l'objet d'un appel aura été notifiée à l'ORD conformément au paragraphe 6 de l'article 3 du Mémorandum d'accord, ladite solution sera notifiée à l'Organe d'appel ».

512 Dans l'affaire *Brésil – Mesures visant la noix de coco desséchée,* la Malaisie a informé le groupe spécial de son désistement et l'affaire a continué d'être réglée sans participation de ce Membre. *Brésil – Mesures visant la noix de coco desséchée,* Rapport du groupe spécial du 17 octobre 1996, WT/DS22/R, para. 12. C'était aussi le cas de la Malaisie dans l'affaire *États-Unis – Mesures de sauvegarde définitives à l'importation de certains produits en acier* (Rapport du groupe spécial du 11 juillet 2003, WT/DS248/R, WT/DS249/R, WT/DS251/R, WT/DS252/R, WT/DS254/R, WT/DS253/R, WT/DS258/R & WT/DS259/R, para. 2.15), du Chili et de la Colombie dans l'affaire *Communautés européennes – Classification douanière des morceaux de poulet désossés et congelés* (Rapport du groupe spécial du 30 mai 2005, WT/DS286/R, para. 1.8).

220.- Hormis ce trait commun, quelles sont les différences dans le régime régissant la participation des tierces parties à l'ORD, par rapport à d'autres mécanismes de règlement des différends ? La réponse à cette question nous permettra de savoir que, dans ce cadre, si les tierces parties participent avec des modalités plutôt souples **(chapitre 1)**, leurs droits restent encore limités, ce qui sera moins encourageant pour les Membres qui veulent une participation plus approfondie au sein de ce mécanisme **(chapitre 2)**. Ceci constituera, dans l'ensemble, les spécificités relatives à leur participation à différentes phases de règlement des différends de l'OMC.

Chapitre 1

DES MODALITÉS DE PARTICIPATION PLUTÔT SOUPLES

221.- Une tierce partie, après que son acte introductif d'intervention est admis, peut participer à la procédure déjà engagée entre les parties principales. Les règles procédurales régissant l'intervention visent, ensuite, à organiser cette participation. Dans la plupart des cas, cette tierce partie se contente de déposer au juge une communication dans laquelle elle lui fait connaître ses points de vue sur les questions en cause dans l'affaire dont il est saisi. Cette communication constitue donc le premier moyen de sa participation. Au fil de la procédure, il apparaît que dans ces règles, d'autres moyens peuvent être prévus et attribués à la tierce partie, surtout pour répondre au besoin d'information du juge, ainsi que dans la mise en œuvre du principe contradictoire[513]. En complément, certaines règles relatives au délai, au contenu ou à la forme de ces communications peuvent être également stipulées. Le respect de ces règles permet d'assurer qu'elles seront entendues et prises en compte.

222.- En outre, l'objet de l'intervention est également encadré. De manière générale, l'objet de l'intervention est délimité par l'objet du différend. Ceci permet d'éviter le fait que la tierce partie ne tende à soumettre un différend distinct, ce qui pourrait être jugé irrecevable au titre de l'intervention et nécessiterait une base de compétence autonome[514].

223.- Au sein de l'ORD, la participation des tierces parties aux différentes phases du règlement des différends fonctionne selon la même logique. Il conviendra de noter que les modalités de leur participation varient d'une affaire à l'autre. Elle dépend entièrement de la capacité, de l'expertise ou des ressources humaines et financières dont disposent les tierces parties. Force est de constater

---

[513] CADIET L., NORMAND J. & MEKKI S. A., *op. cit.*, note 108, pp. 629-636 ; FRISON-ROCHE M.-A., « Le principe du contradictoire et les droits de la défense devant l'Organe de règlement des différends de l'Organisation mondiale du commerce », *in* RUIZ FABRI H. & SOREL J.-M. (dir.), *Le principe du contradictoire devant les juridictions internationales*, Coll. Contentieux international, Paris, A. Pedone, 2004, pp. 125-148.

[514] SANTULLI C., *op. cit.*, note 3, p. 300 ; CADIET L., NORMAND J. & MEKKI S. A., *op. cit.*, note 108, p. 725.

que, dans ce cadre, les règles présidant ces modalités présentent des éléments souples, notamment en ce qui concerne les formes variables de la participation **(section 1)**. De plus, l'objet de cette participation, qui détermine la portée et l'étendue de leur intervention, est encadré par l'objet du différend dans lequel les tierces parties ont la liberté de présenter leur point de vue sur les questions en cause **(section 2)**.

Section 1 : LES FORMES VARIABLES DE LA PARTICIPATION

224.- Le statut des tierces parties aux consultations tenues au titre de l'article 4 du Mémorandum d'accord demeure une question ouverte[515]. Ce faisant, il est difficile de déterminer les moyens de leur participation, si ce n'est qu'elles peuvent être présentes au cours des consultations, chaque fois que leur demande est admise par la partie défenderesse. En conséquence, les analyses contenues dans cette section se concentrent surtout sur les formes de participation des tierces parties aux travaux des groupes spéciaux et de l'Organe d'appel.

225.- S'agissant de ces formes, les tierces parties disposent de différentes options[516]. Leur participation, tant aux travaux des groupes spéciaux qu'à ceux de l'Organe d'appel, se réalise souvent, dans un premier temps, par le dépôt d'une communication écrite, et dans un deuxième temps, par la présence à l'audience avec possibilité de faire une déclaration orale. Si, dans ce cadre, les tierces parties utilisent comme moyen principal les communications écrites **(I)**, il n'en reste pas moins que certaines tierces parties comparaissent à l'audience avec la seule intention de faire une déclaration orale **(II)**.

I. Les communications écrites : moyen principal de participation des tierces parties

226.- Les communications écrites constituent le premier moyen de participation des tierces parties dans des mécanismes de règlement des différends internationaux. Devant l'ORD, la participation écrite, vivement encouragée **(A)** peut s'opérer de différentes façons **(B)**.

A. Un moyen de participation encouragé

227.- La possibilité pour une tierce partie de déposer une communication écrite est prévue dans les procédures de travail des groupes spéciaux et de l'Organe d'appel[517]. Ces mêmes possibilités sont aussi prévues dans les procédures

---

515 Voir *infra*, para. 320-324.

516 AREND K., *ibid.*, note 102, p. 377.

517 L'article 10.2 du Mémorandum d'accord stipule de manière explicite que : « Tout Membre qui aura un intérêt commercial substantiel dans une affaire portée devant un groupe spécial et qui en aura informé l'ORD (…) aura la possibilité (…) de présenter des communications écrites ». De

d'autres mécanismes de règlement des différends internationaux. Le Règlement de la CIJ de 1978 prévoit que l'intervenant, admis sur la base de l'article 62 ou de l'article 63 de son Statut, a le droit de présenter respectivement « une déclaration écrite »[518] ou « des observations écrites »[519]. Le Règlement de procédure de la CJUE, version consolidée du 18 juin 2013, offre à l'intervenant l'opportunité d'exprimer ses premières opinions par le biais d'un mémoire[520]. Le mécanisme de règlement des différends dans le cadre de l'ALÉNA[521], de l'ASEAN[522], de l'Accord des partenaires économiques stratégiques transpacifiques[523]… prévoit également la forme écrite pour la participation des tierces parties.

228.- Dénommé différemment (communication écrite, déclaration écrite, observation écrite, mémoire…), ce premier moyen de participation des tierces parties désigne toute forme écrite. Ce moyen, qui est unique[524] pour la participation

---

même, dans les procédures en appel, l'article 17.4 du Mémorandum d'accord prévoit : « Les tierces parties qui auront informé l'ORD qu'elles ont un intérêt substantiel dans l'affaire conformément au paragraphe 2 de l'article 10 pourront présenter des communications écrites à l'Organe d'appel ». Détaillée dans les Procédures de travail pour l'examen en appel, la participation par écrit des tierces parties dans cette phase était obligatoire dans les premiers temps (la règle 24 de trois premières versions des Procédures de travail pour l'examen en appel (WT/AB/WP/1, WT/AB/WP/2 et WT/AB/WP/3)) et actuellement elle ne devient qu'optionnelle (la règle 24 des Procédures de travail pour l'examen en appel entrée en vigueur depuis le 1er mai 2003 (WT/AB/WP/4, WT/AB/WP/5, et WT/AB/WP/6)).

518 L'article 85 de ce Règlement prévoit : « Si une requête à fin d'intervention fondée sur l'article 62 du Statut est admise, l'État intervenant (…) a le droit de présenter une déclaration écrite dans un délai fixé par la Cour ».

519 L'article 86 du même Règlement énonce : « Si une intervention fondée sur l'article 63 du Statut est déclarée recevable, l'État intervenant (…) a le droit de présenter, dans un délai fixé par la Cour, ou, si elle ne siège pas, par le Président, des observations écrites sur l'objet de l'intervention ».

520 L'article 132 du Règlement de procédure de la CJUE dispose : « L'intervenant peut présenter un mémoire en intervention dans un délai d'un mois suivant la communication des actes de procédures visés à l'article précédent ».

521 L'article 2013 de l'ALÉNA prévoit : « Une Partie qui n'est pas une partie contestante sera en droit, après signification d'un avis écrit aux Parties contestantes et à sa section du Secrétariat, d'assister à toutes les audiences, de présenter des conclusions écrites et orales au groupe spécial (…) ».

522 L'article 13 de *2010 Protocol to the ASEAN Charter on dispute settlement mechanisms* prévoit : *« The Third Party shall have an opportunity to (…) make submissions to the arbitral tribunal »*. L'article 11.2 de l'*ASEAN Protocol on Enhanced Dispute Settlement Mechanism,* spécialisé dans le règlement des différends nés de la mise en œuvre des accords commerciaux de l'ASEAN, utilise presque les mêmes mots, sauf l'ajout de *« written »* devant « *submissions* ». *Submissions* or *written submissions* désigne en effet la même forme écrite de cette participation.

523 Le paragraphe 9 de l'Annex 15.B, intitulé « *Model Rules of Procedure for Arbitral Tribunals* » énonce : *« A third Party shall have an opportunity to make written submissions to the arbitral tribunal and be present at the hearings of the arbitral tribunal »*.

524 S. Menétrey, dans son œuvre, a proposé que la participation d'*amicus curias* ne soit limitée que par la voie de déposer des mémoires écrits. Voir MENETREY S., *op. cit.*, note 150, pp. 336-339.

d'*amicus curiae*, reste, pour les tierces parties, un droit, une possibilité ou une opportunité[525]. Cette possibilité présente des atouts, surtout en termes d'acquisition auprès du juge d'informations sur le droit, sur les faits, sur le contexte entourant l'affaire ou les intérêts plus généraux des parties concernées.

229.- Toutefois, par rapport à d'autres mécanismes de règlement des différends internationaux, la participation écrite des tierces parties occupe, dans le cadre de l'ORD, une place plus importante, parce qu'elle est encouragée par l'Organe d'appel. La règle 24.3 des Procédures de travail pour l'examen en appel en vigueur contient une disposition qui affirme l'importance attachée aux communications écrites déposées par les participants tiers :

> « Les participants tiers sont encouragés à déposer des communications écrites pour faciliter la prise en compte intégrale de leurs positions par la section qui connaît de l'appel afin que les participants et les autres participants tiers aient connaissance des positions qui seront prises à l'audience »[526].

230.- Les objectifs d'un tel encouragement sont également énoncés à travers la prise en compte intégrale de la position des participants tiers par l'Organe d'appel et la connaissance de cette position par les participants et autres participants tiers dans l'appel[527]. Cependant, derrière ces mots, se cachent, semble-t-il, d'autres objectifs tels que le besoin d'information du juge de l'OMC et le besoin d'harmonisation procédurale afin d'assurer le bon déroulement du règlement. Cet encouragement correspond à la suppression de la prescription exigeant la forme écrite de la participation des tierces parties énoncée dans la règle 24. Cela signifie

---

[525] Les Communautés européennes ont indiqué, dans l'affaire *États-Unis – Mesure de sauvegarde transitoire appliquée aux fils de coton peignés en provenance du Pakistan,* dans la phase devant le groupe spécial, qu'elles n'avaient pas eu l'intention de déposer une communication écrite. Elles ont fait savoir que : « Compte tenu des arguments développés dans ces communications, les CE considèrent que les principales questions soulevées dans le cadre de la présente procédure sont inextricablement liées aux éléments factuels de la cause. En tant que tierce partie, les CE ne sont pas en mesure d'intervenir utilement sur ces questions. En conséquence, elles tiennent à vous [le groupe spécial] notifier qu'elles n'ont pas l'intention de présenter une communication à titre de tierce partie en l'espèce ». *Ibid.,* Rapport du groupe spécial du 31 mai 2001, WT/DS192/R, para. 5.1.

[526] Il faut savoir que cette disposition n'apparaissait pas dans les trois premières versions des Procédures de travail pour l'examen en appel.

[527] Les explications de l'Organe d'appel, lors de la révision des Procédures de travail pour l'examen en appel en 2002 et 2003 ont permis de comprendre mieux ces objectifs. En effet, il a expliqué comme suit : « La règle 24.3 reconnaît que la prise en compte des vues des tierces parties sera souvent facilitée lorsque ces vues sont exposées dans une communication écrite déposée avant l'audience. Cela nous permet, et vraisemblablement permet aux parties au différend, de réfléchir sur les positions exprimées des tierces parties, et de ce fait, d'analyser de manière plus pertinente ces vues à l'audience. Ainsi, même si nous avons supprimé la prescription exigeant que les tierces parties déposent des communications écrites, nous faisons néanmoins comprendre qu'il est souhaitable de déposer de telles communications ». *Ibid.,* WT/AB/WP/W/6, note 421, p. 3.

que dès l'instant où la participation écrite n'est plus obligatoire, les communications déposées par les tierces parties avant l'audience en appel sont considérées comme une source d'information que l'Organe d'appel peut solliciter dans ses prérogatives afin de mieux répondre aux questions de droit dont il est saisi.

231.- Cependant, il existe un revers à la médaille : un excès de communications écrites déposées peut perturber les travaux des groupes spéciaux ainsi que ceux de l'Organe d'appel. Ce risque n'est ni abstrait, ni spéculatif, mais bien réel[528]. Dès lors, le juge de l'OMC doit prendre une position visant à préserver le besoin réel d'information, l'assurance d'une procédure régulière, ainsi que les droits des parties principales et ceux des tierces parties[529].

232.- Si la participation écrite des tierces parties au sein de l'ORD est encouragée, il existe en pratique deux possibilités pour une tierce partie de présenter par écrit ses arguments.

B. Les possibilités de présenter des communications écrites

233.- Les instruments juridiques de l'OMC prévoient qu'une tierce partie puisse soit déposer au juge concerné une communication principale avant l'audience **(1)**, soit lui soumettre des communications complémentaires, le cas échéant **(2)**.

1. La communication écrite principale

234.- Avec cette communication initiale, une tierce partie peut présenter des points de vue sur les questions mises en cause dans le litige. Toutefois, comment peut-elle la présenter ? À quels critères cette communication est-elle soumise sur le plan procédural ? Répondre à ces questions nous permettra de prouver que dans le cadre de l'ORD, les règles applicables à ce stade restent souples en ce qui concerne à la fois le délai de son dépôt **(a)** et les autres règles procédurales **(b)**.

a. Le délai flexible de dépôt de la communication

235.- Au titre des articles 85 et 86 du Règlement de la CIJ de 1978, un exposé écrit d'un État intervenant doit être déposé « dans un délai fixé par la Cour », et si elle ne siège pas, par le Président de la Cour. Étant donné que les parties prin-

---

[528] Voir *infra*, para. 369.

[529] *Ibid.*, WT/DSB/M/134, note 172, para. 87.

cipales au différend, au titre de ce même règlement, ont le droit de faire des observations sur cet exposé écrit. Un délai à cette fin y est aussi prévu[530]. Le Règlement ne fixe pas de délai précis en la matière, mais attribue à la Cour ou au Président le pouvoir de le déterminer. Il est évident que celui-ci sera examiné et fixé en fonction du déroulement de la procédure pendante. Il doit ensuite être énoncé dans la décision de la Cour sur l'admission de l'intervention. Dans la pratique, ces délais sont souvent limités à un mois, à savoir : un mois suivant la décision sur l'admission de l'intervention pour le dépôt de la déclaration écrite de l'État intervenant ; et un mois suivant la date limite du dépôt de cette déclaration écrite pour les observations écrites des parties sur celle-ci[531]. Pour éviter toute incidence éventuelle de l'intervention admise conformément à l'article 62 sur la procédure principale, le Règlement prévoit explicitement que : « les délais fixés (…) coïncident autant que possible avec ceux qui sont déjà fixés pour le dépôt des pièces de procédure en l'affaire »[532]. Cela signifie que l'État intervenant a l'obligation, une fois que les délais sont fixés, de se coordonner, tant avec les parties principales qu'avec la Cour, dans la production et le dépôt de telle ou telle déclaration, afin d'éviter de perturber autant que faire se peut le calendrier de travail dans l'affaire[533]. Toutefois, cette disposition est applicable uniquement à la forme d'intervention au titre de l'article 62 du Statut de la CIJ. La Cour semble craindre que cette forme d'intervention puisse provoquer plus d'incidences sur la procédure par rapport à celle prévue à l'article 63 du même Statut.

236.- Le Règlement de la procédure de la CJUE prévoit, au contraire, un délai précis pour ce qui est du dépôt d'un mémoire d'un intervenant. Pour ce but, l'intervenant a un mois suivant, soit la décision (pour les requérants privilégiés), soit l'ordonnance (pour les requérants non-privilégiés) du président sur l'admission de son intervention[534]. Les parties principales ont la possibilité de faire des observations sur ce mémoire dans un délai fixé par le président[535].

237.- En ce qui concerne le délai de dépôt de la communication écrite d'une tierce partie dans le cadre de l'ORD, il varie en fonction de l'étape dans laquelle

---

[530] L'article 85.1 de son Règlement : « (…) Il est fixé un autre délai dans lequel les parties peuvent, si elles le désirent, présenter des observations écrites sur cette déclaration avant la procédure orale ».

[531] Par exemple, dans la décision relative à l'admission de l'intervention de la Grèce de 2011, la Cour a fixé les dates d'expiration des délais pour le dépôt de la déclaration écrite de la Grèce (le 5 août 2011, soit un mois suivant cette décision) et des observations écrites de l'Allemagne et de l'Italie sur cette déclaration (le 5 septembre 2011). *Immunités juridictionnelles de l'État (Allemagne c. Italie), ibid.*, note 240, p. 504.

[532] L'article 85.2 de son Règlement de 1978.

[533] TORRES BERNARDEZ S., *ibid.*, note 4, p. 421.

[534] L'article 132.1 du Règlement de la procédure de la Cour du 18 juin 2013.

[535] L'article 132.3 du même Règlement : « Après le dépôt du mémoire en intervention, le président fixe, le cas échéant, un délai dans lequel les parties peuvent répondre à ce mémoire ».

elle veut intervenir. En ce qui concerne l'intervention dans les travaux des groupes spéciaux, l'article 10 ainsi que l'appendice 3 du Mémorandum d'accord ne prévoient aucun délai explicite à cette fin[536]. C'est au groupe spécial, dans une affaire donnée, de le fixer dans le calendrier de travail établi après la consultation des parties[537]. Pour l'intervention dans les examens en appel, la règle 24.1 des Procédures de travail en vigueur précise que le délai de 21 jours après la date de dépôt de la déclaration d'appel sera appliqué à la soumission par un participant tiers d'une communication écrite. Ce délai, plus long que celui du dépôt de la communication de l'intimé[538], a pour but de permettre aux participants tiers de mieux connaître les points de vue des deux parties avant de produire la leur[539]. Mais il est suffisamment court[540], pour que les participants puissent être informés plus tôt des observations faites par les intervenants sur les positions exprimées dans toutes les communications écrites[541]. Cet aménagement à double objectif a pour corollaire de rendre plus efficace l'audience en l'appel, grâce à une meilleure préparation de toutes les parties avant d'y comparaître.

238.- À la différence de la procédure appliquée dans le cadre de la CIJ, la question de synchroniser le délai de dépôt de communication écrite des tierces parties avec les procédures en cours devant l'ORD ne se pose pas. Ceci résulte de la pratique selon laquelle si une requête à fin d'intervention est introduite à la CIJ et admise par elle-même plusieurs mois après le commencement de la procédure principale, ce n'est pas le cas devant l'ORD. Une fois qu'un groupe spécial est constitué, il connaît déjà l'identité des tierces parties participant à ses travaux. Il peut donc harmoniser ces délais dès la rédaction des procédures et du calendrier de travaux[542]. En principe, les tierces parties doivent respecter ce délai afin

---

536 Le paragraphe 12.a de l'appendice 3 ne prévoit en fait que les délais pour la réception des premiers exposés écrites de la partie plaignante (trois à six semaines) et de la partie mise en cause (deux à trois semaines).

537 Les groupes spéciaux disposent de ce pouvoir conformément au paragraphe 11 de l'appendice 3 du Mémorandum d'accord. Par exemple, dans l'affaire *Chine – Mesures antidumping et compensatoires visant les produits à base de poulet de chair en provenance des États-Unis*, le groupe spécial a mentionné dans ses procédures de travail que : « Le groupe spécial invitera chaque tierce partie à lui transmettre une communication écrite avant sa première réunion de fond avec les parties, conformément au calendrier qu'il aura adopté ». *Ibid.*, Rapport du groupe spécial du 2 août 2013 – Addendum, WT/DS427/R/Add.1, p. 150.

538 Au titre de la règle 22, le délai de 18 jours après la date de dépôt de la déclaration d'appel s'y applique.

539 Organe d'appel, *Procédures de traivail pour l'examen en appel – Communication de l'Organe d'appel*, WT/AB/WP/W/11, le 27 juillet 2010, p. 4.

540 L'Organe d'appel a expliqué que le calendrier de travail en l'appel très serré ne lui avait pas permis de ménager un délai plus long au dépôt de la communication écrite des participants tiers.

541 *Ibid.*, WT/AB/WP/W/11, note 539, p. 4.

542 L'article 12.3 du Mémorandum d'accord exige également que : « Après avoir consulté les parties au différend, les personnes qui font partie du groupe spécial établiront dès que cela sera

de ne pas perturber les procédures en cours. Toutefois, certaines demandes de prorogation ont été également émises dans la pratique, avec accord ou refus de l'Organe d'appel ou du groupe spécial[543]. Par exemple, dans l'affaire *Australie – Mesures affectant l'importation de pommes en provenance de Nouvelle-Zélande* (*Australie – Pommes*), après une prorogation de deux jours faite par le groupe spécial[544], les États-Unis, une des tierces parties, ont demandé de nouveau une prorogation de deux semaines pour déposer leur communication en tant que tierce partie, en raison d'une part, de la longueur et de la complexité de la première communication écrite déposée par la partie plaignante (à savoir, la Nouvelle-Zélande), et d'autre part, de la réunion ministérielle qui s'était déroulée durant la semaine pendant laquelle les tierces parties devaient remettre les communications écrites. Après avoir consulté l'avis des parties principales et d'autres tierces parties[545], le groupe spécial a permis non seulement aux États-Unis, mais aussi aux autres tierces parties de bénéficier d'une semaine de plus pour préparer et déposer leurs communications écrites[546]. Cette autorisation montre que le groupe spécial a tenu compte à la fois de la complexité de l'affaire et de la possibilité selon laquelle les communications écrites des États-Unis et d'autres tierces parties constitueraient, comme dans la plupart des cas, une source d'information nécessaire pour qu'il puisse juger à juste titre cette affaire si complexe[547].

239.- Cette perspective diffère également de la participation d'*amicus curiae*. L'auteur S. Menétrey a proposé que « l'*amicus curiae* doit respecter les délais fixés par le tribunal et ne peut pas demander de prorogation »[548]. Cet encadrement plus strict, selon l'auteur, vise principalement à ne pas perturber le déroulement de

---

réalisable et, chaque fois que possible, au plus tard une semaine après que la composition et le mandat du groupe spécial auront été arrêtés, le calendrier des travaux de ce groupe (...) ».

543 Une telle possibilité est également prévue dans le Règlement de procédure de la CJUE. L'article 132.1 énonce que : « Ce délai peut être prorogé par le président sur demande dûment motivée de l'intervenant ».

544 *Australie – Mesures affectant l'importation de pommes en provenance de Nouvelle-Zélande*, Rapport du groupe spécial du 9 août 2010, WT/DS367/R, para. 1.11.

545 La Nouvelle-Zélande a donné deux solutions : soit le groupe spécial refuse la demande, soit il peut proroger le délai d'une semaine. L'Australie a appuyé l'idée de proroger le délai d'une semaine. Taïpei chinois a soutenu la demande des États-Unis, d'autres tierces parties n'ont formulé aucune objection. *Ibid.*, WT/DS367/R, note 544, para. 1.12.

546 *Ibid.*, WT/DS367/R, note 544, para. 1.13.

547 Dans cette affaire, les Communautés européennes et les États-Unis ont en effet eu des contributions non négligeables à la question relative au recours à des experts dans les procédures des groupes spéciaux (celle des Communautés européennes) et à la question relative à l'interprétation de certaines dispositions de l'Accord SPS. *Ibid.*, WT/DS367/R, note 544, pp. 181, 189-191 ; BUSSEUIL G., GARINOT J.-M., JOURDAIN-FORTIER C. & MOINE-DUPUIS I., « Chronique des décisions de l'Organe de règlement des différends (août 2009-novembre 2010), *Revue international de droit économique*, 2010, n°. 4, pp. 481-483.

548 MENETREY S., *op. cit.*, note 150, pp. 382-385.

l'instance[549]. Le risque de perturbation des procédures d'un groupe spécial et de l'Organe d'appel par la participation d'une tierce partie n'est pas improbable et irréel, mais les groupes spéciaux et l'Organe d'appel peuvent évaluer ce risque après consultation avec les parties, pour répondre favorablement ou non à telle ou telle demande de prorogation. L'équilibre entre les droits des parties principales et ceux de tierces parties, entre la participation de celles-ci et le besoin d'assurer le bon déroulement des procédures devient en effet l'élément inévitable pour cet examen.

240.- Ainsi, on constate une certaine flexibilité dans les délais applicables au dépôt des communications écrites des tierces parties, ce qui leur permettra sûrement de mieux s'impliquer dans les procédures en cours.

b. Des règles procédurales appliquées au cas par cas

241.- Si les règles de procédures pour l'examen en appel sont établies par l'Organe d'appel avec stabilité, celles applicables aux travaux des groupes spéciaux ne sont établies qu'à titre *ad hoc*. Cela signifie qu'un groupe spécial peut les modifier, après consultation avec les parties, pour établir des procédures appropriées à l'affaire dont il est saisi. En fonction de ces modifications, la communication écrite des tierces parties peut être encore soumise à des règles de procédures complémentaires relatives, par exemple, au nombre maximal de pages pour un résumé analytique de la communication écrite[550], au nombre d'exemplaires à déposer[551], à la manière de signifier des communications, etc. Il faut noter que ces règles, établies *ad hoc*, ne sont pas les mêmes pour toutes les affaires. Elles ne

---

549 MENETREY S., *op. cit.*, note 150, p. 385.

550 Par exemple, le groupe spécial dans l'affaire *Australie – Mesures affectant l'importation de pommes en provenance de Nouvelle-Zélande*, a précisé, dans ses procédures de travail, que les résumés analytiques des tierces parties ne compteraient pas plus de trois pages, sous réserve de son autorisation pour des résumés plus longs (*Ibid.*, WT/DS367/R, note 544, Annexe A-3, para. 12). Ces résumés se sont limités à cinq pages dans l'affaire *Chine – Mesures antidumping et compensatoires visant les produits à base de poulet de chair en provenance des États-Unis* (*Ibid.*, WT/DS427/R/Add.1, note 537, Annexe C-1, para. 20), etc.

551 Le nombre de copies de la communication écrite qu'une tierce partie doit déposer n'est pas le même dans toutes les affaires. Par exemple, dans l'affaire *Australie – Mesures affectant l'importation de pommes en provenance de Nouvelle-Zélande*, chaque tierce partie ayant l'intention de déposer une communication écrite doit en fournir sept copies sur papier et une copie électronique sur le support prévu (*Ibid.*, WT/DS367/R, note 544, Annexe A-3, para. 18.b). Dans l'affaire *Communautés européennes – Mesures prohibant l'importation et la commercialisation de produits dérivés du phoque*, chaque tierce partie doit en fournir neuf copies sur papier et une copie électronique (*Ibid.*, Rapport du groupe spécial du 25 novembre 2011 – Addendum, WT/DS400/R/Add.1 & WT/DS401/R/Add.1, Annexe A-1, para. 25), etc.

sont appliquées qu'au cas par cas, d'où, un point particulier en matière de procédures relatives à la communication écrite des tierces parties par rapport à celles prévues, par exemple, au sein de la CIJ ou la CJUE.

2. Les communications complémentaires

242.- À côté de la possibilité de dépôt de la communication principale, une tierce partie, en dépit du contexte précis d'une affaire donnée, peut encore faire connaître son avis à travers d'autres communications écrites. Ces exposés peuvent prendre la forme d'observations sur les questions préliminaires **(a)** ou de réponses à des questions posées par le juge de l'OMC ou par les parties **(b)**.

a. Des observations sur les questions préliminaires

243.- La participation des tierces parties au stade préliminaire n'est prévue ni dans le Mémorandum d'accord, ni dans les Procédures de travail pour l'examen en appel. Toutefois, les groupes spéciaux et l'Organe d'appel n'y sont pas opposés. Suite à la demande d'une ou de plusieurs tierces parties et sans objection des parties principales, le groupe spécial ou l'Organe d'appel peut les autoriser à y prendre part[552] et à formuler des observations sur les questions préliminaires soulevées par les parties[553]. Une tierce partie peut, par la suite, faire connaître son avis[554]. Cependant, il faut noter que si un groupe spécial ou l'Organe d'appel a l'intention de rendre la décision préliminaire avant la date limite de dépôt de la

---

552 Voir *infra*, para. 346-349.

553 Par exemple, dans l'affaire *Canada – Mesures concernant les exportations de blé et le traitement des grains importés,* le groupe spécial a autorisé les tierces parties à prendre part aux procédures préliminaires. Dans sa décision, il a précisé que : « Le groupe spécial, après avoir consulté les parties au différend conformément à l'article 12.1 du Mémorandum d'accord, a décidé que les tierces parties au présent différend seraient invitées à participer au stade préliminaire de la procédure et la manière suivante : a) les tierces parties recevront les communications écrites préliminaires des parties au différend ; les tierces parties auront la possibilité de présenter des communications écrites préliminaires au groupe spécial aux fins de faire des observations sur les communications écrites préliminaires des parties ; et les tierces parties auront la possibilité d'être entendues par le groupe spécial au sujet des questions soulevées dans les communications écrites préliminaires des parties ». Il a décidé aussi de modifier ses procédures de travail comme suit : « Les tierces parties seront invitées par écrit à exposer leurs vues pendant une séance de l'audience préliminaire du groupe spécial réservée à cet effet ainsi que pendant une séance de la première réunion de fond du groupe spécial réservée à cet effet. Les tierces parties pourront être présentes pendant toute la durée de ces séances ». *Ibid.,* Rapport du groupe spécial du 6 avril 2004, WT/DS276/R, para. 6.6 – 6.7.

554 Dans l'affaire *Canada – Mesures visant l'exportation des aéronefs civils,* par exemple, les Communautés européennes et les États-Unis, deux participants tiers impliqués, ont déposé des mémoires juridiques suite à l'autorisation de l'Organe d'appel dans les procédures préjudicielles introduites par le Canada et le Brésil en ce qui concerne les procédures additionnelles régissant les renseignements commerciaux confidentiels. *Ibid.,* WT/DS70/AB/R, note 468, para. 126, 133-140.

communication écrite principale des tierces parties[555], ces observations seront présentées dans un exposé écrit séparément soumis avant cette date. Dans d'autre cas, elles peuvent être incorporées dans la communication écrite principale des tierces parties.

244.- Le fait que le groupe spécial ou l'Organe d'appel permet aux tierces parties de participer à cette procédure et de faire des observations écrites s'explique aisément par le besoin d'information des juges. Ces observations peuvent leur fournir des informations appropriées à leur décision préliminaire[556]. Cette perspective devient plus pertinente, surtout dans les cas où le groupe spécial cherche des appuis face à une contestation formulée contre sa compétence ou sa composition.

245.- Le déroulement des procédures préliminaires ainsi que la participation des tierces parties à cette étape pourraient avoir des incidences sur le déroulement des procédures principales en cours, en particulier sur la rapidité des procédures[557]. C'est pourquoi les observations écrites des tierces parties sur les questions préliminaires doivent être strictement soumises à des règles procédurales établies par les groupes spéciaux ou l'Organe d'appel, comme par exemple le délai reconnu par le groupe spécial dans l'affaire *Canada – Mesures concernant les exportations de blé et le traitement des grains importés* (*Canada – Exportations de blé et importations de grains*) :

---

[555] Par exemple, dans la même affaire *Australie – Pommes,* l'Australie a soulevé au groupe spécial une question préliminaire relative à la compatibilité de la demande d'établissement de ce groupe spécial formulée par la Nouvelle-Zélande avec l'article 6.2 du Mémorandum d'accord. Les Communautés européennes lui ont demandé, au cas où il aurait l'intention de l'examiner avant la date fixée dans le calendrier pour la présentation des communications écrites des tierces parties, de faire séparément des observations sur la demande de l'Australie. Le groupe spécial a ensuite proposé une procédure et un calendrier pour examiner la demande des Communautés européennes et demandé aux parties de faire des observations sur ceux-ci. À défaut les objections des parties, il a invité les tierces parties à présenter des observations à cette fin. Deux tierces parties (les Communautés européennes et le Chili) en ont profité pour le faire. *Ibid.,* WT/DS367/R, note 544, para. 1.8-1.9.

[556] Par exemple, dans l'affaire *Canada – Mesures concernant les exportations de blé et le traitement des grains importés* précitée, la décision d'autorisation des tierces parties à présenter des observations écrites a été étayée par des raisons indiquant le besoin réel du groupe spécial des informations. *Ibid.,* WT/DS276/R, note 553, para. 6.7.

[557] L'Organe d'appel, dans l'affaire *CE – Bananes III,* a reconnu ce risque en faisant attention au besoin d'avoir des procédures de travail types en la matière : « Nous notons, en passant, que ce genre de question pourrait être déterminé au début de la procédure des groupes spéciaux, sans qu'il y ait préjudice ou inéquité pour une partie ou une tierce partie, si les groupes spéciaux avaient des procédures de travail types leur permettant, entre autres choses, de statuer à titre préjudiciel ». *Ibid.,* WT/DS27/AB/R, note 126, para. 144. Voir également : VAN DAMME I., *Treaty Interpretation by the WTO Appellate Body,* Oxford, Oxford University Press, 2009, pp. 206-207.

« Dans les circonstances spécifiques de la présente affaire, nous jugeons approprié d'inviter les tierces parties à s'adresser au groupe spécial par écrit et oralement, pendant une séance de l'audience préliminaire du groupe spécial réservée à cet effet. À cet égard, nous notons que, pour favoriser un règlement rapide des questions préliminaires soulevées par le Canada, il a été nécessaire de fixer pour les tierces parties un délai serré pour la présentation des communications écrites sur les questions préliminaires »[558].

246.- La possibilité pour une tierce partie d'être présente au cours de la procédure préliminaire dans le cadre de l'ORD est différente par rapport à l'intervention devant la CIJ ou la CJUE. Au sein de la CIJ, la procédure intitulée « exceptions préliminaires » est exclusivement réservée à traiter de la question relative à la compétence de la Cour ou à la recevabilité de la requête[559]. Par conséquent, elle est évidemment consacrée aux parties et s'encadre dans ce côté bilatéral[560]. De plus, faute de requête à fin d'intervention à ce stade, la Cour ne se prononce jamais sur cette question. Devant la CJUE, la procédure dite « renvoi préjudiciel » est organisée pour résoudre des contestations relatives à l'interprétation des traités ou à la validité et à l'interprétation du droit dérivé élaboré par les institutions[561]. Le Statut de la Cour prévoit la participation des personnes à ces procédures, y compris les parties au différend au principal, les États membres, la Commission, l'institution, l'organe ou l'organisme de l'Union qui a adopté l'acte dont la validité ou l'interprétation pose question[562] et leur possibilité de soumettre des observations écrites. Toute autre personne[563] potentiellement intéressée à la décision de la Cour n'a pas le droit d'intervenir et de lui adresser des points de vue[564]. Cette fermeture s'explique par le fait que lorsque le renvoi préjudiciel est conçu comme une continuité des procédures déjà engagées devant une juridiction nationale, il est impossible de l'ouvrir aux personnes étrangères non impliquées dans l'affaire initiale[565]. C'est un argument compréhensible et raisonnable. Cependant, il faut reconnaître que cette impossibilité pourrait en effet priver ces

---

558 *Ibid.*, WT/DS276/R, note 553, para. 6.7.

559 L'article 79 du Statut de la Cour, avec amendement entré en vigueur le 1er février 2001.

560 Sur cette question, voir également : TORRES BERNARDEZ S., *ibid.*, note 4, pp. 280-282.

561 DE SCHUTTER O., *ibid.*, note 248, p. 90.

562 L'article 23 paragraphe 2 du Statut de la Cour.

563 « Une personne qui n'a pas demandé à intervenir devant la juridiction nationale et n'a pas été admise à intervenir devant elle [la Cour] n'a pas le droit de présenter des observations devant la Cour au sens de cette disposition ». *Biogen c. Smithkline Beecham Biologicals,* C-181/95, Ordonnance du Président de la Cour du 26 février 1996, Recueil de la jurisprudence, 1996.I, p. 717 et s., para. 6. Sur cette base, les demandes d'intervention présentée par la société Research Corporation Technologies Inc. dans cette affaire, et par le Contrôleur dans l'affaire *Satakunnan Markkinaporssi et Satamedia* (C-73/07) ont été rejetées, étant donné qu'ils n'étaient pas parmi les personnes visées par l'article 23 du statut de la Cour.

564 USHER J. A., *ibid.*, note 242, pp. 102-103 ; DE SCHUTTER O., *ibid.*, note 248, pp. 91-93.

565 USHER J. A., *ibid.*, note 242, p. 102.

personnes de l'occasion de « prendre appui sur certains éléments, potentiellement décisifs pour apprécier les conséquences de l'interprétation que [la Cour] s'apprête à rendre ou d'un éventuel constat d'invalidité »[566]. Dès lors, la Cour perdrait également l'opportunité d'avoir plus d'information sur les questions en cause. Ainsi, la différence entre ces trois régimes d'intervention résulte-t-elle du fait que lorsque l'intervention dans la procédure préliminaire de la CIJ et CJUE devient impossible, les tierces parties intervenant dans le règlement des différends de l'OMC peuvent présenter des opinions sur un grand éventail de questions procédurales. Cela constitue un avantage non négligeable aux Membres intervenant devant l'ORD par rapport à ceux qui interviennent devant l'un ou l'autre mécanisme.

247.- En dehors de la possibilité de faire des observations écrites sur les questions préliminaires, les tierces parties peuvent également répondre à des questions qui leur sont posées.

b. Les réponses aux questions posées

248.- Dans le cadre de l'ORD, une tierce partie impliquée dans les procédures des groupes spéciaux ou de l'Organe d'appel peut recevoir des questions de la part de ces juges **(i)** ou de la part des parties principales **(ii)** relatives à ses communications.

i. Les questions posées par les juges

249.- Il convient de relever que cette procédure existe devant la CIJ. Son Règlement de 1978 attribue tout d'abord, au titre de l'article 61.1, à la Cour le droit de demander à tout moment aux parties des éclaircissements sur les points ou les problèmes qu'elle juge nécessaires[567]. Les termes de cette disposition précisent clairement que l'État intervenant n'est pas visé, puisqu'il n'est pas considéré comme partie[568]. Autrement dit, l'État intervenant est privé du droit d'apporter des explications sur les points ou problèmes pouvant susciter des questions dans son exposé écrit, à la demande du juge. Toutefois, durant les débats pendant la procédure orale, la Cour peut poser des questions aux agents, conseils et avocats ou leur demander des explications[569]. Dès lors, conformément à l'article 85.3 et 86.2 de son Règlement, l'État intervenant, qui peut être présent durant la phase orale et représenté par ces personnes, trouve l'opportunité de répondre à ces

---

[566] DE SCHUTTER O., *ibid.*, note 248, p. 92.

[567] La règle 61.1 du Règlement de la Cour de 1978 prévoit : « La Cour peut, à tout moment avant ou durant les débats, indiquer les points ou les problèmes qu'elle voudrait voir spécialement étudier par les parties ou ceux qu'elle considère comme suffisamment étudiés ».

[568] TORRES BERNARDEZ S., *ibid.*, note 4, pp. 405-413.

[569] L'article 61.2 du Règlement de la Cour de 1978.

questions ou d'apporter à la Cour des éclaircissements. Si des questions sont posées et que les intéressés choisissent d'y répondre ultérieurement dans le délai fixé par la Cour[570], la forme écrite des réponses sera exigée[571].

250.- Le juge de l'OMC, dans sa recherche de la vérité, peut poser des questions à la fois aux parties principales et aux tierces parties. Conformément à l'appendice 3 lié aux procédures de travail des groupes spéciaux, ces derniers ont la possibilité de les leur poser tout moment[572]. Cette possibilité est reprise dans toutes procédures de travail établies par un groupe spécial avec accord des parties principales[573]. Ils peuvent le faire d'ailleurs conformément à l'article 13 du Mémorandum d'accord. L'Organe d'appel le prévoit également dans ses procédures de travail pour l'examen en appel[574].

251.- Ainsi une ambiguïté existe-t-elle ici, en ce qui concerne la compétence des groupes spéciaux de poser des questions aux tierces parties. Lorsque le droit de demander des renseignements attribué à un groupe spécial au titre de l'article 13 du Mémorandum d'accord et le droit de poser des questions accordé à celui-

---

[570] L'article 61.4 de son Règlement prévoit : « Les agents, conseils et avocats peuvent répondre immédiatement ou dans un délai fixé par le Président ».

[571] La Grèce – l'État intervenant dans l'affaire *Immunités juridictionnelles de l'État (Allemagne c. Italie)* a choisi de répondre par écrit aux questions posées par les membres de la Cour. Les Parties ont également présenté leurs observations écrites sur ces réponses. *Ibid.,* Arrêt, C.I.J. Recueil 2012, p. 107, para. 14.

[572] Le paragraphe 8 de l'appendice 3 prévoit : « Le groupe spécial pourra à tout moment poser des questions aux parties et leur demander de donner des explications, soit lors d'une réunion avec elles, soit par écrit ».

[573] Il faut noter qu'au titre de l'article 12.1 du Mémorandum d'accord, les procédures de travail d'un groupe spécial peuvent être modifiées par la décision du dernier après avoir consulté les parties au différend. Cependant, ces modifications doivent être faites dans le respect des dispositions du Mémorandum d'accord. Autrement dit, selon l'Organe d'appel, le groupe spécial dispose d'un pouvoir discrétionnaire pour décider des questions procédurales qui ne sont pas mentionnées dans le Mémorandum d'accord, mais ce pouvoir doit être exercé de sorte d'assurer de ne pas modifier substantiellement le Mémorandum d'accord : « Bien que les groupes spéciaux aient une certaine latitude pour établir leurs propres procédures de travail, cette latitude ne permet pas de modifier les dispositions de fond du Mémorandum d'accord. À preuve, l'article 12.1 du Mémorandum d'accord dispose ce qui suit : (...). Mais c'est tout ce qu'il dit. Rien dans le Mémorandum d'accord n'autorise un groupe spécial à ne pas tenir compte d'autres dispositions expresses du Mémorandum d'accord ou à les modifier » (*Ibid.,* WT/DS50/AB/R, note 463, para. 92).

[574] Voir la règle 28 des Procédures de travail pour l'examen en appel : « 1) À tout moment au cours de la procédure d'appel, y compris, en particulier, au cours de l'audience, la section pourra poser des questions oralement ou par écrit, ou demander des mémoires additionnels, à tout participant ou participant tiers, et indiquer les délais dans lesquels les réponses ou mémoires écrits devront être reçus. 2) Toutes ces questions, toutes ces réponses ou tous ces mémoires seront mis à la disposition des autres participants et participants tiers à l'appel, auxquels il sera ménagé une possibilité de répondre. 3) Lorsque des questions ou demandes de mémoires auront été formulées avant l'audience, les questions ou demandes, ainsi que les réponses ou mémoires, seront aussi mis à la disposition des tierces parties, auxquelles il sera aussi ménagé une possibilité de répondre ».

ci conformément au paragraphe 8 de l'appendice 3[575] visent un objectif commun (à savoir : aider le groupe spécial à obtenir les informations complémentaires sur certaines questions encore obscures ou insuffisantes dans les communications écrites déposées par les parties, y compris les tierces parties, pour une évaluation objective du groupe spécial des faits[576]), l'effet juridique de l'un ou de l'autre n'est pas le même. Comme nous l'avons vu dans les analyses plus haut[577], un groupe spécial dispose d'un pouvoir de demander des renseignements qui s'applique de manière égale à tous les Membres de l'OMC, qu'ils soient ou non parties à un litige, conformément à l'article 13 du Mémorandum d'accord[578]. Dès lors qu'un groupe spécial exerce ce pouvoir, les Membres, y compris les tierces parties impliquées, à qui la demande de renseignements (laquelle peut exister sous forme de questions) s'adresse se trouvent obligés d'y répondre selon l'interprétation de l'Organe d'appel[579]. Ceci constitue pour les Membres de l'OMC une obligation de collaborer de bonne foi avec le juge à la recherche de la vérité[580]. En revanche, paragraphe 8 de l'appendice 3 du Mémorandum d'accord, concernant la possibilité d'un groupe spécial de poser des questions aux tierces parties, démontre que répondre à ces questions ne constitue en aucun cas une obligation pour les tierces parties :

> « Le groupe spécial pourra ensuite poser des questions aux tierces parties. Il adressera par écrit aux tierces parties, dans un délai qu'il fixera, toutes questions auxquelles il souhaite qu'il soit répondu par écrit.

---

575 L'auteur E. Canal-Forgues a décrit que le pouvoir dont le groupe spécial disposait au titre de ce paragraphe était si grand qu'il lui permet de « poser des questions sur des allégations dont la partie plaignante n'a pas d'abord établi *prima facie* le bien-fondé ». CANAL-FORGUES E., *op. cit.*, note 8, p.79 ; NGAMBI J., *op. cit.*, note 461, p. 268 ; *ibid.*, WT/DS70/AB/R, note 468, para. 185.

576 NGAMBI J., *op. cit.*, note 461, pp. 269-270. L'Organe d'appel, dans l'affaire *États-Unis – Crevettes* a attesté cet objectif commun en indiquant : « L'idée qui sous-tend les article 12 et 13, considérés ensemble, est que le Mémorandum d'accord donne à un groupe spécial établi par l'ORD, et engagé dans une procédure de règlement d'un différend, le pouvoir ample et étendu d'engager et contrôler le processus par lequel il s'informe aussi bien des faits pertinents de la cause que des normes et des principes juridiques applicables à ces faits. Ce pouvoir, et son étendue, sont donc tout à fait nécessaires pour permettre à un groupe spécial de s'acquitter de la tâche qui lui impose l'article 11 du Mémorandum d'accord – « procéder à une évaluation objective de la question dont il est saisi, y compris une évaluation objective des faits de la cause, de l'applicabilité des dispositions des accords visés pertinents et de la conformité des faits avec des dispositions ». *Ibid.*, WT/DS58/AB/R, note 152, para. 106.

577 Voir *supra*, para. 197.

578 CANAL-FORGUES E., *op. cit.*, note 8, p.80.

579 *Ibid.*, WT/DS70/AB/R, note 468, para. 188-189.

580 CANAL-FORGUES E., *op. cit.*, note 8, p. 80 ; NGAMBI J., *op. cit.*, note 461, p. 297. Pour plus d'informations à cet égard dans le contentieux international, voir : SANTULLI C., *op. cit.*, note 3, pp. 512-513.

Chaque tierce partie sera invitée à répondre par écrit à ces questions dans un délai qui sera fixé par le groupe spécial »[581].

252.- Dans le contexte de l'ORD, le rapport d'un groupe spécial, une fois adopté, n'a de valeur obligatoire qu'envers les parties principales et le manque de collaboration de bonne foi à la recherche de la vérité n'affecte en rien les droits des tierces parties. Il semble plus judicieux que le fait que des tierces parties répondent aux questions posées par les groupes spéciaux soit soumis à la deuxième règle. Cette hypothèse conviendrait mieux à la pratique : on peut constater que les tierces parties se réservent le libre choix d'y répondre ou pas[582].

253.- Malgré tout, répondre aux questions posées par le juge constitue un autre moyen de participer à la procédure. Cela permet en effet au juge de mieux exercer sa prérogative de dire la vérité[583], parce que le juge peut acquérir des informations supplémentaires utiles.

ii. Les questions posées par les parties

254.- Dès que les tierces parties ont déposé leurs communications écrites, les parties principales se voient souvent attribuer l'opportunité de réagir à l'égard des arguments présentés. Dans ce contexte, si les tierces parties reçoivent les questions des parties principales, les premières peuvent y répondre.

255.- Dans les procédures de la CIJ, par exemple, le Règlement de la Cour de 1978 prévoit de manière explicite, en ce qui concerne l'intervention admise sur la base de l'article 62 de son Statut, que : « Il est fixé un autre délai dans lequel les parties peuvent, si elles le désirent, présenter des observations écrites sur cette déclaration avant la procédure orale »[584]. Dans les procédures de la CJUE, l'article 132.3 du Règlement de procédures énonce la même possibilité mais avec certaines différences : « Après le dépôt du mémoire en intervention, le président

---

581 *Ibid.*, WT/DS427/R/Add.1, note 537, Annexe C-1, para. 16 ; *ibid.*, WT/DS400/R/Add.1, WT/DS401/R/Add.1, note 551, Annexe A-1, para. 16, etc.

582 Par exemple, dans l'affaire *Chine – Mesure antidumping et compensatoires visant les produits à base de poulet de chair en provenance des États-Unis,* le groupe spécial a posé 16 questions aux tierces parties (Chili, Japon, Mexique, Norvège, Royaume d'Arabie saoudite, Thaïlande et Union européenne), dont une destinée séparément à l'Union européenne (la question n° 5), une à d'autres tierces parties (la question n° 6) et le reste à l'ensemble des tierces parties. Seule la Thaïlande y a répondu et elle n'a répondu qu'à 11 parmi les 15 questions la concernant. Dans l'affaire *États-Unis – Subventions concernant le coton upland* (*États-Unis – Coton upland*), le groupe spécial a posé au total 54 questions aux tierces parties durant la séance de la première réunion de fond le 24 juillet 2003 et la reprise de celle-ci le 8 octobre 2003. La plupart des tierces parties y ont répondu et toutes les réponses, dans leur ensemble, ont constitué un dossier de 182 pages. *Ibid.*, WT/DS267/R/Add.3-01, Annexe J - Réponses des tierces parties aux questions posées par le groupe spécial et les autres tierces parties et observations sur ces réponses, pp. J-1 – J-182.

583 MENETREY S., *op. cit.*, note 150, p. 345.

584 L'article 85.1, deuxième phrase, du Règlement de la Cour de 1978.

fixe, le cas échéant, un délai dans lequel les parties peuvent répondre à ce mémoire ». Les différences résultent ici essentiellement du point de savoir sous quelle forme les parties peuvent répondre au mémoire présenté par un intervenant. Si le Règlement de 1978 de la CIJ prévoit clairement que les observations sur la déclaration d'un État intervenant doivent exister sous forme écrite, dans la version actuelle, le Règlement de procédure de la CJUE ne le précise pas. Selon le Conseil, dans l'affaire *Contamination radioactive des denrées alimentaires,* le Parlement n'était pas fondé en droit de répondre par écrit à un mémoire en intervention (en évoquant en détail dans sa réplique les arguments présentés par l'intervenant)[585]. Toutefois, cette idée, jugée excessive, a été rejetée[586] ; cela permet d'affirmer que les réponses des parties aux arguments présentés par un intervenant peuvent être établies sous forme écrite ou orale.

256.- Si celle-ci est expressément prévue dans les instruments procéduraux de la CIJ et de la CJUE, ce n'est pas le cas dans le cadre de l'ORD. La possibilité des parties principales à répondre à la communication écrite des tierces parties n'est énoncée nulle part dans le Mémorandum d'accord. Les Procédures de travail pour l'examen en appel précisent que les participants se voient uniquement ménager la possibilité de « répondre aux questions posées par la section »[587]. En l'occurrence, il semble évident que les participants s'en abstiennent. Toutefois, une autre solution existe. La règle 28.2 de ces Procédures prévoit :

> « Toutes ces questions, toutes ces réponses ou tous ces mémoires seront mis à la disposition des autres participants et participants tiers à l'appel, auxquels il sera ménagé une possibilité de répondre »[588].

Cette disposition, mise dans le contexte général de la règle 28, ne concerne que les questions posées par la section de l'Organe d'appel aux participants et participants tiers et les réponses de ces derniers auxdites questions. Par conséquent, une fois qu'un participant tiers répond aux questions qui lui sont adressées par la section de l'Organe d'appel, et que ces réponses sont transmises aux participants et aux autres participants tiers, ces derniers ont la possibilité de faire des remarques sur ces réponses. Il ne s'agit pas cependant de la possibilité pour les participants et participants tiers de réagir directement aux arguments présentés dans la communication écrite d'un participant tiers. Ainsi en l'espèce, le principe du contradictoire ne joue-t-il entre les parties qu'au second plan. En outre, si les participants et les participants tiers ne se voient pas ménager cette possibilité, ce

---

585 *Contamination radioactive des denrées alimentaires (Parlement c. Conseil),* C. 70/88, Conclusions de l'avocat général M. Walter Van Gerven, présentées le 26 juin 1991, Recueil de la jurisprudence, 1991.I, p. 4544.

586 *Ibid.,* C. 70/88, note 585, p. 4544.

587 *Ibid.,* WT/AB/WP/6, note 110, règles 27.3.a et 27.3.b.

588 *Ibid.,* WT/AB/WP/6, note 110, règle 28.2.

sera un problème dans les Procédures de travail pour l'examen en appel, lequel nécessitera d'être réexaminé plus profondément dans les prochaines modifications pour mieux assurer le respect du droit de la défense des parties au différend[589].

257.- À l'inverse, le silence du Mémorandum d'accord ne signifie pas pour autant qu'une telle opportunité ne soit pas en pratique octroyée dans la procédure des groupes spéciaux. Avec l'exercice de leur pouvoir discrétionnaire, ils peuvent permettre aux parties principales, si nécessaire, de poser aux tierces parties des questions relatives à tout point soulevé dans la communication écrite déposée par les dernières. En effet, la règle établie à cet égard est souvent insérée dans les procédures de travail d'un groupe spécial comme suit :

> « Après que les tierces parties auront fait leurs déclarations [orales], les parties pourront se voir ménager la possibilité, par l'intermédiaire du groupe spécial, de poser des questions aux tierces parties afin d'obtenir des précisions sur tout point soulevé dans les communications ou déclarations de celles-ci. Chaque partie adressera par écrit à une tierce partie, dans un délai qui sera fixé par le groupe spécial, toutes questions auxquelles elle souhaite qu'il soit répondu par écrit »[590].

258.- La grande différence dans cette disposition par rapport aux autres est qu'il devient impossible pour les parties principales d'adresser aux tierces parties des questions sur les communications écrites des dernières avant la séance de la première réunion de fond du groupe spécial avec les tierces parties. C'est pourquoi, toute question à ce stade doit être posée par les parties durant cette séance après la présentation orale des tierces parties. Un problème se pose : si une tierce partie est absente à l'audience, ce qui est tout à fait permis, comment les parties peuvent-elles lui poser des questions sur ses communications écrites déjà déposées ? Nous trouvons la solution dans la dernière phrase de cette disposition qui stipule qu'une partie principale peut adresser à une tierce partie des questions auxquelles la première veut obtenir de la deuxième des réponses écrites. Ainsi les tierces parties se voient-elles ménager deux possibilités de répondre aux questions posées par les parties principales : soit directement par voie orale dans l'audience, soit indirectement, par écrit, une fois demandé. Comme indiqué plus haut, le fait de répondre aux questions posées par écrit ne constitue pas une obligation pour la tierce partie. Ce constat semble raisonnable et correspond à l'esprit

---

589 FRISON-ROCHE M.-A., *ibid.*, note 513, pp. 125-148 ; SHAHRJERDI P. & TOMKIEWICZ V., « Le procès équitable dans l'espace normatif de l'Organisation mondiale du commerce », *in* RUIZ FABRI H. (dir.), *Procès équitable et enchevêtrement des espaces normatifs*, Travaux de l'atelier de droit international de l'UMF de droit comparé de Paris, Société de législation comparée, Paris, 2003, pp. 269-290.

590 *Ibid.*, WT/DS427/R/Add.1, note 537, para. 16.c.

général du mécanisme de règlement des différends de l'OMC à l'égard de la participation des tierces parties.

259.- En résumé, les tierces parties ont de différentes possibilités d'adresser au juge de l'OMC des communications écrites. De plus, elles peuvent également lui présenter une déclaration orale lors de l'audience. De toute façon, cette déclaration orale constitue un moyen additionnel de leur participation.

II. La déclaration orale : moyen additionnel de participation de tierces parties

260.- Il convient de réitérer que le dépôt des communications ou réponses par écrit n'est pas obligatoire dans les procédures devant les groupes spéciaux et l'Organe d'appel après des modifications apportées aux Procédures de travail pour l'examen en appel, entrées en vigueur depuis le premier mai 2003. Cela peut être considéré comme un point positif du régime d'intervention, surtout pour les Membres en développement ne pouvant pas mobiliser les ressources nécessaires. Pour eux, il existe une autre solution, moins coûteuse, il s'agit de la participation orale au cours de l'audience. C'est une possibilité affirmée par le Mémorandum d'accord **(A)** qui doit respecter des règles procédurales spécifiques **(B)**.

A. Une possibilité affirmée par le Mémorandum d'accord

261.- Si la présence de l'*amicus curiae* à l'audience est encore discutée[591], celle des tierces parties, une fois leur intervention admise, est explicitement prévue dans des mécanismes de règlement des différends internationaux. Par exemple, les procédures de la CIJ donnent à l'État intervenant l'occasion de présenter durant la procédure orale des observations sur l'objet de l'intervention[592]. L'article 2013 de l'ALÉNA[593], l'article 48.2 de la version consolidée du 20 septembre 2010 de la Convention établissant l'AELE[594], le paragraphe II.6 de l'Annexe II de *Protocol on Enhanced Dispute Settlement Mechanism* de 2004 de l'ASEAN[595], le paragraphe

---

[591] MENETREY S., *op. cit.*, note 150, pp. 343-344. Dans le cadre de l'OMC, l'*amicus curiae*, même si sa demande est admise, n'a pas droit de se présenter à l'audience. Voir particulièrement les procédures additionnelles relatives à l'*amicus curiae* adoptées par l'Organe d'appel dans l'affaire *CE – Mesures affectant l'amiante et les produits en contenant*, Communication de l'Organe d'appel du 8 novembre 2000, WT/DS135/9.

[592] Les articles 85.3 et 86.2 du Règlement de la Cour de 1978. Voir également : TORRES BERNARDEZ S., *ibid.*, note 4, pp. 421-422.

[593] Cet article prévoit qu'une Partie n'étant pas une Partie contestante est en droit d'assister à toutes les audiences, de présenter des conclusions écrites et orales au groupe spécial et de recevoir les conclusions écrites des Parties contestantes.

[594] *« A Member State which is not a party to the dispute, (…) shall be entitled to (…) attend all hearings and make oral submissions ».*

[595] Cette disposition stipule : *« All third parties which have notified their interest in the dispute to the SEOM shall be invited in writing to present their views during a session of the first substantive meeting of the panel*

9 de l'Annexe 15.A de l'Accord P4[596]... mentionnent également cette opportunité. Au sein de l'ORD, la possibilité de faire une déclaration orale pour une tierce partie est prévue à la fois dans le Mémorandum d'accord et dans les Procédures de travail pour l'examen en appel. Pour l'intervention dans les travaux d'un groupe spécial, le Mémorandum d'accord prévoit : « Toutes les tierces parties (...) seront invitées par écrit à présenter leurs vues au cours d'une séance de la première réunion de fond du groupe spécial réservée à cette fin »[597]. La règle 27 des Procédures de travail pour l'examen en appel prévoit les mêmes possibilités :

> « Toute tierce partie qui aura déposé une communication conformément à la règle 24.1 ou aura notifié au secrétariat conformément à la règle 24.2 (...) pourra comparaître à l'audience, faire une déclaration orale à l'audience et répondre aux questions posées par la section »[598], et :
>
> « Toute tierce partie qui aura présenté une demande conformément à la règle 24.4 pourra, à la discrétion de la section qui connaît de l'appel, et compte tenu des prescriptions relatives à la régularité de la procédure, faire une déclaration orale à l'audience et répondre aux questions posées par la section »[599].

262.- Il faut noter que dans l'examen en appel, les possibilités énoncées ci-dessus ne sont pas les mêmes. Alors que celle établie au titre de la règle 27.2 des Procédures de travail constitue automatiquement un droit d'un participant tiers qui respecte les prescriptions des règles 24.1 et 24.2, ce n'est pas le cas pour l'intervention au titre de la règle 24.4. Un participant tiers « passif », autorisé conformément à la règle 24.4, ne peut faire de déclarations orales qu'après y être autorisé par l'Organe d'appel dans le respect des garanties en matière de procès équitable.

Le fait que l'Organe d'appel donne à des participants tiers l'occasion de faire des déclarations orales, au titre de la règle 24.2 ou 24.4, a soulevé une question de la part du Canada à l'égard des garanties à une procédure régulière, lors des discussions au sein de l'ORD sur ce sujet. Selon ce Membre, pour assurer un

---

set aside for that purpose. All such third parties may be present during the entirely of this session ». Le paragraphe II.9 y ajoute : « (...) *any third party invited to present its views in accordance with Article 11 shall make available to the panel a written version of their oral statements »*.

596 Le paragraphe 9 de cette annexe prévoit qu'une tierce partie a l'opportunité de faire des communications écrites et d'être présente à des audiences du tribunal arbitral établi au titre de ce chapitre. De plus, le paragraphe 22 concernant la conduite des audiences par le tribunal arbitral prévoit que durant ces audiences, les tierces parties peuvent présenter oralement leurs points de vue.

597 Le paragraphe 6 de l'appendice 3 du Mémorandum d'accord. Voir aussi : CANAL-FORGUES E., *op. cit.*, note 8, p. 78 ; NGAMBI J., *op. cit.*, note 461, p. 255 ; PALMERTER D. & MAVROIDIS P. C., *op. cit.*, pp. 110-111.

598 La règle 27.3.a) des Procédures de travail pour l'examen en appel. PALMERTER D. & MAVROIDIS P. C., *op. cit.*, p. 219 ; CANAL-FORGUES E., *op. cit.*, note 8, p. 95.

599 La règle 27.3.c) des Procédures de travail pour l'examen en appel ; PALMERTER D. & MAVROIDIS P. C., *op. cit.*, p. 220 ; CANAL-FORGUES E., *op. cit.*, note 8, p. 95.

équilibre entre les droits des tierces parties de participer à une procédure d'appel et des parties à une procédure régulière, les parties principales devraient avoir connaissance des arguments qui seraient présentés à l'audience, y compris ceux des participants tiers. Cette garantie existe en cas d'intervention au titre de la règle 24.1, mais ce ne sera pas le cas dans une intervention au titre de l'article 24.2 ou 24.4. Or, l'impossibilité de connaître à l'avance les arguments de fond présentés par les participants tiers à l'audience pourrait affecter les droits des parties à une procédure régulière[600]. D'après le Canada, alors que la règle 24.4 veille à ce que l'Organe d'appel examine l'intervention et la possibilité de faire des déclarations orales d'un participant tiers dans le respect des garanties à une procédure régulière, cette exigence n'existe pas dans la règle 24.2[601]. Bien que ces préoccupations ne soient pas infondées[602], il ne faut pas nier les avantages que ces règles peuvent apporter à la fois à l'Organe d'appel (dans une perspective réceptrice d'information) et aux participants tiers (sous l'angle du rapport coût-bénéfice de leur participation à l'appel).

263.- Ainsi les tierces parties trouvent-elles ici un autre moyen de présenter leur point de vue au juge ainsi qu'aux parties principales au différend. Elles peuvent en bénéficier qu'il s'agisse de faire valoir les arguments figurant dans leurs communications écrites déjà déposées, ou d'introduire de nouveaux arguments[603], ou bien encore de faire connaître leur opinion si elles n'ont pas déposé au préalable des communications écrites. Cette troisième situation, que l'on retrouve souvent dans la pratique de l'ORD, est particulièrement significative pour les pays en développement qui manquent d'expertise. Il s'agit d'une solution moins coûteuse permettant à tel ou tel Membre d'exprimer sa voix dans une affaire sans avoir besoin de mobiliser des ressources plus importantes.

264.- Il faut noter cependant son caractère additionnel, étant donné qu'une tierce partie peut comparaître au cours d'une audience sans obligation de faire oralement des observations. Elle se trouve donc dans la situation d'un observateur « passif »[604]. Même dans cette situation, elle peut toujours en tirer des leçons importantes sur le fonctionnement de ce système, utiles à un engagement ultérieur, le cas échéant, dans le rôle de partie principale. Malgré son caractère additionnel, elle est également régie par certaines règles procédurales.

---

[600] Il a fourni comme preuve que dans un appel antérieur auquel il avait participé, il avait été avisé par un Membre que ce dernier ne comptait pas déposer une communication écrite en tant que participant tiers mais faire une déclaration orale à l'audience. Il avait donc été mis dans la position de devoir deviner quels arguments de fond ce membre présenterait à l'audience organisée pendant la semaine suivante.

[601] *Ibid.*, WT/DSB/M/134, note 172, para. 87.

[602] *Ibid.*, WT/DSB/M/134, note 172, para. 88 ; voir *infra*, para. 614-623.

[603] Le Mémorandum d'accord et les Procédures de travail pour l'examen en appel ne l'interdisent pas.

[604] Voir *supra*, para. 178-179.

B. Les procédures applicables aux déclarations orales

265.- Si la CIJ ou la CJUE ne précise pas les règles applicables à la présentation par les intervenants des déclarations orales, ces dernières sont, au sein de l'ORD, soumises à des règles plus détaillées.

266.- En ce qui concerne les procédures devant les groupes spéciaux, ces règles sont tout d'abord prévues dans l'appendice 3 du Mémorandum d'accord. Conformément à cet appendice, une séance de la première réunion de fond du groupe spécial avec les tierces parties sera organisée séparément de celle du groupe spécial avec les parties. Au cours de cette séance, toutes les tierces parties pourront être présentes[605]. Après la séance, les tierces parties ayant exposé oralement devront mettre à disposition du groupe spécial une version écrite de leurs déclarations orales[606] qui servira en effet à la rédaction du rapport du groupe spécial et en fera normalement partie. Les tierces parties ne peuvent pas ajouter d'arguments nouveaux. Par conséquent, la version écrite des déclarations orales ne peut en aucun cas se substituer à leurs communications écrites.

267.- Ainsi, les règles demeurent très simples et nécessitent d'être mises en évidence pour assurer que la participation des tierces parties ne perturbe pas les travaux en cours du groupe spécial. C'est pourquoi, on trouve souvent, dans les procédures rédigées en détail par ce dernier, des règles complémentaires relatives à la représentation durant l'audience, et spécialement au déroulement de l'audience[607].

---

[605] Le paragraphe 6 de l'appendice 3 du Mémorandum d'accord.

[606] Le paragraphe 9 de l'appendice 3 du Mémorandum d'accord.

[607] Les règles récemment établies prévoient, par exemple :

« La séance avec les tierces parties se déroulera de la manière suivante :

a) Toutes les tierces parties pourront être présentes pendant toute cette séance.

b) Le groupe spécial entendra tout d'abord les arguments des tierces parties par ordre alphabétique. Les tierces parties présentes à la séance avec les tierces parties et ayant l'intention de présenter leurs vues oralement à cette séance fourniront au groupe spécial et aux parties et aux autres tierces parties des versions écrites provisoires de leurs déclarations avant de prendre la parole. Elles mettront à la disposition du groupe spécial et des parties et des autres tierces parties les versions finales de leurs déclarations, de préférence à la fin de la séance, et en tout état de cause au plus tard à 17 heures le premier jour ouvrable suivant la séance.

c) Après que les tierces parties auront fait leurs déclarations, les parties pourront se voir ménager la possibilité, par l'intermédiaire du groupe spécial, de poser des questions aux tierces parties afin d'obtenir des précisions sur tout point soulevé dans les communications ou déclarations de celles-ci. Chaque partie adressera par écrit à une tierce partie, dans un délai qui sera fixé par le groupe spécial, toutes questions auxquelles elle souhaite qu'il soit répondu par écrit.

d) Le groupe spécial pourra ensuite poser des questions aux tierces parties. Il adressera par écrit aux tierces parties, dans un délai qu'il fixera, toutes questions auxquelles il souhaite qu'il soit répondu par écrit. Chaque tierce partie sera invitée à répondre par écrit à ces questions dans un délai qui sera fixé par le groupe spécial ». *Ibid.*, WT/DS427/R/Add.1, note 537, Annexe C-1, para. 18.

Toute une série des règles déterminent, hormis celles énoncées à l'appendice 3 du Mémorandum d'accord, l'ordre de présentation orale des tierces parties, le dépôt de la version écrite provisoire et finale, la possibilité de poser des questions aux tierces parties après leur présentation ainsi que le délai fixé par le groupe spécial relatif à la date de réception des réponses écrites. La durée de chaque présentation dépend de ce que chaque tierce partie veut dire et de l'importance qu'elle veut accorder à ses arguments. La présentation dure en réalité un quart d'heure et cette séance peut durer un ou deux jours en fonction du nombre de tierces parties prenant la parole[608].

268.- Une tierce partie doit fournir la version écrite provisoire avant de prendre la parole. Le but est d'assurer une procédure régulière surtout en matière de droits de la défense[609] en facilitant le processus de questionnement énoncé dans le paragraphe suivant. Il s'agit d'une nouvelle règle par rapport à l'appendice 3. Cela ne complique pas la tâche des tierces parties, car pour rendre efficace leur présence à l'audience, elles ont tout intérêt à préparer le contenu de leurs déclarations orales avant de comparaître. En outre, le caractère provisoire de cet exposé indique d'ailleurs qu'il ne les oblige pas à le rédiger avec soin.

269.- Les tierces parties ont également l'occasion de faire une déclaration orale au cours de la deuxième réunion de fond, dès lors que leur demande relative à des droits de tierces parties renforcés est admise et que le groupe spécial les autorise à le faire. Par exemple, dans l'affaire *CE – Bananes III,* suite à la demande présentée par certaines tierces parties[610] sollicitant l'autorisation de participer plus pleinement aux travaux du groupe spécial[611], celui-ci, dans sa réponse favorable, a prévu de « donner aux [tierces parties] la possibilité de présenter une brève déclaration à un moment opportun au cours de la deuxième réunion », et à ne pas s'attendre à ce qu'elles « présentent d'autres communications écrites, outre les réponses aux questions déjà posées à la première réunion »[612]. En l'espèce, les déclarations orales des tierces parties ont trouvé là leur rôle alternatif, lorsque les tierces parties n'ont pas été autorisées à présenter des communications écrites,

---

608 CANAL-FORGUES E., *op. cit.*, note 8, pp. 77-78.

609 Sur ce sujet, voir : SHAHRJERDI P. & TOMKIEWICZ V., *ibid.*, note 589, pp. 267-290 ; PANIZZON M., « Good Faith, Fairness and Due Process in WTO Dispute Settlement Practice », *in* CHAISSE J. & BALMELLI T. (edt.), *Essays on the Future of the World Trade Organization, Volume II : The WTO Judicial System : Contributions and Challenges,* Genève, Éditions interuniversitaires suisses, 2008, pp. 1-53 ; MITCHELL A., « Due Process in WTO disputes », *in* YERXA R. & WILSON B. (edt.), *Key Issues in WTO Dispute Settlement : the First Ten Years,* Cambridge, Cambridge University Press, 2005, pp. 144-160.

610 À savoir le Belize, le Cameroun, la Colombie, le Costa Rica, la Côte d'Ivoire, la Dominique, le Ghana, la Grenade, la Jamaïque, le Nicaragua, la République dominicaine, Saint-Vincent-et-les Grenadines, Sainte-Lucie, le Sénégal, le Suriname et le Venezuela.

611 *Communautés européennes – Régime applicable à l'importation, à la vente et à la distribution des bananes,* Rapport du groupe spécial du 22 mai 1997, WT/DS27/R/ECU, para. 7.4.

612 *Ibid.,* WT/DS27/R/ECU, note 611, para. 7.8.a.

afin de ne pas faire perdre de temps au groupe spécial. Dès lors, il apparaît que les règles et la pratique d'intervention jusqu'ici concilient deux aspects procéduraux la concernant : l'ouverture de la procédure à la participation des tierces parties est toujours examinée dans le respect de l'équité et de l'efficacité.

À cet égard cependant, il ne s'agit pas d'une solution commune à toutes les affaires. En effet, l'attribution aux tierces parties de la possibilité de faire des déclarations orales, de déposer des communications écrites, ou de les faire parallèlement au cours de la deuxième réunion de fond, tombe toujours dans le domaine de l'exercice du pouvoir discrétionnaire du groupe spécial concerné[613]. Lorsque les tierces parties se voient attribuer le droit de faire des déclarations orales, en l'occurrence, elles n'auront pas le droit de participer à la deuxième réunion de fond du groupe spécial, comme dans la phase de la première réunion[614]. Les déclarations orales seront conduites dans une réorganisation par le groupe spécial des règles qui guident cette deuxième réunion de fond[615], surtout en ce qui concerne l'ordre de présentation, la durée et la fourniture d'une version écrite de cette déclaration orale.

270.- Par rapport aux règles détaillées régissant la participation des tierces parties à l'audience du groupe spécial avec les tierces parties, celles relatives à la participation des participants tiers à l'appel restent moins précises. Les prescriptions énoncées dans les règles 27.3 des Procédures de travail pour l'examen en appel indiquent simplement que les participants tiers peuvent être présents et faire une déclaration orale durant l'audition. Dès lors, cette participation est menée par la section de l'Organe d'appel responsable de connaître de l'appel[616]. Puisqu' « en

---

613 Par exemple, dans l'affaire *CE – Hormones,* les tierces parties ont eu l'occasion de faire une brève déclaration orale lors de la deuxième réunion de fond (*ibid.,* WT/DS26/R/USA, note 263, para. 8.15 ; *ibid.,* WT/DS48/R/CAN, note 263, para. 8.20. Dans l'affaire *CE – Subventions à l'exportation de sucre,* le groupe spécial a démontré de ne pas s'attendre à ce que les tierces parties s'étant vues attribuer les droits renforcés présenteraient une autre communication écrite et feraient des déclarations orales durant l'audience de la deuxième réunion de fond. *Communautés européennes – Subventions à l'exportation de sucre,* Rapport du groupe spécial du 15 octobre 2004, WT/DS283/R (plainte de la Thaïlande), para. 2.6.c. Suite à cette décision, au nom des pays ACP exportateurs de sucre, le Guyana a demandé d'être autorisé à présenter des arguments, y compris des déclarations orales (para. 2.8), mais le Groupe spécial l'a refusé (para. 2.9).

614 *Ibid.,* WT/DS27/R/ECU, note 611, para. 7.8.a.

615 Surtout le paragraphe 7 de l'appendice 3 du Mémorandum d'accord, qui peut être complété par les règles plus détaillées par le groupe spécial saisi dans une affaire donnée et surtout dans le cas où ce groupe octroie aux tierces parties l'occasion de présenter des points de vue. Voir également NGAMBI J., *op. cit.*, note 461, p.271 ; PALMETER D. & MAVROIDIS P. C., *op. cit.,* note 9, pp. 110-111, 256-258.

616 L'Organe d'appel a précisé dans l'affaire *États-Unis/Canada – Maintien de la suspension d'obligation dans le différend CE – Hormones* que : « Nous relevons que le Mémorandum d'accord ne prévoit pas spécifiquement la tenue d'une audience au stade de l'appel. L'audience a été instituée par l'Organe d'appel dans ses Procédures de travail, qui ont été élaborées conformément à l'article 17.9 du Mémorandum d'accord. La conduite et l'organisation de l'audience relèvent de la compétence de

pratique, une grande partie de l'audition est consacrée à cette séance de questions »[617] dont la procédure est régie par des règles forcément détaillées[618], il semble qu'il ne soit pas nécessaire pour l'Organe d'appel de développer, à cet égard, d'autres règles.

271.- En résumé, les tierces parties ont différentes possibilités de faire savoir leur point de vue sur les questions mises en cause dans une affaire pendante. Elles peuvent être distinctes ou complémentaires. Quelle qu'en soit la nature, elles aident les tierces parties à participer de manière plus active au mécanisme de règlement des différends de l'OMC, ce qui enrichit leur connaissance, leur expertise et leur expérience.

Section 2 : L'OBJET DE LA PARTICIPATION

272.- L'objet de la participation précise le contenu des communications présentées par les tierces parties au juge. Pour éviter tout changement éventuel de la nature du différend et tout bouleversement possible de la procédure en cours, les tierces parties ne sont pas, en principe, en mesure de porter devant la juridiction concernée un nouveau litige pouvant être jugé à titre principal[619]. En d'autres termes, l'objet de l'intervention s'encadre dans l'objet du différend.

273.- Dans le cadre de l'OMC, il faut constater tout d'abord qu'il n'existe presque aucune règle sur ce que ces communications doivent contenir. Par conséquent, en théorie, une tierce partie peut déterminer librement ce qu'elle veut présenter dans les communications écrites ou déclarations orales. Il s'agit donc de la liberté pour les tierces parties de présenter les arguments **(I)**. Toutefois, la pratique devant les groupes spéciaux et l'Organe d'appel a apporté un éclaircissement supplémentaire en précisant que dans tous les cas, le contenu de telle ou telle communication ne doit pas dépasser l'objet du différend. En d'autres termes, c'est une liberté qui est bien encadrée **(II)**.

I. La liberté de présenter des arguments

274.- Les tierces parties intervenant devant l'ORD disposent d'une certaine latitude pour rédiger, soumettre des communications écrites et faire des déclarations orales durant les travaux des groupes spéciaux et de l'Organe d'appel. Ceci résulte en effet du fait que le Mémorandum d'accord ainsi que les Procédures de

---

l'Organe d'appel (compétence de la compétence) conformément à la règle 27 des Procédures de travail. Ainsi, l'Organe d'appel a le pouvoir de contrôler la conduite de l'audience (…). » *États-Unis – Maintien de la suspension d'obligations dans le différend CE-Hormones,* Rapport de l'Organe d'appel du 16 octobre 2008, WT/DS320/AB/R et *Canada – Maintien de la suspension d'obligations dans le différend CE-Hormones,* Rapport de l'Organe d'appel du 16 octobre 2008, WT/DS321/AB/R, Annexe IV – Décision procédurale du 10 juillet visant à autoriser le public à suivre l'audience, para. 7.

[617] CANAL-FORGUES E., *op. cit.*, note 8, p. 95.

[618] *Ibid.*, WT/AB/WP/6, note 110, règle 28.

[619] SANTULLI C., *op. cit.*, note 3, p. 302.

travail ne mentionnent pas les contenus précis que doivent comprendre ces communications **(A)**. Toutefois, il reste également une différence entre les communications présentées aux groupes spéciaux et à l'Organe d'appel **(B)**.

A. Le contenu quasiment libre des communications

275.- La question de l'encadrement du contenu des communications écrites ou orales de tierces parties demeure sans réponse homogène dans les mécanismes de règlement des différends internationaux.

276.- Devant la CIJ, dès qu'une intervention est admise au titre de l'article 62 ou 63 de son Statut, l'État intervenant peut présenter soit « une déclaration écrite », soit « des observations écrites ». Toutefois, les articles 85 et 86 de son Règlement de 1978 ne précisent dans aucunes dispositions quel contenu ces documents doivent comporter. Autrement dit, ils ne sont apparemment pas considérés comme les mémoires, contre-mémoires, répliques ou dupliques, que les parties principales doivent lui déposer, dont le contenu est strictement décrit[620]. Ils ne sont également pas assujettis aux formes exigées par l'article 49 de ce Règlement[621] et ne doivent donc en aucun cas contenir de conclusions, au sens technique du terme, prévues à cet article.

277.- Au contraire, le contenu du mémoire qu'un intervenant peut déposer auprès de la CJUE est expressément prévu dans son Règlement de procédure. Il devrait contenir « a) les conclusions de l'intervenant tendant au soutien, total ou partiel, des conclusions d'une des parties ; b) les moyens et arguments invoqués par l'intervenant ; c) les preuves et offres de preuves s'il y a lieu »[622]. Aux termes de cet article, l'intervenant a la liberté de choisir de soutenir les conclusions d'une des parties au litige. Une fois que le choix est précisé, il doit être exprimé dans son mémoire à travers ses arguments qui tendent à les soutenir. Toutefois, l'encadrement par le Règlement du contenu du mémoire déposé par l'intervenant n'a en pratique pas empêché que l'intervenant puisse « faire valoir des arguments

[620] TORRES BERNARDEZ S., *ibid.,* note 4, p. 420.

[621] Cet article prévoit : « 1. Le mémoire contient un exposé des faits sur lesquels la demande est fondée, un exposé de droit et les conclusions. 2. Le contre-mémoire contient : la reconnaissance ou la contestation des faits mentionnés dans le mémoire ; le cas échéant, un exposé additionnel des faits ; des observations relatives à l'exposé de droit contenu dans le mémoire ; un exposé de droit en réponse ; et les conclusions. 3. La réplique ou duplique, si la Cour en autorise la présentation, ne répètent pas simplement les thèses des parties mais s'attachent à faire ressortir les points qui les divisent encore. 4. Toute pièce de procédure énonce les conclusions de la partie qui la dépose, au stade de la procédure dont il s'agit, en les distinguant de l'argumentation, on confirme les conclusions déjà présentées ».

[622] L'article 132.2 du Règlement de procédure de la CJUE.

nouveaux pour soutenir la cause commune »[623], ce qui constitue, selon la Cour, la « raison d'être » de l'intervention même[624].

278.- Au sein de l'ORD, la solution est la même que celle prévue dans le Règlement de la CIJ. Ni le Mémorandum d'accord, ni les Procédures de travail pour l'examen en appel ne prévoient de manière explicite le contenu de la communication écrite des tierces parties.

Dans les Procédures de travail pour l'examen en appel, une seule simple indication est mentionnée pour les communications écrites déposées par les participants tiers, lesquelles devraient consister en « les motifs et arguments juridiques » à l'appui de leur position. Par rapport à la teneur de la déclaration d'appel[625], de la communication de l'appelant[626] ou de l'intimé[627], l'Organe d'appel a laissé beaucoup de souplesse aux participants tiers : ils n'ont pas à supporter la charge de rédiger ces communications et cela facilitera leur participation.

279.- Ainsi une liberté est-elle expressément attribuée aux tierces parties de déterminer ce qu'elles souhaitent présenter dans les communications. Comme l'Australie l'a fait savoir, elle a la possibilité de choisir, parmi les questions en cause, certaines questions sur lesquelles elle considère intéressant et approprié à

---

623 *Confédération nationale des producteurs de fruits et légumes et autres c. Conseil de la Communauté économique européenne,* Affaires jointes 16/62 et 17/62, Ordonnance de la Cour du 24 octobre 1962, Recueil de la jurisprudence, 1962, p. 940.

624 DE SCHUTTER O., *ibid.,* note 248, p. 103 ; USHER J. A., *ibid.,* note 242, p. 104.

625 La déclaration d'appel, conformément à la règle 20.1 des Procédures de travail pour l'examen en appel, doit contenir les informations sur : le titre du rapport spécial faisant l'objet de l'appel ; le nom de la partie au différend déposant la déclaration d'appel ; l'adresse aux fins de signification et les numéros de téléphone et de télécopie de la partie au différend ; et un bref exposé de la nature de l'appel, y compris l'identification des erreurs alléguées dans les questions de droit et les interprétations du droit contenues dans le rapport du groupe spécial, une liste des dispositions juridiques des accords visés concernées et une liste indicative des paragraphes du rapport du groupe spécial contenant les erreurs alléguées.

626 La communication écrite de l'appelant doit contenir un exposé précis des motifs de l'appel, un exposé précis des dispositions des accords visés et autres sources juridiques invoquées et la nature de la décision demandée (*Ibid.,* WT/AB/WP/6, note 110, règle 21.2.b).

627 La communication écrite de l'intimé doit comprendre un exposé précis des motifs de l'opposition aux allégations spécifiques d'erreurs ; l'acceptation ou l'opposition en ce qui concerne chaque motif énoncé dans la (les) communication(s) de l' (des) appelant(s) ; un exposé précis des dispositions des accords visés et autres sources juridiques invoquées ; et la nature de la décision demandée (*Ibid.,* WT/AB/WP/6, note 110, règle 22.2.b).

présenter son point de vue[628]. En outre, elle se réserve le droit de présenter ultérieurement des arguments supplémentaires[629]. La Nouvelle-Zélande mentionne souvent, comme l'Australie dans ses communications écrites déposées auprès des groupes spéciaux ou de l'Organe d'appel, de manière explicite, les questions sur lesquelles elle veut présenter des opinions[630]. Toutefois, il importe de reconnaître la différence entre la portée des communications déposées devant les groupes spéciaux et celle des communications présentées à l'Organe d'appel.

B. La différence de portée des communications déposées devant les groupes spéciaux et devant l'Organe d'appel

280.- La portée de la participation des tierces parties au sein de l'ORD diffère en fonction de l'étape dans laquelle elles interviennent. Si elles participent à la procédure devant le groupe spécial, leurs communications peuvent contenir des informations à caractère juridique et factuel concernant des allégations formulées par la partie plaignante et réfutées par la partie défenderesse. En revanche, si elles interviennent dans la procédure en appel, leurs communications écrites ou orales ne peuvent porter que sur les questions juridiques dont l'Organe d'appel est saisi. Cela correspond respectivement au mandat du groupe spécial et de l'Organe d'appel. Rappelons que lorsque le mandat de l'Organe d'appel se limite à des questions de droit couvertes par le rapport du groupe spécial et à l'interprétation du droit données par ce groupe spécial[631], ce dernier est, à l'inverse, appelé à connaître à la fois les questions de droit et de fait[632]. Il n'est donc pas surprenant

---

[628] Par exemple, dans la communication écrite adressée au groupe spécial saisi dans l'affaire *Argentine – Mesures affectant l'importation de marchandises,* l'Australie a précisé : *« Australia addresses, in this submission, Argentina's request for a premilinary ruling concerning whether the Restrictive Trade Related Requirements are within the Panel's terms of reference », « Australia addresseses a number of issues relating to the interpretation of certain provisions of GATT, with a particular focus on : a. whether a customs formality can be evaluated under Article XI of GATT ; b. the purpose and focus of Article VIII of GATT ; and c. whether a non-automatic import licensing procedure can also be a prohibited quantitative restricton under XI of GATT ».* Voir : *Argentina – Measures affecting the importation of Goods (WT/DS438, WT/DS444, WT/DS445) – Third Party written submission of Australia,* disponible sur : http://www.dfat. gov.au/trade/negotiations/disputes/DS438-DS444-DS445-australia-third-party-written-submission.html (url consultée le 10 février 2014).

[629] *Ibid.*, elle a également mentionné dans la communication que : *« Australia reserves the right to raise other issues in the third party hearing with the Panel ».*

[630] Voir, par exemple, http://www.mfat.govt.nz/downloads/treaties-and-international-law /NZ-THIRD-PARTY-PANEL-SUBMISSION-ON-TUNA-DOLPHIN.pdf (url consultée le 10 février 2014).

[631] L'article 17.6 du Mémorandum d'accord.

[632] L'Organe d'appel a interprété l'expression « la question portée devant l'ORD » mentionnée à l'article 7.1 du Mémorandum d'accord dans la relation avec l'article 6.2 du Mémorandum d'accord pour conclure que « la question portée devant l'ORD » comprend à la fois « les mesures spécifiques en cause » et « le fondement juridique » de la plainte. *Guatemala – Enquête antidumping concernant le ciment Portland en provenance du Mexique*, Rapport de l'Organe d'appel du 2 novembre 1998, WT/DS60/AB/R, para. 72.

que l'Organe d'appel prévoit expressément à la règle 24.1 des Procédures de travail pour l'examen en appel[633] que la communication écrite d'un participant tiers doive contenir les motifs et les arguments juridiques pour soutenir sa position durant cette procédure.

281.- En somme, le Mémorandum d'accord et les Procédures de travail pour l'examen en appel laissent aux tierces parties une grande latitude pour déterminer ce qu'elles présentent par écrit ou oralement. Néanmoins, cette latitude ne peut pas s'exercer de manière illimitée. Autrement dit, la portée de leur participation au sein de l'ORD est impérativement limitée par l'objet du différend, ce qui a été progressivement précisé par les groupes spéciaux et l'Organe d'appel dans leurs rapports.

II. Une liberté encadrée

282.- Dans tous les cas, l'objet de l'intervention ne peut pas outrepasser l'objet du différend. Cela signifie que les communications, sous quelque forme qu'elles soient, ne peuvent pas contenir d'allégations **(A)**, sous peine de ne pas être examinées par les juges de l'OMC **(B)**.

« Le mot *question* apparaît à l'article 7 du Mémorandum d'accord, qui énonce le mandat type des groupes spéciaux. En vertu de cette disposition, la tâche d'un groupe spécial est d'examiner « la question portée devant l'ORD ». Ces termes suivent de près ceux de l'article 17.4 de l'Accord antidumping et, étant donné le caractère intégré du système de règlement des différends, font partie du contexte de cette disposition. L'article 7 du Mémorandum d'accord lui-même ne donne aucune autre indication sur le sens du terme *question*. Toutefois, lorsque cette disposition est lue conjointement avec l'article 6.2 du Mémorandum d'accord, le sens précis du terme *question* devient clair. L'article 6.2 du Mémorandum d'accord prévoit les conditions dans lesquelles un Membre plaignant peut porter une « *question* » devant l'ORD : pour qu'un groupe spécial chargé d'examiner sa plainte soit établi, un Membre doit présenter, par écrit, une « *demande d'établissement d'un groupe spécial* ». En plus d'être le document qui permet à l'ORD d'établir un groupe spécial, cette demande est aussi généralement indiquée dans le mandat du groupe spécial comme le document exposant « *la question portée devant l'ORD* ». Ainsi, « *la question portée devant l'ORD* » aux fins de l'article 7 du Mémorandum d'accord et de l'article 17.4 de l'Accord antidumping doit être la *question* indiquée dans la demande d'établissement d'un groupe spécial présentée au titre de l'article 6.2 du Mémorandum d'accord. Cette disposition exige que la demande d'établissement d'un groupe spécial présentée par un Membre plaignant « indique les mesures spécifiques en cause et [contienne] un bref exposé du fondement juridique de la plainte qui doit être suffisant pour énoncer clairement le problème ». La « question portée devant l'ORD » consiste donc en deux éléments : les mesures spécifiques en cause et le fondement juridique de la plainte (ou les allégations) ».

633 *Ibid.*, WT/AB/WP/6, note 110.

A. L'impossibilité pour une tierce partie de soulever des allégations

283.- L'Organe d'appel, dans l'affaire *Inde – Protection conférée par un brevet pour les produits pharmaceutiques et les produits chimiques pour l'agriculture* (*Inde – Brevet (États-Unis)*), a distingué les allégations des arguments en précisant que :

> « Il y a une grande différence entre les allégations indiquées dans la demande d'établissement d'un groupe spécial, qui déterminent le mandat du groupe spécial au titre de l'article 7 du Mémorandum d'accord, et les arguments étayant ces allégations, qui sont exposés et progressivement précisés dans les premières communications écrites, dans les communications présentées à titre de réfutation et lors des première et deuxième réunions du groupe spécial avec les parties »[634].

En ce sens, les tierces parties ne sont pas en mesure de soulever devant le juge de l'OMC des allégations. C'est aussi ce que le juge de l'OMC reconnaît dans sa pratique **(1)**. Il précise ensuite la portée de cette règle sous des aspects différents **(2)**.

1. La reconnaissance de la règle par le juge de l'OMC

284.- Il faut tout d'abord noter que traditionnellement, l'impossibilité pour une tierce partie d'évoquer une allégation constitue une règle commune du régime d'intervention dans le droit du contentieux international[635]. Elle résulte notamment de l'idée que la tierce partie n'est pas partie principale au différend. Même si la pratique développée depuis peu par la CIJ a démontré qu'en principe une intervention pour devenir partie au différend pourrait être admise, la portée de cette règle semble inchangée[636].

285.- À la CIJ, l'intervention en tant que non-partie sur la base de l'article 62 du Statut a une portée circonscrite[637] : les déclarations écrites ainsi que les déclarations orales faites par un État intervenant doivent porter sur « l'objet de l'intervention »[638]. Par conséquent, le Nicaragua, dont l'intervention avait pour objet de défendre son intérêt d'ordre juridique dans le cadre du différend sur le régime juridique des eaux du Golfe de Fonseca[639], n'a pas pu adresser à la Chambre

---

634 *Ibid.*, WT/DS50/AB/R, note 463, para. 88. Sur ce sujet, voir aussi : CANAL-FORGUES E., *op. cit.*, note 8, pp. 58-59 ; BOSSCHE P. V. D., *op. cit.*, note 9, pp. 240-241.

635 SANTULLI C., *op. cit.*, note 3, p. 302.

636 JACOB P., *ibid.*, note 361, p. 217.

637 L'article 85 du Règlement de la Cour de 1978 ; CHINKIN C., *op. cit.*, note 44, p. 175.

638 Les articles 85.1 et 86.1 du Règlement de la Cour de 1978.

639 *Différend frontalier terrestre, insulaire et maritime (El Salvador/Honduras, Nicaragua (intervenant)*, Arrêt du 11 septembre 1992, C.I.J. Recueil 1992, p. 360, para. 15.

l'interprétation du compromis signé par les parties au différend le 24 mai 1986, du fait qu'il était *res inter alios acta* à l'égard du Nicaragua[640].

De plus, examiné parallèlement avec le but de l'intervention en tant que non-partie fondée surtout sur l'article 62 de son Statut, il convient de noter que dans tous les cas, un État intervenant ne peut considérer sa participation, sous quelle forme que ce soit, comme une façon d'introduire une nouvelle instance ou de nouvelles prétentions au-delà de celles formulées par les parties[641]. C'est ce que la CIJ a affirmé dans l'affaire *Différend frontalier terrestre, insulaire et maritime (El Salvador/Honduras)*. Selon la Cour, la participation d'un État intervenant n'a pas pour but de :

> « Mettre l'État intervenant en mesure de greffer une nouvelle affaire sur la précédente, de devenir une nouvelle partie et d'obtenir ainsi que la Cour se prononce sur ses propres prétentions. Une affaire avec une nouvelle partie et des nouvelles questions à trancher serait une affaire nouvelle. La différence entre l'intervention en vertu de l'article 62 et la constitution d'une nouvelle partie à une affaire n'est pas seulement une différence de degré ; c'est une différence de nature »[642].

286.- En ce qui concerne l'intervention en tant que partie, l'intervenant peut tout d'abord tenter de faire reconnaître ses droits qui, selon lui, sont mis en cause dans l'affaire principale[643]. Tel était le cas du Honduras qui cherchait à intervenir dans l'affaire *Différend territorial et maritime* opposant le Nicaragua à la Colombie. Cet État a demandé à la Cour de déterminer le tracé de la frontière maritime qui le séparait des deux parties principales[644]. Donc, il cherchait à intervenir dans ce litige à titre principal, en tant que partie. En examinant cette demande, la Cour a accepté, dans le silence de son Statut et son Règlement de 1978, qu'en principe, un État tiers pourrait intervenir en tant que partie, à condition qu'il existe « une base de compétence » entre l'État intervenant et les États parties principales[645]. Étant donné que la requête du Honduras a été rejetée, il est difficile d'imaginer la nature exacte de ce type d'intervention. Toutefois, si nous l'examinons dans le

---

[640] *Différend frontalier terrestre, insulaire et maritime (El Salvador/Honduras)*, Requête à fin d'intervention, Arrêt, C.I.J. Recueil 1990, para. 93 ; CHINKIN C., *op. cit.*, note 44, p. 175.

[641] TORRES BERNARDEZ S., *ibid.*, note 4, p. 422 ; SANTULLI C., *op. cit.*, note 3, p. 302.

[642] *Différend frontalier terrestre, insulaire et maritime (El Salvador/Honduras)*, *ibid.*, note 68, pp. 133-134, para. 97. Pour l'expliquer, la Cour a fait référence à ce qu'il s'était prononcé dans l'affaire *Plateau continental (Jamahiriya arabe libyenne/Malte)* en ce qui concerne la requête à fin d'intervention présentée par l'Italie : « Rien dans l'article 62 n'indique que ce texte ait été conçu comme un autre moyen de saisir la Cour d'un litige supplémentaire – matière qui relève de l'article 40 du Statut – ou comme un moyen de faire valoir les droits propres d'un État non partie à l'instance » (*Plateau continental (Jamahiriya arable libyenne/Malte)*, *ibid.*, note 229, p. 23, para. 37.)

[643] JACOB P., *ibid.*, note 361, p. 217.

[644] *Différend territorial et maritime (Nicaragua c. Colombie)*, *ibid.*, note 70, para. 12.

[645] *Différend territorial et maritime (Nicaragua c. Colombie)*, *ibid.*, note 70, para. 28.

cadre de l'article 62 du Statut de la Cour, il nous semble que sa perspective est moins prometteuse. D'un côté, il sera difficile pour l'intervenant de revendiquer ses propres droits sans heurter le consensualisme déjà établi entre les parties principales. La compétence de la Cour est liée à l'acceptation préalable de la juridiction par les parties, donc, cette juridiction n'est pas obligatoire. Vu sous cet angle, cette intervention « ne saurait en effet constituer un moyen de remettre en cause » ce consensualisme[646], sinon, elle risque d'être contestée par les parties principales. Autrement dit, la base de compétence n'est donc pas forcément établie entre l'État intervenant et les États parties principales. D'autre part, même si la base de compétence est établie, ce type d'intervention n'est recevable que dans la mesure où l'État intervenant peut démontrer qu'un intérêt d'ordre juridique est en cause dans l'affaire principale. « L'intervention en tant que partie ne saurait en effet conduire la Cour à connaître d'un différend distinct de celui dont elle était initialement saisie »[647]. Par conséquent, la revendication par l'État tiers de ses propres droits doit toujours être liée à l'objet du litige principal.

287.- L'État intervenant, à la fois sur la base des articles 62 et 63 du Statut de la Cour n'est pas non plus en mesure de pouvoir soulever, directement ou indirectement, des questions relatives aux exceptions préliminaires[648].

288.- Dans le cadre de la CJUE, l'intervention est limitée à soutenir, en tout ou en partie, des conclusions de l'une ou l'autre partie principale au différend[649]. Par conséquent, parmi les contenus exigés pour un mémoire déposé par un intervenant, doivent figurer les conclusions de l'intervenant tendant au soutien des conclusions de l'une des parties et les moyens et arguments invoqués par celui-ci à cette fin[650]. En complétant cette règle, l'article 129.3 du Règlement de procédure[651] affirme de surcroît que : « L'intervenant accepte le litige dans l'état où il se trouve lors de son intervention », comme constate l'auteur O. de Schutter :

> « Ceci signifie à tout le moins que l'intervenant ne peut modifier l'objet du litige. Il ne peut, par exemple, invoquer l'irrecevabilité du recours si cette irrecevabilité n'a pas été invoquée par la partie défenderesse en soutien des

---

646 JACOB P., *ibid.*, note 361, p. 218.

647 JACOB P., *ibid.*, note 361, pp. 218-219.

648 TORRES BERNARDEZ S., *ibid.*, note 4, pp. 280-282. Voir le cas du Nicaragua dans l'affaire *Différend frontalier terrestre, insulaire et maritime (El Salvador/Honduras)* cité ci-dessus.

649 L'article 129.1 du Règlement de procédure de la Cour de justice, entré en vigueur le 18 juin 2013, prévoit : « L'intervention ne peut avoir d'autre objet que le soutien, en tout ou en partie, des conclusions de l'une des parties. Elle ne confère pas les mêmes droits procéduraux que ceux conférés aux parties et, notamment, celui de demander la tenue d'une audience ».

650 L'article 132.2 du Règlement de procédure de la CJUE.

651 Cet article reprend ce qui a été énoncé à l'article 93.4 de l'ancien Règlement de procédure de la CJUE.

conclusions de laquelle il intervient ; il ne peut affirmer que l'amende imposée par la Commission, dont le recours recherche l'annulation, devrait être fixée à un niveau plus élevé, si ce point de vue n'est pas celui de la Commission ; il ne peut demander des dommages plus importants dans le cadre d'un recours en indemnité, même s'il vise à soutenir les conclusions de la partie requérante »[652].

Cette constatation, synthétisée de la jurisprudence de la Cour[653], correspond à l'esprit et à la lettre de l'article 129.3 du Règlement de procédure. Ce faisant, la portée de l'intervention dans ce mécanisme est limitée à soutenir les conclusions d'une des parties.

289.- L'intervention au sein de l'ORD est soumise au même régime mentionné ci-dessus. En l'absence d'une règle explicite en la matière, c'est la pratique de l'ORD qui confirme parfaitement cette constatation. Y. Iwasawa affirme : « L'OMC a même établi une pratique selon laquelle un groupe spécial ne prendra pas en considération une question qui n'aura pas été formulée par la partie plaignante dans sa demande d'établissement d'un groupe spécial »[654]. Il convient toutefois de noter que cette pratique résulte de celle déjà établie à l'époque du GATT de 1947 à partir des constatations prononcées par des groupes spéciaux dans certaines affaires. Le groupe spécial dans l'affaire *Mesures appliquées par le Japon aux importations de cuir*, par exemple, avait indiqué que certaines tierces parties avaient soutenu, dans leur déclaration, que le régime japonais des importations de cuir avait contenu des éléments discriminatoires et, par conséquent, avait violé les prescriptions de l'article XIII.1 et 2 du GATT de 1947. Il avait décidé de ne plus faire de constatations sur ce point qui, « n'ayant pas été soulevé par les États-Unis, n'entr[ait] pas dans son mandat »[655]. Ce groupe spécial avait été mal à l'aise pour se prononcer sur une question qu'il n'était pas en mesure de résoudre. Son

---

[652] DE SCHUTTER O., *ibid.*, note 248, p. 103. L'auteur a également réitéré l'idée avancée par K. P. E. Lasok, à savoir : *« The intervenor cannot determine the scope of the proceedings by introducing a new claim which he thinks ought to have been made ; he can only support or request the rejection of the case already made by one of the parties with the authority of his presence in court and the ingenuity of the arguments he puts forward ».* Voir également LASOK K. P. E., *European Court of Justice : Practice and Procedure*, 2nd edition, London, Butterworths, 1994, p. 168.

[653] Par exemple, en ce qui concerne l'exception d'irrecevabilité soulevée par les parties intervenantes, dans l'affaire *CIRFS e.a. / Commission,* cette exception n'a pas été examinée par la Cour, parce que selon la Cour, « les parties intervenantes n'avaient pas qualité pour soulever l'exception d'irrecevabilité ». *CIRFS e.a. /Commission,* C-313/90, Arrêt de la Cour (cinquième chambre) du 24 mars 1993, Recueil de la jurisprudence, 1993.I, p. 1183 et s., para. 21-22. C'est aussi le cas de Ford-Werke AG et la République portugaise, parties intervenantes, dans l'affaire *Matra / Commission,* C-225/91, Arrêt de la Cour du 15 juin 1993, Recueil de la jurisprudence, 1993.I, pp. 3253-3254, para. 10-12.

[654] *« The WTO has even formed a practice, according to which a panel will not consider a matter which not raised by the complaining party in its request for the establishment of a panel ».* IWASAWA Y., *ibid.*, note 127, p. 887.

[655] *Ibid.*, BISD 31S/94, note 50, para. 58.

mandat[656] ne lui avait pas permis de le faire. Il ne pouvait pas non plus l'étendre sans accord avec les parties au différend[657]. Dès lors, il avait exercé une approche vigilante de ne faire de constatations que sur les questions soulevées par les parties au différend et entrant dans son mandat[658]. De par ce constat, on a pu déduire indirectement qu'une tierce partie n'aurait jamais le droit de soulever de questions si celles-ci n'entraient pas dans le mandat d'un groupe spécial. Ceci a eu pour effet d'établir une pratique suivie par les groupes spéciaux ultérieurement établis[659].

290.- Dans le contexte de l'ORD, il n'existe pas de type d'intervention en tant que partie. Bien que le terme « tierce partie » laisse entendre qu'il s'agit d'une partie, l'adjectif « tierce » affirme qu'elle n'est pas une des parties principales qui disposent du droit de soulever les allégations. De plus, le juge de l'OMC a pris position en déclarant directement que les tierces parties intervenant dans ce nouveau mécanisme n'ont pas, non plus, le droit de formuler d'allégations. L'affaire *Chili – Système de fourchette de prix et mesures de sauvegarde appliqués à certains produits agricoles* (*Chili – Système de fourchettes de prix*) qui a opposé l'Argentine au Chili l'illustre parfaitement. Au cours de la procédure en appel, le Chili a fait appel en considérant que le groupe spécial avait agi de manière incompatible avec l'article 11 du Mémorandum d'accord lorsque ce dernier avait fait une constatation au titre de la deuxième phrase de l'article II.a.b) du GATT de 1994, qui n'avait fait l'objet d'aucune allégation formulée par l'Argentine[660]. L'Argentine, afin de soutenir qu'elle avait effectivement formulé une telle allégation, a évoqué, entre

---

656 À savoir : « Examiner, à la lumière des dispositions de l'Accord général applicables en l'espèce, la question portée devant les PARTIES CONTRACTANTES par les États-Unis (L/5462) concernant les restrictions appliquées par le Japon à l'importation de certains cuirs semi-ouvrés et finis ; faire les constatations, y compris les constatations sur la question des avantages annulés ou compromis, propres à aider les PARTIES CONTRACTANTES à formuler des recommandations ou à statuer sur la question, ainsi qu'il est prévu à l'article XXIII, paragraphe 2 ». *Ibid.,* BISD 31S/94, note 50, para. 2.

657 À cette époque, il n'existait pas de mécanisme permettant à une des parties au différend de faire appel si elle n'était pas d'accord avec une des constatations du groupe spécial contenues dans son rapport. Toutefois, le rapport risquait de ne pas être adopté par l'exercice du principe « consensus positif ».

658 FOOTER M. E., *ibid.,* note 8, p. 239.

659 Par exemple, le groupe spécial dans l'affaire *Japon – Commerce des semi-conducteurs,* avait constaté : « Conformément à la pratique antérieure du GATT et à la position commune définie lors de la réunion du Conseil du 15 avril 1987 au sujet de la participation des États-Unis, il a pris en considération les observations faites par ce pays et par les tierces parties intéressées sur les questions soulevées par les parties au différend, mais il n'a pas formulé de constatations concernant les questions soulevées uniquement par les États-Unis ou par les tierces parties intéressées » (*ibid.,* BISD 35S-116, note 50, para. 98). On peut trouver des constatations allant en ce sens dans les affaires *États-Unis – L'article 337 de la Loi douanière de 1930* (rapport du groupe spécial adopté le 7 novembre 1989, BISD 36S/345, para. 4.9), *CEE – Règlement relatif aux importations de pièces détachées et composants* (rapport du groupe spécial adopté le 16 mai 1990, BISD 37S/132, para. 5.11).

660 *Ibid.*, WT/DS207/AB/R, note 431, para. 145.

autres, le fait que les deux tierces parties (les États-Unis et les CE) avaient présenté des arguments concernant cette disposition dans leurs réponses à la question n° 3 soulevée par le groupe spécial[661]. C'est à cette occasion que l'Organe d'appel a conclu :

> « Même si ces réponses pouvaient être interprétées de la manière dont l'Argentine voudrait que nous le fassions – question que nous n'avons pas à trancher dans le présent appel -, elles ne pourraient en aucun cas aider l'Argentine à formuler une allégation au titre de la deuxième phrase de l'article II.1.b). Il s'agit des déclarations des tierces parties au différend. Les tierces parties à un différend ne peuvent pas formuler d'allégations. Il incombait à l'Argentine, en tant que partie plaignante, de formuler cette allégation ; l'Argentine ne peut attendre des tierces parties qu'elles le fassent pour elle. En outre, nous notons que l'Argentine n'a pas repris ces arguments des tierces parties dans la suite de la procédure »[662].

291.- Il en ressort deux conclusions importantes : *premièrement*, les tierces parties intervenant dans un litige porté devant un groupe spécial n'ont pas le droit de formuler d'allégations. Dans le sens dégagé par l'Organe d'appel du terme « allégations », il est compréhensible que le droit de formuler les allégations appartienne uniquement à la partie plaignante (ou aux parties plaignantes, en cas de plaintes multiples)[663]. Cette constatation forme à la fois une interdiction explicite et la limite applicable des communications présentées par les tierces parties. Cette limite s'étend également à la portée des communications écrites et/ou orales faites par des participants tiers dans les travaux d'appel devant l'Organe d'appel[664]. *Deuxièmement*, faute du droit de formuler des allégations, les tierces parties ne peuvent présenter, dans leurs communications écrites ou déclarations orales, que des arguments portant sur les allégations formulées par les parties principales. Cela correspond à ce que l'Organe d'appel attend de la communication écrite déposée par un participant tiers, conformément à la règle 24.1 des Procédures de travail pour l'examen en appel, dont le contenu se limite dans la présentation des « motifs et arguments juridiques à l'appui de sa position »[665].

---

[661] *Ibid.*, WT/DS207/AB/R, note 431, para. 163.

[662] *Ibid.*, WT/DS207/AB/R, note 431, para. 163 ; PALMETER D. & MAVROIDIS P. C., *op. cit.*, note 9, p. 110.

[663] Sur ce sujet, CANAL-FORGUES E., *op. cit.*, note 8, pp. 57-62 ; BOSSCHE P. V. D., *op. cit.*, note 9, pp. 238-242 ; RUIZ FABRI H., *ibid.*, note 17, p. 734.

[664] Rappelons que le droit de faire appel du rapport d'un groupe spécial, conformément à l'article 17.4 du Mémorandum d'accord, appartient uniquement aux parties au différend. Les allégations d'appel doivent être précisées dans les déclarations d'appel au titre des règles 20, 21 et 23 des Procédures de travail pour l'examen en appel.

[665] *Ibid.*, WT/AB/WP/6, note 110, règle 24.1.

292.- De cette constatation générale, la pratique de l'ORD a également indiqué que la portée limite de l'intervention des tierces parties Membres était manifestée sous deux aspects différents.

2. Les manifestations de cette impossibilité

293.- Dans la pratique de l'ORD, l'impossibilité d'une tierce partie de formuler des allégations s'illustre dans deux situations : d'une part, elle ne peut pas saisir le juge de l'OMC d'une question préliminaire **(a)** et d'autre part, elle ne peut pas non plus demander au juge de l'OMC de faire des constatations ou des recommandations sur les questions ne figurant pas dans la demande d'établissement d'un groupe spécial ou la déclaration d'appel **(b)**.

a. L'impossibilité de soulever des questions préliminaires

294.- Le droit des tierces parties de participer à la phase préliminaire des procédures des groupes spéciaux ou de l'Organe d'appel est reconnu[666]. Comme l'ont indiqué les analyses plus haut, les tierces parties peuvent apporter aux juges des informations contenues dans une communication complémentaire séparée ou dans la communication principale. Cependant, les tierces parties n'étant pas parties principales au différend et ne disposant pas des mêmes droits que ceux des parties principales, les informations fournies par les tierces parties doivent être liées aux questions préliminaires soulevées par les parties principales et ne peuvent contenir de nouvelles questions, sauf des questions relatives aux droits de tierce partie renforcés.

295.- Dans l'affaire *Argentine – Droits antidumping définitifs visant la viande de volaille en provenance du Brésil* (*Argentine – Droits antidumping sur la viande de volaille*), l'Argentine a demandé au groupe spécial de s'abstenir de se prononcer ou de se déclarer lié par la décision du tribunal *ad hoc* du MERCOSUR[667]. Le groupe spécial, quant à lui, a estimé que la question préliminaire soulevée par cette partie défenderesse portait sur le principe de la bonne foi et de l'*estoppel*[668]. Selon ce

[666] Voir *infra*, para. 346-349.

[667] *Argentine - Droits antidumping définitifs visant la viande de volaille en provenance du Brésil*, Rapport du groupe spécial du 22 avril 2003, WT/DS241/R, para. 7.33.

[668] *Ibid.*, WT/DS241/R, note 667, para. 7. 34. Sur ce sujet, voir aussi : RUIZ FABRI H. & MONNIER P., *ibid.*, note 430, p. 953 ; CAZALA J., « L'invocation de l'*estoppel* dans le cadre de la procédure de règlement des différends de l'Organisation mondiale du commerce », *Revue générale de droit international public*, 2003, vol. 107, n°. 4, pp. 885-905 ; GANTZ D. A., « Dispute Settlement under the NAFTA and the WTO : Choice of Forum Opportunities and Risks for the NAFTA Parties », *American University International Law Review*, 1999, vol. 14, n°. 4, pp. 1025-1106 ; PAUWELYN J., « Going Global, Regional, or Both ? Dispute Settlement in the Southern African Development Community (SADC) and Overlaps with the WTO and other Jurisdictions », *Minnesota Journal of Global Trade*, 2004, vol. 13, n°. 2, pp. 231-304 ; GOMEZ-MERA L. & MOLINARI A., « Overlapping Institutions, Learning and Dispute Initiation in Regional Trade Agreements : Evidence

Membre, le Brésil n'est pas parvenu à agir de bonne foi, en contestant dans un premier temps la mesure antidumping de l'Argentine devant un tribunal *ad hoc* du MERCOSUR et, dans un deuxième temps, ayant été débouté, en engageant une procédure devant l'ORD à l'encontre de la même mesure[669]. Le Paraguay, comme tierce partie engagée, a constaté à cet égard que ladite affaire revêtait le caractère de la chose jugée, conformément aux principes généraux du droit international public. Selon cette tierce partie, les décisions rendues par le tribunal *ad hoc* du MERCOSUR, dont la nature sans appel et obligatoire est reconnue par l'article 21 du Protocole de Brasilia, sont réputées *avoir force de la chose jugée* – principe qui devrait prévaloir dans le règlement dudit différend[670]. Cependant, face à cet argument, visant à faire savoir que l'on se trouvait dans une même affaire[671], le groupe spécial, quant à lui, avant de procéder à l'examen de la demande de l'Argentine, a noté que :

> « L'Argentine a dit clairement qu'elle n'invoquait pas le principe de l'autorité de la chose jugée. Même si le Paraguay juge ce principe pertinent pour la présente procédure, il n'a pas, en tant que tierce partie, le droit de déterminer la portée des questions préliminaires que nous devons examiner »[672].

Donc, l'invocabilité de l' « *estoppel by res judicata* »[673] - question préliminaire soulevée par le Paraguay - a été rejetée par ce groupe spécial. Il en ressort inéluctablement qu'il devient impossible pour les tierces parties de déterminer la teneur des questions préliminaires. Plus précisément, dans leur communication, les tierces parties peuvent introduire des questions de ce type. Toutefois, ces questions seront par la suite déclarées irrecevables par le juge de l'OMC, étant donné qu'en principe, ce dernier n'est pas appelé par les parties principales à en connaître.

296.- Cette impossibilité sera consolidée par les conclusions des groupes spéciaux et de l'Organe d'appel dans certaines affaires réglées ultérieurement. Par exemple, dans l'affaire *Communautés européennes – Protection des marques et des indications géographiques pour les produits agricoles et les denrées alimentaires* (*CE – Marques et indications géographiques*), au cours de la phase préliminaire, le Mexique, en qualité de tierce partie, a considéré que la cochenille devrait être retirée de la liste des

---

from South America », 2013, 35 p., disponible sur : papers.ssrn.com/sol3/papers.cfm?abstract_id=2213595(url consultée le 2 mars 2014).

669 *Ibid.,* WT/DS241/R, note 667, para. 7.18.

670 *Ibid.,* WT/DS241/R, note 667, para. 7.28.

671 CAZALA J., *ibid.,* note 668, p. 899.

672 *Ibid.,* WT/DS241/R, note 667, note de bas de page 53.

673 CAZALA J., *ibid.,* note 668, p. 899.

produits visés figurant à l'annexe II du Règlement des CE en cause dans l'affaire[674]. Tout en reconnaissant que les tierces parties dans le cadre de ce mécanisme n'ont pas le droit de formuler d'allégations autres que celles formulées par les parties principales, ce Membre a eu l'intention de contourner cette règle en avançant qu'il ne s'agissait pas d'une allégation. En revanche, il a demandé au groupe spécial de faire une « suggestion » à cet égard, conformément à l'article 19.1 du Mémorandum d'accord[675]. Le groupe spécial, vigilant, a démontré que même s'il s'agit d'une demande d'une tierce partie de faire des suggestions, cette demande n'était pas couverte par les allégations formulées en l'espèce par les parties principales et « ne relev[ait] donc pas du mandat du groupe spécial »[676].

297.- Dans l'affaire *États-Unis – Coton upland*, les CE, au cours de la procédure devant le groupe spécial, contestant la composition de ce groupe spécial dont un des membres était ressortissant d'une tierce partie, lui ont demandé de formuler une constatation ou rendre une décision sur la régularité de sa composition[677]. Le groupe spécial a estimé que :

> « Il n'est pas en son pouvoir, au titre du Mémorandum d'accord, de « formuler une constatation ou rendre une décision » concernant une question qui n'a pas été soulevée par aucune des parties au différend et qui concerne l'application par le Directeur général de l'OMC des dispositions du Mémorandum d'accord relatives à la composition des groupes spéciaux. Il ne voit pas en quoi la « constatation ou [la] décision » demandée par les Communautés européennes contribuerait à une solution positive du différend au sens de l'article 3.7 du Mémorandum d'accord »[678].

En l'espèce, il est certain que le groupe spécial n'a pas fait droit à la demande des CE laquelle aurait conduit à saper sa propre compétence, puisque les parties au différend ne l'avaient pas soulevée auparavant. Quoi qu'il en soit, les CE se

---

[674] *Communautés européennes – Protection des marques et des indications géographiques pour les produits agricoles et les denrées alimentaires,* Rapport du groupe spécial du 15 mars 2005, WT/DS174/R, para. 7.34. Voir également : RUIZ FABRI H. & MONNIER P., *ibid.*, note 410, pp. 961-968.

[675] *Ibid.,* WT/DS174/R, note 674, para. 7.34. Il y a ajouté que : « il n'y a aucune disposition imposant qu'une demande pour qu'une telle suggestion soit faite soit transmise par une des parties et que, si le groupe spécial n'estime pas approprié de faire une telle suggestion spécifique, on obtiendrait le même résultat en suggérant que les Communautés européennes retirent le Règlement ».

[676] *Ibid.,* WT/DS174/R, note 674, para. 7.35.

[677] *États-Unis – Subventions concernant le coton upland – Recours du Brésil à l'article 21.5 du Mémorandum d'accord sur le règlement des différends,* Rapport du groupe spécial du 18 décembre 2007, WT/DS267/RW, para. 8.27.

[678] *Ibid.,* WT/DS267/RW, note 677, para. 8.28.

trouvaient dans une bonne situation pour faire valoir leur propre proposition visant à établir un corps de panélistes professionnels[679].

298.- En bref, cette impossibilité ne se limite pas à la capacité des tierces parties de soulever des questions préliminaires, elle s'applique également dans les situations dans lesquelles les tierces parties se voient rejeter les allégations à titre liminaire qui n'entrent pas dans la demande d'établissement d'un groupe spécial ou la déclaration d'appel.

b. L'impossibilité de soulever des questions ne figurant pas dans la demande d'établissement d'un groupe spécial ou la déclaration d'appel

299.- L'impossibilité des tierces parties de formuler des allégations s'exprime essentiellement dans les procédures principales. En dehors des arguments au soutien ou en contestation des allégations constituant la question en cause et mentionnées dans le mandat des groupes spéciaux et de l'Organe d'appel, les tierces parties n'ont en aucun cas qualité pour donner des arguments susceptibles de soulever de nouvelles allégations.

300.- C'est ce que l'on peut constater très tôt dans le rapport du groupe spécial connaissant de l'affaire *États-Unis – Essence*. Cette affaire a opposé le Venezuela et le Brésil aux États-Unis au sujet de l'incompatibilité de la « Réglementation concernant les combustibles et les additifs pour combustibles – normes pour l'essence nouvelles ou anciennes formules » mise en œuvre par les derniers avec les articles I, III du GATT et l'article 2 de l'Accord OTC[680]. Parmi quatre tierces parties intervenues, les CE et la Norvège ont respectivement déposé une communication écrite auprès du groupe spécial[681]. Les arguments présentés par les CE ont attiré l'attention[682], surtout à l'égard de l'effet discriminatoire de la règle des 75 pour cent[683]. Selon les arguments avancés par les États-Unis, cette règle

---

[679] Sur cette proposition, voir : ORD – Session extraordinaire, *Contribution des Communautés européennes et de leurs États membres à l'amélioration et à la clarification du Mémorandum d'accord de l'OMC sur le règlement des différends*, Communication des Communautés européennes du 23 janvier 2003, TN/DS/W/38, para. 14.

[680] *Ibid.*, WT/DS2/R, note 260, para. 1.1.

[681] *Ibid.*, WT/DS2/R, note 260, para. 1.6.

[682] *Ibid.*, WT/DS2/R, note 260, para. 4.1-4.8.

[683] FOOTER M. E., *ibid.*, note 8, pp. 237-239 ; YENKONG H. N., « Third Party Rights and the Concept of legal interest in WTO Settlement Dispute : Extending Participatory Rights to Enforcement Right », *Journal of World Trade*, 2005, vol. 38, n°. 5, p. 762. En fait, cette règle exigeait que l'importateur, qui est aussi un raffineur étranger, doive déterminer son niveau de base individuel s'il avait importé aux États-Unis au moins 75 pour cent, en volume, de l'essence produite dans sa raffinerie étrangère en 1990. *Ibid.*, WT/DS2/R, note 260, para. 2.8.

n'était pas discriminatoire parce qu'elle serait appliquée à n'importe quel importateur sur la base des critères objectifs[684]. Contestant cette défense, les CE ont argumenté que, même si cette règle était étayée par des critères objectifs, il peut exister une discrimination *de facto* dans l'application du principe de la nation la plus favorisée, étant donné que l'utilisation des données antérieures (à savoir celles en 1990) ne permettrait pas à un importateur qui satisfaisait à ces critères après cette date de l'invoquer[685]. Par conséquent, les CE demandaient au groupe spécial de formuler une constatation sur cette règle, même si elle ne pouvait plus être invoquée, et de fonder son examen sur « la teneur de la question – en l'occurrence la règle des 75 pour cent – qui lui était soumise ». D'après cette tierce partie, la constatation du groupe spécial sur ce point éviterait de trouver à l'avenir ce genre de mesure dans la législation d'un Membre de l'OMC[686].

Ainsi le groupe spécial a-t-il été appelé à se prononcer sur « la teneur » de la question qui ne figurait pas dans son mandat[687] et qui a également suscité un autre aspect relatif à la portée temporelle de la mesure: la règle des 75 pour cent avait cessé d'être appliquée avant que le mandat de ce groupe spécial soit établi. Là, en notant que « les groupes spéciaux établis au titre de l'Accord général n'avaient généralement pas eu pour pratique de se prononcer sur des mesures qui, au moment où leur mandat avait été défini, n'étaient pas effectives et n'allaient pas le devenir »[688], et que le champ temporel de la règle mise en cause n'a pas permis au groupe spécial de déterminer que cette règle serait susceptible d'être encore

---

[684] *Ibid.,* WT/DS2/R, note 260, para. 3.8 ; FOOTER M. E., *ibid.,* note 8, p. 238. Ces critères objectifs, selon les États-Unis, comprenaient la relation de propriété liant l'importateur au raffineur étranger et le pourcentage d'essence qu'il avait importé aux États-Unis. Le Venezuela a contesté l'application de cette règle en indiquant qu'elle ne s'appliquait qu'à un groupe de pays fixe, fini et facile à déterminer, défini uniquement en fonction de données antérieures; par conséquent, aucun importateur ou raffineur étranger ne pourrait prendre une quelconque mesure de nature à modifier sa capacité de bénéficier de cette règle (*Ibid.,* WT/DS2/R, note 260, para. 3.6).

[685] *Ibid.,* WT/DS2/R, note 260, para. 4.5.

[686] *Ibid.,* WT/DS2/R, note 260, para. 4.5.

[687] Son mandat était : « Examiner, à la lumière des dispositions pertinentes des accords visés cités par le Venezuela dans le document WT/DS2/2 et par le Brésil dans le document WT/DS4/2, les questions portées devant l'ORD par le Venezuela et le Brésil dans ces documents ; faire des constatations propres à aider l'ORD à formuler des recommandations ou à statuer sur ces questions, ainsi qu'il est prévu dans lesdits accords ». *Ibid.,* WT/DS2/R, note 260, para. 1.4. C'était différent du mandat du groupe spécial établi sous l'époque du GATT de 1947, dans l'affaire *Hot-rolled Lead and Bismuth Carbon Steel Product* (SCM/185 du 15 november 1994, rapport non adopté, disponible sur : http://wto.org/gatt_docs/English/ SULPDF/91830022.pdf (url consultée le 10 février 2014)), à savoir : « *To review the facts of the matter referred to the Committee by the EEC in SCM/169 and, in light of such facts, to present to the Committee its findings concerning the rights and obligations of the signatories parties to the dispute under the relevant provisions of the General Agreement as interpreted and applied by the Agreement on Interpretation and Application of Articles VI, XVI and XXIII of the General Agreement* » (*Ibid.,* SCM/185, para. 3).

[688] *Ibid.,* WT/DS2/R, note 260, para. 6.19.

postérieurement appliquée, le groupe spécial a refusé d'examiner la teneur de la question demandée par les CE[689].

B. L'exclusion des allégations formulées par les tierces parties

301.- Lorsqu'une tierce partie soulève des allégations qui ne figurent pas dans les termes du mandat du juge, ces questions seront jugées irrecevables et partant, seront exclues de l'examen. Ce principe **(1)** est reconnu dans la pratique de l'ORD. Néanmoins, il en existe une exception. Il s'agit de la possibilité d'incorporer une allégation formulée par une tierce partie dans celles des parties principales **(2)**.

1. Le principe

302.- Si les communications écrites d'*amicus curiae* comportent des arguments ou des questions qui ne font pas partie d'objet du différend, cette personne risque d'être exclue de la procédure[690]. Quant aux tierces parties, cette situation ne peut pas les priver du droit de participation aux procédures, tout en reconnaissant cependant que ces nouvelles allégations sont exclues de l'examen du juge. Devant la CIJ, les communications écrites ou les déclarations orales de l'État intervenant doivent porter sur le sujet constituant l'objet de l'intervention autorisée ou jugée recevable par la Cour. Si elles sortent d'un tel cadre, ces observations ne pourront pas être prises en considération par la Cour ou par la chambre[691].

303.- C'est aussi le cas devant l'ORD[692]. Toute question préliminaire ou allégation nouvelle avancée par les tierces parties est jugée irrecevable par les juges de l'OMC et exclue de leur examen. Cette exclusion repose sur le fait que la compétence des groupes spéciaux ou de l'Organe d'appel est établie par leur mandat[693]. Autrement dit, les uns ou l'autre ne peuvent être appelés à se prononcer sur des questions n'y figurant pas. C'est ce sur quoi l'Organe d'appel a eu l'occasion de se prononcer, lors de son examen de la question de savoir si le groupe spécial avait commis une erreur dans ses constatations concernant l'allégation subsidiaire formulée par les États-Unis au titre de l'article 63 de l'Accord sur les ADPIC[694] dans l'affaire *Inde – Brevet (États-Unis)* :

> « Le domaine de compétence d'un groupe spécial est établi par le mandat de celui-ci, qui est régi par l'article 7 du Mémorandum d'accord. Un

[689] *Ibid.,* WT/DS2/R, note 260, para. 6.19.
[690] MENETREY S., *op. cit.*, note 150, pp. 389-390.
[691] TORRES BERNARDEZ S., *ibid.*, note 4, p. 422.
[692] Sur ce sujet, voir : GOH G. & WITBREUK T., *ibid.*, note 334, pp. 56-58 ; CARREAU D. & JUILLARD P., *op. cit.*, note 9, pp. 99-100 ; CANAL-FORGUES E., *op. cit.*, note 8, p. 62.
[693] CARREAU D. & JUILLARD P., *op. cit.*, note 9, p. 99.
[694] *Ibid.,* WT/DS50/AB/R, note 463, para. 96.

groupe spécial ne peut examiner que les allégations qu'il est habilité à examiner en vertu de son mandat. Un groupe spécial ne peut pas assumer une compétence qu'il n'a pas »[695].

304.- Par conséquent, conformément aux termes de son mandat, un groupe spécial doit procéder uniquement à l'examen des allégations qui sont énoncées de manière explicite et avec une précision suffisante dans la demande d'établissement d'un groupe spécial présentée par la partie plaignante. Il est donc raisonnable qu'un groupe spécial écarte une allégation nouvelle soulevée par une tierce partie, car en aucun cas, une telle allégation ne peut y figurer.

305.- Même s'il ne s'agit pas de la même constatation en ce qui concerne sa compétence, l'Organe d'appel ne peut agir en outrepassant le mandat qui lui est attribué au titre de l'article 17.6 du Mémorandum d'accord pour prendre en considération une allégation juridique formulée par les participants tiers et non sollicitée dans la déclaration d'appel par l'appelant.

2. L'exception

306.- Dans l'affaire *États-Unis – Restrictions à l'importation de vêtements de dessous de coton et de fibres synthétiques ou artificielles en provenance du Costa Rica (États-Unis – Vêtement de dessous)*, le Costa Rica, plaignant, a demandé l'établissement d'un groupe spécial pour examiner une série de questions relatives aux restrictions appliquées par les États-Unis, partie défenderesse, à ses importations de textiles qui, selon le Costa Rica, violaient l'Accord sur les textiles et les vêtements[696]. L'Inde, tierce partie unique intervenant dans cette procédure, a également demandé, dans sa communication écrite, au groupe spécial d'insérer dans son rapport final des conclusions sur neuf questions qui ne figuraient pas dans la demande du Costa Rica[697]. En principe, le groupe spécial pouvait déclarer inadmissible la demande de l'Inde. Toutefois, le Costa Rica les a formellement incorporées à la sienne et émis « l'opinion que le groupe spécial devrait mentionner dans son rapport écrit les points que l'Inde avait développés et statuer sur chacun d'entre eux »[698]. Par la suite, le groupe spécial a accédé à cette demande.

307.- La décision de ce groupe spécial n'a fait l'objet d'aucun appel. Cette incorporation a effectivement modifié la demande d'établissement du groupe spécial formulée par le Costa Rica, en y ajoutant les questions soulevées par

---

695 *Ibid.*, WT/DS50/AB/R, note 463, para. 92 ; voir aussi : *Ibid.*, WT/DS26/AB/R & WT/DS48/AB/R, note 409, para. 156.

696 *États-Unis – Restrictions à l'importation de vêtements de dessous de coton et de fibres synthétiques ou artificielles en provenance du Costa Rica*, Rapport du groupe spécial du 8 novembre 1996, WT/DS24/R, para. 3.1 – 3.2.

697 *Ibid.*, WT/DS24/R, note 696, para. 4.1.

698 *Ibid.*, WT/DS24/R, note 696, para. 4.2.

l'Inde. Deux questions se posent : d'une part, comment le Costa Rica a-t-il pu le faire et d'autre part, comment le groupe spécial a-t-il pu l'accepter ? Les réponses diffèrent en effet en fonction de la procédure à laquelle une tierce partie participe.

308.- Dans la procédure devant les groupes spéciaux, la possibilité d'une partie plaignante de modifier la demande d'établissement d'un groupe spécial n'est prévue ni dans le Mémorandum d'accord, ni dans les procédures de travail établies dans une affaire concrète par celui-ci. La pratique de l'ORD a en effet donné des réponses négatives[699] selon lesquelles il est interdit au groupe spécial de se prononcer sur une allégation formulée ultérieurement[700]. Toutefois, une mesure, même non explicitement citée dans la demande d'établissement d'un groupe spécial, pourra être considérée comme une « mesure spécifique en cause » précisée à l'article 6.2 du Mémorandum d'accord, dans deux cas seulement : soit elle a « un lien de connexité » avec une mesure explicitement énoncée dans cette demande, soit elle est si étroitement liée à la mesure explicitement énoncée, que, dans tous les cas, on peut considérer raisonnablement que la partie défenderesse a été informée de manière suffisante de la portée des allégations soulevées par la partie plaignante[701]. Par conséquent, la partie plaignante pourra préciser une telle mesure après le dépôt de la demande d'établissement du groupe spécial et lui en demander l'examen. Dans cette perspective, les tierces parties pourront aider la

---

[699] L'Organe d'appel a indiquée depuis l'affaire *CE – Bananes III* qu'en aucun cas, la partie plaignante ne peut faire telle ou telle chose :

« Nous ne sommes pas d'accord avec le groupe spécial lorsqu'il dit que « même s'il subsistait une incertitude sur la question de savoir si la demande d'établissement du groupe spécial répondait aux prescriptions de l'article 6.2, les premières communications écrites des plaignants avaient « remédié » à cette incertitude car elles étaient suffisamment détaillées pour présenter clairement toutes les questions factuelles et juridiques ». L'article 6.2 du Mémorandum d'accord prescrit que les allégations, mais non les arguments, doivent toutes être indiquées de manière suffisante dans la demande d'établissement d'un groupe spécial pour permettre à la partie défenderesse et aux éventuelles tierces parties de connaître le fondement juridique de la plainte. Si une allégation n'est pas indiquée dans la demande d'établissement d'un groupe spécial, les arguments présentés par une partie plaignante dans sa première communication écrite au groupe spécial ou dans d'autres communications ou exposés présentés ultérieurement pendant la procédure du groupe spécial ne peuvent ensuite « remédier » à une demande qui présente des lacunes ». *Ibid.*, WT/DS27/AB/R, note 126, para. 143.

[700] http://www.wto.org/french/tratop_f/dispu_f/disp_settlement_cbt_f/c10s2p1_f.htm (url consultée le 4 mars 2014).

[701] CANAL-FORGUES E., *op. cit.*, note 8, p. 63. Pour l'illustrer, par exemple, dans l'affaire *CE - Bananes III,* les Communautés européennes ont contesté que la demande d'établissement du groupe spécial des plaignants n'indiquait pas, entre autres, « les mesures spécifiques en cause », étant donné que la demande ne faisait spécifiquement référence qu'à un seul règlement de la CE, non à la législation, les règlements et les mesures administratives communautaires ultérieures servant à préciser et à mettre en œuvre le règlement cité. Le groupe spécial a rejeté cette objection en argumentant que le « régime applicable à la banane » que les plaignants contestaient était indiqué de façon adéquate, c'est-à-dire de permettre aux plaignants d'invoquer telles ou telles prescriptions, si nécessaire (*Ibid.,* WT/DS27/R/ECU, note 611, para. 7.27). Cette constatation a été ensuite confirmée par l'Organe d'appel (*Ibid.,* WT/DS27/AB/R, note 126, para. 140).

partie plaignante à la déterminer. Par la suite et si nécessaire, la partie plaignante pourra l'ajouter dans la liste des mesures expressément indiquées dans la demande d'établissement du groupe spécial.

309.- Vu sous cet angle, dans l'affaire *États-Unis – Vêtements de dessous,* la décision du groupe spécial d'examiner les questions soulevées par l'Inde et ensuite incorporées par le Costa Rica dans sa demande, était pertinente en raison de l'existence d'un lien de connexité entre ces questions et les mesures expressément indiquées par le Costa Rica, surtout en ce qui concerne les restrictions quantitatives imposées par les États-Unis au titre de l'article 6 de l'Accord sur les textiles et les vêtements.

310.- La solution à ces questions est différente, en revanche, dans la procédure de l'examen en appel. Cette différence résulte principalement du fait que, depuis la révision des Procédures de travail pour l'examen en appel effectuée en 2005, une nouvelle règle permettant la modification des déclarations d'appel[702] y a été ajoutée. La règle 23*bis* établit toute une série de procédures à suivre si l'appelant initial, ou l'autre appelant, veut modifier une déclaration d'appel ou une déclaration d'un autre appel. Il ne s'agit pas d'un droit absolu des participants, mais d'un droit conditionnel. En tout état de cause, ceci rendra réalisable l'incorporation de tout argument juridique formulé par l'un des participants tiers à la déclaration d'appel ou à la déclaration d'un autre appel, à condition que l'appelant initial, ou l'autre appelant, la juge utile pour l'un ou l'autre et que la section de l'Organe d'appel saisie de cette demande l'autorise[703].

---

[702] *Ibid.,* WT/AB/WP/5, note 130. Sur cette modification, voir : ORD, *Compte rendu de la réunion tenue au Centre William Rappard le 19 mai 2004,* WT/DSB/M/169, pp. 8-19 ; Organe d'appel, *Modifications qu'il est proposé d'apporter aux procédures de travail pour l'examen en appel,* Communication de l'Organe d'appel du 08 avril 2004, WT/AB/WP/W/8, p. 6 ; Organe d'appel, *Procédures de travail pour l'examen en appel,* Communication de l'Organe d'appel du 7 octobre 2004, WT/AB/WP/W/9, p. 6. Les raisons d'une telle modification ont été exprimées par l'Organe d'appel comme suit : « Les règles actuelles ne prévoient pas de procédures de modification des déclarations d'appel. Compte tenu des questions qui ont été soulevées dans certains appels, nous estimons que, pour assurer le bon déroulement d'une procédure, il convient de modifier les Procédures de travail pour préciser si un appelant peut ajouter des éléments à sa déclaration d'appel, et dans quelles circonstances. Il nous semble essentiel que la déclaration d'appel reste le seul document clé qui définit le champ de l'appel. En même temps, nous souhaitons éviter la confusion qui peut être créée lorsqu'un appelant veut déposer plusieurs documents qui développent ou complètent sa déclaration d'appel. C'est pourquoi nous pensons qu'il pourrait être utile de prévoir qu'un appelant puisse être autorisé à modifier sa déclaration d'appel » (*Ibid.,* WT/AB/WP/W/8, p. 6). Voir également : CANAL-FORGUES E., *op. cit.*, note 8, p. 94 ; BOSSCHE P. V. D., *op. cit.*, note 9, pp. 288-298.

[703] Conformément à la règle 23*bis*.3., la section de l'Organe d'appel saisi de cette demande doit prendre en compte certains critères énoncés à titre non exhaustif, tels que le délai de distribution du rapport, l'assurance de l'équité et du bon déroulement de la procédure, la nature et la portée de

311.- Ainsi devient-il possible d'incorporer une allégation soulevée par une tierce partie dans celles énoncées par la partie plaignante ou par l'appelant. Cette incorporation dépend toutefois du fait que la partie plaignante, ou l'appelant, la juge importante et nécessaire dans le règlement du litige pendant. Dans ce cas précis, les tierces parties peuvent jouer un rôle dans le raisonnement avancé par la partie plaignante. Mais, on peut observer que faire sienne une allégation formulée par une tierce partie semble révéler un manque d'expertise de la partie plaignante, ou de l'appelant, dans telle ou telle procédure. La crainte de faire l'objet de critiques peut être un frein.

---oOo---

CONCLUSION DU CHAPITRE 1

312.- Les communications écrites et les déclarations orales constituent deux moyens à la disposition des tierces parties pour participer au règlement des différends de l'OMC. En général, les règles procédurales applicables en la matière sont conçues de façon appropriée à la politique judiciaire générale de l'OMC et présentent également des éléments avantageux en comparaison avec d'autres mécanismes de règlement des différends. Il s'agit d'un formalisme à effet atténué, établi pour assurer une participation plus efficace des Membres de l'OMC en qualité de tierces parties.

313.- Il convient de noter que ces deux moyens ne constituent nulle part une obligation pour les tierces parties. Un Membre peut participer sans avoir besoin de déposer de communications écrites, ni faire de déclarations orales. Il a en effet la possibilité de comparaître dans les procédures des groupes spéciaux et de l'Organe d'appel seulement à titre d'observateur passif, d'où un avantage appréciable pour les Membres en développement.

314.- L'étendue des communications des tierces parties peut différer, d'une affaire à une autre et d'une étape à une autre, tout au long du processus de règlement d'un différend. Si les communications portées devant les groupes spéciaux peuvent consister en l'exposé de faits et de droits, celles portées devant l'Organe d'appel se limitent à des questions de droits faisant l'objet de l'appel. Néanmoins,

---

la modification proposée, la date de présentation de la demande de modification, les raisons l'expliquant et toutes autres considérations jugées appropriées. Voir aussi : *Ibid.*, WT/AB/WP/W/9, note 702, p. 6.

en raison du caractère accessoire de l'intervention[704], dans tous les cas, ces communications ne peuvent contenir de nouvelles allégations (ni à titre préliminaire, ni à titre principal). Elles doivent se borner aux allégations soulevées par les parties principales au différend. Dans cette limite, les tierces parties disposent de la liberté d'une part, de choisir les allégations sur lesquelles elles vont exprimer leur point de vue, et d'autre part, de soutenir les unes ou de s'opposer aux autres.

---

704 SANTULLI, *op. cit.*, note 3, p. 302.

Chapitre 2

DES DROITS PROCÉDURAUX RESTREINTS

315.- Un des buts principaux des tierces parties est de protéger leurs intérêts. La réalisation de ce but dépend, pour une partie, de la volonté des parties principales, durant la phase des consultations, puis du juge, durant la phase contentieuse, de prendre en compte ces intérêts. Elle dépend également de l'ampleur des droits procéduraux attribués aux tierces parties.

316.- Dans le cadre de l'ORD, les droits dont les tierces parties bénéficient ne sont pas les mêmes selon le mode de règlement choisi et, dans l'hypothèse où le mode juridictionnel a été retenu, selon la phase contentieuse envisagée. Toutefois, il faut reconnaître qu'il existe encore des limites non négligeables relatives aux droits des tierces parties participant à différentes phases du processus de règlement des différends. En ce qui concerne la participation des tierces parties aux consultations et aux travaux des groupes spéciaux, les limites résultent principalement des lacunes existant dans les règles du Mémorandum d'accord **(section 1)**. Ensuite, du fait que les rapports adoptés par l'ORD ne lient pas les tierces parties, ces dernières sont privées de certains droits procéduraux importants dans la phase d'examen en appel et de mise en conformité **(section 2)**.

317.- Les droits procéduraux restreints des tierces parties constituent donc un caractère spécifique du régime juridique régissant leur participation au règlement des différends à l'OMC.

Section 1 : LES DROITS LIMITÉS DES TIERCES PARTIES DURANT LES CONSULTATIONS ET DEVANT LES GROUPES SPÉCIAUX

318.- Si l'accès des tierces parties aux consultations et aux travaux des groupes spéciaux est très fréquent, leur statut dans telle ou telle phase reste encore limité. En ce qui concerne l'intervention dans les consultations, ceci est dû à ce que l'article 4.11 du Mémorandum d'accord ne prévoit pas de manière explicite les droits procéduraux dont les tierces parties peuvent se prévaloir **(I)**.

319.- De même, en ce qui concerne la participation des tierces parties à la procédure devant les groupes spéciaux, le Mémorandum d'accord ne leur attribue que des droits limités par rapport à ceux dont les tierces parties peuvent bénéficier en intervenant devant d'autres juridictions, telles que la CIJ ou la CJUE **(II)**.

I. L'imprécision des droits des tierces parties durant les consultations

320.- L'intervention des tierces parties aux consultations est régie uniquement par l'article 4.11 du Mémorandum d'accord. Toutefois, cet article consiste surtout à dresser l'ensemble des conditions d'admission de telle ou telle intervention. Il laisse ouvertes d'autres questions : par exemple, une fois leur intervention admise par la partie défenderesse, dans l'exercice de son pouvoir absolument discrétionnaire[705], de quelle manière les tierces parties peuvent-elles participer, quels droits sont-ils rattachés à cette qualité ? Le silence du Mémorandum d'accord laisse appréhender que, dans le respect du côté bilatéral et confidentiel des consultations, les réponses dépendent des parties au différend. Cela suscite des inquiétudes sur le rôle que peuvent vraiment jouer les tierces parties au cours de ces consultations.

321.- En principe, dans l'existence de ce mode recensé comme « préjuridictionnel »[706], la façon dont les parties au différend tiennent les consultations avec la présence des tierces parties ne pose pas de problème aux Membres de l'OMC. En revanche, dans l'affaire *Indonésie – Importation de produits horticoles, d'animaux et de produits d'origine animale (Indonésie – Produits horticoles et produits d'origine animale)*, la proposition de l'Indonésie d'organiser séparément les consultations avec la partie plaignante et avec les tierces parties, a fait l'objet des contestations. L'Australie[707], le Canada[708] et l'UE[709] ont respectivement demandé à l'Indonésie de les autoriser à participer aux consultations entre ce Membre défendeur et les États-Unis – la partie plaignante. Répondant favorablement à ces demandes, l'Indonésie a ensuite mentionné dans son acceptation que :

> « L'Indonésie désirait procéder à des consultations avec les États-Unis les 21 et 22 février à Genève, au niveau bilatéral, et tiendrait d'autres

---

[705] GOH G. & WITBREUK T., « The WTO Dispute Settlement System », p. 14, disponible sur : http://www.dfat.gov.au/trade/negotiations/disputes/wto_disputes-papers-dispute_settlement.pdf (url consultée le 31 mai 2013).

[706] ANGELET N., *ibid.*, note 93, p. 220 ; ROSAS A., *ibid.*, note 103, pp. 84-85.

[707] *Indonésie – Importation de produits horticoles, d'animaux et de produits d'origine animale*, Demande de participation aux consultations – Communication présentée par l'Australie du 22 janvier 2013, WT/DS455/4.

[708] *Ibid.*, note 707, Demande de participation aux consultations – Communication présentée par le Canada du 24 janvier 2013, WT/DS455/3.

[709] *Ibid.*, note 707, Demande de participation aux consultations – Communication présentée par l'Union européenne du 24 janvier 2013, WT/DS455/2.

consultations avec les tierces parties à une date qui serait proposée ultérieurement »[710].

322.- Ainsi, l'existence de l'intérêt commercial substantiel de l'Australie, du Canada ou de l'UE n'est pas mise en cause, mais plutôt la façon dont l'Indonésie a proposé d'organiser les consultations, à savoir la séparation des réunions avec la partie plaignante et les tierces parties. Le Canada et l'UE l'ont fortement contesté en déclarant ensuite dans un communiqué conjoint qu'il s'agissait d'un choix incompatible avec la lettre et l'esprit de l'article 4.11 du Mémorandum d'accord et que l'Indonésie n'avait pas effectivement admis leur demande[711]. Au cours d'une réunion organisée ultérieurement par l'ORD, certains Membres ont aussi eu l'occasion de s'exprimer au regard de cette question, en insistant sur le non-respect par l'Indonésie de l'article 4.11 du Mémorandum d'accord[712].

323.- En effet, la deuxième phrase de l'article 4.11 du Mémorandum d'accord prévoit : « Ledit Membre sera admis à participer aux consultations à condition que le Membre auquel la demande de consultations est adressée reconnaisse l'existence d'un intérêt substantiel, (...) ». L'utilisation de l'article défini « les » dans « aux consultations », comme dans tous les autres paragraphes du présent article, permet d'en déduire qu'un Membre, dès lors que sa demande de participation aux consultations est admise, a le droit de participer à toutes les consultations organisées par les parties au différend. Par conséquent, la proposition de l'Indonésie de ne pas autoriser les tierces parties à participer effectivement aux consultations entre celle-ci et les États-Unis fait perdre totalement la signification de cette disposition ainsi que son objectif de « multilatéraliser » les consultations bilatérales.

324.- Les tierces parties ne peuvent la contester que par une communication conjointe et par les déclarations au cours d'une réunion de l'ORD. Cette question n'a pas fait l'objet d'allégations formulées par les États-Unis dans leur demande d'établissement du groupe spécial. Les tierces parties n'ont pas non plus qualité pour formuler une allégation à ce sujet durant la procédure du groupe spécial. La régularité des consultations se trouve donc remise en cause et la réponse satisfaisante à cette question dépendra des nouvelles modifications apportées par les négociations dans le cycle de Doha. Néanmoins, dans la situation actuelle, une telle imprécision est moins importante que les limites liées aux droits des tierces

---

[710] *Ibid.*, note 707, Communication présentée par l'Indonésie du 25 février 2013, WT/DS455/5.

[711] *Ibid.*, note 707, Communication conjointe de l'Union européenne et du Canada du 7 mars 2013, WT/DS455/6, p.1.

[712] ORD, *Compte rendu de la réunion tenue au Centre William Rappard le 26 mars 2013,* WT/DSB/M/330, para. 3.4-3.8.

parties devant les groupes spéciaux, lesquels ont fait déjà l'objet des controverses tant dans la doctrine qu'au sein de l'OMC.

II. Les droits limités des tierces parties devant les groupes spéciaux

325.- La présence très abondante des tierces parties dans les travaux des groupes spéciaux doit confronter à des limites établies par le Mémorandum d'accord et par certains groupes spéciaux. Il s'agit donc des restrictions conventionnelles et intentionnelles **(A)**. C'est pourquoi dans certaines affaires, des droits renforcés ont été demandés par les tierces parties voulant assister plus largement et de façon plus étendue à la procédure **(B)**.

A. Les restrictions découlant des textes et de la pratique

326.- Il s'agit tout d'abord d'une restriction fondée sur la base de l'article 10 du Mémorandum d'accord **(1)**. Une autre limite a été fixée dans l'application faussée par certains groupes spéciaux établis au titre de l'article 21.5 du Mémorandum d'accord **(2)**.

1. Une limite imposée par l'article 10 du Mémorandum d'accord

327.- Les droits dont les tierces parties jouissent pendant cette phase[713] sont principalement prévus aux articles 10.2 et 10.3 du Mémorandum d'accord, qui méritent d'être cités intégralement comme suit :

> « 2. Tout Membre qui aura un intérêt substantiel dans une affaire portée devant un groupe spécial et qui en aura informé l'ORD (dénommé dans le présent mémorandum d'accord « tierce partie ») aura la possibilité de se faire entendre par ce groupe spécial et de lui présenter des communications écrites. Ces communications seront également remises aux parties au différend et il en sera fait état dans le rapport du groupe spécial.
>
> 3. Les tierces parties recevront les communications présentées par les parties au différend à la première réunion du groupe spécial ».

328.- S'y ajoute également la prescription du paragraphe 6 de l'appendice 3 du Mémorandum d'accord :

> « Toutes les tierces parties qui auront informé l'ORD de leur intérêt dans l'affaire seront invitées par écrit à présenter leurs vues au cours d'une séance de la première réunion de fond du groupe spécial réservée à cette

---

[713] Sur ce sujet, voir : CANAL-FORGUES E., *op. cit.*, note 8, p. 78 ; BOSSCHE P. V. D., *op. cit.*, note 9, pp. 279-280 ; RUIZ FABRI H., *ibid.*, note 17, p. 736 ; AREND K., *ibid.*, note 102, pp. 376-377.

fin. Toutes ces tierces parties pourront être présentes pendant toute cette séance ».

329.- En dehors de certaines règles déjà analysées dans le chapitre précédent (à savoir celles relatives aux moyens de participation des tierces parties), les autres énoncent le droit des tierces parties de participer à la première réunion des groupes spéciaux avec les parties, de recevoir les communications présentées par les parties au différend à cette première réunion. L'importance de cette réception repose sur l'idée de permettre aux tierces parties de mieux connaître la plainte déposée (par exemple, les motifs, les arguments, les preuves l'étayant), et partant, de mieux préparer les communications écrites à soumettre, ainsi que la déclaration orale à présenter au cours de la première réunion du groupe spécial avec les tierces parties[714]. Il en ressort toutefois que ces dernières ne peuvent pas recevoir les versions écrites des déclarations orales faites par les parties principales, ni les communications à titre de réfutation présentées après cette réunion...[715]. Les tierces parties ne disposent pas de la possibilité de réagir aux communications présentées par les parties au différend, étant donné que lorsqu'elles reçoivent ces communications, elles doivent au même moment soumettre au groupe spécial leur communication écrite[716].

330.- Conçus dans l'ensemble des règles procédurales centrées sur la protection des intérêts plus importants des parties et dans le but d'éviter qu'une intervention en profondeur des tierces parties ne puisse nuire au bon fonctionnement du mécanisme de règlement des différends, l'ensemble de ces droits restent bel

---

[714] Le groupe spécial saisi dans le cadre du premier recours des États-Unis et de la Nouvelle-Zélande à l'article 21.5 du Mémorandum d'accord dans l'affaire *Canada – Mesures visant l'importation de lait et l'exportation de produits laitiers,* a constaté cette importance de manière suivante : « L'objet et le but de l'article 10.3 du Mémorandum d'accord est de permettre aux tierces parties de participer en connaissance de cause, et donc utilement, à la séance de la réunion avec les parties prévue expressément à cet effet, ce qui n'est possible que si les tierces parties ont reçu tous les renseignements que les parties ont échangés avant la séance en question. Sans cela, les tierces parties risqueraient de se trouver dans une situation où leurs déclarations orales à la réunion seraient entièrement ou en partie sans objet ou sans intérêt face aux deuxièmes communications des parties auxquelles elles n'avaient pas accès. Si les tierces parties n'avaient pas accès à toutes les communications présentées par les parties au différend à la première réunion du groupe spécial, les communications de tierces parties insuffisamment informées risqueraient de retarder indûment la procédure du groupe spécial et, comme l'ont fait ressortir à juste titre les Communautés, appuyées en cela par le Mexique, pourraient empêcher le groupe spécial de « tirer parti d'une contribution utile des tierces parties qui pourrait aider le groupe spécial à procéder à l'évaluation objective prescrite à l'article 11 du Mémorandum d'accord ». *Canada – Mesures visant l'importation de lait et l'exportation de produits laitiers,* Recours des États-Unis et de la Nouvelle-Zélande à l'article 21.5 du Mémorandum d'accord, Rapport du groupe spécial du 11 juillet 2001, WT/DS103/RW & WT/DS113/RW, para. 2.34. Voir également AREND K., *ibid.,* note 102, p. 377.

[715] AREND K., *ibid.,* note 102, p. 377 ; ROSAS A., *ibid.,* note 103, p. 84.

[716] ANGELET N., *ibid.,* note 93, p. 224.

et bien des garanties minimales pour les tierces parties[717]. Ils sont considérés comme beaucoup moins larges que ceux dont les tierces parties peuvent bénéficier lors de leur intervention dans d'autres mécanismes de règlement des différends internationaux.

331.- Au sein de la CIJ, conformément à son Statut et à son Règlement de 1978, si la requête à fin d'intervention d'un État est admise, bien qu'il s'agisse de l'intervention d'une non-partie[718], cette non-partie peut se doter des droits plus complets, à savoir : l'accès à toutes les communications présentées par les parties au différend ; le droit de déposer une communication écrite et de recevoir des observations des parties au différend sur cette communication ; le droit de participer à toute audience et le droit de faire des déclarations orales au cours de ces audiences[719]. Les demandes à fin d'intervention n'ont été admises que très rarement. En 1990 seulement, la question de savoir quels sont en pratique les droits des tierces parties a été vraiment discutée pour la première fois par une Chambre de la Cour. Ayant admis la demande du Nicaragua intervenant dans l'affaire *Différend frontalier terrestre, insulaire et maritime (El Salvador/Honduras)*. La Cour s'est prononcée ainsi :

> « (...), l'État intervenant ne devient pas partie à l'instance ; il n'acquiert pas les droits et n'est pas soumis aux obligations qui s'attachent à la qualité de partie en vertu du Statut et du Règlement de la Cour ou des principes juridiques généraux de procédure. En tant qu'intervenant, le Nicaragua a évidemment le droit d'être entendu par la Chambre. Ce droit est régi par l'article 85 du Règlement de la Cour, lequel prévoit la présentation d'une déclaration écrite et la participation à la procédure orale. Des délais seront fixés pour la présentation d'une déclaration écrite par le Nicaragua puis d'observations écrites sur cette déclaration par les Parties, conformément à l'article 85, dès que les consultations appropriées auront pu avoir lieu »[720].

Cela signifie que l'intervenant ne peut disposer que des droits expressément mentionnés dans le Statut et le Règlement de la Cour. Toutefois, par rapport à ceux réservés aux tierces parties assistant aux travaux des groupes spéciaux de l'OMC, ces droits sont encore plus larges.

332.- Quant à l'intervention conformément à l'article 40 du Statut de la CJUE, l'intervenant bénéficie du droit de recevoir communication de tous les actes de

---

[717] COVELLI N., *ibid.*, note 168, p. 675.

[718] IWASAWA Y., *ibid.*, note 127, p. 889 ; COVELLI N., *ibid.*, note 249, p. 130 ; TORRES BERNARDEZ S., *ibid.*, note 4, pp. 404-440 ; CHINKIN C., *op. cit.*, note 44, pp. 175-178 ; ELIAS T. O., « Chapter 4 : The limits of the right of intervention in a case before the International Court of Justice », *in The International Court of Justice and some contemporary problems*, 1983, pp. 84-99.

[719] L'article 85 de son Règlement de 1978 ; COVELLI N., *ibid.*, note 249, p. 130.

[720] *Différend frontalier terrestre, insulaire et maritime (El Salvador/Honduras)*, *ibid.*, para. 102.

procédure signifiés aux parties, à l'exception des pièces ou documents secrets ou confidentiels exclus de cette communication[721], du droit de présenter un mémoire en intervention et d'avoir possibilité de recevoir des réponses à ce mémoire[722]. Les intervenants peuvent aussi participer à l'audience et faire une déclaration orale[723].

333.- Ainsi les limites des droits des tierces parties prenant part aux travaux des groupes spéciaux de l'OMC, par rapport aux autres, consistent-elles en trois points: accès limité aux communications soumises par les parties au différend ; impossibilité d'être présentes dans la deuxième réunion de fond du groupe spécial avec les parties au différend, et ce faisant, perte de tous les droits procéduraux que pourraient avoir les tierces parties durant cette réunion.

334.- Ces limites ont ensuite été consolidées par la jurisprudence de l'OMC. Dans l'affaire *CE – Bananes III,* le groupe spécial, lors de son examen de la demande présentée par les tierces parties à leur attribuer des droits renforcés, a eu l'occasion de rappeler tous les droits dont les tierces parties peuvent bénéficier conformément au Mémorandum d'accord. Il a constaté :

> « Les droits des tierces parties sont traités à l'article 10 et à l'Appendice 3 du Mémorandum d'accord sur le règlement des différends. Aux termes de l'article 10, toute tierce partie « aura la possibilité de se faire entendre par [le] groupe spécial et de lui présenter des communications écrites ». Cet article dispose aussi que les tierces parties peuvent recevoir les communications présentées par les parties à la première réunion de fond du groupe spécial. Conformément au paragraphe 6 de l'Appendice 3, les tierces parties seront invitées « à présenter leurs vues au cours d'une séance de la première réunion de fond du groupe spécial réservée à cette fin. Toutes ces tierces parties pourront être présentes pendant toute cette séance » ».[724]

---

721 L'article 131.4 du Règlement de procédures de la CJUE de 2013 ; USHER J. A., *ibid.,* note 242, p. 104.

722 L'article 132 du Règlement de procédures de la CJUE de 2013.

723 Dans certains autres mécanismes, les droits des tierces parties sont aussi plus larges. Par exemple, dans le cadre de l'Accord P4, les tierces parties ont le droit de soumettre au tribunal d'arbitrage des communications écrites ; d'être présentes dans toutes les audiences (paragraphe 9 de l'Annexe 15.A), de recevoir des notifications du tribunal d'arbitrage relatives à la procédure devant celui-ci (paragraphes 16, 17), de présenter des observations lors des audiences et réagir aux communications présentées par les parties au différend (paragraphe 22) ; de répondre aux questions posées par le tribunal d'arbitrage (paragraphe 23, 25 et 26). L'article 2013 de l'ALÉNA précise que les tierces parties peuvent assister à toutes les audiences, présenter des conclusions écrites et orales aux groupes spéciaux, recevoir les conclusions écrites des Parties contestantes.

724 *Ibid.,* WT/DS27/R/ECU, note 611, para. 7.5 ; AREND D., *ibid.,* pp. 376-377 ; ROSAS A., *ibid.,* note 103, p. 84.

335.- Allant en même direction, l'Organe d'appel a établi, de manière solide, dans les affaires *États-Unis – Loi antidumping de 1916* (*États-Unis – Loi de 1916*), que :

> « En vertu du Mémorandum d'accord, tel qu'il se présente actuellement, les tierces parties peuvent uniquement se prévaloir des droits de participation prévus à l'article 10.2 et 10.3 et au paragraphe 6 de l'appendice 3 »[725].

Reprise par cet organe dans l'affaire *États-Unis – Traitement fiscal des « sociétés de ventes à l'étranger »* (*États-Unis – FSC*) dans le cadre du recours des CE au titre de l'article 21.5 du Mémorandum d'accord[726], cette constatation a fait connaître tous les droits que les tierces parties peuvent avoir conformément au Mémorandum d'accord. Ainsi les droits des tierces parties dans la procédure des groupes spéciaux, tant en principe qu'en pratique, sont limités à ceux énoncés au titre des dispositions du Mémorandum d'accord (à savoir les articles 10.2, 10.3 et le paragraphe 6 de l'appendice 3).

336.- En outre, s'ils sont, par nature, définis par le Mémorandum d'accord, ces droits se trouvent encore limités *de facto* par l'approche restrictive exercée par certains groupes spéciaux établis au titre de l'article 21.5 du Mémorandum d'accord.

2. La pratique de certains groupes spéciaux établis au titre de l'article 21.5 du Mémorandum d'accord

337.- Nous rappelons qu'il n'existe pas de procédure de travail propre énoncée dans le Mémorandum d'accord concernant les groupes spéciaux établis au titre de l'article 21.5 du Mémorandum d'accord. Par conséquent, celle des groupes spéciaux initiaux s'applique, *mutatis mutandis*, en l'espèce[727]. Il est établi toutefois que les tierces parties participant à cette étape bénéficient d'autant de droits que ceux des tierces parties intervenant dans les travaux des groupes spéciaux initiaux[728].

---

725 *États-Unis – Loi antidumping de 1916,* Rapport de l'Organe d'appel du 28 août 2000, WT/DS136/AB/R & WT/DS162/AB/R, para. 145.

726 *États-Unis – Traitement fiscal des « sociétés de ventes à l'étranger » - Recours des Communautés européennes à l'article 21.5 du Mémorandum d'accord sur le règlement des différends,* Rapport de l'Organe d'appel du 14 janvier 2002, WT/DS108/AB/RW, para. 245.

727 PALMETER D. & MAVROIDIS P. C., *op. cit.,* note 9, pp. 250-251 ; CARREAU D. & JUILLARD P., *op. cit.,* note 9, p. 104.

728 PALMETER D. & MAVROIDIS P. C., *op. cit.,* note 9, p. 256.

338.- Étant donné que les travaux des groupes spéciaux établis au titre de l'article 21.5 sont souvent moins chargés que ceux des groupes spéciaux initiaux[729] et que la courte durée de cette procédure est expressément exigée par le Mémorandum d'accord[730], les premiers organisent leur procédure avec des raccourcissements appropriés, dont une seule réunion avec deux sessions, l'une avec les parties principales et l'autre avec les tierces parties (au lieu de deux réunions dans la procédure des groupes spéciaux initiaux). Dans ce cas, une question se pose. Quelles communications les tierces parties peuvent-elles recevoir ? Dans un premier temps, certains groupes spéciaux ont tenté de donner une réponse à portée restreinte puis, dans un deuxième temps, l'Organe d'appel en a dégagé à juste titre le sens[731].

339.- S'agissant de la tentative de ces groupes spéciaux, se trouve souvent dans leurs procédures de travail un paragraphe mentionnant : « Les tierces parties recevront une copie des premières communications écrites des parties »[732]. Cette disposition, différente à la lettre de ce qui est énoncé au titre de l'article 10.3 du Mémorandum d'accord, a été conçue dans le contexte d'une seule réunion du groupe spécial avec les parties précédée par le dépôt des communications initiales et ensuite, des communications à titre de réfutation[733]. Dès lors, conformément à telle ou telle disposition, les tierces parties ont pu uniquement avoir accès aux communications initiales[734].

---

[729] BOSSCHE P. V. D., *op. cit.,* note 9, pp. 300-305.

[730] La deuxième phrase de l'article 21.5 du Mémorandum d'accord exige que ces groupes spéciaux doivent achever et distribuer leur rapport dans 90 jours suivant la date à laquelle ils sont saisis de la question. Voir également : BOSSCHE P. V. D., *op. cit.,* note 9, p. 304 ; PALMETER D. & MAVROIDIS P. C., *op. cit.,* note 9, p. 257.

[731] PALMETER D. & MAVROIDIS P. C., *op. cit.,* note 9, pp. 256-258.

[732] *Australie – Subventions accordées aux producteurs et exportateurs de cuir pour automobiles – Recours des États-Unis à l'article 21.5 du Mémorandum d'accord sur le règlement des différends,* Rapport du groupe spécial du 21 janvier 2000, WT/DS126/RW, para. 3.7 ; *Australie – Mesures visant les importations de saumons – Recours du Canada à l'article 21.5 du Mémorandum d'accord sur le règlement des différends,* Rapport du groupe spécial du 18 février 2000, WT/DS18/RW, para. 7.5 ; *États-Unis – Droit antidumping sur les semi-conducteurs pour mémoires RAM dynamiques (DRAM) de un mégabit ou plus, originaires de Corée – Recours de la Corée à l'article 21.5 du Mémorandum d'accord sur le règlement des différends,* WT/DS99, Décision du groupe spécial concernant la demande des CE visant à avoir accès aux communications présentées à titre de réfutation par les parties du 27 juin 2000 – Décision non publiée mais reproduite partiellement par les États-Unis dans : *États-Unis – Traitement fiscal des « sociétés de ventes à l'étranger » - Recours des Communautés européennes à l'article 21.5 du mémorandum d'accord sur le règlement des différends,* Rapport du groupe spécial du 20 août 2001, WT/DS108/RW, Annexe A-2 – Première communication écrite des États-Unis, pp. A-113 – A-114 ; *ibid.,* WT/DS103/RW & WT/DS113/RW, note 714, para. 2.22, etc.

[733] PALMETER D. & MAVROIDIS P. C., *op. cit.,* note 9, p. 257.

[734] PALMETER D. & MAVROIDIS P. C., *op. cit.,* note 9, p. 257 ; AREND K., *ibid.,* note 102, p. 377.

340.- Ce faisant, les CE, tierce partie dans certaines procédures de ce type, ont formulé en vain des objections à l'encontre de cette limite établie par l'application faussée, selon elles, de la part des groupes spéciaux concernés, de l'article 10.3 du Mémorandum d'accord, dans quatre recours de mise en œuvre pendant deux années consécutives de 2000 et 2001, à savoir les affaires *Australie - Subventions accordées aux producteurs et exportateurs de cuir pour automobiles* (*Australie – Cuir pour automobiles II*)[735], *Australie – Mesures visant les importations de saumons* (*Australie – Saumon*)[736], *États-Unis – Droit antidumping sur les semi-conducteurs pour mémoires RAM dynamiques (DRAM) d'un mégabit ou plus, originaires de Corée* (*États-Unis – DRAM*)[737], et *États-Unis – FSC*[738]. En rejetant les objections des CE, ces groupes spéciaux ont poursuivi presque le même raisonnement :

> « S'il avait décidé de tenir deux réunions avec les parties, ce qui correspond à la situation normale prévue à l'Appendice 3 du Mémorandum d'accord, les tierces parties auraient reçu uniquement les communications écrites présentées avant la première réunion, mais non les réfutations ou autres communications présentées ultérieurement. Ainsi, dans le cas le plus fréquent, les tierces parties se trouveraient dans une position identique à celle dans laquelle elles étaient en l'espèce quant à leur capacité de présenter des vues au groupe spécial. De l'avis de ce dernier, la procédure qu'il avait établie était davantage conforme à la pratique habituelle que ne le serait le cas de figure dans lequel les tierces parties recevraient les réfutations, et elle allait dans le sens de l'article 10.3 du Mémorandum d'accord dans une affaire où le groupe spécial ne tenait qu'une seule réunion »[739].

Autrement dit, en se basant sur la pratique des groupes spéciaux initiaux selon laquelle les tierces parties ne se sont pas vues conférer le droit de recevoir les réfutations déposées après la première réunion de fond, et sur la réalité que ces groupes spéciaux ne tenaient qu'une seule réunion, ils jugeaient approprié le fait d'interpréter l'article 10.3 comme limitant le droit des tierces parties de ne recevoir que les premières communications des parties (le cas échéant, les suppléments à ces communications, mais non les réfutations)[740]. Cette limite, établie par ces groupes spéciaux eux-mêmes dans leurs procédures de travail ainsi que dans leur interprétation de l'article 10.3 du Mémorandum d'accord, a constitué *de facto*

---

[735] *Ibid.*, WT/DS126/RW, note 732, para. 3.9.

[736] *Ibid.*, WT/DS18/RW, note 732, para. 7.5.

[737] *Ibid.*, WT/DS99, reproduite par les États-Unis dans *ibid.*, WT/DS108/RW, note 732, Annexe A-2, pp. A-113 – A-114.

[738] *Ibid.*, WT/DS108/RW, note 732, para. 6.3.

[739] *Ibid.*, WT/DS126/RW, note 732, para. 3.9 ; *ibid.*, WT/DS18/RW, note 732, para. 7.5 ; *ibid.*, WT/DS108/RW, note 732, para. 6.3 ; PALMETER D. & MAVROIDIS P. C., *op. cit.*, note 9, p. 257 ; AREND K., *ibid.*, note 102, p. 377.

[740] *Ibid.*, WT/DS18/RW, note 732, para. 7.5, alinéa 6 ; *ibid.*, WT/DS108/RW, note 732, para. 6.3, alinéa 9.

une barrière non négligeable qui affectait directement la participation des tierces parties à l'étape de mise en œuvre.

341.- Toutefois, la position prise par ces groupes spéciaux se heurtait à la position prise par un autre groupe spécial de mise en œuvre établi entre-temps. Le groupe spécial, saisi du recours des États-Unis au sujet de la mise en œuvre relative à l'affaire *Canada – Mesures visant l'importation de lait et l'exportation de produits laitiers* (*Canada – Produits laitiers*), a en effet donné une réponse favorable à la demande des CE sur la même question[741]. En affirmant la clarté évidente du texte de l'article 10.3 à cet égard[742] ainsi que l'importance de ce que l'article 10.3 attribue aux tierces parties[743], il a reconnu à juste titre que « rien dans le Mémorandum d'accord ne l'autorise à limiter les droits des tierces parties à la seule remise des premières communications présentées (...) et à empêcher que leur soient fournies les communications présentées à titre de réfutation »[744] une vingtaine de jours plus tard, mais avant la seule réunion du présent groupe spécial avec les parties. Dès lors, il a décidé de remplacer la phrase dans ses procédures de travail limitant l'accès des tierces parties aux premières communications des parties au différend par la prescription exacte de l'article 10.3 du Mémorandum d'accord[745]. Les tierces parties, grâce à cette décision, ont eu gain de cause, ce qui leur a permis de mieux connaître les arguments avancés par les parties au différend dans toutes leurs communications.

342.- L'interprétation et l'application paradoxales de l'article 10.3 du Mémorandum d'accord par les groupes spéciaux ci-dessus n'ont fait l'objet d'aucun appel[746], jusqu'à l'affaire *États-Unis – FSC*. L'une des parties principales à ce différend (les CE), a soulevé de nouveau, devant le groupe spécial connaissant de la question de mise en œuvre, une question préliminaire sur ce sujet, après avoir constaté que les règles de procédure contenaient la même disposition que celle pour laquelle elles avaient formulé en vain des objections précédemment[747]. Le groupe spécial, quant à lui, a continué de la rejeter avec quasiment les mêmes

---

741 *Ibid.*, WT/DS103/RW & WT/DS113/RW, note 714, para. 2.22-2.26.

742 *Ibid.*, WT/DS103/RW & WT/DS113/RW, note 714, para. 2.33. Il a insisté sur l'utilisation de l'article définitif « les » dans cette dispositions : « Les tierces parties recevront *les* communications présentées par les parties au différend à la première réunion du groupe spécial ».

743 *Ibid.*, WT/DS103/RW & WT/DS113/RW, note 714, para. 2.34.

744 *Ibid.*, WT/DS103/RW & WT/DS113/RW, note 714, para. 2.35.

745 *Ibid.*, WT/DS103/RW & WT/DS113/RW, note 714, para. 2.36 ; PALMETER D. & MAVROIDIS P. C., *op. cit.*, note 9, pp. 257-258.

746 Il y a eu l'appel sur ce recours dans les affaires *Canada – Mesures visant l'importation de lait et l'exportation de produits laitiers*, mais la décision du groupe spécial sur cette question n'en a pas fait l'objet.

747 *Ibid.*, WT/DS108/RW, note 732, para. 6.1.

motifs[748]. En cherchant une décision en dernier ressort sur cette question si controversée, les CE ont fait appel[749]. L'Organe d'appel a eu l'occasion de se prononcer pour la première fois sur cette question, ce qui a permis de mettre fin à une restriction arbitraire. En réitérant tous les droits que les tierces parties peuvent avoir conformément à l'article 10 et l'appendice 3, l'Organe d'appel, d'une part, a affirmé le pouvoir discrétionnaire des groupes spéciaux au sujet de l'attribution aux tierces parties des droits renforcés[750], d'autre part, est parvenu à une conclusion très importante et convaincante selon laquelle « les groupes spéciaux n'ont pas le pouvoir discrétionnaire de limiter les droits garantis aux tierces parties »[751] par ces dispositions. Il s'en est suivi que l'utilisation de l'expression « la première réunion du groupe spécial » dans l'article 10.3 du Mémorandum d'accord constituait un libellé impératif[752] et devait être appliquée de la même manière ; il importait peu de savoir si les groupes spéciaux tiennent une seule ou deux réunions séparées[753]. Même dans le cas où un groupe spécial décide d'organiser une seule réunion, la souplesse existant dans ses procédures de travail lui permet d'en tenir une deuxième, si nécessaire[754]. Elle précisait avec clarté que les tierces parties étaient en droit de recevoir « toutes les communications présentées par les parties jusqu'au moment de la première réunion du groupe spécial à laquelle les tierces parties participent – que cette réunion soit la première de deux réunions du groupe spécial ou la première et l'unique réunion du groupe spécial »[755]. Ainsi, d'après cette interprétation finaliste et contextuelle[756], la présupposition avancée par le groupe spécial visant à priver les tierces parties du droit

---

[748] *Ibid.*, WT/DS108/RW, note 732, para. 6.3.
[749] *Ibid.*, WT/DS108/AB/RW, note 726, para. 235.
[750] Voir : *infra,* para. 369-370.
[751] *Ibid.*, WT/DS108/AB/RW, note 726, para. 243.
[752] *Ibid.*, WT/DS108/AB/RW, note 726, para. 245.
[753] *Ibid.*, WT/DS108/AB/RW, note 726, para. 247.
[754] *Ibid.*, WT/DS108/AB/RW, note 726, para. 248.
[755] *Ibid.*, WT/DS108/AB/RW, note 726, para. 251.
[756] *Ibid.*, WT/DS108/AB/RW, note 726, para. 249. L'Organe d'appel a avancé que : « Notre interprétation de l'article 10.3 est aussi compatible avec le contexte de cette disposition. L'article 10.1 dispose que les groupes spéciaux doivent prendre « pleinement » en compte les intérêts des Membres autres que les parties au différend, et l'article 10.2 impose aux groupes spéciaux de donner aux tierces parties « la possibilité de se faire entendre ». L'article 10.3 garantit que, jusqu'à une phase définie de la procédure des groupes spéciaux, les tierces parties peuvent participer pleinement à la procédure, sur la base des mêmes communications écrites que les parties elles-mêmes. L'article 10.3 cherche par-là à garantir que les tierces parties puissent participer à une séance de la première réunion avec le groupe spécial d'une manière complète et utile, ce qui ne serait pas possible si les tierces parties étaient privées des communications écrites présentées au groupe spécial avant cette réunion. En outre, les groupes spéciaux eux-mêmes tireront ainsi davantage partie des contributions faires par les tierces parties et pourront donc mieux prendre « pleinement » en compte les intérêts des Membres, comme le prescrit l'article 10.1 du Mémorandum d'accord ».

de recevoir les réfutations en l'espèce n'est pas fondée et, partant, l'approche restrictive exercée par le groupe spécial a été officiellement infirmée[757].

343.- Ainsi les droits des tierces parties sont-ils de nature limités à ceux prévus dans le Mémorandum d'accord, comme l'indique l'auteur N. Covelli, « pour les Membres qui veulent tout simplement exprimer leurs opinions devant le groupe spécial, ces droits procéduraux sont plus que suffisants. Les tierces parties Membres peuvent influencer l'issue du différend qui ne leur est pas liée. Toutefois, pour les Membres ayant un intérêt plus pressant en la matière, ces règles procédurales se sont révélées inadéquates »[758]. C'est pourquoi, les tierces parties, dans certaines situations, ont demandé des droits plus étendus.

B. La pratique des « droits renforcés »

344.- Étant donné que les droits de tierces parties assistant aux travaux des groupes spéciaux (aussi bien initiaux que ceux établis au titre de l'article 21.5 du Mémorandum d'accord) connaissent des limites, les tierces parties ont cherché à obtenir les droits plus larges dans certaines affaires. Ces droits élargis, additionnels ou renforcés diffèrent souvent en fonction de la demande, du contexte litigieux **(1)** et de l'exercice du pouvoir discrétionnaire du groupe spécial concerné **(2)**.

1. Différentes manifestations de « droits renforcés »

345.- Dans la pratique des groupes spéciaux, les droits de tierce partie renforcés ont été demandés à l'étape préliminaire **(a)**, durant la procédure principale **(b)** ou même au stade du réexamen intérimaire **(c)**.

a. Les droits renforcés au stade préliminaire

346.- Les procédures préliminaires[759] ne sont pas officiellement prévues dans le Mémorandum d'accord. Cependant, au cours de la procédure devant un groupe spécial, surtout après sa composition, une des parties principales au différend peut lui demander de rendre des décisions préliminaires. Celles-ci peuvent en pratique porter sur un large éventail de questions, telles que : l'adéquation des

---

[757] RUIZ FABRI H., « Organisation mondiale du commerce : Chronique du règlement des différends (2001) », *Journal du droit international (Clunet)*, 2002, vol. 3, p. 895.

[758] « *For Members that simply want to provide their views to a Panel, these procedural rights are more than adequate. Intervening Members can influence the outcome without being bound by it. However, for Members with a more pressing interest in the matter, these procedural rules have proven inadequate* ». COVELLI N., *ibid.*, note 168, p. 675.

[759] Sur ce sujet, voir : VAN DAMME I., *op. cit.*, note 557, pp. 203-207.

consultations[760], la recevabilité des demandes d'établissement d'un groupe spécial à l'égard des mesures nouvelles ou expirées[761], la compatibilité de telles demandes avec l'article 6.2 du Mémorandum d'accord[762], la composition et le mandat du groupe spécial[763], les droits renforcés des tierces parties, la recevabilité de certains éléments de preuve[764], l'admission d'*amicus curiae*, les procédures relatives à des renseignements commerciaux confidentiels[765], les questions relatives à la confidentialité[766], l'ouverture de l'audience au public[767], les consultations avec des experts scientifiques[768], etc.

347.- Malgré le silence du Mémorandum d'accord sur ce point, la compétence du groupe spécial pour rendre des décisions à cet effet n'est pas contestée[769]. L'organisation de ces procédures relève de son pouvoir discrétionnaire et varie d'une affaire à l'autre[770]. Si un groupe spécial décide d'examiner ces questions

---

760 *Ibid.,* WT/DS27/R/ECU, note 611, para. 2.2 – 2.20, et 7.17 - 7.21 ; *Corée – Taxes sur les boissons alcooliques,* Rapport du groupe spécial du 17 septembre 1998, WT/DS75/R & WT/DS84/R, para. 10.19 ; *Turquie – Restrictions à l'importation de produits textiles et de vêtements,* Rapport du groupe spécial du 31 mai 1999, WT/DS35/R, para. 9.24.

761 *États-Unis – Mesures antidumping visant certaines crevettes en provenance du Viet Nam,* Rapport du groupe spécial du 11 juillet 2011, WT/DS404/R, para. 7.35-7.37. Voir également RUIZ FABRI H., « Organisation mondiale du commerce : Chronique du règlement des différends 2011-2012 », *Journal du droit international (Clunet),* 2012, n°. 3, p. 1427.

762 *Ibid.*, WT/DS174/R, note 674, para. 7.1-7.13 ; *Communautés européennes – Mesures affectant le commerce des aéronefs civils gros porteurs,* Rapport du groupe spécial du 30 juin 2010, WT/DS316/R, para. 7.138-7.158, etc.

763 *Guatemala – Mesure antidumping définitive concernant le ciment Portland gris en provenance du Mexique,* Rapport du groupe spécial du 24 octobre 2000, WT/DS156/R, para. 8.11 ; *Communautés européennes – Mesures affectant le commerce des navires de commerce,* Rapport du groupe spécial du 22 avril 2005, WT/DS301/R, para. 7.1-7.25.

764 *Ibid.*, WT/DS75/R & WT/DS84/R, note 760, para. 10.24-10.25.

765 Par exemple, *Canada – Mesures visant l'exportation des aéronefs civils,* Rapport du groupe spécial du 14 avril 1999, WT/DS70/R, Annexe I – Procédures régissant les renseignements commerciaux confidentiels et déclaration de non-divulgation, pp. 272 et s.

766 *Ibid.*, WT/DS265/R, note 407, para. 7.86-7.98.

767 *États-Unis/Canada – Maintien de la suspension d'obligations dans le différend CE - Hormones,* Rapport du groupe spécial du 31 mars 2008, WT/DS320/R & WT/DS321/R, para. 7.40-7.54.

768 *Ibid.,* WT/DS320/R & WT/DS321/R, note 767, para. 7.55-7.99.

769 VAN DAMME I., *op. cit.,* note 557, p. 205. Voir aussi la discussion entre les Membres de l'OMC lors d'une réunion de l'ORD sur cette question : ORD, *Compte rendu de la réunion tenue au Centre William Rappard le 28 janvier 2013,* WT/DSB/M/328, pp. 25-27. Les Membres entrant dans la discussion ont reconnu la flexibilité ménagée par le Mémorandum d'accord aux groupes spéciaux d'organiser les procédures à ce stade.

770 Cependant, pour éviter toute incertitude, les procédures de travail des groupes spéciaux récemment établis et composés contiennent un paragraphe à cette fin, à savoir : « Une partie présentera une demande de décision préliminaire le plus tôt possible et en tout état de cause au plus tard dans sa première communication écrite au groupe spécial. Si les plaignants demandent une telle décision, le défendeur présentera sa réponse à la demande dans sa première communication écrite. Si le défendeur demande une telle décision, les plaignants présenteront leur réponse à la demande avant la première réunion de fond du Groupe spécial, à un moment qui sera déterminé

durant la procédure principale et de rendre des décisions en même temps que le rapport final (ces décisions faisant partie du rapport final), rien dans le Mémorandum d'accord n'empêche les tierces parties de s'exprimer sur ce sujet, soit dans leur communication écrite, soit oralement, au cours de l'audience de première réunion de fond du groupe spécial avec les tierces parties[771]. Les décisions préliminaires peuvent être également rendues séparément et avant le rapport final, ainsi que les groupes spéciaux ont la possibilité d'organiser une audience à cette fin avant les réunions de fond avec les parties[772]. Dans ce cas précis, les tierces parties peuvent-elles y participer, alors que leurs droits énoncés au titre de l'article 10.3 du Mémorandum d'accord ne le prévoient pas ?

348.- En pratique, la réponse à cette question est affirmative. Le groupe spécial saisi de l'affaire *Canada – Exportations de blé et importations de grains*, sans demande des parties ni des tierces parties, s'est permis d'ajouter à deux questions préliminaires soulevées par le Canada[773] une autre question. C'est de savoir de quelle manière les tierces parties devraient être associées au stade préliminaire de la procédure, ou plus précisément, si les tierces parties peuvent participer à l'audience préliminaire tenue par le groupe spécial[774] et avoir des droits procéduraux associés à cette participation[775]. Pour arriver à l'affirmative, le raisonnement du groupe spécial a surtout été étayé par la souplesse que le Mémorandum d'accord lui ménage au sujet des questions procédurales[776]. Ce groupe a également évoqué le fait que la demande de décisions préliminaires formulée par le Canada faisait partie de la première communication écrite de ce Membre[777]. Il a ensuite estimé injuste le fait de permettre aux tierces parties d'accéder aux communications

---

par le groupe spécial compte tenu de la demande. Des exceptions à la présente procédure seront autorisées sur exposé de raisons valables ». *Ibid.,* WT/DS400/R/Add.1 & WT/DS401/R/Add.1, note 551, Annexe A, para. 6.

[771] C'est, par exemple, le cas des pays ACP dans l'affaire *CE – Bananes III.* Ces pays ont incorporé dans leur communication écrite commune déposée au groupe spécial des arguments concernant la compatibilité de la demande d'établissement du groupe spécial présentée par les plaignants avec l'article 6.2 du Mémorandum d'accord, ainsi que sur le statut du Mexique et des États-Unis dans l'affaire. *Ibid.,* WT/DS27/R/ECU, note 611, para. 5.18 – 5.24.

[772] VAN DAMME I., *op. cit.,* note 557, p. 205. L'Organe d'appel a aussi organisé certaines audiences préliminaires. Voir : *Ibid.,* WT/DS70/AB/R, note 468, para. 6 ; *Brésil – Programme de financement des exportations pour les aéronefs,* Rapport de l'Organe d'appel du 02 août 1999, WT/DS46/AB/R, para. 6.

[773] Y compris la compatibilité avec l'article 6.2 du Mémorandum d'accord de la demande d'établissement d'un groupe spécial et certaines procédures additionnelles proposées par ce Membre pour la protection des renseignements exclusifs ou sensibles d'un point de vue commercial. *Ibid.,* WT/DS276/R, note 553, para. 6.5.

[774] Dans cette affaire, l'audience préliminaire s'est déroulée le 6 juin 2003. *Ibid.,* WT/DS276/R, note 553, para. 1.8.

[775] *Ibid.,* WT/DS276/R, note 553, para. 6.6.

[776] *Ibid.,* WT/DS276/R, note 553, para. 6.6, alinéa 5.

[777] *Ibid.,* WT/DS276/R, note 553, para. 6.6, alinéa 6.

écrites préliminaires des parties, sans leur attribuer l'occasion de faire des observations sur les questions préliminaires traitées. En effet, ce groupe avait l'intention de rendre une décision avant la première réunion de fond avec les parties et rappelé qu'il aurait forcément besoin des arguments des tierces parties à ce sujet[778]. Pour tous ces motifs, il a décidé d'octroyer aux tierces parties les droits de recevoir les communications écrites préliminaires des parties au différend ; d'avoir la possibilité de lui présenter des communications écrites préliminaires aux fins de faire des observations sur les communications écrites préliminaires des parties et d'avoir la possibilité d'être entendues par le groupe spécial lui-même à ce stade[779].

Cette question a été de nouveau traitée par le groupe spécial chargé de l'affaire *États-Unis – Coton upland*, sans demande des parties aux différends, qui a également donné une réponse favorable[780].

349.- Il faut toutefois noter que, hormis les deux décisions susmentionnées, aucune autre n'a été prise à ce sujet. Il est établi que les tierces parties ont l'accès automatique à cette procédure chaque fois qu'elle est utilisée, même si celle-ci n'est pas prévue dans les procédures de travail des groupes spéciaux. Cette pratique ne rassure pas les Membres de l'OMC qui sont conscients de l'instabilité procédurale causée par le silence du Mémorandum d'accord en l'espèce. Pour cette raison, le Brésil a inscrit à l'ordre du jour d'une réunion de l'ORD la question sur les décisions préliminaires, dans laquelle il a fait part également d'inquiétudes au sujet des droits de tierces parties durant toute cette procédure[781]. Il a avancé que la flexibilité ménagée au groupe spécial ne devrait pas être utilisée de manière contraire à quelconque disposition du Mémorandum d'accord, ni nuire aux droits des tierces parties. Le refus de leur accorder les droits fondamentaux de recevoir les communications écrites préliminaires des parties au différend et de réagir à ces communications pouvait empêcher leur participation effective en l'occurrence, surtout dans les cas où l'on y traiterait de questions de fond[782]. Ce

---

[778] *Ibid.*, WT/DS276/R, note 553, para. 6.6, alinéa 7.

[779] *Ibid.*, WT/DS276/R, note 553, para. 6.6, alinéa 3. Il a ensuite décidé de modifier ses procédures de travail pour qu'elles s'adaptent à cette autorisation, comme suit : « Les tierces parties seront invitées par écrit à exposer leurs vues pendant une séance de l'audience préliminaire du groupe spécial réservée à cet effet ainsi que pendant une séance de la première réunion de fond du groupe spécial réservée à cet effet. Les tierces parties pourront être présentes pendant toute la durée de ces séances ».

[780] *Ibid.*, WT/DS267/R, note 582, para. 7.3. De cette décision, les tierces parties se sont vues accorder les droits d'avoir l'accès aux observations écrites initiales des parties (et à toutes observations écrites que les parties pourraient formuler sur leurs observations respectives) ; d'avoir la possibilité de présenter toutes observations écrites sur ces questions préliminaires.

[781] *Ibid.*, WT/DSB/M/328, note 769, para. 7.2-7.3.

[782] *Ibid.*, WT/DSB/M/328, note 769, para. 7.3.

souci n'était pas infondé, particulièrement sur l'assurance de la transparence interne de l'ORD et a forcément été partagé par d'autres Membres présents dans la discussion. Dès lors, cela suscite la nécessité de réviser les procédures de travail des groupes spéciaux pour prévoir clairement les droits que peuvent avoir à ce stade les tierces parties afin d'assurer leur participation véritable et efficace dans cette procédure.

b. Les droits renforcés attribués au cours des réunions des groupes spéciaux

350.- À côté des droits attribués de manière supplémentaire au stade préliminaire, les tierces parties ont directement demandé les droits renforcés au cours de la procédure principale de groupes spéciaux dans certaines affaires. Les droits renforcés attribués diffèrent en fonction de la situation dans laquelle les tierces parties interviennent. Il s'agit plutôt dans certaines affaires, des droits renforcés d'ordre matériel **(i)**. Dans le cadre de plaintes multiples, il s'agit plutôt des droits renforcés d'ordre procédural **(ii)**.

i. Les droits d'ordre matériel

351.- Les droits renforcés attribués aux tierces parties se dotent de caractère matériel, puisque le raisonnement principalement avancé par des groupes spéciaux concernés fait valoir surtout le besoin de mieux protéger les droits et intérêts des tierces parties qui pourraient être mis en jeu dans telle ou telle affaire[783]. Si un groupe spécial juge nécessaire de mieux prendre en compte ces intérêts, il peut répondre favorablement à leur demande de droits renforcés. À l'inverse, s'il trouve que leurs intérêts sont suffisamment assurés par les règles existantes dans le Mémorandum d'accord, leur demande sera rejetée.

352.- En pratique, les droits renforcés des tierces parties ont été mis en question pour la première fois au cours des travaux du groupe spécial chargé de l'affaire *CE – Bananes III*. Au nom des pays ACP, 16 Membres[784] prenant part en qualité de tierces parties, ont demandé au groupe spécial de leur accorder des droits plus larges que ceux prévus dans le Mémorandum d'accord. Les droits demandés comprenaient ceux de participation à toutes les réunions du groupe spécial avec les parties au différend, de présentation de leur point de vue à chacune de ces réunions, de réception d'une copie de toutes les communications et

---

[783] ANGELET N., *ibid.*, note 93, p. 226.

[784] Il s'agissait du Belize, du Cameroun, de la Colombie, du Costa Rica, de la Côte d'Ivoire, de la Dominique, du Ghana, de la Grenade, de la Jamaïque, du Nicaragua, de la République dominicaine, de Saint-Vincent-et-les Grenadines, de Sainte-Lucie, du Sénégal, du Suriname et du Venezuela. Suite à cette demande, les demandes semblables ont été déposées par d'autres tierces parties. *Ibid.*, WT/DS27/R/ECU, note 611, para. 7.4.

des autres documents, de soumission des communications écrites aux première et deuxième réunions du groupe spécial[785].

Une décision favorable du groupe spécial a par la suite été donnée à travers deux étapes. Avant la première réunion de fond, ce groupe a permis aux tierces parties, après concertation avec les parties principales, d'assister en tant qu'observateurs à l'ensemble des travaux de cette réunion[786]. Les tierces parties ont pu être présentes à une réunion au cours de laquelle elles sont en principe écartées, au titre du paragraphe 6 de l'appendice 3 du Mémorandum d'accord. Le statut d'observateurs que le groupe spécial a accordé aux tierces parties montre clairement que ces dernières ne pouvaient pas faire de déclaration orale directement au cours de cette séance. Mise en relation avec le paragraphe 6 de l'appendice 3 du Mémorandum d'accord, cette décision était raisonnable, puisque les tierces parties ont pu le faire durant la séance de la première réunion du groupe spécial réservée aux tierces parties elles-mêmes.

Ensuite, durant la première réunion de fond du groupe spécial, la Communauté européenne a demandé également que les tierces parties soient autorisées à participer aux réunions suivantes de ce groupe spécial. En réponse à cette demande, le groupe spécial, après avoir reçu des réponses très divisées des parties, a ensuite décidé ce qui suit :

> « Les membres de l'administration publique des tierces parties seraient autorisés à assister en tant qu'observateurs à la deuxième réunion de fond du groupe spécial avec les parties. Le groupe spécial prévoit de donner aussi aux observateurs la possibilité de présenter une brève déclaration à un moment opportun au cours de la deuxième réunion. Le groupe spécial ne s'attend pas à ce qu'elles présentent d'autres communications écrites, outre les réponses aux questions déjà posées à la première réunion »[787].

Le groupe spécial a particulièrement justifié cette deuxième décision, entre autres, par le besoin de protéger les intérêts de certaines tierces parties qui pourraient subir des conséquences économiques considérables du régime communautaire applicable à la banane et par le fait que le traité international conclu entre ces tierces parties et la Communauté européenne était à l'origine des avantages

---

785 *Ibid.*, WT/DS27/R/ECU, note 611, para. 7.4.

786 *Ibid.*, WT/DS27/R/ECU, note 611, para. 7.7 ; PALMETER D. & MAVROIDIS P. C., *op. cit.*, note 9, p. 110 ; ANTONIADIS A., « Enhanced Third Party Rights in the WTO Dispute Settlement Understanding », *Legal Issues of Economic Integration,* 2002, vol. 29, n°. 3, p. 292 ; COVELLI N., *ibid.*, note 168, p. 677 ; COVELLI N., *ibid.*, note 249, pp. 125-139 ; ANGELET N., *ibid.*, note 93, pp. 226-227.

787 *Ibid.*, WT/DS27/R/ECU, note 611, para. 7.8, alinéa a).

économiques qu'elles pourraient tirer de ce régime[788]. Force est de constater que ces deux motifs indiquent de manière convaincante que le groupe spécial a surtout pris en compte les intérêts des tierces parties concernées durant ses procédures[789].

353.- Dans le même esprit, les groupes spéciaux chargés des affaires *Communautés européennes – Conditions d'octroi de préférences tarifaires aux pays en développement (CE – Préférences tarifaires), CE – Subventions à l'exportation de sucre* ont accordé des droits additionnels aux tierces parties. 11 Membres d'Amérique latine intervenant dans l'affaire *CE – Préférences tarifaires*, à l'appui de leur demande au groupe spécial de leur attribuer les droits complémentaires, ont évoqué surtout que leur intérêt substantiel en l'espèce s'avérait particulièrement important, du fait que la mesure en cause déterminerait les conditions d'accès de leurs exportations au marché européen, en tant que bénéficiaires du schéma de préférences tarifaires fixé par cette partie défenderesse[790]. Ils ont également établi un parallèle entre leur intérêt et celui des pays ACP dans l'affaire *CE – Bananes III* susmentionnée[791]. Le groupe spécial, dans sa réponse affirmative, a fait droit à ces arguments, en reconnaissant l'incidence économique des programmes de préférences sur les pays en développement tierces parties (y compris à la fois les tierces parties bénéficiaires du régime communautaire concernant les drogues, mis en question dans cette affaire, et celles qui en étaient exclues). Il a également indiqué que l'intérêt systémique des États-Unis pourrait être mis en jeu, étant donné que cette affaire pourrait avoir une grande incidence en matière de politique commerciale pour ce Membre

---

[788] *Ibid.,* WT/DS27/R/ECU, note 611, para. 7.8, alinéa b). Il l'avait justifiée par deux autres motifs, y compris : la pratique suivie par les précédents groupes spéciaux qui s'étaient occupés des régimes de la Communauté européenne et de ses États membres applicables à la banane ; et, l'impossibilité, pour les parties au différend, de parvenir à un accord sur cette question. ANGELET N., *ibid.,* note 93, pp. 226-227 ; COVELLI N., *ibid.,* note 168, pp. 677-678 ; PALMETER D. & MAVROIDIS P. C., *op. cit.,* note 9, p. 110 ; CARMODY C., *ibid.,* note 40, p. 657 ; ANTONIADIS A., *ibid.,* note 786, p. 292.

[789] Dans le même contexte, les groupes spéciaux de mise en œuvre saisis par les États-Unis et l'Équateur ont également attribué aux tierces parties les droits additionnels, y compris celui d'être présentes tout au long de la réunion de fond avec les parties au différend ; celui de recevoir toutes les communications, y compris les réponses des parties au différend à questions posées ; et, celui de poser des questions orales aux parties au cours de la réunion de fond, bien que les parties ne soient pas tenues d'y répondre. *Ibid.,* Deuxième recours de l'Équateur à l'article 21.5 du Mémorandum d'accord sur le règlement des différends, WT/DS27/RW2/ECU, para. 1.5 ; Recours des États-Unis à l'article 21.5 du Mémorandum d'accord sur le règlement des différends, WT/DS27/RW/USA, para. 7.722. La raison principale présidant la décision du groupe spécial saisi par les États-Unis a reposé sur le fait qu'il était conscient des conséquences économiques et sociales des mesures communautaires en question dans cette présente procédure causées aux pays ACP ainsi qu'aux pays d'Amérique latine exportateurs de bananes.

[790] *Ibid.,* WT/DS246/R, note 115, Annexe A – Demande de droits de tierce partie renforcés – Décision du groupe spécial du 7 mai 2003, para. 1.

[791] *Ibid.,* WT/DS246/R, note 115, Annexe A, para. 3.

en tant que pays donnant des préférences tarifaires[792]. Les droits élargis accordés dans la présente affaire étaient jugés plus complets[793] et s'appliquaient à toutes les tierces parties, y compris celles qui ne les avaient pas demandés[794].

354.- Dans les affaires *CE – Subventions à l'exportation de sucre,* les droits additionnels ont été demandés successivement par les pays ACP concernés. Tout d'abord, avant que le groupe spécial établi à la demande de l'Australie et du Brésil ne commence ses travaux, Maurice, au nom de 14 pays ACP producteurs de sucre, lui a demandé de leur accorder des droits de tierce partie élargis[795]. Le groupe spécial, même s'il ne pouvait pas être en mesure d'évaluer les conséquences causées par l'affaire sur l'économie de ces tierces parties, a considéré l'importance du commerce de sucre pour elles-mêmes et a décidé de leur accorder le droit d'assister en tant qu'observateurs à l'intégralité de la première réunion de fond[796], comme en avaient bénéficié les pays ACP dans l'affaire *CE – Bananes III.* Ensuite, répondant favorablement à la deuxième demande présentée par ces mêmes pays, le groupe spécial leur a attribué les mêmes droits[797] que ceux des tierces parties dans l'affaire *CE – Préférences tarifaires.* Le groupe spécial n'a pas fait connaître les motifs guidant sa décision, il apparaît toutefois que ces pays ACP se trouvent dans la même situation que dans les deux affaires précédentes. La deuxième décision du groupe spécial précisait que les tierces parties n'étaient pas en droit de s'exprimer au cours de la deuxième réunion de fond avec les parties, c'est pourquoi le Guyana, au nom des pays ACP, le lui a demandé pour la troisième fois. Cette demande a été rejetée du fait que le groupe spécial n'a pas estimé nécessaire de modifier sa deuxième décision ci-dessus[798].

355.- Dans ces trois affaires, la prise en compte de la particularité des intérêts économiques ou de l'intérêt systémique[799] trouve une place primordiale dans la décision d'accorder des droits renforcés. Si une tierce partie n'est pas en mesure

---

[792] *Ibid.,* WT/DS246/R, note 115, Annexe A, para. 7 ; voir aussi : ANGELET N., *ibid.*, note 93, p. 227 ; ALBASHAR F. A. S. A. & MANIRUZZAMAN A. F. M., *ibid.,* note 182, p. 334.

[793] En fait, les tierces parties avaient le droit d'assister à la première réunion de fond avec les parties ; de recevoir des deuxièmes communications des parties ; d'assister à la deuxième réunion de fond avec les parties ; de faire une brève déclaration durant la deuxième réunion de fond avec les parties ; et de revoir le résumé de leurs arguments respectifs dans le projet de partie descriptive du rapport du groupe spécial. Le groupe spécial a toutefois indiqué qu'il n'attendait pas que les tierces parties présentent des communications écrites autres que des réponses aux questions que leur posera le groupe spécial. *Ibid.,* WT/DS246/R, note 115, Annexe A, para. 8-9 ; ALBASHAR F. A. S. A. & MANIRUZZAMAN A. F. M., *ibid.,* note 182, pp. 334-335.

[794] *Ibid.,* WT/DS246/R, note 115, Annexe A, para. 7.

[795] *Ibid.*, WT/DS265/R, WT/DS266/R & WT/DS283/R note 407, para. 2.5 ; ALBASHAR F. A. S. A. & MANIRUZZAMAN A. F. M., *ibid.,* note 182, p. 336.

[796] *Ibid.,* WT/DS265/R, WT/DS266/R & WT/DS283/R, note 407, para. 2.5.

[797] *Ibid.,* WT/DS265/R, WT/DS266/R & WT/DS283/R, note 407, para. 2.6.

[798] *Ibid.,* WT/DS265/R, WT/DS266/R & WT/DS283/R, note 407, para. 2.8 et 2.9.

[799] C'était le cas des États-Unis dans l'affaire *CE – Préférences tarifaires.*

de se prévaloir d'un tel intérêt parmi les autres motifs à l'appui de sa demande, que ce type d'intérêt est présenté mais non reconnu par le groupe spécial, ou si sa demande est de nature simplement procédurale, ou si cette demande émane d'une des parties principales[800], elle sera refusée[801]. C'était, en effet, le cas des CE dans l'affaire *États-Unis – Coton upland,* du Brésil dans l'affaire *États-Unis – Mesures affectant le commerce des aéronefs civils gros porteurs (deuxième plainte) (États-Unis – Aéronefs civils gros porteurs (2ème plainte)),* des CE dans l'affaire *États-Unis – Certaines mesures visant les importations de volaille en provenance de Chine (États-Unis – Volaille (Chine))*[802] et du Canada dans les affaires *Chine – Mesures relatives à l'exportation de diverses matières premières (Chine – Matières premières)*[803] et dans certaines autres affaires[804].

356.- Dans l'affaire *États-Unis – Coton upland,* les CE ont demandé au groupe spécial des droits complémentaires moins larges que ceux demandés dans ces trois affaires ci-dessus, en particulier, celui d'accès aux déclarations orales faites par les parties au différend à la première séance de la première réunion de fond, ainsi que la possibilité de formuler des observations sur leurs réponses aux questions du groupe spécial, ou aux questions qu'elles se sont posées mutuellement[805]. Les CE ont concentré leur argumentation sur le fait que : l'accès aux déclarations orales permettrait aux tierces parties de répondre aux arguments émis par les parties au différend dans le cas où une telle réponse serait pertinente pour répondre à celles posées par ce groupe spécial aux tierces parties, et que : le groupe spécial

---

800 *Ibid.,* WT/DS400/R & WT/DS401/R, note 551, para. 1.15-1.16.

801 ANGELET N., *ibid.*, note 93, p. 226.

802 *États-Unis – Certaines mesures visant les importations de volaille en provenance de Chine,* Rapport du groupe spécial du 29 septembre 2010, WT/DS392/R, para. 7.58. Les Communautés européennes ont demandé au groupe spécial chargé de cette affaire d'accorder des droits de tierce partie renforcés à toutes les tierces parties. Le groupe spécial l'a refusée en se prononçant que les vues et les intérêts des tierces parties avaient été pleinement pris en compte au cours de ses procédures.

803 *Chine – Mesures relatives à l'exportation de diverses matières premières,* Rapport du groupe spécial du 5 juillet 2011, WT/DS394/R (plainte des États-Unis), WT/DS395/R (plainte des Communautés européennes) et WT/DS398/R (plainte du Mexique), para. 1.7. Le groupe spécial a rejeté la demande des droits de tierce partie renforcés formulée par le Canada en évoquant que l'octroi de ces droits entraînerait des retards et aurait une incidence importante sur le calendrier de ses travaux.

804 C'était le cas du Canada dans les affaires *Chine – Mesures relatives à l'exportation de terres rares, de tungstène et de molybdène,* Rapport du groupe spécial du 26 mars 2014, WT/DS431/R, WT/DS432/R & WT/DS433/R, para. 7.1-7.10 ; *États-Unis – Mesures compensatoires visant certains produits en provenance de Chine,* Rapport du groupe spécial du 14 juillet 2014, WT/DS437/R, para. 1.9-1.13 ; *Argentine – Mesures affectant les importations de marchandises,* Rapport du groupe spécial du 22 août 2014, WT/DS438/R, WT/DS444/R & WT/DS445/R, para. 1.23-1.24 ; *Inde – Certaines mesures relatives aux cellules solaires et aux modules solaires,* Rapport du groupe spécial du 24 février 2016, WT/DS456/R, para. 1.9. C'était également le cas de la Chine dans l'affaire *États-Unis – Mesures antidumping et mesures compensatoires visant les gros lave-linge à usage domestique en provenance de Corée,* Rapport du groupe spécial du 11 mars 2016, WT/DS464/R, para. 1.11-1.12.

805 *Ibid.,* WT/DS267/R/Add.3-03, note 582, Annexe L-1.7, para. 4.

pourrait tirer profit des réponses plus complètes des tierces parties à ses questions. La nature de ces arguments était simplement procédurale. Les CE n'étaient donc pas en mesure de montrer comment l'attribution et le refus de ces droits pourraient avoir des incidences sur la protection d'un quelconque intérêt particulier (surtout d'ordre économique ou commercial) dans cette affaire. En conséquence, cette demande n'a pas été acceptée[806].

357.- Le plus notable est le cas du Brésil dans l'affaire *États-Unis – Aéronefs civils gros porteurs (2ème plainte)*. Ce Membre, dans sa demande des droits de tierce partie renforcés[807], a essentiellement centré son raisonnement sur son intérêt économique notable, direct et substantiel dans le secteur des aéronefs et sur le fait que l'acceptation de sa demande n'aurait pas pour effet de gommer la distinction entre les droits des parties et ceux des tierces parties[808]. Le groupe spécial a néanmoins refusé cette demande. Il a réitéré tous les motifs utilisés par les groupes spéciaux précédents pour accepter une telle demande[809]. Le groupe spécial a

---

806 Le groupe spécial a consécutivement rejeté les droits demandés par les Communautés européennes. Tout d'abord, il a fait savoir que la version écrite des déclarations orales des parties et des réponses des parties aux questions du groupe spécial ne faisaient pas partie des communications présentées par les parties au différend à la première réunion du groupe spécial. Par conséquent, l'octroi aux tierces parties de cet accès irait à l'encontre de la pratique habituelle au titre du Mémorandum d'accord, consistant à tenir les séances auxquelles les déclarations orales des parties au différend sont faites en l'absence des tierces parties (*Ibid.*, WT/DS267/R/Add.3-03, note 582, Annexe L-1.7, para. 6). Ensuite, en reconnaissant l'importance systémique de l'interprétation de l'article 13 de l'Accord sur l'agriculture et son incidence sur la politique commerciale, le groupe spécial a indiqué que d'une certaine manière, il avait tenu compte de ces implications en posant aux tierces parties une série de questions et que les Communautés européennes, ainsi que d'autres tierces parties, avaient la possibilité durant ses procédures de s'exprimer sur cette question (para. 11-17).

807 Il a demandé les droits : 1) de participer à toutes les réunions de fond du groupe spécial avec les parties ; 2) de présenter des déclarations et observations orales aux réunions de fond du groupe spécial avec les parties ; 3) de recevoir des copies de toutes les communications présentées au groupe spécial, y compris des réponses aux questions posées par le groupe spécial ou les parties ; et 4) d'examiner le rapport intérimaire du groupe spécial et de formuler des observations y afférentes, en particulier pour ce qui est du résumé des arguments du Brésil dans le projet de parties descriptives de ce rapport ». *États-Unis – Mesures affectant le commerce des aéronefs civils gros porteurs (deuxième plainte)*, Rapport du groupe spécial du 31 mars 2011, WT/DS353/R, para. 7.14.

808 *Ibid.*, WT/DS353/R, note 807, para. 7.14.

809 Il a fait savoir : « Des groupes spéciaux antérieurs ont accordé des droits de tierce partie renforcés notamment pour les raisons suivantes : effet économique notable des mesures en cause pour certaines tierces parties, importance du commerce du produit en cause pour certaines tierces parties, incidence notable sur la politique commerciale que l'issue du différend pouvait avoir pour les tierces parties maintenant des mesures similaires aux mesures en cause, reconnaissance par au moins une des parties du fait que des droits de tierce partie renforcés devraient être accordés, allégations selon lesquelles les mesures en cause découlaient d'un accord international auquel certaines tierces parties étaient parties, octroi précédemment à des tierces parties de droits renforcés dans des procédures de groupe spécial liées ; et certaines considérations d'ordre pratique découlant du fait d'une tierce partie était partie à une procédure de groupe spécial parallèle ». *Ibid.*, WT/DS353/R, note 807, para. 7.16.

trouvé que les arguments présentés par le Brésil n'étaient similaires. La constatation du groupe spécial mérite d'être citée de manière intégrale :

> « Bien qu'il admette que le Brésil a un intérêt substantiel dans le secteur des aéronefs, le groupe spécial estime que l'intérêt du Brésil dans « le secteur des aéronefs » dans son ensemble constitue une base insuffisante pour justifier l'octroi de droits de tierce partie renforcés au Brésil. Le Brésil n'a pas allégué qu'il produisait des aéronefs civils gros porteurs ni qu'il avait des intérêts commerciaux dans les aéronefs civils gros porteurs. Le Brésil n'a pas allégué que les aéronefs régionaux produits au Brésil étaient en concurrence avec les aéronefs civils gros porteurs. Il n'a pas allégué qu'il maintenait des mesures similaires aux mesures en cause dans le présent différend ; au contraire, il allègue qu'il n'accorde pas de subventions pour le développement et la production de nouveaux aéronefs. Le Brésil a certes participé en tant que partie à un certain nombre de différends portés devant l'OMC concernant le secteur des aéronefs, mais ces différends concernaient des produits (c'est-à-dire les aéronefs régionaux) et des mesures (par exemple les crédits à l'exportation sur la vente de ces aéronefs) qui ne sont pas en cause dans le présent différend. Le Brésil n'a pas expliqué comment, à la lumière de ce qui précède, les mesures en cause avaient pour lui un effet notable sur le plan de l'économie ou de la politique commerciale. Nous admettons que le Brésil a un intérêt systémique général dans l'interprétation de l'Accord SMC, mais cela ne le distingue pas des autres Membres de l'OMC »[810].

Ainsi, même si le Brésil avait des intérêts économiques à protéger dans le secteur des aéronefs civils, ces intérêts n'étaient pas en jeu dans cette affaire, du fait que le produit en question « aéronefs civils gros porteurs » ne le concernait pas. Le fait de manquer d'un intérêt économique direct sur le produit en question a privé le Brésil d'un accès plus complet aux travaux du groupe spécial. Cette décision permet donc d'affirmer à nouveau qu'une demande de droits de tierce partie renforcés ne peut être admise que si un intérêt particulier[811] de tierces parties (d'ordre commercial ou systémique, mais direct et important) est mis en jeu et reconnu dans l'affaire.

ii. Les droits d'ordre procédural

358.- Dans le cadre des plaintes multiples, la situation se présente un peu différemment. Lorsqu'il y a une jonction de plaintes[812] (par exemple du Membre A

---

810 *Ibid.*, WT/DS353/R, note 807, para. 7.17.

811 ANGELET N., *ibid.*, note 93, p. 228 ; ALBASHAR F. A. S. A. & MANIRUZZAMAN A. F. M., *ibid.*, note 182, pp. 335-336.

812 Voir également : ROSAS A., *ibid.*, note 103, pp. 78-81 ; PALMETER D. & MAVROIDIS P. C., *op. cit.*, note 9, pp. 111-112 ; ANTONIADIS A., *ibid.*, note 786, pp. 292-301.

et du Membre B contre le Membre C) conformément à l'article 9 du Mémorandum d'accord, le Membre A peut devenir tierce partie dans l'affaire entre le Membre B et le Membre C, et à l'inverse, le Membre B peut devenir tierce partie dans l'affaire entre le Membre A et le Membre C. Le Membre A, en tant que tierce partie dans l'affaire opposant le Membre B au Membre C, peut demander les droits de tierce partie renforcés et le Membre B, en tant que tierce partie dans l'autre affaire, peut déposer une demande identique. Si tel est le cas, il s'agit plutôt des demandes de droits renforcés d'ordre procédural, puisque les intérêts de ces deux plaignants seront pris en compte pleinement dans la procédure principale. Ces droits sont attribués surtout sur la base « des caractéristiques particulières de la procédure elle-même »[813].

359.- La question des droits de tierce partie renforcés dans le cadre de l'établissement de plusieurs groupes spéciaux appelés à connaître d'une même mesure s'est posée pour la première fois dans les affaires *CE – Hormones*. Le Canada, après avoir participé en tant que tierce partie dans les procédures engagées par les États-Unis contre le régime communautaire applicable à l'importation de la viande aux hormones[814], a déclenché quelques mois plus tard ses propres procédures sur le même sujet conformément à l'article 10.4 du Mémorandum d'accord[815]. Pour des raisons pratiques, ces deux plaintes n'ont pas pu être réglées par un groupe spécial unique : le groupe spécial demandé par le Canada a été établi près de cinq mois après celui demandé par les États-Unis[816], ces deux groupes ayant les mêmes membres. Intervenant dans l'affaire engagée par le Canada en tant que tierce partie, les États-Unis ont demandé à ce groupe spécial de leur attribuer des droits additionnels[817]. À cette occasion, les deux groupes spéciaux parallèles se sont prononcés sur cette question[818]. Tout d'abord, le groupe spécial, chargé de l'affaire introduite par le Canada, a refusé aux États-Unis le droit d'être observateur durant la première réunion de fond de celui-ci avec le Canada, pour

[813] ANGELET N., *ibid.,* note 93, p. 228.

[814] *Ibid.,* WT/DS26/R/USA, note 263, para. 1.2 – 1.6.

[815] Cet article prévoit : « Si une tierce partie estime qu'une mesure qui a déjà fait l'objet de la procédure des groupes spéciaux annule ou compromet des avantages résultant pour elle d'un accord visé, ce Membre pourra avoir recours aux procédures normales de règlement des différends prévues dans le présent mémorandum d'accord. Un tel différend sera, dans tous les cas où cela sera possible, porté devant le groupe spécial initial ».

[816] Le groupe spécial demandé par les États-Unis a été établi le 20 mai 1996 (*ibid.,* WT/DS26/R/USA, note 263, para. 1.5) et celui demandé par le Canada le 16 octobre 1996 (*Ibid.,* WT/DS48/R/CAN, note 263, para. 1.4).

[817] Les États-Unis, dans l'affaire engagée par le Canada, ont demandé à être autorisés à participer pleinement aux travaux du groupe spécial chargé de cette affaire. Ils ont demandé surtout de recevoir toutes les communications des parties au présent différend, d'assister en qualité d'observateur à l'ensemble des travaux des réunions de fond entre le groupe spécial et les parties au différend et les experts scientifiques, et de présenter une brève déclaration à un moment opportun lors de la deuxième réunion de fond.

[818] *Ibid.,* WT/DS26/R/USA & WT/DS48/R/CAN, note 263, para. 8.12.

la raison que les États-Unis ne l'ont introduite qu'un jour avant cette réunion[819]. Ensuite, en considérant le statut particulier des États-Unis dans cette affaire et le fait que ces deux groupes spéciaux parallèles organiseraient une seule réunion avec les experts, le groupe spécial leur a accordé le droit d'assister à la réunion avec les experts scientifiques et à la deuxième réunion de fond avec les parties[820]. Ces droits s'appliquaient également au Canada dans l'affaire introduite par les États-Unis, même si le Canada ne les avait pas demandés[821]. Les CE, quant à elles, se sont fortement opposées à cette décision en avançant qu'elle porterait atteinte à leurs droits aussi substantiels que procéduraux en qualité de défendeur[822]. À l'appui du rejet de cette objection, les deux groupes spéciaux ont évoqué le besoin d'assurer la transparence interne dans leurs travaux respectifs.

360.- Une question similaire s'est présentée ultérieurement dans les affaires *États-Unis – Loi de 1916*. Les CE ont tout d'abord demandé d'établir un groupe spécial pour traiter de la plainte les opposant aux États-Unis au sujet de la non-abrogation par les États-Unis du titre VIII de leur Loi antidumping de 1919 (Loi de finances de 1916) et le Japon a réservé le droit d'y participer en tant que tierce partie[823]. Par la suite, le Japon a introduit sa propre plainte sur le même sujet. Ainsi, a été établi le groupe spécial dans les travaux duquel les CE étaient tierce partie[824]. Chacun d'eux a demandé des droits de tierce partie renforcés dans les travaux du groupe spécial chargé de l'autre affaire[825]. Ces deux demandes ont toutefois été rejetées par deux groupes spéciaux parallèles. À l'appui de leur refus, deux groupes spéciaux ont, d'une part, réitéré que les tierces parties dans les affaires *CE – Hormones* s'étaient vues accorder les droits renforcés en raison des circonstances particulières, bien que ne soit pas décisif le fait que les deux groupes spéciaux soient composés des mêmes personnes et qu'ils aient trait à la même

---

[819] *Ibid.*, WT/DS48/R/CAN, note 263, para. 8.16.

[820] *Ibid.*, WT/DS48/R/CAN, note 263, para. 8.17.

[821] *Ibid.*, WT/DS26/R/USA, note 263, para. 8.15.

[822] *Ibid.*, WT/DS26/R/USA, note 263, para. 8.15 ; *ibid.*, WT/DS48/R/CAN, note 263, para. 8.19.

[823] *États-Unis – Loi antidumping de 1916,* Rapport du groupe spécial du 31 mars 2000, WT/DS136/R (plainte des Communautés européennes), para. 1.5.

[824] *États-Unis – Loi antidumping de 1916,* Rapport du groupe spécial du 29 mai 2000, WT/DS162/R (plainte du Japon), para. 1.6.

[825] Les droits demandés par chacun d'eux n'étaient pas les mêmes. Dans l'affaire engagée par les Communautés européennes, le Japon a demandé à recevoir tous les documents nécessaires, y compris les communications et les versions écrites des déclarations des parties, ainsi qu'à assister à toutes les séances de la deuxième réunion de fond du groupe spécial (*ibid.*, WT/DS136/R, note 823, para. 6.29). Au contraire, dans l'affaire introduite par le Japon, les Communautés européennes ont demandé à être présentes tout au long des deux réunions de fond du groupe spécial et de pouvoir présenter une communication à chaque occasion (*ibid.*, WT/DS162/R, note 824).

question[826] ; d'autre part ces deux groupes ont affirmé qu'il n'y avait pas de circonstances semblables en l'occurrence[827] et que le refus d'octroi des droits renforcés aux tierces parties n'affecterait en rien les garanties procédurales à l'égard du Japon ou des CE dans l'une ou l'autre affaire[828].

361.- Lorsque dans les affaires *CE – Hormones,* les tierces parties bénéficiaient des droits de tierce partie renforcés, en raison principale de l'harmonisation des procédures et calendriers entre deux affaires parallèles et du caractère hautement technique de la question en cause, et que le manque de ces deux éléments constituait également les motifs conduisant les groupes spéciaux à refuser tels ou tels droits aux tierces parties dans les affaires *États-Unis – Loi de 1916,* les groupes spéciaux dans deux affaires *États-Unis – Crevettes (Thaïlande)*[829] et *États-Unis – Directive sur les cautions en douane pour les marchandises assujetties à des droits antidumping/ compensateurs* (*États-Unis – Directive sur les cautions en douane*)[830] ont de nouveau rejeté les demandes de Thaïlande et de l'Inde en vue, l'une, d'obtenir des droits renforcés dans l'affaire engagée par l'autre, même si ces deux groupes spéciaux ont décidé d'harmoniser une partie de leurs procédures. Au lieu de leur accorder des droits renforcés, ces deux groupes spéciaux ont opté pour une approche pratique en indiquant dans leur calendrier que : pour les réunions communes avec les parties principales ici - la Thaïlande, l'Inde (parties demanderesses) et les États-Unis - la Thaïlande aurait la possibilité de faire des observations à l'égard des arguments présentés par l'Inde et réciproquement, dans la limite des allégations communes entre elles ; pour les séances de la première réunion avec les tierces parties qui se tiendraient séparément, elles seraient présentes pendant toute la durée de ces séances (soit en tant que partie plaignante, soit en tant que tierce partie), alors que les autres tierces parties de cette affaire-ci seraient exclues de la participation à la séance avec les tierces parties de l'autre affaire[831].

---

[826] *Ibid.,* WT/DS136/R & WT/DS162/R, note 823-824, para. 6.33 ; ANGELET N., *ibid.*, note 93, p. 229 ; COVELLI N., *ibid.*, note 168, pp. 679-680 ; ANTONIADIS A., *ibid.,* note 786, pp. 296-298.

[827] *Ibid.,* WT/DS136/R & WT/DS162/R, note 823-824, para. 6.34 ; ANGELET N., *ibid.*, note 93, p. 229.

[828] *Ibid.,* WT/DS136/R & WT/DS162/R, note 823-824, para. 6.35 ; ANGELET N., *ibid.*, note 93, p. 229.

[829] *États-Unis – Mesures antidumping visant les crevettes en provenance de Thaïlande,* Rapport du groupe spécial du 28 février 2008, WT/DS343/R, para. 7.1 – 7.4.

[830] *États-Unis – Directive sur les cautions en douane pour les marchandises assujetties à des droits antidumping/ compensateurs,* Rapport du groupe spécial du 29 février 2008, WT/DS345/R, para. 7.1 – 7.4.

[831] *Ibid.,* WT/DS343/R, note 829, para. 7.4 ; et *ibid.,* WT/DS345/R, note 830, para. 7.4. C'est-à-dire, le Chili, la Corée, le Mexique et le Vietnam, autres tierces parties dans l'affaire DS345, ne pourraient pas participer à la séance avec les tierces parties tenue dans l'affaire DS343.

362.- Ainsi trois approches différentes ont-elles été mises en place dans les cas présentés ci-dessus. Les motifs présidant à leur réponse affirmative ou négative reposent surtout sur les éléments purement procéduraux : dans les premières affaires, par exemple, le retard des États-Unis de déposer leur demande ; le fait que les États-Unis étaient le seul demandeur dans les deux affaires parallèles constituait leur statut particulier, et le besoin de rendre leurs travaux plus transparents ; dans le deuxième cas, l'inexistence des questions hautement techniques, le manque d'harmonisation procédurale de ces affaires parallèles et le respect des garanties du procès équitable ; ou dans le troisième cas, la mise en commun d'une partie de leurs travaux. Cela se distingue nettement des droits renforcés d'ordre matériel accordés aux tierces parties.

363.- En résumé, dans certaines affaires, les tierces parties se sont vues attribuer des droits additionnels plus larges que ceux prévus dans le Mémorandum d'accord. Ces droits sont octroyés au cas par cas sur la base des considérations et de l'examen, soit de l'intérêt des tierces parties, soit des éléments procéduraux. Toutefois, les tierces parties ne se sont pas arrêtées là. Elles ont encore revendiqué des droits élargis au cours de la phase du réexamen intérimaire.

c. Les droits renforcés au stade du réexamen intérimaire

364.- En ce qui concerne l'examen intérimaire, le Mémorandum d'accord prévoit explicitement les procédures qu'un groupe spécial doit suivre ; aucune disposition n'énonce la participation des tierces parties. Certaines tierces parties ont demandé des droits procéduraux à cette étape. Dans l'affaire *CE - Bananes III*, après que le groupe spécial a accordé aux tierces parties les droits renforcés pour une participation plus complète à la première et à la deuxième réunion de fond avec les parties principales, les tierces parties ont continué à demander la participation au réexamen intérimaire. Le groupe spécial l'a rejetée en invoquant le silence de l'article 15 du Mémorandum d'accord à cet égard et le besoin de maintenir la distinction établie dans le Mémorandum d'accord entre parties et tierces parties[832]. Il a toutefois indiqué que, selon la pratique, les tierces parties auraient « la possibilité d'examiner le texte provisoire du résumé de leurs arguments figurant dans la partie descriptive » du rapport du groupe spécial[833].

365.- Cette pratique a permis aux groupes spéciaux dans les affaires *CE – Préférences tarifaires* et *CE – Subventions à l'exportation de sucre* d'accorder aux tierces

---

[832] *Ibid.*, WT/DS27/R/ECU, note 611, para. 7.9.
[833] *Ibid.*, WT/DS27/R/ECU, note 611, para. 7.9.

parties la possibilité de réviser le résumé de leurs arguments insérés dans le projet de rapport[834].

366.- La demande la plus notable à ce sujet est celle du Brésil dans l'affaire *États-Unis – Aéronefs civils gros porteurs (2ème plainte)*. Cette tierce partie a précisé, dans sa demande, qu'elle souhaitait « examiner le rapport intérimaire du groupe spécial et formuler des observations y afférentes, en particulier pour ce qui est du résumé des arguments du Brésil dans le projet de partie descriptive de ce rapport »[835]. Ces droits sont plus larges que ceux dont les tierces parties bénéficient conformément à l'usage évoqué par le groupe spécial dans l'affaire *CE – Bananes III*. Sur ce point, le Brésil voulait également s'exprimer sur d'autres parties du rapport intérimaire, y compris la partie descriptive des arguments présentés par les parties au différend et les constatations faites par le groupe spécial. Par conséquent, le groupe spécial, en respectant cet usage, n'a accepté qu'une partie de la demande du Brésil en indiquant que ce dernier pouvait seulement examiner le résumé de ses arguments dans le projet de rapport du groupe spécial et formuler des observations le concernant. Le groupe spécial a fait savoir également qu'il était d'accord avec l'idée présentée par les États-Unis selon laquelle « la possibilité de formuler des observations concernant la description de leurs arguments dans le projet de partie descriptive du rapport » était « un droit habituellement accordé aux tierces parties, et non un « droit renforcé » »[836].

367.- Tout cela veut dire que dans le cadre du réexamen intérimaire, les droits de tierces parties se limitent à celui de revoir le résumé de leurs arguments figurant dans la partie descriptive du rapport du groupe spécial et de faire des observations le concernant. Il s'agit d'un usage dont les tierces parties bénéficient *de facto* sans avoir besoin de le demander.

2. La compétence controversée des groupes spéciaux

368.- Tout refus ou toute attribution des droits renforcés aux tierces parties susmentionnés est basé sur l'exercice du pouvoir discrétionnaire des groupes spéciaux **(a)** qui dans certaines affaires ont été accusés d'en faire un usage abusif **(b)**.

a. Le pouvoir discrétionnaire attribué aux groupes spéciaux

369.- Au contraire de la pratique sous le GATT de 1947 selon laquelle l'octroi des droits renforcés aux tierces parties avait besoin du consensus des parties au

---

[834] *Ibid.,* WT/DS246/R, note 115, Annexe A, para. 8-9 ; *ibid.,* WT/DS265/R, WT/DS266/R & WT/DS283/R, note 407, para. 2.6 ; ALBASHAR F. A. S. A. & MANIRUZZAMAN A. F. M., *ibid.,* note 182, p. 335.

[835] *Ibid.,* WT/DS353/R, note 807, note de bas de page 1025.

[836] *Ibid.,* WT/DS353/R, note 807, note de bas de page 1025.

différend[837], celui-ci relève dans le mécanisme actuel, entièrement de la compétence des groupes spéciaux concernés (avec concertation non obligatoire avec les parties). Dans l'affaire *CE – Bananes III,* le groupe spécial a eu l'occasion d'indiquer, de manière très remarquable, que l'absence d'accord des parties au différend à cet égard n'était pas un facteur à effet perturbateur qui l'empêcherait d'accorder les droits renforcés aux tierces parties. À l'inverse, il l'a vue comme élément en faveur d'une participation plus profonde des intervenants[838], ce qui est différent de l'approche consensualiste du droit international[839].

370.- Il convient de rappeler qu'au titre de l'article 12.1 du Mémorandum d'accord, le groupe spécial a le droit de régler les questions procédurales non prévues dans cet instrument. L'accès de tierces parties à la phase préliminaire, leurs droits complémentaires à la première et deuxième réunion de fond et au réexamen intérimaire n'étant pas prévus dans le Mémorandum d'accord, il est évident que conformément à cet article, le groupe spécial est en droit de les régler. L'Organe d'appel dans les affaires *CE – Hormones* l'a affirmé en indiquant que :

> « Bien que l'article 12.1 et l'appendice 3 du Mémorandum d'accord n'obligent pas expressément le groupe spécial à accorder [les droits de tierce partie renforcés] aux États-Unis, nous estimons que cette décision ne va pas au-delà de la liberté d'appréciation raisonnable et des pouvoirs qui sont conférés au groupe spécial, en particulier si le groupe spécial estimait que cela était nécessaire pour protéger les droits garantis à toutes les parties en matière de défense »[840].

Cette constatation, reprise par l'Organe d'appel dans les affaires *États-Unis – Loi de 1916*[841], a pour corollaire de laisser aux groupes spéciaux une certaine flexibilité dans l'examen des demandes de droits de tierce partie renforcés. Toutefois, comme l'a affirmé l'Organe d'appel, cette flexibilité doit être exercée surtout dans le respect des garanties de la procédure régulière (autrement dit, du procès équitable). Les groupes spéciaux concernés ont-ils bien respecté cette consigne ? Les analyses ci-dessous viseront à y répondre.

---

[837] C'était ce que le groupe spécial dans l'affaire *CE – Bananes III* a constaté. *Ibid.,* WT/DS27/R/ECU, note 611, para. 7.5.

[838] CARMODY C., *ibid.,* note 40, p. 657 ; ANGELET N., *ibid.*, note 93, p. 227.

[839] CARMODY C., *ibid.,* note 40, p. 657.

[840] *Ibid.,* WT/DS26/AB/R & WT/DS48/AB/R, note 409, para. 154.

[841] Dans ces affaires, l'Organe d'appel s'est de nouveau prononcé que : « La décision d'un groupe spécial d'accorder ou non des droits de participation « renforcés » aux tierces parties est donc une question qui relève du pouvoir discrétionnaire de ce groupe spécial ». *Ibid.,* WT/DS136/AB/R & WT/DS162/AB/R, note 725, para. 150 ; ANGELET N., *ibid.*, note 93, pp. 229-230 ; ANTONIADIS A., *ibid.*, note 786, pp. 297-298 ; COVELLI N., *ibid.,* note 168, pp. 679-680.

b. Un usage abusif ?

371.- La pratique concernant l'attribution ou non de droits additionnels aux tierces parties par des groupes spéciaux s'est exercée avec beaucoup de flexibilité. Cela se manifeste de différentes manières.

372.- ***Premièrement***, les groupes spéciaux concernés ont accordé les droits de tierce partie renforcés même à des tierces parties qui ne les avaient pas demandés. Par exemple, dans l'affaire *CE – Bananes III*[842], le Canada et le Japon ont bénéficié des droits renforcés octroyés par le groupe spécial, suite à la demande des pays ACP tierces parties[843]. Si les pays ACP sont membres d'un accord plurilatéral signé avec les CE, le Canada et le Japon ne le sont pas. Par conséquent, si la décision du groupe spécial d'accorder aux pays ACP tierces parties peut être justifiée à juste titre par le besoin réel de protéger l'intérêt de ces pays résultant directement d'un accord mis en question dans cette affaire, celle d'élargir ces droits au Canada et au Japon ne semble pas avoir de base juridique solide. L'auteur N. Covelli a critiqué cette position en indiquant qu'il s'agissait d'une décision étonnante[844] : « Il est très douteux que les autres tierces parties (par exemple, le Canada et le Japon) requièrent des garanties procédurales spéciales pour protéger leurs intérêts au regard d'un régime préférentiel auquel ils n'appartiennent pas et par lequel ils ne sont pas affectés »[845]. Les CE, lors d'une réunion de l'ORD suivant la distribution du rapport du groupe spécial, ont souligné que les groupes spéciaux ou l'Organe d'appel, dans le cadre du Mémorandum d'accord, n'étaient pas en droit de créer d'obligations ou droits supplémentaires aux Membres[846], autres que celles ou ceux prévus par les accords de l'OMC. Cette déclaration allait

---

[842] L'affaire *CE – Préférences tarifaires* est allée dans la même direction, mais avec un peu de différence. Les pays ACP tierces parties ont demandé également des droits de tierce partie renforcés. L'Inde, le plaignant, a avancé de manière ambiguë que d'une part, il n'était pas nécessaire que les tierces parties bénéficient des droits additionnels ; et d'autre part, si le groupe spécial accédait à cette demande, il devrait les étendre à tous les pays en développement tierces parties dans la présente affaire, pas seulement aux requérants, mais non aux États-Unis. Les Communautés européennes se sont dites favorables à l'octroi de ces droits à tous les bénéficiaires du régime concernant les drogues mais ne se sont pas opposées à la décision de les accorder aux tierces parties qui n'en étaient pas bénéficiaires. Le groupe spécial, par la suite, a accordé les droits renforcés à toutes les tierces parties, même aux États-Unis. *Ibid.*, WT/DS246/R, note 115, Annexe A, para. 1-8.

[843] *Ibid.*, WT/DS27/R/ECU, note 611, para. 7.8.

[844] COVELLI N., *ibid.*, note 168, p. 677.

[845] *« It is highly questionable that the other third parties (i.e. Canada and Japan) required special procedural safeguards to protect their interests in the matter, which was a preferential arrangement that they did not even belong to and could not have been significantly affected by »*. COVELLI N., *ibid.*, note 168, pp. 677-678. Les auteurs F. A. S. A. Albashar et A. F. M. Maniruzzaman était d'accord avec cette idée en affirmant : *« The panel's decision can be criticized, as neither of the two members would suffer severe economic damage as a result of the measures imposed by the EC on the import of bananas, nor were they parties to any special trade agreement with disputing parties, as the* Bananas III *had given extended rights only to those parties with special trade agreements with the EC »*. ALBASHAR F. A. S. A. & MANIRUZZAMAN A. F. M., *ibid.*, note 182, p. 333.

[846] *Ibid.*, WT/DSB/M/37, note 347, p. 16.

de pair avec l'affirmation que le groupe spécial, dans cette affaire, n'était pas obligé d'accorder au Canada et au Japon ce qu'ils n'avaient pas demandé[847]. Toutefois, afin de garantir l'accès égal des tierces parties aux procédures, d'assurer le calendrier de travail déjà fixé et l'efficacité des procédures[848] et aussi d'éviter des demandes ultérieures non nécessaires, cette décision devient raisonnable et compréhensible. Ce faisant, dorénavant, la pratique d'étendre les droits renforcés aux tierces parties non requérantes n'est plus contestée.

373.- ***Deuxièmement,*** les droits de tierces parties renforcés ont été attribués aux tierces parties même à la demande d'une des parties principales. Tel est le cas du groupe spécial chargé des affaires *Canada – Certaines mesures affectant le secteur de la production d'énergie renouvelable* (*Canada – Énergie renouvelable*) et *Canada – Mesures relatives aux Programme de tarifs de rachat garantis* (*Canada – Programme de tarifs de rachat garantis*). À la demande du Canada – la partie défenderesse[849], ce groupe spécial a octroyé aux tierces parties le droit d'assister à l'intégralité de toutes les réunions de fond et de recevoir les copies des communications écrites des parties faites avant la remise du rapport intérimaire aux parties. Cette décision est surprenante parce qu'aucune tierce partie dans ces deux affaires ne les avait pas demandés. Dès lors, cette décision ne peut pas être justifiée au motif soit du besoin de défendre l'intérêt des tierces parties, soit des particularités procédurales. Elle a visé à répondre à la demande du Canada qui, semble-t-il, voulait profiter de la position renforcée des tierces parties pour consolider la légitimité de sa propre position.

374.- ***Troisièmement,*** les groupes spéciaux se montrent toujours prêts à répondre aux demandes des droits de tierce partie renforcés à tout moment. Les affaires *CE – Bananes III* ou *CE – Subvention à l'exportation du sucre* semblent parfaitement en être une illustration. Des tierces parties dans ces deux affaires ont déposé des demandes consécutives à ce sujet[850] et ont obtenu les réponses, soit positives soit négatives, du groupe spécial. « Le groupe spécial a été novateur à nouveau dans ce cas, renversant la pratique du GATT en décidant qu'il avait le droit d'admettre la demande de droits de tierces parties renforcés à tout moment. Ceci était contraire à l'avis de plusieurs Membres de l'OMC qui ont cru que l'admission d'une telle demande devrait être cantonnée à une certaine limite de temps »[851]. Cette constatation est judicieuse. Il faut réitérer que les demandes des

---

[847] COVELLI N., *ibid.*, note 168, p. 677.

[848] COVELLI N., *ibid.*, note 168, p. 677.

[849] *Canada – Certaines mesures affectant le secteur de la production d'énergie renouvelable* et *Canada – Mesures relatives aux Programme de tarifs de rachat garantis,* Rapport du groupe spécial du 19 décembre 2012, WT/DS412/R & WT/DS426/R, para. 1.11.

[850] Voir *supra,* para. 352-354.

[851] « *The panel had been innovative again in this case, overturning the GATT practice by deciding that it had the right to admit a third party ['s rights request] at any time. This was contrary to the opinion of many WTO members, who believed that the admission of a third party ['s rights request] ought to be restricted to a certain time limit* ». ALBASHAR F. A. S. A. & MANIRUZZAMAN A. F. M., *ibid.*, note 182, p. 334.

droits de tierce partie renforcés revêtent un caractère préliminaire. Si les questions préliminaires soulevées par les parties principales sont toujours contraintes à un délai fixé dans les procédures de travail d'un groupe spécial[852], ce n'est pas le cas pour les demandes de droits renforcés présentées par tierces parties. Il est probable que les tierces parties bénéficient, en l'occurrence, d'un traitement plus favorable, en matière procédurale, que celui appliqué aux parties principales. Cela semble en contradiction, en particulier lorsque les groupes spéciaux doivent veiller à ce que la distinction entre les parties et les tierces parties ne soit pas gommée, et également par rapport à la pratique de la CIJ selon laquelle l'État intervenant ne peut jamais bénéficier de mêmes droits procéduraux que ceux des parties.

375.- ***Quatrièmement***, de manière globale, cette flexibilité a permis aux groupes spéciaux d'accorder ou de refuser les demandes de droits de tierces parties renforcés en toute liberté, au risque de causer des contestations au sein de Membres de l'OMC. En pratique, un groupe spécial peut accorder aux tierces parties des droits renforcés sur la base des considérations des intérêts des tierces parties mis en jeu dans l'affaire (dans le cadre de plainte simple), ou sur la base des considérations purement procédurales (dans le cadre de plaintes multiples). Si une décision basée sur les considérations relatives à l'intérêt ne fait jamais l'objet d'appel (du fait que cet intérêt est facilement reconnaissable), c'est le contraire dans le cadre de plaintes multiples. Baser une décision favorable ou défavorable à une telle demande sur des considérations purement procédurales pourra susciter l'incertitude des groupes spéciaux dans l'exercice de leur pouvoir discrétionnaire, voire, plus gravement, la violation des garanties à une procédure régulière, laquelle est au fondement même du mécanisme de règlement des différends de l'OMC[853]. Les CE dans les affaires *CE – Hormones* ; elles-mêmes encore et le Japon dans les affaires *États-Unis – Loi de 1916* ont tous fait appel de deux décisions qui concernent les groupes spéciaux. Les CE, dans les premières affaires, ont avancé que la décision d'accorder respectivement aux États-Unis et au Canada, l'un les droits additionnels à participer en tant que tierce partie à l'affaire introduite par l'autre violait certaines dispositions du Mémorandum d'accord et porterait atteinte aux droits de la défense[854]. Dans les deuxièmes affaires, les CE

---

[852] Par exemple, le paragraphe 7 des Procédures de travail du groupe spécial saisi dans l'affaire *Chine – Mesures antidumping et compensatoires visant les produits à base de poulet de chair en provenance des États-Unis* a prévu cette limite de manière suivante : « Une partie présentera une demande de décision préliminaire le plus tôt possible et en tout état de cause au plus tard dans sa première communication écrite au groupe spécial. Si la Chine demande une telle décision, les États-Unis présenteront leur réponse à la demande avant la première réunion de fond du groupe spécial, à un moment qui sera déterminé par le groupe spécial compte tenu de la demande. Des exceptions à la présente procédure seront autorisées sur exposé de raisons valables ». *Ibid.*, WT/DS427/R, note 537, Annexe C-1, para. 7.

[853] ANGELET N., *ibid.*, note 93, pp. 228-230 ; ALBASHAR F. A. S. A. & MANIRUZZAMAN A. F. M., *ibid.*, note 182, p. 333.

[854] *Ibid.*, WT/DS136/AB/R & WT/DS162/AB/R, note 725, para. 150.

et le Japon ont demandé à l'Organe d'appel d'infirmer la décision du groupe spécial de leur refuser les droits renforcés, surtout en ce qui concerne les critères utilisés à cet égard par celui-ci[855]. Ils ont insisté sur le fait que la liberté d'appréciation conférée au groupe spécial au titre de l'article 12.1 du Mémorandum d'accord devrait être exercée, entre autre, de manière à tenir compte de la nécessité de préserver les droits de la défense[856]. Ces contestations ne sont pas infondées[857]. Cependant, tous ces appels ont été rejetés. Le plus notable est que l'Organe d'appel, à l'appui de son rejet, a évoqué le fait que les CE et le Japon n'étaient pas en mesure d'indiquer que le groupe spécial avait dépassé « les limites de son pouvoir discrétionnaire » fixées par « les prescriptions imposant une procédure régulière »[858]. Cette décision n'est pas convaincante. L'Organe d'appel avait raison d'affirmer que les groupes spéciaux ne pouvaient pas, dans le cadre de plaintes multiples, fonder leur décision d'accorder les droits renforcés aux parties qui ne sont pas tierces parties ordinaires[859] sur l'article 9.3 du Mémorandum d'accord[860]. Les garanties de la procédure régulière deviennent, en revanche, primordiales pour telle ou telle décision. Autrement dit, lorsque les groupes spéciaux exercent leur pouvoir discrétionnaire en la matière, ce pouvoir doit être justifié au regard des garanties de la procédure régulière[861]. « Lorsque les considérations relatives à la procédure régulière sont soulevées, les groupes spéciaux devraient attribuer ces droits aux tierces parties »[862], par conséquent, il est évident que l'Organe d'appel a échoué à tenir compte de ces garanties à l'égard des CE et du Japon, ainsi que de l'assurance de la transparence interne[863]. Cela veut dire, comme N. Covelli l'a

---

[855] *Ibid.,* WT/DS136/AB/R & WT/DS162/AB/R, note 725, para. 38.

[856] *Ibid.,* WT/DS136/AB/R & WT/DS162/AB/R, note 725, para. 39 ; ANGELET N., *ibid.,* note 93, p. 229.

[857] ANGELET N., *ibid.,* note 93, pp. 229-230 ; ANTONIADIS A., *ibid.,* note 786, pp. 296-297.

[858] *Ibid.,* WT/DS136/AB/R & WT/DS162/AB/R, note 725, para. 150 ; ANGELET N., *ibid.,* note 93, p. 229 ; ANTONIADIS A., *ibid.,* note 786, pp. 297-298 ; COVELLI N., *ibid.,* note 168, p. 680.

[859] *Ibid.,* WT/DS26/AB/R & WT/DS48/AB/R, note 409, para. 151.

[860] *Ibid.,* WT/DS136/AB/R & WT/DS162/AB/R, note 725, para. 144. L'Organe d'appel a affirmé : « Bien que les Communautés européennes et le Japon invoquent l'article 9 du Mémorandum d'accord et, en particulier, l'article 9.3, pour défendre leur thèse, nous notons que l'article 9 du Mémorandum d'accord, qui concerne les procédures applicables en cas de pluralité de plaintes relatives à la même question, ne traite pas de la question des droits des tierces parties dans de telles procédures ».

[861] *Ibid.,* WT/DS136/AB/R & WT/DS162/AB/R, note 725, para. 150.

[862] *« When due process considerations are raised, the Panels should grant those rights to the parties ».* ANTONIADIS A., *ibid.,* note 786, p. 301.

[863] ANTONIADIS A., *ibid.,* note 786, pp. 298-299.

affirmé, que « laisser déterminer la portée des droits de tierces parties aux groupes spéciaux avait été un échec »[864].

376.- Ainsi, l'exercice du pouvoir discrétionnaire des groupes spéciaux en matière des droits de tierce partie renforcés semble ne pas être convaincant dans tous les cas. Pour éviter l'arbitraire, il a été déjà recommandé de reconnaître directement ces droits dans le Mémorandum d'accord dans le cadre du cycle de Doha[865]. Néanmoins, la situation actuelle de ces négociations ne permet pas encore d'aboutir au résultat final. Ce faisant, les tierces parties se verront encore attribuer des droits renforcés au cas par cas sur la base de l'exercice du pouvoir discrétionnaire du groupe spécial.

377.- En fin de comptes, les analyses ci-dessus montrent déjà que les limites relatives au statut des tierces parties dans le cadre de l'ORD résultent effectivement, pour partie, des lacunes des règles prescrivant la participation des tierces parties aux consultations ou aux travaux des groupes spéciaux. D'autres limites sont liées au statut des tierces parties dans les phases d'examen en appel et de mise en œuvre. Ces limites résultent notamment de l'absence d'effet obligatoire de la décision du juge de l'OMC pour les tierces parties.

Section 2 : LES LIMITES RÉSULTANT DE L'EFFET RELATIF DES RAPPORTS ADOPTÉS

378.- Les phases d'examen en appel et de mise en conformité s'avèrent importantes non seulement pour les parties principales mais également pour les autres Membres de l'OMC.

---

864 *« The leaving of the scope of third party rights to Panels has been a failure »*. COVELLI N., *ibid.*, note 168, p. 680.

865 COVELLI N. & SHARMA R., « Proposals for Reform of the WTO Dispute Settlement Understanding in Respect of Third Parties », *International Trade Law and Regulation,* 2003, vol. 9, n°. 1, pp. 1-3 ; ALBASHAR F. A. S. A. & MANIRUZZAMAN A. F. M., *ibid.,* note 182, pp. 346-366 ; *ibid.,* TN/DS/25, note 6, pp. 12-13. Dans cette version des modifications du Mémorandum d'accord, l'article 10.2 a proposé d'être amendé en profondeur, comme suit : « a) Tout Membre pourra participer en tant que tierce partie à la procédure d'un groupe spécial en informant l'ORD et chaque partie au différend de son intérêt à cet effet [au plus tard dix jours] après l'établissement du groupe spécial. b) Chaque tierce partie aura le droit : i) d'être présente aux réunions de fond du groupe spécial avec les parties au différend avant la remise du rapport intérimaire aux parties, à l'exception des parties de ces réunions pendant lesquelles des renseignements [désignés par un Membre comme strictement confidentiels conformément aux procédures mentionnées au paragraphe 3 de l'article 18] seront examinés ; ii) de présenter une communication écrite avant la première réunion de fond ; iii) de faire un exposé oral devant le groupe spécial et de répondre aux questions au cours d'une séance de la première réunion de fond réservée à cette fin ; et, iv) de répondre par écrit aux questions découlant de cette séance. c) Le groupe spécial ne pourra accorder aux tierces parties des droits autres que ceux qui sont mentionnés au paragraphe b) [qu'avec l'accord des] [qu'après avoir consulté les] parties au différend ».

D'une part, en ce qui concerne l'examen en appel, l'Organe d'appel a eu l'occasion de constater que :

> « En vue de renforcer le règlement des différends dans le système commercial multilatéral, le Cycle d'Uruguay a abouti à l'établissement de l'Organe d'appel en tant qu'organe permanent. Conformément à l'article 17.6 du Mémorandum d'accord, l'Organe d'appel est investi du pouvoir de réexaminer « questions de droit couvertes par le rapport du groupe spécial et [les] interprétations du droit données par celui-ci ». Ainsi, l'article 17.13 prévoit que l'Organe d'appel peut « confirmer, modifier ou infirme » les constatations et les conclusions juridiques des groupes spéciaux. La création de l'Organe d'appel par les Membres de l'OMC pour réexaminer les interprétations du droit données par les groupes spéciaux montre que les Membres reconnaissaient l'importance de l'uniformité et de la stabilité dans l'interprétation de leurs droits et obligations au titre des accords visés. Cela est essentiel pour promouvoir « la sécurité et la prévisibilité » du système de règlement des différends et pour assurer le « règlement rapide » des différends »[866].

L'importance de l'Organe d'appel et de la procédure d'examen en appel se trouve donc dans l'uniformité et la stabilité des interprétations des règles du droit de l'OMC.

D'autre part, en ce qui concerne la mise en conformité, cette phase vise à assurer le respect par le Membre perdant des décisions rendues par l'ORD et à permettre également au Membre gagnant d'adopter éventuellement des contre-mesures si une violation de l'obligation de mise en conformité est constatée chez le Membre perdant.

379.- En règle générale, un jugement ne produit que d'effet obligatoire pour les parties principales et les tierces parties ne sont pas liées par l'autorité de la chose jugée[867]. Tel est aussi le cas, en ce qui concerne les décisions et recommandations adoptées par l'ORD. Elles ne lient pas les tierces parties Membres **(I)**. Cette absence les prive alors de certains droits procéduraux importants associés à l'examen en appel et à la mise en conformité **(II)**.

I. L'absence d'effet obligatoire des rapports adoptés pour les tierces parties

380.- Les tierces parties ne sont jamais parties principales au différend[868]. Même si, dans le cadre de plaintes multiples, les statuts de partie principale et de

[866] *Ibid.*, WT/DS344/AB/R, note 19, para. 161.

[867] SANTULLI C., *op. cit.*, note 3, p. 302.

[868] L'Organe d'appel dans les deux affaires *États-Unis/Canada – Maintien de la suspension d'obligations dans le différend CE – Hormones* a affirmé que « Les participants tiers ne sont toutefois pas les

tierce partie peuvent se mêler durant les réunions tenues en commun, pour une affaire précise : une tierce partie reste tierce partie. Son corollaire permet d'affirmer que les droits dont une tierce partie peut bénéficier ne sont pas les mêmes que ceux accordés aux parties principales et que la règle de la *res judicata*[869] n'a pas le même effet sur les tierces parties que sur les parties principales. Dans le cadre de l'ORD, les tierces parties ne peuvent pas bénéficier de la *res judicata*. Il s'agit d'une solution prévue par le Mémorandum d'accord **(A)** et qui provoquerait des controverses **(B)**.

A. Une absence confirmée par le Mémorandum d'accord et par la jurisprudence

381.- Il faut rappeler que les rapports des groupes spéciaux et de l'Organe d'appel n'ont pas l'autorité de la chose jugée s'ils ne sont pas adoptés par l'ORD[870]. En d'autres termes, les groupes spéciaux et l'Organe d'appel n'ont pas le pouvoir de trancher les différends avec force obligatoire à l'égard des parties sur la seule base du jugement. Leurs rapports ne contiennent en aucun cas des décisions mais des constatations et recommandations qui doivent être adoptées par l'ORD afin qu'elles aient une force obligatoire à l'égard des parties. C'est ce que l'article 17.14 du Mémorandum d'accord prévoit en ce qui concerne particulièrement les rapports de l'Organe d'appel. Conformément à cet article, « un rapport de l'Organe d'appel sera adopté par l'ORD et accepté sans condition par les parties au différend (...) ». Mieux encore, l'Organe d'appel saisi du recours de la Malaisie à l'article 21.5 du Mémorandum d'accord dans l'affaire *États-Unis – Crevettes* a fait valoir le caractère de dernier ressort de ses rapports : « Les rapports de l'Organe d'appel qui sont adoptés par l'ORD (...) doivent être traités par les

---

principales parties à un différend. En fait, ils ont un intérêt systémique dans l'interprétation des dispositions des accords visés qui peuvent être en cause dans un appel ». *Ibid.*, WT/DS320/AB/R & WT/DS321/AB/R, note 616, Annexe IV – Décision procédurale du 10 juillet visant à autoriser le public à suivre l'audience, para. 9. Cette idée a été ensuite reprise par l'Organe d'appel dans l'affaire *Communautés européennes et certains États Membres – Mesures affectant le commerce des aéronefs civils gros porteurs*. *Ibid.*, Rapport de l'Organe d'appel du 18 mai 2011, WT/DS316/AB/R, Annexe III – Décision procédurale et procédures additionnelles pour protéger les renseignements sensibles du 10 août 2010, para. 11. Voir également : SANTULLI C., *op. cit.*, note 3, p. 302.

[869] Sur ce sujet, voir : GAL-OR N., « The Concept of Appeal in International Dispute Settlement », *The European Journal of International Law*, 2008, vol. 19, n°. 1, pp. 43-65 ; REINISCH A., « The Use and Limits of *Res Judicata* and *Lis Pendens* as Procedural Tools to Avoid Conflicting Dispute Settlement Outcomes », *The Law and Practice of International Courts and Tribunals*, 2004, vol. 3, n°. 3, pp. 37-77.

[870] SACERDOTI G., « The Dispute Settlement System of the WTO : Structure and Function in the Perspective of the First 10 Years », *The Law and Practice of International Courts and Tribunals*, 2006, vol. 5, n°. 1, pp. 65-66.

parties à un différend particulier comme étant la résolution définitive de ce différend »[871]. Il n'existe cependant pas de disposition semblable en ce qui concerne les rapports des groupes spéciaux. Dans l'affaire *Japon – Boissons alcooliques II*[872], c'est l'Organe d'appel qui a affirmé la force obligatoire des rapports de groupes spéciaux adoptés tant par les PARTIES CONTRACTANTES sous le GATT de 1947 que par l'ORD. Il y a ensuite ajouté une confirmation significative sur l'effet des recommandations d'un groupe spécial n'ayant pas fait l'objet d'appel et adoptées par l'ORD dans le cadre du recours de l'Inde à l'article 21.5 du Mémorandum d'accord dans l'affaire *Communautés européennes – Droits antidumping sur les importations de linge de lit en coton en provenance de l'Inde* (*CE – Linge de lit*) :

> « Une constatation d'un groupe spécial dont il n'est pas fait appel, et qui est incluse dans le rapport d'un groupe spécial adopté par l'ORD, doit être acceptée par les parties comme étant la résolution définitive du différend entre elles, de la même façon et avec le même caractère définitif qu'une constatation incluse dans un rapport de l'Organe d'appel adopté par l'ORD – pour ce qui est de l'allégation particulière et de la composante spécifique de la mesure qui fait l'objet de l'allégation »[873].

382.- Ainsi l'adoption par l'ORD rend-elle obligatoires les rapports des groupes spéciaux et l'Organe d'appel. Grâce au principe du « consensus négatif », l'adoption devient automatique[874]. Par la suite, les recommandations de la mise en conformité d'une obligation violée avec le(s) accord(s) visé(s) contenues dans un rapport adopté, si c'est le cas, constituent une obligation pour la partie perdante au titre de l'article 21 du Mémorandum d'accord. La partie gagnante, quant à elle, peut engager des procédures contre la violation par la partie perdante de cette obligation, conformément aux articles 21 et 22 du même instrument[875].

383.- Les constatations ci-dessus montrent de manière implicite que les rapports adoptés des groupes spéciaux et de l'Organe d'appel n'ont de force obligatoire que pour les parties principales au différend. Il s'agit d'une règle semblable à ce qui est prévu à l'article 59 du Statut de la CIJ[876]. En tout état de cause, les

---

[871] *États-Unis – Prohibition à l'importation de certaines crevettes et de certains produits à base de crevettes - Recours de la Malaisie à l'article 21.5 du Mémorandum d'accord sur le règlement des différends*, Rapport de l'Organe d'appel du 22 octobre 2001, WT/DS58/AB/RW, para. 97.

[872] *Japon – Taxes sur les boissons alcooliques,* Rapport de l'Organe d'appel du 4 octobre 1996, WT/DS8/AB/R, WT/DS10/AB/R & WT/DS11/AB/R, p. 17. Il a dit que les rapports de groupes spéciaux adoptés par les PARTIES CONTRACTANTES et l'ORD n'avaient « aucune force obligatoire, sauf pour ce qui est du règlement du différend entre les parties en cause ».

[873] *Communautés européennes – Droits antidumping sur les importations de linge de lit en coton en provenance d'Inde - Recours de l'Inde à l'article 21.5 du Mémorandum d'accord sur le règlement des différends*, Rapport de l'Organe d'appel du 8 avril 2003, WT/DS141/AB/RW, para. 93.

[874] Les articles 16.4 et 17.4 du Mémorandum d'accord.

[875] CANAL-FORGUES E., *op. cit.*, note 8, p. 48 ; SACERDOTI G., *ibid.*, note 870, pp. 65-66.

[876] IWASAWA Y., *ibid.*, note 127, pp. 873-874 ; CANAL-FORGUES E., *op. cit.*, note 8, pp. 48-49.

tierces parties intervenant dans telle ou telle procédure ne sont pas liées par ceux-ci, donc, ne peuvent pas bénéficier de l'effet que créent ces rapports[877].

B. Une situation contestable

384.- L'absence d'effet obligatoire des rapports adoptés pour les tierces parties peut être contestée surtout au regard de la pratique de certaines juridictions internationales.

385.- Devant la CIJ, deux formes d'intervention sont déterminées conformément aux articles 62 et 63 de son Statut. La question de l'effet pour l'État intervenant de la décision de la Cour dans une affaire précise se pose différemment pour chacune d'elles. Au titre de l'article 63.2 du Statut, si un État intervient pour faire valoir une interprétation d'un accord mise en cause, « l'interprétation contenue dans la sentence est également obligatoire » pour lui. Cet article ne dit pas que la décision de la Cour en la matière est obligatoire, dans son ensemble, à l'égard de l'État intervenant. C'est effectivement l'interprétation contenue dans celle-ci qui constitue l'objet de l'intervention de l'État intervenant et qui a force obligatoire pour cet État comme pour les États parties principales à l'affaire[878]. C'est-à-dire que cette force ne découle pas de l'autorité de la chose jugée ; elle est liée à l'objet de l'intervention et au fait que l'interprétation d'une convention devrait avoir la même signification tant pour les parties au différend que pour l'État intervenant[879].

386.- Concernant l'intervention basée sur l'article 62 du Statut de la CIJ, celui-ci ne contient aucune semblable disposition à celle de l'article 63. L'article 62 suppose, dans la relation avec l'article 59 de ce même Statut[880], qu'un État intervenant comme d'autres États tiers au titre de cet article ne soit pas lié par la *res judicata* de l'arrêt de la Cour[881]. Selon S. Torrez Bernardez, cette supposition semble être artificielle, étant donné, d'une part, le caractère opposable de la décision permanente contenue dans l'arrêt pour l'État intervenant dans ses relations avec les parties à l'affaire et, d'autre part, la difficulté relevant de la distinction entre effets obligatoires pour les parties au différend résultant du principe de la *res judicata* de l'arrêt et effets obligatoires pour l'État intervenant des décisions contenues dans l'arrêt relatives à l'objet de son intervention[882]. Par conséquent, selon cet auteur, « l'arrêt rendu en affaire entre les parties en litige n'a pas autorité

---

877 ANGELET N., *ibid.*, note 93, p. 224.

878 TORRES BERNARDEZ S., *ibid.*, note 4, pp. 426-427.

879 TORRES BERNARDEZ S., *ibid.*, note 4, p. 427.

880 Cet article prévoit : « La décision de la Cour n'est obligatoire que pour les parties en litige et dans le cas qui a été décidé ». Voir également : GREIG D. W., *ibid.*, note 223, pp. 319-321 ; THIRLWAY H., *ibid.*, note 240, pp. 149-151.

881 LAGRANGE E., *ibid.*, note 270, pp. 70-71 ; TORRES BERNARDEZ S., *ibid.*, pp. 429-430.

882 TORRES BERNARDEZ S., *ibid.*, note 4, p. 436.

et/ou force de la chose jugée pour l'État intervenant en vertu de l'article 62, mais cela ne veut pas dire que la décision de la Cour ou de la chambre contenue dans l'arrêt n'a pas d'effet obligatoire pour l'État intervenant, en ce qui concerne l'objet autorisé de son intervention »[883]. Cet argument est raisonnable, non seulement dans la relation avec ce qui est prévu à l'article 63.2 du Statut de la Cour, mais également, dans la relation avec l'article 59. Dans cette dernière relation, il est évident qu'un État cherche à intervenir dans une affaire pendante devant la Cour surtout pour protéger son « intérêt d'ordre juridique ». En effet, la protection prononcée à l'article 59 ne suffit pas à assurer qu'il n'est pas touché par l'arrêt de la Cour qui n'est obligatoire que pour les parties au différend[884]. Ce faisant, dès qu'une intervention basée sur l'article 62 est admise, que l'intérêt d'ordre juridique est reconnu, ensuite, par la Cour, il est nécessaire que les décisions contenues dans l'arrêt de la Cour soient obligatoires pour l'État intervenant, dans la mesure où elles concernent l'objet de l'intervention, pour que cet intérêt d'ordre juridique soit ensuite protégé durant la phase de la reconnaissance et de la mise en œuvre de l'arrêt.

387.- C'est dans cette direction que le Statut du Tribunal international du droit de la mer, figurant dans l'Annexe VI à la Convention de Montego Bay de 1982, prévoit expressément dans son article 31.3 :

> « Si le Tribunal fait droit à la requête [aux fins d'intervention], sa décision concernant le différend est obligatoire pour l'État intervenant dans la mesure où elle se rapporte aux points faisant l'objet de l'intervention »[885].

388.- Le Statut et le Règlement de procédure de la CJUE n'énoncent rien sur l'effet des arrêts de la Cour pour les intervenants. Cependant, l'article 42 de son Statut prévoit la procédure dite de « tierce opposition » que les États membres,

---

883 TORRES BERNARDEZ S., *ibid.,* note 4, p. 436.

884 THIRLWAY H., *ibid.,* note 240, pp.149 ; GREIG D. W., *ibid.,* note 223, pp. 319-321. L'auteur H. Thirdway a conclu que : « *The legal rights of third States are protected by Article 59 of the Statute ; a jugement of the Cour cannot affect such rights, being* res inter alios acta, *rather than* res judicata *as far as they are concerned. A legal interest of a State may require protection, in the sense that a judgement may leave third-State rights unaffected, but prejudice their recognition or implementation, in which case the protection of Article 59 may not be sufficient, particularly in cases of martime delimitation* ».

885 L'article 31.3 du Statut du Tribunal international du droit de la mer. Voir également : MAHINGA J.-G., *Le Tribunal international du droit de la mer : Organisation, compétence et procédure,* Bruxelles, Larcier, 2013, pp. 213-214 ; TREVES T., « The Rules of the International Tribunal for the Law of the Sea », *in* CHANDRASEKHARA RAO P. & KHAN R. (edt.), *The International Tribunal for the law of the sea : Law and Practice,* The Hague, Kluwer Law International, 2001, pp. 135-160 ; WOLFRUM R., « Intervention in the Proceedings before the International Court of Justice and the International Tribunal for the Law of the Sea », *in* CHANDRASEKHARA RAO P. & KHAN R. (edt.), *The International Tribunal for the law of the sea : Law and Practice,* The Hague, Kluwer Law International, 2001, pp. 161-172 ; LAGRANGE E., *ibid.,* note 270, pp. 71-72. L'auteur J.-G. Mahinga a affirmé qu'il résultait de cet article qu'une partie intervenante « devient *ipso facto* partie au différend en ce qui concerne les questions sur lesquelles porte son intervention », *ibid.,* p. 213.

les institutions, organes ou organismes de l'UE et toutes autres personnes physiques ou morales peuvent invoquer aux fins de contrer les arrêts rendus sans qu'ils aient été appelés, si ces arrêts portent préjudice à leurs droits[886]. L'article 157 du Règlement de procédure précise en détail que la demande en tierce opposition doit indiquer, entre autre, les raisons pour lesquelles le tiers opposant n'a pas pu participer au litige. En d'autres termes, la procédure de tierce opposition est exclusivement réservée aux personnes qui n'ont pas pu participer au litige tranché par la Cour[887]. Les parties principales et les intervenants y ayant pris effectivement part[888] ne peuvent en aucun cas l'invoquer. La tierce opposition établit donc une procédure qui permet à d'autres personnes de protéger leur intérêt que pourrait affecter un arrêt rendu par la Cour. Cela signifie que les arrêts de la Cour ont certains effets pour les tiers non impliqués dans la procédure principale.

389.- Ainsi, en comparaison avec la CIJ ou la TIDM, le fait que les rapports adoptés par l'ORD n'aient en aucun cas d'effet obligatoire pour les tierces parties intervenant, même en ce qui concerne l'objet de leur intervention, serait non justifié, et ce pour deux raisons principales :

Premièrement, c'est ce qui résulte directement de l'objet de l'intervention de la plupart des tierces parties devant l'ORD. Si certaines tierces parties cherchent à intervenir pour protéger leur intérêt typiquement économique et commercial, la plupart d'entre elles n'interviennent que pour faire valoir un intérêt systémique, surtout dans l'interprétation et l'application d'un quelconque accord de l'OMC. L'Organe d'appel a également reconnu que les participants tiers présents dans chaque l'appel dont il est saisi ont pour motivation principale d'avoir « un intérêt systémique dans l'interprétation des dispositions des accords visés qui peuvent être en cause »[889]. L'intervention devant l'Organe d'appel est la même que celle prévue à l'article 63 du Statut de la CIJ (et même à l'article 32 du Statut de la TIDM). Si l'interprétation donnée par la CIJ devient obligatoire pour l'État intervenant, ce n'est pas le cas pour le régime d'intervention devant l'ORD. La différence d'approche entre la CIJ et l'ORD sur cette question semble résider à la fois par le fait que l'ORD joue le rôle d'un organe politique et juridictionnel, dont le caractère politique prévaut[890], empêche d'étendre aux tierces parties la force obligatoire de l'interprétation faisant l'objet de l'intervention, et par le fait que l'extension de cette force obligatoire aux tierces parties risque d'officialiser l'interprétation faite par le juge de l'OMC à l'ensemble des Membres. Ceci porte atteinte à l'esprit et à la lettre de l'article IX.2 de l'Accord de Marrakech de

---

886 DE SCHUTTER O., *ibid.,* note 248, p. 101 ; USHER J. A., *ibid.,* note 242, pp. 106-109.

887 DE SCHUTTER O., *ibid.,* note 248, p. 101 ; USHER J. A., *ibid.,* note 242, pp. 107.

888 Voir, par exemple, *Breedband et Aciéries du Temple / Haute Autorité,* Affaires jointes C-42/59 et C-49/59, Tierce opposition, Recueil de la jurisprudence, 1962, p. 145.

889 *Ibid.,* WT/DS320/AB/R & WT/DS321/AB/R, note 616, Annexe IV – Décision procédurale du 10 juillet visant à autoriser le public à suivre l'audience, para. 9.

890 SACERDOTI G., *ibid.,* note 870, pp. 66-67.

1994[891]. Bien que l'Organe d'appel ait fait une distinction entre l'interprétation faisant autorité et celle dans le règlement des différends[892], ce risque est bien réel.

Deuxièmement, en ce qui concerne des Membres qui interviennent afin de protéger des intérêts économiques et commerciaux, cette absence d'effet obligatoire ne leur permet pas de faire appel et de s'impliquer en profondeur dans la phase de mise en œuvre des rapports adoptés contenant des recommandations de mise en conformité avec les accords visés des mesures jugées non compatibles avec ceux-ci. Cela risque de les priver de moyens effectifs pour protéger ces intérêts. Les analyses suivant vont justifier plus clairement cette constatation.

II. Les répercussions négatives de l'absence d'effet obligatoire sur les droits des tierces parties

390.- Il faut noter que les droits procéduraux des participants tiers dans la phase de l'examen en appel, prévus principalement dans les Procédures de travail pour l'examen en appel, sont plus complets que dans d'autres phases[893]. Ils ont le droit de déposer une communication écrite et/ou de faire une déclaration orale au cours de l'audience de l'Organe d'appel[894]. Ils peuvent être présents tout au long de l'audience, répondre aux questions posées par la section de l'Organe d'appel chargé de l'appel en cours[895], déposer des mémoires additionnels à la demande de cette section[896] et de répondre aux réponses et mémoires additionnels reçus des parties au différend et d'autres participants tiers[897]. Ils ont enfin le droit de recevoir toutes les communications des parties au différend et d'autres participants tiers[898]. Toutefois, ils n'ont pas le droit de faire appel.

---

[891] Pour le contenu de cet article, voir *supra*, note 18.

[892] Dans l'affaire *États-Unis – Traitement fiscal des « sociétés de vente à l'étranger »*, l'Organe d'appel a indiqué : « La distinction entre une interprétation faisant autorité et une interprétation donnée dans une procédure de règlement d'un différend est clairement énoncée dans l'Accord sur l'OMC. En vertu de l'Accord sur l'OMC, une interprétation faisant autorité donnée par les Membres de l'OMC, au titre de l'article IX.2 de cet accord, doit être distinguée des décisions et recommandations de l'ORD, fondées sur les rapports de groupes spéciaux et de l'Organe d'appel. Aux termes de l'article 3.2 du Mémorandum d'accord, les décisions et recommandations de l'ORD ont uniquement pour objet « de clarifier les dispositions existantes de ces accords » et « ne peuvent pas accroître ou diminuer les droits et obligations énoncées dans les accords visés ». *Ibid.*, WT/DS108/AB/R, note 416, note de bas de page 127.

[893] PALMETER D. & MAVROIDIS P. C., *op. cit.*, note 9, pp. 219-220 ; BOSSCHE P. V. D., *op. cit.*, note 9, pp. 295-296 ; CANAL-FORGUES E., *op. cit.*, note 8, p. 95 ; ANGELET N., *ibid.*, note 93, p. 225.

[894] Voir les règles 24.1, 24.2 et 24.4 des Procédures de travail pour l'examen en appel.

[895] Voir la règle 27.3 des Procédures de travail pour l'examen en appel.

[896] Voir la règle 28.1 des Procédures de travail pour l'examen en appel.

[897] Voir la règle 28.3 des Procédures de travail pour l'examen en appel.

[898] Voir les règles 21.1, 22.1, 23.3, 23*bis*.2, 23*bis*.4, 26.4, 28.2 et 28.3 des Procédures de travail pour l'examen en appel.

En revanche, les droits des tierces parties dans la phase de mise en œuvre qui ne sont pas prévus explicitement dans le Mémorandum d'accord ne leur permettent que de s'y impliquer faiblement. Il faut reconnaître que l'impossibilité de faire d'appel (A) et l'implication faible (B) des tierces parties dans la phase de mise en conformité résultent essentiellement de l'absence de la force de la chose jugée des rapports adoptés dans le cadre de l'ORD pour les tierces parties.

A. L'impossibilité de faire appel pour les tierces parties

391.- Au titre de l'article 17.4 du Mémorandum d'accord, le droit de faire appel est exclusivement réservé aux parties au différend[899]. En aucun cas, les tierces parties ne peuvent déposer une déclaration d'appel ou une déclaration d'un autre appel, même si l'objet de cet appel et l'interprétation des dispositions des accords visés sont liés directement à leur intérêt. Il semble clair que, dans la politique judiciaire générale de l'OMC, l'interprétation d'une quelconque disposition du droit de l'OMC faite par les groupes spéciaux n'est pas obligatoire pour les tierces parties. Il est établi que ces dernières ne peuvent pas faire appel à telle ou telle interprétation[900]. De plus, l'impossibilité de faire appel pour les tierces parties peut également découler d'une exigence pratique du mécanisme de règlement des différends de l'OMC : la rapidité prévue à l'article 3.2 du Mémorandum d'accord[901]. Le fait de permettre aux tierces parties de faire appel pourrait constituer un facteur perturbateur dans les travaux de l'Organe d'appel qui devrait, dans cette situation, faire face à un nombre potentiellement important d'appels, surtout dans les affaires techniquement complexes ou intéressant plusieurs Membres en tant que tierces parties, alors que l'Organe d'appel n'a, en principe, que 90 jours au maximum pour se prononcer[902].

392.- Toutefois, cette institution se heurte à une question pratique posée dans le cadre de l'ORD. Il convient de rappeler en l'occurrence que les décisions à caractère procédural prises par les groupes spéciaux revêtent une force obligatoire pour les tierces parties. Ces dernières doivent les respecter. Toutefois, ce respect n'assure pas que leur droit procédural ou matériel ne soit pas affecté par l'interprétation faite par un groupe spécial. Le cas relatif à l'opposition formulée

---

[899] CANAL-FORGUES E., *op. cit.*, note 8, pp. 93 ; BOSSCHE P. V. D., *op. cit.*, note 9, p. 262.

[900] ANGELET N., *ibid.*, note 93, pp. 29-30.

[901] ANGELET N., *ibid.*, note 93, pp. 224-225.

[902] L'article 17.5 du Mémorandum d'accord. En règle générale, la procédure d'appel ne dépassera pas 60 jours. Cependant, si l'Organe d'appel estime qu'il ne peut pas présenter son rapport dans les 60 jours, le délai peut se prolonger et ne dépassera pas 90 jours. Dans la pratique, dans certaines affaires, l'Organe d'appel n'a pas pu respecter ces délais. Par exemple, la procédure d'appel dans l'affaire *CE – Hormones* a duré 114 jours ; dans l'affaire *CE – Amiante,* 140 jours ; et, au record, dans l'affaire *CE et certains États membres – Aéronefs civils gros porteurs,* 301 jours. Voir ces données statistiques sur http://wto.org/english/res_e/booksp_e/analytic_index_e/dsu_07_e.htm#article 17B5a (url consultée le 31 mars 2016).

par les CE à la limite *de facto* créée par certains groupes spéciaux établis au titre de l'article 21.5 du Mémorandum d'accord[903] concernant l'accès des tierces parties aux communications des parties au différend[904] semble parfaitement l'illustrer. Il s'agit d'une interprétation et application faussée par ces groupes spéciaux, par rapport à l'esprit de l'article 10.3 du Mémorandum d'accord. Cependant, suite au rejet par ces groupes spéciaux de cette opposition, les CE, en tant que tierces parties dans ces procédures n'ont pas pu saisir l'Organe d'appel d'un tel rejet. Il faut attendre que cette question soit officiellement formulée par les CE elles-mêmes en tant que partie principale dans l'affaire *États-Unis – FSC*, pour que l'Organe d'appel ait eu l'occasion de se prononcer à ce sujet, en infirmant l'interprétation limitative donnée par ces groupes spéciaux[905]. Il en est de même pour la situation dans laquelle une demande de droits de tierce partie renforcés est rejetée par un groupe spécial.

393.- Ces affaires montrent de toute évidence que, faute d'être formulée par une des parties au différend, une question directement liée aux tierces parties au stade de groupes spéciaux ne peut pas figurer parmi les questions faisant l'objet de l'appel. Par la suite, elle ne sera pas réglée et tombera dans l'oubli. En d'autres termes, le SRD ne dispose pas de moyens suffisants pour protéger les intérêts des tierces parties. Il considère surtout comme priorité la protection des parties au différend. Ce faisant, le risque de marginaliser les tierces parties demeure[906].

394.- En bref, l'absence de l'effet obligatoire des rapports adoptés pour les tierces parties les a effectivement privées de la possibilité de faire appel. Cela ne leur permet non plus d'avoir une forte implication dans la phase de mise en conformité.

B. La faible implication des tierces parties dans la mise en œuvre des rapports adoptés

395.- Suite aux constatations de violation et à la recommandation de mise en conformité énoncées dans le rapport du groupe spécial ou de l'Organe d'appel

---

[903] À savoir : *Ibid.,* WT/DS126/RW, note 732, para. 3.9 *; ibid.,* WT/DS18/RW, note 732, para. 7.5 ; et, *États-Unis – Droit antidumping sur les semi-conducteurs pour mémoires RAM dynamiques (DRAM) de un mégabit ou plus, originaires de Corée* (WT/DS99, reproduite par les États-Unis dans : *ibid.,* WT/DS108/RW, note 732, Annexe A-2, pp. A-113 – A-114).

[904] Voir *supra,* para. 337-343.

[905] *Ibid.,* WT/DS108/RW, note 732, para. 6.3.

[906] Voir *infra,* para. 694-702.

adopté par l'ORD, la partie défenderesse est dans l'obligation d'exécuter le rapport devenu définitif[907]. L'*opinio juris sive necessitatis*[908], autrement dit, le sentiment que le respect des rapports adoptés lui est applicable comme étant de droit contribue à cela. En effet, l'intérêt commun des Membres et la réciprocité généralisée des concessions mutuelles l'incitent à respecter le droit de l'OMC, dans la mesure où, s'il veut qu'un autre Membre mette en œuvre un rapport adopté dans une affaire donnée, il devra le faire pareillement de son côté lorsqu'il sera mis en cause dans une autre affaire[909]. Force est de constater cependant que la mise en œuvre dépend exclusivement de la volonté de la partie qui perd l'affaire[910]. Faute de quoi, cette mise en œuvre pourra se trouver dans l'impasse. Afin d'éviter une mauvaise surprise, et d'assurer le bon fonctionnement du système dans son ensemble, les négociateurs du cycle d'Uruguay ont inséré dans le Mémorandum d'accord un mécanisme de mise en œuvre. Néanmoins, ce mécanisme est actuellement censé soulever « les plus importantes difficultés »[911] de toute la procédure et nécessiterait d'être modifié en profondeur[912].

396.- La phase de mise en conformité débute par le fait que le Membre défendeur informe l'ORD de son intention à cette fin au cours d'une réunion de l'ORD tenue dans les 30 jours suivant la date de l'adoption du rapport. Ce Membre dispose pour cela d'un délai raisonnable, déterminé conformément à l'article 21.3 du Mémorandum d'accord, délai dont un arbitre peut être saisi. Dans le cas où il y a désaccord au sujet de l'existence ou de la compatibilité avec un accord visé de mesures prises pour se conformer aux recommandations contenues dans le rapport adopté, ce désaccord est porté et réglé si possible par le groupe spécial initial[913]. Si les recommandations ne sont pas mises en œuvre dans le délai raisonnable, une compensation et une suspension de concessions et avantages peuvent être autorisées. Le Membre concerné doit organiser avec « toute

---

907 L'article 21 du Mémorandum d'accord. Voir également : CANAL-FORGUES E., *op. cit.*, note 8, pp. 97-108 ; NOUVEL Y., « Aspects généraux de la conformité du droit interne au droit de l'OMC », *Annuaire français de droit international*, 2002, vol. 48, pp. 662 et s. ; BOSSCHE P. V. D., *op. cit.*, note 9, pp. 298-307 ; RUIZ FABRI H., *ibid.*, note 17, pp. 745-748 ; STOLL P.-T. & STEINMANN A., « WTO Dispute Settlement : The Implementation Stage », FROWEIN J. A. & WOLFRUM R. (edt.), *Max Planck Yearbook of United Nations Law*, 1999, vol. 3, pp. 407-437.

908 L'expression latine qui s'entend par « La conviction du droit ou de la nécessité ».

909 PACE V., *op. cit.*, note 9, p. 223.

910 PACE V., *op. cit.*, note 9, p. 226.

911 CANAL-FORGUES E., *op. cit.*, note 8, p. 97.

912 Sur cette question, voir : CHAISSE J. & BALMELLI T. (edt.), *op. cit.*, note 9, 350 p. ; GEORGIEV D., & DER BORGHT K. V., *op. cit.*, note 9, 475 p. ; WEISS F. (edt.), *op. cit.*, note 9, 430 p. ; DAVEY W. J., « Reforming WTO Dispute Settlement », in *Illinois Public Law and Legal Theory Research Papers Series*, Research Paper No. 04-01, January 29, 2004, 41 p.

913 L'article 21.5 du Mémorandum d'accord.

partie ayant invoqué les procédures de règlement des différends » des négociations visant à trouver une compensation mutuellement acceptable[914]. Lorsqu'aucune compensation satisfaisante n'a été convenue, le Mémorandum d'accord permet à tout Membre ayant invoqué les procédures de règlement de demander l'autorisation d'appliquer une suspension de concessions ou d'avantages, décrite comme une « contre-mesure centralisée »[915], à l'égard du Membre défaillant[916]. Pour ce faire, il doit donc solliciter l'autorisation de l'ORD qui, en principe, doit se prononcer par consensus dans un délai de 30 jours à compter de l'expiration du délai raisonnable[917]. Par la suite, l'article 22.6 prévoit une procédure d'arbitrage qui peut être déclenchée par le Membre défendeur contestant le niveau de la suspension proposée. Cet arbitrage est assuré par le groupe spécial initial ou par un arbitre désigné par le Directeur général de l'OMC[918].

397.- Faute d'effet obligatoire des rapports adoptés pour les tierces parties, l'implication de ces dernières devient très faible dans tout ce mécanisme de mise en œuvre. De plus, il ne s'agit pas d'implication directe, mais indirecte : les tierces parties ne peuvent pas introduire directement des procédures de surveillance de la mise en œuvre ou de contre-mesures. Comme les précédentes analyses l'ont montré, les tierces parties peuvent continuer d'être présentes dans les travaux des groupes spéciaux établis au titre de l'article 21.5 puisque l'article 10 s'applique *mutatis mutandis*. Elles ne peuvent intervenir dans l'arbitrage établi au titre de l'article 21.3 ou 22.6 que par autorisation de tel ou tel arbitre.

398.- Toutefois, elles ne peuvent pas participer aux négociations menées au titre de l'article 22.2 du Mémorandum d'accord. Ces négociations sont tenues entre le Membre défendeur et « toute partie ayant invoqué les procédures de règlement des différends » afin de trouver une compensation mutuellement acceptable[919]. Cette expression laisse ouverte la question de savoir si une tierce partie

---

[914] L'article 22.2 du Mémorandum d'accord. CANAL-FORGUES E., *op. cit.*, note 8, pp. 103-104.

[915] LESAFFRE H., *op. cit.*, note 9, p. 461.

[916] L'article 22.2 du Mémorandum d'accord. CANAL-FORGUES E., *op. cit.*, note 8, pp. 105-106.

[917] L'article 22.6 du Mémorandum d'accord. Il convient de noter qu'au titre de l'article 22.5 du Mémorandum d'accord, la suspension de concessions n'est pas autorisée si elle est interdite par un accord visé.

[918] Cette procédure va être menée à bien dans les 60 jours suivant la date à laquelle le délai raisonnable sera venu à expiration, et la suspension n'est pas possible pendant celle-ci. CANAL-FORGUES E., *op. cit.*, note 8, pp. 105-106.

[919] Cette phrase énonce : « Si aucune compensation satisfaisante n'a été convenue dans les 20 jours suivant la date à laquelle le délai raisonnable sera venu à expiration, toute partie ayant invoqué les procédures de règlement des différends pourra demander à l'ORD l'autorisation de suspendre, à l'égard du Membre concerné, l'application de concessions ou d'autres obligations au titre des accords visés ».

est considérée comme partie ayant invoqué les procédures de règlement des différends. La pratique donne une réponse négative : ces négociations ont toujours été menées bilatéralement entre les parties principales, en l'absence des tierces parties[920]. Le problème est le suivant : lorsque cette compensation, une fois obtenue, s'applique à tous les Membres de l'OMC sur la base de la clause NPF[921], les tierces parties qui ne peuvent pas intervenir pour déterminer son contenu, perdent effectivement l'occasion de protéger leur intérêt dans ces négociations. Autrement dit, si on peut alléguer que les tierces parties peuvent en effet bénéficier du résultat de ces négociations en tant que *free riders*[922] sans avoir eu besoin d'y participer, rien n'assure que les négociations dans ce cadre bilatéral tiennent compte de l'intérêt autre que celui des Membres y prenant part[923].

399.- Les tierces parties ne peuvent pas non plus demander l'autorisation d'appliquer de contre-mesures : l'article 22.2 précise que cette action est exclusivement réservée au(x) plaignant(s). Lorsque la suspension de concession ou d'autres obligations a, en pratique, dans plusieurs affaires, des répercussions plus négatives pour le Membre la requérant que pour le Membre défendeur[924], l'implication des tierces parties dans cette phase pourrait constituer une action collective en vue de forcer le Membre défendeur à respecter la mise en œuvre[925]. Toutefois, une telle action n'est pas prévue dans le cadre présent du Mémorandum d'accord.

---

[920] Par exemple, la compensation bilatérale négociée entre les États-Unis et les Communautés européennes dans l'affaire *États-Unis – Article 110 5) de la Loi des États-Unis sur le droit d'auteur,* Notification d'un arrangement temporaire mutuellement satisfaisant du 26 juin 2003, WT/DS160/23.

[921] CANAL-FORGUES E., *op. cit.*, note 8, p. 104.

[922] Sur ce sujet, voir : BOWN C. P., « Participation in WTO Dispute Settlement : Complainants, Interested Parties and Free Riders », January 2005, 25 p., disponible sur : http://people.brandeis.edu/~cbown/papers/free_ride.pdf (url consultée le 31 mars 2012) ; BOWN C. P., « MFN and the Third-Party Economic Interests of Developing Countries in GATT/WTO Dispute Settlement », *Paper prepared for the « Developing Countries in the WTO Legal System Conference » at the University of Minnesota,* May 22-26, 2007, 46 p., disponible sur : http://people.brandeis.edu/~cbown/papers/developing_mfn.pdf (url consultée le 17 avril 2013).

[923] Voir, par exemple, la négociation bilatérale entre les États-Unis et les Communautés européennes dans l'affaire *États-Unis – Article 110 5) de la Loi sur le droit d'auteur, ibid.,* WT/DS160/23, note 920.

[924] CANAL-FORGUES E., *op. cit.*, note 8, p. 106 ; Voir, par exemple, le cas d'Antigua-et-Barbuda dans l'affaire *États-Unis – Mesures visant la fourniture transfrontalières de services de jeux et paris,* Recours d'Antigua-et-Barbuda à l'article 22.2 du Mémorandum d'accord sur le règlement des différends, WT/DS285/22.

[925] SHAFFER G., *ibid.*, note 366, pp. 1-65 ; YENKONG N. H & ROBERTO R.-H., « WTO Dispute Settlement System and the Issue of Compliance : Multilateralizing the Enforcement Mechanism », *Manchester Journal of International Economic Law,* 2004, vol. 1, n°. 3, pp. 15-30 ; HUTNICK J. A. L., « Pandering to the Audience : Understanding Third Party Influence on Compliance with World Trade Organization Dispute Settlement Decisions », *American Political Science Association, 2010 Annual Meeting,* September 5, 2010, 34 p.

400.- Ainsi, les tierces parties ayant participé aux travaux du groupe spécial initial et/ou à l'appel ne peuvent-elles pas s'impliquer directement, aux termes des dispositions concernées du Mémorandum d'accord, dans la phase de mise en œuvre. Il semble que les négociateurs du cycle d'Uruguay ne jugent pas nécessaire cette implication, car à l'inverse, elle compliquerait la mise en œuvre des rapports adoptés, d'où des répercussions inattendues sur la rapidité et l'efficacité du mécanisme dans son ensemble. Cependant, la faible implication des tierces parties a des effets sur la protection des droits et de l'intérêt légitime des tierces parties elles-mêmes ainsi que sur l'efficacité de cette mise en œuvre, d'où la nécessité d'un réexamen du Mémorandum d'accord vers l'attribution aux tierces parties d'une présence plus importante dans cette phase.

---o0o---

CONCLUSION DU CHAPITRE 2

401.- Les analyses ci-dessus montrent clairement qu'il demeure, dans le régime actuel d'intervention dans le règlement des différends de l'OMC, des imperfections relatives surtout aux droits des tierces parties qui demeurent limités et à l'absence d'effet des rapports adoptés pour celles-ci. La limite des droits des tierces parties résulte principalement du fait que, d'une part, l'article 4.11 du Mémorandum d'accord ne précise pas la procédure applicable à leur participation aux consultations ; d'autre part, l'article 10 du Mémorandum d'accord constitue une approche limitative concernant les droits dont les tierces parties peuvent bénéficier par leur présence au cours des travaux des groupes spéciaux. Dans un nombre d'affaires, les tierces parties ont eu gain de cause en demandant des droits renforcés ; dans certaines autres, elles ont eu beau convaincre les groupes spéciaux concernés que leurs droits et intérêt d'ordre matériel ou procédural seraient profondément affectés si elles ne se les voyaient pas attribuer, leur demande n'a pas été acceptée. En outre, bien que le mécanisme de règlement des différends de l'OMC soit plus jeune que certains autres, les mécanismes plus anciens semblent n'avoir aucune influence sur celui-ci. En fait, il répond à une approche entièrement différente en ce qui concerne l'effet obligatoire des rapports adoptés pour les tierces parties. Faute d'effet obligatoire des rapports adoptés à l'égard des tierces parties, ces dernières ne peuvent en aucun cas faire valoir certains droits comme le droit de faire d'appel ou le droit de s'impliquer dans la mise en œuvre des rapports adoptés. Tout cela nécessiterait d'être réexaminé dans le cadre des négociations du cycle de Doha, afin d'obtenir une approche plus appropriée dans la protection de l'intérêt des Membres autres que les parties principales au différend.

CONCLUSION DU DEUXIÈME TITRE

402.- Tout au long de ce deuxième titre, il a été clairement mis en évidence et démontré le paradoxe relatif à la participation des tierces parties dans le règlement des différends de l'OMC.

D'une part, les tierces parties disposent des moyens variés pour participer au processus de règlement des différends. Bien que les règles régissant ces moyens ne soient pas les mêmes, leur but général ne vise pas à établir une charge à l'égard des tierces parties. En effet, les tierces parties présentes n'ont aucune obligation de faire savoir leurs points de vue sur les questions en cause. Elles peuvent choisir, soit de devenir un intervenant actif par le dépôt des communications écrites ou de faire des déclarations orales, soit d'être des observateurs passifs dont l'objectif principal, et significatif surtout pour les pays en développement Membres, d'observer le fonctionnement de ce système. Si elles choisissent de faire connaître leurs arguments, elles ont la possibilité de sélectionner les questions nécessaires et appropriées autour desquelles se développe leur argumentation. Cela signifie que leurs communications écrites et/ou déclarations orales ne peuvent en aucun cas comporter d'allégations, sous peine d'être exclues de l'examen du juge de l'OMC. En tout état de cause, toutes ces communications constitueraient une source d'information supplémentaire à laquelle le juge de l'OMC peut se référer dans l'exercice de sa fonction.

D'autre part, les droits des tierces parties ne sont pas les mêmes selon la phase durant laquelle l'intervention se produit interviennent. Dans l'ensemble, il convient de souligner les défauts existant dans le régime actuel de l'intervention dans le cadre de l'ORD. Ces défauts, qu'ils soient relatifs aux droits procéduraux des tierces parties, ou à l'absence de l'effet des rapports adoptés pour les tierces parties, empêcheraient ces tierces parties de pouvoir participer de manière efficace tout au long du mécanisme. Bien que l'article 10.4 du Mémorandum d'accord prévoie la possibilité pour une tierce partie de débuter son propre litige contre le Membre défendeur[926], il est indéniable que cette possibilité n'est réservée qu'aux Membres en mesure de supporter le fardeau de devenir plaignant. En d'autres termes, elle n'est pas appropriée à tous les Membres de l'OMC. Dès lors, les Membres intervenant en tant que tierces parties doivent continuer de cohabiter avec ces défauts. Quoi qu'il en soit, la possibilité d'intervenir pour les tiers reste très utilisée et cela constitue un succès incontestable de ce mécanisme par rapport à d'autres.

---

[926] ANGELET N., *ibid.*, note 93, p. 224 ; AREND K., *ibid.*, note 102, p. 382.

CONCLUSION DE LA PREMIÈRE PARTIE

403.- Dans le règlement des différends de l'OMC, il est difficile de tracer un régime unique régissant l'intervention. En effet, ce mécanisme comprend toute une « panoplie de procédures utilisables »[927] pour résoudre les litiges commerciaux nés entre les Membres de l'OMC. En conséquence, le régime d'intervention diffère sensiblement de l'une à l'autre : l'intervention dans les consultations n'est pas régie par les mêmes règles que celles applicables dans les travaux des groupes spéciaux ; par la suite, les règles guidant l'intervention dans les travaux des groupes spéciaux ne sont pas semblables à celles prévues pour l'intervention dans l'examen en appel, etc. On se trouve face à une multiplicité de procédures d'intervention dont d'autres mécanismes ne disposent pas.

404.- En outre, par rapport à certains mécanismes de règlement des différends internationaux, le régime d'intervention devant l'ORD présente des similitudes et des différences.

En ce qui concerne les points communs, dans tous les régimes, l'intervention doit avoir les deux caractères suivants : être volontaire et incidente. En effet, le juge de l'OMC, comme le juge de la CIJ ou de la CJUE, ne peut en aucun cas obliger un Membre à participer en tant que tierce partie dans une affaire pendante[928], si ce Membre ne le souhaite pas. Comme la notion de partie essentielle n'existe pas dans ce cadre[929], aux termes des articles 4.11, 10 et 17.4 du Mémorandum d'accord, l'intervention doit résulter du besoin d'un Membre de protéger son intérêt à un degré varié. D'autre part, le caractère incident de l'intervention précise que celle-ci ne peut affecter la continuité de la procédure principale. Les tierces parties ne deviennent pas parties principales au différend et de ce fait, elles ne disposent pas de certains droits, réservés exclusivement aux parties principales.

Il existe toutefois des différences entre une intervention dans le cadre de l'OMC et une intervention dans d'autres mécanismes. Ces différences résultent principalement d'une approche mise en œuvre dans ce mécanisme visant à protéger tout d'abord l'intérêt des parties principales au différend, mais également

---

927 CARREAU D. & JUILLARD P., *op. cit.*, note 9, p. 76.

928 Voir le cas des Communautés européennes dans l'affaire *Turquie – Textiles* (WT/DS34).

929 AREND K., *ibid.*, note 102, p. 382-384.

l'intérêt de l'ensemble des Membres de l'OMC... Toutefois, une intervention plus poussée des tierces parties pourrait empêcher les parties principales de régler leur litige le plus rapidement possible. C'est pourquoi, il paraît raisonnable de limiter leurs droits, en particulier, au cours des travaux des groupes spéciaux. En revanche, soucieux de protéger de façon plus étendue l'intérêt de l'ensemble des Membres de l'OMC, ce mécanisme contient des règles permettant une présence plus large des Membres, tout au long du processus de règlement des différends, avec des moyens variés susceptibles d'être utilisés pour faire valoir leurs arguments sur les questions en cause. Tout cela constitue des caractéristiques spécifiques de ce régime.

405.- Il apparaît clairement que le régime actuel d'intervention dans le règlement des différends de l'OMC comporte encore des faiblesses nécessitant qu'on y apporte des améliorations. Toutefois, le besoin de lui donner une nouvelle dimension se confronte à l'obstacle suivant : l'extension de la participation des tierces parties sur le plan aussi bien quantitatif que qualitatif provoquerait des incidences non négligeables à la fois sur le système lui-même et sur les Membres. Il devient donc opportun de mener une étude approfondie sur ces incidences, afin d'apporter un éclairage et des preuves pratiques illustrant clairement cette nécessité.

Deuxième partie

LES INCIDENCES DE L'INTERVENTION DES TIERCES PARTIES

406.- « Si le droit de l'OMC peine encore à promouvoir l'internationalisation du droit économique en raison principalement de l'attachement de ses membres à leur souveraineté réglementaire, à l'inverse on voit bien que cette internationalisation pousse le droit de l'OMC à évoluer »[930].

Cette constatation nous incite à interroger l'évolution du droit de l'OMC. Mais, cela n'est pas suffisant. Force est de reconnaître que l'évolution du droit de l'OMC résulte, de manière intrinsèque, de ses lacunes qui ont été, à maintes reprises, constatées surtout de sa mise en œuvre[931]. L'évolution du régime juridique régissant l'intervention peut en témoigner. Étant donné que le régime juridique actuel comporte encore des limites, dans le cadre du cycle de Doha, plusieurs propositions ont été formulées en vue de l'améliorer, surtout en ce qui concerne la facilitation de l'accès des tierces parties aux consultations, l'élargissement des droits procéduraux des tierces parties dans la procédure devant les groupes spéciaux, etc. Toutefois, la possibilité d'apporter des améliorations appropriées s'est heurtée souvent à certaines préoccupations soulevées par des Membres de l'OMC lors des négociations, au sujet des incidences d'une participation plus profonde des tierces parties dans telle ou telle phase de règlement des litiges[932]. Il

---

[930] BORDES A., « Le rôle du mécanisme de règlement des différends de l'OMC entre souveraineté réglementaire et institutionnalisation : quel avenir ? », *in* BLIN O. (dir.), *Regards croisés sur le règlement des différends de l'Organisation mondiale du commerce (OMC) : Actes de la journée d'étude du 1er décembre 2006, à l'Université des sciences sociales de Toulouse,* Bruxelles, Bruylant, 2009, p. 30.

[931] WEISS F., *ibid.*, note 32, pp. 155-190 ; JIMENEZ A. A., « The WTO AB Report on *Mexico – Sofl drink,* and the Limits of the WTO Dispute Settlement System », *Legal Issue of Economic Integration,* 2006, vol. 33, n°. 3, pp. 319-333 ; PAUWELYN J., « The Limits of Litigations : « Americanization » and Negotiation in the Settlement of WTO Disputes », *Ohio State Journal on Dispute Resolution,* 2003, vol. 19, n°. 1, pp. 121-132 ; GALLAGHER P., *The First Ten Years of the WTO 1995-2005,* Cambridge, Cambridge University Press, 2005, pp. 33-40 ; GANTZ D. A., *Liberalizing International Trade after Doha : Multilateral, Plurilateral, Regional, and Unilateral Initiatives,* Cambridge International Trade and Economic Law Series, New York, Cambridge University Press, 2013, pp. 26-49.

[932] Par exemple, Hong Kong, lors d'une réunion de la session extraordinaire de l'ORD, en discutant sur la possibilité de faciliter l'accès de tierces parties aux consultations, a indiqué qu'il faudrait laisser « aux parties une certaine flexibilité » pour répondre au souci de maintenir un certain

faut noter à cet égard que, malgré la présence fréquente de tierces parties dans la pratique de règlement des différends de l'OMC, l'examen des incidences globales de l'intervention de tierces parties demeure une question ouverte. Dès lors, quelles sont les incidences de l'intervention de tierces parties dans le cadre de l'OMC ?

407.- Rappelons également que l'importante participation des tierces parties au règlement des différends de l'OMC place souvent les tierces parties dans une relation triangulaire : parties principales – instance – tierces parties[933]. Dans cette interaction, les tierces parties se trouvent dans deux relations distinctes : d'une part, il s'agit de la relation entre les tierces parties et l'instance, et d'autre part, de la relation entre les tierces parties et les parties principales. C'est précisément dans cette optique que, dans les analyses ci-dessus, nous avons déjà évoqué les objectifs recherchés de cette participation. Ces objectifs sont-ils atteints dans la pratique ? Existe-t-il un écart entre les objectifs recherchés et les incidences réelles ?

408.- Pour répondre de façon appropriée à ces questions, nous examinerons dans cette partie les incidences réelles de l'intervention des tierces parties dans le règlement des différends à l'OMC. Ces incidences devraient être analysées dans les deux relations, à savoir les effets de l'intervention des tierces parties sur le système de règlement des différends et sur les parties principales Membres[934]. Toutefois, aussi bien du point de vue théorique que du point de vue pratique, il apparaît qu'un renforcement du statut des Membres concernés dans le règlement

---

contrôle par les Membres du système de règlement des différends. (....) Le Membre défendeur et le Membre plaignant pouvaient rejeter telle ou telle demande émanant d'un pays tiers Membre parce qu'ils estimaient que la participation de tierces parties aboutirait, par exemple, à entraver les efforts déployés pour parvenir à une solution mutuellement satisfaisante du différend ». ORD – Session extraordinaire, *Compte rendu de la réunion tenue au Centre William Rappard les 24 et 25 avril 2006*, WT/DS/M/32, para. 2. Le rapport du Président de l'ORD sur l'avancement des négociations relatives au Mémorandum d'accord en 2011 a également souligné à ce sujet que, selon certains Membres, « les modifications qu'il était proposé d'apporter à l'article 4.11 pourraient détourner les consultations de leur but principal en exigeant des parties qu'elles se mettent d'accord pour décider d'autoriser la participation de certaines parties, occultant ainsi les objectifs bilatéraux ». *Ibid.*, TN/DS/25, note 6, p. B-21. De plus, en ce qui concerne la proposition d'élargir l'accès à l'examen en appel à des Membres ne notifiant pas leur intérêt au titre de l'article 10.2 du Mémorandum d'accord, ce rapport a insisté sur le fait que ces modifications conduiraient à une participation accrue qui compromettrait les calendriers déjà serrés et les droits des parties principales. *Ibid.*, TN/DS/25, note 6, p. B-23. Le récent rapport du président de l'ORD sur ce sujet a fait savoir que cette préoccupation existait encore. *Ibid.*, TN/DS/26, note 6, p. 7.

933 LORENZO L., *ibid.*, note 17, p. 161.

934 BOWN C. P., *ibid.*, note 922, pp. 8-10 ; ELSIG M. & STUCKI P., « Low-income developing countries and WTO litigation : Why wake up the sleeping dog ? », *Review of International Political Economy*, 2012, vol. 19, n°. 2, pp. 292-316 ; JOHNS L. & PELC K. J., « Overcrowding in WTO Dispute Settlement : Why Don't More Countries Join as Third Parties », September 21 2012, p. 3, disponible sur : https://www.princeton.edu/politics/about/file-repository/public/Leslie_Johns_Paper.pdf (url consultée le 31 mai 2013).

des différends conduirait également à assurer que le système peut atteindre ses objectifs et inversement. Dès lors, l'approche basée sur une distinction entre les incidences sur le système et les incidences sur les Membres ne semble pas appropriée à nous permettre d'avoir une vue globale sur ces incidences et d'en évaluer tous les aspects possibles.

409.- Nous pouvons constater que l'intervention des tierces parties provoque à la fois les incidences positives et négatives. Positivement, il s'agit des contributions des tierces parties et de leur intervention à assurer que le système de règlement des différends fonctionne comme il se doit et que les Membres de l'OMC ont l'opportunité de renforcer leur position lors de leur implication dans une affaire donnée. Négativement, l'intervention des tierces parties peut provoquer une gêne et des préoccupations de la part des Membres de l'OMC du fait qu'elle perturbe l'achèvement de certains principes de ce système et qu'elle influence l'exercice des droits procéduraux des parties principales. Cette approche nous permettra d'en faire le bilan en vue de répondre surtout à la question prépondérante de savoir s'il est vraiment nécessaire de renforcer le statut des tierces parties. À cet effet, nos analyses, dans cette partie, s'établiront autour de deux axes : il s'agit, d'une part, d'une contribution positive de l'intervention au règlement des différends **(premier titre)**, et d'autre part, des risques et limites de cette intervention **(deuxième titre)**.

Premier titre

UNE CONTRIBUTION POSITIVE AU RÈGLEMENT DES DIFFÉRENDS

410.- Bien que la mondialisation en général, et la mondialisation économique et commerciale en particulier, soit « une notion sans contenu en droit. Elle n'évoque ni une règle, ni une situation à laquelle s'applique une règle »[935], le droit devient effectivement l'instrument qui régit la mondialisation et son évolution à travers les règles que le droit établit[936]. Dans le contexte de l'OMC, ce sont les règles contenues dans les accords multilatéraux et plurilatéraux qui constituent un cadre juridique pour la libéralisation progressive du commerce et l'intégration économique internationale de l'ensemble de 163 Membres[937]. Ces règles sont en cours d'évolution. Alors que le processus d'élaboration de nouvelles règles régissant le commerce mondial, lesquelles influenceraient avec ampleur de futurs échanges commerciaux, n'aboutit pas encore à un résultat final, suite à l'inachèvement du cycle de Doha, le SRD est considéré comme permettant de combler ces lacunes. L'interprétation et l'application du droit de l'OMC, exercées par l'ORD, peuvent permettre d'éclairer les obligations de ses Membres résultant des accords visés, de clarifier les règles de l'OMC et dans une certaine mesure, de les faire évoluer[938]. Par conséquent, si un Membre ne participe pas de manière active à ce mécanisme, il ne peut pas influencer l'élaboration des politiques qui pourraient affecter ses intérêts à long terme. Dans cette optique, les tierces parties peuvent ajouter des voix afin d'influer sur le fonctionnement et le développement du système dans son ensemble[939]. Elles contribuent, pour ce fait, à l'évolution et

---

[935] VERHOEVEN J., « Souveraineté et mondialisation : libres propos », *in* LOQUIN E. & KESSEDJIAN C. (dir.), *La mondialisation du droit,* Colloque, Dijon, 13-15 septembre 1999, Paris, Litec, 2000, p. 45.

[936] KIEFFER B., *L'Organisation mondiale du commerce et l'évolution du droit international public*, Bruxelles, Larcier, p. 25. Cet auteur est allé encore plus loin en affirmant que : « Tout droit international est donc un droit de la mondialisation ».

[937] Ce chiffre est compté jusqu'au 14 juillet 2016. À cette date, le Liberia est devenu le 163e Membre de l'OMC.

[938] ALBASHAR F. A. S. A. & MANIRUZZAMAN A. F. M., *ibid.,* note 182, p. 316.

[939] ROSAS A., *ibid.*, note 103, p. 85 ; BUSCH M. L. & REINHARDT E., « With a Little Help from Your Friends ? Developing Country Complaints and Third Party Participation », Paper prepared for presentation at the conference on « Developing Countries in the WTO Legal System »,

l'efficacité de la gouvernance mondiale[940] dans le secteur économique et commercial dont l'OMC est un des gérants.

411.- De même, les tierces parties peuvent trouver une place considérable dans le renforcement de la position des Membres de l'OMC dans ce système. Les parties principales Membres, par exemple, dans la bataille commerciale où elles s'impliquent, doivent protéger leur intérêt direct, d'autant plus important que l'échec ou la victoire peut avoir des répercussions très considérables, pour le Membre concerné, sur l'économie, la politique commerciale, sociale et culturelle, au niveau intérieur aussi bien qu'au niveau extérieur. C'est pourquoi, les deux parties principales peuvent chercher un soutien de la part des tierces parties. Même si ce soutien ne leur assure pas la victoire, il peut aider l'une d'elles à consolider la légitimité de sa position, ce qui semble important sous l'angle politique.

412.- Les contributions positives des tierces parties peuvent être examinées sous deux angles principaux. De manière plus générale, il s'agit des contributions des tierces parties au bon fonctionnement du système de règlement des différends **(chapitre 1)**. De manière plus étroite, l'intervention peut apporter des avantages aux Membres. En d'autres termes, elle vise à renforcer la position des Membres dans ce système dans la mesure où elle peut contribuer à protéger l'intérêt de l'ensemble des parties **(chapitre 2)**.

University of Minnesota Law School, May 24-26, 2007, 25 p., disponible sur : http://faculty.georgetown.edu/mlb66/Busch%20&%20Reinhardt--Developing%20Countries %20and%20Third%20Parties.pdf (url consultée le 12 juin 2013).

[940] Sur ce sujet voir : ROSENAU J. N. & CZEMPIEL E.-O. (edt.), *Governance Without Government : Order and Change in World Policies,* Cambridge, Cambridge University Press, 1992, 311 p. ; DE MOULINS-BEAUFORT E. & POIRIER P. (dir.), *Gouvernance mondiale et éthique au XXIe siècle,* Collège des Bernadins, Paris, 2013, 248 p. ; ZERAH D., *L'exigence d'une gouvernance mondiale,* Paris, L.G.D.J.-Lextenso, 2013, 204 p. ; PELLET A., « Les transformations de la gouvernance mondiale », *in* S.F.D.I., Colloque de Nancy, *L'État dans la mondialisation,* Paris, A. Pedone, 2013, pp. 562-571 ; FISCHER T. C., *The United States, the European Union and the « Globalization » of World Trade : Allies or Adversaries ?,* Westport, Quorum Books, 2000, pp. 32-40.

Chapitre 1

LA CONTRIBUTION AU BON FONCTIONNEMENT DU SRD

413.- Le système de règlement des différends constitue depuis sa naissance « la clef de voûte »[941] du système commercial multilatéral et permet à l'OMC de contribuer à la stabilité de l'économie mondiale. Sans l'ORD, le système commercial basé sur les règles ne serait d'aucune utilité car ces dernières et leur mise en œuvre ne pourraient pas être efficacement contrôlées. Ce faisant, le bon fonctionnement du mécanisme de règlement des différends de l'OMC est considéré comme l'élément essentiel assurant la réussite de ce système[942]. Pour atteindre cet objectif très important, le Mémorandum d'accord contient déjà, dans son ensemble, des dispositions permettant sa mise en œuvre efficace. Toutefois, cette efficacité dépend non seulement de la suffisance et de la cohérence des règles procédurales déjà énoncées, mais également du comportement de toutes les personnes concernées. Il est donc nécessaire que chacune d'elles exprime une volonté grandissante et mobilise des efforts incessants et considérables en vue de régler avec rapidité, équité et efficacité les litiges nés dans l'enceinte de l'OMC.

414.- En s'impliquant dans le règlement des différends, les tierces parties Membres de l'OMC peuvent contribuer au bon fonctionnement du système. Tout d'abord, les communications écrites ou orales déposées et présentées par les tierces parties constituent une source d'information mise à la disposition du juge de l'OMC pour l'aider à mieux exercer sa fonction d'établir la vérité et de dire le droit. L'intervention constitue, donc, un moyen procédural de répondre aux besoins du juge **(section 1)**. Ensuite, la participation des tierces parties tout au long du processus de règlement des différends est aussi significative à deux niveaux : d'une part, elle permet de garantir l'aspect multilatéral qui caractérise indéniablement ce mécanisme et d'autre part, elle renforce sa légitimité dans la mesure où elle permet de rendre ce mécanisme plus transparent **(section 2).**

---

[941] CARREAU D. & JUILLARD P., *op. cit.*, note 9, pp. 112-114.
[942] ALBASHAR F. A. S. A. & MANIRUZZAMAN A. F. M., *ibid.*, note 182, p. 316.

Section 1 : UNE INTERVENTION RÉPONDANT AUX BESOINS DU JUGE

415.- En règle générale, dans un système probatoire, le juge dispose d'une marge d'initiative importante, surtout pour concourir à l'établissement de la vérité des faits litigieux[943]. L'exercice de cette fonction permet au juge d'initialiser un processus de recherche de l'information par toute source qu'il juge appropriée, ce qui peut « bouleverser la construction du débat probatoire dans le but de lui assurer autant que possible l'information dont il estime avoir besoin »[944].

416.- Le juge de l'OMC répond à cette logique. Le système probatoire établi par le Mémorandum d'accord lui attribue d'importants pouvoirs procéduraux en matière de preuve[945]. Il est informé tout d'abord par les parties principales au différend[946]. Les tierces parties, dans leurs communications, ont également cherché à lui donner des informations sur les questions faisant l'objet de la plainte. Le juge se dote, parallèlement, de la capacité de mener des enquêtes pour obtenir, le cas échéant, des informations supplémentaires de toute source adéquate, y compris des tierces parties. Mais puisque l'intervention des tierces parties, devant l'ORD ou devant d'autres juridictions internationales, revêt un caractère volontaire et reste toujours une procédure incidente greffée sur la procédure principale[947], les tierces parties ne jouent jamais le rôle de fournisseur principal d'information au juge. Elles ne peuvent influer effectivement qu'au second plan sur la manière dont le juge collecte et administre l'information. Il n'en demeure pas moins que le juge a eu, à plusieurs reprises, l'occasion de reconnaître l'importance du contenu des communications ou réponses des tierces parties, comme source supplémentaire d'information pour formuler son jugement **(I)**. La pratique de l'ORD a montré, en revanche, que l'importance accordée par le juge à l'information acquise auprès des tierces parties dépend entièrement de sa pertinence **(II)**.

I. Les communications des tierces parties comme source supplémentaire d'information

417.- L'information fournie par les tierces parties au juge de l'OMC est contenue dans les moyens que ces dernières peuvent utiliser pour exprimer leur point de vue sur les questions soulevées dans une affaire pendante. Il convient de noter que l'article 10.2 du Mémorandum d'accord prévoit que les tierces parties auront la possibilité de « se faire entendre » par le groupe spécial et, qu'en ce qui concerne

---

943 AYNES A. & VUITTON X., *Droit de la preuve : Principes et mise en œuvre processuelle*, Coll. Droit & Professionnels, Paris, LexisNexis, 2013, p. 71.

944 AYNES A. & VUITTON X., *op. cit.*, note 943, p. 71.

945 NGAMBI J., *op. cit.*, note 461, pp. 497-498.

946 Sur ce sujet, voir surtout : NGAMBI J., *op. cit.*, note 461, pp. 242-275 et AYNES A. & VUITTON X., *op. cit.*, note 943, pp. 71-85.

947 KOLB R., *op. cit.*, note 89, p. 717.

leurs communications adressées à ce groupe, « il en sera fait état » dans le rapport de ce dernier[948]. Les termes de cet article laissent entendre que ces communications ne font l'objet d'aucun examen du groupe spécial auquel elles sont adressées[949]. Si tel était le cas, les contributions des tierces parties auraient une utilité limitée voire nulle. Cette inquiétude est-elle justifiée ? Une réponse négative semble aller de pair avec la pratique développée devant l'ORD. Elle résulte tout d'abord d'une constatation fournie par l'Organe d'appel qui consacre l'obligation de prendre en compte les communications des tierces parties **(A)**. La portée précise de cette obligation qui a été ensuite clarifiée dans plusieurs rapports adoptés par différents groupes spéciaux s'encadre uniquement aux informations pertinentes contenues dans telle ou telle communication **(B)**.

A. La consécration de l'obligation de prendre en compte les communications des tierces parties

418.- Très tôt dans la jurisprudence, l'Organe d'appel a eu l'occasion de se prononcer sur cette question en y apportant une confirmation importante. Dans l'affaire *États-Unis – Crevettes,* lors d'une évaluation par l'Organe d'appel de la recevabilité des mémoires d'*amicis curiae,* celui-ci a indiqué que :

> « En vertu du Mémorandum d'accord, seuls les Membres qui sont parties à un différend, ou qui ont informé l'ORD de leur souhait de devenir tierces parties dans ce différend, ont un droit légal de présenter des communications à un groupe spécial et ont un droit légal à ce que ces communications soient examinées par un groupe spécial. En conséquence, un groupe spécial est légalement tenu de n'accepter et prendre dûment en compte que les communications présentées par les parties et les tierces parties au cours de la procédure »[950].

Il en ressort clairement que chaque fois qu'une tierce partie dépose auprès d'un groupe spécial des communications écrites, ou fait devant celui-ci une dé-

---

[948] IWASAWA Y., *ibid.*, note 127, p. 889.

[949] Taiwan a fait savoir, dans sa propre contribution au sujet des modifications apportées au Mémorandum d'accord, que par l'exercice du principe de l'économie jurisprudentielle, les groupes spéciaux et l'Organe d'appel ne devraient pas avoir l'obligation de prendre en compte les vues et arguments présentés par les tierces parties. *Ibid.,* TN/DS/W/25, note 214, p. 4. Voir également : BUSCH L. M. & REINHARDT E., « Fixing What « Ain't Broke » ? Third Party Rights, Consultations and the DSU », *in* GEORGIEW D. & VAN DER BORGHT K. (edt.), *Reform and Development of the WTO Dispuste Settlement System,* London, Cameron May, 2006, pp.73-86.

[950] *Ibid.,* WT/DS58/AB/R, note 152, para. 101. Voir aussi : STEGER D. P., « *Amicus Curiae :* Participant or Friend ? The WTO and NAFTA Experience », *in* BOGDANDY A. V., MAVROIDIS P. C. & MENY Y. (edt.), *European Integration and International Coordination : Studies in Honour of Claus-Dieter Ehlermann,* The Hague/London/New York, Kluwer Law International, 2002, pp. 433-434.

claration orale, ce groupe spécial est tenu de prendre en compte ces communications ou déclarations[951]. Il s'agit d'une obligation des groupes spéciaux dans l'administration de la preuve. L'Organe d'appel a-t-il pareille obligation ? La réponse est affirmative. L'Organe d'appel, lui-même, saisi dans l'affaire *États-Unis – Plomb et bismuth II,* a repris quasiment les mêmes termes pour faire savoir qu'il avait « l'obligation juridique de n'accepter et de n'examiner que les communications émanant de Membres de l'OMC qui sont parties ou tierces parties à un différend donné »[952].

419.- Néanmoins, en ce qui concerne l'obligation établie par l'Organe d'appel à l'égard des groupes spéciaux, il semble qu'elle soit particulièrement rigoureuse, parce que prendre *dûment* en compte les communications présentées par les tierces parties constituerait une mission très lourde pour un groupe spécial saisi dans une affaire à laquelle interviennent bon nombre des Membres en tant que tierces parties. C'est pourquoi certains groupes spéciaux ultérieurs ont tenté d'atténuer cette charge en évoquant une approche plus souple.

B. L'approche souple prônée par les groupes spéciaux

420.- Certains groupes spéciaux établis après l'affaire *États-Unis – Crevettes* ont suivi le raisonnement de l'Organe et ont d'ailleurs apporté des clarifications importantes à la portée précise de l'obligation de prendre en compte les communications des tierces parties.

421.- Dans l'affaire *États-Unis – Coton upland,* lors de la phase de réexamen intérimaire, les deux parties principales se sont opposées autour de la question de savoir si les preuves fournies par les tierces parties constituaient des éléments de preuve pertinents. Les États-Unis ont demandé au groupe spécial de supprimer l'expression « élément de preuve » qu'il avait utilisée au paragraphe 7.1415 de son rapport[953]. Leur demande a reposé sur l'idée que l'utilisation de cette expression donnerait l'impression que les tierces parties peuvent aider le Brésil, le plaignant, à s'acquitter de la charge de la preuve qui lui incombait[954]. À l'inverse, le Brésil a contesté que l'argument présenté par les États-Unis soit incompatible avec l'article 10 du Mémorandum d'accord et soutenu, à l'inverse, que les éléments de preuve soumis par les tierces parties dans leurs communications constituaient des

---

[951] CANAL-FORGUES E., *op. cit.*, note 8, pp. 77-78 ; NGAMBI J., *op. cit.*, note 461, p. 250.

[952] *Ibid.,* WT/DS138/AB/R, note 155, para. 41.

[953] Le libellé de ce paragraphe est comme suit : « En conséquence, nous avons pris en compte les allégations de préjudices graves d'autres Membres dans la mesure où elles constituent un élément de preuve de l'effet de la subvention subi par le Brésil en tant que Membre dont les producteurs participent à la production et au commerce de coton upland sur le marché mondial. Pour autant, nous n'avons pas fondé notre décision sur un préjudice grave allégué quelconque qui leur a été causé ». *Ibid.,* WT/DS267/R, note 582, para. 7.1415.

[954] *Ibid.,* WT/DS267/R, note 582, para. 6.54.

éléments de preuve sur lesquels le raisonnement du groupe spécial pourrait s'appuyer[955]. Le groupe spécial, quant à lui, a décidé de ne pas effacer ces termes du paragraphe concerné. Il a avancé, à juste titre, que :

> « Aucune partie ne suggère que des éléments de preuve présentés par une tierce partie peuvent alléger la charge qui incombe à un plaignant de présenter des éléments de preuve *prima facie*. Nous sommes parfaitement d'accord. Les renseignements fournis par les tierces parties à l'appui de leurs allégations peuvent constituer des éléments de preuves, en tant que contexte et appui additionnels, dont nous pouvons tenir compte pour procéder à une évaluation objective de la question dont nous sommes saisis »[956].

422.- Il en ressort explicitement qu'il y a un changement dans l'approche de ce groupe spécial par rapport à celle susmentionnée de l'Organe d'appel. De cette constatation, la prise en compte des renseignements qui lui ont été adressés par les tierces parties reste uniquement une option dans l'exercice par ce groupe spécial de la fonction qui lui est confiée au titre de l'article 11 du Mémorandum d'accord. Il s'agit donc d'une liberté du groupe spécial d'examiner et décider d'accepter les éléments de preuve présentés par les tierces parties. Cela correspond également au principe de la liberté selon lequel le juge de la CIJ, du TIDM ou de la CJUE exerce sa fonction d'administrer la preuve (principe de la liberté d'appréciation des preuves)[957]. La recherche de la vérité autour d'un litige permet en effet au juge d'accepter de prendre en considération des éléments de preuve provenant de sources étrangères aux États parties, même émanant d'États tiers à l'instance[958]. Allant dans ce sens, le pouvoir des groupes spéciaux en la matière devient également conforme à la constatation de l'Organe d'appel dans l'affaire *États-Unis – Crevettes* selon laquelle les groupes spéciaux ont « le pouvoir ample et étendu d'engager et de contrôler le processus par lequel il s'informe aussi bien des faits pertinents de la cause que des normes et principes juridiques applicables à ces faits »[959].

---

955 *Ibid.*, WT/DS267/R, note 582, para. 6.54.

956 *Ibid.*, WT/DS267/R, note 582, para. 6.54.

957 RIVIER R., « La preuve devant les juridictions interétatiques à vocation universelle (CIJ et TIDM) », *in* RUIZ FABRI H. & SOREL J.-M. (dir.), *La preuve devant les juridictions internationales,* Coll. Contentieux international, Paris, A. Pedone, 2007, pp. 36-38 ; MEHDI R., « La preuve devant les juridictions communautaires », *in* RUIZ FABRI H. & SOREL J.-M. (dir.), *La preuve devant les juridictions internationales,* Coll. Contentieux international, Paris, A. Pedone, 2007, p. 74 ; NIYUNGEKO G., *La preuve devant les juridictions internationales,* Bruxelles, Bruylant & Éd. de l'Université de Bruxelles, 2005, pp. 322-336.

958 RIVIER R., *ibid.,* note 957, p. 30.

959 *Ibid.,* WT/DS58/AB/R, note 152, para. 106. L'Organe d'appel y a encore ajouté que : « ce pouvoir, et son étendue, sont donc tout à fait nécessaires pour permettre à un groupe spécial de s'acquitter de la tâche que lui impose l'article 11 du Mémorandum d'accord – « procéder à une

423.- Donc, dans quelle mesure cette liberté fonctionne-elle ? Le groupe spécial chargé de l'affaire *Australie – Pommes*, opposant la Nouvelle-Zélande à l'Australie, a apporté une précision importante à ce sujet. L'Australie a demandé à ce groupe spécial de ne pas prendre en compte les informations fournies par les États-Unis dans leur communication écrite en tant que tierce partie dans la mesure où ces informations avaient servi de base pour des questions à poser par ce groupe spécial aux experts, alors que ces questions avaient trait à des points qui n'avaient pas été soulevés par la Nouvelle-Zélande[960].

En infirmant cette opposition, le groupe spécial a établi deux critères différents pour la prise en compte des renseignements présentés par les tierces parties. D'une part, comme les analyses de la première partie de cette étude l'ont montré[961], ces renseignements doivent avoir trait aux allégations relevant de son mandat[962]. D'autre part, il a insisté sur la pertinence de ces renseignements. Pour parvenir à établir un tel critère, le groupe spécial a tout d'abord fait valoir ses « vastes pouvoirs d'investigation pour procéder à une évaluation objective de la question »[963]. Selon celui-ci, en exerçant ces pouvoirs, « il n'est pas limité par les arguments présentés par les parties à un différend ; il peut développer ses propres arguments, et il peut certainement prendre en compte les arguments avancés par les tierces parties ». Il s'est ensuit que la thèse de l'Australie restait infondée, étant donné que si c'était le cas, ce serait à la fois contraire au devoir du groupe spécial consistant en l'évaluation objective de la question, et incompatible avec l'article 10.2 du Mémorandum d'accord :

> « Les droits d'une tierce partie de présenter des communications à un groupe spécial et le devoir d'un groupe spécial de tenir compte *des renseignements pertinents* fournis par une tierce partie dans sa communication sont les deux faces d'une même médaille. S'il était interdit aux groupes spéciaux de prendre en compte des renseignements fournis par une

---

évaluation objective de la question dont il est saisi, y compris une évaluation objective des faits de la cause, de l'applicabilité des dispositions des accords visés pertinents et de la conformité des faits avec des dispositions… ». Voir aussi : STEGER D. P., *ibid.*, note 950, pp. 434-435.

960 Elle a argumenté de la manière suivante : « Comme les tierces parties ne sont pas des parties au différend, leurs communications ne peuvent pas constituer des éléments de preuve et des arguments qui peuvent être utilisés par l'une ou l'autre partie pour plaider sa cause. Selon le même raisonnement, les communications des tierces parties ne peuvent pas non plus servir de base pour des questions à poser aux experts ». *Ibid.*, WT/DS367/R, note 544, para. 7.68.

961 Voir *supra*, para. 282 et s.

962 Il a conclu que : « Dans la mesure où une question spécifique soulevée par une tierce partie relevait dûment au mandat du groupe spécial, et que la Nouvelle-Zélande avait avancé ses arguments et énoncé sa plainte concernant l'allégation spécifique, le groupe spécial rejette la thèse de l'Australie selon laquelle il lui était interdit d'aborder cette question dans les questions écrites posées aux experts. (…) Le groupe spécial ne trouve aucun élément de preuve indiquant que la régularité de la procédure a été affectée (…) ». *Ibid.*, WT/DS367/R, note 544, para. 7.82.

963 *Ibid.*, WT/DS367/R, note 544, para. 7.76.

tierce partie, y compris des arguments et des éléments de preuve, alors les droits des tierces parties au titre du Mémorandum d'accord seraient illusoires »[964].

424.- Tout en préservant l'intégrité du système de règlement des différends et assurant les droits des tierces parties au titre du Mémorandum d'accord, ce groupe spécial a de nouveau fait savoir que les « renseignements pertinents » des tierces parties pourraient jouer un certain rôle dans son exercice visant l'évaluation objective de la question dont il a été saisi. Dès lors, ce ne sont pas tous les renseignements contenus dans les communications présentées par les tierces parties qui seront pris en compte, mais uniquement ceux qui sont jugés appropriés par le juge de l'OMC. Sachant que la pleine prise en compte de ces communications peut nuire au bon fonctionnement des procédures, la constatation établie par ce groupe spécial reste raisonnable et convient tout à fait au principe de l'économie jurisprudentielle qui a été mis en application dans les travaux de plusieurs groupes spéciaux. Selon ce principe, les groupes spéciaux sont appelés à traiter uniquement les allégations qui doivent l'être pour résoudre la question en cause dans une affaire[965]. A été également reconnu son corollaire selon lequel « un groupe spécial est tout aussi libre de ne traiter que les arguments qu'il juge nécessaire de traiter pour régler une allégation donnée »[966].

425.- Ainsi, ces deux groupes spéciaux ont assoupli l'obligation de prendre en compte les communications présentées par les tierces parties en indiquant que cette prise en compte concerne uniquement les renseignements qui sont pertinents et relatifs aux allégations entrant dans leur mandat. Les analyses suivantes chercheront à indiquer que dans la pratique, cette approche a été justifiée.

II. La pertinence des renseignements fournis par les tierces parties

426.- Les tierces parties, n'étant parties principales au différend[967], ne sauraient supporter la charge de la preuve. Il ne s'agit pas, en conséquence, de leur obligation, mais de leur volonté de fournir au juge de l'information. Comme nous l'avons montré plus haut[968], les tierces parties devant l'ORD ont différentes options pour présenter volontairement leur point de vue, tout d'abord, à l'appui de leur propre position et ensuite pour soutenir l'une des parties principales. Dans la limite déterminée par le Mémorandum d'accord, et autour des allégations relevant du mandat des groupes spéciaux et/ou de l'Organe d'appel, les arguments

---

964 *Ibid.*, WT/DS367/R, note 544, para. 7.77.

965 *Ibid.*, WT/DS33/AB/R, note 466, p. 22. Voir également CANAL-FORGUES E., *op. cit.*, note 8, pp. 72-74.

966 CANAL-FORGUES E., *op. cit.*, note 8, p. 74.

967 SANTULLI C., *op. cit.*, note 3, p. 302.

968 Voir *supra*, para. 224 et s.

des tierces parties peuvent se concentrer sur l'éclaircissement de questions de droit **(A)** ou de fait **(B)**.

A. La clarification du droit de l'OMC : une contribution certaine des tierces parties

427.- Les communications écrites ou les déclarations orales des tierces parties peuvent contenir des interprétations, des explications sur les règles invoquées par les parties principales. De plus, il faut rappeler que bon nombre des Membres de l'OMC cherchent à intervenir dans le règlement des différends dans le seul but de protéger leur intérêt systémique (ou leur intérêt relatif à l'interprétation et l'application du droit de l'OMC). « Le système de règlement des différends concerne non seulement le règlement des différends, mais également le développement des règles régissant le commerce international et de la jurisprudence qui conduira le système du commerce multilatéral dans les années à venir »[969]. Cette constatation est compréhensible : l'absence de droit dérivé ne permet pas à l'OMC, sans consensus de ses Membres, de développer de sa propre initiative et de manière autonome des règles de droit régissant le commerce multilatéral et obligatoire pour tous ses Membres[970]. Alors que le cycle de Doha pour faire évoluer le droit de l'OMC ne voit pas encore le jour[971], le règlement des différends est considéré comme la seule scène dans laquelle les Membres peuvent exprimer leur point de vue sur les règles appropriées du droit de l'OMC. Il s'agit d'un moyen dont les tierces parties peuvent bénéficier afin de chercher également à influencer la façon dont le juge de l'OMC clarifie et applique le droit de l'OMC, à travers les communications qu'ils présentent au juge. Nous pouvons trouver donc des incidences de ces communications sur la clarification et l'évolution du droit de l'OMC, tant au niveau matériel **(1)** qu'en matière procédurale **(2)**.

1. L'intervention afin d'influencer la clarification et l'évolution du droit matériel de l'OMC

428.- Le droit matériel de l'OMC comprend les dispositions contenues dans les accords multilatéraux et plurilatéraux régissant les domaines du commerce international. Une affaire introduite par l'ORD est souvent née d'une présomption selon laquelle une mesure mise en œuvre par un Membre de l'OMC viole

---

[969] « *The dispute settlement system is concerned not only with disputes, but also with the development of a body of international business rules and jurisprudence which will leap the multilateral trading system for many years to come* ». ALBASHAR F. A. S. A & MANIRUZZAMAN A. F. M., *ibid.*, p. 316.

[970] CARREAU D. & JUILLARD P., *op. cit.*, note 9, p. 80.

[971] Le seul résultat remarquable de ce cycle est que lors de la neuvième Conférence ministérielle en novembre 2013 à Bali (en Indonésie), l'Accord de l'OMC sur la facilitation des échanges a été adopté. Il est maintenant en attente de l'acceptation des Membres pour être inséré dans l'Annexe 1A de l'Accord instituant l'OMC de 1994. Voir : Conférence ministérielle – Neuvième session, *Accord sur la Facilitation des échanges – Décision ministérielle du 7 décembre 2013*, WT/MIN(13)/35, WT/L/910.

une règle matérielle contenue dans ces accords[972]. Au titre de l'article 3.2 du Mémorandum d'accord, les recommandations et décisions dans les rapports des groupes spéciaux et/ou de l'Organe d'appel que l'ORD adopte ne peuvent pas accroître ou diminuer les droits et obligations énoncés dans les accords visés. Un de leurs rôles reconnus est de « clarifier les dispositions existantes de ces accords conformément aux règles coutumières d'interprétation du droit international public ». C'est pourquoi, la possibilité pour les parties présentes dans un différend, y compris tierces parties, d'exercer des influences sur le développement du droit de l'OMC s'inscrit surtout dans leur contribution à l'interprétation et la clarification du droit de l'OMC.

429.- Sous cet angle, il est notable que, dans une proposition de modifier le Mémorandum d'accord adressée à l'ORD datée de 2002, le Japon ait argumenté ainsi :

> « Étant donné que les arguments avancés par (…) les tierces parties dans leurs communications peuvent avoir une influence sur les constatations établies dans le cadre du règlement des différends à l'OMC, ce sont des renseignements précieux pour les autres Membres également. En particulier, pour un Membre qui envisage lui-même la possibilité de recourir à la procédure de règlement des différends pour une affaire semblable, les arguments (…) sont des sources d'information très importantes »[973].

430.- L'idée avancée par le Japon est tout à fait exacte. Elle nous aide à comprendre pourquoi certains Membres développés, tels que les États-Unis, l'UE, le Japon, le Canada ou l'Australie sont intervenus si fréquemment en tant que tierce partie dans le règlement des différends devant l'ORD. En pratique, les États-Unis ou l'UE sont tierce partie quasiment dans les travaux de tous les groupes spéciaux dans lesquels les uns ou les autres n'ont pas comparu comme partie principale[974]. Dès lors, ils ont toujours l'occasion de comparaître en tant que participant tiers dans les procédures d'appel si l'Organe d'appel est éventuellement saisi. Le rôle de l'Organe d'appel dans la clarification et l'application du droit de l'OMC est bien confirmé tant en théorie qu'en pratique[975]. Pour autant, la participation des États-Unis ou de l'UE en qualité de tierce partie leur permet, tout

---

[972] Voir la liste des articles invoqués dans chaque affaire sur : http://www.wto.org/english/res_e/booksp_e/analytic_index_e/dsu_10_e.htm (url consultée le 10 juillet 2014).

[973] ORD – Session extraordinaire, *Négociations sur les améliorations et clarifications à apporter au Mémorandum d'accord sur le règlement des différends : Proposition du Japon*, le 28 octobre 2002, TN/DS/W/22, p. 4 ; voir aussi ALBASHAR F. A. S. A. & MANIRUZZAMAN A. F. M., *ibid.*, note 182, p. 317.

[974] Voir *supra*, tableau 1, 2 et 3.

[975] Sur ce sujet, voir surtout : STEGER D. P., « The Appellate Body and its Contribution to WTO Dispute Settlement », *in* KENNEDY D. L. M. & SOUTHWICH J. D. (edt.), *The Political Economy of International Trade Law : Essays in Honor of Robert E. Hudec*, Cambridge, Cambridge University Press, 2002, pp. 135-155 ; DONALDSON V., « The Appellate Body : Institutional and

d'abord, de bien suivre le raisonnement de l'Organe d'appel, et ensuite, d'exprimer leur point de vue en ce qui concerne les questions de droit introduites devant cet organe. Bien évidemment, « l'Union européenne et les États-Unis participent systématiquement en tant que tierces parties afin de s'exprimer sur le développement du droit de l'OMC dans le but de préserver leur intérêt commercial »[976] et « tentent de défendre leurs intérêts systémiques en façonnant l'interprétation des règles de l'OMC dans le temps »[977].

431.- Toutefois, certains auteurs constatent qu'il n'est pas évident de « peser » ce que les groupes spéciaux et l'Organe d'appel font des arguments présentés par les tierces parties[978]. Cette analyse est convaincante. D'une part, parce que les arguments avancés par les tierces parties sont rarement évoqués et analysés de manière directe par ces instances dans leur raisonnement[979]. D'autre part, afin d'assurer leur indépendance et impartialité, les juges de l'OMC, particulièrement l'Organe d'appel, veillent souvent à ce que leur façon d'appréhender et d'examiner les questions dont ils sont saisis reste autonome et hors de toute influence éventuelle des parties[980]. Il ne s'agit effectivement pas d'une exception, car dans une étude sur les incidences des observations présentées par les gouvernements à la CJUE, M.-P. F. Granger a fait le même constat :

> « L'évaluation de l'influence des observations des gouvernements sur les décisions de la Cour est une tâche impossible, en raison de la complexité du processus de prise de décision judiciaire qui ne peut pas être réduite par l'intervention de quelques facteurs ou acteurs. Le lien de causalité entre les observations et leurs effets ne peuvent pas être objectivement en évidence. Même une analyse statistique sophistiquée intégrant la nature des observations des gouvernements relatives aux jugements définitifs ne serait pas en mesure de permettre de déterminer si celles d'un gouvernement particulier ont eu une influence »[981].

Procedural Aspects », *in* MACRORY P. F., APPLETON A. E. & PLUMMER M. G. (edt.), *World Trade Organization : Legal Economic and Political Analysis,* New York, Springer, 2005, pp. 1277-1340.

[976] « *The EU and the US participate systematically as third parties so as to have their say on the development of the WTO law, in order to safeguard their trade interest* ». ALBASHAR F. A. S. A & MANIRUZZAMAN A. F. M., *ibid.,* note 182, p. 317. Voir également : SHAFFER G., *ibid.*, note 366, p. 11.

[977] SHAFFER G., *ibid.*, note 366, p. 176.

[978] RUIZ FABRI H. & MONNIER P., *ibid.*, note 107, p. 950; BUSCH M. L. & REINHARDT E., *ibid.*, note 105, p. 447.

[979] Dans l'affaire *CE – Préférences tarifaires,* il est rare de trouver que l'Organe d'appel infirme de manière directe un argument présenté par les États-Unis en ce qui concerne la signification de l'expression « sans ... discrimination » contenue dans la Clause d'habilitation. *Ibid.,* Rapport de l'Organe d'appel du 7 avril 2004, WT/DS246/AB/R, para. 146.

[980] RUIZ FABRI H. & MONNIER P., *ibid.,* note 107, para. 33.

[981] « *Assessing the influence of government observations on the Court's decisions is an impossible task, because of the complexity of the judicial decision-making process which cannot be reduced to the intervention of a few factors*

432.- Malgré cette difficulté, dans certaines affaires, les tierces parties ont fait valoir le poids de leurs arguments. *Canada – Mesures visant l'exportation des aéronefs civils* semble être la première affaire dans laquelle ce poids s'est affirmé. Les États-Unis, tierce partie dans les travaux du groupe spécial, ont déposé des communications ayant trait à trois questions importantes de droit, à savoir : l'applicabilité de l'Accord SMC aux subventions accordées avant l'entrée en vigueur de l'Accord sur l'OMC ; l'interprétation de l'expression « subvention à l'exportation » au titre de l'article 3.1 de l'Accord SMC donnée par le Canada ; et la pertinence du point k) de la liste exemplative de subventions à l'exportation[982]. Toutefois, dans la phase du réexamen intérimaire, les États-Unis ont demandé au groupe spécial de retirer leurs communications et de modifier la partie descriptive du rapport de manière à ce qu'il n'en soit pas fait mention[983]. Le Brésil a montré une forte opposition à cette demande, en évoquant surtout le besoin de garantir la sécurité et la prévisibilité du SRD[984]. Le groupe spécial a ensuite rejeté cette demande. Sa décision était étayée sur les difficultés pratiques qu'apporterait cette suppression, l'opposition présentée par le Brésil et surtout sur le fait qu'il avait demandé aux parties de « présenter leurs observations sur des aspects spécifiques des communications des États-Unis »[985]. Bien évidemment, par sa réponse négative, le groupe spécial a démontré qu'il avait trouvé importants les arguments présentés par cette tierce partie dont certains ont été repris par lui-même dans son raisonnement[986].

---

and actors. Causual connections between observations and outcomes can not be objectively evidenced. Even a sophisticated statistical analysis integrating the nature of government's observations in relation to final rulings would not make it possible to determine whether one particular government has been influential ». GRANGER M.-P. F., « When governments go to Luxembourg…: the influence of goverments on the Court of Justice », *European Law Review,* 2004, vol. 29, pp. 27-28.

982 *Ibid.*, WT/DS70/R, note 765, para. 7.23 – 7.46.

983 *Ibid.*, WT/DS70/R, note 765, para. 7.47.

984 *Ibid.*, WT/DS70/R, note 765, note de bas de page 496. Il a fait savoir que : « La suppression totale des communications des États-Unis poserait des problèmes logistiques dans cette procédure où le temps manque déjà car il faudrait supprimer à la fois la partie contenant les communications des États-Unis et toutes les références faites à ces communications dans les arguments des parties. Sur le fond, le Brésil déclare qu'une telle suppression porterait préjudice aux droits des parties car celles-ci (et tous les Membres) ont intérêt à conserver une trace exacte et complète de la procédure ; et parce que les parties ont pu adopter ou rejeter une argumentation donnée en réponse aux arguments avancés par les États-Unis ».

985 *Ibid.*, WT/DS70/R, note 765, note de bas de page 496 ; BUSCH L. M. & REINHARDT E., *ibid.*, note 949, p. 78.

986 Dans trois questions faisant l'objet des communications présentées par les États-Unis, la première question relative à l'applicabilité de l'Accord SMC aux subventions accordées avant l'entrée en vigueur de l'Accord sur l'OMC n'a plus été examinée par le groupe spécial, du fait qu'elle a été retirée par le Brésil du mandat de ce groupe spécial. En ce qui concerne les deux questions restantes, le groupe spécial a utilisé certains arguments avancés par les États-Unis. Voir, par exemple : *Ibid.*, WT/DS70/R, note 765, para. 7.45 et 9.117.

433.- De façon plus claire, dans l'affaire *Chine – Mesures affectant les droits de commercialisation et les services de distribution pour certaines publications et certains produits de divertissement audiovisuels* (*Chine – Publications et produits audiovisuels*)[987], l'Organe d'appel a adopté un raisonnement proche de celui des CE, en tant que tierce partie dans cette affaire, sur la possibilité de procéder à une analyse de l'article XX a) du GATT de 1994 sur une base hypothétique (*arguendo*)[988].

Par le biais de leur communication de tierce partie présentée au groupe spécial, les CE avaient fortement contesté l'approche de ce groupe spécial de ne pas traiter de la question de l'applicabilité de l'article XX a) du GATT au Protocole d'accession de la Chine, pour procéder à une analyse directe de la compatibilité des mesures en cause avec les conditions énoncées dans celui-ci[989]. Dans la phase de l'examen en appel, elles ont tenté de nouveau à s'y opposer. Selon leurs arguments, l'article XX a) du GATT de 1994 ne s'applique directement pas au Protocole d'accession de la Chine, parce que les exceptions ne peuvent être invoquées que dans le cadre de l'accord spécifique dans lequel elles sont contenues, et les engagements énoncés dans le Protocole d'accession ne font pas partie du GATT de 1994[990]; mais il est indirectement pertinent pour l'interprétation de l'obligation contractée par celle-ci dans la section 5.1 de son Protocole d'accession, du fait de la clause introductive de cette section ainsi libellée: « Sans préjudice [du] droit [de la Chine] de réglementer les échanges ». Les CE ont ensuite affirmé que le groupe spécial avait déterminé à juste titre que le droit de la Chine de réglementer les échanges englobait un droit « de base » - réglementer les importations et les exportations - et un droit « dérivé » - réglementer la question de savoir qui pouvait importer ou exporter des marchandises dans les cas où cela était accessoire (ou nécessaire) par rapport à la réglementation des marchandises pertinentes. À leurs avis, le groupe spécial avait fait une erreur en constatant qu'aucune des mesures en cause ne correspondait à des mesures « de base » réglementant les échanges, mais en ne tranchant pas la question de savoir si les mesures étaient consécutives, accessoires et/ou nécessaires à des mesures réglementant les échanges des marchandises pertinentes, c'est-à-dire à des mesures prohibant certains contenus, ou exigeant un examen du contenu avant l'importation. En estimant que la possibilité de recourir à l'article XX a) dépend de la réponse à cette question, les CE ont affirmé que le groupe spécial avait fait une erreur en droit en examinant le moyen de défense de la Chine au titre de l'article XX a) sur une base *arguendo*. Selon elles, avant d'entreprendre son analyse au titre de l'article XX a), le groupe spécial devrait montrer que « les mesures jugées incompatibles avec les engagements de la

---

[987] *Chine – Mesures affectant les droits de commercialisation et les services de distribution pour certaines publications et certains produits de divertissement audiovisuels*, Rapport de l'Organe d'appel du 21 décembre 2009, WT/DS363/AB/R.

[988] RUIZ FABRI H. & MONNIER P., *ibid.*, note 107, pp. 950-951.

[989] *Ibid.*, Rapport du groupe spécial du 12 août 2009, WT/DS363/R, para. 7.735-7.745.

[990] *Ibid.*, WT/DS363/AB/R, note 987, para. 111.

Chine en matière de droits de commercialisation étaient accessoires (au sens de "nécessaires") à la réglementation des marchandises considérées ». En outre, les CE ont allégué que l'approche *arguendo* suivie par le Groupe spécial n'avait pas aidé à résoudre effectivement le différend entre les parties, parce que la Chine ne savait pas si elle pouvait adopter des mesures de rechange moins incompatibles avec les règles du GATT (à caractère moins restrictif), comme celles qu'avaient indiquées les États-Unis, sans courir le risque d'une contestation nouvelle et qui aboutirait.

Toutefois, il faut noter que dans la phase de l'examen en appel, les deux parties au différend (les États-Unis et la Chine) n'ont pas demandé à l'Organe d'appel de se prononcer directement sur cette approche hypothétique. La Chine n'a fait, entre autres, qu'une simple demande à l'Organe d'appel de « constater que l'article XX a) du GATT de 1994 peut être invoqué par la Chine pour justifier les mesures jugées incompatibles avec les engagements en matière de droits de commercialisation énoncés dans son Protocole d'accession »[991]. L'Organe d'appel, quant à lui, avant de répondre à cette allégation, a tenté de s'attaquer à l'approche utilisée par le groupe spécial avec plusieurs arguments proches de ceux des CE. Tout en l'infirmant, l'Organe d'appel a insisté sur ses doutes :

> « Si des groupes spéciaux et l'Organe d'appel peuvent choisir d'employer cette technique dans des circonstances particulières, elle n'offre peut-être pas toujours une base solide pour fonder des conclusions juridiques. L'utilisation de la technique peut compromettre une formulation claire du droit de l'OMC pertinent et créer des difficultés pour la mise en œuvre. Le recours à cette technique peut aussi être problématique pour certains types de questions juridiques, par exemple, les questions qui touchent à la compétence d'un groupe spécial ou les questions préliminaires dont dépend la teneur d'une analyse ultérieure »[992].

De plus, l'Organe d'appel a souligné que l'analyse du groupe spécial reposait sur un fondement incertain, faute de décision sur l'applicabilité de l'article XX a) en question. Selon lui, l'absence de clarté sur la question de la possibilité d'invocation par la Chine de cet article comme moyen de défense pour une violation de la section 5.1 de son Protocole d'adhésion pouvait laisser les parties dans l'incertitude quant au champ d'action réglementaire dont dispose la Chine pour la mise en œuvre de ses obligations au sein de l'OMC et quant au point de savoir si une mesure de mise en œuvre était compatible avec ces obligations ou non[993].

---

[991] *Ibid.*, WT/DS363/AB/R, note 987, para. 212. Quant à eux, les États-Unis ont indiqué que leur réponse à l'appel formulé par la Chine de l'analyse du groupe spécial au titre de l'article XX a) du GATT de 1994 était « sans préjudice de la question de savoir si l'article XX a) est applicable ou constitue un moyen de défense pour la Chine dans le présent différend ».

[992] *Ibid.*, WT/DS363/AB/R, note 987, para. 213.

[993] *Ibid.*, WT/DS363/AB/R, note 987, para. 214.

Enfin, l'Organe d'appel est arrivé à conclure que « supposer *arguendo* que la Chine peut invoquer l'article XX a) pourrait être contraire à l'objectif consistant à favoriser la sécurité et la prévisibilité au moyen du règlement des différends et peut ne pas contribuer à la résolution du présent différend, en particulier parce qu'une telle approche risque de créer une incertitude en ce qui concerne les obligations de mise en œuvre de la Chine »[994]. Bien que l'Organe d'appel lui-même dans cette affaire exige que « les groupes spéciaux et l'Organe d'appel ne soient pas tenus de privilégier l'approche la plus pratique ou celle qui est suggérée par une ou plusieurs parties au différend. Les groupes spéciaux et l'Organe d'appel doivent plutôt adopter une méthode analytique ou une structure appropriée pour le règlement des questions dont ils sont saisis et qui leur permette de procéder à une évaluation objective des questions pertinentes et de formuler des constatations propres… »[995], il est évident qu'il existe une similitude entre les arguments présentés par les CE et le raisonnement de l'Organe d'appel.

434.- Plus récemment, dans l'affaire *Canada – Énergie renouvelable* et *Canada – Programme de tarifs de rachat garantis*[996], la similitude entre les arguments des États-Unis, une tierce partie au différend, et le raisonnement de l'Organe d'appel en ce qui concerne l'interprétation, pour la première fois, de l'article III.8.a du GATT[997] peut être également constatée. Devant l'Organe d'appel, le Canada a contesté la constatation du groupe spécial selon laquelle le programme et les contrats de tarifs de rachat garantis appliqués par l'État d'Ontario du Canada en faveur de certains producteurs d'électricité renouvelable (y compris ceux utilisant les technologies éolienne et solaire photovoltaïque) ne tombaient pas dans le champ d'application de l'article III.8.a du GATT. Dans leur communication écrite, les États-Unis ont exprimé leur opinion sur certains éléments dans l'interprétation donnée par le groupe spécial en ce qui concerne cet article[998]. Ils ont également donné leurs propres interprétations, dont certaines semblent être ultérieurement utilisées par l'Organe d'appel. En contestant la constatation du groupe spécial selon laquelle il existait une « relation étroite » entre le produit acquis par les pouvoirs publics (l'électricité) et les produits affectés par les prescriptions relatives à la teneur en éléments nationaux (le matériel de production) dans le cadre du programme de tarifs de rachat garantis, ils ont fait valoir que selon eux, le mot

---

994 *Ibid.*, WT/DS363/AB/R, note 987, para. 215.

995 *Ibid.*, WT/DS363/AB/R, note 987, para. 213.

996 *Canada – Certaines mesures affectant le secteur de la production d'énergie renouvelable* et *Canada – Mesures relatives au Programme de tarifs de rachat garanti*, Rapport de l'Organe d'appel du 06 mai 2013, WT/DS412/AB/R & WT/DS426/AB/R.

997 L'article III.8.a du GATT dispose : « Les dispositions du présent article ne s'appliqueront pas aux lois, règlements et prescriptions régissant l'acquisition, par des organes gouvernementaux, de produits achetés pour les besoins des pouvoirs publics et non pas pour être revendus dans le commerce ou pour servir à la production de marchandises destinées à la vente dans le commerce ».

998 *Ibid.*, WT/DS412/AB/R & WT/DS426/AB/R, note 996, para. 2.216.

« régissant » employé dans l'article III.8.a indique que les « lois, règlements et prescriptions » doivent se rapporter directement à l'acquisition par les pouvoirs publics d'un produit spécifique. Pour l'interprétation des mots « produits achetés pour les besoins des pouvoirs publics », ils ont montré que « les produits achetés par les pouvoirs publics doivent être utilisés dans l'exercice de leurs fonctions, y compris la consommation par les pouvoirs publics, ou par la fourniture de biens ou de services à leurs citoyens »[999]. Ils ont également donné leur accord avec l'interprétation du mot « pour » du groupe spécial, parce que ce dernier a bien examiné le « but » de l'achat ou le « besoin » auquel cet achat répond[1000].

L'Organe d'appel, quant à lui, est arrivé à interpréter ces éléments, partant d'une constatation générale selon laquelle « l'article III.8.a établit une dérogation à l'obligation d'accorder le traitement national énoncée à l'article III pour les activités d'acquisition des pouvoirs publics qui relèvent de son champ d'application »[1001], c'est-à-dire, les mesures répondant aux exigences énoncées dans cet article, ne sont pas régies par les obligations d'accorder le traitement national conformément à l'article III dans son ensemble ; et la composition de plusieurs éléments différents de l'article III.8.a nécessite une interprétation globale[1002]. Selon l'Organe d'appel, tout d'abord, étant donné que le mot « régissant » relie les mots « lois, règlements et prescriptions » au mot « acquisition », l'article III.8.a exige un lien entre ces mots, en ce sens que l'acte d'acquisition est effectué à l'intérieur d'une structure contraignante de lois, règlements et prescriptions[1003]. L'Organe d'appel a ensuite interprété les mots « produits achetés », « pour » et « les besoins des pouvoirs publics » pour conclure que l'ensemble des mots « produits achetés pour les besoins des pouvoirs publics » signifie « ce qui est consommé par les pouvoirs publics ou ce qui est fourni par les pouvoirs publics à des bénéficiaires dans l'exercice de leurs fonctions publiques », et que le mot « pour » se rapporte aux mots « produits achetés » aux fins des « besoins des pouvoirs publics » et indique donc que les produits achetés doivent être censés viser les pouvoirs publics ou être utilisés pour leurs besoins. Par conséquent, l'article III.8.a « exige qu'il y ait un lien rationnel entre le produit et la fonction gouvernementale qui est exercée »[1004]. C'est donc une interprétation proche de ce que les États-Unis avaient suggéré ci-dessus bien que celle de l'Organe d'appel soit développée avec plus de détails.

435.- On peut contester que la similitude entre la position de ces juges de l'OMC et celle des tierces parties, dans telle ou telle situation, résulte seulement

[999] *Ibid.*, WT/DS412/AB/R & WT/DS426/AB/R, note 996, para. 2.217.
[1000] *Ibid.*, WT/DS412/AB/R & WT/DS426/AB/R, note 996, para. 2.217.
[1001] *Ibid.*, WT/DS412/AB/R & WT/DS426/AB/R, note 996, para. 5.56.
[1002] *Ibid.*, WT/DS412/AB/R & WT/DS426/AB/R, note 996, para. 5.57.
[1003] *Ibid.*, WT/DS412/AB/R & WT/DS426/AB/R, note 996, para. 5.58.
[1004] *Ibid.*, WT/DS412/AB/R & WT/DS426/AB/R, note 996, para. 5.68

d'une coïncidence dans leur manière d'appréhender et interpréter du droit de l'OMC. Cet argument serait fondé, sachant que cette coïncidence est tout à fait possible dans la pratique. Rien n'empêche que les tierces parties et les juges de l'OMC ont une même idée ou une même approche sur une même question. Toutefois, ce n'est plus une coïncidence, lorsque les juges de l'OMC, dans plusieurs affaires, posent, tant aux parties principales qu'aux tierces parties, des questions sur la signification des règles bien précises du droit de l'OMC. Par exemple, dans l'affaire *Chine – Publications et produits audiovisuels*, le groupe spécial a demandé à l'ensemble des tierces parties[1005] de répondre à 13 questions qui, toutes, concernent l'interprétation et l'application de certaines dispositions invoquées dans l'affaire[1006]. On peut facilement trouver ce type de questions dans bon nombre d'autres affaires[1007]. Ce faisant, le juge de l'OMC, dans son besoin de dire le droit, attend toujours des éclaircissements donnés par ces parties sur les dispositions dont le sens nécessite d'être dégagé afin de servir de base juridique pour le jugement. Si le juge trouve utile et appropriée la réponse donnée par une tierce partie, rien ne l'empêchera de l'utiliser dans son raisonnement. Il ne s'agit plus, dans ce cas-là d'une coïncidence éventuelle entre le raisonnement du juge et les réponses de la tierce partie. Il s'agit plutôt d'une assistance des tierces parties au juge pour

---

[1005] Y compris l'Australie, les Communautés européennes, le Japon, la République de Corée et le Territoire douanier distinct de Taiwan, Penghu, Kinmen et Matsu. Voir : *Ibid.*, WT/DS363/R, note 989, para. 1.8.

[1006] Par exemple, la première question a été posée de manière suivante : « *With reference to para. 1.2, 5.1 and 5.2 of the Accession Protocol [of China], please answer the following questions : (a) Is Article XX(a) of the GATT 1994 available as an affirmative defence to the obligations in para. 1.2, 5.1 and 5.2 of the Accession Protocol ? Please explain your answer for each of the relevant paragraphs. (b) What is the meaning and effect of the opening clause (« Without prejudice…in a manner consistent with the WTO Agreement) in para. 5.1 ? Could China restrict the right to trade pursuant to provisions of the WTO Agreement without committing a breach of para. 5.1 ? If yes, why ? (c) Why does para. 5.1 of the Accession Protocol refer to the « right to regulate trade » in a manner consistent with the WTO Agreement and not to the « right to regulate the right to trade » in such a manner ? (d) Does the phrase « all enterprises in China in para. 5.1 include : (i) partly or wholly foreign-owned Chinese enterprises registered in China ; (ii) such enterprises as mentioned in (i) which are not registered in China (if so, please explain how an enterprise could operate in China without being registered as such) ; and/or (iii) additional/other « foreign » enterprises ? (…)* ». Voir : Australia, « China – Mesures affecting Trading rights and distribution services for certain publications and audiovisual entertainment products DS363 – Australian Responses to Panel Questions to Third Parties », Geneva, 11 August 2008, disponible sur : http://dfat.gov. au/international-relations/international-organisations/wto/wto-dispute-settlement/Pages/china-measures-affecting-trading-rights-and-distribution-services-for-certain-publications-and-audiovisual-entertainment-pr.aspx (url consultée le 10 octobre 2014).

[1007] Voir également : *ibid.*, WT/DS246/R, note 115, Annexe C, pp. C-1 – C-53 ; United States, *Answers of the United States to Questions by the Panel in Chile – Price Band System and Safeguard Measures Relating to Certain Agricultural Products,* October 4, 2001, disponible sur : http://www.ustr.gov/webfm_send/53 (url consultée le 2 avril 2013) ; United States, *Answers of the United States to the Panel's Questions to the third parties in Brazil – Measures affecting Imports of Retreaded Tyres (WT/DS332),* July 21, 2006, disponible sur : http://www.ustr.gov/webfm_send/47 (url consultée le 2 avril 2013) ; United States, *Responses of the United States to questions from the Panel and Australia in Australia – Measures affecting the Importation of Apples from New Zealand (WT/DS367),* September 23, 2008, disponible sur : http://www.ustr.gov/webfm_send/42 (url consultée le 3 avril 2013), etc.

que ce dernier s'acquitte de sa fonction, comme ce que le groupe spécial saisi de l'affaire *États-Unis – Coton upland* a eu l'occasion d'affirmer :

> « [Le groupe spécial] a posé de très nombreuses questions aux tierces parties, y compris 39 questions adressées spécifiquement aux CE. Par le biais des réponses des tierces parties à ces questions, le groupe spécial espère connaître leurs vues sur le fond et les considérations systémiques en jeu dans le présent différend, dont il tiendra compte dans son évaluation de la question dont il est saisi. Les questions sont détaillées précisément pour faire en sorte que les vues des tierces parties soient pleinement prises en compte dans ce qui est une affaire complexe. Le groupe spécial pense que, par les questions qu'il a posées (...) aux tierces parties, il s'est assuré la contribution des tierces parties et a fait en sorte que rien ne les empêche de participer d'une manière complète et utile »[1008].

436.- En effet, les réponses des tierces parties aux questions qui leur sont adressées par un groupe spécial, d'une part, constituent un des moyens pour leur participation[1009] et d'autre part, permettent au juge de mieux exercer sa prérogative de dire le droit[1010], car ces réponses pourront contenir de par leur nature des « éléments de preuves complémentaires »[1011]. Même si depuis quelques années, le contentieux à l'OMC est devenu plus technique, cette contribution des tierces parties, semble-t-il, ne perd pas encore sa signification. Bien que les enjeux relatifs à l'interprétation du droit de l'OMC soient de moins en moins importants, dans certaines nouvelles affaires, quelques questions relatives à l'interprétation restent encore intéressantes et les tierces parties peuvent d'ores et déjà présenter leurs points de vue sur telle ou telle question. En conséquence, le fait de mieux exercer le rôle de fournisseur d'information constitue également pour les tierces parties une manière de contribuer à garantir l'efficacité du mécanisme de règlement de l'OMC.

2. La contribution des tierces parties à l'évolution du droit procédural

437.- En plus des contributions des tierces parties à la clarification et l'évolution du droit matériel, il convient de noter également le rôle des tierces parties dans l'évolution des règles du Mémorandum d'accord. Dans plusieurs affaires, les tierces parties ont exprimé leurs propres opinions sur les questions procédurales et ont, parfois, tenté de demander au juge de l'OMC de clarifier une règle de procédure. En réponse à telle ou telle demande, le juge a donné des clarifica-

---

[1008] *Ibid.*, WT/DS267/R/Add.3-03, note 582, Annexe L-1.7 – Communication adressée au Brésil, aux États-Unis et aux tierces parties du 5 août 2003, para. 12.

[1009] Voir *supra*, para. 249-253.

[1010] MENETREY S., *op. cit.*, note 150, p. 345.

[1011] NGAMBI J., *op. cit.*, note 461, p. 270.

tions importantes permettant d'éclairer cette règle ou de la faire évoluer. Les contributions les plus significatives des tierces parties en la matière méritent alors d'être évoquées :

438.- ***Premièrement, la question de la participation des experts du secteur privé.***

Il s'agit d'une contribution opportune de Sainte-Lucie, tierce partie dans l'affaire *CE – Bananes III*. Durant la phase de l'examen en appel, le gouvernement de Sainte-Lucie a demandé à l'Organe d'appel l'autorisation de la participation à l'audience de deux experts juridiques qui n'étaient pas fonctionnaires de ce pays[1012]. Cette demande a été soutenue par d'autres participants tiers (le Canada et la Jamaïque) mais fortement contestée par les parties plaignantes qui ont évoqué une série de raisons, telles que l'éthique des conseils, les conflits d'intérêt, la représentation de gouvernements multiples et la confidentialité[1013]. De son côté, l'Organe d'appel y a donné une réponse favorable en expliquant, entre autres raisons, que :

> « L'Accord de Marrakech instituant l'Organisation mondiale du commerce, le Mémorandum d'accord et les Procédures de travail ne contiennent pas de dispositions indiquant qui peut représenter un gouvernement pour faire des représentations lors d'une audience de l'Organe d'appel. S'agissant de la pratique du GATT, nous ne voyons aucun rapport de groupe spécial antérieur qui traite spécifiquement de cette question dans le contexte des réunions des groupes spéciaux avec les parties. Nous notons également que la représentation par les conseils choisis par un gouvernement peut fort revêtir une importance particulière – surtout pour les pays en développement Membres – lesquels doivent pouvoir être pleinement associés aux procédures de règlement des différends. En outre, comme l'Organe d'appel a pour mandat de n'examiner que des questions de droits ou des interprétations du droit figurant dans les rapports de groupes spéciaux, il est particulièrement important que les gouvernements soient représentés par des conseils qualifiés dans les procédures de l'Organe d'appel »[1014].

Force est de constater que l'un des motifs qui sous-tendent la décision favorable de l'Organe d'appel, dans ce cas d'espèce, s'était clairement appuyé sur le principe de l'égalité des armes[1015]. Il est exact d'affirmer, comme P. Shahrjerdi et V. Tomkiewicz, que l'autorisation d'une partie à être représentée par un conseil privé est « une innovation » qui « revêt une importance particulière dans le cadre

---

[1012] *Ibid.,* WT/DS27/AB/R, note 126, para. 4.
[1013] *Ibid.,* WT/DS27/AB/R, note 126, para. 7-9.
[1014] *Ibid.,* WT/DS27/AB/R, note 126, para. 12.
[1015] SHAHRJERDI P. & TOMKIEWICZ V., *ibid.,* note 589, p. 280.

de l'OMC, où les parties aux différends ne sont pas matériellement sur un pied d'égalité », puisqu'elles aident les Membres de l'OMC, surtout les pays en développement Membres, à être « aptes à utiliser le système de règlement des différends, garantissant ainsi une meilleure protection de leurs intérêts, tant sur le fond de l'affaire qu'en matière de procédure »[1016]. Bien que cette décision de l'Organe d'appel s'inscrive mieux dans la nécessité de faciliter la participation des pays en développement à la procédure par le biais de l'égalité des armes entre ceux-ci et les pays développés, il ne faut pas oublier que la décision importante de l'Organe d'appel résulte d'une demande d'une tierce partie qui a cherché en vain à obtenir une telle reconnaissance devant le groupe spécial antérieurement établi[1017]. La demande opportune de Sainte-Lucie a ainsi contribué pour une petite part à la reconnaissance d'un droit procédural dont disposent implicitement les Membres de l'OMC conformément au Mémorandum d'accord.

439.- ***Deuxièmement, une contribution à la reconnaissance de l'objectif de règlement équitable des différends.***

Dans le cadre de l'OMC, « la régularité de la procédure » ou « la procédure régulière » est devenue un des objectifs du SRD. L'idée d'un tel objectif n'a pas résulté du Mémorandum d'accord, mais d'une constatation soulevée par le Japon, participant tiers, dans sa communication écrite déposée à l'Organe d'appel connaissant de l'affaire *CE – Bananes III*.

Dans cette affaire, en tentant d'établir l'erreur du groupe spécial dans son raisonnement sur la recevabilité de la demande d'établissement du groupe spécial conformément à l'article 6.2 du Mémorandum d'accord, le Japon a considéré que la simple indication de la réglementation de base et la simple énumération des dispositions concernées dans les accords visés ne suffisaient pas[1018]. Selon le Japon, il serait nécessaire au moins de montrer le lien entre la mesure en cause et la disposition concernée. Il a insisté sur :

> « Le fait d'attacher trop d'importance à la rapidité du règlement, sans prendre en compte la charge supportée par le défendeur, peut inciter à abuser du mécanisme de règlement des différends et risque de porter gravement atteinte à son fonctionnement. Le Mémorandum d'accord

[1016] SHAHRJERDI P. & TOMKIEWICZ V., *ibid.*, note 589, p. 280.

[1017] *Ibid.*, WT/DS27/R/ECU, note 611, para. 7.11. Ce groupe spécial a permis uniquement la participation des membres des administrations publiques et d'un fonctionnaire international du secrétariat des États ACP à sa réunion. Une des raisons qu'il alléguait pour refuser la participation des experts du secteur privé s'exprime par l'assurance de l'équité apparente dans les délégations de toutes les parties et tierces parties, sans prendre en compte du niveau de développement de chaque partie ou tierce partie.

[1018] *Ibid.*, WT/DS27/AB/R, note 126, para. 127.

doit être interprété comme visant à permettre le règlement équitable des différends »[1019].

Dans cet argument, deux éléments ont effectivement été confrontés : la rapidité et le caractère équitable (ou régulier)[1020] du SRD. La rapidité est un objectif expressément prévu dans le Mémorandum d'accord, alors que ce n'est pas le cas pour la régularité de la procédure. Selon le Japon, le règlement équitable des différends prévaut dans la mesure où il permet de combler les lacunes potentielles de la mise en œuvre du principe de rapidité. Bien que la suggestion japonaise n'ait pas attiré l'attention de l'Organe d'appel saisi dans cette affaire, c'était un point de départ pour que celui-ci reconnaisse, implicitement dans certaines affaires[1021], et explicitement dans *États-Unis – FSC,* le règlement équitable comme un objectif supplémentaire de ce système[1022].

440.- ***Troisièmement, la contribution des tierces parties à l'évolution des règles constituant le régime d'intervention.***

Il s'agit de la contribution la plus importante des tierces parties en la matière. La participation des tierces parties tout au long du processus de règlement des différends a donné à celles-ci l'occasion de s'exprimer sur les limites du régime actuel de l'intervention[1023]. Les contestations visant le pouvoir discrétionnaire du Membre défendeur d'examiner les demandes de participation aux consultations, ou bien les demandes de droits renforcés dans le cadre de la procédure devant certains groupes spéciaux en est bien une illustration[1024]. L'acceptation par quelques groupes spéciaux de ces demandes signifie une reconnaissance explicite de telles limites et montre également la nécessité d'apporter des ajustements au Mémorandum d'accord sur ce sujet. Ces modifications ont attiré une attention considérable des Membres de l'OMC dans le cadre du cycle de Doha : parmi 82

[1019] *Ibid.*, WT/DS27/AB/R, note 126, para. 127.

[1020] Dans les rapports des groupes spéciaux et de l'Organe d'appel, il n'y a aucune définition sur l'expression « le règlement équitable » et l'expression « la régularité de la procédure » (ou la procédure régulière). Toutefois, si l'on considère que « le règlement équitable » et « la régularité de la procédure » vise un objectif commun qui est d'assurer l'équilibre entre les parties principales, ces deux expressions peuvent être interchangeables.

[1021] Voir, par exemple, l'affaire *Brésil – Mesures visant la noix de coco desséchée,* Rapport de l'Organe d'appel du 21 février 1997, WT/DS22/AB/R, p. 23 ; *États-Unis – Restrictions à l'importation de vêtements de dessous de coton et de fibres synthétiques ou artificielles,* Rapport de l'Organe d'appel du 10 février 1997, WT/DS24/AB/R, p. 15 ; *ibid.*, WT/DS50/AB/R, note 463, para. 94 ; *ibid.*, WT/DS58/AB/R, note 152, para. 97, etc. Voir également : SHAHRJERDI P. & TOMKIEWICZ V., *ibid.*, note 589, p. 279.

[1022] « Les règles de procédure du mécanisme de règlement des différends de l'OMC ont pour objectif de promouvoir (...) le règlement équitable, rapide et efficace des différends commerciaux ». *Ibid.*, WT/DS108/AB/R, note 416, para. 166.

[1023] BOSSCHE P. V. D., *op. cit.*, note 9, p. 309.

[1024] Voir *supra*, para. 129 et s.

communications déposées par un bon nombre des Membres de l'OMC au sujet des modifications proposées au Mémorandum d'accord, 18 communications contenaient des propositions sur les droits de tierces parties[1025]. Ces 18 communications, qui ont permis d'aborder l'ensemble des questions touchant les tierces parties, ont ensuite fait l'objet de plusieurs discussions au sein des sessions extraordinaires de l'ORD. Ces discussions ont abouti à des résultats prometteurs : les derniers rapports du Président de l'ORD adressés au Comité des négociations commerciales ont révélé que certains consensus avaient été trouvés, surtout en ce qui concerne la participation des tierces parties aux consultations et l'élargissement des droits de tierces parties dans la phase devant les groupes spéciaux[1026]. D'autres questions font encore l'objet des controverses[1027], telles que l'élargissement de l'accès à l'examen en appel en tant que participants tiers aux Membres n'ayant pas notifié leur intérêt substantiel au titre de l'article 10.2 du Mémorandum d'accord, la participation des tierces parties à l'arbitrage établi au titre de l'article 22.6 du Mémorandum d'accord, l'accès des tierces parties à la phase dite

[1025] Voir : ORD – Session extraordinaire, *Contribution des Communautés européennes et de leurs États membres à l'amélioration du Mémorandum d'accord de l'OMC sur le règlement des différends – Communication des Communautés européennes du 13 mars 2002*, TN/DS/W/1, p. 9, 22 ; ORD – Session extraordinaire, *Négociations sur les améliorations et les clarifications à apporter au Mémorandum d'accord sur le règlement des différends – Communication de l'Australie du 8 juillet 2002*, TN/DS/W/8, p. 4 ; *ibid.*, TN/DS/W/12, note 210, 5 p. ; ORD – Session extraordinaire, *Négociations concernant le Mémorandum d'accord sur le règlement des différends – Proposition du groupe africain du 25 septembre 2002*, TN/DS/W/15, p. 5 ; ORD – Session extraordinaire, *Négociations concernant le Mémorandum d'accord sur le règlement des différends – Proposition concernant le Mémorandum d'accord présentée par Cuba, le Honduras, l'Inde, la Malaisie, le Pakistan, Sri Lanka, la Tanzanie et le Zimbabwe du 7 octobre 2002*, TN/DS/W/18, pp. 7-8 ; *ibid.*, TN/DS/W/21, note 212, pp. 2-3 ; *ibid.*, TN/DS/W/25, note 214, pp. 3-4 ; ORD – Session extraordinaire, *Négociation sur les améliorations et clarifications à apporter au Mémorandum d'accord sur le règlement des différends – Proposition de l'Équateur du 27 novembre 2002*, TN/DS/W/26, p. 4 ; ORD – Session extraordinaire, *Négociation sur les améliorations et clarifications à apporter au Mémorandum d'accord sur le règlement des différends – Communication de l'Australie du 22 janvier 2003*, TN/DS/W/34, p. 4 ; *ibid.*, TN/DS/W/36, note 215, pp. 1-2, 4-5 ; *ibid.*, TN/DS/W/38, note 679, pp. 5-6, 9 ; *ibid.*, TN/DS/W/42, note 272, pp. 2-3 ; ORD – Session extraordinaire, *Contribution de la Jordanie à l'amélioration et la clarification du Mémorandum d'accord de l'OMC sur le règlement des différends – Communication de la Jordanie du 28 janvier 2003*, TN/DS/W/43, pp. 4-5, 9 ; ORD – Session extraordinaire, *Négociation sur les améliorations et clarifications à apporter au Mémorandum d'accord sur le règlement des différends – Communication de l'Australie du 17 février 2003*, TN/DS/W/49, p. 5 ; ORD – Session extraordinaire, *Amendements spécifiques du Mémorandum d'accord sur le règlement des différends – Propositions de libellés présentées par la Chine du 5 mars 2003*, TN/DS/W/51, p. 2 ; ORD – Session extraordinaire, *Nouvelle contribution de la Jordanie à l'amélioration et la clarification du Mémorandum d'accord sur le règlement des différends – Communication de la Jordanie du 21 mars 2003*, TN/DS/W/53, p. 3 ; ORD – Session extraordinaire, *Diagnostic des problèmes concernant le mécanisme de règlement des différends – Quelques réflexions présentées par le Mexique du 16 juillet 2007*, TN/DS/W/90, pp. 7-9, 46-47 ; et ORD – Session extraordinaire, *Texte des propositions du groupe africain pour les négociations sur le Mémorandum d'accord sur le règlement des différends – Communication de la Côte d'Ivoire du 5 mars 2008*, TN/DS/W/92, pp. 1-2.

[1026] *Ibid.*, TN/DS/25, note 6, p. A-36 – A. 37 ; *ibid.*, TN/DS/26, note 6, pp. 6-7; *ibid.*, TN/DS/27, note 6, para. 3.17.

[1027] *Ibid.*, TN/DS/26, note 6, pp. 7, 79-85; *ibid.*, TN/DS/27, note 6, para. 3.27, 3.45.

« renvoi »[1028], etc. Dès lors, si ce cycle trouvait enfin son terme, ces modifications constitueraient une évolution très importante.

En ce qui concerne les Procédures de travail pour l'examen en appel, plusieurs analyses présentées dans la première partie de cet ouvrage ont déjà montré que l'Organe d'appel avait apporté au fil du temps des modifications appropriées à la règle 24 et à d'autres règles concernées[1029]. Ces modifications résultent non seulement de l'exigence d'une meilleure mise en œuvre de l'article 17.4 du Mémorandum d'accord, mais particulièrement des contestations soulevées par les participants tiers liées à la limite causée par la règle 24 elle-même. L'Organe d'appel a procédé à ces modifications et les a considérées comme un remède, face au besoin grandissant des Membres voulant être participants tiers dans l'examen en appel et en tirer profit.

[1028] Il s'agit d'une nouvelle phase dans le processus de règlement des différends que les Membres ont proposé de créer. Cette procédure aurait pour but de permettre au groupe spécial de faire des constatations additionnelles, dans un délai plus court, au sujet des questions pour lesquelles l'Organe d'appel a constaté qu'il n'était pas en mesure de compléter son analyse juridique en l'absence de déterminations (ou de renseignements) factuelles pertinentes suffisantes dans le rapport initial (ou le dossier) du groupe spécial. *Ibid.,* TN/DS/25, note 6, p. A-37. Cette procédure constituerait l'article 17*bis* du Mémorandum d'accord avec les libellés proposés comme suit :

« 1. Dans les cas où l'Organe d'appel aura indiqué certaines questions conformément au paragraphe 12 b) de l'article 17, [une partie plaignante] [la partie ayant présenté l'allégation ou le moyen de défense particuliers auxquels se rapporte la question non réglée] pourra renvoyer [ces] [cette] question[s] au groupe spécial.

2. La partie qui effectue le renvoi procédera à celui-ci avant l'adoption du rapport de l'Organe d'appel. Elle le fera par écrit et indiquera les questions spécifiques qu'elle souhaite voir examiner par le groupe spécial ainsi que les paragraphes pertinents du rapport de l'Organe d'appel. Elle adressera le renvoi au groupe spécial et en informera l'ORD.

3. Le groupe spécial ne pourra examiner que les questions au sujet desquelles l'Organe d'appel a expressément constaté qu'il n'y avait pas de base factuelle suffisante pour compléter l'analyse, et [qu'une partie au différend] [que la partie effectuant le renvoi] aura indiquées conformément au paragraphe 2.

4. Le groupe spécial fera, conformément aux [orientations] [à la description] donnée[s] par l'Organe d'appel au titre du paragraphe 12 de l'article 17, des constatations et recommandations propres à aider l'ORD à formuler ses décisions et recommandations.

5. En règle générale, le groupe spécial distribuera son rapport dans les 90 jours suivant la date à laquelle la question lui aura été renvoyée. Lorsque le groupe spécial estimera qu'il ne peut pas présenter son rapport dans un délai de 90 jours, il informera l'ORD par écrit des raisons de ce retard et lui indiquera dans quel délai il estime pouvoir présenter son rapport.

6. Si une partie fait appel du rapport du groupe spécial, les articles 17 et 17*bis* s'appliqueront à la procédure de l'Organe d'appel et à l'adoption du rapport de l'Organe d'appel ».

Voir : *Ibid.,* TN/DS/25, note 6, p. A-13.

Toutefois, cette procédure fait encore l'objet des négociations pour apporter les éclaircissements les plus appropriés aux questions la concernant. *Ibid.,* TN/DS/26, note 6, pp. 36-40, 51-53, 67, 90-91, et 93-97.

[1029] Voir *supra,* para. 171 et s.

Cela signifie que sans utilisation de cette procédure dans la pratique, il n'y aura aucun besoin d'apporter des modifications significatives aux règles prescrivant le régime d'intervention dans le Mémorandum d'accord, ni dans les Procédures de travail pour l'examen en appel[1030].

441.- Si l'intervention des tierces parties est significative pour le juge de l'OMC dans la mesure où les tierces parties peuvent lui fournir de l'information en vue d'éclairer des règles du droit de l'OMC, elle est aussi importante sous l'angle d'information sur les faits.

B. L'intervention visant à informer le juge des faits

442.- Les faits, dans un sens très large, désignent « l'ensemble des réalités physiques, économiques, sociales ou individuelles considérées, abstraction faite de leur qualification et de leurs conséquences juridiques, comme des phénomènes bruts, des matérialités relativement à l'ordre juridique »[1031]. Au sein de l'ORD, étant juge des faits[1032], un groupe spécial a besoin d'un vaste éventail d'informations sur les faits évoqués dans l'affaire dont il est saisi pour établir la vérité. En ce sens, les tierces parties ont pu leur fournir les informations concernant le contexte du différend **(1)** et le préjudice que les tierces parties subissent à cause des mesures litigieuses **(2)**.

1. L'information sur le contexte général du différend

443.- Les travaux du juge de l'OMC s'inscrivent non seulement dans le cadre juridique créé par les accords visés de l'OMC mais également dans un contexte plus vaste. Les aspects économiques, politiques, sociaux, techniques ou scientifiques qui englobent le différend ; l'histoire des négociations des accords visés, de l'adoption et de la mise en œuvre de la mesure contestée doivent notamment être pris en compte. Cela signifie que dans le but d'établir la vérité, le juge peut avoir besoin d'avoir d'informations plus amples et complètes que celles fournies par les parties principales au différend dans leurs communications. Dès lors, les tierces parties trouvent leur place, parce qu'elles peuvent fournir au juge des informations supplémentaires sur le contexte général du différend[1033].

444.- La pratique des tierces parties de présenter les informations sur le contexte général du différend s'est produite tant devant l'ORD que devant d'autres juridictions internationales. Toutefois, la possibilité de le faire n'est pas la même.

[1030] ALBASHAR F. A. S. A. & MANIRUZZAMAN A. F. M., *ibid.*, note 182, p. 319.
[1031] CORNU G. (dir.), *op. cit.*, p. 394.
[1032] Voir l'article 11 du Mémorandum d'accord.
[1033] RIVIER R., *ibid.*, note 957, p. 30 ; NGAMBI J., *op. cit.*, note 461, p. 250.

445.- Devant la CIJ, dans l'affaire *Barcelona Traction,* le juge G. Fitzmaurice a suggéré, dans une opinion individuelle, que le Canada devrait être invité à intervenir dans la présente affaire pour que la Cour puisse obtenir plus d'informations sur le statut de cette société[1034]. L'Italie, dans sa requête à fin d'intervention dans l'affaire du *Plateau continental (Jamahiriya arabe libyenne/Malte)* a indiqué que l'admission de son intervention constituerait un moyen de fournir à la Cour un panorama de la situation qu'elle ne pourrait pas obtenir des communications des parties principales[1035]. La Cour, quant à elle, a reconnu l'utilité de la participation italienne en la matière[1036]. Toutefois, il s'en est suivi que la compétence de la Cour dans cette procédure incidente ne consistait pas à savoir si la participation de l'Italie pouvait être utile ou nécessaire sous l'angle de l'information, mais de savoir si la requête à fin d'intervention de l'Italie répondait aux critères d'admission prévus à l'article 62[1037]. Suite au rejet par la Cour de cette requête, l'occasion pour l'Italie de présenter le contexte entourant l'affaire ne s'ouvrait plus.

On peut également examiner ici le cas de la Grèce dans l'affaire *Immunités juridictionnelles de l'État.* Rappelons que dans la requête introductive d'instance soumise à la Cour, l'Allemagne posait la question du respect par l'Italie de l'immunité de juridiction de l'Allemagne, dès lors que l'Italie avait déclaré exécutoires sur son territoire des décisions judiciaires grecques fondées sur des violations du droit international humanitaire commises par le Reich allemand au cours de la seconde guerre mondiale de septembre 1943 à mai 1945. La Grèce, en demandant à intervenir, a cherché à informer la Cour sur les décisions rendues par ses propres cours et tribunaux (par exemple, dans l'affaire *Distomo* ou *Margellos*) sur des faits survenus durant la seconde guerre mondiale, et exécutées par des juridictions italiennes[1038]. La Cour a admis la requête à fin d'intervention de la Grèce, par une ordonnance du 4 juillet 2011 et a fait savoir qu'elle aurait besoin des informations fournies par cet État tiers pour mieux discerner le contexte du litige soulevé par l'Allemagne. C'était également ce que la Grèce avait mentionné dans sa déclaration écrite déposée à la Cour[1039] et la Cour en a bénéficié pour établir, avec les

---

[1034] *Barcelona Traction, Light and Power Company Limited (Belgique c. Espagne)*, Nouvelle application, Arrêt du 5 février 1970, C.I.J. Recueil 1970, p. 80, para. 28.

[1035] *Plateau continental (Jamahiriya arabe libyenne/Malte), ibid.,* note 229, p. 25, para. 39.

[1036] *Ibid.,* p. 26, para. 40. Elle a dit comme suit : « Il faut reconnaître à cet égard que, si la Cour était pleinement instruite des prétentions et des thèses de l'Italie, elle serait mieux à même de donner aux Parties des indications telles qu'elles puissent délimiter leurs zones de plateau continental « sans difficulté », comme l'envisage l'article I du compromis, même si des renseignements sur les revendications formulées par l'Italie et suffisants pour la sauvegarde de ses droits lui ont été donnés pendant la procédure sur la demande d'intervention italienne ».

[1037] CHINKIN C., *op. cit.*, note 44, p. 171.

[1038] *Immunités juridictionnelles de l'État (Allemagne c. Italie),* Requête à fin d'intervention du gouvernement de la République hellénique du 13 janvier 2011, p. 7.

[1039] *Immunités juridictionnelles de l'État (Allemagne c. Italie),* Déclaration écrite de la République hellénique du 3 août 2011, disponible sur : http://www.icj-cij.org/docket/files/143/16659.pdf (url

informations fournies par les parties, le contexte de la mise en exécution en Italie de deux décisions rendues par les juridictions grecques.

446.- Ainsi, l'occasion pour un État tiers de présenter les faits entourant l'affaire devant la CIJ dépend entièrement de l'autorisation accordée par la Cour de sa présence durant les procédures devant cette dernière. Au contraire, devant l'ORD, grâce à l'accès quasiment automatique aux procédures des groupes spéciaux, les tierces parties disposent toujours de cette possibilité.

Par exemple, dans l'affaire *États-Unis – Essence,* les CE, en tant que tierce partie, ont déjà évoqué la règle des 75 pour cent comme un aspect historique de la réglementation américaine régissant l'essence[1040]. Elles ont ensuite formulé une allégation selon laquelle le groupe spécial devrait examiner cette règle. La demande a été rejetée, étant donné que la règle n'avait pas été incorporée dans le mandat de ce groupe[1041]. De plus, puisque les groupes spéciaux ne sont pas appelés à se prononcer sur une mesure qui a pris fin avant la formation de leur mandat, les informations fournies par les CE dans ce cas d'espèce ont aidé le juge à trouver que la mesure déjà terminée ne pouvait pas servir à constituer son mandat. Le rapport du groupe spécial a donc indiqué de manière explicite l'utilité de ces informations supplémentaires. Dès lors, « la participation des tierces partes attire l'attention sur les arguments qui n'ont pas été pensés par ou pourraient intéresser les parties principales »[1042].

Dans l'affaire *Australie – Pommes,* entre autres allégations formulées contre l'Australie, la Nouvelle-Zélande a demandé au groupe spécial de constater le « retard injustifié » de l'Australie, au titre de l'article 8 et de l'Annexe C.1.a de l'Accord SPS, en ce qui concerne le processus d'évaluation des risques sur les pommes étrangères[1043]. À l'appui de la thèse de la Nouvelle-Zélande, les États-Unis, en tant que tierce partie, ont apporté des informations supplémentaires relatives à ce retard. Selon ce Membre, un retard s'est manifesté lorsque l'Australie a procédé à une évaluation des risques en vue de l'accès des pommes originaires des États-Unis au marché australien[1044].

---

consultée le 10 juillet 2014). En effet, dans cette déclaration, la Grèce a informé la Cour du contexte entourant le massacre de Distomo et le contexte de l'affaire *Massacra de Distomo.*

[1040] *Ibid.,* WT/DS2/R, note 260, para. 4.5. Sur la portée de cette règle, voir *supra,* note 683.

[1041] *Ibid.,* WT/DS2/R, note 260, para. 6.19; voir *supra,* para. 300.

[1042] « *Third party involvement draws attention to arguments that had not been thought of or which might be of interest to the primary disputants* ». WAINCYMER J., *op. cit.*, note 9, p. 339.

[1043] *Ibid.*, WT/DS367/R, note 544, para. 4.49.

[1044] « *The United States suffered a long delay in the commencement of a risk assessment for U.S. apples, which was further compounded by the lengthy delays in Australia's IRA for apples from New Zealand. The United States first formally requested access to Australia's market for U.S. apples and provides Australia with a pest list to facilitate commencement of the risk assessment in June 1999. Yet, Australia waited until March 17, 2008 to*

447.- Il faut noter, en l'occurrence, le rôle actif des pays en développement Membres. La fourniture d'informations sur le droit par les tierces parties qui sont des pays en développement est encore limitée. C'est tout le contraire en ce qui concerne la fourniture d'informations sur les faits, en particulier sur le contexte du différend. Très tôt, l'on a pu constater et évaluer les informations utiles contenues dans les communications des Membres en développement tierces parties. Ainsi par exemple, dans l'affaire *CE – Bananes III,* les États ACP tierces parties ont semblé se trouver dans une bonne position pour présenter au groupe spécial le contexte économique et juridique relatif au régime européen applicable à l'importation des bananes, parce que les mesures mises en cause dans cette affaire résultaient essentiellement des conventions signées entre eux et la CE. Dans la communication conjointe préparée par les tierces parties ACP[1045] et adressée au groupe spécial, ces États ont présenté tout d'abord leur industrie bananière et l'importance de cette industrie dans leur économie[1046]. Ils ont ensuite fourni des informations pour justifier que l'établissement dans la CE d'une organisation commune des marchés pour la banane avait été motivé par plusieurs éléments[1047]. Ils ont indiqué que les marchés pour les bananes d'Amérique latine étaient dominés par trois sociétés multinationales présentant un degré unique d'intégration verticale qui pourrait causer des pratiques commerciales déloyales que la CE était soucieuse de réglementer[1048]. Puis, ils ont justifié que leur industrie bananière était moins rentable et plus risquée que celle de l'Amérique latine[1049]. En dehors de ces informations, de nature économique et sociale, ces Membres ont également mis l'accent sur le contexte dans lequel la Convention de Lomé et la dérogation pour Lomé avaient été signées entre la CE et ces pays ACP. Ce contexte juridique a aidé le groupe spécial à mieux appréhender les éléments factuels de l'affaire et ainsi mieux prendre en compte l'intérêt de ces pays dans ses travaux. En outre, ces informations étaient très utiles pour que le groupe spécial décide d'accorder aux pays ACP tierces parties les droits de tierce partie renforcés dans cette affaire.

---

announce the commencement of a risk assessment for U.S. apples – a delay of almost nine years. During those nine years, the United States made multiple requests for access to the Australian market and emphasized the importance of beginning and completing the risk assessment. In response, at various times throughout that period, Australian informed the United States that it would consider the U.S. request for market acces only after it had completed the IRA for New Zealand apples. In other words, Australia chose to put the U.S. risk assessment on hold until it had completed the IRA for New Zealand. Essentially, Australia linked the timing of the U.S. risk assessment to the completion of the IRA for New Zealand and delayed commencement of the U.S. risk assessment due to delays in the IRA for New Zealand ». United States, « *Third party Submission of the United States of America in Australia – Mesures affecting the importation of apples from New Zealand* », August 1, 2008, disponible sur : http://www.ustr.gov/webfm_send/43 (url consultée le 3 avril 2013).

[1045] À savoir : Belize, Cameroun, Côte d'Ivoire, Dominique, Ghana, Grenade, Jamaïque, République dominicaine, Sainte-Lucie, Saint-Vincent-et-les Grenadines, Sénégal et Suriname.

[1046] *Ibid.,* WT/DS27/R/ECU, note 611, para. 5.2.

[1047] *Ibid.,* WT/DS27/R/ECU, note 611, para. 5.3.

[1048] *Ibid.,* WT/DS27/R/ECU, note 611, para. 5.5.

[1049] *Ibid.,* WT/DS27/R/ECU, note 611, para. 5.8.

448.- Bien évidemment, les informations sur le contexte de l'affaire restent très abondantes dans les communications déposées tant par les Membres développés que par les Membres en développement tierces parties. Toutes ces informations constituent des éléments de preuve supplémentaires à l'appui des arguments présentés soit par le plaignant, soit par le défendeur. Toutefois, pour les informations sur le préjudice, cet effet reste un peu différent.

2. L'information sur l'ampleur des préjudices causés par les mesures litigieuses

449.- Dans le cadre de l'ORD, le Mémorandum d'accord évoque la question du préjudice sous la forme de la perte ou réduction d'un avantage causée par les mesures mises en cause[1050]. L'article 3.8 stipule :

> « Dans les cas où il y a infraction aux obligations souscrites au titre d'un accord visé, la mesure en cause est présumée annuler ou compromettre un avantage. En d'autres termes, il y a normalement présomption qu'une infraction aux règles a une incidence défavorable pour d'autres Membres parties à l'accord visé, et il appartiendra alors au Membre mis en cause d'apporter la preuve du contraire ».

450.- Il en découle que le plaignant n'a pas l'obligation d'apporter la preuve d'un quelconque préjudice[1051]. Le préjudice est ici présumé exister dès lors qu'est établie une infraction du défendeur aux obligations prévues conformément à un accord visé. La jurisprudence de l'ORD a également confirmé cette approche dite d' « automaticité de la présomption de perte ou réduction d'avantage »[1052]. Vues dans cette optique, les informations relatives au préjudice fournies par les tierces parties qui soutiennent le plaignant deviendront, en tout état de cause, inutiles pour le juge de l'OMC, parce que ce dernier ne doit pas les évaluer pour déterminer la violation par le Membre défendeur de ses obligations au titre d'un accord visé.

451.- Au titre de l'article 3.8 du Mémorandum d'accord, le Membre mis en cause doit par contre apporter la preuve permettant de réfuter la présomption de l'annulation ou de la réduction d'un avantage[1053]. Toutefois, si une telle réfutation

---

[1050] Voir les articles 3.2, 3.5, 3.8 du Mémorandum d'accord.

[1051] Voir dans ce sens, NGAMBI J., *op. cit.*, note 461, p. 132 ; ABI-SAAB G., *ibid.*, note 467, p. 99.

[1052] NGAMBI J., *op. cit.*, note 461, pp. 132-133.

[1053] L'Organe d'appel saisi dans l'affaire *CE – Bananes III (Recours à l'article 21.5 – États-Unis)* a également affirmé cette charge de la preuve du Membre défendeur : « Nous notons que l'article 3.8 du Mémorandum d'accord fait peser sur le défendeur la charge de réfuter la présomption que la mesure incompatible n'annule pas ni ne compromet les avantages résultant pour le plaignant de l'Accord de l'OMC considéré ». *Ibid.*, Recours des États-Unis à l'article 21.5 du Mémorandum d'accord sur le règlement des différends, Rapport de l'Organe d'appel du 26 novembre 2008, WT/DS27/AB/RW/USA, para. 468.

est théoriquement possible[1054], elle n'est pas faisable dans la pratique parce que le Membre mis en cause n'a jamais réussi, consécutivement dans plusieurs affaires, à démontrer l'inexistence de la perte ou réduction de quelconque avantage auprès des plaignants[1055]. Il est établi, selon plusieurs auteurs, que la présomption de la perte ou réduction d'avantages prévue par cet article est « absolue »[1056] et « quasiment irréfragable »[1057]. Cela signifie que même si les tierces parties peuvent apporter des preuves en la matière pour soutenir les arguments présentés par le Membre défendeur en vue de réfuter cette présomption, son caractère irréfutable rend inefficaces ces preuves. C'est logique, parce que les preuves des tierces parties ne peuvent en aucun cas remplacer l'obligation du défendeur de fournir aux groupes spéciaux les preuves *prima facie* à cet égard. Dès lors, les groupes spéciaux ne sont pas non plus habilités à tenir compte des preuves présentées par les tierces parties pour combler les lacunes des arguments du défendeur.

452.- Néanmoins, la pertinence des informations sur le préjudice commercial déposées par les tierces parties peut être examinée dans une situation considérée comme une exception de la présomption ci-dessus. Il s'agit des allégations établies au titre des articles 5.c et 6 de l'Accord SMC[1058]. Rappelons que l'article 5 de cet accord prévoit des règles régissant les subventions pouvant donner lieu à une action (c'est-à-dire les subventions contestables[1059]). Pour qualifier une subvention au titre de cette disposition, le plaignant est en mesure d'indiquer des effets défavorables subis à cause de la mise en place de cette subvention[1060]. Ces effets défavorables peuvent exister sous différentes formes, telles qu'un dommage à une branche de production nationale[1061], la perte d'avantages résultant

---

[1054] *Ibid.*, L/6175 – 34S/154, note 50, para. 5.1.9 ; *Turquie – Restrictions à l'importation de produits textiles et de vêtement,* Rapport du groupe spécial du 31 mai 1999, WT/DS34/R, para. 9. 204.

[1055] C'était le cas de la Turquie dans l'affaire *Turquie – Textiles* (*ibid.*, WT/DS34/R, note 1054, para. 9.204), des Communautés européennes dans l'affaire *CE – Bananes III* (*ibid.*, WT/DS27/AB/R, note 126, para. 251-253 ; *ibid.*, WT/DS27/AB/RW/USA, note 1053, para. 476), de l'Argentine dans l'affaire *Argentine – Mesures antidumping définitives à l'importation de carton en provenance d'Allemagne et mesures antidumping définitives à l'importation de carreaux de sol en céramique en provenance d'Italie* (Rapport du groupe spécial du 28 septembre 2001, WT/DS189/R, para. 6.103 – 6.105), des Communautés européennes dans l'affaire *CE – Subvention à l'exportation de sucre* (*ibid.*, WT/DS265/R, note 407, para. 7.373).

[1056] ABI-SAAB G., *ibid.*, note 467, p. 99.

[1057] NGAMBI J., *op. cit.*, note 461, pp. 168-170.

[1058] NGAMBI J., *op. cit.*, note 461, pp. 144 – 146.

[1059] CARREAU D. & JUILLARD P., *op. cit.*, note 9, p. 238.

[1060] De plus, l'article 7.2 du Mémorandum d'accord stipule clairement cette obligation en mentionnant que le plaignant doit fournir, parmi les éléments constituant la demande de consultations, des preuves disponibles au sujet du « dommage causé à la branche de production nationale, de l'annulation ou de la réduction d'avantages ou du préjudice grave causé aux intérêts du Membre qui demande les consultations ».

[1061] Voir l'article 5.a de l'Accord SMC.

directement ou indirectement du GATT de 1994[1062] ou un préjudice grave causé aux intérêts d'un autre Membre[1063]. Dans le dernier cas de figure, au titre de l'article 6 du même accord, un préjudice grave peut être considéré comme existant dans certaines situations précises[1064]. En ce sens, les preuves déposées par les tierces parties peuvent aider le juge à constater l'ampleur des incidences néfastes causées par les subventions mises en question pour en qualifier le préjudice grave. C'est ce que l'on a pu constater dans l'affaire *États-Unis – Coton upland.*

Devant le groupe spécial, le Brésil, plaignant, a allégué, entre autres, afin de qualifier la subvention américaine mise en cause au titre de l'article 5.3 de l'Accord SMC, que d'autres Membres de l'OMC, en particulier les Membres africains producteurs de coton, ont subi un préjudice grave causé par les subventions des États-Unis. Le Bénin et le Tchad, toutes deux tierces parties ont déposé, en vue de soutenir l'allégation brésilienne, des preuves solides démontrant les répercussions néfastes des subventions américaines accordées au coton[1065]. Le groupe spécial, quant à lui, a indiqué qu'au titre de l'article 5.3, seul le préjudice grave causé au plaignant ferait l'objet de l'examen du groupe spécial[1066]. Toutefois, il n'a pas écarté la possibilité de prendre en compte les preuves présentées par les tierces parties à ce sujet. Il a effectivement constaté que :

> « Nous avons pris en compte les allégations de préjudice grave d'autres Membres dans la mesure où elles constituent un élément de preuve de l'effet de la subvention subi par le Brésil en tant que Membre dont les producteurs participent à la production et au commerce de coton upland

---

1062 Voir l'article 5.b de l'Accord SMC.

1063 Voir l'article 5.c de l'Accord SMC.

1064 Voir surtout les paragraphes 1 et 3 du même article.

1065 Dans sa première communication déposée au groupe spécial, le Bénin a fait savoir que les subventions massives des États-Unis (12,9 milliards de dollars américains au cours des campagnes de commercialisation 1999-2002) avaient fait augmenter l'offre sur le marché mondial, provoquant l'effondrement des cours mondiaux du coton (d'ordre de 40%). Selon ce Membre, cette chute spectaculaire entraînait une augmentation de la pauvreté en milieu rural au Bénin de 8% à court terme (faisant passer plus de 330.000 personnes supplémentaires en dessous du seuil de pauvreté) et de 6 à 7% à long terme. Au total, ces subventions ont fait perdre au Bénin 33 millions de dollars EU de recettes en devises, ce qui équivalait à 9% des recettes d'exploitation du pays. Ces chiffres ont bien indiqué les préjudices graves que le Bénin avait dû subir du régime de subventions américaines.

Le Bénin et le Tchad ont continué d'insister sur cet aspect dans leur communication jointe du 3 octobre 2003. Tout d'abord, ils ont affirmé que les subventions américaines en cause avaient des effets défavorables pour les intérêts des deux pays au sens des articles 5.c et 6.3 de l'Accord SMC. Effectivement, le Tchad a ajouté qu'il avait subi une perte de 16 millions de dollars EU pendant la seule année de 2001 et une perte cumulée pour la période de 1999-2002 de 28 millions de dollars EU.

1066 *Ibid.*, WT/DS267/R, note 582, para. 7.1403.

sur le marché mondial. Pour autant, nous n'avons pas fondé notre décision sur un préjudice grave allégué quelconque qui leur a été causé »[1067].

Il en est notable que les preuves fournies par les tierces parties ne constituent pas, à elles seules, des preuves justifiant les subventions en cause au sujet les articles 5.3 et 6.3 de l'Accord SMC. Le raisonnement du groupe spécial en l'occurrence devient donc convaincant : ces preuves peuvent uniquement s'associer à celles du plaignant, pour faire valoir, dans l'ensemble de ces preuves, l'ampleur du préjudice grave causé par les subventions mises en cause.

453.- Ainsi, en raison de la présomption établie par l'article 3.8 du Mémorandum d'accord, en général, les preuves fournies par les tierces parties sur le préjudice commercial qu'elles subissent ne sont pas nécessaires pour les groupes spéciaux. Cependant, dans le cas spécifique prévu par l'article 5.3 de l'Accord SMC, ces preuves peuvent s'associer à celles présentées par le plaignant pour informer le juge de l'ampleur du préjudice causé par la subvention mise en cause. C'est dans cette unique mesure qu'elles deviennent utiles pour le juge.

454.- En résumé, il est intéressant de savoir qu'il existe des preuves permettant de démontrer que les tierces parties, dans plusieurs affaires, peuvent jouer un rôle d'assistance au juge, dans la mesure où leur participation constitue d'ores et déjà un moyen complémentaire de fournir des informations appropriées, tant sur les questions de droit que sur les questions de fait. Ces informations peuvent être sollicitées éventuellement à travers les communications écrites ou orales présentées par les tierces parties, ou intentionnellement, à travers les réponses des tierces parties à des questions que le juge leur a posées. Il s'agit dès lors d'une contribution importante des tierces parties. De même, l'intervention des tierces parties peut encore s'envisager comme un moyen de renforcer le côté politique du SRD par le biais du renforcement de son caractère multilatéral et de sa légitimité.

Section 2 : UNE INTERVENTION RENFORÇANT LE MULTILATÉRALISME ET LA LÉGITIMITÉ DU SRD

455.- « L'Organisation mondiale du commerce est sans nul doute un vaste « monde » dans lequel il est aisé de se perdre. Souvent complexe, ce « monde » n'est pas moins déconcertant pour toute personne non habituée aux enjeux commerciaux : les thèmes ici abordés peuvent dérouter – ou même rebuter -, portant aussi bien sur des crevettes, des saumons, des bananes ou, de manière beaucoup moins exotique, sur de l'acier laminé à chaud »[1068].

[1067] *Ibid.*, WT/DS267/R, note 582, para. 7.1415.
[1068] BURDA J., *ibid.*, note 249, p. 2.

Cette observation est sans doute parfaite pour décrypter la complexité de l'OMC en général et de son système de règlement des différends en particulier. Toutefois, la pratique de l'ORD montre que la complexité ne s'arrête jamais là. Au-delà des questions commerciales portées devant l'ORD, on constate également que le juge de l'OMC a été appelé à se prononcer sur d'autres questions. Le croisement des questions juridiques, commerciales et politiques pourrait compliquer sa tâche. De plus, étant donné le caractère politique de l'ORD, l'exercice de la fonction judiciaire du juge de l'OMC se trouve en forte interaction avec les Membres de cette organisation[1069] qui peuvent toujours décider d'adopter ou non, par le consensus négatif, des recommandations et constatations établies par le juge[1070].

456.- Dès lors, une large participation des Membres en tant que tierces parties aidera le juge, mieux informé, à « rendre une décision en connaissance de cause »[1071], ce qui facilitera son adoption ultérieure à l'ORD. Autrement dit, elle permet à la fois de multilatéraliser le règlement des différends et de consolider la légitimité des décisions rendues par le juge en particulier et de ce système même en général. « La participation des tierces parties peut être évaluée simplement parce qu'elle donne au règlement des différends une tonalité plus « multilatérale », et peut donc renforcer la légitimité de l'OMC »[1072].

457.- La participation des tierces parties dans le règlement des différends devant l'ORD vise donc bien évidemment à renforcer le caractère multilatéral de ce système **(I)**. En outre, cette participation peut contribuer pour sa part à alléger les critiques portant sur la légitimité du système **(II)**.

I. Une consolidation indéniable du multilatéralisme

458.- Comme P. Gallager l'a défini, « un différend à l'OMC est un désaccord entre deux ou plusieurs gouvernements Membres de l'OMC où un Membre affirme que les actions, les règles ou les politiques d'un autre sont préjudiciables à

1069 PETERSMANN E.-U., « Ten Years of the WTO Dispute Settlement System : Past, Present, and Future », *Journal of International Law & Policy*, 2005-2006, vol. 3, p. 41.

1070 Cependant, il faut noter que ce pouvoir n'a jamais été utilisé. Dans l'histoire de l'ORD, seul le rapport du groupe spécial saisi du recours des CE à l'article 21.5 du Mémorandum d'accord dans l'affaire *CE – Bananes III – Recours des Communautés européennes à l'article 21.5* (Rapport du groupe spécial du 19 avril 1999, WT/DS27/RW/EEC) n'a pas été adopté, faute de n'avoir jamais été inscrit à l'ordre du jour de l'ORD.

1071 « *Reach a better-informed decision* », COVELLI N., *ibid.*, note 168, p. 673.

1072 « *Third party participation could be valued simply because it gives dispute settlement a more « multilateral » flavor, and thus may enhance the WTO's legitimacy* ». Voir : BUSCH M. L. & REINHARDT E., *ibid.*, note 105, p. 450.

ses intérêts »[1073]. Cette définition, fondée essentiellement sur l'article XXIII du GATT de 1994[1074], fait valoir surtout le caractère bilatéral d'un différend porté à l'ORD sans qu'il soit tenu compte de la pratique d'intervention. Or, à côté des deux parties principales, l'intervention des tierces parties dans le règlement des différends de l'OMC, devenue habituelle, a effectivement ajouté à la voix des deux parties celle des tiers intéressés. Sous l'angle politique, cette présence s'est avérée nécessaire pour mettre en place l'un des objectifs importants de ce système, prévu à l'article 23 du Mémorandum d'accord, à savoir le renforcement du système multilatéral. Ce renforcement est basé sur l'interdiction des actions susceptibles d'être menées de façon unilatérale par un Membre dans le contexte où ce dernier cherche à obtenir réparation en cas de violation d'obligation par un autre Membre **(B)**.

En dehors de ce cas spécifique, il faut tout d'abord constater que la présence de nombreuses tierces parties aux consultations ou aux travaux des groupes spéciaux et de l'Organe d'appel est un signe important de la multilatéralisation évolutive du SRD **(A)**.

A. La multilatéralisation évolutive du système de règlement des différends

459.- Dans la pratique, la tendance à la multilatéralisation du système de règlement des différends s'est produite plus rapidement et fortement auprès de l'ORD qu'auprès d'autres juridictions internationales. Par exemple, devant la CIJ, bien que les procédures concernant l'intervention aient été introduites très tôt dans le Statut et le Règlement de la Cour, la multilatéralisation reste très faible avec un petit nombre d'affaires dans lesquelles l'intervention est admise. Cette situation s'explique du fait que l'intérêt, comme une condition d'admission d'intervention, a été conçu de manière plus ouverte dans le cadre de l'OMC qu'au sein de la CIJ. Par conséquent, alors que le SRD est de plus en plus multilatéralisé, celui de la CIJ reste forcément fidèle à la « prééminence bilatéraliste des parties principales »[1075]. Dans plusieurs autres juridictions, bien que l'intervention soit prévue dans les règles guidant la procédure, on la trouve rarement en pratique[1076].

[1073] « *A WTO dispute is a difference between two or more Member governments of the WTO where one Member claims that the actions or regulations or policies of another are damaging its interests* ». Voir : GALLAGHER P., *Guide to Dispute Settlement,* The Hague, Kluwer Law International, 2002, p. 4.

[1074] BURDA J., *ibid.,* note 249, p. 10.

[1075] KOLB R., *op. cit.*, note 89, p. 718.

[1076] WOLFRUM R., « Interventions in Proceedings Before International Courts and Tribunals : To What Extent May Interventions Serve the Pursuance of Community Interests », *in* BOSCHIERO N., SCOVAZZI T., PITEA C. & RAGNI C. (edt.), *International Courts and the Development of International Law,* New York, Springer, 2013, pp. 219-220.

460.- La multilatéralisation du SRD résulte essentiellement de son cadre multilatéral. Étudiant les incidences de ce cadre dans le contexte du GATT de 1947, R. Kovar a, depuis longtemps, indiqué qu'il pouvait influer sur le caractère des différends ainsi que sur le caractère des procédures de règlement des différends : si les différends peuvent être multilatéralisés, les procédures de règlement des différends suivent également la même tendance[1077]. Ces deux tendances se sont bien évidemment illustrées par l'intervention des tierces parties dans le règlement des différends : en effet, l'intervention constitue une manière prévue par le Mémorandum d'accord qui permet la multilatéralisation des différends **(1)** ; d'autre part, les procédures sont de même multilatéralisées, grâce à l'incorporation dans cet instrument juridique des règles la régissant **(2)**.

1. La multilatéralisation des différends

461.- Du fait de l'interdépendance du commerce multilatéral, une mesure prise par un Membre ne se borne uniquement pas à influencer un autre Membre. Au contraire, elle peut avoir des répercussions (favorables ou défavorables) sur l'ensemble des partenaires de l'auteur de cette action[1078]. Dès lors, un différend, né de cette mesure, entre ce Membre et l'un de ses partenaires intéresse également les autres quant au différend lui-même ainsi qu'à son règlement. Il en résulte, en l'occurrence, la possibilité de multilatéralisation du différend de deux manières différentes : soit le Membre concerné peut également devenir plaignant, aux côtés du plaignant initial contre le Membre défendeur ; soit il peut devenir tierce partie. Ces deux manières sont bien prévues respectivement dans le Mémorandum d'accord.

462.- Les articles 9.1[1079] et 10.4[1080] offrent à un Membre intéressé la possibilité de devenir co-plaignant à l'occasion d'une plainte déposée par un autre Membre. La multilatéralisation du différend dans ce cas d'espèce s'exprime à travers la multiplication des plaignants. L'affaire *CE – Bananes III* semble appropriée pour illustrer cette situation, dès lors que cinq Membres ont conjointement demandé l'ouverture de consultations avec les CE au sujet du régime communautaire applicable à l'importation, à la vente et à la distribution des bananes. Suite à l'échec

[1077] KOVAR R., *op. cit.*, note 123, pp. 74-83.

[1078] KOVAR R., *op. cit.*, note 123, p. 76.

[1079] L'article 9.1 prévoit : « Dans les cas où plusieurs Membres demanderont l'établissement d'un groupe spécial en relation avec la même question, un seul groupe pourra être établi pour examiner leurs plaintes, en tenant compte des droits de tous les Membres concernés. Chaque fois que possible, il conviendra d'établir un seul groupe spécial pour examiner ces plaintes ».

[1080] La solution prévue dans l'article 10.4 est un peu différente à celle prévue dans l'article 9.1. Aux termes de l'article 10.4, un Membre ayant participé en tant que tierce partie dans les travaux d'un groupe spécial peut devenir co-plaignant s'il constate que ses avantages sont annulés ou compromis. Un tel différend sera porté devant le groupe spécial initial. Voir aussi : ROSAS A., *ibid.*, note 103, p. 81.

des consultations, ces plaignants ont demandé l'établissement d'un seul groupe spécial. Par la suite, un seul groupe spécial a été établi et constitué : il a été chargé de se prononcer sur un litige né entre cinq plaignants et un défendeur.

463.- Au fil du temps, 30 groupes spéciaux uniques ont été établis pour résoudre au total 77 affaires[1081]. C'est-à-dire, pour ces affaires, il y a eu en moyenne 2,56 plaignants par groupe spécial unique. Dès lors, la multiplication des plaignants a eu pour effet de multilatéraliser le différend. Cependant, rappelons que l'établissement par plusieurs plaignants d'un groupe spécial unique n'est pas obligatoire et reste seulement une option à choisir entre les autres options prévues dans l'article 9 du Mémorandum d'accord[1082] ; cet effet n'est pas constant. Si ces plaignants choisissent d'établir plusieurs groupes spéciaux, les travaux de ces groupes spéciaux demeurent distincts malgré le fait qu'aux termes de l'article 9.3, ils sont composés de mêmes personnes et leurs procédures sont harmonisées[1083]. Dans ce cas précis, le différend ne peut être multilatéralisé que par l'intervention d'autres Membres en tant que tierces parties. L'effet de l'intervention sur la multilatéralisation du différend (*voir le tableau 6*) est plus fort et solide que la multiplication des plaignants, parce que les tierces parties sont présentes dans la plupart des affaires avec un taux moyen de participation très impressionnant.

Tableau 6 : Taux moyen de participation des tierces parties à certaines étapes principales de règlement des différends de l'OMC - état au 31 mars 2016

Étape	Nombre total des affaires	Nombre total des affaires dans lesquelles les tierces parties sont présentes	Nombre total des tierces parties	Taux moyen des tierces parties sur le nombre total des affaires	Taux moyen des tierces parties sur le nombre total des affaires dans lesquelles

[1081] Voir cette liste sur l'adresse : http://wto.org/english/res_e/booksp_e/analytic_ index_e/dsu_04_e.htm#article9B1b (url consultée le 31 mars 2016).

[1082] Dans l'affaire *Inde – Protection conférée par un brevet pour les produits pharmaceutiques et les produits chimiques pour l'agriculture (Plainte des Communautés européennes)*, le groupe spécial saisi de la question a affirmé le caractère non contraignant de cette règle : « Pris dans leur sens ordinaire, les termes de l'article 9.1 ont un caractère directif ou valeur de recommandation, non un caractère impératif. Ils indiquent qu'il conviendra d'établir (et non « faudra établir ») un seul groupe spécial et cette indication ne concerne que les cas où cela est possible ». *Ibid.*, Rapport du groupe spécial du 24 août 1998, WT/DS79/R, para. 7.14.

[1083] ROSAS A., *ibid.*, note 103, pp. 80-81.

					elles sont présentes
Consultations[1084]	504	276	513	1,01	1,85
Groupes spéciaux[1085]	254	244	1337	5,26	5,47
Examen en appel[1086]	135	127	841	6,22	6,62

Source : Tous ces chiffres ont été calculés par l'auteur sur la base des données publiées sur le site web de l'OMC.

Ce tableau exprime bien la multilatéralisation du différend à travers la participation des tierces parties. Durant la phase de consultations, on constate en moyenne 1,01 tierces parties sur le nombre total des consultations et 1,85 tierces parties si l'on compte seulement les consultations dans lesquelles les tierces parties ont réellement comparu. Dans les travaux des groupes spéciaux, ce taux s'accroît : 5,26 tierces parties sur le nombre total des groupes spéciaux constitués et 5,47 tierces parties sur le nombre total des groupes spéciaux dans les travaux desquels les tierces parties ont été effectivement présentes. Le plus impressionnant est le taux moyen des participants tiers dans la phase de l'examen en appel : il est respectivement de 6,22 et 6,62. Dès lors, la multilatéralisation de chaque étape de règlement d'un différend varie en fonction de son importance à l'égard des tierces parties : les tierces parties sont davantage présentes dans l'examen en appel, parce qu'à ce stade, les questions de droit sont réglées en dernier ressort et les interprétations données par l'Organe d'appel influencent constamment le développement du droit de l'OMC[1087].

Les données dans ce tableau montrent également que la multilatéralisation du différend par l'intervention des tierces parties reste plus constante que par la multiplication des plaignants. Les tierces parties sont présentes dans plus de la moitié des consultations et quasiment dans tous les travaux de groupes spéciaux et de l'Organe d'appel. Dès lors, le différend dans ce cadre cesse d'être bilatéral pour intéresser l'organisation internationale dans son ensemble[1088]. Ce constat correspond d'ailleurs à ce que nous avons établi plus haut en ce qui concerne la possi-

---

[1084] Jusqu'à l'affaire *République de Corée – Droits antidumping visant les valves pneumatiques en provenance du Japon,* Demande de consultations du 15 mars 2016, WT/DS504.

[1085] Jusqu'à l'affaire *UE – Biodiésel.* Voir: *Ibid.,* WT/DS473/R, note 368.

[1086] Jusqu'à l'affaire *Communautés européennes – Mesures antidumping définitives visant certains éléments de fixation en fer ou en acier en provenance de Chine – Recours de la Chine à l'article 21.5 du Mémorandum d'accord sur le règlement des différends,* Rapport de l'Organe d'appel du 18 janvier 2016, WT/DS397/AB/RW.

[1087] VANGRASSTEK C., *op. cit.,* note 377, pp. 240-241 ; PETERSMANN E.-U., *ibid.,* note 1069, pp. 39-48.

[1088] COT J.-P., *La conciliation internationale,* Paris, A. Pedone, 1968, p. 253.

bilité des tierces parties de protéger des intérêts plus généraux que ceux des parties au différend, dans la mesure où ces procédures ont raisonnablement protégé l'intérêt des Membres indirectement concernés dans une affaire précise.

2. La multilatéralisation progressive des procédures

464.- L'effet de l'implication des tierces parties sur la multilatéralisation des procédures de règlement des différends est très clair. Il s'agit d'une tendance inévitable qui a débuté de longue date **(a)** mais reste encore inachevée **(b)**.

a. Une tendance ancienne

465.- S'agissant du GATT de 1947, depuis longtemps R. Kovar a évoqué cette incidence[1089]. Selon cet auteur, la tendance à la multilatéralisation des procédures contentieuses des organisations internationales à travers l'intervention d'États tiers dans le règlement des différends est « une constante déjà mise en évidence »[1090]. Cette multilatéralisation est considérée comme « indissociable de l'élément institutionnel puisqu'elle s'exprime à travers les institutions des organisations ». Cela signifie que le cadre multilatéral des organisations internationales a provoqué la multilatéralisation de la procédure de règlement des différends nés au sein de chacune d'elles. Cependant, en raison de la nature politique et du cadre strictement interétatique de ces organisations, l'intervention des tierces parties dans le règlement des différends est devenue déterminante dans ce processus[1091]. À l'époque du GATT de 1947, cet auteur a bien souligné que, dans la décision adoptée par les PARTIES CONTRACTANTES en 1958, l'ajout des dispositions permettant à une tierce partie d'intervenir dans les consultations avait, en effet, eu pour objectif de multilatéraliser les parties au différend[1092]. Malgré son faible cadre institutionnel, le règlement des différends nés de cet accord commercial multilatéral a nécessité également la multilatéralisation des procédures : en fait, dans l'interdépendance des intérêts économiques et commerciaux, il est difficile d'éviter que le règlement bilatéral d'un différend ne touche en rien l'intérêt d'autres parties contractantes, même indirectement concernées.

466.- Dans le cadre de l'OMC, les procédures relatives aux consultations et à la phase devant les groupes spéciaux continuent d'être multilatéralisées avec certaines améliorations, relatives à la participation des tierces parties à telle ou telle phase. S'alignant sur le renforcement du côté institutionnel du mécanisme de règlement des différends par la création de l'Organe d'appel[1093], l'ajout de l'article

---

1089 KOVAR R., *op. cit.*, note 123, pp. 77-83.
1090 KOVAR R., *op. cit.*, note 123, p. 77.
1091 KOVAR R., *op. cit.*, note 123, p. 78.
1092 KOVAR R., *op. cit.*, note 123, p. 78.
1093 CARREAU D. & JUILLARD P., *op. cit.*, note 9, pp. 90-95.

17.4 dans le Mémorandum d'accord permet ensuite de multilatéraliser la procédure relative à l'examen en appel. Il s'agit dès lors d'une évolution par rapport à l'époque du GATT de 1947.

Ainsi, la plupart des procédures de règlement des différends de l'OMC ont été déjà multilatéralisées. Toutefois, il convient de constater que ce processus n'est pas encore terminé.

b. Un processus inachevé

467.- Conformément au Mémorandum d'accord, les tierces parties ne peuvent pas participer à certains modes de règlement prévus dans le Mémorandum d'accord (tels que la médiation, la conciliation, bon office au titre de l'article 5, et l'arbitrage au titre de l'article 25) et à certaines étapes du règlement juridictionnel (telles que les procédures au titre de l'article 22.2). L'absence des tierces parties dans les modes de règlement des différends établis conformément à l'article 5 ou 25 du Mémorandum d'accord ne fait aucun obstacle à ce que le SRD fonctionne bien dans son ensemble, étant donné que ces modes sont très rarement utilisés dans la pratique[1094]. En revanche, le mécanisme de mise en conformité en général revêt un caractère fortement bilatéral[1095]. Dès lors, la non-multilatéralisation de la procédure, par exemple, relative à l'application des contre-mesures au titre de l'article 22 pourrait remettre en cause l'efficacité de ce système.

468.- Il faut rappeler qu'au titre des paragraphes 2 à 6 de l'article 22 du Mémorandum d'accord, seuls les Membres plaignants sont habilités à participer aux négociations avec le Membre mis en cause pour obtenir une compensation mutuellement acceptable, à demander à l'ORD l'autorisation de suspendre, à l'égard de ce dernier, l'application de concessions ou d'autres obligations au titre des accords visés[1096]. Les tierces parties présentes tout au long des procédures des groupes spéciaux et/ou de l'Organe d'appel ne sont pas en droit de mener telle ou telle action. Dès lors, les contre-mesures, malgré le fait qu'elles doivent être autorisées par l'ORD, produisent uniquement un effet pour le Membre lésé[1097]. Dans la pratique de l'ORD, la mise en conformité effective des rapports adoptés a attiré l'attention majeure des chercheurs et des Membres de l'OMC. On s'est accordé à démontrer que les procédures actuelles du Mémorandum d'accord en la matière ne suffisaient pas à fournir aux Membres de l'OMC une protection efficace en cas de manquement par le Membre perdant de l'obligation de mise en

---

[1094] Dans l'histoire de l'OMC, l'arbitrage au titre de l'article 25 a été établi une seule fois dans l'affaire *États-Unis – Articles 110 5) de la Loi sur le droit d'auteur* (WT/DS160).

[1095] CHOI W.-M., « To Comply or not to Comply ? - Non-implementation Problems in the WTO Dispute Settlement System », *Journal of World Trade*, 2007, vol. 41, n°. 5, p. 1065.

[1096] LESAFFRE H., *op. cit.*, note 9, p. 447.

[1097] LESAFFRE H., *op. cit.*, note 9, pp. 448-449.

conformité[1098]. Ce constat se vérifie en particulier dans le cas d'un Membre qui est un pays en développement face au manquement d'un Membre qui est un pays développé[1099]. Le pays en développement Membre se trouve dans une position difficile pour mener des contre-mesures dès lors que le pays développé Membre ne respecte pas son obligation de mise en conformité.

469.- Pour rendre efficace la procédure de mise en œuvre, et en particulier pour éviter son retard, certains auteurs et même certains Membres de l'OMC dans le cycle de Doha ont proposé, entre autres solutions, de permettre des actions collectives en la matière ou bien la multilatéralisation de cette procédure[1100].

470.- Du côté des chercheurs, N. Yenkong a argumenté que : « renforcer les pouvoirs de contrainte de l'ORD et assurer des rétorsions accrues et plus collectives semblent être des questions importantes à être analysées pour essayer de résoudre le problème des retards dans la mise en œuvre des décisions et recommandations de l'ORD »[1101]. Ce raisonnement a résulté principalement du fait que les mesures collectives d'États contre la violation par un autre État d'une quelconque obligation au titre d'une convention dont ils font partie sont actuellement permises dans le droit de la responsabilité étatique. L'article 54[1102] du Projet d'articles sur la responsabilité de l'État pour fait international illicite, élaboré et

---

[1098] YENKONG N. H & ROBERTO R.-H., *ibid.*, note 925, pp. 15-16 ; DAVEY W. J., « The WTO Dispute Settlement System : The First Ten Years », *Journal of International Economic Law*, 2005, vol. 8, n°. 1, pp. 49-50. L'auteur W. J. Davey a constaté que : « *It must be admitted that most disputes involving adopted reports take considerable time from consultation request to implimentation. Thus, experience to date suggests that one problem with the WTO dispute settlement system is that in too many cases, it takes too long to resolve disputes* ». DAVEY W. J., *ibid.*, p. 50.

[1099] Voir en ce sens, les analyses de l'auteur W.-M. Choi : « *In the current DSB system, retaliation is not an effective remedy in an economic sense. If retaliation is taken, the rebalancing of concessions takes place at a lower level of trade liberalization than before, which reduces the benefits of free trade. To small States, this problem becomes more serious because the effectiveness of retaliation or its threat against large States is strickingly limited, whereas retaliation is a very effective trade tool for large States to use against small States. Therefore, a situation of enforcement failure may easily occur when a small State exercices its retaliation rights against a large State. (…) Sometimes, it is possible that some small States simply do not attempt to bring disputes to WTO because they anticipate a lack of enforcement power* ». *Ibid.*, note 1094, p. 1064.

[1100] YENKONG N. H & ROBERTO R.-H., *ibid.*, note 925, pp. 15-30 ; VINCENT P., *L'OMC et les pays en développement*, Bruxelles, Larcier, 2010, pp. 140-141.

[1101] « *Strengthening the bindings of the DSB and providing for increased and more collective retaliation appear to be important issues to be analyzed to try to solve the perceived problem of delays in the implementation of DSB rulings and recommandations* ». YENKONG N. H & ROBERTO R.-H., *ibid.*, note 925, p. 16.

[1102] En la matière, il est le plus notable que l'article 54 du Projet d'articles sur la responsabilité de l'État pour fait internationalement illicite, élaboré par la Commission du droit international, prévoit explicitement que :

« Le présent chapitre [portant sur les contre-mesures] est sans préjudice du droit de tout État, habilité en vertu du paragraphe 1 de l'article 48 à invoquer la responsabilité d'un autre État, de prendre des mesures licites à l'encontre de ce dernier afin d'assurer la cessation de la violation ainsi que la réparation dans l'intérêt de l'État lésé ou des bénéficiaires de l'obligation violée ».

adopté en 2001 par la Commission du droit international, peut, à juste titre, être considéré comme point de départ des considérations relatives à la possibilité d'appliquer des contre-mesures collectives dans le cadre de l'ORD[1103]. Étant donné que le présent Mémorandum d'accord est silencieux sur ce sujet, que le droit de l'OMC ne se trouve pas dans une « isolation clinique »[1104], il est souhaitable que l'approche utilisée par la Commission du droit international sur cette question soit applicable dans le contexte de l'ORD[1105].

471.- L'auteur R. A. Vazquez Martinez a aussi soutenu l'idée d'incorporer dans le Mémorandum d'accord modifié la rétorsion collective[1106]. Ses arguments découlent des controverses doctrinales sur la nature des obligations qu'engagent les Membres dans le cadre de l'OMC. En ce qui concerne cette question, les débats académiques se sont concentrés sur la question de savoir si les obligations au sein de l'OMC sont bilatérales ou collectives. Bon nombre d'auteurs ont indiqué que ces obligations revêtaient un caractère bilatéral, parce que leur objet est le commerce : tous les engagements sur l'ouverture du marché, l'élimination des barrières non tarifaires, l'utilisation des mesures en matière de défense commerciale, entre autres, ont été pris de manière bilatérale[1107]. Selon cette idée, développée surtout par J. Pauwelyn, les opérations commerciales se passent toujours

---

Voir ce projet dans : *Documents officiels de l'Assemblée générale, cinquante-sixième session, Supplément n° 10 (A/56/10)*, pp. 388-404.

1103 YENKONG N. H & ROBERTO R.-H., *ibid.*, note 925, p. 16.

1104 *Ibid.*, WT/DS2/AB/R, note 29, p. 19; CANAL-FORGUES E., *op. cit.*, note 8, p. 118 ; *« WTO law has to be conceptualized as deriving from the general body of international law rules, which play an ascertain role on the development of WTO law »*, YENKONG N. H. & ROBERTO R.-H., *ibid.*, p. 19. D'autres auteurs ont eu le même raisonnement : par exemple, D. McRae a indiqué que : « *WTO dispute settlement has to be considered in the light of the role that dispute settlement can play in contemporary international society. Accordingly, both domestic dispute settlement models and the broader international context have to be considered* ». Voir : MCRAE D., « What is the future of WTO dispute settlement ? », *Journal of International Economic Law*, 2004, vol. 7, n°. 1, p. 6. Voir également : HU X., « The role of international law in the development of WTO law », *Journal of International Economic Law*, 2004, vol. 7, n°. 1, p. 149.

1105 Il faut noter que l'article 55 de ce Projet prévoit le principe selon lequel les règles spéciales de responsabilité l'emportent sur les règles générales. Toutefois, dans son commentaire sur cet article, la Commission du Droit international a précisé que l'existence même d'un régime spécial de responsabilité n'entraine pas *ipso facto* l'exclusion des règles générales, surtout en raison de l'absence dans le régime spécial de responsabilité d'une règle prévue dans le régime général. Sur cette question, voir : LESAFFRE H., *op. cit.*, note 9, pp. 20-23.

1106 VAZQUEZ MARTINEZ R. A., « Improving Remedies at the WTO Dispute Settlement for Developing Countries : A compatibility study of three main proposals with the current system », March 24, 2013, p. 37, disponible sur : http://papers.ssrn.com/sol3/papers.cfm?abstract_ id=2408392 (url consultée le 5 mai 2014).

1107 PAUWELYN J., « A Typology of Multilateral Treaty Obligations : Are WTO Obligations Bilateral or Collective in Nature ? », *The European Journal of International Law*, 2003, vol. 14, n°. 5, pp. 928-936 ; GAZZINI T., « The Legal Nature of WTO Obligations and the Consequences of their Violation », *The European Journal of International Law*, 2006, vol. 17, n°. 4, pp. 723-742.

entre les deux pays[1108]. Par conséquent, les obligations en résultant deviennent « différenciées ou individualisées » et la violation d'une quelconque obligation peut être examinée séparément[1109] sans implication d'autres Membres. Le corollaire de cette approche sur la rétorsion est que cette dernière peut être prise uniquement de manière bilatérale[1110].

472.- Contrairement à cette approche, C. Carmody a indiqué que les obligations sont collectives[1111] parce que ces obligations visent à mettre en œuvre un des objectifs majeurs de l'OMC, à savoir la libéralisation progressive du commerce mondial. Dès lors, elles expriment des attentes collectives à l'égard de l'attitude des gouvernements liée au commerce. De ce point de vue, les obligations dont l'exécution constitue l'intérêt commun de l'ensemble des Membres, deviennent indivisibles et indéterminables[1112]. La position prise par C. Carmody est soutenue par deux arguments principaux : premièrement, les obligations qui sont bilatéralement engagées sont ensuite multilatéralisées par le jeu de la clause de NPF ; deuxièmement, les accords de l'OMC sont censés être le *law of expectations* (droit d'expectatives), le *law of realities* (droit de réalités) et le *law of interdependence* (droit d'interdépendance). Le *law of expectations* vise à protéger les attentes des Membres de l'OMC[1113], alors que le *law of realities* répond aux besoins des Membres de régler des réalités spécifiques[1114]. La combinaison du droit de l'OMC comme *law of expectations* et *law of realities* a fait naître le *law of interdependence*. L'auteur explique alors que les accords de l'OMC tendent à « protéger et promouvoir l'interaction entre producteurs et consommateurs dans différents pays » et par la suite à « créer un réseau indissoluble de relations économiques qui va au-delà de l'intérêt individuel des Membres de l'OMC »[1115] pour mettre l'accent sur l'intérêt commun de l'ensemble des Membres. Tous ces arguments ont conduit C. Carmody à conclure que les obligations devraient être considérées, de manière plus appropriée, comme collectives, ou bien comme une sorte d'obligations *erga omnes partes*[1116].

1108 PAUWELYN J., *ibid.*, note 1107, pp. 928-931.

1109 PAUWELYN J., *ibid.*, note 1107, p. 930.

1110 GAZZINI T., *ibid.*, note 1107, pp. 723-742.

1111 CARMODY C., « WTO Obligations as Collective », *The European Journal of International Law*, 2006, vol. 17, n°. 2, pp. 419-443.

1112 CARMODY C., *ibid.*, note 1111, p. 421.

1113 CARMODY C., *ibid.*, note 1111, pp. 422-431.

1114 CARMODY C., *ibid.*, note 1111, pp. 431-432.

1115 « *Protect and promote interaction among producers and consumers in different countries* » et « *spin an indissoluble web of economic relations that goes beyond the interest of WTO members individually* ». CARMODY C., *ibid.*, note 1111, p. 433.

1116 CARMODY C., *ibid.*, note 1111, p. 434.

473.- Après avoir analysé ces deux approches différentes, R. A. Vazquez Martinez a choisi de s'associer aux arguments développés par C. Carmody : « Considérer les obligations à l'OMC comme collectives rend la proposition relative à la rétorsion collective conforme à la nature bilatérale complémentaire des accords de l'OMC, dans la mesure où le bilatéralisme est un sous-produit »[1117]. Ce faisant, la rétorsion collective devient nécessaire pour réprimer toute violation d'une quelconque obligation collective[1118].

474.- Les raisons motivant la nécessité de la rétorsion collective ci-dessus ne soulignent toujours pas l'importance de la volonté des Membres de l'OMC en la matière. Les obligations engagées au sein de cette organisation, bilatérales ou collectives par leur nature, sont tout à fait susceptibles d'être modifiées dans le cadre des négociations à travers la volonté de ses Membres. La rétorsion, actuellement prise de manière bilatérale – une des raisons pour lesquelles J. Pauwelyn a affirmé la nature bilatérale de ces obligations – peut être appliquée de façon collective. En effet, les négociateurs du cycle de Doha ont pensé multilatéraliser la rétorsion bilatérale en permettant à plusieurs Membres de prendre des mesures contre le manquement du Membre perdant dans leur mise en conformité des recommandations et constatations adoptées par l'ORD. Le point de départ pour les débats entre les Membres sur ce sujet est moins théorique que celui des auteurs académiques précités. Soucieux de la faiblesse de la procédure de mise en œuvre, plusieurs Membres ont pris des initiatives en vue de la modifier[1119]. En ce qui concerne la rétorsion collective[1120], très tôt dans les négociations, le Groupe des pays les moins avancés (le Groupe des PMA) a proposé, dans une communication jointe du 19 septembre 2002, qu'en principe, « tous les Membres de l'OMC auraient collectivement le droit et le devoir de faire exécuter les recommandations

---

[1117] « *The WTO obligations as collective make the proposal consistent with the complementary bilateral nature of the WTO agreements, on the account that the bilateralism is a by-product* ». VAZQUEZ MARTINEZ R. A., *ibid.,* note 1106, p. 36.

[1118] VAZQUEZ MARTINEZ R. A., *ibid.,* note 1106, p. 36.

[1119] Voir, par exemple, les propositions des Communautés européennes du 13 mars 2002 (*ibid.,* TN/DS/W/1, note 1025, pp. 5-7) ; de l'Australie du 8 juillet 2002 (*ibid.,* TN/DS/W/8, note 1025, pp. 3-5) ; de la Corée du 11 juillet 2002 (TN/DS/W/11, pp. 2-4 ; du groupe africain du 25 septembre 2002 (*ibid.,* TN/DS/W/15, note 1025, pp. 3-4) ; de Cuba, du Honduras, de l'Inde, de l'Indonésie, de la Malaisie, du Pakistan, de Sri Lanka, de la Tanzanie et du Zimbabwe du 9 octobre 2002 (TN/DS/W/19, pp. 1-2) ; du groupe des PMA du 9 octobre 2002 (TN/DS/17, pp. 3-4), etc.

[1120] Il faut rappeler que la rétorsion collective avait déjà fait l'objet des négociations dans le cadre du GATT de 1947. En 1965, un groupe des pays en développement, constatant que la rétorsion bilatérale était déloyale et inefficace pour les pays en développement, avait demandé une rétorsion collective en vue de faire plus de pressions sur le pays violant l'obligation de mise en conformité. Toutefois, cette proposition n'avait pas vu le jour, faute de la volonté et du soutien politique dans les négociations. Voir : HUDEC R. E., « Broadening the Scope of Remedies in WTO Dispute Settlement », *in* WEISS F. (edt.), *Improving WTO Dispute Settlement Procedures,* London, Cameron May, 2000, pp. 370 – 371 ; VAZQUEZ MARTINEZ R. A., *ibid.,* note 1106, p. 28.

de l'ORD »[1121]. Lorsqu'il s'agissait d'une rétorsion évoquée par un pays en développement ou un pays le moins avancé Membre, selon ce Groupe, la rétorsion collective serait automatiquement appliquée. Il a enfin avancé que pour parvenir à une telle décision, l'ORD ne devrait pas être lié par l'évaluation effectuée sur le niveau de l'annulation et de la réduction des avantages[1122]. Il est intéressant, dans cette proposition, de trouver l'implication des Membres de l'OMC au niveau multilatéral dans l'application des contre-mesures[1123]. Cependant, une rétorsion automatique en faveur d'un pays en développement ou d'un PMA Membre et surtout, la non-implication de l'ORD dans l'évaluation du niveau de l'annulation et de la réduction des avantages dépasserait très loin le cadre actuel établi par le Mémorandum d'accord ; ce faisant, elle serait difficilement adoptable. De plus, cette proposition ne reste qu'une simple idée ; elle n'indique pas les procédures détaillées à suivre dans l'hypothèse d'une rétorsion collective.

475.- Le plus notable à ce sujet a été la proposition du groupe africain, datée du 16 janvier 2003[1124]. Ce groupe a suggéré des procédures très détaillées relatives à la demande de suspension collective de concessions. Tout d'abord, le pays en développement ou le pays le moins avancé qui ne serait pas en mesure de mener une contre-mesure individuelle doit saisir l'arbitrage au titre de l'article 22.6 du Mémorandum d'accord afin que ce dernier détermine à la fois le niveau de l'annulation ou de la réduction d'avantage (en tenant compte également des attentes légitimes de tel ou tel pays) et évalue les entraves à la réalisation des objectifs de développement de ce pays[1125]. L'arbitre devrait examiner si la rétorsion individuelle serait possible dans le but d'encourager effectivement le retrait de la mesure mise en cause, en prenant en compte les effets éventuels de cette contre-mesure sur ce pays. Lorsque l'arbitre trouverait que ce Membre ne serait matériellement pas en mesure de mener une telle action, l'ORD pourrait accorder aux Membres l'autorisation de suspendre collectivement des concessions. Le niveau de la rétorsion autorisée à chaque Membre devrait tenir compte de trois éléments : la garantie de la réparation totale du préjudice subi par ce pays en développement ou le PMA Membre ; la protection de ses intérêts en matière de développement et la mise en conformité effective dans les meilleurs délais des recommandations[1126]. Cette proposition paraît plus raisonnable que celle du

---

1121 ORD – Session extraordinaire, *Négociations sur le Mémorandum d'accord sur le règlement des différends – Propositions du Groupe des PMA,* TN/DS/W/17, le 9 octobre 2002, p. 4.

1122 *Ibid.,* TN/DS/W/17, note 1121, p. 4.

1123 VAZQUEZ MARTINEZ R. A., *ibid.,* note 1106, p. 29. Voir également la proposition en ce sens présentée par le Mexique du 21 janvier 2003 : ORD – Session extraordinaire, *Amendement du Mémorandum d'accord sur les règles et procédures régissant le règlement des différends – Texte proposé par le Mexique,* TN/DS/W/40, le 27 janvier 2003, pp. 6-7.

1124 *Ibid.,* TN/DS/W/42, note 272, p. 4.

1125 Le paragraphe b.i. dans la proposition. Voir : *Ibid.,* TN/DS/W/42, note 272, p. 4.

1126 Le paragraphe b.iii dans la proposition. Voir : *Ibid.,* TN/DS/W/42, note 272, p. 4.

Groupe des PMA ci-dessus. *Premièrement,* il ne s'agit pas d'une contre-mesure collective automatique. Cette contre-mesure collective ne serait autorisée qu'après l'examen par l'arbitre d'une série d'éléments factuels, notamment la capacité du pays en développement, ou du PMA Membre d'engager seul une contre-mesure individuelle. *Deuxièmement,* si elle est autorisée, le niveau de la rétorsion collective ne dépasse en aucun cas le niveau de l'annulation ou de la réduction d'avantages subis par ce Membre, ce qui assure la garantie de l'équilibre entre les droits et obligations des Membres et l'assurance d'éviter des rétorsions collectives arbitraires.

476.- Bien que ladite proposition ait été considérée avec beaucoup d'attention[1127], elle ne figure pas parmi les propositions retenues dans la première version des modifications apportées au Mémorandum d'accord[1128]. L'importance d'une telle mesure sur l'efficacité de la mise en conformité des recommandations et la pression exercées par des Membres en développement ont ensuite fait l'insérer dans le texte consolidé du 18 juillet 2008[1129]. Le dernier rapport du Président

---

[1127] ORD – Session extraordinaire, *Compte rendu de la réunion tenue au Centre William Rappard le 14 octobre 2002,* TN/DS/M/5, para. 16, 25, 27, 28, 33 et 41 ; *ibid.,* TN/DS/25, note 6, Appendice B, p. B-2.

[1128] *Ibid.,* TN/DS/9, note 217, p. 18 ; BOSSCHE P. V. D., *op. cit.,* note 9, p. 309 ; BOSSCHE P. V. D., « Reform of the WTO dispute settlement system : What to expect from the Doha Development Round ? », *in* CHARNOVITZ S., STEGER D. & BOSSCHE P. V. D. (edt.), *Law in the Service of Human Dignity : Essays on Honour of Florentino Feliciano,* Cambridge, Cambridge University Press, 2005, pp. 117, 122-123 ; ZIMMERMANN T. A., « The DSU Review (1998-2004) : Negotiations, Problems and Perspectives », *in* GEORGIEW D. & VAN DER BORGHT K. (edt.), *Reform and Development of the WTO Dispuste Settlement System,* London, Cameron May, 2006, pp. 451-452.

[1129] *Ibid.,* TN/DS/25, note 5, Appendice A, pp. A-17 – A-18. Cette proposition a été libellée comme suit :

« [b) Lorsqu'il aura été démontré que la suspension de concession ou d'autres obligations auraient des conséquences négatives pour l'économie d'un pays en développement Membre, l'ORD pourra, sur demande, autoriser un Membre ou un groupe de Membres à suspendre des concessions pour le compte du Membre affecté. Les principes et procédures ci-après s'appliqueront à de telles demandes :

i) Avant de formuler une telle demande, le pays en développement Membre soumettra la question à arbitrage pour que soit déterminé le niveau de l'annulation ou de la réduction d'avantages, ce qui sera fait [compte tenu des attentes légitimes du pays en développements Membre]. L'arbitrage tiendra par ailleurs compte des effets de la suspension de concessions sur l'économie du pays en développement.

ii) L'arbitre examinera si la suspension de concessions ou d'autres obligations dans d'autres secteurs par le pays en développement Membre serait [appropriée pour encourager effectivement le retrait de la mesure jugée incompatible avec un accord visé, compte tenu des effets possibles sur ce pays en développement Membre].

iii) Lorsque l'ORD accordera à un Membre ou à un groupe de Membres l'autorisation de suspendre des concessions ou d'autres obligations au titre du paragraphe 7, le niveau de la suspension pour chaque Membre ainsi autorisé se limitera à assurer [la compensation intégrale du dommage subi par le pays en développement Membre concerné], [la protection de ses intérêts en matière de développement], et la mise en œuvre en temps utiles des recommandations et décisions ».

de l'ORD au Comité des négociations commerciales, daté du 31 janvier 2015, indique que cette mesure ne serait plus appelée « rétorsion collective » mais « rétorsion pour le compte d'un autre Membre ». Le changement de l'appellation de la mesure a résulté du fait que « les Membres ne seraient pas tous autorisés à prendre des mesures de rétorsion pour le compte du pays en développement plaignant. Le plaignant contacterait certains autres Membres en expliquant qu'il rencontre des difficultés pour se servir de la rétorsion autorisée. Si des Membres spécifiques étaient prêts à le faire à sa place, l'ORD autoriserait alors le transfert de l'autorisation initiale »[1130]. Toutefois, la disposition proposée à ce sujet prévoirait encore la possibilité pour un ou plusieurs Membres de mener une rétorsion à la place du Membre plaignant[1131]. En d'autres termes, ce changement d'appellation de la mesure n'amènerait pas un changement de sa signification.

477.- Il faut néanmoins souligner que les propositions susmentionnées ne résolvent toujours pas une série de questions décisives. La rétorsion collective est-elle vraiment efficace pour une mise en conformité effective ? Le groupe des Membres autorisés à mener une rétorsion collective ne risque-il pas de subir des conséquences négatives causées par cette action ? Quels Membres seront choisis pour constituer ce groupe ? Quelles procédures guideront le choix ?[1132]

478.- Dans l'objectif des analyses de cette section, nous cherchons à répondre à ces deux dernières questions. Pour rendre efficace une rétorsion collective, nous pensons que les tierces parties présentes dans les procédures du groupe spécial et/ou de l'Organe d'appel devraient être considérées comme prioritaires dans l'attribution par l'ORD du droit de prendre collectivement une contre-mesure[1133]. Tout d'abord, il s'agit des Membres qui connaissent le mieux les éléments factuels et juridiques de l'affaire. Parmi eux, certains ont un intérêt commercial et sont ensuite susceptibles de subir une perte ou une réduction d'avantages causée par la mesure mise en cause du Membre perdant. L'autorisation donnée à ces Membres de prendre des contre-mesures collectives leur permettra de compenser au moins une partie de cette perte ou réduction. Dès lors, la rétorsion collective pourra accomplir son objectif économique qui est de compenser la réduction ou la perte d'avantages causée par les mesures faisant l'objet du litige[1134]. De plus, les données statistiques ont montré que dans la plupart des affaires, les Membres développés interviennent parmi les autres en tant que tierce partie. La présence de ces Membres, grâce à leur puissance économique et financière, assure que la rétorsion collective ait vraiment un effet punitif à l'égard du Membre perdant,

---

[1130] *Ibid.*, TN/DS/26, note 6, p. 132.

[1131] *Ibid.*, TN/DS/26, note 6, p. 131.

[1132] À cet égard, le Projet d'articles sur la responsabilité de l'État pour fait international illicite ne prévoit non plus les procédures à suivre dans le cas où l'article 54 s'applique.

[1133] YENKONG H. N., *ibid.*, note 683, pp. 757-772.

[1134] YENKONG H. N., *ibid.*, note 683, pp. 763-766.

afin que celui-ci mette la mesure en cause en conformité avec ses obligations au titre des accords visés de l'OMC.

479.- Cette suggestion rendrait plus significative l'intervention des tierces parties et constituerait une incitation afin que les Membres participent encore plus efficacement dans le règlement des différends en tant que tierces parties. Dans le cas d'espèce, cette présence importante dès les procédures du groupe spécial établira, dans une certaine mesure, une sorte de pression politique et économique à l'encontre du Membre défendeur, pour que ce Membre, en cas de violation affirmée par le groupe spécial et/ou l'Organe d'appel, ait une attitude appropriée au sujet de sa mise en conformité.

480.- Il existerait toujours la possibilité d'un litige entre le Membre perdant et ces tierces parties au sujet du niveau de la rétorsion prise séparément par chaque tierce partie dans l'ensemble de la rétorsion collective. Ce litige, dans la logique établie par l'article 22.6 du Mémorandum d'accord, devrait être résolu par l'arbitre. Pour éviter tout prolongement indu de la procédure de mise en conformité, il vaudrait mieux prévoir la participation des tierces parties dès la procédure de l'arbitrage demandé par le Membre plaignant. Dès lors que ces tierces parties sauraient que l'objet de cet arbitrage est d'examiner la capacité du plaignant de mener tout seul une rétorsion individuelle, ces tierces parties pourraient faire connaître à l'arbitre leur volonté de prendre collectivement une rétorsion et lui déposer des preuves pour justifier le niveau de rétorsion menée par chacune d'elles. Ainsi, la procédure de l'arbitrage au titre de l'article 22.6 serait multilatéralisée en faveur d'une contre-mesure collective dans le futur.

481.- En bref, le caractère multilatéral du SRD est progressivement renforcé par la participation des tierces parties à différentes phases de ce processus. Il est encore consolidé par une surveillance exercée par les tierces parties dans le rejet de l'unilatéralisme.

B. Le rejet de l'unilatéralisme : une surveillance exercée par les tierces parties

482.- Dans le commerce international, l'unilatéralisme peut « saper la crédibilité du système multilatéral »[1135]. L'ajout de l'article 23 dans le Mémorandum d'accord est donc considéré comme une réussite de l'OMC en vue de rejeter les actions unilatérales dans le règlement des différends. Conformément à cet article, aucune sanction commerciale ou économique ne saurait être prise sans l'accord préalable de l'ORD[1136].

1135 PACE V., *op. cit.*, note 9, p. 137.

1136 Voir l'article 23.2 du Mémorandum d'accord ; PACE V., *op. cit.*, note 9, pp. 131-137.

483.- Tout d'abord, il convient de noter que cette disposition vise principalement à faire cesser la pratique des sanctions unilatérales, telle que prévue à la section 301 de la loi américaine de 1974 sur le commerce extérieur[1137] et renforcée conformément à la « section super 301 » (ou l'article 1302 de la loi américaine sur le commerce du 23 août 1988[1138]). Ces sections, qui existent encore de nos jours, donnent au Représentant des États-Unis pour les questions du commerce extérieur le pouvoir d'imposer des mesures de rétorsion aux « États coupables de violations d'accords commerciaux ou de pratiques injustes, déraisonnables ou discriminatoires »[1139]. Il apparaît qu'elles sont contraires à l'article 23 du Mémorandum d'accord et l'article 16.4 de l'Accord sur l'OMC. Dans cette perspective, les CE ont cherché à les contester devant l'ORD. L'affaire *États-Unis – Articles 301 à 310 de la Loi de 1974 sur le commerce extérieur* (*États-Unis – Article 301, Loi sur le commerce extérieur)* a été introduite tout d'abord par la demande de consultation des CE adressées aux États-Unis. Les CE ont alors reçu le soutien de neuf tierces parties[1140]. Sans avoir abouti à régler le différend par les consultations, les CE ont continué de contester cette incompatibilité devant le groupe spécial. Le groupe spécial a rejeté dans son rapport toutes les allégations du plaignant[1141] en précisant que, bien que les dispositions de la section 301 donnent à première vue l'impression d'être incompatibles avec les règles de l'OMC en la matière, les États-Unis ont effectivement pris l'engagement de se soumettre aux procédures multilatérales de l'OMC et ont tenu promesse jusque-là. Cela signifie que loin d'être abrogée, la section 301 a été encore jugée non incompatible avec l'article 23 du Mémorandum d'accord, grâce aux engagements pris par ce Membre dans l'énoncé des mesures administratives[1142] qui avait été approuvé par le Congrès des États-Unis lors de leur mise en œuvre des accords du cycle de l'Uruguay et confirmé dans les déclarations faites par ceux-ci au présent groupe spécial[1143].

[1137] Trade Act of 1974, *19 U.S. Code Chapter 12.*

[1138] Omnibus Trade and Competitiveness Act of 1988, *Public Law 100-418*, August 23, 1988.

[1139] Sur ce sujet, voir surtout : SIROEN J.-M., « L'unilatéralisme des États-Unis », *Annuaire français de relations internationales,* 2000, vol. 1, pp. 570-582 ; PACE V., *op. cit.*, note 9, pp. 131-137.

[1140] Y compris la République dominicaine (WT/DS152/2), le Panama (WT/DS152/3), le Guatemala (WT/DS152/4), le Mexique (WT/DS152/5), la Jamaïque (WT/DS152/6), le Honduras (WT/DS152/7), le Japon (WT/DS152/8), la Colombie (WT/DS152/9) et l'Équateur (WT/DS152/10).

[1141] *Ibid.*, WT/DS152/R, note 266, para. 8.1. Voir également : KLEBES-PELISSIER A., « L'Organisation mondiale du commerce confrontée à la législation commerciale américaine », *Revue trimestrielle de droit européen,* 2002, n°. 2, pp. 183-207.

[1142] The Statement of Administrative Action, *Pub. L. 103–465*, title I, § 129, Dec. 8, 1994, 108 Stat. 4836.

[1143] Il a indiqué : « Il convient de souligner que toutes ces conclusions reposent en totalité ou en partie sur les engagements de l'Administration des États-Unis mentionnés plus haut. Il s'ensuit dont que les constatations de conformité figurant dans les présentes conclusions ne seraient plus

484.- Il est intéressant de souligner que durant la procédure devant le groupe spécial, un grand nombre de Membres sont intervenus en qualité de tierces parties[1144] et ont tous soutenu la thèse des CE. Le Brésil a considéré qu'il existait « une incompatibilité insurmontable » entre la section 301 et l'article 23 du Mémorandum d'accord[1145]. Le Canada a en outre allégué que:

> « Les applications de l'article 301 qui débouchent sur l'imposition unilatérale de mesures de rétorsion en réaction à des violations réelles ou supposées des règles de l'OMC, sans que l'Organe de règlement des différends de l'OMC ait donné l'autorisation requise pour prendre de telles mesures sont contraires au multilatéralisme en général et au Mémorandum d'accord en particulier. Cette menace de recours ou ce recours effectif à des sanctions unilatérales est fondamentalement incompatible avec le système commercial multilatéral et menace la stabilité et la viabilité globales du régime de règlement des différends de l'OMC »[1146].

En outre, Hong Kong a fait valoir que le SRD connaissait un succès incomparable parce que ses Membres reconnaissaient que « le règlement multilatéral est l'unique moyen de résoudre les différends qui s'élèvent entre eux »[1147]. Selon ce Membre, l'entrée en vigueur du Mémorandum d'accord signifie que le recours à des contre-mesures unilatérales est prohibé et que seul l'ORD est compétent pour juger la licéité de telle ou telle mesure et d'en autoriser l'adoption[1148].

485.- Tous les points de vue exprimés par les tierces parties ont contribué, d'une part, à affirmer le rôle irremplaçable qu'occupe le système de règlement multilatéral de l'OMC ; d'autre part, à contester l'unilatéralisme américain au sein de ce système. Les tierces parties ayant présenté leur communication écrite n'ont pas caché, en effet, « leur hostilité »[1149] à l'égard de la législation américaine concernée. Bien que les CE n'aient pas gagné l'affaire, une participation aussi nombreuse des tierces parties ne reste pas sans effet. « Même si les CE ont perdu leur

---

justifiées si ces engagements étaient reniés ou rompus d'une manière et d'une autre par l'Administration des États-Unis ou une autre branche du gouvernement des États-Unis ». *Ibid.*, WT/DS152/R, note 266, para. 8.1.

[1144] À savoir : le Brésil, le Cameroun, le Canada, la Colombie, la Corée, le Costa Rica, Cuba, Dominique, l'Équateur, Hong Kong (Chine), l'Inde, Israël, la Jamaïque, le Japon, la République dominicaine, Sainte-Lucie et la Thaïlande. Ultérieurement, le Cameroun a levé la réserve d'y participer en tant que tierce partie. *Ibid.*, WT/DS152/R, note 266, para. 1.7.

[1145] *Ibid.*, WT/DS152/R, note 266, para. 5.54.

[1146] *Ibid.*, WT/DS152/R, note 266, para. 5.56.

[1147] *Ibid.*, WT/DS152/R, note 266, para. 5.166.

[1148] *Ibid.*, WT/DS152/R, note 266, para. 5.170.

[1149] *Ibid.*, WT/DS152/R, note 266, para. 7.11.

cause, la large participation des tierces parties, ainsi que leurs communications écrites, ont servi à condamner la législation des États-Unis »[1150].

486.- Vu sous l'angle de la fonction de surveillance du SRD, cette participation a également une autre contribution significative. Tout d'abord, ce que le groupe spécial a conclu mérite d'être cité :

> « Il convient de souligner que toutes ces conclusions reposent en totalité ou en partie sur les engagements de l'Administration des États-Unis mentionnés plus haut. Il s'ensuit donc que les constatations de conformité figurant dans les présentes conclusions ne seraient plus justifiées si ces engagements étaient reniés ou rompus d'une manière et d'une autre par l'Administration des États-Unis ou une autre branche du gouvernement des États-Unis »[1151].

487.- Cette conclusion a rappelé l'importance accordée à la fonction de surveillance sur la mise en œuvre par le Membre défendeur des constatations et recommandations énoncées dans les rapports adoptés par l'ORD. Prévue dans le Mémorandum d'accord de 1979[1152] et renforcée dans le présent Mémorandum d'accord[1153], la fonction de surveillance a un double objectif. D'une part, elle constitue, de manière primordiale, une sorte de pression à la fois morale et politique afin d'assurer que le Membre ayant violé le droit de l'OMC rétablit l'équilibre des concessions et avantages que le Mémorandum d'accord vise à protéger. D'autre part, cette conclusion a pour objectif même d'impulser de nouvelles négociations entre les Membres sur les sujets ayant fait l'objet des litiges[1154]. Dans la présente affaire, la fonction de surveillance revêt d'ailleurs une signification indispensable. Elle permettra donc de tenir sous surveillance la pratique ultérieure des États-Unis liée à la mise en œuvre de la section 301. Il s'agit, par conséquent, d'un processus auquel les tierces parties présentes dans cette affaire participeront. Leur soutien à la thèse des CE qui n'a effectivement pas aidé ce Membre à gagner l'affaire, a néanmoins contribué dans une certaine mesure, à renforcer la pression

---

[1150] « *Even as the EC lost the case, the broad participation of third parties, as well as their written submissions, served as a condemnation of the US legislation* ». JOHNS L. & PELC K. J., « Who Gets to Be in the Room ? Manipulating Participation in WTO Disputes », *APSA 2011 Annual Meeting Paper*, p. 10, disponible sur : http://papers.ssrn.com/sol3/papers.cfm? abstract_id=1900238## (url consultée le 13 janvier 2013).

[1151] *Ibid.*, WT/DS152/R, note 266, para. 8.1.

[1152] Le paragraphe 22 de ce Mémorandum d'accord a prévu : « *The CONTRACTING PARTIES shall keep under surveillance any matter on which they have made recommandations or given rulings. If the CONTRACTING PARTIES' recommandations are not implemented within a reasonable period of time, the contracting party bringing the case may ask the CONTRACTING PARTIES to make suitable efforts with a view to finding an appropriate solution* ».

[1153] Voir l'article 21 du présent Mémorandum d'accord.

[1154] KLEBES-PELISSIER A., *ibid.*, note 1141, p. 197.

politique sur l'administration américaine afin de l'obliger ensuite à tenir sa promesse dans son Énoncé des mesures administratives, sous peine de se trouver à nouveau confrontée devant l'ORD. Cette surveillance n'a donc pas pour effet de faire abroger la politique américaine[1155] mais de provoquer définitivement le rejet de l'unilatéralisme, assurant ainsi le respect du caractère multilatéral du système de règlement de l'OMC.

488.- Ensuite, la surveillance exercée par les tierces parties à ce sujet a été également mise en valeur dans certaines autres affaires relatives à l'article 23 du Mémorandum d'accord[1156]. Par exemple, dans l'affaire *États-Unis – Mesures à l'importation de certains produits en provenance des Communautés européennes (États-Unis – Certains produits en provenance des CE)* qui a opposé les CE aux États-Unis au sujet de la décision prise par le défendeur de suspendre, à compter du 3 mars 1999, la liquidation des déclarations en douane pour les importations, en provenance des CE, d'une série de produits et d'imposer l'exigibilité éventuelle de 100% des droits sur chaque importation des produits affectés[1157]. Les CE ont allégué, entre autres choses, que cette décision violait l'article 23 du Mémorandum d'accord étant donné qu'elle avait été prise de manière unilatérale sans accord de l'ORD. En participant aux travaux du groupe spécial chargé de cette affaire, à l'exception de l'Équateur[1158], toutes les autres tierces parties ont soutenu l'allégation des CE. La Dominique et Sainte-Lucie, dans leur déclaration orale conjointe, ont fortement critiqué l'action des États-Unis en indiquant que « la mesure illicite du 3 mars compromet le système multilatéral renforcé et la primauté du droit. Il soumet la primauté du droit à l'échelle internationale à des théories d' « unilatéralisme

---

1155 KLEBES-PELISSIER A., *ibid.*, note 1141, pp. 203-207.

1156 Voir, par exemple, *États-Unis – Mesures à l'importation de certains produits en provenance des Communautés européennes* (WT/DS165) ; *États-Unis – Maintien de la suspension d'obligations dans le différend CE-Hormones* (WT/DS320) ; *Canada – Maintien de la suspension d'obligations dans le différend CE – Hormones* (WT/DS321)... Voir également : DUFOUR G., OUELLET R. & BREAULT P., « Organe de règlement des différends de l'Organisation mondiale du commerce », *Revue québécoise de droit international*, 2008, vol. 21, n°. 1, pp. 445-446.

1157 Sur le contexte de cette décision, voir : *États-Unis – Mesures à l'importation de certains produits en provenance des Communautés européennes,* Rapport du groupe spécial du 17 juillet 2000, WT/DS165/R, para. 2.1-2.25.

1158 Puisque cette décision avait été prise dans le cadre de la mise en œuvre des décisions et recommandations de l'ORD dans l'affaire *CE – Bananes III,* l'Équateur, un des plaignants dans cette affaire, a profité de cette occasion pour s'exprimer sur le fait que les CE n'étaient toujours pas acquittées de leur obligation de mise en œuvre. Il a indiqué que c'était probablement l'absence de bonne foi des CE qui avait donné lieu à des situations comme celle qui était observée dans le présent différend. *Ibid.,* WT/DS165/R/Add.1, note 1157, Appendice 4 – Exposé oral de l'Équateur à la séance avec les tierces parties (17 décembre 1999), p. 150.

justifié » axées par les rapports de force »[1159]. De même, l'Inde[1160], la Jamaïque[1161] et le Japon[1162] ont tous affirmé que l'action américaine constituait une mesure unilatérale et que cette mesure unilatérale violait les règles énoncées dans l'article 23 du Mémorandum d'accord. Ces arguments montrent que ces tierces parties suivaient de près les actions menées par les États-Unis. Ils ont également contribué pour une petite part à la constatation finale du groupe spécial selon laquelle la décision des États-Unis qui avait été prise unilatéralement sans autorisation de l'ORD violait l'article 23.1, 23.2.a[1163] et 23.2.c du Mémorandum d'accord[1164].

489.- En résumé, la participation des tierces parties a abouti au renforcement du multilatéralisme à travers deux manières différentes. D'une part, elle a multilatéralisé à la fois les différends en augmentant le nombre des parties présentes dans une affaire, et les procédures de règlement des différends, lorsque les règles régissant l'intervention ont été ajoutées dans le Mémorandum d'accord. D'autre part, cette participation a permis aux tierces parties de surveiller le respect des Membres de l'OMC des obligations découlant de l'article 23 du Mémorandum d'accord. Il s'agit donc d'une contribution considérable des tierces parties à consolider ce système. Cette consolidation continue d'être illustrée par la contribution des tierces parties au renforcement de sa légitimité.

[1159] *Ibid.,* WT/DS165/R/Add.1, note 1157, Appendice 3 – Exposé oral de la Dominique et de Sainte-Lucie à la séance avec les tierces parties (17 décembre 1999), p. 147.

[1160] *Ibid.,* WT/DS165/R/Add.1, note 1157, Appendice 5 – Communication de l'Inde en tant que tierce partie (10 décembre 1999), p. 152.

[1161] *Ibid.,* WT/DS165/R/Add.1, note 1157, Appendice 6 – Communication de la Jamaïque en tant que tierce partie (8 décembre 1999), p. 154. Elle a argumenté que : « l'action engagée par les États-Unis d'Amérique le 3 mars 1999, qui fait l'objet du présent différend, était contraire aux règles de l'OMC et que, si une décision d'un groupe spécial n'établit pas qu'elle était illicite, cela aura une incidence profonde sur l'avenir du mécanisme de règlement des différends ».

[1162] *Ibid.,* WT/DS165/R/Add.1, note 1157, Appendice 7 – Exposé oral du Japon à la séance avec les tierces parties (17 décembre 1999), pp. 156-157. Il a déclaré que « Nous ne pouvons qu'exprimer notre vive préoccupation en ce qui concerne l'argument des États-Unis selon lequel ils peuvent commencer de suspendre les concessions à tout moment après l'expiration du délai raisonnable, que l'ORD ait autorisé ou non la suspension. Cet argument est incompatible avec les objectifs des articles 23 et 3.7 du Mémorandum d'accord et n'est justifié par aucune disposition du Mémorandum d'accord ».

[1163] Il faut noter que dans la phase d'examen en appel, les États-Unis ont allégué que le groupe spécial avait fait erreur en constatant que les États-Unis avaient agi de manière incompatible avec l'article 23.2.a du Mémorandum d'accord, parce que les CE ne l'avaient pas mentionné dans leur demande d'établissement du groupe spécial. L'Organe d'appel a donné raison à l'allégation des États-Unis et a infirmé la constatation du groupe spécial. *Ibid.,* Rapport de l'Organe d'appel du 11 décembre 2000, WT/DS165/AB/R, para. 115.

[1164] *Ibid.,* WT/DS165/R, note 1157, para. 7.1.

II. Une contribution utile au renforcement de la légitimité du système

490.- La participation des Membres de l'OMC en tant que tierces parties dans le règlement des différends assure la multilatéralisation effective et progressive du SRD. Elle constitue également un des éléments renforçant la légitimité de ce système **(B)**, alors que sa légitimité est remise en cause **(A)**, tant en théorie qu'en pratique.

A. La question de la légitimité du SRD

491.- Les mécanismes de règlement des différends internationaux en général et celui de l'OMC en particulier, ont fait face à des contestations portant sur leur légitimité[1165]. Cette crise de légitimité résulte essentiellement du fait que ces mécanismes attribuent aux personnes habilitées à régler le différend « le pouvoir de décider de la conformité de mesures législatives ou réglementaires (prises par des organes gouvernementaux ou parlementaires élus) aux engagements internationaux souscrits par les mêmes organes au nom d'un État »[1166]. Il ne s'agit pas d'une exception en ce qui concerne la CIJ, la CJUE ou le SRD. Le juge, dans ces différents mécanismes, est souvent appelé à se prononcer sur la compatibilité d'une mesure prise et mise en œuvre par un État sur son propre territoire avec les obligations de cet État résultant d'un traité multilatéral engagé par lui-même. Dès lors, la possibilité de porter atteinte à la souveraineté[1167] apparaît comme le risque majeur menaçant la légitimité du juge.

[1165] WHEATLEY S., *The Democratic Legitimacy of International Law, in* Studies in International Law, vol. 29, Oxford and Portland, Hart Publishing, 2010, pp. 2-15 ; MENETREY S., *op. cit.*, note 150, p. 205 ; FRANCK S., « The Legitimacy Crisis in Investment Treaty Arbitration : Privatizing Public Internatioal Law Through Inconsistent Decisions », *Fordham Law Review,* 2005, vol. 73, n°. 4, pp. 1521-1537 ; TREVES T., « Aspects of Legitimacy of Decisions of International Courts and Tribunals », *in* WOLFRUM R. & ROBEN V. (edt.), *Legitimacy in International Law,* New York, Springer, 2008, pp. 169-187.

[1166] MENETREY S., *op. cit.*, note 150, p. 205.

[1167] Voir par exemple, dans le cadre de l'OMC, l'affaire *États-Unis – Loi de 2000 sur la compensation pour continuation du dumping et maintien de la subvention*, WT/DS217 & WT/DS234. Il s'agit d'un litige né de l'Amendement à la Loi douanière de 1930 adopté le 28 octobre 2000, intitulé « Loi de 2000 sur la compensation pour continuation du dumping et maintien de la subvention » (Amendement de Byrd). Conformément à cet Amendement, les compagnies américaines qui introduisaient une plainte en matière anti-dumping recevraient une partie de la somme perçue grâce aux droits de douane imposés sur les marchandises étrangères sous-évaluées sur le marché américain. 11 Membres de l'OMC ont porté plainte contre cette mesure et obtenu gain de cause (*Ibid.,* Rapport du groupe spécial du 16 septembre 2002, WT/DS217/R & WT/DS234/R ; Rapport de l'Organe d'appel du 16 janvier 2003, WT/DS217/AB/R & WT/DS234/AB/R). Les États-Unis qui ne se sont pas mis en conformité avec les recommandations durant le délai raisonnable fixé et renouvelé une fois par les parties, ont du faire face aux contre-mesures autorisées par l'ORD et prises par les CE, le Canada et le Japon. Toutefois, les recommandations ne sont pas encore mises en pleine

492.- Spécifiquement, au sein de l'OMC, la crise de légitimité de l'organisation[1168] et de son système de règlement des différends[1169] découle d'un contexte plus particulier : celui de la globalisation de l'économie et du commerce que cette organisation est chargée de promouvoir sur la base de la libéralisation progressive du commerce mondial[1170]. Les fortes manifestations qui ont éclaté lors de la troisième conférence ministérielle de l'OMC à Seattle en 1999[1171] ont mis en doute la légitimité de l'organisation dans l'ensemble[1172].

493.- En outre, la remise en cause de la légitimité du SRD résulte aussi de sa pratique, c'est-à-dire des préoccupations relatives à la prise en compte par l'ORD de l'intérêt général de la société civile, à la participation des personnes privées, à la relation entre le droit de l'OMC et d'autres règles du droit international comme le droit applicable au règlement des différends, à la structure des organes chargés

conformité. L'Union européenne (jusqu'au 2 avril 2014) et le Japon (jusqu'au 23 août 2013) suspendent encore des concessions à l'encontre des États-Unis. Ainsi, dans cette affaire, face à la souveraineté des États-Unis, il semble que l'ORD ne soit pas en mesure d'agir de manière efficace pour mettre un terme à la mesure américaine mise en cause. Voir : HERVEY C., « The Byrd Amendment Battle : American Trade Politics at the WTO », *Hastings International and Comparative Law Review*, Fall 2003, vol. 27, n°. 1, pp. 131-156 ; YU X. A., « Byrd's View Might Not Give You a Whole Picture – The Battle in the World Trade Organization on the Continued Dumping and Subsidy Offset Act of 2000 », *Florida Journal of International Law*, June 2005, vol. 17, n°. 2, pp. 417-438 ; LEIBOWITZ L. E. & STOEL J. T., « Repeal of the Byrd Amendment – Foreign and Domestic Efforts Result in the End of a WTO-Illegal US Practice », *Global Trade and Customs Journal*, 2007, vol. 2, n°. 1, pp. 73-77.

1168 Sur ce sujet, voir : FAKHRI M., *ibid.*, note 478, pp. 64-100 ; IOANNIDIS M., *ibid.*, note 150, pp. 1175-1202 ; ELSIG M., *ibid.*, note 478, pp. 75-98.

1169 FUKUNAGA Y., *ibid.*, note 478, pp. 90-95 ; MAKI P. C., *ibid.*, note 478, pp. 343-360 ; KHOURY M. E., *ibid.*, note 478, pp. 53-55.

1170 ESTY D. C., « The World Trade Organization's Legitimacy Crisis », *Yale Law School Faculty Scholarship Series*, paper 433, 2002, pp. 1-2, disponible sur : http://digitalcommons.law.yale.edu/cgi/viewcontent.cgi?article=1432&context=fss_papers (url consultée le 10 avril 2013).

1171 ODEL J. O., « The Seatle Impasse and Its Implications for the World Trade Organization », *in* KENNEDY D. L. M. & SOUTHWICH J. D. (edt.), *The Political Economy of International Trade Law : Essays in Hornour of Robert E. Hudec*, Cambridge, Cambridge University Press, 2002, pp. 400-429 ; GALLAGHER P., *op. cit.*, note 931, pp. 69-78.

1172 Les manifestants ainsi que bon nombre des chercheurs académiques ont indiqué que la mondialisation, malgré les intérêts apportés à long terme, était également l'auteur de la pauvreté dans la plupart des pays du tiers monde et causait des risques sur certaines traditions, cultures locales et d'autres valeurs non commerciales. Ils ont encore allégué que les intérêts en résultant n'étaient pas distribués de manière proportionnelle. Voir en ce sens : ESTY D. C., *ibid.*, note 1170, pp. 8-9 ; JEFFRESS L. & MAYANOBE J.-P., « A World Struggle is Underway : An Interview with Jose Bove », *Z Magazine*, June 2001, disponible sur : http://www.thirdworld traveler.com/Reforming_System/World_Struggle_Underway.html (url consultée le 2 avril 2013) ; O'ROURKE K. H., « Globalization and Inequality : Historical Trends », *National Bureau of Economic Research*, Working Paper 8339, pp. 1-4, disponible sur : http://www.nber. org/papers/w8339.pdf (url consultée le 10 avril 2013) ; SHAFFER G. C., « The World Trade Organization Under Challenge : Democracy and the Law and Politics of the WTO's Treatment of Trade and Environment Matters », *Havard Environmental Law Review*, 2001, vol. 25, n°. 1, pp. 1-93.

du règlement des différends (experts des groupes spéciaux et l'Organe d'appel), à l'activisme judiciaire ainsi qu'aux règles procédurales guidant le règlement des différends (la transparence, la confidentialité des procédures…)[1173].

494.- Malgré ces critiques, il faut noter que le SRD a obtenu un succès considérable, marqué par le fait que 507 affaires ont été introduites à l'ORD depuis seulement vingt ans. Cela constitue un signe de confiance envers sa légitimité. De même, la pratique très ouverte en faveur de l'accès et de la participation des tierces parties au système peut contribuer à atténuer également ces critiques, surtout parce que cette participation permet de renforcer la transparence du système.

B. La contribution de l'intervention à la transparence du système

495.- La transparence - une notion et un outil dans le droit administratif de la *common law*[1174] - demeure l'un des instruments les plus importants de la politique commerciale et figure dans tous les accords de l'OMC. Bien qu'elle n'ait jamais été définie de manière explicite dans ces accords[1175], elle est conçue et souvent examinée sous trois aspects différents. Tout d'abord, la transparence interne (*internal transparency*), c'est-à-dire, la transparence entre les Membres dans l'enceinte de l'organisation, vise à assurer à tous les Membres de l'OMC une participation effective aux activités de cette organisation par le biais de l'accès aux négociations et à l'information[1176]. Ensuite, la transparence externe (*external transparency*), ou la transparence à l'égard de la société extérieure à l'OMC, vise l'accès des non-membres de l'OMC (par exemple, la société civile, les personnes privées, les

---

1173 FAKHRI M., *ibid.,* note 478, pp. 84-91.

1174 PUIG G. V. & AL-HADDAB B., « The Transparency Deficit of Dispute Settlement in the World Trade Organization », *Manchester Journal of International Economic Law,* 2011, vol. 8, n°. 1, p. 4 ; STAINER S. & WEISS F., « Chapter 13 : Transparency as an Element of Good Governance in the Practice of the WTO », *in* BHUIYAN S., SANDS P. & SCHRIJVER N. (edt.), *International Law and Developing Countries : Essays in Honour of Kamal Hossain,* Leiden, Brill Nijhoff, 2014, pp. 262-263. Y. Nouvel a précisé que la transparence trouvait son origine dans le libéralisme politique et se présentait comme un moyen de lutte contre l'absolutisme. Voir : NOUVEL Y., « Les relations économiques internationales à l'heure de la transparence », *in* SOREL J.-M. (dir.), *Le droit international économique à l'aube du XXIe siècle : en hommage aux professeurs Domique Carreau et Patrick Juillard,* Paris, A. Pedone, 2009, pp. 177-190.

1175 WAINCYMER J., « Transparency of Dispute Settlement within the World Trade Organization », *Melbourne University Law Review,* 2000, vol. 24, n°. 3, p. 804. Cependant, il convient de rappeler qu'en général, selon le Glossaire de l'OMC, la transparence s'entend par « mesure dans laquelle les politiques et pratiques commerciales, ainsi que le processus qui conduit à leur mise en place, sont ouverts et prévisibles ». Cette définition est disponible sur : http://www.wto.org/french/thewto_f/glossary_f/glossary_f.htm (url consultée le 17 mai 2013).

1176 FAKHRI M., *ibid.,* note 478, p. 94 ; STAINER S. & WEISS F., *ibid.,* note 1174, p. 269.

ONG…) pour savoir comment l'OMC fonctionne[1177]. Enfin, la transparence réglementaire (*regulatory transparency*)[1178] vise à assurer la prévisibilité des règles et politiques commerciales de chaque Membre en faveur des entreprises et d'autres opérateurs étrangers participant aux transactions commerciales avec les acteurs nationaux de ce Membre. Cette transparence est garantie de deux manières : d'une part, les gouvernements des Membres doivent informer régulièrement l'OMC et les autres Membres de toutes les mesures touchant le commerce, et d'autre part, l'OMC étudie périodiquement la politique commerciale de ses Membres à travers le mécanisme de l'examen des politiques commerciales[1179].

496.- Dans le cadre du SRD, la transparence[1180] s'illustre sous les deux premiers aspects. « La transparence interne (…) permet d'assurer que le processus [de règlement des différends] est perçu comme valide par les Membres. La transparence externe (…) facilite la compréhension et le soutien de la part des parties prenantes concernées »[1181]. Ces deux aspects de la transparence, relatifs à l'ouverture de ce système à la participation respective des Membres de l'OMC et du public, dès lors, sont considérés comme vitaux dans le sens où ils contribueront à assurer la légitimité et la crédibilité de ce système. Toutefois, externe ou interne, elle ne fonctionne pas aussi bien qu'elle le pourrait[1182]. On a souvent entendu parler du déficit de transparence, résultant essentiellement du caractère confidentiel de ce système[1183] et de la présence très limitée du public dans le processus de règlement des différends[1184]. L'intérêt du public portant sur le règlement des différends interétatiques de l'OMC est de plus en plus important. C'est fort compréhensible, car l'issue d'un différend, et surtout les constatations établies par le

---

1177 FAKHRI M., *ibid.,* note 478, p. 94 ; STAINER S. & WEISS F., *ibid.,* note 1174, p. 269.

1178 WOLFE R., « Regulatory Transparency, Developing Countries and the WTO », *World Trade Review,* 2000, vol. 2, n°. 2, pp. 157-158 ; WAINCYMER J., *ibid.,* note 1175, pp. 804-805.

1179 Voir l'Annexe 3 de l'Accord de Marrakech de 1994 portant sur le Mécanisme de l'examen des politiques commerciales ; CARREAU D. & JUILLARD P., *op. cit.,* note 9, pp. 84-85.

1180 L'auteur A. Schneider a défini la transparence du système de règlement des différends de l'OMC comme « *the clarity and intelligibility of the procedures of the system as well as to the outcome* ». Voir : SCHEIDER A., « Democracy and Dispute Resolution : Individual Rights in International Trade Organizations », *University of Pennsylvania Journal of International Economic Law,* 1998, vol. 19, n°. 2, p. 613.

1181 « *Internal transparency (…) helps ensure that the process is perceived as valid by member governments. External transparency (…) helps secure understanding and support amongst affected stakeholders* ». SANDFORD I., *ibid.*, note 477, pp. 5-6.

1182 PUIG G. V. & AL-HADDAB B., *ibid.*, note 1174, pp. 2-17.

1183 Voir les articles 14.1, 17.10, 18.2 du Mémorandum d'accord ainsi que la section VII des Règles de conduite relatives au Mémorandum d'accord sur les règles et procédures régissant le règlement des différends du 11 décembre 1996, WT/DSB/RC/1.

1184 WAINCYMER J., *ibid.,* note 1175, pp. 803-804 ; PUIG G. V. & AL-HADDAB B., *ibid.,* note 1174, pp. 4-6

groupe spécial ou l'Organe d'appel saisi, peuvent influencer directement l'environnement commercial des sociétés privées et revêtent un intérêt substantiel pour la société civile[1185].

497.- Comment les tierces parties peuvent-elles donc contribuer pour leur part à combler ce déficit de transparence ? Les chercheurs académiques ainsi que le public ont bien souvent incité à apporter au SRD une transparence plus grande. Pour y parvenir, cela nécessite une implication importante, en premier lieu dans le cadre actuel, des Membres présents dans le règlement des différends ainsi que des instances saisies et en second lieu, des négociateurs dans le cycle de Doha[1186]. Les tierces parties ne peuvent pas combler à elles seules ce déficit. Toutefois, le renforcement de la transparence par les tierces parties est susceptible d'être réalisé de deux façons différentes :

498.- ***Premièrement***, la participation des tierces parties au règlement des différends rend plus transparentes certaines procédures internes en faveur de l'ensemble des Membres de l'OMC.

La transparence interne du SRD peut être résumée dans les tableaux suivants (*voir les tableaux 7.1 et 7.2*[1187]).

Tableau 7.1 : La transparence interne du SRD à travers la participation du Membre à différentes étapes de règlement d'un différend

RÉUNIONS		Membre de l'OMC (ni tierce partie, ni partie)	Tierce partie à un différend	Partie principale à un différend
1.	Réunions de l'ORD à différents buts	✓	✓	✓
2.	Réunions de consultations		✓ (si acceptation)	✓
3.	Première réunion de fond du groupe spécial initial avec les parties au différend			✓
4.	Première réunion de fond du groupe spécial initial avec les tierces parties		✓	
5.	Deuxième réunion de fond du groupe spécial initial		✓ (si acceptation)	✓
6.	Audiences de l'Organe d'appel		✓	✓

1185 ORD – Session extraordinaire, *Compte rendu de la réunion tenue au Centre William Rappard le 16 avril 2002,* TN/DS/M/1, para. 30.

1186 Sur ce sujet, voir : *Ibid.,* TN/DS/26, note 6, pp. 7-8.

1187 Ces tableaux reprennent et développent l'idée présentée par le Mexique dans le document suivant : *Ibid.,* TN/DS/W/90, note 1025, p. 46.

7.	Réunions du groupe spécial ou de l'Organe d'appel pour traiter des questions préliminaires		✓	✓
8.	Réunion de réexamen intérimaire du groupe spécial			✓
9.	Première réunion du groupe spécial au titre de l'article 21.5 du Mémorandum d'accord		✓	✓
10.	Audiences de l'arbitre au titre de l'article 21.3 du Mémorandum d'accord			✓
11.	Audiences de l'arbitrage au titre de l'article 22.6 du Mémorandum d'accord		✓ (si acceptation)	✓
12.	Audiences de l'arbitre au titre de l'article 25 du Mémorandum d'accord			✓

Tableau 7.2 : La transparence interne du SRD par le biais des renseignements reçus par le Membre

DOCUMENTS		Membre de l'OMC (ni tierce partie, ni partie)	Tierce partie à un différend	Partie à un différend
1.	Documents publics de l'OMC	✓	✓	✓
2.	Presse	✓	✓	✓
3.	Communication et déclaration publiquement rendues	✓	✓	✓
4.	Communications présentées à la première réunion du groupe spécial initial		✓	✓
5.	Communications présentées à la deuxième réunion du groupe spécial initial		✓ (si acceptation)	✓
6.	Communications présentées à l'Organe d'appel		✓	✓
7.	Communications présentées au groupe spécial ou l'Organe d'appel sur le sujet des questions préliminaires		✓	✓
8.	Rapport intérimaire descriptif du groupe spécial initial			✓
9.	Documents présentés au groupe spécial au titre de l'article 21.5 du Mémorandum d'accord		✓	✓
10.	Communications présentées à l'arbitre au titre de l'article 21.3 du Mémorandum d'accord			✓

11.	Communications présentées à l'arbitre au titre de l'article 22.6 du Mémorandum d'accord		✓ (si acceptation)	✓
12.	Questions posées par le groupe spécial aux parties principales et réponses à ces questions			✓
13.	Questions posées par l'Organe d'appel et réponses à ces questions		✓	✓
14.	Renseignements confidentiels		✓ (si acceptation)	✓
15.	Solutions mutuellement satisfaisantes pour régler le différend entre les parties	✓	✓	✓
16.	Rapport du groupe spécial, de l'Organe d'appel, de l'arbitre	✓	✓	✓

Il ressort de ces deux tableaux que les Membres de l'OMC qui ne sont ni partie, ni tierce partie au différend donné n'ont pas le droit d'assister à plusieurs des réunions organisées par les parties au différend (dans la phase des consultations) ou par les juges de l'OMC en vue de régler le différend. Ils ne peuvent pas, non plus, recevoir certains types de communications présentées tout au long de ce processus. Devenir tierce partie dans un différend, en revanche, peut aider un Membre à être présent dans la plupart des étapes et à avoir accès à des informations essentielles. Comme les données statistiques l'ont démontré dans les chapitres précédents, dans la pratique, les tierces parties ont été présentes dans 55% des consultations, 96% des groupes spéciaux et 94% des examens en appel. La plupart de ces procédures se sont déroulées en secret, ce faisant, la participation en tant que tierce partie à l'instance, constitue un des « rares moyens de s'informer en cours de procédure »[1188]. Bien évidemment, tout cela affirme que tant en théorie qu'en pratique, la participation des tierces parties tout au long du règlement des différends le rend plus transparent parce que plusieurs informations ont été effectivement communiquées à des Membres autres que les parties principales au différend. « La plupart des problèmes de transparence interne peuvent être résolus en devenant tierce partie dans une affaire »[1189].

Dans la pratique, il est plus intéressant que les tierces parties aient été autorisées à participer pleinement aux travaux de certains groupes spéciaux. Les droits de tierce partie renforcés attribués par ces groupes spéciaux ont forcément permis aux tierces parties d'avoir la double possibilité de suivre la partie des procédures qui reste et d'accéder à une information plus complète (par exemple, l'accès aux communications présentées par les parties à la deuxième réunion du groupe spécial). La présence approfondie des tierces parties dans telle ou telle affaire rend encore plus transparents les travaux des groupes spéciaux concernés. Dès lors, il n'est pas surprenant de trouver que, dans le cycle de Doha, une des raisons

1188 ANGELET N., *ibid.*, note 93, p. 210.
1189 *Ibid.*, TN/DS/W/90, note 1025, p. 9.

avancées par certains Membres en faveur de la légalisation de cette pratique a reposé sur le renforcement de la transparence interne du système de règlement des différends[1190]. Jusqu'à ce que les règles permettant une transparence plus importante dans son ensemble voient le jour[1191], l'attribution aux tierces parties de droits supplémentaires en faveur de procédures internes plus transparentes devient une option plus réaliste.

499.- ***Deuxièmement***, les tierces parties peuvent contribuer à informer le public. En ce sens, il est notable qu'au titre de l'article 18.2 du Mémorandum d'accord, il n'est pas interdit que les parties à un différend communiquent leurs propres positions au public. Bien que la communication par les tierces parties au public ne soit pas prévue, il semble qu'une telle action ne soit pas non plus interdite par le Mémorandum d'accord. Dans la pratique, certains Membres, comme les États-Unis[1192], l'UE[1193], l'Australie[1194] ou la Nouvelle-Zélande[1195] ont souvent informé le public de leurs positions dans un différend où ils apparaissent en qualité de tierce partie sur un site d'Internet consacré à cette fin[1196]. Ces Membres y ont mis en ligne leurs propres communications. Il est remarquable de constater

---

[1190] Par exemple, la Malaisie a indiqué qu' « elle serait favorable à un renforcement des droits des tierces parties, car cela serait de la « véritable transparence » (*Ibid.,* TN/DS/M/1, note 1185, para. 59). L'Inde a avancé le même argument (*ibid.,* TN/DS/M/4, note 213, para. 4). Dans une autre session extraordinaire de l'ORD, la délégation de Taïpei chinois a forcément avancé qu' « un objectif primordial de la proposition du Taïpei chinois sur la transparence était d'accroître l'accès des tierces parties à la documentation pertinente et, d'une manière générale, de leur faire mieux connaître le processus de règlement des différends ». (ORD – Session extraordinaire, *Compte rendu de la réunion tenue au Centre William Rappard du 16 au 18 décembre 2002,* TN/DS/M/7, para. 13).

[1191] Malgré quelques tentatives récentes par l'Organe d'appel d'ouvrir ses audiences au public, cette question est encore très controversée au sein des négociateurs dans le cycle de Doha. Voir : *ibid.,* TN/DS/M/1, note 1185 ; *ibid,* TN/DS/M/4, note 213 ; *ibid,* TN/DS/25, note 6.

[1192] Voir le site de l'*Office of the United States Trade Representative* sur ce sujet à l'adresse : http://www.ustr.gov/trade-topics/enforcement/dispute-settlement-proceedings/wto-dispute-settlement (url consultée le 31 mars 2016).

[1193] Voir le site de la Commission européenne sur ce sujet : http://trade.ec.europa.eu/wtodispute/search.cfm?code=3 (url consultée le 31 mars 2016).

[1194] Voir le site du *Department of Foreign Affairs and Trade – Australian Government* sur ce sujet : http://dfat.gov.au/international-relations/international-organisations/wto/wto-dispute-settlement/Pages/summary-of-australias-involvement-in-disputes-currently-before-the-world-trade-organization.aspx (url consultée le 31 mars 2016).

[1195] Voir le site du *New Zealand Ministry of Foreign Affairs & Trade* sur ce sujet : http://www.mfat.govt.nz/Treaties-and-International-Law/02-Trade-law-and-free-trade-agreements/NZ-involvement-in-trade-disputes.php#prevtpp (url consultée le 20 juin 2014).

[1196] PUIG G. V. & AL-HADDAB B., *ibid.,* note 1174, p. 6. En ce qui concerne le cas de l'Australie, par exemple, toutes les communications écrites ou orales que ce Membre, en tant que tierce partie, a soumises au juge de l'OMC dans les affaires, ont été mises en ligne sur le site dédié ci-haut. Voir, par exemple, les communications de l'Australie mises en ligne dans les affaires *États-Unis – Mesures compensatoires et mesures antidumping visant certains produits en provenance de Chine* (WT/DS449), *États-Unis – Mesures affectant l'importation d'animaux, de viandes et d'autres produits d'origine animale en provenance d'Argentine* (WT/DS447), *Argentine – Mesures affectant les importations de marchandises* (WT/DS438, WT/DS444 & WT/DS445), etc.

que les rapports des groupes spéciaux ou de l'Organe d'appel ont souvent reflété et contenu uniquement le résumé des communications écrites/orales déposées par les parties et tierces parties, alors que l'on peut facilement trouver sur ces sites les communications avec leur contenu complet. De plus, certaines communications (comme les réponses aux questions posées par des groupes spéciaux, l'Organe d'appel ou par d'autres parties au différend (communications additionnelles...)) qui n'ont pas le plus souvent été insérées ou annexées dans ces rapports, ont été également mises en ligne. Cette mise en ligne, même quelquefois retardée, permet au public d'avoir un accès plus complet aux informations sur le différend. Elle devient par la suite nécessaire pour certains acteurs privés qui veulent déposer des mémoires d'*amicus curiae* devant le juge de l'OMC. Lorsque les moyens d'information officiels de l'OMC ne leur fournissent pas d'informations détaillées sur les questions en cause, ils peuvent attendre de ces communications des informations appropriées à la préparation de tel ou tel mémoire. Toutefois, il faut reconnaître qu'il s'agit d'une volonté de ces Membres, non d'une obligation au titre du Mémorandum d'accord. De plus, il ne s'agit pas d'une action commune de l'ensemble des Membres de l'OMC. Ce faisant, l'accès du public à ces communications par cette voie dépend entièrement de la discrétion de certains Membres et reste encore très limité.

-----oOo-----

CONCLUSION DU CHAPITRE 1

500.- Les contributions des tierces parties au bon fonctionnement de SRD ont pu donc être examinées sous deux aspects différents : information aux juges et renforcement du côté politique de ce système.

501.- Il convient d'affirmer, tout d'abord, que les contributions des tierces parties en vue d'informer les juges de l'OMC ne constituent en aucun cas le rôle principal des tierces parties au sein du SRD. Elles jouent plutôt le rôle de l'assistance aux juges, dès lors, leur fonction ressemble à celle d'*amicus curiae*[1197] :

> « Les tierces parties peuvent parfois jouer un rôle utile d'*amicus curiae*. En tout cas, elles aident à élargir l'éventail des arguments et de considérations qui sont mis devant les groupes spéciaux et à l'Organe d'appel, et

[1197] MENETREY S., *op. cit.*, note 150, pp. 95-122.

à éviter que les groupes spéciaux se focalisent étroitement sur les intérêts particuliers des parties aux différends »[1198].

Néanmoins, même s'il a été établi que les communications que les tierces parties déposent auprès des groupes spéciaux et/ou de l'Organe d'appel dans une affaire précise seront prises en compte par tel ou tel juge, cette prise en compte dépend tout entièrement de la pertinence des informations contenues dans celles-ci. En ce sens, il semble que les Membres développés tierces parties peuvent avoir plus de contributions significatives que les Membres en développement tierces parties. Grâce aux longues traditions contentieuses, à une incontestable expertise juridique, certains Membres comme les États-Unis, l'UE ou le Japon constituent un groupe des « *influential WTO Members* »[1199] (des Membres influents de l'OMC) qui peuvent faire valoir leurs points de vue dans les communications présentées en tant que tierces parties, en particulier, à l'Organe d'appel. Ce dernier en a bénéficié pour « réduire le risque de prendre des décisions négatives dans les cas où celles-ci peuvent résulter des contraintes collectives de Membres de l'OMC »[1200].

502.- En ce qui concerne le deuxième aspect des contributions de tierces parties, leur présence dans les différends de nature bilatérale a contribué à multilatéraliser ces différends eux-mêmes ainsi que les procédures. La tendance à la multilatéralisation devant l'OMC demeure plus forte et plus constante que dans d'autres juridictions internationales, surtout la CIJ dont les procédures restent encore fidèles à la « prééminence bilatéraliste »[1201] basée sur le consentement des parties principales[1202]. Cependant, cette tendance se poursuit et cela signifie que dans l'avenir, les procédures de règlement des différends de l'OMC devront être de plus en plus multilatéralisées, surtout en ce qui concerne la mise en conformité et l'application des contre-mesures.

503.- En outre, l'intervention des tierces parties a provoqué des effets positifs sur la légitimité de ce système en le rendant plus transparent, aussi bien à l'intérieur qu'à l'extérieur. Cette intervention devient le seul moyen pour que les Membres de l'OMC, qui ne sont pas parties principales à un différend précis,

---

[1198] « *Third party may sometimes play a useful role as a kind of* amicus curiae. *In any case, they assist in broadening the range of arguments and considerations which are put before panels and the Appelate Body, and avoiding that panels become too narrowly focused on the particular interests of the parties to the dispute* ». ROSAS A., *ibid.*, note 103, p. 85.

[1199] GARRETT G. & SMITH J. M., « The Politics of WTO Dispute Settlement », 2002, pp. 18-19, disponible sur : http://citeseerx.ist.psu.edu/viewdoc/download?doi=10.1.1.35.408&rep=rep1&type=pdf (url consultée le 31 mai 2013). SMITH J. M., *ibid.*, note 104, pp. 70-85.

[1200] « *Reduce the risk of making adverse rulings in cases where this may result in collective restraint by WTO members* ». GARRETT G. & SMITH J. M., *ibid.*, note 1199, p. 19.

[1201] KOLB R., *op. cit.*, note 89, p. 718 ; IWASAWA Y., *ibid.*, note 127, p. 880.

[1202] CHINKIN C., *op. cit.*, note 44, p. 1-3.

puissent avoir un accès plus complet à des audiences organisées durant les consultations, les travaux du groupe spécial et/ou de l'Organe d'appel, ainsi qu'à la plupart des documents durant ces procédures. Toutefois, en raison des limites prévues dans le Mémorandum d'accord aux droits de tierces parties, en particulier aux droits d'accès à l'information, cette contribution n'est pas satisfaisante. Par conséquent, il est fort compréhensible que dans le cadre du cycle de Doha, les appels à renforcer les droits de tierces parties ont toujours été sous-tendus par l'idée d'apporter à ce système une transparence interne plus grande[1203].

[1203] WAINCYMER J., *ibid.*, note 1175, p. 803-804 ; BUSCH M. L. & REINHARDT E., *ibid.*, note 949, pp. 73-75.

Chapitre 2

LA CONTRIBUTION À LA PROTECTION DES INTÉRÊTS DE L'ENSEMBLE DES PARTIES

504.- Le contentieux tranché par l'ORD est considéré comme objectif, puisqu'il s'agit d'examiner la compatibilité d'une législation nationale avec le droit de l'OMC[1204]. Ce contrôle de légalité d'une norme permet, théoriquement, à l'issue du règlement, de mettre fin aux mesures mises en cause et de rétablir une nouvelle norme compatible avec le droit de l'OMC. En d'autres termes, une plainte à l'ORD vise, par sa nature, à mettre un terme aux mesures considérées comme violant le droit de l'OMC, et non pas à demander de compenser un préjudice causé par ces mesures. Allant dans ce sens, la solution établie dans l'affaire *CE – Bananes III* par l'Organe d'appel confirme qu'un Membre de l'OMC peut, semble-t-il, introduire une plainte contre un autre sans avoir besoin de préciser un quelconque intérêt à agir. Il apparaît donc que dans un tel système, l'intérêt à agir perd sa signification.

505.- Toutefois, si l'intérêt à agir est défini par E. Jeuland comme « la condition de l'action selon laquelle le requérant est susceptible de tirer un avantage du procès »[1205], cette notion est encore très pertinente en ce qui concerne l'intervention. Devant l'ORD, le volontarisme exercé par un certain nombre de Membres de l'OMC et par le juge de l'OMC a permis aux tierces parties de faire valoir différents types d'intérêts. Tout d'abord, l'intervention permet aux tierces parties de défendre, dans certaines mesures, l'intérêt commun de l'ensemble des Membres de l'OMC. Elles ont pu également demander au groupe spécial de prendre en compte leur intérêt au titre de l'article 10.1 du Mémorandum d'accord[1206]. Elles ont libre choix de déposer des arguments pour soutenir soit le plaignant, soit le défendeur, soit les deux. Dans ce cas-là, un renforcement par l'une des parties principales de sa position dans l'affaire pendante est devenu faisable, grâce

---

[1204] JEULAND E., *Droit processuel : une science de la reconstruction des liens de droit,* Coll. Manuel, Paris, L.G.D.J., 2007, p. 272.

[1205] JEULAND E., *op. cit.,* note 1204, p. 279.

[1206] L'article 10.1 prévoit que : « Les intérêts des parties à un différend et ceux des autres Membres dans le cadre d'un accord visé invoqué dans les différends seront pleinement pris en compte dans la procédure des groupes spéciaux ».

au soutien plus ou moins solide des tierces parties. Elles ont déposé des arguments pour protéger leurs propres intérêts, surtout les intérêts commerciaux. Il s'agit, dans tous ces cas de figure, de la contribution non négligeable des tierces parties à protéger des intérêts variés **(section 1)**.

En outre, au sein de l'OMC, les trois quarts des Membres sont des pays en développement ou des pays les moins avancés[1207]. Leur participation en qualité de parties principales reste encore limitée, en raison des obstacles qui leur sont propres. Dès lors, l'intervention leur apporte une utilité certaine **(section 2)**, dans la perspective d'augmenter leur présence dans ce système et de renforcer leurs compétences et capacités internes.

Section 1 : UNE CONTRIBUTION À LA PROTECTION D'INTÉRÊTS VARIÉS

506.- L'intervention donne aux tierces parties l'occasion de protéger divers intérêts. Tout d'abord, elles peuvent aider les Membres de l'OMC à garantir que leur intérêt commun est protégé de manière appropriée **(I)**. De plus, les parties principales en trouvent un soutien indispensable. Les tierces parties peuvent également bénéficier, grâce à cette participation, des avantages non négligeables en matière commerciale, juridique, etc. Il s'agit donc des intérêts propres pour chaque partie concernée dans le règlement des différends (**II**).

I. L'intervention au bénéfice de l'intérêt commun

507.- *Stricto sensus,* « les intérêts de la communauté (...) sont ceux qui transcendent les intérêts des États individuels et protègent les biens publics de la communauté internationale dans son ensemble ou d'un groupe d'États »[1208]. Il en ressort que, dans le cadre de l'OMC, l'intérêt commun peut s'entendre par l'intérêt de l'ensemble ou, du moins, d'un groupe de Membres à protéger dans les activités[1209] tombant dans les fonctions de l'OMC, ainsi que dans le processus de règlement des différends devant l'ORD.

[1207] BOHANES J. & GARZA F., « Going Beyond Stereotypes : Participation of Developing Countries in WTO Dispute Settlement », *Trade, Law and Development,* 2012, vol. 4, n°. 1, p. 51.

[1208] « *Community interests (...) are those which transcend the interests of individual States and protect public goods of the international community as a whole or a group of states* ». BENZING M., « Community Interests in the Procedure of International Courts and Tribunals », *The Law and Pratice of International Courts and Tribunals,* 2006, vol. 5, n°. 3, p. 371.

[1209] Le site web de l'OMC fait savoir que les principales activités de l'OMC sont les suivantes :

« - Négocier la réduction ou l'élimination des obstacles au commerce (droits de douane à l'importation, autres obstacles au commerce) et convenir de règles régissant le commerce international (par exemple mesures antidumping, subventions, normes relatives aux produits, etc.);

- Administrer et suivre l'application des règles commerciales de l'OMC convenues pour le commerce des marchandises, le commerce des services et les aspects des droits de propriété intellectuelle qui touchent au commerce;

- Suivre et examiner les politiques commerciales de nos Membres et assurer la transparence des accords commerciaux régionaux et bilatéraux;

508.- Protéger l'intérêt commun n'est pas le motif originel qui sous-tend l'intervention. Il n'en reste pas moins cependant qu'à travers la présence des tierces parties dans un différend, l'intérêt commun fait l'objet de l'examen du juge et il est pris en compte par celui-ci. Cette possibilité résulte tout d'abord de la nécessité du juge de tenir compte de l'intérêt commun dans le droit international **(A)**. Spécifiquement, dans le cadre de l'ORD, il existe deux situations différentes dans lesquelles l'intérêt commun peut être protégé par l'intervention des tierces parties **(B)**.

A. La nécessité de prendre en compte l'intérêt commun dans le droit international

509.- Dépassant le cadre traditionnel de coordination et coopération, le droit international est actuellement en cours d'être constitutionnalisé et la protection de l'intérêt de la communauté constitue l'un des aspects importants de ce processus[1210]. Dans le droit du contentieux international, le besoin de protéger cet intérêt peut avoir des incidences sur la manière dont les juridictions internationales résolvent les différends l'évoquant. Selon l'auteur M. Benzing, ces incidences s'expriment de quatre façons différentes[1211] : *premièrement*, les juridictions internationales peuvent, dans certaines circonstances, agir *proprio motu*, en faveur de l'intérêt commun ; *deuxièmement*, la protection de l'intérêt commun peut influer sur la façon dont le juge attribue la charge de la preuve ; *troisièmement*, les États peuvent chercher à le défendre par des demandes en justice ; et *quatrièmement*,

---

- Régler les différends entre nos Membres concernant l'interprétation et l'application des accords;

- Renforcer la capacité des fonctionnaires des pays en développement s'occupant de questions commerciales internationales;

- Faciliter le processus d'accession d'une trentaine de pays qui ne sont pas encore Membres de l'Organisation;

- Mener des recherches économiques et réunir et diffuser des données sur le commerce, de manière à appuyer les autres activités principales de l'OMC;

- Expliquer au public en quoi consiste l'OMC, sa mission et ses activités et le sensibiliser à ces sujets ».

Voir : https://www.wto.org/french/thewto_f/whatis_f/wto_dg_stat_f.htm (url consultée le 30 mars 2015).

[1210] BENZING M., *ibid.*, note 1208, p. 370.

[1211] « *First, courts themselves may under certain circumstances act* proprio motu *for the furtherance of community interests. For instance, this is the case where they include community interests in their reasoning for the indication of provisional measures or even indicate them* proprio motu. *It may also become apparent where fact-finding competences are more activity used in community interest-sensitive areas. Second, community interests may have an impact on the allocation of the burden of proof or the standard of proof. Third, States are being put in a position where they themselves can judicially enforce community interests more liberally than in the past. The major development in this respect is the possibility of an* actio popularis. *Besides, intervention may also contribute to this effect. It goes without saying, however, that this does not solve the problem that a State has to be willing to take a case to the court, or to intervene, on behalf of the international community. Fourth, other actors, such as NGOs or public international organizations, may also contribute to the protection of community interests by way of procedural rights granted to them* ». BENZING M., *ibid.*, note 1208, pp. 406-407.

certaines autres entités, telles que les ONG, peuvent contribuer à protéger l'intérêt commun grâce aux droits procéduraux qui leur sont attribués dans le règlement des différends. Notre objectif dans cette section est de nous intéresser au troisième des cas de figure envisagés ici. Dans un tel cas, les demandes en justice d'un État comprennent la possibilité d'évoquer une *actio popularis* et l'intervention en faveur de cet intérêt.

510.- En ce qui concerne l'*actio popularis,* il s'agit de l'action en justice internationale d'un État en faveur de la défense de l'intérêt de la communauté[1212]. Dans les procédures devant la CJUE, une telle action peut être mise en scène par le biais des recours de la Commission européenne en constatation du manquement par un État membre de ses obligations européennes. Dans ces affaires, comme la Cour l'a constaté, la Commission n'a pas à démontrer l'existence d'un intérêt à agir, puisque, « dans l'intérêt général communautaire, elle a, d'office, pour mission de veiller à l'application du traité par les États membres et de faire constater, en vue de leur cessation, l'existence de manquements éventuels aux obligations qui en dérivent »[1213]. La Commission est donc considérée comme organe surveillant le respect par les États membres du droit européen dans l'intérêt de l'ensemble de l'Union. Il s'agit dès lors d'un mécanisme sans équivalent au niveau international[1214].

511.- Cela signifie que la possibilité d'une *actio popularis* devant la CIJ ou l'ORD, faute d'un mécanisme comparable à celui de la CJUE, reste encore incertaine[1215]. Devant la CIJ, par exemple, cette incertitude résulte tout d'abord de ses règles statutaires qui limitent la qualité pour saisir la Cour aux seuls États et la juridiction de la Cour sur la base du consentement des États parties principales au litige. Les organisations internationales, les communautés locales, les personnes privées, etc., se trouvent dans l'impossibilité de devenir une des parties principales dans une affaire devant la Cour. Dans cette limite, un État a uniquement la possibilité de saisir la Cour d'une *actio popularis*, mais dans des contextes spécifiques où il est en mesure de se prévaloir d'un titre de juridiction appropriée[1216]. Toutefois, en pratique, il n'a pas été facile de le faire et la position de la Cour face à la question de la recevabilité d'une telle requête n'a pas été stable. Dans l'affaire du *Sud-Ouest africain,* la Cour a rejeté en 1966 les requêtes déposées par l'Éthiopie et le Liberia au sujet de l'administration du territoire du Sud-ouest

---

[1212] Sur ce sujet, voir surtout : VOEFFRAY F., *op. cit.*, note 7, pp. 35-41.

[1213] L'affaire *Commission c. République française,* n° 167/73, Arrêt du 4 avril 1974, Recueil de la jurisprudence, 1974, p. 359 et s., para. 15.

[1214] BENZING M., *ibid.,* note 1208, p. 373.

[1215] Voir surtout : VOEFFRAY F., *op. cit.,* note 7, pp. 55-90, 182-189.

[1216] VOEFFRAY F., *op. cit.,* note 7, p. 45.

africain, étant donné que ces deux États demandeurs n'avaient pas d'intérêt suffisant à agir[1217] en défense de l'intérêt commun[1218]. La Cour a également nié la possibilité d'une *actio popularis* puisque cette dernière n'était pas reconnue dans le droit international, ni vue par la Cour comme l'un des « principes généraux de droit » mentionnés à l'article 38.1.c de son Statut[1219]. Mais avec un *obiter dictum* célèbre[1220] dans l'affaire *Barcelona Traction*, la Cour a abandonné cette approche restreinte[1221]. La reconnaissance explicite des obligations *erga omnes* par la Cour semble donner l'impression qu'elle soutient une *actio popularis*, c'est-à-dire la possibilité pour n'importe quel État d'agir en justice devant le juge international en faveur de l'intérêt de la communauté[1222]. La portée exacte de cette reconnaissance dépend effectivement de la situation de chaque affaire précise[1223].

512.- Quant à l'ORD, il fonctionne comme un organe de « supervision judiciaire »[1224], donc, la possibilité d'une *actio popularis* est plus grande que devant la

---

1217 *Sud-Ouest africain, ibid.*, note 220, para. 99.

1218 Rappelons que ces deux requêtes ont été introduites à l'encontre de l'Afrique du Sud au sujet de l'administration par cette dernière du territoire de l'ancien sud-ouest africain. Il s'agit d'un prolongement dans le temps du différend né en 1946 entre l'ONU et l'Afrique du Sud en la matière. Après la Seconde Guerre mondiale, le gouvernement de l'Afrique du Sud avait prononcé son intention de procéder à l'annexion du territoire qui lui avait été confié par mandat sous l'époque de la Société des Nations. Toutefois, l'ONU, s'étant opposée à cette annexion, avait eu beau inviter l'Afrique du Sud à le placer sur le régime de tutelle prévu dans le chapitre XII de la Charte des Nations Unies. L'avis consultatif donné par la CIJ à la demande de l'Assemblée générale de l'ONU en 1950 avait affirmé que ce territoire, malgré la dissolution de la Société des Nations, était soumis au contrôle de l'ONU. Deux autres avis consultatifs rendus en 1954 et 1955 pour préciser les modalités de ce contrôle, n'avaient pas pu être mis en œuvre faute de la coopération de la part de l'Afrique du Sud. Dans l'impossibilité de l'ONU de porter le litige devant la CIJ, les requêtes déposées par l'Éthiopie et le Liberia étaient considérées comme action en faveur de l'ONU, autrement dit, pour défendre l'intérêt de la communauté.

1219 *Sud-Ouest africain, ibid.*, note 220, para. 88.

1220 « Une distinction essentielle doit [...] être établie entre les obligations des États envers la communauté internationale dans son ensemble et celles qui naissent vis-à-vis d'un autre État dans le cadre de la protection diplomatique. Par leur nature même, les premières concernent tous les États. Vu l'importance des droits en cause, tous les États peuvent être considérés comme ayant un intérêt juridique à leur respect ; les obligations dont il s'agit sont des obligations *erga omnes*.

Ces obligations découlent par exemple, dans le droit international contemporain, de la mise hors la loi des actes d'agression et du génocide, mais aussi des principes et des règles concernant les droits fondamentaux de la personne humaine, y compris la protection contre la pratique de l'esclavage et la discrimination raciale. Certains droits de protection correspondants se sont intégrés au droit international général [...] ; d'autres sont conférés par des instruments internationaux de caractère universel ou quasi universel ». *Barcelona Traction Light and Power Company Limited, ibid.*, note 1034, para. 34-35.

1221 CHARPENTIER J., « L'affaire de la *Barcelona Traction* devant la Cour internationale de Justice (arrêt du 5 février 1970) », *Annuaire français de droit international,* 1970, vol. 16, p. 312.

1222 VOEFFRAY F., *op. cit.*, note 7, p. 75 ; BENZING M., *ibid.*, note 1208, p. 396.

1223 Par exemple, dans l'affaire *Timor Oriental,* la Cour a refusé de statuer sur la requête du Portugal faute du consentement de l'Indonésie. Voir : *Timor oriental (Portugal c. Australie),* Arrêt, C.I.J. Recueil 1995, p. 105, para. 35.

1224 IWASAWA Y., *ibid.*, note 127, pp. 876-881.

CIJ[1225]. La reconnaissance par l'Organe d'appel de la qualité à agir des États-Unis dans l'affaire *CE - Bananes III* semble parfaite pour démontrer l'ouverture de ce mécanisme à l'*actio popularis*[1226]. Si certains auteurs ont caractérisé les obligations au sein de l'OMC comme bilatérales ou réciproques[1227], il faut rappeler que l'interdépendance des économies et du commerce international exige que tous les Membres de l'OMC respectent ses règles multilatéralement, car « il en va de l'équilibre négocié des droits et obligations qui peuvent emporter, directement ou indirectement, des conséquences pour tous »[1228]. De plus, au titre de l'article 3.8 du Mémorandum d'accord précité[1229], l'Organe d'appel a admis l'existence d'intérêts commerciaux potentiels ou indirects des plaignants pour affirmer que les Membres défendeurs n'ont pas réussi à renverser la présomption établie par cet article[1230]. Tout ceci peut effectivement servir à fonder l'intérêt à agir de n'importe quel Membre[1231]. Néanmoins, il convient de noter qu'après cette affaire, aucune affaire semblable ne s'est introduite. Cette situation révèle que la complexité d'introduire une plainte au titre d'une *actio popularis* peut empêcher de le faire.

513.- Une *actio popularis* en faveur de l'intérêt de la communauté demeure toujours une procédure principale. N'étant pas parties principales, les tierces parties ne peuvent pas évoquer l'*actio popularis*. Néanmoins, leur participation au règle-

---

1225 BENZING M., *ibid.*, note 1208, p. 396.

1226 CANAL-FORGUES E., *op. cit.*, note 8, p. 35.

1227 PAUWELYN J., « The nature of WTO obligations », *Jean Monnet Working Paper 1/02*, 2002, pp. 14-19, disponible sur : http://www.jeanmonnetprogram.org/archive/papers/02/020101.html (url consultée le 20 mai 2014) ; PAUWELYN J., *ibid.*, note 1107, pp. 928-936 ; GAZZINI T., *ibid.*, note 1107, pp. 723-742.

1228 CANAL-FORGUES E., *op. cit.*, note 8, p. 36 ; *ibid.*, WT/DS27/R/USA, note 611, para. 7.50.

1229 Voir *supra*, para. 314 et s.

1230 L'Organe d'appel, dans l'examen en appel concernant le recours des États-Unis à l'article 21.5 du Mémorandum d'accord dans l'affaire *CE – Bananes III*, a indiqué que :

« Dans la présente procédure, comme dans la procédure initiale, la mesure contestée ne peut pas avoir d'effets réels sur le commerce parce qu'à l'heure actuelle, il n'y a pas d'exportations de bananes des États-Unis vers les Communautés européennes. Toutefois, afin de déterminer si les États-Unis ont subi une annulation ou une réduction d'avantages, les « possibilités de concurrence » et, en particulier, tout intérêt potentiel à l'exportation des États-Unis doivent être pris en compte. Nous n'estimons pas que l'argument des Communautés européennes – selon lequel, en tant qu'importateur net de bananes, les États-Unis ne pouvaient pas plausiblement avoir un intérêt « potentiel » à exporter des bananes vers les Communautés européennes – soit suffisant pour réfuter la présomption d'annulation ou de réduction d'avantages au titre de l'article 3.8 ». *Ibid.*, WT/DS27/AB/RW/USA, note 1053, para. 469 ; voir également : *Communautés européennes – Subventions à l'exportation de sucre,* Rapport de l'Organe d'appel du 28 avril 2005, WT/DS265/AB/R, WT/DS266/AB/R & WT/DS283/AB/R, para. 299-300.

1231 VOEFFRAY F., *op. cit.*, note 7, p. 188.

ment des différends peut servir à la constatation du juge international sur l'existence de l'intérêt de la communauté et sur la nécessité de le protéger. La pratique de l'ORD, par exemple, peut l'illustrer dans deux situations distinctes.

B. Les deux situations dans lesquelles les tierces parties peuvent protéger l'intérêt commun

514.- Il existe, en théorie et en pratique, dans le cadre de l'ORD deux situations dans lesquelles un Membre peut intervenir en qualité de tierce partie pour attirer l'attention des autres Membres ou du juge de l'OMC sur l'intérêt commun. Il s'agit tout d'abord de l'intervention durant la phase des consultations **(1)** et de l'intervention pour faire valoir des arguments au titre de l'article 10.1 du Mémorandum d'accord **(2)**.

1. La protection de l'intérêt commun par les tierces parties dans le cadre des consultations

515.- Rappelons que, par leur nature, le côté confidentiel[1232] des consultations tenues dans ce cadre empêche d'autres Membres d'avoir accès à des informations échangées entre les parties principales au cours de ces consultations. Dès lors, comme les analyses ci-dessus l'ont démontré, l'intervention est destinée à empêcher des solutions convenues de manière bilatérale au détriment des intérêts d'autres Membres tiers[1233]. De manière plus générale, il s'agira là d'un moyen que les Membres intervenants ont pu utiliser, directement ou indirectement, pour protéger l'intérêt commun.

516.- *Directement*, la présence des Membres intervenants oblige d'abord les parties principales à mieux notifier les solutions convenues d'un commun accord dans les consultations[1234]. L'article 3.6 du Mémorandum d'accord prévoit explicitement l'obligation des parties principales de notifier ces solutions obtenues lors des consultations ou au cours du règlement d'une affaire[1235]. Cette notification s'avère importante pour l'ensemble des Membres de l'OMC, non seulement

---

1232 L'article 4.6 du Mémorandum d'accord stipule : « Les consultations seront confidentielles et sans préjudice des droits que tout Membre pourrait exercer dans une suite éventuelle de la procédure ».

1233 Voir *supra*, para. 204-206.

1234 Jusqu'en mars 2015, il y a 152 affaires sans indication relative à leur issue et 75 affaires dans lesquelles une solution convenue d'un commun accord a été trouvée et notifiée à l'ORD au titre de l'article 3.6 du Mémorandum d'accord. Voir ces listes sur : http://wto.org/french/tratop_f/dispu_f/dispu_current_status_f.htm ;

http://wto.org/english/res_e/booksp_e/analytic_index_e/dsu_01_e.htm#article3B5; et

http://wto.org/french/tratop_f/dispu_f/dispu_current_status_f.htm (url consultées le 31 mars 2015).

1235 L'article 3.6 du Mémorandum d'accord prévoit : « Les solutions convenues d'un commun accord pour régler des questions soulevées formellement au titre des dispositions des accords visés

parce qu'ils disposent d'un droit de soulever toute question au sujet de ces solutions, mais également parce que sur la base de la clause NPF, les concessions ou engagements résultant de ces solutions seront multilatéralisés en leur faveur[1236]. Toutefois, la mise en œuvre de cet article a posé deux problèmes majeurs[1237]. *Premièrement,* cet article ne détaille pas la manière de notifier les solutions mutuellement convenues, surtout en ce qui concerne le délai et le contenu de ces solutions. Dès lors, un retard ou un contenu non précis d'une telle notification peut affecter les intérêts et droits d'autres Membres[1238]. *Deuxièmement,* il s'agit d'une action volontaire des parties principales de ne pas notifier la solution mutuellement convenue. Si les consultations sont tenues uniquement entre les parties principales qui parviennent alors à un accord commun, la notification dépendra donc entièrement de la bonne foi des parties principales[1239]. Dans ce cas, le Mémorandum d'accord offre à d'autres Membres une seule possibilité, résultant implicitement de l'article 3.6, selon lequel les Membres peuvent demander aux parties principales d'indiquer l'existence d'un accord dans les réunions de l'ORD. Ce faisant, la présence d'autres Membres en qualité de tierces parties dans les consultations joue un rôle considérable, dans la mesure où ces Membres, qui sont

---

relatives aux consultations et au règlement des différends seront notifiés à l'ORD et aux Conseils et Comités compétents, devant lesquels tout Membre pourra soulever toute question à ce sujet ».

1236 ORD, *Compte rendu de la réunion tenue au Centre William Rappard le 13 mars 1998,* WT/DSB/M/43, le 8 avril 1998, p. 11.

1237 L'Inde, lors d'une réunion de l'ORD en 1996, a également observé que l'article 3.6 du Mémorandum d'accord ne précisait pas non plus quelles sont les solutions convenues d'un commun accord à notifier à l'ORD et a demandé au secrétariat de fournir des informations supplémentaires à ce sujet (ORD, *Compte rendu de la réunion tenue au Centre William Rappard le 24 avril 1996,* WT/DSB/M/15, le 15 mai 1996, p. 6). En réponse à cette demande, le secrétariat a clarifié que « le texte Dunkel et la genèse de l'article 3.6 donneraient plutôt à penser que seules les solutions convenues d'un commun accord après recours à des dispositions relatives aux consultations qui ont pour effet de déclencher un processus formel de règlement des différends devraient être notifiées à l'ORD » (ORD, *Notification des solutions convenues d'un commun accord au titre de l'article 3.6 du Mémorandum d'accord sur le règlement des différends,* Note documentaire du secrétariat, WT/DSB/W/35, le 7 août 1996, p. 2.

1238 Cet article a proposé d'être modifié comme suit : « Chaque partie [à une solution convenue d'un commun accord], en ce qui concerne une question soulevée au titre des dispositions des accords relatives au règlement des différends, notifiera les conditions détaillées de cette solution à l'ORD et aux Conseils compétents. Cette notification sera faite par écrit et communiquée dans les 10 jours qui suivent la date à laquelle la solution a été trouvée. Tout Membre pourra soulever toute question au sujet de cette solution devant l'ORD et les Conseils et Comités compétents ». Voir : *Ibid.,* TN/DS/25, note 6, p. A.6.

1239 C'est pourquoi, dans une réunion de l'ORD en 1996, le Président de l'ORD a dû appeler les Membres de l'OMC à « mettre en œuvre intégralement les dispositions de l'article 3.6 du Mémorandum d'accord sur le règlement des différends pour assurer la transparence la plus complète en matière de règlement des différends ». *Ibid.,* WT/DSB/M/15, note 1237, p. 6. Les États-Unis ont également eu l'occasion de constater ce manquement des parties principales dans l'affaire *Inde – Restrictions quantitatives à l'importation des produits agricoles, textiles et industriels.* Voir : *Ibid.,* WT/DSB/M/43, note 1236, p. 11.

déjà mieux informés du déroulement des consultations, peuvent facilement justifier une demande de ce type. Par exemple, lors de la réunion de l'ORD datée du 30 juillet 1997, Hong Kong avait formulé la demande de savoir si les États-Unis et les CE étaient parvenus à un accord commun pour régler l'affaire *États-Unis – Mesures affectant les textiles et les vêtements*[1240]. N'étant pas tierce partie dans les consultations, Hong Kong avait dû utiliser les informations rapportées par les médias pour justifier sa demande[1241]. N'ayant obtenu aucune réponse de la part des deux parties principales, Hong Kong avait dû, par la suite, formuler une deuxième demande sur le même sujet dans une réunion ultérieure de l'ORD[1242], à laquelle les États-Unis et les CE avaient donné une réponse affirmative[1243]. Dès lors, l'incertitude des informations tirées des médias n'avait pas permis à Hong Kong d'obtenir dès la première demande une confirmation. À l'inverse, l'Inde, tierce partie dans l'affaire *États-Unis – Mesures affectant les textiles et les vêtements (II)*[1244], a indiqué clairement que sa participation officielle dans les consultations engagées pour la deuxième fois entre les États-Unis et les CE lui avait permis d'avoir raison de croire que les deux parties principales étaient parvenues à un commun accord[1245]. De crainte que les solutions résultant de cet accord commun ne puissent compromettre le programme de travail en cours sur l'harmonisation des règles d'origine non préférentielles et faire obstacle à la réalisation des objectifs de l'Accord sur les textiles et les vêtements et de l'Accord sur les règles d'origine, l'Inde avait demandé à ces deux parties de notifier à l'ORD cet accord. Cette demande, soutenue par deux autres Membres intervenant dans les mêmes consultations, à savoir le Honduras et la République dominicaine, avait eu un poids certain, puisque, par la suite, une notification à ce sujet avait été déposée[1246].

517.- *Indirectement,* la reconnaissance d'un intérêt substantiel est de plus en plus admise comme motif justifiant l'intervention durant les consultations. L'acceptation par la partie demanderesse des interventions conditionnées à l'existence d'un intérêt substantiel, non d'un intérêt commercial substantiel, signifie l'acceptation par ce Membre d'une action menée par le Membre demandant l'intervention, non pour son propre compte, mais en faveur de l'ensemble des Membres de l'OMC. Il s'agit également d'une possibilité pour une tierce partie de protéger l'intérêt commun, non seulement dans le contexte d'une intervention établie au titre de

1240 *États-Unis – Mesures affectant les textiles et les vêtements,* WT/DS85.

1241 ORD, *Compte rendu de la réunion tenue au Centre William Rappard le 30 juillet 1997,* WT/DSB/M/36, p. 12.

1242 ORD, *Compte rendu de la réunion tenue au Centre William Rappard le 16 janvier 1998,* WT/DSB/M/40, p. 11.

1243 *Ibid.,* WT/DSB/M/40, note 1242, p. 11.

1244 *États-Unis – Mesures affectant les textiles et les vêtements (II),* WT/DS151.

1245 ORD, *Compte rendu de la réunion tenue au Centre William Rappard les 27 octobre et 3 novembre 1999,* WT/DSB/M/70, le 15 décembre 1999, p. 39

1246 *Ibid.,* WT/DSB/M/70, note 1245, p. 39 ; *ibid.,* note 1244, Notification de la solution convenue d'un commun accord, WT/DS151/10, le 31 juillet 2000.

l'article 4.11 mais également au titre de l'article 10 du Mémorandum d'accord, surtout dans la perspective de mettre en œuvre les dispositions contenues à l'article 10.1.

2. L'intervention pour faire valoir l'intérêt commun au titre de l'article 10.1 du Mémorandum d'accord

518.- Il convient de rappeler que l'article 10.1 du Mémorandum d'accord prévoit l'obligation des groupes spéciaux de tenir compte des intérêts de l'ensemble des Membres de l'OMC dans leurs activités : « Les intérêts des parties à un différend et ceux des autres Membres dans le cadre d'un accord visé invoqué dans le différend seront pleinement pris en compte dans la procédure des groupes spéciaux ». Comment les groupes spéciaux peuvent-ils tenir compte de ces intérêts ? Cette disposition se trouve dans un article qui régit la participation des tierces parties aux procédures des groupes spéciaux. Donc, nous pouvons en déduire que la prise en compte de ces intérêts sera assurée par le biais de la participation des tierces parties. Cela aura pour effet de rendre nécessaire la présence des tierces parties dont les arguments constituent le moyen d'aider les groupes spéciaux à accomplir cette obligation. Cette possibilité n'est pas infondée, puisque l'Organe d'appel a argumenté de manière convaincante que :

> « L'article 10.1 dispose que les groupes spéciaux doivent prendre « pleinement » en compte les intérêts des Membres autres que les parties au différend, et l'article 10.2 impose aux groupes spéciaux de donner aux tierces parties « la possibilité de se faire entendre ». L'article 10.3 garantit que, jusqu'à une phase définie de la procédure des groupes spéciaux, les tierces parties peuvent participer pleinement à la procédure, sur la base des mêmes communications écrites que les parties elles-mêmes. L'article 10.3 cherche par-là à garantir que les tierces parties puissent participer à une séance de la première réunion avec le groupe spécial d'une manière complète et utile, ce qui ne serait pas possible si les tierces parties étaient privées des communications écrites présentées au groupe spécial avant cette réunion. *En outre, les groupes spéciaux eux-mêmes tireront ainsi davantage parti des contributions faites par les tierces parties et pourront donc mieux prendre « pleinement » en compte les intérêts des Membres, comme prescrit l'article 10.1 du Mémorandum d'accord* »[1247].

519.- Cette interprétation finaliste a effectivement attribué aux tierces parties le rôle d'assistance aux groupes spéciaux[1248] en vue de les aider à s'acquitter de

---

[1247] *Ibid.*, WT/DS108/AB/RW, note 726, para. 186.

[1248] Le groupe spécial chargé de l'affaire *États-Unis – Coton upland* a également confirmé son obligation au titre de l'article 10.1 du Mémorandum d'accord : « Comme nous l'avons déjà observé, aux termes de l'article 10.1 du Mémorandum d'accord, nous sommes déjà tenus de prendre pleinement en compte les intérêts de tous les Membres de l'OMC – y compris naturellement les pays les moins avancés Membres – dans notre examen de fond au titre de la Partie III de l'Accord SMC.

leur obligation prévue dans le Mémorandum d'accord. Même si ce n'est pas le rôle principal que jouent les tierces parties, la participation des tierces parties dans ce cas d'espèce est donc censée être un moyen indispensable pour « assurer que les droits et intérêts d'autres Membres qui ne sont pas parties au différend au titre de l'accord visé ne sont pas compromis »[1249]. Toutefois, comment la participation des tierces parties peut-elle assurer ce rôle ? La réponse se trouve dans le fait que l'article 10.2 du Mémorandum d'accord n'exige pas un type d'intérêt spécifique comme condition d'admission d'intervention. Ainsi que les analyses de la première partie l'ont constaté, la simple exigence d'un « intérêt substantiel » et l'attitude d'ouverture des groupes spéciaux ont effectivement permis l'accès des Membres en qualité de tierce partie, même si ces derniers invoquent uniquement l'existence d'un intérêt systémique[1250]. Voire, l'intérêt général dans l'interprétation et l'application donnée par un groupe spécial d'une quelconque disposition du droit de l'OMC invoquée dans une affaire donnée suffit de répondre à cette exigence. En ce sens, l'intérêt à agir n'est pas limité à l'intérêt individuel du Membre intervenant, il englobe l'intérêt de tous les Membres de l'OMC dans l'optique d'assurer le respect des obligations multilatéralement engagées. Cette constatation va de pair avec l'argument avancé par le groupe spécial récemment chargé de l'affaire *États-Unis – Mesures compensatoires visant certains produits en provenance de Chine (États-Unis – Mesures compensatoires (Chine))* pour refuser la demande du Canada en vue de l'obtention de droits de tierce partie renforcés[1251]. Le Canada, invoquant « l'intérêt systémique important dans l'interprétation des règles de l'OMC en matière de subvention » comme la raison d'être de sa présence dans ces procédures en tant que tierce partie[1252], a continué d'insister sur ce type d'intérêt dans sa demande d'obtention de droits de tierce partie renforcés[1253]. Toutefois, ce raisonnement n'a pas convaincu le groupe spécial. À l'appui de son rejet, le groupe spécial a indiqué que les intérêts systémiques ne différenciaient pas le Canada d'un quelconque autre Membre de l'OMC, pour qu'il puisse lui octroyer

---

En prenant ainsi pleinement en compte les intérêts de tous les Membres, nous ne considérons pas qu'il soit possible, du point de vue conceptuel ou pratique, de prendre les intérêts de certains Membres plus pleinement en compte que ceux d'autres Membres ». *Ibid.*, WT/DS267/R, note 582, para. 7.1411.

1249 « *Ensure that rights and interests of the others Members not parties to the dispute under the covered agreement are not prejudiced* ». WU C.-H., *op. cit.*, note 492, pp. 162-163.

1250 Voir *supra*, para. 138-141.

1251 *Ibid.*, WT/DS437/R, note 804, para. 1.9 – 1.13.

1252 *Ibid.*, WT/DS437/R/Add.1, note 804, Annexe C-3 – Résumé analytique de la communication écrite du Canada en tant que tierce partie, p. C-7, para. 1.

1253 En fait, il a expliqué de manière plus détaillée cet intérêt comme suit : « Il a des intérêts juridiques et systémiques importants dans l'issue du présent différend, en particulier parce que tout éclaircissement apporté aux dispositions de l'Accord SMC qui sont invoquées dans le cadre de la présente affaire, peut avoir des répercussions de vaste portée sur les méthodes employées par les autorités dans les enquêtes sur l'existence de subventions ainsi que sur les résultats de ces enquêtes ». *Ibid.*, WT/DS437/R, note 804, para. 1.12.

des droits de tierce partie renforcés. Dès lors, l'argument avancé par ce groupe spécial devient intéressant car celui-ci affirme explicitement que lorsqu'une tierce partie invoque la défense d'un intérêt systémique, elle n'agit pas seulement pour la défense de son intérêt propre mais aussi pour la défense de l'intérêt commun. Nous pouvons donc en déduire que lorsqu'un Membre vise à défendre l'intérêt systémique à travers sa participation en tant que tierce partie, il s'agit donc d'un moyen pour défendre l'intérêt général de tous les Membres de cette organisation[1254].

520.- En d'autres termes, chaque fois qu'une tierce partie n'a pas d'intérêt commercial substantiel à défendre dans un litige engagé devant le juge de l'OMC, sa participation sert à informer ce dernier de l'intérêt général des Membres de l'OMC pour ce qui est des règles à appliquer. Dans cette optique, l'intervention des Membres pour défendre l'intérêt systémique n'est pas différente de celle prévue à l'article 63 du Statut de la CIJ, dans le cadre d'un différend né entre les parties principales sur l'interprétation d'un traité duquel l'État intervenant fait partie[1255].

521.- En bref, l'intervention dans le cadre du Mémorandum d'accord peut être utilisée, dans certains cas, en vue de la protection de l'intérêt commun de l'ensemble des Membres de l'OMC. Elle est également un moyen pertinent permettant aux tierces parties ainsi qu'aux parties principales Membres d'en tirer des avantages individuels non négligeables.

II. Les avantages individuels apportés aux parties

522.- Dans le cadre de l'ORD, les tierces parties ont pu tirer de leur intervention même des avantages individuels sous différentes formes **(B)**. De même, elle a constitué un moyen de procédure au bénéfice des parties principales **(A)**.

1254 BENZING M., *ibid.*, note 1208, p. 400.

1255 Par exemple, dans l'affaire *Essais nucléaires* (Nouvelle-Zélande c. France), dans la requête à fin d'intervention au titre de l'article 62 du Statut et déclaration d'intervention au titre de l'article 63 du Statut soumises par le Gouvernement des États fédérés de Micronésie, cet État a évoqué l'intérêt de la communauté comme raison d'intervention : *« The Federated States of Micronesia has an interest in the subject matter of the dispute between New Zealand and France resting upon the community of interest in the fulfilment of obligations owed* erga omnes. *The legitimacy of action taken to protect that interest is heightened and reinforced by the common interest of the South Pacific Forum States in the environment of the Region – a common interest specifically recognised in the Noumea Convention ». Essais nucléaires* (Nouvelle-Zélande c. France), la requête à fin d'intervention au titre de l'article 62 du Statut et déclaration d'intervention au titre de l'article 63 du Statut soumises par le Gouvernement des États fédérés de Micronésie du 24 août 1995, para. 20, disponible sur : http://www.icj-cij.org/docket/ files/97/7191.pdf (consulté le 10 mai 2012).

A. Les avantages retirés par les parties principales

523.- Les parties principales peuvent trouver un soutien utile à la position qu'elles défendent **(1)**. De plus, l'intervention permet également aux tierces parties de partager la responsadilité[1256] avec les parties principales dans certaines circonstances **(2)**.

1. Le soutien adressé à une des parties principales

524.- F. A. S. A. Albashar et A. F. M. Maniruzzaman ont allégué que : « Les tierces parties, par leur nature, n'existent pas sauf s'il y a un litige réel impliquant un plaignant et un défendeur à l'un desquels elles peuvent exprimer leur soutien »[1257]. Cet argument est convaincant : les tierces parties peuvent intervenir pour renforcer la position d'une des parties principales.

525.- Rappelons, tout d'abord que le soutien de tierces parties à une des parties principales constitue, dans le cadre de la CJUE, l'objet principal de l'intervention[1258] établie au titre de l'article 40 de son Statut. Cette raison d'être fait obligatoirement partie du contenu de la demande d'intervention[1259] et du mémoire en intervention que l'intervenant peut déposer devant la Cour[1260]. Dans les affaires de concurrence ou d'aides d'État où il y a eu une intervention d'un État membre, celle-ci est souvent à l'appui des conclusions présentées par les entreprises. Dans certaines affaires de recours en constatation de manquement, les États membres viennent également soutenir des causes qui sont pour eux d'une particulière importance[1261]. Toutefois, il n'en reste pas moins que l'intervenant peut apporter des arguments différents ou en contradiction avec les moyens mis en avant par la partie à l'appui des conclusions de laquelle l'intervention a lieu[1262].

[1256] Le mot « responsabilité » utilisé ici ne comporte pas le sens bien connu dans le droit de la responsabilité. En fait, elle s'entend par « dans son sens le plus général, charge assumée par un sujet de droit ou un organe d'organisation, telle celle consistant à régler un problème ou gérer une situation ». Voir : SALMON J. (dir.), *op. cit.*, note 63, p. 994.

[1257] « *Third parties, by their nature, do not exist unless there is an actual dispute involving a complainant and a respondent, to one of which they can add their support* ». ALBASHAR F. A. S. A. & MANIRUZZAMAN A. F. M., *ibid.*, note 182, p. 328.

[1258] L'article 129 du Règlement de procédure de la Cour de justice prévoit que : « L'intervention ne peut avoir d'autre objet que le soutien, en tout ou en partie, des conclusions de l'une des parties ».

[1259] L'article 130.2 du Règlement de procédure de la Cour de justice.

[1260] L'article 132.2 du Règlement de procédure de la Cour de justice.

[1261] GERVASONI S., « Commentaire », *in* RUIZ FABRI H. & SOREL J.-M. (dir.), *Le tiers à l'instance devant les juridictions internationales,* Coll. Contentieux international, Paris, A. Pedone, 2005, p. 110.

[1262] Sur ce sujet, voir : DE SCHUTTER O., *ibid.*, note 248, p. 103 ; USHER J. A., *ibid.*, note 242, pp. 101-102.

526.- À la différence de la CJUE, le Mémorandum d'accord ne fait pas du soutien apporté par une tierce partie à une partie principale un élément indispensable à l'intervention. Toutefois, la pratique de l'intervention devant l'ORD affirme que les tierces parties, lors de leur intervention, ont pu apporter un soutien aux parties principales. En effet, il y a souvent plusieurs tierces parties dans un différend donné et chacune d'elles peut avoir une position différente : l'une peut soutenir le plaignant, l'autre peut appuyer la thèse de la partie défenderesse, une autre peut jouer un rôle neutre, surtout lorsqu'elle a pour but d'exprimer un point de vue sur des questions systémiques.

527.- Toutefois, se pose ici une question importante : le soutien apporté par une tierce partie à l'une des parties principales peut-il aider celle-ci à gagner l'affaire ? L'étude quantitative menée par M. L. Busch et E. Reinhardt a donné une réponse affirmative. De manière générale, le modèle économétrique établi par ces deux auteurs a démontré :

> « L'impact substantiel de la participation des tierces parties sur l'issue d'un différend peut être considérable. Pour un cas, la probabilité marginale d'une décision pro-plaignante est juste 0.06 (...) s'il n'y a aucune tierce partie. Elle s'élève à 0,29 (...) s'il n'y a que la participation des tierces parties pro-plaignantes et à 0,55 (...) si ces tierces parties invoquent l'intérêt systémique en plus. Cependant, elle retombe à 0,33 (...) si nous y ajoutons la variante de tierces parties pro-défenderesses »[1263].

Cela signifie qu'une intervention au soutien de la partie plaignante semble augmenter la possibilité de gagner une affaire. Cette possibilité est encore plus importante s'il y a des interventions ayant pour but de protéger des intérêts systémiques. Cependant, s'il existe, simultanément, des interventions à l'appui de la partie plaignante et de la partie défenderesse, la possibilité de gagner une affaire pour la partie plaignante est diminuée, et à l'inverse, pour la partie défenderesse, elle augmente.

528.- Cette constatation est importante, dans la mesure où elle nous aide à comprendre pourquoi, dans certaines affaires, les tierces parties ont reçu des encouragements de la part d'une des parties principales pour pouvoir participer au règlement d'une affaire à l'appui de cette partie. Ainsi, par exemple, dans l'espoir d'augmenter la légitimité de sa position, les CE ont fortement financé les pays ACP pour que ces derniers viennent les soutenir dans les deux affaires *CE –*

[1263] « *The substantive impact of third-party participation on ruling outcomes can be considerable. For an otherwise average case, the marginal probability of a pro-complainant ruling is just 0.06 (...) if there no third parties involved. It rises to 0.29 (...) if only pro-complainant third party intervene, and to 0.55 (...) if those parties raise systemic issues in addition. However, it drops back to 0.33 (...) if we add pro-defendant third parties to this mix* ». BUSCH M. L. & REINHARDT E., *ibid.*, note 105, p. 474.

Bananes III et *CE – Subvention à l'exportation de sucre*[1264]. Bien que, dans ces deux affaires, les CE aient perdu, les arguments présentés par les pays ACP à l'appui de la position prise par les CE ont eu cependant une importance considérable, surtout en ce qui concerne la prise en compte par le juge de l'OMC des effets potentiels négatifs de l'issue de ces deux affaires sur les pays ACP[1265].

2. Le partage de responsabilité

529.- L'intervention dans le cadre de l'ORD est parfois un moyen pour les tierces parties de partager, avec une des parties principales, la responsabilité[1266] sur une question importante d'ampleur internationale. L'exemple de certaines tierces parties dans l'affaire *CE – Préférences tarifaires* peut illustrer ce cas.

530.- Sachant que le régime européen concernant les drogues, mis en cause par l'Inde dans cette affaire, a accordé à 12 pays[1267] du monde entier des avantages sous forme de réductions tarifaires pour faciliter l'accès des produits visés par ce régime au marché européen[1268]. Selon les CE, cette initiative a fait partie

---

[1264] MANDURA C., « Daring to Dispute : Are there shifting trends in African participation in WTO dispute settlement ? », *Tralac Trade Brief*, June 2005, n°. 3, pp. 7-8, disponible sur : http://www.paulroos.co.za/wp-content/blogs.dir/12/files/2011/uploads/TB3_Calvin_Maduna_ Web.pdf (url consultée le 3 avril 2012). Les pays ACP ont utilisé un fonds financé par les CE dans le cadre d'un programme d'assistance établi conformément à l'Accord de Cotonou, pour pouvoir comparaître durant les procédures de règlement des différends.

[1265] MANDURA C., *ibid.*, note 1264, p. 8 ; ALBASHAR F. A. S. A. & MANIRUZZAMAN A. F. M., *ibid.*, note 182, p. 326.

[1266] Dans le domaine de la lutte contre le trafic de drogue, bon nombre de conventions et résolutions de l'Assemblée générale de l'OMC qualifient la responsabilité commune et partagée comme un principe. Tout d'abord, la Convention de l'ONU contre le trafic illicite de stupéfiants et de substances psychotropes de 1988 prévoit dans son préambule que : « l'élimination du trafic illicite relève de la responsabilité collective de tous les États et qu'une action coordonnée dans le cadre de la coopération internationale est nécessaire à cette fin ». La résolution de l'Assemblée générale du 8 septembre 1998 (A/RES/S-20/3) contenant en l'annexe la déclaration sur les principes fondamentaux de la réduction de la demande de drogue, affirme que : « Le meilleur moyen de faire face au problème de la drogue consiste à (…) appliquer comme il convient le principe de la responsabilité partagée ». Les résolutions ultérieures de l'OMC rappellent également ce principe. Sur ce sujet, voir également : BETTATI M., *Le trafic de drogue : Pour un contrôle international des stupéfiants,* Paris, Odile Jacob, 2015, p. 130 ; Organe international de contrôle des stupéfiants, « Chapitre I : Responsabilité partagée en matière de lutte contre la drogue à l'échelle internationale », *in Rapport de l'Organe international de contrôle des stupéfiants pour 2012,* E/INCB/2012/1, New York, 2013, pp. 1-10, disponible sur : http://www.incb.org/documents/Publications/AnnualReports/AR2012/AR_2012_F.pdf (url consultée le 10 novembre 2014).

[1267] Il s'agit de la Bolivie, de la Colombie, du Costa Rica, de l'Équateur, d'El Salvador, du Guatemala, du Honduras, du Nicaragua, du Pakistan, du Panama, du Pérou et du Venezuela. *Ibid.,* WT/DS246/R, note 115, para. 2.7.

[1268] Sur l'histoire de ce régime, voir également : MCKENZIE M., « Case Note : European Communities – Conditions for the granting of tariff preferences to developing countries », *Melbourne Journal of International Law,* 2005, vol. 6, n°. 1, pp. 118-141.

des mesures mises en œuvre par les CE dans le but de lutter contre le trafic des drogues originaires de ces pays vers le marché communautaire. Comme le Honduras, le Guatemala, El Salvador et le Nicaragua l'ont indiqué dans leur réponse commune à la question posée par le groupe spécial après la première réunion de fond, « la dimension multinationale du narcotrafic est telle que l'élimination de cette menace n'est pas à la portée d'un seul pays du monde. Dans la lutte contre la drogue, chaque État devrait avoir une tâche à accomplir qui soit à la mesure de sa propre situation et de ses moyens »[1269]. Cela signifie que le problème de la lutte contre les stupéfiants, comme certains autres problèmes internationaux, a besoin des efforts fournis toujours par plusieurs États. Les efforts d'un seul État ne suffisent pas pour le faire reculer. La participation de ces quatre pays, ainsi que de certains autres Membres de l'OMC en tant que tierce partie dans cette affaire, à l'appui de la position des CE, a montré que ces pays étaient prêts à collaborer avec les CE dans cette bataille très difficile. Bien que cette intervention vise clairement tout d'abord à défendre l'intérêt propre de ces quatre pays, en tant que bénéficiaires du programme mis en place par les CE, la protection de cet intérêt propre tombe ensuite dans un cadre plus général. Il s'agit des actions communes menées par eux et les CE dans le but de lutter contre le trafic de drogue vers le marché européen. Dès lors, « les tierces parties Membres, à la fois développés et en développement, peuvent contribuer à ajouter une dimension multilatérale à un problème global »[1270].

531.- Si l'intervention peut être significative pour les parties principales, elle devient aussi significative pour les tierces parties elles-mêmes. Les tierces parties ont effectivement pu tirer de leur intervention même des avantages importants.

B. Les avantages procurés aux tierces parties

532.- De tels bénéfices varient d'une affaire à l'autre et se manifestent sous différentes formes. Il s'agit tout d'abord d'avantages commerciaux, lorsque l'intervention permet aux tierces parties d'obtenir des informations importantes sur l'accès aux marchés ou sur les négociations futures **(1)**. Les tierces parties ont pu également tester la compatibilité de leurs mesures internes au droit de l'OMC **(2)**. S'y ajoute aussi la possibilité de renforcer leur position dans les négociations commerciales **(3)**.

[1269] *Ibid.*, WT/DS246/R, note 115, Annexe C-5 : Réponses du Salvador, du Guatemala, du Honduras et du Nicaragua aux questions du groupe spécial après la première réunion du groupe spécial, p. C-22.

[1270] « *Third parties, both developed and developing, can help by adding a multilateral dimension to a global problem in a global world* ». ALBASHAR F. A. S. A. & MANIRUZZAMAN A. F. M., *ibid.*, note 182, p. 329.

1. Des avantages économiques et commerciaux

533.- L'obtention de tels avantages dépend tout d'abord de la position d'une tierce partie qui est exportatrice ou importatrice du produit/service en cause[1271].

534.- ***Si une tierce partie exporte le produit/service mis en cause***, les bénéfices économiques obtenus varient en fonction de la mesure en cause qui vise l'importation ou l'exportation de ce produit/service.

535.- ***Premièrement***, dans le cas où il s'agit d'un litige au sujet d'une mesure discriminatoire ou d'une mesure de défense commerciale contre l'importation du produit/service vers le marché de la partie défenderesse, le règlement de ce litige peut aider cette tierce partie à élargir l'accès au marché du produit/service concerné de la partie défenderesse. L'on peut citer le cas de la Norvège et des CE qui sont intervenues en qualité de tierces parties dans l'affaire *États-Unis – Essence*. Dans cette affaire, le Venezuela et le Brésil attaquent la discrimination établie par la réglementation américaine concernant l'essence en provenance de ces deux plaignants. La Norvège et les CE, deux exportateurs d'essence à destination du marché américain, ont participé à la procédure en soutenant les plaignants. La Norvège a également argumenté, dans la procédure devant le groupe spécial, qu'un jugement du groupe spécial en faveur du Venezuela et du Brésil aiderait la *Statoil*, son producteur national d'essence, à établir son niveau de base individuel de 1990 en fonction du volume vendu cette année-là, d'où l'occasion d'augmenter le volume d'exportation de l'essence vers ce marché[1272]. À la fin du litige, les États-Unis, perdants de l'affaire, ont dû mettre pleinement en œuvre les recommandations adoptées de l'ORD[1273]. L'abrogation par les États-Unis de la mesure discriminatoire a ensuite eu des effets positifs : l'exportation d'essence de la Norvège et des CE à destination des États-Unis a connu, depuis lors, une augmentation constante[1274].

De même, l'Australie a indiqué que son intervention en qualité de tierce partie était particulièrement importante pour une économie de taille moyenne comme la sienne, dans la mesure où elle constitue un moyen efficace pour protéger ses

---

1271 BOWN C. P., *ibid.*, note 922, pp. 7-9.

1272 *Ibid.*, WT/DS2/R, note 260, para. 4.10.

1273 *Ibid.*, Rapport de situation des États-Unis – Addendum du 19 août 1997, WT/DS2/10/Add.7.

1274 Les données statistiques américaines relatives à l'importation de l'essence et d'autres produits pétroliers ont confirmé cette tendance. Par exemple, la Norvège a exporté pour 366 millions de dollars d'essence en 2004 vers les États-Unis, en 2005 : 354 millions de dollars, en 2006 : 381 millions de dollars, en 2007 : 471 millions de dollars. L'exportation de ce produit par les membres des CE vers ce marché a suivi la même tendance. Ces données sont disponibles sur : http://www.census.gov/foreign-trade/statistics/country/ (consulté le 10 décembre 2015).

intérêts commerciaux dans telle ou telle affaire[1275]. Par exemple, dans l'affaire *États-Unis – Crevettes,* sa participation lui a permis d'avoir un accès plus grand au marché américain des produits concernés[1276] :

> « L'Australie a participé à cette affaire en tant que tierce partie parce que nos crevettes avaient été bannies du marché américain, malgré le fait que les tortues que les États-Unis essayaient de protéger ne vivent pas dans les eaux australiennes. L'Australie a fait valoir que la protection des tortues devrait être menée plutôt par d'autres moyens – tels que la collaboration internationale sur la protection du milieu marin – que par les barrières commerciales. Le groupe spécial de l'OMC a accepté et les États-Unis ont été contraints d'accepter des importations de crevettes en provenance de pays qui ne menaçaient pas la vie des tortues, y compris l'Australie »[1277].

C'est dans cette même perspective que l'Australie a participé en tant que tierce partie dans d'autres affaires, telles que *États-Unis – Article 110 5) de la Loi sur le droit d'auteur*[1278] pour protéger les « droits d'auteur pour les musiciens australiens dont la musique est écoutée aux États-Unis »[1279] ou *CE – Hormones* qui l'a aidée à assurer « l'approvisionnement du marché des CE en viande de bœuf sans hormone »[1280].

1275 Parliament of Australia – House of Representatives Committees, « Chapter 2 : Australia and the World Trade Organisation », *in Inquiry into Australia's Relationship with the World Trade Organization,* Report 42, 24 september 2001, para. 2.149, disponible sur : http://www.aph.gov.au/parliamentary_business/committees/house_of_representatives_committees?url=jsct/wto/report.htm (url consultée le 20 juillet 2012).

1276 GOH G. & WITBREUK T., *ibid.,* note 334, p. 71 ; MERCURIO B., « The Australian Contribution to the Jurisprudence of the WTO Dispute Settlement Process », p. 11, disponible sur : http://www.gtcentre.unsw.edu.au/sites/gtcentre.unsw.edu.au/files/mdocs/australia_WTO.pdf (url consultée le 31 mai 2013).

1277 « *Australia entered the dispute as a third party because our prawns were banned from the US market, despite the fact that the turtles the US was trying to protect do not live in Australian waters. Australia argued that turtle protection should be achieved through other means – such as international collaboration on marine protection – rather than trade barriers. The WTO Dispute Panel agreed, and the US was forced to accept shrimp imports from countries which pose no threat to turtle life – including Australia* ». Parliament of Australia – House of Representatives Committees, *ibid.,* note 1275, para. 2.151.

1278 Dans cette affaire, dès l'étape de consultations, l'Australie a indiqué l'existence de son intérêt commercial dans cette affaire, en ce qui concerne le paiement de redevances pour la représentation et l'exécution publiques sur les marchés étrangers d'œuvres musicales pour lesquelles des Australiens détiennent un droit d'auteur. Voir : *États-Unis – Article 110 5) de la Loi des États-Unis sur le droit d'auteur,* Demande de participation aux consultations, Communication de l'Australie, WT/DS160/2, le 15 février 1999, p. 1.

1279 « *Royalty rights for Australian musicians whose music is heard in the United States* ». GOH G. & WITBREUK T., *ibid.,* note 334, p. 71.

1280 « *Acces to the EU market by providing hormone-free beef* ». ALBASHAR F. A. S. A. & MANIRUZZAMAN A. F. M., *ibid.,* note 182, p. 318.

536.- ***Deuxièmement,*** dans le cas où la mesure en cause vise la promotion exercée par la partie défenderesse sur l'exportation du produit/service en cause, cette tierce partie peut se trouver en concurrence avec la partie défenderesse sur le marché mondial. Si la mesure est condamnée, les exportations cesseront d'être soutenues, la partie défenderesse se trouvera alors dans une position moins favorable pour exporter le produit/service. En en profitant, cette tierce partie peut gagner une part du marché mondial. Nous pouvons citer ici l'exemple de plusieurs Membres intervenant dans les affaires relatives à des subventions. Tel est, par exemple, le cas de l'Australie dans l'affaire *Canada – Produits laitiers*[1281], de la Corée du Sud dans l'affaire *Canada – Certaines mesures concernant l'industrie automobile (Canada – Auto)*[1282], du Tchad et du Bénin dans l'affaire *États-Unis – Coton upland,* etc.

537.- ***Troisièmement***, s'il s'agit d'une restriction à l'exportation mise en œuvre par la partie défenderesse, cette tierce partie peut se positionner favorable pour augmenter la part du marché du produit concerné. La raison est simple : les entreprises importatrices du ou des Membres plaignants de ce produit/service doivent chercher d'autres fournisseurs pour répondre à la pénurie causée par cette restriction. La participation des tierces parties exportatrices de ce produit/service au règlement de ce différend leur permet d'obtenir des informations qui seront ensuite fournies à leurs entreprises dans les négociations avec ces entreprises importatrices. L'avantage sous l'angle des informations pourra aider les entreprises locales des tierces parties à signer des contrats d'exportation, avec la possibilité de relever leur part de marché. Dans le cadre de l'ORD, bien que les différends de ce type ne soient pas fréquents[1283], l'on peut citer l'exemple du Vietnam dans l'affaire *Chine – Mesures relatives à l'exportation de terres rares, de tungstène et de molybdène* (*Chine – terres rares*)[1284]. Rappelons que la Chine, depuis 2005, a appliqué des restrictions sous forme de quotas à l'exportation des terres rares – ensemble de 18 métaux indispensables pour la fabrication des produits de haute technologie[1285]. Le Japon dont 92% des importations de terres rares étaient originaires de Chine a été gravement affecté par ces restrictions. Il a porté à l'ORD une plainte contre la Chine. L'UE et les États-Unis ont ensuite suivi le même chemin. Alors que les affaires étaient tranchées par l'ORD, la pénurie de fourniture des terres rares sur le marché mondial a obligé les entreprises japonaises à

[1281] Dans les travaux du groupe spécial, l'Australie a allégué son intérêt commercial direct dans l'issue du différend étant donné sa qualité de gros exportateur de produits laitiers. *Canada – Mesures visant l'importation de lait et l'exportation de produits laitiers,* Rapport du groupe spécial du 17 mai 1999, WT/DS103/R & WT/DS113/R, para. 5.1.

[1282] *Canada – Certaines mesures concernant l'industrie automobile,* Rapport du groupe spécial du 11 février 2000, WT/DS139/R & WT/DS142/R, para. 8.1.

[1283] BOWN C. P., *ibid.,* note 922, p. 17.

[1284] *Ibid.*, WT/DS431/R, WT/DS432/R & WT/DS433/R, note 804.

[1285] *Ibid.,* WT/DS431/R, WT/DS432/R & WT/DS433/R, note 804, para. 2.1-2.7.

s'approvisionner auprès d'autres sources[1286] partout dans le monde, dont le Vietnam[1287]. Dès lors, en participant en qualité de tierce partie à ces différends, le Vietnam a pu consolider sa position sur le marché des terres rares en autorisant certaines entreprises japonaises à exploiter des mines de terres rares[1288].

538.- ***Si une tierce partie est importatrice du produit/service en cause,*** les avantages économiques et commerciaux obtenus de sa participation en qualité de tierce partie varient également avec la mesure mise en cause.

539.- ***Premièrement***, dans le cas où il s'agit d'un différend relatif à une mesure discriminatoire ou limitative des importations, le bénéfice que cette tierce partie peut retirer diffère en fonction de l'issue du différend.

Pendant la période de mise en œuvre de cette mesure, et si cette mesure n'est pas jugée incompatible avec le droit de l'OMC, il est possible d'avoir une déflexion de l'exportation de ce produit du plaignant vers le marché de cette tierce partie. Ce contexte provoque alors peut-être pour cette dernière des effets ambivalents : d'une part, ses consommateurs locaux peuvent bénéficier d'une baisse de prix et d'un choix plus abondant du produit concerné ; d'autre part, il se produit une concurrence entre le produit importé et la production nationale, ce qui peut provoquer la perte du marché local pour la branche de production nationale, la faillite des entreprises...[1289] Toutefois, si cette mesure est jugée incompatible avec le droit de l'OMC, elle sera abrogée ou modifiée en faveur de l'importation de ce produit sur le marché de la partie défenderesse. La déflexion de l'exportation vers les marchés des tierces parties pourra être diminuée et les producteurs nationaux ne devront plus supporter la concurrence du produit importé. L'équilibre concurrentiel sur le marché des tierces parties sera rétabli. L'affaire *États-Unis – Sauvegarde concernant l'acier*[1290] illustre parfaitement ces deux cas de figure. Rappelons qu'en mars 2002, les États-Unis ont imposé des mesures de sauvegarde définitives sous la forme d'un relèvement des droits de douane frappant les

---

1286 CHARMIER G., « Le Japon cherche à s'affranchir de l'utilisation des terres rares », *BE Japon 628*, le 28 septembre 2012, disponible sur : http://www.bulletins-electroniques. com/actualites/71083.htm (consulté le 11 octobre 2015).

1287 GIANG T., « Nhật Bản mở rộng nguồn cung đất hiếm ngoài Trung Quốc » (*« Le Japon cherche l'offre de terres rares en dehors de la Chine »*), *L'Agence de presse du Vietnam*, le 20 août 2012, disponible sur : http://www.vietnamplus.vn/nhat-ban-mo-rong-nguon-cung-dat-hiem-ngoai-tq/15854 9.vnp (url consultée le 11 octobre 2015).

1288 HUYNH H., « Thị trường đất hiếm : Thực trạng và triển vọng » (*« Les marchés de terres rares : État des lieux et perspective »*), *The Saigon Economic Times*, le 17 mai 2011, disponible sur : http://www.thesaigontimes.vn/home/thegioi/hoso/53359/ (url consultée le 11 octobre 2014).

1289 BOWN C. P. & CROWLEY M. A., « Trade deflection and trade depression », *Journal of International Economics*, 2007, vol. 72, n°. 1, pp. 176-201.

1290 *États-Unis – Mesures de sauvegarde définitives à l'importation de certains produits en acier*, WT/DS248, WT/DS249, WT/DS251, WT/DS252, WT/DS253, WT/DS254, WT/DS25 & WT/DS259.

importations de certains produits en acier. Les CE et ensuite sept autres Membres de l'OMC ont alors attaqué ces mesures. Le groupe spécial unique chargé de cette affaire les a jugées incompatibles avec l'Accord de sauvegarde de l'OMC[1291]. Pendant la durée de mise en œuvre de ces mesures, l'effet déflecteur qui s'est fortement déclenché a provoqué ensuite l'application par plusieurs Membres des mesures de sauvegarde contre le volume d'exportation faisant l'objet d'une déflexion[1292]. « On peut supposer que ces actions ont été conçues pour constituer non seulement des mesures de rétorsion contre les États-Unis, mais aussi pour stopper la flambée des importations d'acier détourné du marché américain à travers des mesures similaires à une protection temporaire »[1293].

Néanmoins, Cuba, une tierce partie intervenant dans cette affaire a fait valoir une situation différente. Selon ce Membre, du fait des mesures américaines, plusieurs pays producteurs d'acier ont également dû réduire leur production, ce qui a provoqué une pénurie d'offre de ces produits sur les marchés internationaux et il a dû payer plus cher les produits en acier importés[1294]. Bien évidemment, le terme mis à l'ensemble des mesures de sauvegarde en cause par la proclamation américaine du 4 décembre 2003[1295] a permis de rétablir la production des produits concernés et Cuba a pu en importer moins cher.

540.- ***Deuxièmement***, dans le cas où la mesure en cause vise une promotion par la partie défenderesse du produit/service en cause (par exemple, par une subvention à l'exportation), une tierce partie important ce produit/service a alors l'occasion de pouvoir importer à un moindre coût le produit visé et les consommateurs locaux bénéficient de cette évolution. Dès lors, la résolution des différends de ce type qui fait rebondir le prix d'importation peut affecter la consommation interne. Cela signifie que cette tierce partie peut avoir intérêt à ce que la subvention à l'exportation ne soit pas retirée[1296]. Toutefois, la baisse de prix de produit/service en cause peut mettre en concurrence la production locale de ce

---

1291 *Ibid.*, WT/DS248/R, WT/DS249/R, WT/DS251/R, WT/DS252/R, WT/DS253/R, WT/DS254/R, WT/DS258/R & WT/DS259/R, note 512, pp. A-1 et s., B-1 et s., C-1 et s., D-1 et s., E-1 et s., F-1 et s., G-1 et s., H-1 et s.

1292 BOWN C. P., *ibid.*, note 922, p. 14. Cet auteur a montré que suite à l'imposition des mesures de sauvegarde des États-Unis, de mars à octobre 2003, le Chili, la Chine, la République tchèque, les CE, la Hongrie, la Pologne, le Venezuela ont mis en œuvre des mesures de sauvegarde provisoires sur les produits en acier.

1293 « *Presumably these actions were designed to do more than simply retaliate against the US, but also to halt the surge in steel imports deflected from the US market through a resort to similar acts of temporary protection* ». BOWN C. P., *ibid.*, note 922, p. 14.

1294 *Ibid.*, WT/DS248/R, WT/DS249/R, WT/DS251/R, WT/DS252/R, WT/DS253/R, WT/DS254/R, WT/DS258/R & WT/DS259/R, note 512, para. 8.6.

1295 ORD, *Compte rendu de la réunion tenue au Centre William Rappard le 10 décembre 2003*, WT/DSB/M/160, para. 33.

1296 BOWN C. P., *ibid.*, note 922, p. 16.

produit et le produit importé. Dans ce dernier cas de figure, le retrait des subventions à l'exportation par la partie défenderesse l'aide alors à rétablir la concurrence loyale sur le marché intérieur. L'exemple du Japon dans l'affaire *Communautés européennes – Mesures visant l'exportation de fromages fondus*[1297] et dans l'affaire *Canada – Produits laitiers*[1298] vient le justifier. Dans la première affaire qui concerne le produit que le Japon importe entièrement, le Japon a fait savoir, dans sa demande de participation aux consultations entre les États-Unis et les CE, que pour l'exercice 1995, il avait importé près de 1,5 milliards de yen de ces fromages européens, soit 77% des importations totales japonaises de fromages[1299]. La situation sans issue de cette affaire l'a aidé encore à bénéficier des importations moins chères[1300]. À l'inverse, dans l'affaire *Canada – Mesures visant l'importation de lait et l'exportation de produits laitiers,* le Japon qui est également importateur et producteur de plusieurs produits laitiers en cause, a vivement demandé au Canada de supprimer ses subventions à l'exportation. Selon ce Membre, les subventions canadiennes ont eu des effets sur les prix internationaux de produits laitiers, ce qui a suscité « une concurrence inopportune sur le marché mondial des produits laitiers, laquelle aurait à son tour des répercussions négatives » sur le marché intérieur du Japon[1301]. Après près de six ans de litige[1302], la solution mutuellement convenue entre le Canada et les États-Unis selon laquelle le premier a supprimé les subventions à l'exportation des produits laitiers[1303] a également des effets positifs en ce qui concerne la concurrence sur le marché japonais de ces produits[1304].

541.- ***Troisièmement***, dans le cas où il s'agit d'une mesure de restriction d'exportation du produit/service en cause, l'intérêt économique et commercial d'une tierce partie importatrice de ce produit/service est aligné avec l'intérêt de la partie plaignante. L'issue du différend, selon lequel la partie défenderesse doit mettre fin à cette restriction, permet à cette tierce partie d'en bénéficier d'une offre plus large et d'en importer à moindre coût[1305]. Le cas du Japon dans les affaires *Chine – Mesures relatives à l'exportation de diverses matières premières* (*Chine –*

1297 *Communautés européennes – Mesures visant l'exportation de fromages fondus,* WT/DS104.

1298 *Canada – Mesures visant les exportations de produits laitiers,* WT/DS103 (plainte des États-Unis) et WT/DS113 (plainte de la Nouvelle-Zélande).

1299 *Ibid.,* note 1297, Demande de participation aux consultations – Communication du Japon du 21 octobre 1997, WT/DS104/2.

1300 BOWN C. P., *ibid.,* note 922, p. 16.

1301 *Ibid.,* WT/DS103/R & WT/DS113/R, note 1281, para. 5.20-5.21.

1302 La demande de consultation a été introduite par les États-Unis à l'ORD le 8 octobre 1997 et la solution mutuellement convenue a été notifiée ensuite à l'ORD le 15 mai 2003.

1303 *Ibid.,* Notification de la solution convenue d'un commun accord, WT/DS103/33, le 15 mai 2003.

1304 CAMPO D. F. & BEGHIN J. C., « Dairy Food Consumption, Production and Policy in Japan », Center for Agricultural and Rural Development – Iowa State University, *Working Paper 05-WP 401,* August 2005, pp. 16-21, disponible sur : http://www.card.iastate.edu/publications/dbs/pdffiles/05wp401.pdf (consulté le 10 avril 2014).

1305 BOWN C. P., *ibid.,* note 922, p. 18.

Matières premières)[1306] peut l'illustrer. Les mesures restrictives appliquées par le gouvernement chinois à l'exportation de diverses matières premières ont fait rebondir leur prix sur le marché mondial[1307], ce qui a affecté négativement les importateurs de ces matières premières, tels que le Japon[1308]. En qualité de tierce partie devant le groupe spécial, le Japon a soumis des arguments qui s'opposaient à la position de la Chine[1309]. Ces arguments ont permis d'une part au juge de l'OMC de connaître le point de vue du Japon, et d'autre part, à l'appui des arguments présentés par les plaignants, ont aidé le groupe spécial à condamner la politique restrictive exercée par le gouvernement chinois en la matière. La condamnation, confirmée ensuite par l'Organe d'appel[1310], a obligé la Chine à mettre en conformité les mesures en cause avec le droit de l'OMC, ce qui a été fait en décembre 2012 avec l'abrogation de ces mesures conformément à la Liste 2013 des marchandises visées par l'administration du régime de licences d'exportation[1311]. Cette abrogation a, bien évidemment, profité, non seulement aux entreprises des plaignants, mais également aux entreprises japonaises importatrices de matières premières chinoises pour leur production.

542.- En tout état de cause, il faut rappeler que, en vertu de la clause NPF, ces effets ne sont pas différenciés à long terme pour les tierces parties concernées par rapport aux autres Membres. Ainsi, dans un litige entre l'État A et l'État B relatif à la mise en œuvre par l'État B d'une mesure de restriction à l'importation (sous forme de relèvement d'un droit d'importation) d'un produit sur le marché de l'État B, imaginons que l'État C – exportateur de ce produit – intervienne en qualité de tierce partie et que l'État D, qui exporte vers le marché de l'État B mais qui n'y intervient pas en qualité de tierce partie. Le règlement final du litige oblige l'État B à baisser ce droit d'importation. La clause NPF permet alors à l'État C

1306 *Ibid.,* note 803, WT/DS394 (plainte des États-Unis), WT/DS395 (plaintes des CE) & WT/DS398 (plainte du Mexique).

1307 Sur ce sujet, voir : KORINEK J. & KIM J., « Export restrictions on strategic raw materials and their impact in trade and global supply », *in* OECD Workshop on Raw Materials, Paris, 30 October 2009, 25 p., disponible sur : http://www.oecd.org/tad/ntm/43934153.pdf (url consultée le 30 novembre 2015).

1308 BLEISCHWITZ R., « International Raw Materials Markets : Rising Prices and Growing Conflict Potential », *in* DEBIEL T., MESSNER D. & NUSCHELER F. (edt.), *Global Trends 2007 – Vulnerability and Human Security in the 21st Century : What are the current threats to global human security,* Bonn, 2006, pp. 70-71.

1309 *Ibid.,* WT/DS394/R/Add.1, WT/DS395/R/Add.1 & WT/DS398/R/Add.1, note 803, Annexe E-8 : Résumé analytique de la communication écrite et de la déclaration orale du Japon, pp. E-22 – E-24.

1310 *Ibid.,* Rapport de l'Organe d'appel du 30 janvier 2012, WT/DS394/AB/R, WT/DS395/AB/R & WT/DS398/AB/R, para. 362 b. et d.

1311 *Ibid.,* note 803, Rapport de situation de la Chine du 07 décembre 2012, WT/DS394/19, WT/DS395/18 & WT/DS398/17, p. 1 ; *ibid.,* note 803, Rapport de situation de la Chine – Addendum du 18 janvier 2013, WT/DS394/19/Add.1, WT/DS395/18/Add.1 & WT/DS398/17/Add.1.

comme à l'État D de bénéficier de cette baisse en vue d'augmenter leurs exportations vers le marché de l'État B[1312]. « Les gains de la libéralisation étendus au plaignant ont également été étendus aux exportateurs des pays tiers, ce qui est compatible avec le principe d'équité inscrit dans la règle NPF »[1313]. Pourquoi l'État C devrait-il donc intervenir, alors qu'il peut bénéficier du même avantage que celui accordé à l'État A ou l'État D ? Alors que l'accès au marché de l'État B est égal pour les Membres C et D, il semble plus approprié d'expliquer la participation de l'État C en qualité de tierce partie par les avantages qu'il en retire en matière d'information. Comme les analyses l'ont constaté ci-dessus, les tierces parties disposent d'un accès plus complet à l'information par rapport aux Membres non intervenants. Cette opportunité est encore plus grande, s'il s'agit de litiges dont le règlement se termine dès la phase de consultations. La confidentialité des consultations empêche les Membres non intervenants d'obtenir les informations qui les concernent, alors qu'en étant présentes durant les consultations, les tierces parties peuvent y avoir accès. C'est cet accès plus complet et plus rapide à l'information qui aidera les entreprises exportatrices de l'État C à construire et octroyer plus vite des plans de production, de préparation et mise en œuvre des stratégies d'accès au marché de l'État B... Dans cette perspective, bien évidemment, « la non-participation [d'un Membre en tant que tierce partie] lui fait perdre l'opportunité d'avoir un accès plus grand à d'autres marchés à travers le SRD »[1314].

543.- En dehors de ces avantages économiques et commerciaux, la participation apporte également aux tierces parties des avantages liés notamment à la sécurité juridique.

2. Des avantages liés à la sécurité juridique

544.- Hormis l'occasion donnée aux tierces parties d'influencer le développement du droit de l'OMC comme les analyses ci-dessus l'ont démontré[1315], l'intervention devient un moyen pour certains Membres de s'assurer de la compatibilité de leurs mesures internes avec le droit de l'OMC. Rappelons que, conformément

---

[1312] Sur ce sujet, voir également : BOWN C. P., *ibid.*, note 922, pp. 10-25.

[1313] « *Liberalization gains extended to the complainant have also been extended to third-country exporters, which is consistent with a functioning principle of equity embodied in the MFN rule* ». BOWN C. P., *ibid.*, note 922, p. 33.

[1314] « *The non-participation [of a Member as third party] miss out on the opportunity to enforce greater market access to other markets through the WTO dispute settlement system* ». EWING-CHOW M., GOH A. W. S. & PATIL A. K., *ibid.*, note 116, pp. 670-671. Voir également : BUSCH M. & REINHARDT E., « Developing Countries and General Agreement on Tariffs and Trade/World Trade Organization Dispute Settlement », *Journal of World Trade*, 2003, vol. 37, n°. 4, pp. 719-736.

[1315] Voir *supra*, para. 427 et s.

à l'article 16.4 de l'Accord de Marrakech de 1994[1316], la législation et les politiques internes relatives au commerce d'un Membre doivent être basées essentiellement sur les accords de l'OMC[1317]. De ce fait, il existe, bien évidemment, des similitudes dans les politiques et la législation commerciales entre les Membres de l'OMC. Chaque fois qu'un Membre est accusé de violer le droit de l'OMC, d'autres Membres ayant une politique semblable peuvent se trouver dans la même situation. Dès lors, la participation en qualité de tierce partie d'un Membre au règlement d'une affaire lui permet de suivre les analyses du juge de l'OMC sur la compatibilité de la mesure en cause avec le droit de l'OMC. Ces analyses serviront ensuite à permettre à ce Membre de procéder à un auto-examen de sa politique pour juger de sa compatibilité avec le droit de l'OMC et le cas échéant, pour y apporter des ajustements appropriés.

Par exemple, dans l'affaire *Canada – Protection conférée par un brevet pour les produits pharmaceutiques,* l'Australie a eu l'occasion de chercher indirectement une telle confirmation de la part du juge de l'OMC. Rappelons que ce différend résulte d'une plainte déposée par les CE contre le Canada au motif que la protection des inventions accordées par le Canada dans le domaine des produits pharmaceutiques découlant de sa législation n'était pas suffisante et que les mesures en question n'assuraient pas la protection complète des inventions pharmaceutiques brevetées pendant la totalité de la période de protection, conformément aux articles 27.1, 28 et 33 de l'Accord sur les ADPIC. L'Australie, dans la communication écrite déposée auprès du groupe spécial, a allégué l'existence d'un intérêt commercial substantiel dans cette affaire en évoquant les chiffres d'exportation des produits pharmaceutiques[1318]. Le plus important, selon elle, est que ces exportations résultent d'une recherche australienne se développant rapidement et permettant de couvrir les produits exportés sous couvert d'un brevet. Dès lors, « le maintien de l'intégrité des règles relatives aux droits de propriété intellectuelle touchant au commerce » s'avère fondamental pour ce Membre[1319]. Pour ce faire,

---

[1316] Cet article stipule : « Chaque Membre assurera la conformité de ses lois, réglementations et procédures administratives avec ses obligations telles qu'elles sont énoncées dans les Accords figurant en annexe ».

[1317] À noter également que, dans l'affaire *Communautés européennes et leurs États membres – Traitement tarifaire de certains produits des technologies de l'information,* le groupe spécial a déduit de l'article 16.4 précité qu' « Un Membre est tenu de veiller à ce que sa législation intérieure soit compatible avec les concessions figurant dans sa liste ». *Ibid.,* WT/DS375/R, WT/DS376/R & WT/DS377/R, note 359, note de bas de page 42.

[1318] Elle a indiqué qu'en 1997, ses exportations de produits pharmaceutiques s'étaient élevées à plus de 979 millions de dollars australiens, dont 173 millions provenaient des exportations à destination des CE et 17 millions des exportations à destinations du Canada. *Canada – Protection conférée par un brevet pour les produits pharmaceutiques,* Rapport du groupe spécial du 17 mars 2000, WT/DS114/R, para. 5.4, 4e alinéa.

[1319] *Ibid.*

à l'appui de ses arguments, l'Australie a souvent invoqué sa législation nationale[1320]. Dans cette mesure, l'issue de cette affaire « a permis de confirmer la cohérence de la politique commerciale et industrielle de l'Australie avec les accords de l'OMC »[1321].

545.- Sous cet angle, il faut noter que l'intervention devant l'ORD a un point commun avec l'intervention devant la CIJ ou la CJUE.

Pour ce qui est de la CIJ, rappelons que l'intervention au titre de l'article 62 de son Statut est conditionnée par l'existence d'un « intérêt d'ordre juridique » de l'État requérant l'intervention. Ce faisant, l'intérêt juridique dépend tout d'abord de l'admission par la Cour de cette intervention. Cela signifie que si l'intervention est admise, l'État intervenant est présumé avoir un certain intérêt juridique. Cependant, étant donné que l'intervention n'a été admise que dans trois affaires, il y a très peu d'éléments permettant d'évaluer en quoi consiste vraiment l'intérêt juridique dont un intervenant peut se prévaloir[1322]. L'intervention admise de la Grèce dans l'affaire *Immunités juridictionnelles de l'État* a permis d'en expliquer la nécessité. La Cour a indiqué dans son Ordonnance du 4 juillet 2011 que : « la Cour (...) pourrait estimer nécessaire d'examiner, à la lumière du principe de l'immunité de l'État, les décisions rendues par la justice grecque en l'affaire *Distomo* aux fins de se prononcer sur la troisième demande formulée dans les conclusions de l'Allemagne (...) »[1323]. Cela signifie que cette autorisation a offert à la Grèce une occasion précieuse lui permettant d'expliquer devant la Cour la compatibilité de deux jugements rendus par le juge grec dans l'affaire *Distomo* et ensuite dans l'affaire *Margellos* avec le droit international en matière d'immunités juridictionnelles d'États[1324].

Dans le cadre de la CJUE, l'intérêt d'un gouvernement intervenant à rechercher une validation de politique nationale semble être plus évident dans le contexte des recours en manquement. Au sein de l'UE, chacun des États membres a l'obligation de respecter le droit de l'UE en mettant en conformité sa législation

---

1320 Par exemple, en ce qui concerne ses arguments relatifs aux droits exclusifs conférés par un brevet à son breveté, l'Australie a invoqué l'article 13 de la Loi australienne sur les brevets de 1990. Il a allégué que le terme « exploiter » utilisé dans cet article doit être entendu au sens large du terme, ce qui correspond à la règle concernée de l'Accord sur les ADPIC. *Ibid.*, WT/DS114/R, note 1318, para. 5.7, 3e alinéa, et note de bas de page 315.

1321 « *Have served to confirm the consistency of Australia's industry and trade policies with WTO Agreements* ». GOH G. & WITBREUK T., *ibid.*, note 334, p. 71.

1322 THIRLWAY H., *ibid.*, note 240, p. 143.

1323 *Immunités juridictionnelles de l'État (Allemagne c. Italie), Requête à fin d'intervention, ibid.*, note 240, pp. 494-504, para. 25.

1324 THIRLWAY H., *ibid.*, note 240, p. 144.

et pratique interne avec celui-ci. Les articles 258 à 260 du Traité sur le fonctionnement de l'UE permettent à la Commission[1325] ou à un État membre[1326] d'introduire un recours devant la CJUE à l'encontre d'un État membre qui n'aurait pas respecté le droit de l'UE. Il est possible qu'au moins deux États membres violent l'un et l'autre une obligation concrète prescrite par le droit de l'UE. Dans cette hypothèse, l'intervention d'un État membre dans l'affaire engagée par la Commission à l'encontre de l'autre Membre sert à confirmer la conformité de sa législation nationale avec le droit de l'UE. Par exemple, dans l'affaire *Commission des Communautés européennes c. Royaume-Uni de Grande-Bretagne et d'Irlande du Nord*[1327] *(pommes de terre)*, la France est intervenue pour soutenir la cause alléguée par le Royaume-Uni selon laquelle ce dernier serait en droit, conformément à l'article 60.2 de son acte d'adhésion, de maintenir les restrictions quantitatives en question jusqu'à la mise en œuvre d'une organisation commune des marchés pour les pommes de terre, malgré l'expiration de la période transitoire prévue à l'article 9 dudit acte d'adhésion[1328]. Ce soutien était important pour la France qui a également cherché un retrait de la requête déposée par la Commission à son encontre dans l'affaire *Commission des Communautés européennes c. République française*[1329] *(viande bovine)* au sujet de l'organisation française du marché de viande bovine.

546.- En tout état de cause, il faut ajouter que la confirmation de la compatibilité d'une mesure interne d'une tierce partie avec une règle concernée ne résulte jamais d'une constatation émanant directement du juge. La raison est simple et bien connue : une tierce partie ne peut jamais demander à un juge de rendre une décision de fond en sa faveur, à moins qu'une telle demande soit associée à celle du plaignant et entre dans le mandat du juge[1330]. Ainsi, la confirmation de la validité des mesures adoptées par les tierces parties ne résulte que d'une manière indirecte et marginale de l'issue du différend. C'est la tierce partie qui, à partir des constatations établies dans l'affaire dans laquelle elle intervient, évalue elle-même

---

1325 L'article 258 prévoit : « Si la Commission estime qu'un État membre a manqué à une des obligations qui lui incombent en vertu des traités, elle émet un avis motivé à ce sujet, après avoir mis cet État en mesure de présenter ses observations. Si l'État en cause ne se conforme pas à cet avis dans le délai déterminé par la Commission, celle-ci peut saisir la Cour de justice de l'Union européenne ».

1326 L'article 259, premier alinéa prévoit : « Chacun des États membres peut saisir la Cour de justice de l'Union européenne s'il estime qu'un autre État membre a manqué à une des obligations qui lui incombent en vertu des traités ».

1327 *Commission des Communautés européennes c. Royaume-Uni de Grande-Bretagne et d'Irlande du Nord*, C-231/78, Arrêt de la Cour du 29 mars 1979, Recueil de la jurisprudence, 1979, p. 1447 et s.

1328 *Ibid.*, C-231/78, note 1327, p. 1455.

1329 *Commission des Communautés européennes c. République française*, C-232/78, Arrêt de la Cour du 25 septembre 1979, Recueil de la jurisprudence, 1979, p. 2729 et s.

1330 THIRLWAY H., *ibid.*, note 240, p. 145.

cette conformité. Du fait que, dans cette auto-évaluation, les informations obtenues joueront un rôle central, l'intervention s'avère importante pour ladite tierce partie.

3. Le renforcement de la position politique dans les négociations commerciales

547.- De manière générale, le règlement des différends de l'OMC devient un terrain permettant aux Membres de l'OMC d'identifier les lacunes du droit de l'OMC ainsi que des politiques commerciales des Membres de l'OMC. De ce fait, la participation d'un Membre au système de règlement des différends, même en qualité de tierce partie, l'aide à acquérir des informations utiles à l'élaboration de propositions dans les négociations commerciales futures.

548.- Nous pouvons citer, comme exemple, le cas du Tchad et du Bénin dans l'affaire *États-Unis – Coton upland*. Ces deux pays parmi les moins avancés des Membres de l'OMC ont participé pour la première fois au SRD en qualité de tierces parties pour soutenir le Brésil dans sa requête contre les programmes américains de subvention au coton. Rappelons que dans le cadre du cycle de Doha et notamment, au cours de la Conférence ministérielle à Cancún en 2003, le Tchad, le Bénin et deux autres États de l'Afrique de l'Ouest, ont posé des questions aux États-Unis afin d'éliminer toutes leurs subventions faussant les échanges sur le coton[1331]. Ces demandes ont été soutenues par la majorité des Membres de l'OMC, y compris par les CE – un Membre qui, par tradition, était souvent contre les demandes de réduction de subvention aux produits agricoles[1332]. Après la Conférence ministérielle de Cancún, les débats sur le coton sont restés un des sujets importants dans les négociations commerciales de l'OMC. Le 1er août 2004, le Conseil général de l'OMC a adopté un programme de travail de Doha dans lequel il réaffirmait l'importance de l'Initiative sectorielle déposée par ces Membres et établissait un agenda ambitieux sur les négociations relatives au coton[1333].

[1331] Comité de l'agriculture – Session extraordinaire, *Négociations agricoles à l'OMC – Réduction de la pauvreté : Initiative sectorielle en faveur du Coton*, Proposition conjointe du Bénin, du Burkina Faso, du Mali et du Tchad, TN/AG/GEN/4, le 16 mai 2003, para. 7. Voir également : OXFAM, « Dumping : the Beginning of the End ? Implication of the Ruling in the Brazil/US Cotton Dispute », *Oxfam briefing Paper*, August 2004, p. 11, disponible sur : http://policy-practice.oxfam.org.uk/publications/dumping-the-beginning-of-the-end-implications-of-the-ruling-in-the-brazilus-cot-114472 (url consultée le 10 juillet 2013).

[1332] Comité de l'agriculture – Session extraordinaire, *Rapport résumé de la 19ème réunion de la Session extraordinaire du Comité de l'agriculture tenue le 1er juillet 2003*, Note du Secrétariat, TN/AG/R/9, le 25 août 2003, para. 38-58.

[1333] OMC, *Programme de travail de Doha – Décision adoptée par le Conseil général le 1er août 2004*, WT/L/579, le 2 août 2004, p. 1. En ce qui concerne le coton, cette décision a énoncé : « Le Conseil général réaffirme l'importance de l'Initiative sectorielle sur le coton et prend note des paramètres

Présents dans cette affaire, les deux pays ont fourni au groupe spécial des preuves solides sur les préjudices graves causés par les subventions américaines à leurs économies[1334]. « Ces preuves ont certainement aidé le groupe spécial à formuler ses conclusions »[1335] en faveur du Brésil. Plus important, les recommandations de ce groupe spécial, allant plus loin que le programme de Doha adopté le 1er août 2004[1336], viseraient à éliminer ces subventions. Dès lors, ces recommandations serviraient de base pour renforcer la position de ces pays dans les négociations futures sur les subventions, au coton en particulier, et aux produits agricoles en général[1337]. Par la suite, « les États-Unis devraient mettre en œuvre les décisions dans l'affaire Coton, en raison de son incapacité de réfuter les arguments convaincants présentés par les Membres de l'Afrique de l'Ouest à partir de Cancún et au-delà »[1338].

---

figurant à l'Annexe A dans le cadre desquels les aspects liés au commerce de cette question seront traités dans les négociations sur l'agriculture. Le Conseil général attache aussi de l'importance aux aspects relatifs au développement de l'Initiative sur le coton et souhaite insister sur la complémentarité des aspects relatifs au commerce et au développement. Le Conseil prend note du récent Atelier sur le coton organisé à Cotonou les 23 et 24 mars 2004 par le Secrétariat de l'OMC et des autres efforts faits aux plans bilatéral et multilatéral pour accomplir des progrès en ce qui concerne les aspects relatifs à l'aide au développement et donne pour instruction au Secrétariat de continuer de travailler avec la communauté du développement et de faire périodiquement rapport au Conseil sur les faits nouveaux pertinents. Les Membres devraient travailler sur les questions connexes du développement au plan multilatéral avec les institutions financières internationales, poursuivre leurs programmes bilatéraux, et tous les pays développés sont invités instamment à participer. À cet égard, le Conseil général donne pour instruction au Directeur général de tenir des consultations avec les organisations internationales pertinentes, y compris les institutions de Bretton Woods, l'Organisation pour l'alimentation et l'agriculture et le Centre du commerce international, pour orienter de manière effective les programmes existants et toutes ressources additionnelles vers le développement des économies dans lesquelles le coton revêt une importance vitale ».

1334 Voir *supra*, para. 452.

1335 « *This evidence has certainly helped the panel to reach its conclusions* ». OXFAM, *ibid.*, note 1331, p. 11.

1336 Ce programme, comme mentionné ci-haut, ne vise pas à supprimer la subvention concernant le coton. De plus, même dans le cadre de la neuvième Conférence ministérielle à Bali en 2013, la Décision ministérielle du 7 décembre 2013 sur le coton ne précise pas si les subventions concernant le coton seraient supprimées. Elle fait savoir uniquement que : « Les discussions spécifiques porteront en particulier sur toutes les formes de subventions à l'exportation du coton et toutes les mesures à l'exportation d'effet équivalent, le soutien interne pour le coton et les mesures tarifaires et non tarifaires appliquées aux exportations de coton des PMA sur les marchés présentant un intérêt pour eux ». Conférence ministérielle – Neuvième session, *Coton – Décision ministérielle du 7 décembre 2013*, WT/MIN(13)/41, WT/L/916, 11 décembre 2013, para. 7.

1337 ALBASHAR F. A. S. A. & MANIRUZZAMAN A. F. M., *ibid.*, note 182, p. 320.

1338 « *The US ought to enforce the Cotton ruling is because of its failure to refute the convincing arguments presented by West African members from Cancun and beyond* ». ALBASHAR F. A. S. A. & MANIRUZZAMAN A. F. M., *ibid.*, note 182, p. 319 ; OXFAM, *ibid.*, note 1331, p. 17. En fait, la mise en œuvre par les États-Unis des décisions et recommandations adoptées par l'ORD dans cette affaire a duré plus de huit ans. Il faut attendre jusqu'au 16 octobre 2014 que ce litige prenne fin par la notification à l'ORD du Brésil et des États-Unis d'un mémorandum d'accord en ce sens. Voir :

549.- En bref, l'intervention a permis aux tierces parties d'en tirer divers types d'avantages. La possibilité d'obtenir ces avantages sera d'autant plus grande lorsque les tierces parties auront un accès plus complet au système et que leurs droits procéduraux seront renforcés. Effectivement, il s'agit d'une possibilité dont tous les Membres peuvent bénéficier s'ils agissent en tant que tierces parties.

Au-delà des hypothèses jusqu'ici évaluées, l'intervention constitue un instrument particulièrement utile pour un grand nombre de Membres des pays en développement.

Section 2 : UNE UTILITÉ CERTAINE POUR LES PAYS EN DÉVELOPPEMENT MEMBRES

550.- Dans le cadre de l'OMC, il existe différents groupes de Membres. De manière générale, en fonction du niveau de développement, les Membres sont divisés en trois groupes : les pays développés Membres, les pays en développement Membres et les PMA Membres[1339]. Toutefois, pour les besoins de ce développement, nous ne nous intéressons qu'au groupe des pays en développement Membres.

551.- Il n'existe aucune définition officielle de la notion de pays en développement Membres. En principe, les Membres annoncent eux-mêmes qu'ils font partie des pays en développement ou des pays développés pour les besoins de l'application de chaque accord visé : c'est le principe bien connu de l'auto-élection. Même si un pays est considéré comme un pays développé selon les critères de l'Organisation des Nations Unies (ONU)[1340], il peut également s'autoproclamer pays en développement au sein de l'OMC[1341]. Pour certains Membres ayant accédé à l'OMC, le statut d'un pays en développement Membre fait l'objet d'un

---

Ibid., Notification d'une solution convenue d'un commun accord, WT/DS267/46, le 23 octobre 2014.

[1339] Sur ce sujet, voir : TAXIL B., *L'OMC et les pays en développement*, Paris, Montchrestien, 1998, pp. 9-50 ; VINCENT P., *op. cit.*, note 1100, pp. 12-15, 45-50, 204-211 ; BERMANN G. A. & MAVROIDIS P. C. (edt.), *WTO Law and Developing Countries*, New York, Cambridge University Press, 2007, 372 p. ; FEUER G., « L'Uruguay Round, les pays en développement et le droit international du développement », *Annuaire français de droit international*, 1994, vol. 40, pp. 758-775 ; GNAHOUI D. R., « Le principe du respect de la situation particulière des pays en développement et de l'assistance au développement », *Revue internationale de droit économique*, 2003, vol. 17, n°. 3, pp, 373-386.

[1340] Le Programme des Nations Unies pour le développement utilise principalement le critère relatif à l'indice de développement humain pour classer les groupes de pays différents. Sont considérés comme développés tous les pays ayant un indice de développement humain supérieur ou égal à 0,8. Voir : PNUD, *Rapport sur le développement humain 2013 : l'essor du Sud – le progrès humain dans un monde diversifié*, 2013, 224 p.

[1341] C'est, par exemple, le cas de la Corée, de Singapour, de Taïpei chinois ou d'Israël.

des sujets de négociations des conditions de l'adhésion[1342]. De ce fait, il existe aujourd'hui un petit nombre des pays développés Membres de l'OMC[1343]. Environ les trois quarts des Membres de l'OMC sont des pays en développement Membres ou dans le groupe des pays les moins avancés. En ce qui concerne les pays les moins avancés Membres (les PMA Membres), il s'agit des pays qui ont été désignés comme tels par l'ONU. Parmi 48 pays faisant la liste des PMA de l'ONU, figurent 34 Membres de l'OMC[1344].

552.- Le statut de « pays en développement » ou de « pays le moins avancé », dont un Membre dispose, lui offre certains avantages au titre du traitement spécial et différencié. Au sujet du règlement des différends, certaines dispositions du Mémorandum d'accord prévoient des droits spécifiquement conçus en faveur des pays en développement Membres, dans l'espoir que leurs droits sont, de manière appropriée, protégés et que leur participation à ce système en sera facilitée. Toutefois, leur participation en qualité de partie principale, en comparaison avec celle des pays développés Membres, reste encore inférieure à ce que l'on attendrait. Dans cette perspective, l'intervention devient un moyen permettant d'augmenter leur présence tout au long du processus de règlement des différends **(I)**.

La plupart des pays en développement Membres sont considérés comme très faibles en ce qui concerne leurs capacités et compétences sur le droit de l'OMC. Pour cette raison, l'intervention leur offre une occasion précieuse en vue de former leurs experts dans ce domaine **(II)**.

I. L'intervention comme moyen d'augmenter la participation des pays en développement Membres au SRD

553.- La plupart des pays en développement Membres, de par leur capacité, ont rencontré des difficultés majeures lors de leur participation au SRD. Les études sur ce sujet, menées par plusieurs auteurs, ont toutes démontré certains obstacles pour les pays en développement, tels que le manque de compétence sur

---

1342 Voir, par exemple, le cas de la Chine lors de ses négociations d'adhésion à l'OMC.

1343 Ces pays développés Membres de l'OMC se composent souvent de l'Australie, du Canada, des États-Unis, de l'Islande, du Japon, du Liechtenstein, de la Nouvelle-Zélande, de la Norvège, de la Suisse, et de l'Union Européenne (avec ses 28 pays membres). Voir également : BOHANES J. & GARZA F., *ibid.*, note 1207, p. 51.

1344 Ces trentre-quatre PMA Membres de l'OMC comptent actuellement l'Angola, le Bangladesh, le Bénin, le Burkina Faso, le Burundi, la Cambodge, Djibouti, la Gambie, la Guinée, la Guinée-Bissau, Haïti, les Iles Salomon, le Lesotho, Madagascar, Malawi, le Mali, la Mauritanie, le Mozambique, le Myanmar, le Népal, le Niger, l'Ouganda, la République centrafricaine, la République démocratique du Congo, le Laos, le Rwanda, le Sénégal, le Sierra Leone, la Tanzanie, le Tchad, le Togo, le Yémen, Vanuatu et la Zambie. Les informations concernant ces Membres peuvent être consultées sur le site de l'OMC à l'adresse : http://wto.org/french/thewto_f/whatis_f/tif_f/org7_f.htm (consulté le 10 novembre 2015).

le droit de l'OMC, le manque d'expérience sur le fonctionnement du système de règlement des différends, le manque de ressources financières, la politique interne, les priorités nationales à résoudre[1345]. Ces limites ont affecté de manière négative leur participation dans ce système en tant que partie principale pour défendre leurs intérêts légitimes. Dans ce contexte, les données statistiques ont démontré que l'intervention est considérée comme une solution alternative pour augmenter leur présence **(A)**, étant donné que cette forme de participation leur offre des avantages, surtout en termes de coût moins élevé **(B)**.

A. Un constat général

554.- La participation des pays en développement Membres en tant que parties principales, en tant que tierces parties aux différentes phases du règlement des différends de l'OMC est établie dans le tableau 8 (*voir le tableau 8*).

555.- Ces données démontrent tout d'abord que les pays en développement participent au règlement des différends en qualité de parties principales dans une proportion moindre que les pays développés Membres. En tant que partie plaignante, au stade des consultations, 42 pays en développement ont introduit 250 plaintes contre d'autres Membres, par rapport aux 281 plaintes introduites par des pays développés. Au stade des groupes spéciaux, 22 Membres en développement ont déposé 98 demandes d'établissement des groupes spéciaux (initiaux et établis au titre de l'article 21.5 du Mémorandum d'accord). Au stade de l'appel, la présence des pays en développement Membres est encore moins importante : seules 84 déclarations d'appel ou déclarations d'autre appel ont été déposées par 18 Membres (par rapport à 143 déclarations d'appel ou d'autre appel soumises

---

[1345] Voir : BOHANES J. & GARZA F., *ibid.*, note 1207, pp. 69-124 ; BOWN C. P. & MCCULLOCH R., « Developing Countries, Dispute Settlement, and the Advisory Centre on WTO Law », *World Bank Policy Research Working Paper N°. 5168*, January 1, 2010, 41 p., disponible sur : http://papers.ssrn.com/sol3/papers.cfm?abstract_id=1533686 (url consultée le 17 avril 2014) ; DAVEY W. J., « The WTO Dispute Settlement System : How Have Developing Countries Fared ? », in *Illinois Public Law and Legal Theory Research Papers Series,* Research Paper No. 05-17, November 30, 2005, 40 p. ; ELSIG M. & STUCKI P., *ibid.*, note 934, pp. 292-316 ; FOOTER M. E., « Developing Country Practice in the Matter of WTO Dispute Settlement », *Journal of World Trade,* 2001, vol. 35, n°. 1, pp. 55-98 ; GABILONDO J. L. P., « Developing Countries in the WTO Dispute Settlement Procedures Improving their Participation », *Journal of World Trade,* 2001, vol. 35, n°. 4, pp. 483-488 ; International Centre for Trade and Sustainable Development (ICTSD), *ibid.*, note 497, 10 p. ; IOANNIDIS M., *ibid.*, note 150, pp. 1175-1202 ; MICHALOPOULOS C., « The Participation of the Developing Countries in the WTO », 1999, 38 p., disponible sur : http://www.worldbank.org/html/dec/Publications/Workpapers/WPS1900series/wps1906/wps1906.pdf (url consultée le 17 avril 2014) ; NOTTAGE H., « Developing Countries in the WTO Dispute Settlement System », *Global Economic Governance Programme,* Working Paper 2009/47, January 2009, 28 p. ; ROLLAND S. E., « Developing Country Coalitions at the WTO : In Search of Legal Support », *Harvard International Law Journal,* 2007, vol. 48, n°. 2, pp. 483-551 ; SHAFFER G., *ibid.*, note 366, pp. 20-35 ; SHAFFER G., *ibid.*, note 366, pp. 167-190 ; SHAFFER G., *ibid.*, note 361, pp. 177-199.

par des pays développés Membres). En tant que partie défenderesse, durant les consultations, 34 pays en développement Membres deviennent partie défenderesse dans 253 consultations. Durant les travaux des groupes spéciaux, 16 pays en développement Membres sont destinataires de 84 demandes d'établissement des groupes spéciaux. Au stade de l'appel, seules 76 déclarations d'appel ont été portées contre des pays en développement Membres, par rapport à 174 déclarations d'appel portées contre les pays développés Membres[1346].

Tableau 8 : Participation des pays en développement Membres au règlement des différends de l'OMC - état au 31 mars 2016

	Dans les consultations (*)	Dans les travaux des groupes spéciaux (**)	Dans l'examen en appel (***)
En tant que partie demanderesse			
- Pays développés Membres	281 (8)	161 (10)	143 (8)
- Pays en développement Membres	250 (42)	98 (22)	84 (18)
- Pays les moins avancés Membres	0	0	0
En tant que partie défenderesse			
- Pays développés Membres	281 (17)	159 (8)	174 (9)
- Pays en développement Membres	253 (34)	84 (16)	76 (21)
- Pays les moins avancés Membres	0	0	0
En tant que tierce partie			
- Pays développés Membres	254 (13)	443 (11)	308 (9)
- Pays en développement Membres	258 (54)	806 (64)	527 (57)
- Pays les moins avancés Membres	1 (1)	8 (6)	6 (5)

Note : les chiffres entre parenthèses désignent le nombre des Membres dans chaque groupe.

(*) : Ces données ont été comptées jusqu'à l'affaire *République de Corée – Droits antidumping visant les valves pneumatiques en provenance du Japon* (WT/DS504) ; (**) : Ces données ont été comptées jusqu'à l'affaire *UE – Biodiésel* (WT/DS473/R) ; (***) : Ces données ont été comptées jusqu'à l'examen en appel dans l'affaire *CE – Éléments de fixation (Chine) – Recours à l'article 21.5* (WT/DS397/AB/RW).

556.- Contrairement à cette implication moins importante des pays en développement en qualité de parties principales par rapport aux pays développés Membres, les pays en développement Membres jouent un rôle très actif en tant

[1346] Sur ce sujet, voir également : BOHANES J. & GARZA F., *ibid.*, note 1207, pp. 45-126.

que tierces parties. Ce rôle plus actif peut être évalué de deux manières différentes. Tout d'abord, en ce qui concerne le nombre des pays en développement Membres tierces parties, les données statistiques ci-dessus ont démontré que les pays en développement Membres interviennent plus en tant que tierces parties qu'en tant que parties principales. Ces données correspondent bien à la pratique exercée par certains Membres qui ne comparaissent qu'en qualité de tierces parties, sans être engagés dans aucune affaire en tant que partie principale[1347]. Ils se situent, pour la plupart d'entre eux, en Afrique, en Asie et en Amérique latine. Cela signifie que l'intervention a offert à ces Membres une occasion d'être présents dans le mécanisme de règlement des différends sans avoir dû supporter la charge correspondante en tant que partie principale.

Ensuite, en ce qui concerne le nombre de fois où les pays en développement Membres se présentent en qualité de tierces parties, il ressort du tableau 8 que l'intervention a offert aux pays en développement Membres l'occasion de comparaître 258 fois dans les consultations, 806 fois dans les travaux des groupes spéciaux et 527 fois dans la procédure d'appel. Il est impressionnant de constater que le nombre de comparutions des Membres en développement tierces parties est très nettement supérieur à celui des pays développés Membres.

557.- Plus remarquable, l'intervention est le seul moyen pour les PMA Membres de l'OMC d'être présents dans le mécanisme de règlement des différends. Si aucun PMA Membre n'est plaignant ou défendeur parmi 507 affaires introduites à l'ORD jusqu'en mars 2016, certains d'entre eux sont intervenus en qualité de tierces parties. Il s'agit, par exemple, du cas du Bangladesh dans l'affaire *États-Unis – Règles d'origine pour les textiles*[1348]. L'industrie de textiles et de vêtements joue un rôle considérable pour l'économie du Bangladesh, toutefois, ce Membre ne disposait pas de ressources pour déposer une plainte contre les mesures américaines concernant les règles d'origine très strictes qui ne permettaient pas à ses entreprises de bénéficier des préférences tarifaires. Dans ce contexte, pour le Bangladesh, le fait d'être présent en qualité de tierce partie durant les consultations et au cours des travaux du groupe spécial connaissant de cette affaire lui a permis de protéger, malgré tout, ses intérêts commerciaux en la matière.

[1347] La liste de ces Membres peut être consultée sur le site de l'OMC dédié au règlement des différends : http://wto.org/french/tratop_f/dispu_f/dispu_by_country_f.htm (url consultée le 31 mars 2016).

[1348] *Ibid.*, WT/DS243/2, note 398.

558.- D'un point de vue régional, l'intervention devient un moyen particulièrement significatif pour les Membres venant de l'Afrique. Pour des raisons différentes[1349], l'implication directe de Membres africains en qualité de parties principales est très rare[1350]. « Sans surprise, l'Afrique est largement absente, tant en tant que partie plaignante qu'en qualité de partie défenderesse »[1351]. Par contre, 15 Membres africains ont participé 53 fois en tant que tierces parties[1352] dans 20 affaires différentes. Significativement, certains Membres africains ont utilisé l'intervention comme moyen de présenter devant l'ORD des points de vue sur les questions en cause. Par exemple, le Nigeria dans l'affaire *États-Unis – Crevettes* a déposé devant le groupe spécial et à l'Organe d'appel des communications écrites dans lesquelles il a exprimé des inquiétudes sur la préservation des ressources naturelles[1353]. Ses arguments ont été jugés nécessaires dans la mesure où ils ont contribué à renforcer l'approche multilatérale, au sujet de la conservation des

---

[1349] Par exemple, l'auteur M. Sanson a cité quatre raisons qui ont empêché la participation des Membres africains en qualité de parties principales, telles que : la pénurie des ressources (humaines et financières), mécanismes domestiques, problème de la mise en œuvre et les priorités et les questions politiques. Voir : SANSON M., « Faciliting Access to Dispute Settlement for African Members of the World Trade Organization », *The Indian Journal of International Economic Law,* 2009, vol. 2, pp. 12-44.

[1350] En somme, les Membres africains de l'OMC ne portent jamais aucune plainte à l'ORD. Il y a seulement deux Membres africains à l'encontre desquels huit affaires ont été introduites : l'Afrique du Sud était défenderesse dans quatre affaires (*Afrique du Sud – Droits antidumping visant certains produits pharmaceutiques en provenance de l'Inde* (WT/DS168) ; *Afrique du Sud – Mesures antidumping définitives applicables au tissu pour couvertures en provenance de Turquie* (WT/DS288) ; *Afrique du Sud – Mesures antidumping visant le papier sans bois non couché* (WT/DS374) et *Afrique du Sud – Droits antidumping sur les viandes de coqs et poules congelées en provenance du Brésil* (WT/DS439)) ; l'Égypte était défenderesse dans quatre affaires (*Égypte – Prohibition à l'importation de thon en boîte à l'huile de soja* (WT/DS205) ; *Égypte – Mesures antidumping définitives à l'importation de barres d'armature en acier en provenance de la Turquie* (WT/DS211) ; *Égypte – Mesures affectant les importations de produits textiles et de vêtements* (WT/DS305) et *Égypte – Droits antidumping sur les allumettes importées du Pakistan* (WT/DS327)). La plupart de ces affaires se sont réglées par consultations. Un seul groupe spécial a été établi dans l'affaire DS211.

Sur ce sujet, voir également : MOSOTI V., « Africa in the First Decade of WTO Dispute Settlement », *Journal of International Economic Law,* 2006, vol. 9, n°. 2, pp. 427-453 ; BLACKHURST R., LYAKURWA B. & OYEJIDE A., « Improving African Participation in the WTO », *Paper commissioned by the World Bank for a Conference at the WTO on 20-12 September 1999,* pp. 16-26, disponible sur : http://www.iatp.org/files/Improving_African_Participation_in_the_WTO.htm (url consultée le 27 mars 2014) ; SANSON M., *ibid.*, note 1349, pp. 3-12.

[1351] « *Not surprisingly, Africa is largely non-participatory in either category* ». ROGOWSKY R., « The Effectiveness of the DSU for Developing and Middle Income Countries », a paper presented at the World Trade Forum, World Trade Institute, Berne, August 16-17, 2002, p. 7.

[1352] Tels que : l'Afrique du Sud, le Bénin, le Cameroun, la Côte d'Ivoire, l'Égypte, le Ghana, le Kenya, Madagascar, Maurice, la Namibie, le Nigéria, le Sénégal, la Tanzanie, le Tchad, la Zambie et le Zimbabwe.

[1353] *Ibid.,* WT/DS58/R, note 152, para. 4.53 ; *ibid.,* WT/DS58/AB/R, note 152, para. 78.

ressources naturelles, développée par le Comité du commerce et de l'environnement dans son rapport de 1996[1354]. L'implication du Bénin et du Tchad en qualité de tierce partie dans l'affaire *États-Unis – Coton upland* a été considérée comme la plus significative sous différents angles. D'une part, en tant que pays classés dans le groupe des PMA, cette participation leur a permis d'avoir accès, pour la première fois, au SRD. D'autre part, leur demande des droits de tierces parties renforcés devant le groupe spécial a démontré que, eux-mêmes ou n'importe quel autre pays en développement ou les moins avancés Membres de l'OMC, lors de leur présence en qualité de tierces parties, pourraient présenter des demandes appropriées en vue de renforcer leur statut ou de protéger leurs propres intérêts. En outre, cette demande a pu profiter non seulement au Bénin et au Tchad mais aussi à d'autres pays les moins avancés Membres de l'OMC[1355]. En d'autres termes, « leur implication dans l'affaire Coton est considérée comme une étape importante vers le renforcement de la participation des pays en développement dans le système de règlement des différends. Elle réfute également les arguments selon lesquels cette participation n'est pas souhaitable en raison du volume faible des échanges, ou de l'existence d'autres priorités telles que la pauvreté, l'éducation ou les problèmes liés à la santé. Cela a ouvert la porte pour les Membres de l'Afrique subsaharienne et d'autres PMA à participer à ce système »[1356].

559.- L'intervention a été également considérée comme une alternative pour augmenter la participation des pays arabes Membres de l'OMC au mécanisme de règlement des différends de l'OMC[1357]. La faible implication des pays arabes en qualité de partie principale[1358] résulte de certains motifs. À côté des raisons communes relatives à la plupart des pays en développement Membres, la tradition culturelle et litigieuse résultant de l'Islam est considérée comme un des facteurs principaux. Toutefois, la tradition qui préfère la résolution des différends via la conciliation n'empêche pas leur intervention dans plusieurs différends.

1354 Comité du commerce et de l'environnement, *Rapport (1996) du Comité du commerce et de l'environnement,* WT/CTE/1, le 12 novembre 1996, para. 15.

1355 ALBASHAR F. A. S. A. & MANIRUZZAMAN A. F. M., *ibid.,* note 182, p. 319.

1356 *"Their involvement in the Coton dispute is considered an important step towards enhancing developing countries' participation in the dispute settlement system. It also refutes the arguments that such participation is undesirable for reasons of low trade volume, or other priorities such as poverty, education and health-related problems. This has opened the door for SSA Members and other LDCs to participate in the DSM* ». ALBASHAR F. A. S. A. & MANIRUZZAMAN A. F. M., *ibid.,* note 182, p. 320.

1357 MALKAWI B. H., « Arab Countries' (Under) Participation in the WTO Dispute Settlement Mechanism », *Flinders Law Journal,* 2012, vol. 14, n°. 1, pp. 1-35.

1358 BOSSCHE P. V. D., « The WTO Dispute Settlement System and Arab and Islamic Countries », *in* The International Bureau of the Permanent Court of Arbitration (edt.), *Strengthening Relations with Arab and Islamic Countries Through International Law : E-commerce, The WTO Dispute Settlement Mechanism and Foreign Investment,* The Hague, Kluwer Law International, 2001, pp. 188-189.

560.- En résumé, l'intervention offre aux pays en développement Membres de l'OMC l'opportunité de renforcer leur implication dans le règlement des différends. Cette opportunité résulte du fait que l'intervention les aide à combler leurs points faibles.

B. Les raisons d'être

561.- L'intervention est considérée comme un moyen d'augmenter la présence des pays en développement Membres au sein du SRD, en raison des avantages indéniables qu'elle leur apporte.

562.- *En premier lieu*, le statut d'une tierce partie est moins lourd que celui de partie principale en matière de procédures.

Rappelons que, conformément au Mémorandum d'accord, une tierce partie dispose de moins de droits et obligations que ceux d'une partie principale. Par exemple, en ce qui concerne les preuves, une tierce partie n'a jamais l'obligation d'établir une preuve *prima facie*. Elle dispose de plusieurs options pour adapter sa présence à ses circonstances internes et externes. Devant un groupe spécial ou devant l'Organe d'appel, elle peut soit déposer une communication écrite, soit faire une déclaration orale, soit les deux, soit aucune de ces deux possibilités. Elle peut comparaître dans telle ou telle procédure simplement pour observer le fonctionnement du règlement d'une affaire, sans avoir besoin d'exprimer son opinion. Dans ce contexte, le manque de compétences et de connaissances sur le droit de l'OMC ou sur le fonctionnement de ce système de règlement des différends ne constitue pas un obstacle à sa participation.

563.- *En second lieu*, il s'agit d'une forme de participation moins coûteuse.

La juridictionnalisation et la judiciarisation du SRD ont été considérées comme des facteurs faisant croître les dépenses pour les Membres de l'OMC lors de leur participation en qualité de parties principales[1359], comme M. Busch et E. Reinhardt ont eu l'occasion de le prévoir :

> « En ajoutant 26.000 pages du texte des nouveaux traités, sans parler d'une jurisprudence en plein essor ; en imposant plusieurs nouvelles étapes de règlement d'un litige, telles que l'examen en appel, la mise en conformité et l'arbitrage concernant la compensation ; en judiciarisant la procédure et donc en mettant une prime sur l'argumentation juridique sophistiquée par opposition à la négociation informelle ; et en ajoutant deux ans potentiels ou plus au retard légalement admissible des défendeurs dans la mise en conformité avec les décisions en leur défaveur, les

---

[1359] SHAFFER G., *ibid.*, note 366, pp. 9-10.

réformes de l'OMC ont soulevé des obstacles auxquels doivent faire face les pays envisageant une action en justice »[1360].

Ce serait encore plus difficile pour un bon nombre des Membres en développement, surtout en ce qui concerne les dépenses pour introduire et poursuivre une plainte. À ce sujet, les études menées par G. Shaffer en mars 2003 ont fourni des idées très intéressantes pour expliquer que les dépenses financières constituent depuis un obstacle vraiment difficile à franchir pour un certain nombre des Membres en développement :

> « Le coût pour engager un litige individuel à l'OMC est extrêmement élevé, ce qui réduit davantage les incitations des pays en développement à y participer. L'Organe d'appel et les groupes spéciaux utilisent une approche hautement contextualisée, basée sur les affaires et sur la jurisprudence où les arguments pour une affaire individuelle atteignent en moyenne des centaines de pages. En conséquence, le temps demandé pour un avocat, et donc le coût d'expertise juridique spécialisée, a grimpé en flèche. Le contentieux au niveau international implique des contacts lointains, où l'expertise juridique aux États-Unis et en Europe est hautement spécialisée et assez onéreuse. Les pays en développement doivent faire face à des frais allant de 200 à 600 dollars US de l'heure (voire plus) quand ils utilisent les cabinets d'avocats privés pour les conseiller et les représenter dans les affaires à l'OMC. Les avocats de Kodak et Fuji dans l'affaire du film photographique japonais ont respectivement facturé à leur client des frais de plus de 10.000.000 de dollars US. Ces frais sont impensables pour la plupart des pays en développement. Même pour une relativement petite affaire, un cabinet d'avocat a annoncé un chiffre de 200.000 dollars US pour représenter un pays en développement uniquement durant la phase du groupe spécial »[1361].

[1360] « *By adding 26.000 pages of new treaty text, not to mention a rapidly burgeoning case law ; by imposing several new stages of legal activity per dispute, such as appeals, compliance reviews, and compensation arbitration ; by judicializing proceedings and thus putting a premium on sophisticated legal argumentation as opposed to informal negotiation ; and by adding a potential two years or more to defendants' legally permissible delays in complying with adverse rulings, the WTO reforms have raised the hurdles facing countries contemplating litigation* ». BUSCH M. & REINHARDT E., « Testing International Trade Law : Empirical Studies of GATT/WTO Dispute Settlement », *in* KENNEDY D. L. M. & SOUTHWICK J. D. (edt.), *The Political Economy of International Trade Law : Essays in Honour of Robert E. Hudec*, Cambridge, Cambridge University Press, 2002, p. 467.

[1361] « *The cost of binding an individual WTO case is extremely high, further reducing developing countries' incentives to participate. The WTO Appellate Body and WTO panels employ a highly contextualized, case-based approach, based on jurisprudence where individual case opinions average in the hundreds of pages. As a consequence, the demand on lawyer time, and thus the cost of specialized legal expertise, has skyrocketed. Litigation and the international level involves a distant forum in which legal expertise in U.S. and Eurocentric, highly specialized, and quite expensive. Developing countries can face fees ranging from $200-$600 (or more) an hour when they hire private law firms to advise and represent them in WTO cases. Lawyers for Kodak and Fuji in the Japan-Photographic Film case respectively charged their clients fees in excess of 10 million dollars. Such fees are unthinkable for most*

Cette raison a contribué également à expliquer pourquoi plusieurs Membres en développement préféraient l'intervention. En effet, l'intervention est moins coûteuse que la participation en qualité de partie principale dans différentes mesures. D'une part, le temps consacré à la préparation des communications est moins long[1362]. D'autre part, en ce qui concerne les coûts financiers, la simplicité des procédures relatives à l'intervention permet aux tierces parties de dépenser de manière adaptée à leur situation. Certains Membres peuvent utiliser leurs fonctionnaires internes ou leurs délégués à Genève pour les représenter. Au cas où il faudrait utiliser les services fournis par les cabinets d'avocat, les Membres en développement tierces parties ne doivent payer qu'une somme moins importante. Ils ont aussi la possibilité d'utiliser les services fournis par le Centre consultatif sur la législation de l'OMC (*Advisory Centre on WTO Law* - CCLO[1363]) en bénéficiant des avantages accordés aux membres[1364].

564.- En bref, les Membres en développement peuvent utiliser l'intervention pour participer plus activement au SRD. En outre, l'intervention peut être un moyen de formation efficace pour leurs fonctionnaires.

II. L'intervention comme moyen de renforcer les capacités

565.- La compétence juridique (*legal capacity* en anglais) est mesurée par « la capacité d'un pays à mobiliser des ressources humaines et juridiques pour participer au système de règlement des différends »[1365]. Selon l'évaluation de plusieurs auteurs, le manque de compétence sur le droit de l'OMC reste toujours l'obstacle

---

developing countries. Even for a relatively small case, a law firm quoted a figure of $200.000 for representing the developing country only through the panel stage ». SHAFFER G., *ibid.*, note 366, p. 16. L'auteur J. A. Conti a également partagé cette idée en indiquant que : « *Participation in WTO disputing is expensive, complex, and time-consuming. Inequalities in the abilities of countries to marshal the requisite resources and expertise create leverage for richer complainants while constituting a disincentive for poorer nations to initiate disputes. In sum, the WTO reproduces some existing inequalities between member nations through the passivity of the institution and the expense and difficulty of litigation* ». CONTI J. A., « Learning to Dispute : Repeat Participation, Expertise and Reputation at the World Trade Organization », *Law & Social Inquiry*, 2010, vol. 35, n°. 3, pp. 625-662.

1362 EWELUKWA U. U., « African States, Aggressive Multilateralism and the WTO Dispute Settlement System – Politics, Process, Outcomes and Prospects », 2005, pp. 31-32, disponible sur : https://www.carnegiecouncil.org/publications/articles_papers_reports/5213.html/_res/id=sa_File1/5213_fellowPaper_ewelukwa.pdf (url consultée le 30 octobre 2014).

1363 Ce centre a été établi en 2001 sur la base de l'Accord instituant le CCLO comme une organisation indépendante de l'OMC. Il a pour but de fournir aux pays en développement et aux pays les moins avancés les capacités juridiques nécessaires pour leur permettre de tirer pleinement parti des possibilités offertes par l'OMC. Sur ses activités, voir surtout : http://www.acwl.ch/e/index.html (url consultée le 31 mars 2016).

1364 Voir *Annex IV of the Agreement Establishing the ACWL*, disponible sur : http://www.acwl.ch/e/documents/Annex_IV.pdf (consulté le 10 novembre 2014).

1365 « *The ability of a country to mobilize legal and human resource to participate in the dispute settlement system* ». EWING-CHOW M., GOH A. W. S. & PATIL A. K., *ibid.*, note 116, p. 677.

principal pour l'accès de la plupart des pays en développement Membres au système de règlement des différends en tant que partie principale[1366]. Il existe plusieurs façons pour un Membre de renforcer la compétence juridique de ses fonctionnaires, comme l'envoi à la formation sur le droit de l'OMC dans les systèmes d'éducation des pays développés, l'utilisation d'experts juridiques privés... La participation directe au SRD semble être un moyen important. Dans le cas de la plupart des pays en développement Membres, l'intervention leur offre la solution la plus appropriée à leur capacité pour acquérir plus de connaissances sur le droit de l'OMC ainsi que sur le fonctionnement de son système de règlement des différends. Il s'agit d'une tendance générale **(A)**. Pour les Membres adhérant à l'OMC, l'intervention leur fournit une opportunité particulière : certains d'entre eux ont passé une période d'apprentissage en qualité de tierce partie avant de s'engager directement dans une affaire en tant que partie principale. L'étude de cas concernant la Chine l'illustrera **(B)**.

A. La tendance générale : « learning by doing »

566.- De manière générale, dans une étude menée en 1974 pour répondre à la question de savoir comment différents groupes d'acteurs pourraient affecter la manière dont les institutions juridiques fonctionnent, M. Galanter avait démontré qu'une participation répétée d'un acteur (*repeat players*) devant ces institutions lui donnerait des avantages non-négligeables dont la possibilité de développer ses compétences[1367].

> « Les plaideurs fréquents développent les capacités qui leur permettent d'anticiper quelles affaires ne valent pas la peine d'être poursuivies, quelles affaires doivent être réglées au plus tôt, quelles affaires doivent être poursuivies avec l'intention de façonner la jurisprudence, et en

---

[1366] Voir sur ce sujet : BUSCH M., REINHARDT E. & SHAFFER G., *ibid.*, note 366, p. 576.

[1367] GALANTER M., « Why the 'Have' Come Out Ahead : Speculations on the Limits of Legal Change », *Law & Society Review*, 1974, vol. 9, n°. 1, pp. 95-160. L'auteur avait décrit cinq avantages d'une participation répétée comme suit : « *(1) Repeat Players (RPs), having done it before, have advance intelligence ; they are able to structure the next transaction and build a record. It is the RP who writes the form contract, requires the security deposit, and the like. (2) RPs develop expertise and have ready access to specialists. They enjoy economics of scale and have low start-up costs for any case. (3) RPs have opportunities to develop facilitative informal relations with institutional incumbents. (4) The RP must establish and maintain credibility as a combatant. His interest in his bargaining reputation serves as a resource to establish 'commitment' to his bargaining positions. With no bargaining reputation to maintain, the OS [one-shotters] has more difficulty in convincingly committing himself in bargaining. (5) RPs can play the odds. The larger the matter at issue looms for OS, the more likely he is to adopt a minimax strategy (minimize the probability of maximum loss). Assuming that the stakes are relatively smaller for RPs, they can adopt strategies calculated to maximize gain over a long series of cases, even where this involves the risk of maximum joss in some cases* ». *Ibid.*, pp. 98-100.

outre, quelles nouvelles règles sont susceptibles d'être importantes ou sont simplement des modifications symboliques vers le *statu quo*... »[1368].

567.- Il s'agit en effet d'une stratégie appliquée non seulement devant les juridictions internes, mais également devant les juridictions internationales. Dans le contexte de l'ORD, l'étude de J. A. Conti a indiqué : « la compétence est dérivée de la participation directe au règlement et elle revient aux personnes qui doivent être mobilisées pour assurer la participation effective. À son tour, leur expérience est à l'origine des différences entre les plaideurs fréquents et les pays Membres qui y participent rarement, voire pas du tout »[1369]. En d'autres termes, une participation répétée d'un Membre, même en qualité de tierce partie, constitue toujours une façon d'accumuler et consolider de l'expérience et de la compétence. C'est l'idée allant de pair avec une constatation formulée par un fonctionnaire argentin avec lequel cet auteur a eu l'occasion de s'entretenir :

> « [Compétence et expérience] sont un certain type de savoir que vous ne pouvez pas avoir si vous n'allez pas à Genève... Les gens qui ne sont pas allés à Genève n'ont normalement pas la moindre idée de comment cela fonctionne, car il y a beaucoup de détails qui ne sont pas écrits dans [le Mémorandum d'accord] »[1370].

568.- De même, plusieurs autres auteurs ont également démontré que l'intervention est un moyen pour la plupart des pays en développement Membres de mettre en œuvre la stratégie du « *learning by doing* ». F. Piérola a constaté que « l'expérience récente sur la participation au règlement des différends à l'OMC indique l'intérêt émergeant des tierces parties à y participer en vue de la formation »[1371]. L'enquête menée par M. L. Busch, E. Reinhardt et G. Shapper a donné le même résultat : parmi 52 réponses reçues de 52 délégations des Membres auprès de l'OMC, « 67% des répondants ont choisi les facteurs relatifs au renforcement de

---

[1368] « *Repeat litigants develop expertise that allows them to anticipate which cases are not worth pursuing, which cases should be settled early, and which cases should be pursued with the intent of shaping jurisprudence, and further, which new rules are likely to be significant or merely symbolic alterations to the status quo...* ». CONTI J. A., *ibid.*, note 1361, pp. 625-662.

[1369] « *Expertise is derived from direct participation in disputing and it accrues to individuals who must be mobilized over time to ensure effective participation. In turn, these features of experience are the source of differences between repeat players and member countries that participate infrequently, if at all* ». CONTI J. A., *ibid.*, note 1361, p. 650.

[1370] « *[Expertise and experience] is a certain kind of knowledge that you can't have if you have not been in Geneva... People who have not been in Geneva normally do not have any idea of how it works because there are a lot of details that are not written in the [Dispute Settlement Understanding]* ». CONTI J. A., *ibid.*, note 1361, p. 648.

[1371] « *The recent experience in WTO dispute settlement participation shows an emerging interest of third parties to participate in proceedings for purposes of training* ». PIEROLA F., *ibid.*, note 488, p. 367.

la compétence juridique pour expliquer pourquoi ils sont intervenus en tant que tierces parties au lieu de déposer leur propre plainte »[1372].

569.- Dans la pratique, plusieurs Membres de l'OMC ont également reconnu les avantages que l'intervention leur a apportés en ce qui concerne l'expérience et la compétence. « Elle permettra d'améliorer leur connaissance sur les activités internes du mécanisme afin de bien se préparer à protéger leurs intérêts »[1373]. Par exemple, le Brésil, un des Membres en développement disposant de bonnes compétences sur le droit de l'OMC, continue de considérer l'intervention comme un moyen important de formation. Dans les affaires où il est intervenu, la plupart des travaux relatifs à cette participation ont été confiés aux personnels chargés du règlement des différends dans sa délégation à Genève. Plus remarquablement, dans ces affaires, sa délégation à Genève a souvent recruté des stagiaires brésiliens pour mission d'appui à chaque communication de tierce partie[1374]. Après une durée de quatre mois de stage, ces stagiaires, retournant travailler au Brésil, sont souvent prêts à aider le gouvernement brésilien sur la base *pro bono* dans telle ou telle affaire. Cette stratégie, qui est unique parmi les Membres en développement, lui permet de développer à la fois ses capacités internes et une relation publique-privée pour mieux protéger ses intérêts dans les affaires où il est plaignant ou défendeur[1375].

570.- Comme les analyses ci-dessus l'ont démontré, plusieurs pays en développement Membres de l'OMC ont obtenu l'accès à ce système, pour la première fois, en qualité de tierce partie. Dès lors, c'est grâce à cette intervention que ces Membres ont pu acquérir des informations sur les procédures de règlement des différends. Par exemple, la Jamaïque ou le Paraguay, qui n'ont jamais été partie principale, sont activement devenus tierce partie, respectivement, dans huit et 16 affaires[1376]. Pour la Jamaïque, l'expérience tirée de son implication dans les affaires en tant que tierce partie lui a permis de comprendre mieux les points forts

---

[1372] « *67% of respondents chose these legal capacity-oriented factors to explain why they intervened as a third party instead of filing their own complaint* ». BUSCH M. L., REINHARDT E. & SHAFFER G., *ibid.*, note 366, p. 67.

[1373] « *It will enhance their familiarity with the internal workings of the mechanism in order to be well prepared to protect their interests* ». ALBASHAR F. A. S. A. & MANIRUZZAMAN A. F. M., *ibid.*, note 182, p. 321.

[1374] SHAFFER G., SANCHEZ M. R & ROSENBERG B., « Brazil's Response to the Judicialized WTO Regime : Strengthening the State through Diffusing Expertise », p. 55, disponible sur : http://ictsd.org/downloads/2008/06/brazil_paper1.pdf (url consultée le 10 avril 2012).

[1375] SHAFFER G., SANCHEZ M. R & ROSENBERG B., *ibid.*, note 1374, pp. 45-49, et 56.

[1376] Voir la liste des affaires dans lesquelles ces deux Membres ont participé en qualité de tierce partie sur : http://wto.org/french/tratop_f/dispu_f/dispu_by_country_f.htm (consulté le 31 mars 2016).

et faibles de ce mécanisme, surtout en ce qui concerne les pays en développement[1377]. De ce fait, elle a déposé à l'ORD une proposition d'améliorer le Mémorandum d'accord en vue de renforcer la participation de ces Membres[1378]. Plus précisément, sa proposition a porté sur plusieurs sujets touchant l'intérêt des pays en développement, tels que les consultations, la représentation juridique, le renforcement des droits de tierces parties, l'évaluation de l'incidence économique et sociale des mesures contestées sur les pays en développement[1379], les frais juridiques[1380], etc.

De même, la qualité de tierces parties dans 19 affaires introduites à l'ORD a offert au Paraguay l'occasion d'observer le fonctionnement du SRD.

571.- La compétence sur le droit de l'OMC et sur le fonctionnement de son SRD constitue également un obstacle particulier pour les Membres ayant accédé récemment à l'OMC (ci-après, « MAR »)[1381]. Après « *a honeymoon period* » (« la période de la lune de miel »)[1382] où les anciens Membres de l'OMC ont à l'esprit de s'abstenir d'introduire un recours contre un nouveau Membre, ce dernier doit être toujours prêt à faire face à une plainte adressée contre lui. En outre, après un temps d'hésitation à introduire une requête contre un Membre, ce nouveau Membre devrait également être en mesure de le faire. Une action intentée contre lui ou, à l'inverse, sa plainte portée contre un autre Membre ouvre à ce nouveau Membre une occasion de participer au système de règlement des différends en tant que partie principale[1383]. Pour gagner telle ou telle affaire, il est important de se doter des compétences nécessaires[1384]. Ce faisant, avant de s'impliquer directement dans une affaire en tant que partie principale, un nombre considérable de nouveaux Membres ont passé un temps d'apprentissage[1385] à consolider leur ex-

---

[1377] *Ibid.*, TN/DS/M/5, note 1127, para. 10.

[1378] *Ibid.*, TN/DS/W/21, note 212, pp. 1-5.

[1379] *Ibid.*, TN/DS/W/21, note 212, p.3.

[1380] *Ibid.*, TN/DS/W/21, note 212, pp. 3-4.

[1381] Il s'agit des Membres qui ont accédé à l'OMC après 1995.

[1382] HARRIS D., « The Honeymoon is Over : Evaluating the US WTO Intellectual Property Complaint against China », *Fordham International Law Journal*, 2008, vol. 32, n°. 1, p. 99. Cet auteur a indiqué que : « *During this period, the United States took a hands-off approach, allowing China time to implement its obligations and become part of the global trading system. This honeymoon period ended four years after China's accession* ».

[1383] LE T., « Vietnam's Experience in Developing International Trade Lawyers Following Five Years of World Trade Organization Accession », *Journal of World Trade*, 2013, vol. 47, n°. 3, p. 676.

[1384] M. Ewing-Chow, A. W. S. Goh et A. K. Patil ont également estimé qu'une période raisonnable pour avoir de telles préparations était de cinq ans : « *Five years would be a reasonable period for most new WTO entrants to learn and overcome a lack of experience and capacity to engage the WTO panel process if they chose to do so* ». EWING-CHOW M., GOH A. W. S. & PATIL A. K., *ibid.*, note 117, pp. 681-682.

[1385] CAZALA J., *ibid.*, note 375, pp. 72-74.

pertise et permettre à leurs fonctionnaires de se munir des connaissances nécessaires sur le fonctionnement du SRD. Par exemple, l'Arabie saoudite, après être devenue Membre officiel de l'OMC le 11 décembre 2005, a participé activement à 28 affaires en qualité de tierce partie. Le Vietnam ou la Russie, très vite après leur adhésion, ont également participé en qualité de tierces parties avant de s'impliquer dans leurs propres affaires[1386].

572.- De toute façon, l'intervention aide plusieurs Membres en développement à renforcer leurs capacités internes. L'ampleur de cette contribution, plus ou moins importante pour chacun d'entre eux, dépend entièrement de leur propre stratégie. Il semble que la Chine constitue le plus beau cas pour illustrer la réussite d'un Membre, à la fois en développement et ayant adhéré récemment à l'OMC, de profiter de l'intervention dans un but de formation.

B. L'intervention comme moyen d'apprentissage : la réussite incontestable de la Chine

573.- La Chine est devenue le 143e Membre de l'OMC le 11 décembre 2001. Au moment de son adhésion, elle s'était déjà présentée comme l'un des grands partenaires commerciaux dont la politique commerciale pourrait affecter avec une ampleur considérable les échanges commerciaux mondiaux[1387]. Actuellement, elle est devenue le numéro deux de l'économie mondiale et le plus grand partenaire commercial. La croissance impressionnante de l'export chinois, le développement économique rapide accompagné d'une expansion considérable de la consommation interne l'a placée dans une position susceptible de provoquer des conflits d'intérêts avec ses partenaires commerciaux[1388]. En d'autres termes, le respect par la Chine de ses obligations au sein de l'OMC fait l'objet d'une surveillance stricte par d'autres Membres. De même, pour protéger ses intérêts sur le marché mondial, la Chine a été prête à utiliser le mécanisme de règlement des différends de l'OMC en tant que partie plaignante[1389]. Jusqu'en mars 2016, la Chine est plaignante dans 16 affaires, défenderesse dans 39 affaires et tierce partie

---

1386 Jusqu'en mars 2016, Le Vietnam est devenu tierce partie dans 21 affaires et partie plaignante dans trois affaires. La Russie est tierce partie dans 28 affaires, partie plaignante dans quatre affaires et partie défenderesse dans cinq affaires. La liste de ces affaires peut être consultée sur le site web de l'OMC à l'adresse suivante : https://www.wto.org/ french/tratop_f/dispu_f/dispu_by_country_f.htm (url consultée pour la dernière fois le 31 mars 2016).

1387 À ce moment-là, la Chine était au 7e rang des plus grands pays exportateurs et au 8e rang des plus grands pays importateurs de marchandises du monde. Voir : TONG Q., « China's First Decade Experience in the WTO Dispute Settlement System : Practice and Prospect », *Asian Journal of WTO & International Health Law and Policy,* 2012, vol. 7, no. 1, p. 144.

1388 WENHUA J. & CUI H., « China's Experience in Dealing with WTO Dispute Settlement : A Chinese Perspective », *Journal of World Trade,* 2011, vol. 45, no. 1, pp. 1-2.

1389 WENHUA J. & CUI H., *ibid.*, note 1388, p. 2.

dans 129 affaires[1390]. Elle devient ainsi l'un des plus fréquents utilisateurs du mécanisme[1391].

574.- La participation de la Chine en tant que tierce partie dans plusieurs affaires a contribué de manière non négligeable au développement de ses compétences internes **(2)**. Avant tout, il est nécessaire d'avoir une vue globale sur la participation chinoise **(1)**.

1. Une vue globale sur l'intervention de la Chine devant l'ORD

575.- Après son adhésion à l'OMC, la Chine a rapidement pris part au mécanisme de règlement des différends de l'OMC. Elle s'y est impliquée pour la première fois en qualité de partie demanderesse dans l'affaire *États-Unis – Sauvegardes concernant l'acier*[1392] et en qualité de tierce partie dans l'affaire *États-Unis – Règles d'origine pour les textiles*[1393]. La participation de la Chine en qualité de tierce partie est marquée par les éléments factuels importants :

576.- *Premièrement*, de manière générale, la Chine a participé en qualité de tierce partie dans la plupart des affaires introduites à l'ORD après son adhésion. Jusqu'en mars 2016, la Chine est devenue tierce partie dans 129 affaires. En chiffre absolu, la Chine est au quatrième rang des Membres intervenant le plus en qualité de tierce partie, après le Japon (dans 158 affaires), l'UE (155 affaires) et les États-Unis (130 affaires). En chiffre relatif, il est impressionnant de voir que le taux de participation de la Chine en cette qualité sur le total des affaires dans lesquelles elle n'est ni partie demanderesse, ni partie défenderesse est le plus élevé : 60,2% (soit 129/214 affaires), par rapport à 48,1% des États-Unis (130/270 affaires), 47,5% de l'UE (155/326 affaires) et 43,5% du Japon (158/363

[1390] Voir la liste des affaires auxquelles la Chine a comparu en qualité de partie plaignante, partie défenderesse ou tierce partie sur le site de l'OMC à l'adresse suivante : http://wto.org/french/tratop_f/dispu_f/dispu_by_country_f.htm (url consultée le 31 mars 2016).

[1391] CHI M., « China's Participation in WTO Dispute Settlement over the past decade : Experiences and Impacts », *Journal of International Economic Law,* 2012, vol. 15, n°. 1, p. 29.

[1392] *États-Unis – Mesures de sauvegarde définitives à l'importation de certains produits en acier,* WT/DS252. Le 26 mars 2002, la Chine a déposé pour la première fois une demande de consultations avec les États-Unis au sujet des mesures de sauvegarde définitives imposées par les États-Unis sous la forme d'un relèvement des droits de douane sur les importations de certains produits en acier. Il s'agit d'une demande conjointe à sept autres demandes déposées par les Communautés européennes (WT/DS248), le Japon (WT/DS249), la Corée du Sud (WT/DS251), la Suisse (WT/DS253), la Norvège (WT/DS254), la Nouvelle-Zélande (WT/DS258) et le Brésil (WT/DS259).

[1393] *États-Unis – Règles d'origine concernant les textiles et les vêtements,* WT/DS243. Le 4 juillet 2002, la Chine a notifié à l'ORD son intention de participer en qualité de tierce partie aux travaux du groupe spécial connaissant de cette affaire.

affaires)[1394]. Sachant que la Chine n'est devenue Membre de l'OMC qu'en décembre 2001, ces chiffres deviennent encore plus significatifs. D'une part, ils démontrent l'activisme de la Chine au sein de ce système. D'autre part, cette participation très large lui permet d'avoir accès aux questions très vastes mises en cause dans les différends (*voir le tableau 9*).

À la différence de la stratégie exercée par certains Membres qui ont choisi de devenir tierces parties dans une liste sélective d'affaires[1395], « le choix de la Chine d'intervenir en qualité de tierce partie n'est pas seulement limité à des affaires liées à certaines industries, certaines mesures ou certains Membres, mais pratiquement à tous les types de litiges portant sur toutes sortes de mesures et concernant toutes sortes de Membres »[1396]. Bien évidemment, l'effet positif résultant de ce choix c'est que la Chine a pu avoir des observations globales appropriées et tirer des expériences utiles liées à la signification, l'interprétation et l'application de ces accords.

577.- *Deuxièmement*, de façon plus détaillée, la Chine a été tierce partie dans quasiment tous les travaux des groupes spéciaux et de l'Organe d'appel qui se sont tenus après son adhésion[1397]. En pratique, elle a été présente à ce titre dans les travaux de 75 groupes spéciaux (dont 62 groupes spéciaux initiaux et 13 groupes spéciaux établis au titre de l'article 21.5 du Mémorandum d'accord) et dans 48 examens en appel. Notamment, elle a été présente dans les travaux de chaque groupe spécial établi pendant la période d'août 2003 à 2007[1398], et dans

---

[1394] Toutes ces données ont été établies par l'auteur sur la base des informations parues sur : http://wto.org/french/tratop_f/dispu_f/dispu_by_country_f.htm (url consultée le 31 mars 2016).

[1395] C'est le cas, par exemple, de la Corée du Sud. L'auteur D. Ahn a démontré que ce Membre n'était intervenu que dans les affaires liées à ses grandes branches d'industrie telles que l'automobile, l'acier ou l'industrie de l'information. Voir sur ce sujet, AHN D., « Korea in the GATT/WTO Dispute Settlement System : Legal Battle for Economic Development », *Journal of International Economic Law,* 2003, vol. 6, n°. 3, p. 626. Ou bien, en ce qui concerne l'intervention du Brésil, ce Membre a choisi d'intervenir surtout dans des affaires relatives aux produits agricoles ou de l'acier. Voir : SHAFFER G., SANCHEZ M. R & ROSENBERG B., *ibid.,* note 1374, pp. 19-20.

[1396] « *China's third party choices are not only limited to cases related only to certain industries, certains mesures, or certains Members, but to virtually all kinds of disputes involving all kinds of mesures and all kinds of Members* ». WENHUA J. & CUI H., *ibid.*, note 1388, p. 26.

[1397] WENHUA J. & CUI H., « China's Path to the Center Stage of WTO Dispute Settlement : Challenges and Responses », *Global Trade and Customs Journal,* 2010, vol. 9, n°. 5, p. 367.

[1398] EWING-CHOW M., GOH A. W. S. & PATIL A. K., *ibid.,* note 116, p. 679.

quasiment tous les appels pendant trois années de 2005 à 2007[1399]. Si l'intervention de la Chine dans les consultations se trouve moins importante[1400], sa comparution plus fréquente en tant que tierce partie dans les travaux des groupes spéciaux et de l'examen en appel démontre une stratégie, à savoir que la participation dans telle ou telle étape est plus significative pour elle afin de développer sa capacité et compétence interne sur le fonctionnement de ce système et sur le droit de l'OMC.

Tableau 9 : Les accords faisant l'objet des différends dans lesquels la Chine est intervenue en qualité de tierce partie - état au 31 mars 2016[1401]

LES ACCORDS	Nombre de fois où l'accord a été évoqué
Accord instituant l'OMC	25
Accords multilatéraux relatifs au commerce des marchandises	
+ GATT de 1994	93
+ Accord sur l'Agriculture	16
+ Accord sur les mesures sanitaires et phytosanitaires	9
+ Accord sur les obstacles techniques au commerce	10
+ Accord sur les mesures concernant les investissements et liées au commerce	6
+ Accord sur les mesures antidumping	33
+ Accord sur l'évaluation en douane	2
+ Accord sur les licences d'importation	6
+ Accord sur les subventions et mesures compensatoires	23
+ Accord sur les sauvegardes	14
Accord général sur le commerce des services (AGCS).	2
Accord sur l'ADPIC	6
Mémorandum d'accord	27
Exceptions dans le GATT et l'AGCS	10
Protocoles d'accession	2

578.- *Troisièmement*, il est nécessaire de noter la stratégie de la Chine lors de son intervention dans les travaux des groupes spéciaux et examens en appels. Le Mémorandum d'accord et les Procédures pour l'examen en appel offrent aux tierces parties plusieurs possibilités de comparaître devant les groupes spéciaux et l'Organe d'appel. Ayant adopté le choix d'une présence dynamique, la Chine a

[1399] Elle était présente dans huit sur neuf examens en appel en 2005, dans tous les examens en appel en 2006, et dans quatre sur cinq examens en appel en 2007. Voir : *ibid.*, WT/AB/20, note 27, pp. 67-70.

[1400] La Chine a déposé seulement 16 demandes de participation aux consultations jusqu'à l'affaire WT/DS504.

[1401] Plus précisément, jusqu'à l'affaire *Brésil – Certaines mesures concernant la taxation et les impositions,* WT/DS497.

déposé très fréquemment des communications écrites et fait des déclarations orales à l'occasion de telle ou telle audience. En effet, parmi 75 travaux des groupes spéciaux, elle a déposé des communications devant 36 groupes spéciaux. Elle a également fait une déclaration orale devant huit groupes spéciaux parmi les 39 auprès desquels elle n'a pas déposé de communication écrite. Devant l'Organe d'appel, la plupart des comparutions chinoises durant la période de 2004 à 2007 en tant que participant tiers ont été basées sur la règle 24.1 des Procédures de travail pour l'examen en appel[1402]. Le dépôt d'une communication écrite devant un groupe spécial ou auprès de l'Organe d'appel, considéré dans la stratégie « *learning by doing* » comme un des meilleurs moyens pour former les fonctionnaires sur le droit de l'OMC et sur le fonctionnement de son système de règlement des différends, a été bien utilisé.

579.- *Quatrièmement*, il existe une coopération étroite entre le gouvernement chinois et certains cabinets d'avocats internes dans les affaires où la Chine est impliquée en qualité de tierce partie[1403]. « Face à un nombre croissant d'affaires à l'OMC à l'horizon, la compétence juridique chinoise n'est pas aussi forte et expérimentée pour ces affaires coûteuses et difficiles que peuvent l'être les cabinets d'avocats puissants de Washington. Pour combler cette lacune, Pékin a utilisé des avocats étrangers qui travailleraient avec les avocats internes. Mais, les cabinets d'avocats chinois sont en compétition pour renforcer leurs pratiques liées à l'OMC »[1404]. Étant donné que le droit de l'OMC n'est pas facile à être appréhendé pour les avocats locaux chinois[1405], le renforcement des compétences dans ce domaine ne peut se faire qu'à long terme. Cependant, le Ministère du commerce chinois a souvent confié à des cabinets d'avocats internes la mission de représenter la Chine dans les affaires où elle intervenait en qualité de tierce partie. Les

---

[1402] En pratique, durant cette période, la Chine a comparu devant l'Organe d'appel au titre de la règle 24.1 des Procédures de travail pour l'examen en appel dans 13 sur 19 examens en appel dans lesquels elle a été intervenue.

[1403] La stratégie exercée par la Chine à ce sujet est entièrement différente à celle du Brésil. En effet, ce dernier, dans les affaires où il était tierce partie, n'a jamais utilisé les cabinets d'avocats privés. SHAFFER G., SANCHEZ M. R & ROSENBERG B., *ibid.*, note 1374, pp. 55-56.

[1404] « *Facing more WTO disputes on the horizon, Chinese legal capacity is not as strong or experienced at the laborious, costly WTO cases as are the powerful Washington law firms. Beijing has settled for hiring foreign lawyers to work with its own, but China's law firms are racing to build up their WTO practices* ». WANG T., « China's Coming of Age in the WTO War », *Forbes*, April 20, 2009, disponible sur : http://www.forbes.com/2009/04/20/china-wto-trade-markets-economy-law.html (url consultée le 20 novembre 2014).

[1405] WANG T., « Where Are China's WTO Lawyers ? », *Forbes*, April 27, 2009, disponible sur : http://www.forbes.com/2009/04/27/china-wto-law-business-economy-trade.html (url consultée le 20 novembre 2014). « *The WTO legal system is very difficult for the typical Chinese lawyer* » et « *dispute resolution has a lot of skill elements, how to argue, what kind of argument works, what kind of argument doesn't work, how to present your case. Those are things you only learn from experience, from losing frankly. That learning and training process could take one to two decades* ».

cabinets d'avocats, tels que BHP[1406], *King & Wood*[1407], *Jincheng Tongda & Neal*[1408], *Grandall Legal Group*[1409], *Broad & Bright*[1410], *Scott Liu & Associates*[1411] et *Seafront Law Office*[1412], ont respectivement eu l'occasion de représenter la Chine dans plusieurs affaires[1413]. De ce fait, comme P. L. Hsieh l'a argumenté de manière convaincante, « la stratégie « *learning by doing* » de la Chine en vue de renforcer ses compétences juridiques relatives à l'OMC par l'implication des avocats locaux dans les affaires de l'OMC peut combler la faiblesse de « la porte à sens unique » dans le système gouvernemental chinois et permettre à des avocats locaux de cumuler les compétences avec un minimum de « frais de formation » »[1414].

2. Les effets sur le développement des capacités internes chinoises

580.- Après l'adhésion de la Chine à l'OMC, le Département de droit et traités (*Department of Treaty and Law*), rattaché au Ministère du commerce chinois, a été

1406 Le Beijing Huanzhong & Partners était le premier cabinet d'avocat chinois qui a représenté le gouvernement chinois en tant que partie principale dans l'affaire *États-Unis – Mesures de sauvegarde définitives à l'importation de certains produits en acier* (WT/DS252) en 2002, et en tant que tierce partie dans l'affaire *Canada – Mesures concernant les exportations de blé et le traitement des grains importés* (WT/DS276).

1407 Ce cabinet d'avocat a représenté le gouvernement chinois intervenant dans les affaires *États-Unis – Mesures compensatoires concernant certains produits en provenance des Communautés européennes* (WT/DS212), *États-Unis – Détermination finale en matière de droits compensateurs concernant certains bois d'œuvre résineux en provenance du Canada* (WT/DS257) ; *République de Corée – Mesures affectant le commerce des navires de commerce* (WT/DS273) ; *États-Unis – Enquête en matière de droits compensateurs sur les semi-conducteurs pour mémoires RAM dynamiques (DRAM) en provenance de Corée* (WT/DS296) ; *Communautés européennes – Mesures affectant le commerce des navires de commerce* (WT/DS301) ; *Communautés européennes et certains États membres – Mesures affectant le commerce des aéronefs civils gros porteurs* (WT/DS316) ; *États-Unis – Mesures affectant le commerce des aéronefs civils gros porteurs* (WT/DS317).

1408 Par exemple, dans les affaires *Mexique – Mesures antidumping définitives visant la viande de bœuf et le riz* (WT/DS295) ; *République de Corée – Droits antidumping sur les importations de certains papiers en provenance d'Indonésie* (WT/DS312) ; *Japon – Contingents d'importation d'algues séchées et d'algues assaisonnées du genre Porphyra Spp* (WT/DS323) ; *Turquie – Mesures affectant l'importation de riz* (WT/DS334).

1409 Par exemple, dans les affaires *États-Unis – Traitement fiscal des « sociétés de ventes à l'étranger »* (WT/DS108) ; *États-Unis – Subventions concernant le coton upland* (WT/DS267) ; *Mexique – Mesures fiscales concernant les boissons sans alcool et autres boissons* (WT/DS308).

1410 Par exemple, dans l'affaire *États-Unis – Détermination finale en matière de dumping concernant les bois d'œuvre résineux en provenance du Canada* (WT/DS264).

1411 Par exemple, dans l'affaire *États-Unis – Mesures compensatoires concernant certains produits en provenance des Communautés européennes* (WT/DS212).

1412 Par exemple, dans l'affaire *États-Unis – Mesures de sauvegarde définitives à l'importation de certains produits en acier* (WT/DS251).

1413 HSIEH P. L., « China's Development of International Economic Law and WTO Legal Capacity Building », *Journal of International Economic Law*, 2010, vol. 13, n°. 4, p. 1029.

1414 « *China's 'learning by doing' strategy to enhance its WTO legal capacity by involving local lawyers in WTO cases can bridge the 'one-way door' weakness in the Chinese government system and allow local lawyers to gain WTO expertise with minimum 'tuition'* ». HSIEH P. L., *ibid.*, note 1413, p. 1025.

désigné pour représenter la Chine devant l'ORD[1415]. Pour accomplir cette mission, a été établie en son sein une Division chargée du droit de l'OMC, composée d'un petit nombre de juristes spécialisées dans le domaine du commerce international et du droit de l'OMC. En outre, en 2002, le gouvernement chinois a également envoyé sa délégation permanente auprès de l'OMC à Genève pour se coordonner avec la Division interne autour de sa participation au règlement des différends de l'OMC[1416]. Durant les premières années, la Chine a adopté une stratégie préférant la résolution amiable des plaintes déposées contre elle[1417]. Certains auteurs l'ont décrite comme une « réticence » envers l'utilisation de ce mécanisme[1418]. Toutefois, la raison la plus appropriée semble être probablement le manque de ressources humaines qualifiées, ne permettant pas la meilleure poursuite pour elle au niveau des groupes spéciaux et/ou de l'Organe d'appel.

581.- Cependant, avec plusieurs mesures mises en œuvre pour renforcer ses capacités et compétences sur le droit de l'OMC, y compris sa participation active, la Chine a pu avoir un changement important à partir de 2009 dans sa stratégie de comparution[1419]. La plupart des plaintes déposées contre ce Membre jusqu'à présent ont dû être résolues par les groupes spéciaux et/ou l'Organe d'appel. « Le changement dans l'attitude de la Chine à l'OMC a coïncidé avec la décision du gouvernement chinois de procéder à une expansion rapide de sa capacité juridique à l'OMC à partir de 2009 »[1420]. En effet, l'établissement d'une deuxième équipe dédiée à des questions relatives au règlement des différends de l'OMC a permis à la Chine de pouvoir s'impliquer simultanément dans cinq à sept affaires et à ne pas hésiter d'utiliser les modes contentieux si les consultations sont sans issue[1421].

582.- De plus, l'aptitude de la Chine à renforcer ses capacités internes à travers l'intervention devant l'ORD est bel et bien appréciée par plusieurs auteurs. H. Liyu et H. Gao ont indiqué que cette participation avait des effets positifs sur le renforcement des capacités chinoises en la matière, sur trois aspects : cela lui a

---

1415 CHI M., *ibid.,* note 1391, p. 30.

1416 WENHUA J. & CUI H., *ibid.,* note 1398, pp. 371-373.

1417 Durant la période 2002-2008, elle est parvenue à des solutions mutuellement convenues dans six sur 13 plaintes déposées contre elle. Sur ce sujet, voir : GAO H., « Agressive Legalism : The East Asian Experience and Lessons for China », *in* GAO H. & LEWIS D. (edt.), *China's Participation in the WTO,* Cameron May, London, 2005, p. 344 ; EWING-CHOW M., GOH A. W. S. & PATIL A. K., *ibid.,* note 116, p. 678.

1418 GAO H., *ibid.,* note 1417, p. 344 ; EWING-CHOW M., GOH A. W. S. & PATIL A. K., *ibid.,* note 116, p. 678.

1419 GAO H., « Taming the Dragon : China's Experience in the WTO Dispute Settlement System », *Legal Issues of Economic Integration,* 2007, vol. 34, n°. 4, p. 389.

1420 « *The shift in China's attitude at the WTO coincided with the Chinese government's decision to undertake a rapid expansion of China's legal capacity at the WTO from 2009 onwards* ». EWING-CHOW M., GOH A. W. S. & PATIL A. K., *ibid.,* note 116, p. 679.

1421 GAO H., *ibid.,* note 1419, p. 389.

permis de développer ses compétences sur le mécanisme de règlement des différends de l'OMC, d'avoir de meilleures connaissances sur l'argumentation et les points de vue des groupes spéciaux et de l'Organe d'appel et d'apprendre des autres participants[1422]. M. Ewing-Chow *et al.* ont affirmé que le changement dans la stratégie chinoise depuis 2009 dans sa participation au SRD a effectivement résulté de la période d'apprentissage où la Chine était tierce partie devant tous les groupes spéciaux établis d'août 2003 jusqu'en 2007[1423]. Allant encore plus loin, les auteurs J. Wenhua et H. Cui ont eu l'occasion de synthétiser que « l'expérience de la Chine à cet égard est exemplaire », par conséquent, « pour les pays en développement Membres n'ayant pas d'expérience appropriée sur le règlement des différends à l'OMC, devenir tierce partie est une stratégie digne d'être attentivement examinée »[1424]. Ceci démontre bien que d'autres pays en développement Membres n'ayant pas suffisamment de capacité juridique liée à l'OMC devraient utiliser l'intervention comme moyen efficace pour renforcer leurs connaissances et leurs compétences à la fois sur le droit de l'OMC et sur le fonctionnement de son système de règlement des différends. Dès l'instant où leurs capacités seront renforcées, cela les aidera à y participer de façon plus active et plus efficace.

-----o0o-----

CONCLUSION DU CHAPITRE 2

583.- Les analyses présentées et les exemples évoqués ci-dessus illustrent assez clairement les contributions de l'intervention des tierces parties au bénéfice des Membres de l'OMC à différents niveaux.

584.- Tout d'abord, l'intervention des tierces parties devant l'ORD contribue à protéger l'intérêt commun de l'ensemble des Membres de l'OMC. Cette possibilité résulte des contextes variés, aussi bien dans les consultations que dans les travaux des groupes spéciaux. Dans la plupart des cas, elle dépend des facteurs importants : il s'agit d'une part du volontarisme exercé par les Membres défendeurs durant les consultations et d'autre part, du fait que le juge de l'OMC accepte les interventions ayant pour but de protéger un intérêt systémique qui ne soit pas

---

1422 HAN. L. & GAO H., *ibid.*, p. 165.

1423 EWING-CHOW M., GOH A. W. S. & PATIL A. K., *ibid.*, note 116, p. 679.

1424 « *China's experience in this regard is exemplary* », étant donné que « *for developing country Members with inadequate WTO dispute settlement experience, being a third party is a move worthy of careful consideration* ». WENHUA J. & CUI H., *ibid.*, note 1388, p. 26.

propre seulement au Membre requérant l'intervention, mais commun à l'ensemble des Membres.

585.- Ensuite, pour les parties principales, l'intervention peut devenir une sorte de soutien important que d'autres Membres exercent envers l'une ou l'autre d'entre elles. Dans certaines situations, les tierces parties peuvent également partager la responsabilité que l'une des parties principales prend en charge, en vue de résoudre des questions au niveau international. Ce dernier cas de figure démontre que les tierces parties peuvent faire en sorte que ces questions ne soient pas résolues par un seul État, mais par plusieurs États.

586.- Enfin, la participation en qualité de tierce partie devant l'ORD est significative pour les tierces parties elles-mêmes. En dehors de plusieurs types d'intérêts dont ils peuvent bénéficier, un bon nombre des pays en développement Membres ont pu augmenter leur présence dans ce système. Malgré sa singularité, le cas de la Chine peut constituer une référence pour d'autres pays en développement Membres qui veulent renforcer leurs capacités internes à travers une participation active en qualité de tierces parties à ce système[1425].

587.- En tout état de cause, il faut bien noter que ces incidences ne sont pas les mêmes pour toutes les tierces parties Membres de l'OMC. La capacité d'un Membre de tirer le maximum d'avantages est subordonnée à certains facteurs, à la fois internes et externes, tels que la fréquence de la participation, la disponibilité et les capacités de leurs fonctionnaires, le soutien externe de la part d'acteurs privés, d'autres Membres ou d'organisations…

1425 WENHUA J. & CUI H., *ibid.*, note 1388, p. 26.

CONCLUSION DU PREMIER TITRE

588.- L'intervention des tierces parties est en mesure de contribuer au bon fonctionnement du système, que ce soit en assistant le juge grâce à l'apport d'informations, ou en contribuant à renforcer son caractère multilatéral, et sa légitimité[1426]. Bien entendu, le juge de l'OMC a pu découvrir l'utilité qu'elle présente pour lui-même dans l'interprétation et la clarification des normes du droit international des échanges contenues dans les accords visés, ainsi que dans l'établissement des faits. Les tierces parties trouvent également une place dans leur contribution à renforcer la position des Membres. Cette contribution profite soit à l'ensemble des Membres, soit aux parties principales Membres, soit aux tierces parties elles-mêmes. Pour chaque groupe de Membres, l'intervention présente souvent une utilité considérable, ce qui permet d'affirmer que l'intervention devient plus ou moins indispensable dans le cadre multilatéral de forte interdépendance qui caractérise le SRD.

589.- L'ensemble de ces contributions explique, pour une part, la nécessité de consolider de plus en plus le statut des tierces parties au sein de l'ORD[1427]. Toutefois, cette consolidation peut être confrontée à des objections selon lesquelles l'intervention des tierces parties a des incidences négatives sur le système ou sur la façon dont les parties principales protègent leurs intérêts. Ces objections sont-elles bien fondées ? La réponse à cette question sera justifiée dans le titre suivant.

[1426] JOHNS L. & PELC K. J., *ibid.*, note 1150, p. 24.
[1427] COVELLI N., *ibid.*, note 168, pp. 673-674.

Deuxième titre

RISQUES ET LIMITES DE L'INTERVENTION

590.- L'existence de tiers intéressés au règlement des différends peut être significative pour le fonctionnement du SRD ainsi que pour ses Membres. Leur association aux procédures ne les y intègre pas en qualité de partie, mais ils peuvent néanmoins bénéficier de prérogatives et supporter des charges processuelles attachées à cette qualité[1428]. Toutefois, les incidences de l'intervention ne s'arrêtent pas seulement au côté positif.

591.- Bien entendu, au sein de l'OMC, une participation fréquente des tierces parties a été constatée. Il s'agit d'une « participation généralisée » des Membres à presque toutes les questions soumises à l'ORD, ou plus précisément, à ses instances de règlement. La conséquence de cette généralisation « serait la généralisation du problème posé par le différend et de son traitement, généralisation peu en accord avec la reconnaissance d'une juridictionnalité [du système de règlement des différends]. Dans cette hypothèse, il n'est pas certain que la spécificité de l'identité des parties aux différends ainsi que des instances de règlement soit sauvegardée »[1429]. Partageant cette même idée, J. NGAMBI a également indiqué que les preuves présentées par les tierces parties à l'appui d'une des parties principales pourraient avoir des incidences sur l'administration des preuves ou sur la protection des droits des parties principales. Il a d'ailleurs démontré que :

> « La participation active et effective des parties tierces peut ainsi s'avérer contre-productive, et donc, contribuer à déséquilibrer la procédure (...). En outre, à supposer que de telles preuves s'avèrent finalement neutres dans la solution du litige, et donc, inefficaces parce que peu ou pas solides, elles auraient quand même généré non seulement une charge de travail supplémentaire pour le groupe spécial qui est tenu de les examiner, mais aussi une perte de temps inestimable »[1430].

1428 CADIET L., NORMAND J. & MEKKI S. A., *op. cit.*, note 108, p. 730 ; SANTULLI C., *op. cit.*, note 3, pp. 299-300.

1429 LORENZO L., *ibid.*, note 17, p. 158.

1430 NGAMBI J., *op. cit.*, note 461, p. 250.

592.- Telle ou telle présomption sur les incidences négatives de l'intervention des tierces parties est, en théorie, plus ou moins exacte lorsque l'on sait que le rôle des groupes spéciaux et de l'Organe d'appel est souvent très chargé[1431], que le calendrier lui est aussi serré[1432]. S'y ajoutent les préoccupations des Membres de l'OMC lors des discussions au sein des sessions extraordinaires au sujet du renforcement des droits de tierces parties. Est-ce que ces préoccupations sont bien fondées dans la pratique ? Si oui, est-ce possible de les alléguer et sur la base de quels fondements ?

593.- Répondre à ces questions exige une étude approfondie sur la pratique de l'intervention dans le règlement des différends à l'OMC pour trouver et justifier ces incidences.

594.- Tout d'abord, en ce qui concerne le juge, chargé d'un « contentieux objectif de légalité »[1433], les groupes spéciaux et l'Organe d'appel ont besoin des informations autres que celles fournies par les parties principales. En conséquence, les communications des tierces parties trouvent déjà une place importante. Toutefois, il existe un revers de la médaille : plus le poids que les groupes

---

[1431] Par exemple, dans l'affaire *CE – OGM,* le groupe spécial a fait savoir que : « la quantité de données devant être examinées par le groupe spécial dans le présent affaire était tout simplement énorme. Quelques faits et chiffres peuvent être rappelés à titre d'exemple. Le groupe spécial a posé au total 201 questions écrites aux parties et 114 questions écrites aux six experts scientifiques le conseillant. Les parties ont posé au total 22 questions écrites aux autres parties. Le groupe spécial a reçu, selon les estimations, 2580 pages de communications écrites (y compris les déclarations orales, les observations sur la consultation d'experts et les réponses aux questions) émanant des quatre parties. Selon les estimations, 292 pages ont été reçues des experts scientifiques conseillant le groupe spécial. Les tierces parties ont fourni 102 pages additionnelles de communications écrites (y compris les déclarations orales et les réponses aux questions). Les *amici curiae* ont déposé des mémoires représentant au total 96 pages. De plus, les parties ont présenté, selon les estimations, un total de 3136 documents à l'appui de leurs allégations et arguments ». *CE – OGM,* Rapport du groupe spécial du 29 septembre 2006, WT/DS291/R, WT/DS292/R & WT/DS293/R, p. 7.39. Voir également : NGAMBI J., *op. cit.*, note 461, pp. 264-265 ; OESCH M., « Standard of Review in WTO Dispute Resolution », *Journal of International Economic Law,* 2003, vol. 6, n°. 3, pp. 648-650.

[1432] Par exemple, l'article 12.8 du Mémorandum d'accord prévoit : « Afin de rendre la procédure plus efficace, le délai dans lequel le groupe spécial procédera à son examen, depuis la date à laquelle sa composition et son mandat auront été arrêtés jusqu'à celle à laquelle le rapport final sera remis aux parties au différend, ne dépassera pas, en règle générale, six mois. En cas d'urgence, y compris dans les cas où il s'agit de biens périssables, le groupe spécial s'efforcera de remettre son rapport aux parties au différend dans les trois mois ». En ce qui concerne l'examen en appel, l'article 17.5 du Mémorandum d'accord stipule : « En règle générale, la durée de la procédure, entre la date à laquelle une partie au différend notifiera formellement sa décision de faire appel et la date à laquelle l'Organe d'appel distribuera son rapport, ne dépassera pas 60 jours. (...) Lorsque l'Organe d'appel estimera qu'il ne peut pas présenter son rapport dans les 60 jours, il informera l'ORD par écrit des raisons de ce retard et lui indiquera dans quel délai il estime pouvoir présenter son rapport. En aucun cas, la procédure ne dépassera 90 jours ».

[1433] ABI-SAAB G., *ibid.,* note 467, p. 99.

spéciaux et l'Organe d'appel leur accordent est grand, plus les incidences négatives de cette intervention sont susceptibles de se produire fortement[1434]. En d'autres termes, l'ampleur de ces incidences dépend tout d'abord de l'importance de la position des tierces parties et de leurs arguments présentés au juge. Toutefois, dans un bon nombre d'affaires, elles peuvent se produire en raison simple d'une participation nombreuse des tierces parties, ce qui peut remettre en cause la rapidité de la procédure. Ceci nous permet de révéler, tout au moins, des risques et limites de l'intervention concernant le système de règlement des différends **(chapitre 1)**.

595.- Concernant les Membres de l'OMC, les incidences négatives de l'intervention peuvent se produire quelquefois de manière très directe. Par exemple, dans la phase de consultations, les voix des tierces parties peuvent compliquer les négociations bilatérales entre les parties principales du différend. Dans certaines autres situations, les intérêts et droits des parties principales sont également susceptibles d'être affectés par les arguments présentés par les tierces parties au juge. De la même manière, mais s'agissant cette fois des tierces parties elles-mêmes, l'intervention présente des limites, faute de droits procéduraux appropriés et de stratégies de comparution efficace. Dans l'ensemble, il s'agit donc des risques et limites que présente l'intervention en ce qui concerne les droits des parties **(chapitre 2)**.

1434 NGAMBI J., *op. cit.*, note 461, p. 250.

Chapitre 1

RISQUES ET LIMITES CONCERNANT LE SRD

596.- L'exercice de la justice par le juge de l'OMC reste influencé par certains besoins nés lors de son règlement des litiges. Tout d'abord, l'absence de règles procédurales dans le Mémorandum d'accord pour traiter des questions spécifiques dont il est saisi l'a obligé à en chercher dans d'autres systèmes, aussi bien internes qu'internationaux. De ce fait, le juge de l'OMC a dû importer certaines règles procédurales d'origine variée et les mettre en valeur dans la mise en œuvre de sa fonction de dire le droit. La reconnaissance de la régularité de la procédure (*due process* en anglais), comme un principe général de droit, va en ce sens. Ensuite, le SRD, caractérisé par l'interétatisme et la confidentialité, a connu des mutations incontournables. L'ouverture de la procédure par le juge de l'OMC pour mieux entendre la voix et les exigences des acteurs privés et de la société civile devient une tendance constante et irréversible[1435]. Dès lors, cette ouverture, grâce à l'autorisation de la participation des acteurs privés sous forme d'*amici curiae* d'une part, et d'autre part, le renforcement de la transparence externe par l'accès du public aux audiences, a marqué un pas en avant de façon décisive dans l'évolution progressive de ce système.

597.- Toutefois, l'exercice de la justice par le juge de l'OMC dans tel ou tel contexte risque d'être affecté par la présence des tierces parties. Disposant de la possibilité de présenter leur opinion sur les questions mises en cause devant le juge de l'OMC, ces dernières ont pu ajouter des voix ayant des incidences inattendues sur la manière dont certaines garanties, faisant partie de la régularité de la procédure, sont appliquées **(section 1)**. De même, elles peuvent également freiner l'évolution de ce système **(section 2)**.

[1435] NGAMBI J., *op. cit.*, note 461, p. 365.

Section 1 : LES CRAINTES D'UNE ATTEINTE À LA RÉGULARITÉ DE LA PROCÉDURE

598.- La régularité de la procédure, ou le procès équitable[1436], trouve son origine dans des sources anciennes et diverses[1437]. Cependant, il semble que les premières formulations de l'équité découlent de la pratique anglo-saxonne. En Angleterre, les termes « *natural justice* », « *fair trial* », « *fair administration* » ou « *fair hearing* » ont été utilisés par les juges dans leur fonction de former des règles de la *common law* pour affirmer l'existence du droit au procès équitable. Aux États-Unis, on utilise le terme « *due process of law* », et au Canada, « *fundamental justice* ». Malgré le fait qu'il n'existe pas de concept de « *due process* » en droit anglais, on peut l'utiliser comme une notion commune de la *common law* en parlant du procès équitable[1438].

[1436] Le procès équitable ne fait pas l'objet d'une définition unique. En pratique, plusieurs définitions ont été données pour le décrire. Dans le système de *common law*, le terme « *due process* » est défini, selon *Black's Law Dictionary*, comme « *the conduct of legal proceedings according to established rules and principles for the protection and enforcement of private rights, including notice and the right to a fair hearing before a tribunal with the power to decide the case* » (GARBER B. A. (editor in chief), *op. cit.*, note 61, p. 575). Dans le Vocabulaire juridique, n'est pas définie la notion de « procès équitable » mais les deux composantes de l'expression : « procès » s'entend par « litige soumis à un tribunal » qui est parfois considéré comme synonyme de « procédure » ou « instance » ; et « équitable » par « conforme à l'équité » qui est ensuite définie comme « justice fondée sur l'égalité » ou « devoir de rendre à chacun le sien » (CORNU G. (dir), *op. cit.*, note 57, p. 367). D'après le Dictionnaire de droit international public dirigé par J. Salmon, le procès équitable désigne « le procès qui respecte les garanties de la procédure et les droits de la défense » (SALMON J. (dir.), *op. cit.*, note 63, p. 889). Dans le Dictionnaire de la Justice dirigé par L. Cadiet, les auteurs considèrent que le procès équitable est une expression qui « repose sur l'idée de justice procédurale qui suppose la possibilité d'accéder à un tribunal ainsi que l'égalité de traitement des parties au procès » (CADIET L. (dir.), *Dictionnaire de la Justice*, Paris, PUF, 2004, p. 1093). Dans son œuvre, S. Guinchard et les autres auteurs, après avoir dégagé le sens du mot « équité » qui est synonyme de « équilibre », ont donné une définition différente selon laquelle le procès équitable est « le procès équilibré entre toutes les parties » (GUINCHARD S. *et al.*, *Droit processuel : Droit commun et droit comparé du procès équitable*, 5e édition, Paris, Dalloz, 2009, p. 499).

[1437] Pour l'origine et la source du droit du procès, voir GUINCHARD S. *et al.*, *op. cit.*, note 1436, pp. 63-85.

[1438] « *Due process* » trouve son origine avec la reconnaissance des droits de la défense, en Angleterre, dans la Grande Charte de 1215 ainsi que le respect de la liberté individuelle des sujets qui ensuite a été inséré dans un acte du Parlement anglais, l'*Habeas Corpus Act* de 1679. Aux États-Unis, la notion de « *due process of law* » est apparue dans deux amendements de la Constitution de ce pays. Le Congrès (dans le 5e amendement) et les États (dans le 14e amendement) ne peuvent pas priver une personne de vie, de liberté et de propriété sans respecter « *due process of law* », c'est-à-dire « sans le bénéfice des garanties et des protections dues par le droit ». Sur ce sujet, voir : GALEY M. & GIRARD C., « Le procès équitable dans l'espace normatif anglo-saxon : l'éclairage du droit public anglais », *in* FABRI H. R. (dir.), *Procès équitable et enchevêtrement des espaces normatifs : Travaux de l'atelier de droit international de l'UMR de Droit comparé de Paris »,* Société de législation comparée, Paris, 2003, p. 57 ; ZOLLER E., « Procès équitable et *due process of law* », *Recueil Dalloz*, 2007, pp. 517-523.

599.- En Europe, l'expression « droit à un procès équitable » qui est privilégiée semble avoir été employée pour la première fois par la Commission européenne dans l'affaire *Szwabowicz c. Suède* du 30 juin 1959[1439]. Toutefois, antérieurement à cette utilisation, le terme et ses composants ont été insérés dans les outils du droit international des droits de l'homme, tels que la Déclaration universelle des droits de l'homme de 1948[1440] ou le Pacte international relatif aux droits civils et politiques du 19 décembre 1966[1441]. Bien que, parmi ces outils, le premier n'ait pas de valeur obligatoire, son idée centrale de développer et d'assurer le respect des droits de l'homme a été fortement reprise dans le Pacte avec les dispositions prévues à l'article 14. Malgré sa vocation internationale, l'ampleur de ce Pacte est, en Europe, moins importante par rapport à celle de la Convention européenne des droits de l'homme (ci-après, la Convention EDH)[1442]. L'article 6.1, est considéré comme la base juridique fondamentale du droit à un procès équitable et bien reconnu dans la jurisprudence de la Cour européenne des droits de l'homme (ci-après, la CEDH)[1443].

600.- L'approche du droit européen sur le procès équitable et celle de la *common law* paraissent semblables. Dans la *common law*, le procès équitable est considéré comme un principe commun du droit procédural susceptible d'être appliqué partout. En droit européen, il s'agissait, à l'origine, d'un principe spécifique du

[1439] Dans cette affaire, la Commission européenne a argumenté : « « le droit à un procès équitable » implique que toute partie à une action civile, et *a fortiori* à une action pénale, doit avoir une possibilité raisonnable d'exposer sa cause au tribunal dans des conditions qui ne la désavantagent pas d'une manière appréciable par rapport à la partie adverse ». DINTILHAC J.-P., « L'égalité des armes dans les enceintes judiciaires », disponible sur : http://www.courdecassation.fr/publications_cour_26/rapport_annuel_36/rapport_2003_37/deuxieme_partie_tudes_documents_40/tudes_theme_egalite_42/enceinte_judiciaires_6255.html (url consultée le 10 septembre 2014).

[1440] Voir, par exemple, les deux articles 10 et 11 de cette Déclaration.

[1441] Pacte international relatif aux droits civils et politiques du 16 décembre 1966, *in* Nations Unies, *Recueil des Traités*, vol. 999, p. 171. Voir aussi : DECAUX E. (dir.), *Le Pacte international relatif aux droits civils et politiques : Commentaire article par article*, Paris, Économica, 2011, pp. 329-360.

[1442] Voir la Convention de sauvegarde des droits de l'Homme et des libertés fondamentales, adoptée à Rome, le 4 novembre 1950 et entrée en vigueur le 3 septembre 1953. Cette convention a été amendée par plusieurs protocoles. Le dernier protocole, N° 16, a été adopté à Strasbourg, le 2 octobre 2013.

[1443] Cet article prévoit : « Toute personne a droit à ce que sa cause soit entendue équitablement, publiquement et dans un délai raisonnable, par un tribunal indépendant et impartial, établi par la loi, qui décidera, soit des contestations sur ses droits et obligations de caractère civil, soit du bien-fondé de toute accusation en matière pénale dirigée contre elle. Le jugement doit être rendu publiquement, mais l'accès de la salle d'audience peut être interdit à la presse et au public pendant la totalité ou une partie du procès dans l'intérêt de la moralité, de l'ordre public ou de la sécurité nationale dans une société démocratique, lorsque les intérêts des mineurs ou la protection de la vie privée des parties au procès l'exigent, ou dans la mesure jugée strictement nécessaire par le tribunal, lorsque dans des circonstances spéciales la publicité serait de nature à porter atteinte aux intérêts de la justice ».

droit relatif aux droits de l'homme. Toutefois, la jurisprudence de la CEDH montre qu'il porte sur tout type de contentieux[1444]. Dans cette optique, il est déjà qualifié comme « un droit fondamental »[1445] et susceptible d'être exporté vers les juridictions internationales[1446], y compris vers le SRD[1447]. Bien entendu, c'est déjà le cas, parce que la régularité de la procédure est expressément reconnue dans la jurisprudence de l'ORD[1448]. Cette reconnaissance exige donc tout d'abord des parties principales et du juge que soient respectées les garanties ayant trait à la régularité de la procédure. En tant qu'acteurs impliqués dans ce règlement, les tierces parties Membres ont également l'obligation de les respecter **(I)**. La mise en œuvre de ces garanties indique néanmoins qu'il n'est pas certaine que la participation des tierces parties obéisse à celles-ci, ce qui constitue donc un risque pour le respect de cette exigence de justice procédurale **(II)**.

I. Les obligations des tierces parties en matière de la régularité de la procédure

601.- Si l'origine de l'exigence de la régularité de la procédure réside dans l'emprunt à la *common law,* ce système juridique ne précise pas sa portée. En revanche, les dispositions de la Convention EDH et la jurisprudence de la CEDH nous ont permis de déterminer que ce principe comprend trois volets. Le premier volet est établi par le droit d'accès à un tribunal. Le deuxième volet est constitué par le droit à une bonne justice qui comprend deux aspects. Il s'agit ici des garanties institutionnelles portant sur l'organisation du tribunal et des garanties procédurales. Le dernier volet, résultant des deux volets précités, porte sur les garanties de l'exécution de la décision du juge.

602.- La portée du principe de la régularité de la procédure dans le cadre de l'OMC se compose également de ces trois volets. Les analyses précédentes ont, à plusieurs reprises, indiqué que l'accès au système est déjà garanti aux Membres de l'OMC soit en tant que parties principales, soit en qualité de tierces parties, à différentes phases du règlement des litiges. L'exécution des rapports adoptés est aussi assurée par les dispositions des articles 21 et 22 du Mémorandum d'accord. De plus, le Mémorandum d'accord et d'autres instruments guidant le règlement des différends contiennent des règles relatives aux garanties institutionnelles et procédurales (telles que l'impartialité et l'indépendance du juge, la rapidité, etc.).

1444 RENUCCI J.-F., *Traité de droit européen des droits de l'homme,* 2e édition, Paris, L.G.D.J. – Lextenso éditions, 2012, p. 429. Cet auteur a fait savoir que près de la moitié des décisions de la CEDH concernent l'article 6 de la Convention EDH.

1445 RENUCCI J.-F., *op.cit.,* note 1444, p. 429.

1446 GUINCHARD S. *et al., op.cit.,* note 1436, pp. 1192-1273.

1447 GUINCHARD S. *et al., op.cit.,* note 1436, pp. 1224-1235.

1448 Voir *supra*, para. 439.

603.- Les obligations des tierces parties en la matière, ces obligations consistent notamment en celles relatives au deuxième volet de ces garanties. Il s'agit donc des obligations de respecter les garanties institutionnelles **(A)** et procédurales **(B)**.

A. L'obligation de respecter les garanties institutionnelles de la régularité de la procédure

604.- Les garanties institutionnelles du procès équitable concernent essentiellement l'indépendance et l'impartialité du juge[1449]. Le Mémorandum d'accord prévoit pour les tierces parties certaines obligations au regard de ces garanties.

605.- D'abord, pour ce qui est de l'indépendance et l'impartialité des membres d'un groupe spécial, puisqu'il existe un large éventail de choix des membres des groupes spéciaux[1450], qui peuvent être fonctionnaires administratifs, représentants ou responsables de la politique commerciale d'un Membre, le Mémorandum d'accord exige qu'ils soient choisis afin d'assurer leur indépendance[1451] et d'éviter que les autorités étatiques des Membres puissent exercer une quelconque influence sur le membre choisi[1452]. De plus, il prévoit clairement qu' « aucun ressortissant des Membres dont le gouvernement est partie à un différend, ou tierce partie au sens du paragraphe 2 de l'article 10, ne siégera au groupe spécial appelé à en connaître, à moins que les parties au différend n'en conviennent autrement »[1453]. Cet article s'applique à la fois à l'établissement d'un groupe spécial pour un examen initial d'une affaire et à celui d'un groupe spécial établi au titre de l'article 21.5 du Mémorandum d'accord. Il faut noter qu'il n'interdit pas de manière absolue qu'un membre d'un groupe spécial soit ressortissant d'une partie

---

1449 GUINCHARD S. *et al.*, *op. cit.*, note 1436, pp. 731-883.

1450 L'article 8.1 prévoit : « Les groupes spéciaux seront composés de personnes très qualifiées ayant ou non des attaches avec des administrations nationales, y compris des personnes qui ont fait partie d'un groupe spécial ou présenté une affaire devant un tel groupe, qui ont été représentants d'un Membre ou d'une partie contractante au GATT de 1947, ou représentants auprès du Conseil ou du Comité d'un accord visé ou de l'accord qui l'a précédé, ou qui ont fait partie du Secrétariat, qui ont enseigné le droit ou la politique commerciale internationale, ou publié des ouvrages dans ces domaines, ou qui ont été responsables de la politique commerciale d'un Membre ».

1451 L'article 8.2 dispose : « Les membres des groupes spéciaux devraient être choisis de façon à assurer l'indépendance des membres, la participation de personnes d'origines et de formations suffisamment diverses, ainsi qu'un large éventail d'expérience ».

1452 Voire, dans leur ouvrage, S. Guinchard *et al.* ont considéré que le groupe spécial est le « maillon faible » en termes d'indépendance et d'impartialité : « Dans la mesure où les membres en sont choisis au cas par cas par les États, il y a une forte incitation à essayer de satisfaire ceux-ci, si du moins existe le désir d'être choisis à nouveau. Il ne s'agit pas par là d'induire qu'il y a dans le mécanisme complaisance et corruption mais de souligner l'effet procédural consistant en ce que les groupes spéciaux se montrent assez conciliants et même déférents envers les États concernant la conduite des débats ». GUINCHARD S. *et al.*, *op. cit.*, note 1436, p. 1082.

1453 Article 8.3 du Mémorandum d'accord.

au différend ou d'une tierce partie intervenant dans l'affaire[1454]. Autrement dit, si les parties au différend se mettent d'accord sur la composition d'un groupe spécial dont un membre est ressortissant de l'une entre elles ou d'une tierce partie, cela n'empêche pas le fonctionnement de ce groupe. Toutefois, pour assurer l'indépendance et l'impartialité des membres de ce groupe, la composition d'un groupe spécial sans ressortissants de telle ou telle partie est toujours recommandée. C'est pourquoi, un Membre de l'OMC qui veut devenir tierce partie dans une affaire est tenu de notifier en temps opportun son intention d'intervention pour ne pas empêcher la désignation des membres d'un groupe spécial au titre de l'article 8 du Mémorandum d'accord[1455].

606.- Concernant l'indépendance et l'impartialité des membres de l'Organe d'appel, il n'existe aucune disposition équivalente dans le Mémorandum d'accord à l'article 8.3. Cependant, dans les Procédures de travail pour l'examen en appel[1456], la règle 2.3 indique clairement que « les membres rempliront leur mission sans solliciter ni accepter d'instructions d'aucune organisation, internationale, gouvernementale ou non gouvernementale, ni d'aucune source privée ». S'y ajoute la règle 4 sur la collégialité qui demande surtout que « la section chargée de statuer au sujet d'un appel pro[cède] à un échange de vues avec les autres membres avant de mettre au point le rapport d'appel à distribuer aux Membres de l'OMC ». De plus, les Règles de conduite relatives au Mémorandum d'accord sur les règles et procédures régissant le règlement des différends[1457], adoptées le 11 décembre 1996, comprennent également les dispositions régissant et assurant l'indépendance et l'impartialité des membres de l'Organe d'appel[1458]. Tout cela

---

[1454] Voir : PALMETER D. & MAVROIDIS P. C., *op. cit.*, note 9, pp. 88-89.

[1455] Surtout au titre des paragraphes 6 et 7 de cet article. Le paragraphe 6 dispose : « Le Secrétariat proposera aux parties au différend des personnes désignées comme membres du groupe spécial. Les parties au différend ne s'opposeront pas à ces désignations, sauf pour des raisons contraignantes » et le paragraphe 7 : « Si un accord sur la composition du groupe spécial n'intervient pas dans un délai de 20 jours après la date d'établissement du groupe, le Directeur général, à la demande de l'une ou l'autre des parties et en consultation avec le Président de l'ORD et le Président du Comité ou Conseil compétent, déterminera la composition du groupe spécial en désignant les personnes qui lui paraissent les plus indiquées, conformément aux règles ou procédures spéciales ou additionnelles pertinentes de l'accord visé ou des accords visés qui sont invoqués dans le différend, après avoir consulté les parties au différend. Le Président de l'ORD informera les Membres de la composition du groupe spécial ainsi constitué au plus tard 10 jours après la date à laquelle il aura reçu une telle demande ».

[1456] *Ibid.*, WT/AB/WP/6, note 110.

[1457] *Ibid.*, WT/DSB/RC/1, note 1183. Voir aussi : MARCEAU G., « Rules on Ethics for the New World Trade Organization Dispute Settlement Mechanism – The Rules of Conduct for the Understanding on Rules and Procedures Governing the Settlement of Disputes », *Journal of World Trade*, 1998, vol. 32, n° 3, pp. 60-62.

[1458] Voir surtout les règles II.1 et VIII. Par exemple, la règle II.1 énonce que chaque personne membre de l'Organe d'appel « sera indépendante et impartiale, évitera les conflits d'intérêts directs

implique que les tierces parties dans le cadre d'examen en appel, dans tous les cas, sont liées par les exigences d'indépendance et d'impartialité des membres de l'Organe d'appel.

607.- Ainsi dans le cadre de l'ORD, le respect de l'indépendance et l'impartialité du juge de l'OMC est une obligation des tierces parties Membres.

Celles-ci sont également tenues de respecter les garanties procédurales de la régularité de la procédure.

B. L'obligation de respecter les garanties procédurales de la régularité de la procédure

608.- Les garanties procédurales de la régularité de la procédure dans le cadre de l'ORD ont trait notamment à la célérité et à l'équité de la procédure[1459].

609.- La célérité de la procédure constitue déjà un principe guidant le règlement des différends à l'OMC[1460]. C'est pourquoi, plusieurs délais sont établis dans le Mémorandum d'accord et d'autres instruments pour l'intervention des tierces parties[1461] dans le cadre des consultations, puis devant les groupes spéciaux et l'Organe d'appel. Les tierces parties sont tenues de respecter ces délais, parce que tout retard peut influencer le déroulement de la procédure, comme l'Organe d'appel l'a indiqué : « le respect des prescriptions procédurales concernant le dépôt en temps voulu des communications est une question qui touche à l'équité et au bon déroulement de la procédure… »[1462]. De plus, au moment du dépôt tardif par la Turquie de sa communication écrite en qualité de participant tiers dans l'examen en appel de l'affaire *États-Unis – Droits antidumping et droits compensateurs définitifs visant certains produits en provenance de Chine* (*États-Unis – Droits antidumping et compensateurs (Chine)*), l'Organe d'appel exige également un respect des participants tiers des délais requis en précisant :

> « Nous relevons que la communication présentée par la Turquie en tant que participant tiers n'a pas été reçue avant l'heure limite de 17 heures mentionnées dans la règle 18.1 des Procédures de travail. Même si nous sommes conscients du fait qu'il s'agit du premier appel interjeté après les modifications récentes des Procédures de travail, y compris la règle 18.1,

---

et indirects et respectera la confidentialité des procédures des organes conformément au mécanisme de règlement des différends, de façon que, grâce à l'observation de ces normes de conduite, l'intégrité et l'impartialité de ce mécanisme soient préservées ».

1459 Dans le modèle universel du procès équitable, il est établi que la publicité de la procédure constitue également une garantie procédurale. Toutefois, dans le cadre de l'ORD, son système a été pendant longtemps guidé par les règles relatives à la confidentialité.

1460 Voir l'article 3.3 du Mémorandum d'accord.

1461 Voir *supra*, para. 120-128.

1462 *Ibid.*, WT/DS344/AB/R, note 19, para. 164.

nous souhaitons néanmoins insister fortement sur l'importance de déposer les documents dans les délais requis au cours des procédures d'appel »[1463].

610.- Même en cas d'absence de délais précis relatifs à certaines procédures, les tierces parties sont également appelées à procéder le plus tôt possible à suivre telle ou telle procédure. Par exemple, concernant la notification d'une intention de comparaître à l'audience de l'Organe d'appel conformément à la règle 24.4 des Procédures de travail pour l'examen en appel, aucun délai n'est fixé. Toutefois, l'Organe d'appel encourage les tierces parties à lui faire savoir leur intention le plus tôt possible, puisque, selon le juge, « une notification rapide facilitera la préparation de l'audience et accroîtra la possibilité que de telles demandes puissent être acceptées sans compromettre la régularité de la procédure pour les participants à l'appel, (...) et sans porter indûment atteinte au bon déroulement et à l'efficacité de l'audience »[1464].

611.- En ce qui concerne l'équité de la procédure, il faut rappeler que le Mémorandum d'accord contient également quelques dispositions relatives à l'égalité des armes, au principe du contradictoire et aux droits de la défense[1465]. On trouve aussi une implication des tierces parties notamment dans le respect de l'égalité des armes.

612.- Tout d'abord, l'article 18.1 du Mémorandum d'accord prévoit une interdiction des communications *ex parte* avec le groupe spécial ou l'Organe d'appel relatives aux questions examinées par l'un ou l'autre. Le texte de cet article ne précise pas s'il s'applique aux communications écrites des tierces parties ou non. Mais, en le mettant en relation avec la règle 19 des Procédures de travail pour l'examen en appel[1466], il est explicite que les communications écrites des tierces

---

1463 *États-Unis – Droits antidumping et droits compensateurs définitifs visant certains produits en provenance de Chine,* Rapport de l'Organe d'appel du 11 mars 2011, WT/DS379/AB/R, note de bas de page 35.

1464 *Ibid.,* WT/AB/WP/W/6, note 421, p. 3.

1465 FRISON-ROCHE M.-A., *ibid.*, note 513, pp. 125-148 ; GUINCHARD S. *et al.*, *op. cit.*, note 1436. pp.1083-1084.

1466 Cet article prévoit : « 1. Aucune section ni aucun de ses membres ne se réunira ou ne se mettra en contact avec une partie au différend, un participant, une tierce partie ou un participant tiers en l'absence des autres parties au différend, participants, tierces parties et participants tiers ; 2. Aucun membre de la section ne pourra discuter d'un aspect de l'objet d'un appel avec une partie au différend, un participant, une tierce partie ou un participant tiers en l'absence des autres membres de la section (...) ».

parties ou des participants tiers tombent également dans son champ d'application[1467]. Ensuite, l'article 10.2 du Mémorandum d'accord dispose que les communications écrites déposées par les tierces parties intervenant dans les travaux du groupe spécial sont remises aux parties au différend. S'y ajoute la règle 18.2 des Procédures de travail pour l'examen en appel qui exige la signification de chaque document, soumis par une tierce partie ou un participant tiers, le même jour à chaque partie au différend, au participant ou à d'autres tierces parties[1468]. Ainsi est-il clair que les communications écrites déposées par une tierce partie peuvent aider, notamment, les parties au différend ou d'autres tierces parties à mieux connaître sa position ainsi que ses arguments avancés dans l'affaire. Dès lors, un meilleur exercice de cette obligation permettra d'assurer que les parties au différend aient un accès égal aux communications déposées et présentées par les tierces parties.

613.- En bref, les tierces parties intervenant dans le règlement de différends de l'OMC sont tenues de respecter des garanties institutionnelles et procédurales du procès équitable telles que prescrites dans le Mémorandum d'accord. Bien que cette obligation assure dans une certaine mesure que leur intervention n'affecte pas la régularité de la procédure engagée devant le juge de l'OMC, la pratique de l'intervention indique toutefois que, dans quelques situations, elle présente des risques pour celle-ci.

II. Les risques découlant de l'application de ces obligations par les tierces parties

614.- L'exigence de régularité de la procédure lie toutes les parties impliquées dans le règlement des différends. Les analyses contenues dans la première partie de cette étude ont, à maintes reprises, démontré que la régularité de la procédure était devenue un des critères importants pour que le juge de l'OMC examine certaines demandes présentées par les tierces parties au sujet de leur accès tardif ou de leurs droits renforcés[1469]. Dans la plupart des affaires, le juge a eu l'occasion

---

[1467] Il faut rappeler que cette présente règle résulte des modifications apportées aux Procédures de travail pour l'examen en appel exécutées en 2003. La délégation des États-Unis, lors de la discussion sur ces modifications, a préoccupé qu' « il semblerait que l'interdiction des communications *ex parte* énoncée dans la règle 19 ne s'appliquerait pas aux communications avec une telle tierce partie » qui « pouvait arriver à l'audience et demander sur place une décision concernant sa participation ». Voir : *ibid.*, WT/DSB/M/134, note 172, para. 97.

[1468] Selon la règle 18.4, « la signification d'un document s'effectuera par le mode de remise ou de communication le plus rapide qui soit disponible, y compris par : a) la remise d'une copie du document à l'adresse aux fins de signification de la partie au différend, du participant, de la tierce partie ou du participant tiers ; ou b) l'envoi d'une copie du document à l'adresse aux fins de signification de la partie au différend, du participant, de la tierce partie ou du participant tiers par télécopie, par service de messagerie rapide ou par courrier rapide ».

[1469] Voir *supra*, para. 166-168 ; 181.

de constater que certaines garanties de la procédure régulière n'avaient pas été violées et par la suite, les demandes des tierces parties ont été acceptées. Toutefois, dans d'autres affaires, de peur que la participation des tierces parties ne puisse perturber leurs travaux et influencer les garanties de la procédure régulière, le juge de l'OMC a rejeté leur demande. Plus précisément, ce risque peut être justifié au regard des incidences de cette intervention sur le choix des membres des groupes spéciaux **(A)** et sur la rapidité de la procédure **(B)**.

A. Le risque lié au choix des membres des groupes spéciaux

615.- Jusqu'à maintenant, il n'existe aucune preuve démontrant que les tierces parties ont, directement ou indirectement, affecté l'indépendance ou l'impartialité du juge de l'OMC en provoquant des conflits d'intérêt. En revanche, la pratique nous montre que l'incidence de l'intervention des tierces parties en la matière s'exprime souvent sous l'angle de choix des membres d'un groupe spécial pour s'assurer que ces membres ne sont pas ressortissants des tierces parties présentes dans l'affaire. Cette incidence s'exprime sous deux aspects différents.

616.- ***En premier lieu***, la présence abondante des tierces parties peut rendre difficile la constitution d'un groupe spécial.

Les données statistiques ci-dessus[1470] ont bien indiqué que les États-Unis, l'UE, le Japon et certains autres Membres développés étaient présents dans quasiment toutes les affaires. Ce faisant, il est rare que les experts participant aux groupes spéciaux soient des ressortissants de ces Membres[1471]. Par exemple, durant la période de 1995 à 2012, parmi 245 membres des groupes spéciaux constitués, il y a eu un seul ressortissant de chacun de ces États : France, Autriche, Allemagne, Pays-Bas et Portugal. Certains autres membres de l'UE ayant eu une représentation plus importante dans les groupes spéciaux comprennent la Suède (1.6%, soit quatre ressortissants comme membres de groupes spéciaux), la Belgique (1%, soit deux ressortissants)[1472]. Inversement, 24,3% des membres de groupes spéciaux sont ressortissants de pays de l'Amérique latine (dont 4,3% venant du Chili et 4,1% venant du Brésil). Ce constat permet d'expliquer le fait qu'ont été formulées, ces dernières années, des critiques relatives à la compétence et à la connaissance des membres des groupes spéciaux[1473]. Nombre d'entre eux

---

[1470] Voir *supra,* para. 151-156.

[1471] « *The frequency with which a WTO member is a party to dispute is inversely related to the extent of its nationals' service as panelists* ». VANGRASSTEK C., *op. cit.,* note 377, p. 258.

[1472] VANGRASSTEK C., *op. cit.,* note 377, p. 258.

[1473] MACHROUH J., *Justice et développement selon l'Organisation mondiale du commerce,* Paris, L'Harmattan, 2008, p. 244.

ne sont pas juristes et certains ne disposent pas des compétences spécifiques nécessaires pour se prononcer sur des questions difficiles faisant l'objet d'un différend[1474].

Bien que la constitution d'un groupe spécial dépende tout d'abord d'un accord commun entre les parties principales au litige, et en cas d'absence d'un tel accord, de la désignation du Directeur général de l'OMC[1475], la non-disponibilité des juristes ou des experts venant des pays dont la notoriété est bien reconnue a fait survenir la difficulté de choisir des personnes ayant compétences et expertises suffisantes en vue d'assurer une résolution convenable. Dès lors, il n'est pas surprenant de voir que les États-Unis et le Chili, dans une communication jointe, ont proposé comme critère pour choisir les membres d'un groupe spécial que ces membres devraient avoir « les connaissances spécialisées voulues pour examiner le type de question en cause dans le différend »[1476].

617.- ***En second lieu***, le problème s'est posé quelques fois dans le cadre d'un groupe spécial établi au titre de l'article 21.5 du Mémorandum d'accord. Conformément à cette prescription, le plaignant peut saisir le groupe spécial initial pour que ce dernier connaisse de la question relative à la mise en conformité des mesures en cause avec les recommandations et décisions adoptées par l'ORD. Cependant, dans cette procédure, il apparaît peut-être de nouvelles tierces parties qui n'ont pas été présentes dans les travaux du groupe spécial initial. Dès lors, un membre du groupe spécial initial servant du groupe spécial établi au titre de l'article 21.5 peut être originaire d'une des nouvelles tierces parties. Par exemple, dans l'affaire *Chili – Système de fourchettes de prix*[1477], le Chili s'était opposé à la nomination d'une personne qui avait fait partie du groupe spécial initial parce que cette personne était ressortissante d'une tierce partie[1478]. De la même façon, dans l'affaire *États-Unis – Détermination finale en matière de droits compensateurs concernant certains bois d'œuvre résineux en provenance du Canada (États-Unis – Bois de construction*

1474 MACHROUH J., *op. cit.*, p. 244.

1475 Voir l'article 8 du Mémorandum d'accord. CANAL-FORGUES E., *op. cit.*, note 8, pp. 64-66.

1476 ORD – Session extraordinaire, *Flexibilité et contrôle exercé par les membres – Proposition de texte révisé présentée par le Chili et les États-Unis,* Communication du Chili et des États-Unis du 30 mai 2007, TN/DS/W/89, p. 4.

1477 *Chili – Système des fourchettes de prix et mesures de sauvegarde appliquées à certains produits agricoles (Recours à l'article 21.5)*, Rapport du groupe spécial du 7 mai 2007, WT/DS207/RW.

1478 ORD, *Compte rendu de la réunion tenue au Centre William Rappard du 26 octobre 2006*, WT/DSB/M/211, para. 78. Bien que dans son rapport, le groupe spécial établi au titre de l'article 21.5 n'ait pas indiqué qu'un de ses membres avait remplacé celui contesté par le Chili, en comparant la composition de ces deux groupes spéciaux, on a su que M. Timothy Grosser avait pris la place de M. Micheal Gifford, membre du groupe spécial initial, ressortissant du Canada.

IV)[1479], les États-Unis ont notifié au Canada qu'ils ne pouvaient pas accepter qu'un ressortissant des tierces parties fasse partie du groupe spécial établi au titre de l'article 21.5[1480]. Les parties principales à ces deux différends (le Chili et l'Argentine dans la première affaire, et les États-Unis et le Canada dans la deuxième) sont parvenues à une solution qui a consisté au remplacement du membre contesté par un nouveau membre[1481].

Dans l'affaire *États-Unis – Coton upland*[1482], lorsque le Brésil a introduit un recours au titre de l'article 21.5 du Mémorandum d'accord sur la mise en œuvre par les États-Unis (partie perdante dans la procédure initiale) des recommandations et décisions rendues par l'ORD, et demandé l'établissement d'un groupe spécial pour examiner la question qui serait le groupe spécial initial[1483], les États-Unis se sont fortement opposés à une nouvelle désignation de deux membres du groupe spécial initial, en se basant sur le fait que ces deux personnes étaient ressortissantes des tierces parties à la présente procédure[1484]. Puisque les deux parties ne sont pas arrivées à trouver des remplaçants pour ces deux personnes, le Directeur général, au titre de l'article 8.7 du Mémorandum d'accord, a décidé de les remplacer par deux autres[1485]. Le Brésil a considéré que la position des États-Unis pourrait constituer un « terrible précédent pour l'OMC »[1486] en expliquant qu' « un Membre mettant en œuvre [des recommandations et décisions adoptées] ne devrait pas avoir le droit de décider qu'un ou plusieurs membres du groupe spécial initial qui s'étaient prononcés en sa défaveur dans la procédure initiale n'étaient plus admissibles à participer à la procédure du groupe spécial de la mise en conformité au titre de l'article 21.5 du Mémorandum d'accord »[1487]. Les CE, tierce partie dans la présente procédure, étant d'accord avec l'argument du Brésil[1488], sont allées plus loin en demandant que ce groupe spécial formule des cons-

---

[1479] *États-Unis – Détermination finale en matière de droits compensateurs concernant certains bois d'œuvre résineux en provenance du Canada (Recours à l'article 21.5)*, Rapport du groupe spécial du premier août 2005, WT/DS257/RW.

[1480] *Ibid.*, WT/DSB/M/211, note 1478, para. 78.

[1481] *Ibid.*, WT/DSB/M/211, note 1478, para. 78.

[1482] *Ibid.*, WT/DS267/RW, note 677.

[1483] *Ibid.*, Demande d'établissement d'un groupe spécial du 21 août 2006, WT/DS267/30, para. 29.

[1484] *Ibid.*, WT/DSB/M/211, note 1478, para. 75. Dans cette affaire, c'est le cas de M. Dariusz Rosati et M. Daniel Moulis (président et membre du groupe spécial initial venant de la Pologne et de l'Australie – deux tierces parties dans cette affaire). Il faut rappeler que dans le cadre du groupe spécial initial, le Brésil et les États-Unis s'étaient mis d'accord sur cette composition.

[1485] Ce sont M. Eduardo Pérez Motta et M. Ho-Young Ahn. Voir : *Ibid.*, Constitution du groupe spécial – Note du Secrétariat du premier novembre 2006, WT/DS267/31, para. 4.

[1486] *Ibid.*, WT/DSB/M/211, note 1478, para. 76.

[1487] *Ibid.*, WT/DSB/M/211, note 1478, para. 76.

[1488] Dans leur communication, les Communautés européennes ont considéré que « les circonstances en l'espèce créent un précédent fâcheux » et indiqué que « ce précédent pourrait être invoqué

tatations ou rende des décisions concernant « la régularité de sa propre composition »[1489]. Pour répondre à cette demande, dans son rapport, le groupe spécial a fait valoir qu'il n'était pas en son pouvoir de formuler une constatation ou de rendre une décision concernant une question qui n'avait été soulevée par aucune des parties au différend, ainsi que concernant l'application par le Directeur général de l'OMC des dispositions du Mémorandum d'accord relatives à la composition des groupes spéciaux[1490]. Non satisfaites de cette réponse, les CE ont continué de faire valoir leur préoccupation en la matière dans le cadre de la procédure d'examen en appel. Du fait qu'elles étaient participant tiers, l'Organe d'appel n'y a pas donné suite[1491]. Bien que la logique de la question soulevée ne fasse pas l'objet de cette étude[1492], sous le point de vue des garanties du procès équitable, il est vrai que le remplacement de deux membres du groupe spécial ressortissants des tierces parties par les nouveaux venant des pays autres que les parties impliquées dans la procédure constitue une façon d'assurer l'indépendance et l'impartialité du groupe spécial dans ses travaux. Au contraire, la présence des tierces parties durant cette procédure a compliqué la composition des membres des groupes spéciaux, ce qui peut alors avoir des incidences sur la rapidité de la procédure.

B. Le risque concernant le ralentissement de la procédure

618.- Ce risque s'exprime sous différents aspects.

619.- ***Premièrement,*** la présence des tierces parties durant les consultations n'a pas permis aux parties principales de mettre fin, dans la plupart des affaires,

---

dans d'autres affaires parce que les Membres mettant en œuvre pourraient toujours élever des objections contre la participation à une procédure au titre de l'article 21.5 du Mémorandum d'accord des membres du groupe spécial qui leur auraient donné tort dans le différend initial ». Voir : *Ibid.*, WT/DS267/RW, note 677, Annexe A-8 – Communication des Communautés européennes en tant que tierce partie du 5 janvier 2007, para. 26.

1489 *Ibid.*, WT/DS267/RW, note 677, Annexe A-8, para. 27.

1490 *Ibid.*, WT/DS267/RW, note 677, para. 8.27-8.28.

1491 *Ibid.*, Rapport de l'Organe d'appel du 2 juin 2008, WT/DS267/AB/R.

1492 Il faut noter que dans l'affaire *États-Unis – Lois, réglementations et méthode de calcul des marges de dumping ("réduction à zéro") (Recours à l'article 21.5)* où le Directeur général a désigné un nouveau groupe spécial pour remplacer le groupe spécial initial comprenant trois ressortissants des parties au différend dont deux, qui étaient américains, n'étaient pas disponibles pour la présente procédure et où les Communautés européennes ont ensuite contesté cette nouvelle composition, l'Organe d'appel a décidé que « l'article 8.7 confère au Directeur général le pouvoir discrétionnaire d'arrêter la composition des groupes spéciaux, pouvoir qui a été dûment exercé en l'espèce. En conséquence, nous constatons que le groupe spécial n'a pas fait erreur en s'abstenant (...) de formuler une constatation sur le point de savoir s'il avait été composé d'une manière incorrecte ». Voir : *États-Unis – Lois, réglementations et méthode de calcul des marges de dumping ("réduction à zéro") (Recours à l'article 21.5)*, Rapport de l'Organe d'appel du 14 mai 2009, WT/DS294/AB/RW, para. 172.

à leur litige dès cette étape. Rappelons qu'un des objectifs du SRD est la rapidité[1493] et les consultations occupent une place primordiale dans la mise en œuvre de cet objectif. Si les parties principales peuvent trouver une issue pour leur litige dès cette étape, leur litige sera réglé avec célérité, sans avoir besoin de saisir, ultérieurement, un groupe spécial et le cas échéant, l'Organe d'appel et d'autres procédures de mise en œuvre.

Cependant, il semble que la participation des tierces parties complique les négociations entre les parties. Quelques études économétriques menées ces dernières années semblent l'avoir démontré. De manière générale, deux auteurs T. Groseclose et N. McCarty ont indiqué que cette présence pouvait induire une impasse dans les négociations entre les parties principales, même si les parties principales étaient déjà bien informées de leurs offres respectives[1494]. De manière spécifique, dans le cadre de l'ORD, l'étude menée en 2006 par deux auteurs M. L. Busch et E. Reinhardt a donné la même constatation : « les tierces parties réduisent fortement les chances de règlement rapide »[1495]. Sur un échantillon de 202 affaires introduites jusqu'en 2002, utilisé pour établir le modèle en vue d'estimer l'influence de la participation des tierces parties sur le règlement rapide[1496], il y a eu 120 affaires dont l'issue a été bien connue. Parmi ces 120 affaires, 48 affaires ont été réglées avec rapidité. Le modèle économétrique établi a montré que 63% des affaires sans implication des tierces parties ont été réglées avec rapidité, contre 25% des affaires avec intervention des tierces parties[1497].

La limite de cette étude économétrique est qu'elle ne renseigne pas sur pourquoi et comment l'intervention des tierces parties n'a pas permis de mettre fin aux litiges avec rapidité. Cette situation peut s'expliquer par la possibilité que les tierces parties peuvent demander des concessions de la part du Membre mis en cause dans l'ensemble des concessions négociées entre les deux parties principales. Cette demande est tout à fait possible et compréhensible. D'une part, la raison d'être de l'intervention des tierces parties durant cette étape est de protéger leur « intérêt commercial substantiel ». Dès lors, une tierce partie qui évoque ce type d'intérêt est susceptible d'exprimer des opinions en vue d'obtenir de la part du Membre défendeur des compensations sous forme de concessions commerciales. En conséquence, plus de tierces parties sont présentes, plus les demandes

---

[1493] Voir l'article 3.2 du Mémorandum d'accord.

[1494] GROSECLOSE T. & McCARTY N., « The Politics of Blame : Bargaining before an Audience », *American Journal of Political Science*, 2001, vol. 45, n°. 1, pp. 113-114.

[1495] « *Third party sharply reduce the odds of early settlement* ». BUSCH M. L & REIHARDT E., *ibid.*, note 105, p. 464.

[1496] La variante « règlement rapide » (*early settlement*) est définie comme « *fully liberalizing concessions (...) offered by the defendant before a ruling was issued (either in consultations or during panel deliberations* ». BUSCH M. L & REIHARDT E., *ibid.*, note 105, p. 459.

[1497] BUSCH M. L & REIHARDT E., *ibid.*, note 105, p. 466.

de compensation sont potentiellement nombreuses, plus les consultations se trouvent sans issue. D'autre part, sachant que la présence de ces tierces parties à cette étape a également pour but d'empêcher des solutions engagées par les parties principales au détriment de l'intérêt d'autres Membres[1498], rien ne les empêche de faire barrage à telle ou telle solution.

620.- ***Deuxièmement,*** les communications présentées par les tierces parties sont susceptibles de provoquer un retard dans les travaux des groupes spéciaux et de l'Organe d'appel.

Dans la pratique, la procédure devant le groupe spécial dépasse souvent le délai fixé. Selon les données établies par P. v. d. Bossche jusqu'en 2008, la durée moyenne de la procédure entre la date de l'établissement du groupe spécial et la date de distribution du rapport était de 404 jours ; et jusqu'à l'adoption de ce rapport (en cas de non-appel) cette durée était de 462 jours[1499]. Les raisons le plus souvent données pour expliquer ce retard sont la complexité de l'affaire, le besoin de consulter des experts, la disponibilité des experts, les problèmes rencontrés lors de l'organisation des audiences, et le délai pour traduire le rapport[1500]. Jusqu'à maintenant, la procédure la plus longue menée par un groupe spécial a été de 1127 jours, dans l'affaire *CE- OGM*[1501]. Pour expliquer un tel retard constituant un des problèmes systémiques rencontrés dans cette affaire, le Président de ce groupe spécial a donné une série des raisons, à savoir : le nombre sans précédent des allégations et des produits considérés ; le dossier énorme dont le groupe spécial était saisi (y compris les communications déposées par près d'une vingtaine de tierces parties) ; le retard des CE à soumettre des communications ; la complexité procédurale et substantielle de l'affaire ; la procédure chargée de désignation et consultation des experts et la disponibilité réduite du Secrétariat due à la préparation pour la Conférence ministérielle de Hong Kong. Le Président du groupe spécial a affirmé : « D'après les estimations, il a fallu de sept à huit années de travail de professionnels du Secrétariat (non compris la traduction et le travail du personnel de soutien) pour établir les rapports, sans compter le temps qu'y ont consacré les membres du groupe spécial »[1502].

De même, l'Organe d'appel a besoin, pour la plupart des affaires, d'une durée tombant dans l'intervalle entre 60 et 90 jours fixés par le Mémorandum d'accord ;

[1498] Voir *supra,* para. 204-206, 515-517.

[1499] BOSSCHE P. V. D., *op. cit.*, note 9, p. 288.

[1500] BOSSCHE P. V. D., *op. cit.*, note 9, p. 288.

[1501] *Communautés européennes – Mesures affectant l'approbation et la commercialisation des produits biotechnologiques,* WT/DS291 (Plainte des États-Unis), WT/DS292 (Plainte du Canada) et WT/DS293 (Plainte de l'Argentine).

[1502] *Communautés européennes – Mesures affectant l'approbation et la commercialisation des produits biotechnologiques,* Communication du Président du groupe spécial du 29 septembre 2006, WT/DS291/32, WT/DS292/26 & WT/DS293/26, para. 1.

pour un petit nombre d'affaires, le délai dépasse 90 jours[1503]. Le retard dans la procédure de l'examen en appel est souvent dû à la complexité de l'affaire, la surcharge des travaux, le retard de la traduction des communications ou du rapport, et dans l'une des affaires, au décès d'un membre de l'Organe d'appel[1504].

Étant l'une des causes de ces retards, les tierces parties ne peuvent pas nier leur implication, dans la mesure où leurs communications peuvent surcharger les travaux des groupes spéciaux ou de l'Organe d'appel. Par exemple, dans l'affaire *États-Unis – Cotons upland,* une des très rares affaires dans lesquelles toutes les communications des parties et tierces parties sont complètement rendues publiques, 12 tierces parties[1505] ont eu l'occasion de présenter diverses communications au groupe spécial[1506]. Parmi plus de 2000 pages de documents que ce groupe spécial a reçu des parties et des tierces parties, ceux des tierces parties étaient d'environ 500 pages, soit un quart. Le volume énorme des communications déposées par les tierces parties a constitué une des raisons imputables au retard de plus de 15 mois dans les travaux de ce groupe spécial[1507]. Dans certaines affaires où les tierces parties ont obtenu les droits renforcés pour participer plus complètement aux travaux des groupes spéciaux, les tierces parties ont également le droit de déposer des communications pour la deuxième réunion de fond, de faire une déclaration orale durant la séance de la deuxième réunion de fond, de répondre aux questions posées par les groupes spéciaux et les parties. Le volume total des communications déposées par les tierces parties est là aussi très important ; il en découle un risque certain compromettant la célérité des travaux des groupes spéciaux.

1503 Par exemple, dans l'affaire *Communautés européennes – Mesures communautaires concernant les viandes et les produits carnés (hormones),* la durée de l'examen en appel était de 114 jours, dans l'affaire *États-Unis – Imposition de droits compensateurs sur certains produits en acier au carbone, plomb et bismuth laminés à chaud originaire du Royaume-Uni :* 104 jours ; *Communautés européennes – Mesures affectant l'amiante et les produits en contenant :* 140 jours ; *Thaïlande – Droits antidumping sur les profilés en fer ou en aciers non alliés et les poutres en H en provenance de Pologne :* 136 jours…

1504 C'était le cas de M. Christopher Beeby, membre de la division de l'Organe d'appel examinant les questions en appel dans l'affaire *États-Unis – Imposition de droits compensateurs sur certains produits en acier au carbone, plomb et bismuth laminés à chaud originaire du Royaume-Uni, Ibid.*, WT/DS138/AB/R, note 155, para. 8.

1505 Comprenant l'Argentine, l'Australie, le Bénin, le Canada, la Chine, les Communautés européennes, l'Inde, la Nouvelle-Zélande, le Pakistan, le Paraguay, le Tchad, Taïpei chinois. *Ibid.,* WT/DS267/R, note 582, para. 1.6.

1506 Telles que : communication initiale, communication pour la première séance de réunion fond, résumé de la déclaration orale pour la première séance de réunion de fond, communication pour la reprise de la séance de la première réunion de fond, résumé de la déclaration pour la reprise de la séance de la première réunion de fond, réponses aux questions posées par le groupe spécial et les parties… Voir : *Ibid.,* WT/DS267/R, note 582, annexes A, B, C, E, D, J.

1507 Ce groupe spécial a été établi le 18 mars 2003 suite à la demande du Brésil du 6 février 2003 et son rapport final a été distribué aux Membres le 8 septembre 2004.

Pour minimiser ce risque, les articles 10.2 et 17.4 du Mémorandum d'accord ont prévu qu'il est fait état des communications des tierces parties dans les rapports respectifs des groupes spéciaux et de l'Organe d'appel. D'ailleurs, les groupes spéciaux ne sont pas tenus d'examiner tous les arguments présentés par celles-ci, mais uniquement leurs arguments utiles et pertinents[1508]. Ce risque constitue également une des préoccupations des Membres lors de l'examen afin d'élargir les droits des tierces parties. Certains Membres, dans le cycle de Doha, ont suggéré qu'une limitation du nombre de pages ou des délais pourrait être imposée pour répondre à cette préoccupation[1509]. Apparemment, cette suggestion vise à diminuer le volume des communications déposées par les tierces parties devant les groupes spéciaux ou l'Organe d'appel. Toutefois, cela pourrait se heurter au besoin d'information des juges, particulièrement dans les affaires complexes. Dès lors, pour réconcilier ce besoin et le retard causé par un volume gigantesque de communications, il vaut mieux attribuer au juge le droit de se décider, au cas par cas, de cette limitation. Cela signifie que le juge, en évaluant son besoin réel d'information de la part des tierces parties dans chaque affaire précise, peut imposer une limitation du nombre de pages aux communications soumises. Jusqu'à présent, en aucun cas, une telle limitation n'a été imposée[1510]. Le retard des travaux des groupes spéciaux et de l'Organe d'appel se répète et n'est jamais sanctionné. Le juge de l'OMC semble prêt à accepter ce retard moyennant une solution positive du différend pour laquelle les informations fournies par les tierces parties ont joué un rôle non négligeable.

621.- ***Troisièmement,*** le non-respect par les tierces parties de certains délais relatifs au dépôt de communication, ou bien certaines demandes présentées par des tierces parties de prolongation du délai de dépôt peut provoquer des retards dans les travaux des groupes spéciaux ou de l'Organe d'appel.

[1508] Voir *supra,* para. 420-425.

[1509] *Ibid.,* TN/DS/25, note 6, p. B-23, para. 119.

[1510] Il faut noter qu'en ce qui concerne l'*amicus curiae,* l'Organe d'appel, dans l'affaire *CE – Amiante,* a rendu une décision favorable à sa participation, a imposé deux limitations quant à la demande d'autorisation de déposer un mémoire d'*amicus curiae* et au mémoire d'*amicus curiae.* Selon cette décision, la demande d'autorisation de déposer un mémoire d'*amicus curiae* ne devrait pas comporter plus de trois pages dactylographiées, lorsqu'un mémoire d'*amicus curiae* ne dépasserait pas 20 pages dactylographiées. Voir : *Ibid.,* WT/DS135/AB/R, note 431, para. 52. Ces deux limitations ont été ensuite reprises par les Communautés européennes dans leurs propositions sur ce sujet dans le cycle de Doha. Voir : ORD – Session extraordinaire, *Contribution des Communautés européennes et de leurs États membres à l'amélioration du Mémorandum d'accord de l'OMC sur le règlement des différends,* Communication des Communautés européennes, TN/DS/1, pp. 12-13. De manière générale, dans sa propre recherche, l'auteur S. Menétrey a également appelé à limiter le nombre de pages des mémoires d'*amicus curiae.* Voir : MENETREY S., *op. cit.,* note 150, p. 338.

Par exemple, le raisonnement de refus d'accorder aux tierces parties des droits additionnels, basé sur les garanties du procès équitable, a été explicitement exprimé dans les affaires *Chine – Matières premières*[1511] et *République dominicaine – Mesures de sauvegarde visant les importations de sacs en polypropylène et de tissu tubulaire* (*République dominicaine – Mesures de sauvegarde*)[1512]. Les demandes du Japon et du Canada de leur accorder les droits de participation à la deuxième réunion de fond, dans les premières affaires, et celle de la Colombie, dans les deuxièmes affaires, ont toutes été refusées. Les deux groupes spéciaux ont justifié ce refus en indiquant, entre autres[1513], que le fait d'accorder à ces tierces parties des droits renforcés tels que demandés « entraînerait des retards », « aurait une incidence importante sur le calendrier de ses travaux »[1514] ou « imposerait des charges additionnelles aux parties au différend »[1515]. C'est la première fois que la crainte d'un retard lié à l'attribution aux tierces parties des droits renforcés est expressément exprimée par le groupe spécial. Bien que ce souci n'existe que sous forme d'hypothèse, il importe de constater que la garantie de la célérité de la procédure, comme prévu par l'article 3.3 du Mémorandum d'accord, devient une des raisons décisives pour que le groupe spécial décide de refuser tels ou tels droits renforcés aux tierces parties. De plus, si les deux groupes spéciaux les leur octroyaient, surtout celui de participer à sa deuxième réunion de fond et de poser des questions, le risque

---

[1511] *Ibid.*, WT/DS394/R, WT/DS395/R & WT/DS398/R, note 803.

[1512] *République dominicaine – Mesures de sauvegarde visant les importations de sacs en polypropylène et de tissu tubulaire*, Rapport du groupe spécial du 31 janvier 2012, WT/DS415/R (Plainte de Costa Rica), WT/DS416/R (Plainte du Guatemala), WT/DS417/R (Plainte du Honduras) & WT/DS418/R (Plainte d'El Salvador).

[1513] Par exemple, dans l'affaire *République dominicaine – Mesures de sauvegarde visant les importations de sacs en polypropylène et de tissu tubulaire*, le groupe spécial a indiqué des raisons suivantes : « i) La Colombie a été expressément exclue par la République dominicaine de l'application des mesures contestées, en même temps que d'autres pays en développement Membres ; ii) de l'avis du groupe spécial, la Colombie n'a pas montré qu'il existait de quelconques circonstances factuelles la plaçant dans une situation particulière par rapport aux autres tierces parties vis-à-vis de la partie défenderesse ; iii) de l'avis du groupe spécial, la Colombie n'a pas non plus montré qu'il existait des raisons expliquant que les droits qu'elle avait en qualité de tierce partie, en vertu du Mémorandum d'accord et des procédures de travail adoptées par le groupe spécial, ne seraient pas suffisants pour lui permettre de défendre ses intérêts dans le présent différend ; iv) l'octroi de droits additionnels aurait pu en l'espèce entraîner des retards dans le calendrier ou imposer des charges additionnelles aux parties au différends ; v) consultées à ce sujet, aucune des parties à la présente procédure n'a appuyé la demande de la Colombie [...] ; vi) aucune des tierces parties n'a exprimé son soutien à la demande de la Colombie, sinon pour demander que, si le groupe spécial accordait des droits additionnels, ceux-ci soient étendus à toutes les tierces parties ; et vii) le groupe spécial a jugé important d'éviter le risque que l'octroi de droits additionnels à une ou plusieurs des tierces parties affaiblisse indûment la distinction établie dans le Mémorandum d'accord entre les droits des parties et les droits des tierces parties ». *Ibid.*, WT/DS415/R, WT/DS416/R, WT/DS417/R & WT/DS418/R, note 1512, para. 1.6.

[1514] *Ibid.*, WT/DS394/R, WT/DS395/R & WT/DS398/R, note 803, para. 1.7.

[1515] *Ibid.*, WT/DS415/R, WT/DS416/R, WT/DS417/R & WT/DS418/R, note 1512, para. 1.6.

d'« imposer des charges additionnelles aux parties au différend », notamment en ce qui concerne la préparation des réponses à ces questions, deviendrait très évident, d'où des retards plus ou moins importants à prévoir dans le calendrier de travaux des groupes spéciaux.

Ainsi, dans l'affaire *États-Unis – Bois de construction IV*, les CE, en tant que participant tiers, ont déposé une demande en vue de modifier le plan de travail de l'Organe d'appel. Cette demande a été toutefois rejetée par l'Organe d'appel qui a fait valoir que « si l'on repoussait la date pour le dépôt des communications en tant que participant tiers, on réduirait significativement le temps dont dispose la section pour examiner soigneusement les arguments avancés dans ces communications ainsi que le temps dont disposent les participants pour y répondre »[1516]. Antérieurement, dans l'affaire *CE – Bananes III*, la Jamaïque, un des participants tiers, a demandé à l'Organe d'appel de reporter les dates de l'audience fixées dans son plan de travail. L'Organe d'appel n'a pas accepté cette demande en alléguant qu'il n'y avait pas de circonstances exceptionnelles entraînant pour un participant ou un participant tiers « une iniquité manifeste » qui justifait ce report[1517]. Les raisons données par l'Organe d'appel dans l'une ou l'autre affaire montrent bien qu'il a pris en compte l'exigence de la régularité de la procédure (dans la première affaire, c'est la garantie de la rapidité, et dans la deuxième, la garantie d'équité générale) pour refuser d'accorder aux participants tiers des délais supplémentaires.

Ces exemples ont bien démontré que la participation des tierces parties au sein de ce système risquait d'affecter la régularité de la procédure. La reconnaissance du juge de l'OMC de ce risque s'explique par le fait qu'il voit la participation des tierces parties comme une source potentielle susceptible de causer des incidences éventuelles sur le bon fonctionnement du SRD.

622.- En bref, les tierces parties intervenant dans le règlement de différends de l'OMC sont tenues de respecter des garanties institutionnelles et procédurales de la régularité de la procédure telles que prescrites dans le Mémorandum d'accord. Cette obligation assure théoriquement que leur intervention ne les affecte pas. Cependant, la pratique de l'ORD a apporté la preuve contraire. La participation des tierces parties a pu avoir des incidences sur le choix de certains membres des groupes spéciaux ainsi que sur la rapidité de la procédure. Plus les tierces parties sont nombreuses ou participent complètement dans une affaire, plus ces

---

1516 *États-Unis – Détermination finale en matière de droits compensateurs concernant certains bois d'œuvre résineux en provenance du Canada*, Rapport de l'Organe d'appel du 19 janvier 2004, WT/DS257/AB/R, para. 7.

1517 *Ibid.*, WT/DS27/AB/R, note 126, para. 4.

risques deviennent importants, parce que le choix des membres des groupes spéciaux est plus limité et le volume des communications que le juge de l'OMC doit traiter plus considérable.

623.- À côté des risques liés à la régularité de la procédure, les tierces parties peuvent également donner lieu, à des contestations à l'encontre à certaines évolutions du SRD.

Section 2 : LES FREINS À CERTAINES ÉVOLUTIONS DU SRD

624.- Avec l'adoption du Mémorandum d'accord de 1994, le SRD a connu des transformations significatives par rapport à celui existant sous l'époque du GATT de 1947. Virgile Pace a décrit, à juste titre, ces transformations via trois aspects : l'institutionnalisation[1518], la juridiciarisation des organes chargés de règlement des différends[1519] et la juridictionnalisation du mécanisme de règlement des différends[1520]. Ces transformations ont permis de corriger les défauts majeurs qui altéraient le bon fonctionnement de l'ancien système. Néanmoins, tout en reconnaissant qu'élaborer un mécanisme de règlement des différends juridiquement parfait, mais techniquement et politiquement inapplicable, ne présentait aucun intérêt, les négociateurs du cycle de l'Uruguay devaient trouver un équilibre entre les volontés étatiques et le renforcement de la juridicité[1521]. Ce « périlleux équilibre »[1522] a donc mis en évidence un besoin de faire évoluer les règles procédurales pour retrouver encore un nouveau point d'équilibre.

625.- En attendant le rétablissement d'un tel point d'équilibre, susceptible d'être obtenu à travers les négociations dans le cycle de Doha, le système de règlement des différends n'a pas cessé d'évoluer lui-même. Son évolution durant ces derniers temps peut être marquée par deux traits principaux : il s'agit de l'ouverture à l'*amicus curiae* **(I)** et de la tendance à l'ouverture des audiences au public **(II)**. Pour le moins, la participation des tierces parties pourrait remettre en cause ces évolutions.

I. Les tierces parties et l'admission des *amici curiae*

626. Durant ces derniers temps, les relations entre les États se multiplient et se diversifient progressivement. Les thèmes sur lesquels les États se coopèrent s'étendent considérablement pour couvrir quasiment tous les secteurs de la vie

---

1518 PACE V., *op. cit.*, note 9, pp. 163-193.
1519 PACE V., *op. cit.*, note 9, pp. 195-227.
1520 PACE V., *op. cit.*, note 9, pp. 229-261.
1521 BURDA J., *ibid.*, note 249, p. 3.
1522 BURDA J., *ibid.*, note 249, p. 3.

internationale[1523]. En même temps, les acteurs privés exécutent de plus en plus des opérations transfrontières. Toutefois, ces derniers ne trouvent pas leur place au sein de l'OMC, surtout dans son mécanisme de règlement des différends de l'OMC. Ce faisant, une ouverture de la procédure de règlement des différends à l'*amicus curiae* **(A)** constitue déjà une voie alternative[1524]. Mais les tierces parties contestent cette mutation **(B)**.

*A. L'ouverture de principe du système à l'*amicus curiae

627.- Le développement du droit international en général attire l'attention grandissante de la société civile internationale[1525] et des auteurs non étatiques, puisque l'élaboration des normes du droit international résulte souvent de la volonté et de l'accord des États, sans concertation anticipée avec les acteurs privés dont l'intérêt peut être touché par la mise en œuvre de ces normes. Dans le commerce international, les négociations des accords de libre-échange, aussi bien bilatérales, régionales que mondiales, se passent souvent dans le secret avec la seule implication des États : par exemple, les négociations de l'Accord de partenariat transpacifique entre 12 pays de la région de l'Asie-Pacifique ont souvent reçu des critiques liés à la non-divulgation des informations concernant la position de chaque État, les engagements ou les concessions donnés au cours des cycles de négociations[1526]. Il est donc difficile d'imaginer comment des acteurs privés peuvent protéger certains de leurs intérêts, faute d'accès au processus politique, étant donné, comme l'auteur S. Menétrey l'a constaté, que « tous les intérêts qui ne sont pas adéquatement pris en compte par l'État sont exclus du processus d'élaboration du droit international »[1527]. Ainsi, la privatisation du droit international

---

[1523] CANAL-FORGUES E., « Mutations de l'ordre juridique international et système de règlement de différends de l'OMC », p. 1, disponible sur : http://www.cedroma.usj.edu.lb/pdf/omc/ECF.pdf (url consultée le 10 juillet 2014).

[1524] CÔTÉ C.-E., *op. cit.*, note 9, p. 399-419.

[1525] MENETREY S., *op. cit.*, note 150, p. 206 ; CARMODY C., « Beyond the Proposals : Public Participation in International Economic Law », *American University International Law Review,* 2011, vol. 15, n°. 4, pp. 1321-1346.

[1526] Sur ce sujet, voir, par exemple : PALMER D., « Some secrecy needed in trade talks : Ron Kirk », *Reuteurs,* disponible sur : http://www.reuters.com/article/2012/05/14/us-usa-trade-kirk-idUSBRE84C0AQ20120514?feedType=RSS&feedName=everything&virtualBrandChannel=11563 (url consultée le 10 juillet 2014). Le 23 mai 2012, le sénateur américain R. Wyden a introduit au Congrès un projet de loi exigeant au Bureau du Représentant américain pour les questions commerciales de divulguer les documents relatifs au TPP à tous les Membres du Congrès. Voir : 112th Congress, 2d Session, « A Bill to require the United States Representative to provide documents relating to trade negociations to Members of Congress and their staff upon request, and for other purposes », S. 3225, May 23, 2012, disponible sur : https://www.govtrack.us/congress/bills/112/s3225/text (url consultée le 10 juillet 2014).

[1527] MENETREY S., *op. cit.*, note 150, p. 213.

devient nécessaire pour assurer que les règles établies par les États ne vont pas au détriment de l'intérêt des acteurs non étatiques.

628.- Dans le cadre du commerce international, il faut noter d'ailleurs que les opérations commerciales internationales ne sont pas faites par l'État mais par les entreprises nationales ou multinationales et d'autres commerçants[1528]. Les entreprises multinationales ayant eu une position certaine dans les négociations commerciales, grâce à leur capacité de *lobbying*[1529] auprès d'administrations nationales, se trouvent souvent dans une position avantageuse pour défendre leurs propres intérêts. Le moteur conduisant les États à signer des accords de libre-échange régionaux ou bilatéraux est surtout déclenché par le besoin des entreprises multinationales[1530] d'élargir leurs marchés. En outre, dans le cadre de l'OMC, elles peuvent également exercer des pressions sur certains gouvernements afin qu'ils engagent des procédures de différends, en vue de protéger leurs intérêts mis en jeu par les mesures prises par d'autres gouvernements. En revanche, les intérêts d'autres opérateurs économiques, faute de leur capacité de *lobbying*, risquent souvent d'être affectés par la prise des décisions, ou des politiques commerciales à tous niveaux.

629.- De plus, le caractère interétatique du SRD constitue l'obstacle majeur pour l'accès direct de ces opérateurs économiques à ce système[1531]. L'impossibilité d'un opérateur économique d'introduire directement un recours contre un Membre de l'OMC dont une mesure porte atteinte à ses intérêts le conduit à chercher d'autres moyens pour pouvoir exprimer ses opinions devant le juge[1532].

[1528] CANAL-FORGUES E., *ibid.*, note 1523, p. 2.

[1529] KIEFFER B., *op. cit.*, note 936, pp. 156-158.

[1530] L'auteur S. George, dans son œuvre intitulée *Remettre l'OMC à sa place*, a lancé cette critique : « Pourquoi voulons-nous des règles, mais pas celles de l'OMC ? Pour la simple raison que [ces dernières] sont faites pour et très largement par les entreprises multinationales ». Elle a également révélé que : « sans les énormes pressions exercées par le secteur des services financiers américains, notamment par des compagnies comme *American Express* et *Citicorp*, il n'y aurait eu aucun accord sur les services et, de ce fait, peut-être pas de cycle de l'Uruguay et pas d'OMC ». GEORGE S., *Remettre l'OMC à sa place*, Mille et une nuits, Paris, Fayard, 2001, pp. 10, 12.

[1531] CÔTÉ C.-E., *ibid.*, note 150, pp. 215-218.

[1532] À ce sujet, il faut noter que certains mécanismes internes (tels que celui établi par les articles 301 à 310 de la *Trade Act of 1974* aux États-Unis et par le Règlement n° 3286/94 du Conseil, du 22 décembre 1994, arrêtant des procédures communautaires en matière de politique commerciale commune en vue d'assurer l'exercice par la Communauté des droits qui lui sont conférés par les règles du commerce international, en particulier celles instituées sous l'égide de l'Organisation mondiale du commerce (OMC)) ont permis la participation des acteurs privés dans des recours portés devant l'ORD. Voir : CÔTÉ C.-E., *op. cit.*, note 9, pp. 420-452 ; KIEFFER B., *op. cit.*, note 936, pp. 160-162. Il n'existe toutefois pas de mécanisme semblable chez d'autres Membres de l'OMC.

630.- Actuellement, le contentieux de l'OMC ne revêt plus son visage traditionnel. Il nécessite de plus en plus la prise en compte d'enjeux autres que commerciaux, tels que ceux liés à l'environnement, à la protection des droits de l'homme, à la consommation, à la culture, etc. Il s'agit donc d'enjeux touchant la vie quotidienne des acteurs privés qui veulent exprimer des points de vue chaque fois que ces questions sont posées devant l'ORD. Toutefois, ces auteurs n'ont pas un accès direct au SRD pour protéger ces intérêts communs de la société civile[1533].

631.- Ainsi, les acteurs privés ont donc besoin de participer au processus de la prise de décisions qui pourraient affecter les intérêts à des niveaux variés[1534]. Plus la possibilité que leur intérêt soit affecté par la décision est grande, plus il apparaît nécessaire de participer au processus de la prise de décision. Lorsqu'un recours direct se révèle impossible[1535], la démocratisation de ce système s'effectue par un biais marginal : l'autorisation des mémoires d'*amicus curiae*. La possibilité de soumettre au juge de l'OMC un mémoire d'*amicus curiae* est considérée comme la voie la plus directe dont dispose un acteur privé pour s'exprimer devant celui-ci. Les analyses dans la première partie de cet ouvrage nous ont permis de comprendre, dans certaines mesures, l'octroi donné par l'Organe d'appel ou par certains groupes spéciaux, à divers acteurs privés de déposer des mémoires d'*amicus curiae*. Dans l'affaire *Communautés européennes – Mesures affectant l'amiante et les produits en contenant* (*CE – Amiante*), l'Organe d'appel a également élaboré une procédure additionnelle régissant les mémoires d'*amicus curiae*[1536]. Bien qu'il ait insisté sur le fait que cette procédure s'appliquait uniquement dans le cadre de cet appel[1537], cette procédure a été reprise dans la communication présentée par les CE au cours des négociations du cycle de Doha[1538] et a été ensuite considérée comme une base de négociations sur ce thème[1539].

[1533] ESTY D. C., « We the People : Civil Society and the World Trade Organization », *in* BRONCKERS M. & QUICK R. (edt.), *New Directions in International Economic Law : Essays in Honour of John H. Jackson,* The Hague, Kluwer Law International, 2000, pp. 93-99.

[1534] BURDEAU G., « La privatisation des organisations internationales », *in* GHERARI H. & SZUREK S. (dir.), *L'émergence de la société civile internationale : vers la privatisation du droit international,* CEDIN Paris X, Cahiers internationaux n° 18, Paris, A. Pedone, pp. 181-182.

[1535] Certains auteurs ont également proposé l'ouverture de la procédure visant à permettre aux acteurs privés de recourir directement à l'ORD. Voir, par exemple, CÔTÉ C.-E., *op. cit.,* note 9, pp. 488-563 ; KIEFFER B., *op. cit.,* note 936, pp. 163-165. Ces propositions n'ont jamais fait écho dans les négociations du cycle de Doha. Les Membres veulent toujours maintenir le caractère intergouvernemental de ce système.

[1536] *Ibid.*, WT/DS135/AB/R, note 431, para. 51 – 52.

[1537] *Ibid.*, WT/DS135/AB/R, note 431, para. 52.

[1538] *Ibid.*, TN/DS/W/1, note 1025, pp. 12-13.

[1539] *Ibid.,* TN/DS/25, note 6, p. A-42.

632.- Jusqu'en mars 2016, les mémoires d'*amicus curiae* ont été soumis à 33 groupes spéciaux et à l'Organe d'appel dans 18 examens en appel[1540]. Néanmoins, si dans les premières affaires, les mémoires d'*amicus curiae* sont présentés dans le but de protéger des intérêts non commerciaux, l'emploi de cette voie d'accès par les acteurs privés a récemment reconnu une mutation considérable qui s'éloignait de cette idée originelle. Il apparaît que certains acteurs privés directement touchés par l'issue d'une affaire portée devant l'ORD ont utilisé cette ouverture pour déposer des mémoires afin de défendre leurs propres intérêts devant le juge de l'OMC[1541]. Par exemple, dans l'affaire *Communautés européennes – Classification douanière des morceaux de poulet désossés et congelés (CE - Morceaux de poulet)*, l'Association de l'aviculture, de l'industrie et du commerce de la volaille dans les pays de l'UE, une association privée représentant les intérêts des opérateurs économiques européens dans ce domaine, a déposé devant l'Organe d'appel un mémoire d'*amicus curiae*[1542]. Dans ce cas de figure, soucieuse que l'UE ne puisse protéger de manière intégrale l'intérêt des entreprises dans ce domaine, cette association a cherché un moyen pour exprimer ses opinions devant l'Organe d'appel.

633.- En tout état de cause, « la reconnaissance de l'*amicus curiae* par le SRD répond aux attentes des acteurs privés et à l'évolution de la société internationale. Elle résout la contradiction entre le caractère interétatique du système et son importance pour les opérateurs du commerce international ainsi que pour les défenseurs d'objectifs non-commerciaux »[1543]. Elle contribue d'ailleurs à renforcer « la légitimité externe »[1544] du SRD.

634.- Quoique l'accès en tant qu'*amicus curiae* soit ouvert aux acteurs privés par les décisions du juge de l'OMC, cette ouverture connaît néanmoins des limites. Les groupes spéciaux et l'Organe d'appel ont admis plusieurs mémoires de ce type, mais aucun d'eux n'a jusqu'ici été pris en compte. Le refus du juge de l'OMC

1540 Ces données ont été comptées, pour les affaires introduites avant l'octobre 2013, depuis deux sources suivantes : http://wto.org/english/res_e/booksp_e/analytic_index_e/dsu_06_e.htm#article13B1aii (url consultée le 31 mars 2016) et WTO, *WTO Analytical Index : Supplement Covering New Developments in WTO Law and Practice (October 2011 – August 2013)*, p. 179, para. 356, disponible sur : http://wto.org/english/res_e/booksp_e/analytic_index_e/ai_new_dev_e.pdf (url consultée le 31 mars 2016). Depuis octobre 2013, les mémoires d'*amicus curiae* ont été ensuite soumis au groupe spécial chargé des affaires *Communautés européennes – Mesures prohibant l'importation et la commercialisation de produits dérivés du phoque, ibid.*, WT/DS400/R & WT/DS401/R, note 551, para. 1.17-1.19 ; et *ibid.*, TN/DS/27, note 6, note de bas de page 17.

1541 CÔTÉ C.-E., *ibid.*, note 150, p. 225.

1542 *Communautés européennes – Classification douanière des morceaux de poulet désossés et congelés*, Rapport de l'Organe d'appel du 12 septembre 2005, WT/DS269/AB/R & WT/DS286/AB/R.

1543 MENETREY S., *op. cit.*, note 150, p. 152. Ou bien, évalué comme l'auteur C.-E. Côté, « L'ouverture du système de règlement des différends de l'OMC aux mémoires d'*amicus curiae* constitue une avancée spectaculaire de la société civile au sein du système commercial multilatéral, en rupture avec l'interétatisme classique ». CÔTÉ C.-E., *ibid.*, note 150, p. 218.

1544 NGAMBI J., *op. cit.*, note 461, p. 361.

à ce sujet peut s'expliquer par certaines raisons, telle que le manque de pertinence pour le juge de l'OMC des informations contenues dans ces mémoires, la peur de surcharger ses travaux par un « déluge »[1545] de communications d'*amici curiae*, etc. De plus, le juge a dû faire face à de fortes contestations de plusieurs Membres, y compris des Membres intervenus en qualité de tierces parties dans le règlement des différends où cette question a été soulevée.

B. L'opposition de tierces parties à la participation des amici curiae

635.- La contestation de tierces parties à la participation des *amici curiae* s'est fortement exprimée à l'occasion d'un litige ou en dehors de ce contexte.

636.- Dans le contexte d'un litige, par exemple, s'exprimant en qualité de participant tiers devant l'Organe d'appel dans l'affaire *États-Unis – Crevettes*, les CE ont fait savoir qu'étant donné que l'article 13 du Mémorandum d'accord n'obligeait pas les groupes spéciaux à accepter des renseignements non sollicités, ces derniers devraient rejeter les communications émanant d'organisations non gouvernementales qu'ils n'avaient pas demandées[1546]. Dans l'affaire *CE – Amiante*, alors que les États-Unis étaient favorables à la proposition faite par l'Organe d'appel d'élaborer une procédure additionnelle relative aux mémoires d'*amici curiae*, le Brésil, participant tiers, ainsi que le Canada et les CE, deux parties principales à l'examen en appel, ont fortement marqué leur opposition tout en démontrant qu'il s'agissait d'une question relevant des pouvoirs des Membres de l'OMC, non de la compétence de l'Organe d'appel[1547].

637.- En dehors de tout litige, certains Membres ayant participé en qualité de tierces parties ont continué de se dresser contre ce qu'ils considéraient comme un excès de pouvoir du juge de l'OMC à ce sujet. Par exemple, lors des réunions de l'ORD pour l'adoption du rapport de l'Organe d'appel et du groupe spécial dans l'affaire *États-Unis – Crevettes*, le Mexique, une tierce partie, a fait valoir que l'autorisation par l'Organe d'appel de prendre en compte des renseignements non demandés avait violé les dispositions pertinentes du Mémorandum d'accord ; d'autre part, a fait part de sa crainte liée à l'atteinte portée par la participation des personnes sans lien avec l'OMC au bon fonctionnement du système[1548]. Pareils arguments ont été répétés par certaines tierces parties à l'occasion de réunions de

---

[1545] ORD, *Compte rendu de la réunion tenue au Centre William Rappard le 6 novembre 1998*, WT/DSB/M/50, p. 19.

[1546] *Ibid.*, WT/DS58/AB/R, note 152, para. 66.

[1547] *Ibid.*, WT/DS135/AB/R, note 431, para. 50.

[1548] « Les constatations de l'Organe d'appel, (…), allaient permettre à différents groupes sans lien avec l'OMC de prendre activement part aux procédures, ce qui aurait pour conséquence de porter les débats à un niveau politique au détriment de l'argument juridique ». Voir : *Ibid.*, WT/DSB/M/50, note 1545, p. 16.

l'ORD au sujet de l'adoption des rapports dans l'affaire *États-Unis – Plomb et Bismuth*[1549], *CE - Amiante*[1550]...

638.- Cette contestation peut, en effet, s'expliquer par deux raisons principales. Tout d'abord, elle est représentative de l'opposition générale de la plupart des Membres de l'OMC à la reprise au sein de l'ORD d'une procédure originelle de la *common law*[1551]. Par ailleurs, ces tierces parties ont peut-être eu la crainte que la participation des *amici curiae* ne vienne concurrencer leur droit d'intervention dans le règlement. Ce souci a été très clairement exprimé dans l'affaire *CE – Sardines,* lorsque l'Organe d'appel a attribué au Maroc le droit de déposer un mémoire d'*amicus curiae* après la date limite de dépôt des communications en tant que participants tiers[1552].

639.- De toute façon, l'opposition faite tant par des tierces parties que par des parties principales, sauf les États-Unis, n'a effectivement pas pu empêcher l'Organe d'appel de prendre position sur cette question. Toutefois, sous l'angle politique, elle a rendu difficiles, voire indépassables[1553], les négociations dans le cadre du cycle de Doha en la matière[1554]. Cette situation présenterait un risque majeur pour une démocratisation effective de la procédure de règlement des différends de l'OMC par la voie d'une codification officielle de la pratique déjà bien constante auprès de ses instances de règlement des différends. En dehors de cette situation, l'évolution du SRD est encore menacée par la contestation de certaines tierces parties à l'encontre de l'ouverture des audiences au public.

1549 ORD, *Compte rendu de la réunion tenue au Centre William Rappard le 7 juin 2000,* WT/DSB/M/83, paras 10, 12-17.

1550 ORD, *Compte rendu de la réunion tenue au Centre William Rappard le 17 novembre 2000,* WT/DSB/M/92, pp. 26-29.

1551 « *The continuing debate over the use of* amicus curiae *briefs at the WTO raises interesting questions about the influence of the U.S. legal system on the WTO dispute settlement process* ». ALALI P., « Judicial Lobbying at the WTO : The Debate over the use of *amicus curiae* briefs and the U.S. experience », *Fordham International Law Journal,* 2000, vol. 24, n°. 1-2, p. 62.

1552 Voir *supra,* para. 62-67.

1553 Ce thème n'a pas fait partie des propositions retenues au sujet des modifications apportées au Mémorandum d'accord. *Ibid.,* TN/DS/25, note 6, Annexe A.

1554 Il faut noter qu'une telle impasse a déjà eu lieu durant les négociations du cycle d'Uruguay à ce sujet. C'est ce que l'Uruguay nous a fait savoir, lors d'une réunion du Conseil général de l'OMC pour discuter sur la communication adressée par l'Organe d'appel au Président de l'Organe de règlement des différends sur la question « Communautés européennes – Mesures affectant l'amiante et les produits en contenant ». Voir : Conseil général, *Compte rendu de la réunion tenue au Centre William Rappard le 22 novembre 2000,* WT/GC/M/66, para. 7.

II. Les tierces parties et l'ouverture des audiences au public

640.- Si l'interétatisme du contentieux de l'OMC empêche l'introduction par les acteurs privés à l'ORD de recours directs, le caractère confidentiel de la procédure constitue également un obstacle pour le suivi par le public du fonctionnement de la procédure. Face aux critiques visant le manque de transparence, certains groupes spéciaux et l'Organe d'appel ont opté pour l'ouverture de l'audience au public **(A)**. Cette pratique n'a toutefois pas soulevé l'enthousiasme de toutes les tierces parties **(B)**.

A. La tendance à l'ouverture des audiences au public

641.- L'ouverture des audiences au public est une pratique récente du règlement des différends de l'OMC marquant incontestablement la mutation du SRD. Bien connues pour leur caractère confidentiel, toutes les procédures concernant le règlement des différends de l'OMC se sont tenues pendant longtemps à *huis clos* ; le public n'avait alors pas eu l'occasion de connaître le fonctionnement du système. Ce faisant, ce système a souvent été critiqué pour son manque de transparence.

642.- La tendance s'est manifestée à partir des travaux du groupe spécial connaissant de deux affaires *États-Unis/Canada – Maintien de la suspension d'obligations dans le différend CE – Hormones* (*États-Unis/Canada – Maintien de la suspension*), suite à la demande conjointe des parties principales d'autoriser le public de suivre les réunions de fond de ce groupe spécial avec les parties[1555]. Ce groupe spécial a justifié sa réponse favorable en faisant référence à certaines dispositions du Mémorandum d'accord et des Règles de conduite et en insistant surtout sur le fait que cette ouverture n'affecte en rien le caractère confidentiel prévu dans tel ou tel instrument[1556]. Pour la première fois dans l'histoire du SRD, des audiences

---

[1555] *Ibid.*, WT/DS320/R & WT/DS321/R, note 767, para. 7.1.

[1556] Ce groupe spécial a allégué comme suit : « En ce qui concerne la prescription énoncée à l'article 18.2 du Mémorandum d'accord selon laquelle « [le]es communications écrites présentées au groupe spécial ... seront traitées comme confidentielles », nous faisons observer qu'en donnant au public la possibilité de suivre ses auditions le groupe spécial n'a pas communiqué au public le contenu des communications écrites des parties. En faisant des déclarations que le public pouvait écouter, les parties elles-mêmes exerçaient le droit que leur donne l'article 18.2 de « communiquer au public [leurs] propres positions ». Le groupe spécial est conscient du fait qu'en posant des questions ou en demandant des éclaircissements, pendant les auditions, sur les communications écrites des parties, il se peut qu'il en ait lui-même « communiqué » le contenu. Toutefois, il fait observer qu'à tout moment, les parties ont conservé le droit de demander que des déclarations spécifiques qu'elles ont prononcées ne soient pas diffusées afin qu'elles restent confidentielles et que, dans la présente affaire, les parties avaient rendu publique leurs communications écrites. Le groupe spécial note aussi que l'article 18.2 dispose que « [l]es Membres traiteront comme confidentiels les renseignements qui auront été communiqués par un autre Membre au groupe spécial ou à l'Organe d'appel et que ce Membre aura désignés comme tels ». Nous considérons que cette phrase clarifie la

ont donc été ouvertes au public le 12 septembre 2005[1557]. Ceci a été très bien apprécié, parce que, d'une part, elle a contribué à renforcer la transparence du SRD et d'autre part, elle a donné le premier signe d'une transformation de ce système en faveur du suivi par des acteurs privés de la résolution des différends. De manière générale, comme l'ont dit S. Esserman, vice-représentant américain chargé des questions commerciales, et R. Howse, professeur de droit de l'*University of Michigan,* cette décision « renforce la légitimité de l'OMC, ce qui rend ses pratiques plus proches des valeurs d'aujourd'hui de la bonne gouvernance, de la transparence et de la responsabilité »[1558]. Allant de pair avec la décision de l'Organe d'appel d'accepter les mémoires d'*amici curiae,* cette décision a constitué un pas en avant, marqué par le changement progressif et l'expérimentation des règles procédurales de l'ORD, sans le consensus nécessaire de tous les Membres de cette organisation[1559].

643.- L'ouverture des audiences au public a été suivie, après cette décision, par plusieurs autres groupes spéciaux et l'Organe d'appel[1560]. Ces décisions sont importantes sur le plan symbolique, dans la mesure où elles contribuent à accréditer l'idée que la traditionnelle confidentialité du mécanisme ne se justifie plus[1561]. Toutefois, elles connaissent également des limites, à la fois sous l'angle pratique et juridique. Pratiquement, étant donné les conditions de l'ouverture et son fonctionnement[1562], cette ouverture n'a pas séduit un public important. « Il

---

portée de la prescription en matière de confidentialité qui s'applique au groupe spécial et aux Membres et que les groupes spéciaux doivent préserver uniquement la confidentialité des renseignements qui ont été désignés comme confidentiels ou qui n'ont pas par ailleurs été communiqués au public. Toute autre interprétation signifierait qu'il y a deux critères différents et que les groupes spéciaux devraient traiter comme confidentiels des renseignements qu'un Membre de l'OMC n'a pas à traiter comme étant confidentiels. Le groupe spécial note également qu'en lui demandant de donner au public la possibilité de suivre les auditions, les parties au présent différend ont implicitement accepté que leurs arguments soient publics, à l'exception de ceux qu'elles identifieraient comme confidentiels ». *Ibid.,* WT/DS320/R & WT/DS321/R, note 767, para. 7.50.

1557 *Ibid.,* WT/DS320/R & WT/DS321/R, note 767, para. 1.6.

1558 « *Enhance the legitimacy of the WTO, bringing its practices more in line with today's values of good governance, transparency, and accountability* ». ESSERMAN S. & HOWSE R., « The creative evolution of world trade », *Financial Times,* August 23, 2005, disponible sur : http://www.steptoe.com/assets/attachments/1067.pdf (url consultée le 10 juillet 2014).

1559 ESSERMAN S. & HOWSE R., *ibid.,* note 1558.

1560 Pour ce qui est de l'ouverture des audiences des groupes spéciaux au public, voir cette liste sur : http://wto.org/english/res_e/booksp_e/analytic_index_e/dsu_07_e.htm#fntext1463 (url consultée le 31 mars 2016) ; http://wto.org/english/res_e/booksp_e/analytic_index_e/dsu_10_e.htm#workA161 (url consultée le 31 mars 2016), para. 1450 – 1452.

1561 RUIZ FABRI H. & MONNIER P., *ibid.,* note 411, pp. 845-847.

1562 Par exemple, dans l'affaire *Communautés européennes – Mesures prohibant l'importation et la commercialisation de produits dérivés du phoque,* la procédure d'ouverture des audiences au public a été prescrite par l'Organe comme suivante :

semblerait au contraire qu'il faille être particulièrement motivé, alors même que la matière brassée est déjà, par elle-même, plutôt technique et que le formalisme prévaut (lecture de déclarations orales et peu de place pour une réelle interactivité notamment au niveau des groupes spéciaux) »[1563]. De plus, par rapport à la participation en tant qu'*amicus curiae*, cette présence ne permet pas au public d'exprimer ses points de vue devant le juge de l'OMC. Un simple suivi des audiences retransmises en direct en circuit fermé dans une salle attenante aux locaux où siège le groupe spécial ou l'Organe d'appel n'est pas suffisant pour ceux qui ont vraiment envie de protéger leurs intérêts, commerciaux ou non commerciaux, dans telle ou telle procédure[1564].

644.- Juridiquement, le caractère confidentiel n'empêche pas encore une ouverture entière des audiences au public. Cette limite résulte tout d'abord de ce que certains contentieux concernent des données confidentielles[1565] ; et ensuite, de l'opposition de certaines tierces parties que les analyses ci-dessous vont justifier.

« a. Le public pourra suivre l'audience au moyen d'une télédiffusion simultanée en circuit fermé assurée dans une salle séparée à laquelle les délégués des Membres de l'OMC et le public, dûment inscrits, auront accès.

b. Le public ne pourra pas suivre les déclarations orales et les réponses aux questions présentées par les participants tiers ayant indiqué qu'ils souhaitaient que leur confidentialité soit préservée.

c. Toute demande d'un participant tiers qui souhaite préserver la confidentialité de ses déclarations orales et de ses réponses aux questions devrait parvenir au secrétariat de l'Organe d'appel au plus tard le lundi 10 mars à 17 heures, heure de Genève.

d. Un nombre approprié de place sera réservé pour les délégués des Membres de l'OMC qui ne sont pas participants ou participants tiers à la présente procédure dans la salle séparée où la télédiffusion en circuit fermé aura lieu. Les délégués des Membres de l'OMC souhaitant suivre l'audience sont priés de s'inscrire à l'avance auprès du secrétariat de l'Organe d'appel.

e. Le public sera avisé de la tenue de l'audience par le biais du site Web de l'OMC. Les personnes souhaitant suivre l'audience seront tenues de s'inscrire à l'avance auprès du secrétariat de l'Organe d'appel, selon les instructions données sur le site Web de l'OMC ».

Ibid., Rapport de l'Organe d'appel du 22 mai 2014, WT/DS400/AB/R & WT/DS401/AB/R, Annexe 4, para. 5.

1563 RUIZ FABRI H. & MONNIER P., *ibid.*, note 411, p. 846-847. Ces auteurs ont également indiqué un autre type de limites, à savoir : « Le deuxième type de limites vient de ce que certains contentieux supposent l'analyse de données confidentielles. Cela peut certes êtes résolu par le recours à des procédures spécifiquement dévolues à la protection de cette confidentialé, procédures qui existent. Il n'empêche que cela ne peut que concourir à rendre le contentieux peu compréhensible par un éventuel public ».

1564 CÔTÉ C.-E., *ibid.*, note 150, pp. 216-217.

1565 RUIZ FABRI H. & MONNIER P., *ibid.*, note 411, p. 846-847.

B. L'opposition de tierces parties à l'ouverture des audiences au public

645.- Certaines tierces parties ont exprimé une forte opposition à l'ouverture des audiences au public, chaque fois que cette question a été soulevée devant le juge de l'OMC **(1)** et dans les négociations du cycle de Doha **(2)**.

1. Une forte contestation dans le cadre du règlement des différends

646.- Dès la première décision du groupe spécial d'ouvrir les audiences au public dans les affaires *États-Unis/Canada – Maintien de la suspension,* plusieurs tierces parties ont exprimé leur opposition[1566]. Le Brésil a critiqué la position prise par ce groupe spécial en indiquant que la décision d'ouvrir les travaux des groupes spéciaux n'appartenait pas à ceux-ci mais aux Membres de l'OMC et que cette question faisait l'objet de négociations dans le cadre du cycle de Doha. Selon le Brésil, si les groupes spéciaux devaient se prononcer sur cette question, ils outre-passeraient leur mandat en assumant un rôle que seuls peuvent jouer les Membres de l'OMC[1567]. L'Inde a avancé les mêmes arguments que ceux du Brésil[1568] en ajoutant que les groupes spéciaux n'avaient pas le pouvoir de modifier les dispositions de fond du Mémorandum d'accord, telles que les prescriptions en matière de confidentialité[1569]. La Chine, le Mexique et Taïwan sont allés encore plus loin : ils ont tous demandé que le groupe spécial respecte l'obligation prévue à l'article 18.2 du Mémorandum d'accord en matière de confidentialité, et que les séances avec les tierces parties devraient être privées[1570].

Suivant le même raisonnement, le Brésil, la Chine et l'Inde, lors de la procédure de l'examen en appel, ont demandé à l'Organe d'appel de rejeter la demande conjointe des parties principales d'ouvrir les audiences d'appel au public[1571]. Ces trois Membres ont argumenté que l'audience faisait partie de la procédure de l'Organe d'appel et que par conséquent, elle était régie par l'article 17.10 du Mémorandum d'accord dont « la prescription en matière de confidentialité (...) est absolue et ne permet aucune dérogation »[1572]. Dans sa décision du 10 juillet 2008, l'Organe d'appel a affirmé que la confidentialité énoncée au titre de l'article 17.10 mise dans son contexte et surtout dans la relation avec l'article 18.2 du Mémorandum d'accord n'était pas absolue, autrement dit elle était « relative et limitée

---

1566 Il faut noter à cet égard que trois autres tierces parties, l'Australie, la Nouvelle-Zélande et la Norvège étaient favorables à cette ouverture.

1567 *Ibid.,* WT/DS320/R & WT/DS321/R, note 767, para. 7.22.

1568 *Ibid.,* WT/DS320/R & WT/DS321/R, note 767, para. 7.25-7.30.

1569 *Ibid.,* WT/DS320/R & WT/DS321/R, note 767, para. 7.26.

1570 *Ibid.,* WT/DS320/R & WT/DS321/R, note 767, para. 7.24, 7.32, 7.39.

1571 *Ibid.,* WT/DS320/AB/R & WT/DS321/AB/R, note 616, Annexe IV – Décision procédurale du 10 juillet visant à autoriser le public à suivre l'audience, para. 3.

1572 *Ibid.,* WT/DS320/AB/R & WT/DS321/AB/R, note 616, Annexe IV, para. 4.

dans le temps »[1573]. Selon l'Organe d'appel, il faut interpréter la règle relative à la confidentialité de l'article 17.10 comme « fonctionnant de manière relationnelle » : « La procédure d'appel implique différents types de relations, y compris les suivantes : premièrement, une relation entre les participants et l'Organe d'appel ; deuxièmement, une relation entre les participants tiers et l'Organe d'appel. La prescription selon laquelle les travaux de l'Organe d'appel sont confidentiels offre une protection à ces relations distinctes et vise à sauvegarder les intérêts des participants et des participants tiers, ainsi que la fonction juridictionnelle de l'Organe d'appel, afin de favoriser le fonctionnement du système de règlement des différends dans des conditions d'équité, d'impartialité, d'indépendance et d'intégrité »[1574]. En estimant que la demande des parties principales d'ouvrir l'audience au public n'affecterait pas le droit à la confidentialité des participants tiers devant l'Organe d'appel[1575], que les intérêts systémiques de ceux-ci dans l'inter-

---

[1573] L'Organe d'appel a constaté : « Les participants tiers qui s'opposent à la demande visant à autoriser le public à suivre l'audience font valoir que la prescription en matière de confidentialité de l'article 17:10 est absolue et ne permet aucune dérogation. Nous ne souscrivons pas à cette interprétation car l'article 17:10 doit être lu dans son contexte, en particulier eu égard à l'article 18:2 du Mémorandum d'accord. La deuxième phrase de l'article 18:2 dispose expressément qu'"[a]ucune disposition du présent mémorandum d'accord n'empêchera une partie à un différend de communiquer au public ses propres positions". Ainsi, en vertu de l'article 18:2, les parties peuvent décider de renoncer à protéger la confidentialité de leurs positions. À l'exception de l'Inde, les participants et les participants tiers sont convenus que l'expression "ses propres positions" figurant à l'article 18:2 n'englobait pas uniquement les communications écrites visées dans la première phrase de l'article 18:2, mais également les déclarations orales et les réponses aux questions posées par l'Organe d'appel à l'audience. La troisième phrase de l'article 18:2 dispose que "[l]es Membres traiteront comme confidentiels les renseignements qui auront été communiqués par un autre Membre au groupe spécial ou à l'Organe d'appel et que ce Membre aura désignés comme tels". Cette disposition serait inutile si l'article 17:10 était interprété comme exigeant une confidentialité absolue pour tous les éléments de la procédure d'appel. Il n'y aurait nul besoin d'exiger, en vertu de l'article 18:2, qu'un Membre désigne certains renseignements comme confidentiels. La dernière phrase de l'article 18:2 garantit que, même si un Membre procède à une telle désignation, cela ne mettra pas fin au droit d'un autre Membre de communiquer ses positions au public. Sur demande, un Membre doit fournir un résumé non confidentiel des renseignements contenus dans ses communications écrites qu'il a désignés comme confidentiels, qui peut alors être communiqué au public. Par conséquent, l'article 18:2 contient des éléments contextuels qui étayent le point de vue selon lequel la règle de confidentialité énoncée à l'article 17:10 n'est pas absolue. Si ce n'était pas le cas, la communication des communications écrites ou d'autres déclarations ne serait permise à aucun stade de la procédure » et « Dans la pratique, la prescription en matière de confidentialité de l'article 17:10 a ses limites. Les déclarations d'appel et les rapports de l'Organe d'appel sont communiqués au public. Les rapports contiennent des résumés des communications écrites et orales présentées par les participants et les participants tiers et citent souvent directement ces communications. La communication des rapports de l'Organe d'appel au public est une caractéristique intrinsèque et nécessaire de notre système juridictionnel fondé sur des règles. Par conséquent, en vertu du Mémorandum d'accord, la confidentialité est relative et limitée dans le temps. » *Ibid.*, WT/DS320/AB/R & WT/DS321/AB/R, note 616, Annexe IV, para. 4.

[1574] *Ibid.*, WT/DS320/AB/R & WT/DS321/AB/R, note 616, Annexe IV, para. 6.

[1575] *Ibid.*, WT/DS320/AB/R & WT/DS321/AB/R, note 616, para. 8.

prétation des dispositions des accords visés et leurs points de vue sur ces questions n'étaient pas par nature confidentiels[1576] et que les trois participants tiers n'avaient pas pu identifier un intérêt spécifique dans leur relation avec l'Organe d'appel qui serait lésé par la décision du dernier de rendre publique l'audience[1577], l'Organe d'appel a accepté la demande[1578]. Il a également mentionné dans sa décision que « le public ne pourra pas suivre les déclarations orales et les réponses aux questions présentées par les participants tiers qui souhaiteront maintenir la confidentialité de leurs communications »[1579]. Dans plusieurs autres affaires ultérieures où cette question a été soulevée, l'opposition de certaines tierces parties a continué de s'exprimer sur la base des mêmes motifs[1580].

647.- Apparemment, les tierces parties ont le droit de demander aux juges de l'OMC de maintenir la confidentialité de leurs communications. Toutefois, dans ces discussions, si les opinions favorables à l'ouverture des audiences au public sont souvent exprimées par des pays développés Membres, les oppositions viennent au contraire des pays en développement Membres. Cette situation semble donc s'inscrire parfaitement dans un contexte plus large et important où les pays en développement Membres, au fil du temps, n'acceptent plus l'imposition par les pays développés Membres des règles de jeu. Alors que persiste encore la difficulté générale de modifier ou d'interpréter les règles du droit de l'OMC via le processus purement politique et diplomatique, le règlement des différends devient le terrain alternatif où certains pays développés Membres ont cherché à introduire de nouvelles règles ou à modifier des règles existantes[1581]. La demande déposée par les États-Unis, les CE et le Canada devant les groupes spéciaux dans les deux affaires précitées de l'ouverture des audiences au public est allée dans ce sens. En effet, sous prétexte de protéger la confidentialité des audiences, certains pays en développement tierces parties ont cherché à contester l'incorporation de cette règle proposée par les pays développés Membres dans l'ensemble des règles procédurales guidant le règlement des différends.

648.- Ces oppositions exprimées par les tierces parties ont eu des incidences négatives. Elles n'ont pas permis au juge de l'OMC d'ouvrir toutes les audiences au public. Les audiences avec les tierces parties ont été privées de l'observation du public. Par conséquent, cette ouverture reste partielle et inachevée. Le juge de

---

[1576] *Ibid.*, WT/DS320/AB/R & WT/DS321/AB/R, note 616, para. 9.

[1577] *Ibid.*, WT/DS320/AB/R & WT/DS321/AB/R, note 616, para. 9.

[1578] *Ibid.*, WT/DS320/AB/R & WT/DS321/AB/R, note 616, para. 11.

[1579] *Ibid.*, WT/DS320/AB/R & WT/DS321/AB/R, note 616, para. 11.b.

[1580] Par exemple, voir l'affaire *États-Unis – Mesures relatives à la réduction à zéro et aux réexamens à l'extinction,* Recours du Japon à l'article 21.5, Rapport du groupe spécial du 24 avril 2009, WT/DS322/RW, para. 1.6. Voir également : RUIZ FABRI H. & MONNIER P., *ibid.*, note 107, pp. 923-924.

[1581] SHAFFER G., *ibid.*, note 366, pp. 15-16.

l'OMC, dans le respect de la volonté manifeste des tierces parties Membres n'a pas pu aller plus loin, sinon, au contraire, sa décision aurait pu être fortement contestée par celles-ci. Toutefois, l'effet négatif de cette fermeture peut être atténué par les limites qui sont encore attachées aux procédures d'ouverture des audiences au public. Comme cette ouverture n'attire en pratique qu'un petit nombre d'auditeurs[1582], il semble que le fait que le juge de l'OMC a dû fermer au public des audiences à la demande des tierces parties ne constitue pas une préoccupation majeure pour le public. Toutefois, ces oppositions ont fait obstacle à des négociations dans le cycle de Doha sur ce thème.

2. L'élaboration difficile d'un compromis autour de l'ouverture des audiences au public

649.- Bien que la proposition américaine relative à l'ouverture des audiences au public puisse gagner une place parmi les améliorations proposées au Mémorandum d'accord et retenues dans le rapport du Président de l'ORD au Comité des négociations commerciales, daté du 21 avril 2011[1583], les divergences en la matière entre les Membres de l'OMC n'ont pas permis de parvenir à un consensus dans des négociations sur ce point dans le cadre du cycle de Doha. Le rapport du Président de l'ORD au Comité des négociations commerciales, daté du 21 avril 2011, a révélé que ces divergences étaient encore importantes :

> « Un certain nombre de Membres se sont dits favorables à un renforcement de la transparence par l'ouverture des audiences des groupes spéciaux et de l'Organe d'appel au public et ont dit qu'une telle ouverture pourrait contribuer à accroître la confiance du public dans le processus de règlement des différends. D'autres, sans nécessairement s'opposer à la transparence en tant que telle, continuent d'avoir des réserves pour ce qui est de savoir s'il serait utile ou approprié d'ouvrir systématiquement, comme cela est proposé, les réunions au public »[1584].

650.- Les Membres s'opposant à une telle ouverture ont également exprimé des préoccupations relatives au maintien du caractère intergouvernemental des procédures de règlement des différends, à la protection des renseignements confidentiels, aux modalités pratiques et aux éventuelles dépenses budgétaires[1585]. Ils ont, au surplus, avancé que lorsque les tierces parties n'ont pas en principe le droit de participer à la deuxième réunion de fond des groupes spéciaux avec les

---

1582 CÔTÉ C.-E., *ibid.*, note 150, pp. 216-217 ; RUIZ FABRI H. & MONNIER P., *ibid.*, note 411, pp. 846-847.

1583 « [Chaque réunion de fond tenue par un groupe spécial, l'Organe d'appel ou un arbitre avec les parties, et chaque réunion tenue par un groupe spécial ou un arbitre avec un expert, sera ouverte au public, qui pourra les suivre, à l'exception de toute partie de réunion ayant trait à des renseignements confidentiels [présentés conformément aux procédures mentionnées au paragraphe 3] ». *Ibid.*, TN/DS/25, note 6, p. A-14.

1584 *Ibid.*, TN/DS/25, note 6, p. A-41.

1585 *Ibid.*, TN/DS/25, note 6, p. A-41.

parties, l'ouverture au public de toutes les audiences des groupes spéciaux pourrait affecter les droits procéduraux des tierces parties à cette étape[1586].

651.- Ces oppositions persistent encore dans les négociations engagées durant ces dernières années. Le rapport du Président de l'ORD au Comité des négociations commerciales de 2015 fait savoir qu'en dehors des raisons précitées, les Membres contre cette ouverture ont également basé leur objection sur une raison très pratique : les audiences publiques n'avaient pas suscité une grande attention[1587]. De plus, certains Membres dans ce cadre ont voulu une approche plus souple en indiquant que la flexibilité devrait être attribuée aux Membres pour qu'ils puissent décider d'accepter ou non l'ouverture des audiences au public[1588]. Dès lors, il parait que la solution américaine, basée sur une ouverture systématique, serait difficile de trouver un consensus.

-----oOo-----

CONCLUSION DU CHAPITRE 1

652.- La participation des tierces parties a eu des incidences certaines sur le fonctionnement du SRD. Tout d'abord, en ce qui concerne la régularité de la procédure, une exigence bien reconnue et mise en œuvre dans ce cadre, l'intervention nombreuse des Membres en tant que tierces parties a rendu difficile le choix de membres des groupes spéciaux. Plusieurs juristes ayant compétence et expertise sur le droit de l'OMC n'ont pas pu siéger parmi les groupes spéciaux. Ceci a diminué la qualité des constatations, des interprétations et des analyses données par ce juge. En outre, l'intervention des tierces parties n'aide pas les Membres de l'OMC à parvenir à un règlement rapide des différends nés entre

---

1586 *Ibid.,* TN/DS/25, note 6, p. A-41. Toutefois, cet argument n'est pas judicieux. Notons que l'ouverture des audiences est également l'occasion pour que les Membres de l'OMC puissent les suivre et être informés par le biais de la présence physique de leurs fonctionnaires durant ces audiences, elle devient aussi une solution pour les tierces parties qui ne se voient pas accorder des droits de tierces parties renforcés d'être informées de la même façon. Voir : CÔTÉ C.-E., *ibid.*, note 150, pp. 216-217 ; RUIZ FABRI H. & MONNIER P., « Organisation mondiale du commerce : Chronique du règlement des différends 2013-2014 », *Journal du droit international (Clunet),* 2014, n°. 3, p. 1056.

1587 *Ibid.,* TN/DS/26, note 6, p. 20.

1588 *Ibid.*, TN/DS/26, note 6, p. 20; *ibid.,* TN/DS/27, note 6, para. 3.19-3.21.

eux. Il a été indiqué que la participation des tierces parties figure souvent parmi les facteurs retardant les travaux des groupes spéciaux ou de l'Organe d'appel.

653.- Ensuite, certaines tierces parties ont manifesté une forte opposition contre l'ouverture à l'*amicus curiae* et contre l'ouverture des audiences au public. Ces oppositions ne sont pas susceptibles d'empêcher la volonté du juge de l'OMC d'avancer sur le plan judiciaire. Il semble raisonnable que rien ne puisse freiner l'utilisation par celui-ci de son pouvoir discrétionnaire pour clarifier ou reconnaître certaines procédures étrangères à l'ORD mais déjà développées dans d'autres juridictions. Néanmoins, ces oppositions prévalent forcément dans les négociations du cycle de Doha. Par conséquent, étant donné que les divergences persistent, une codification officielle des pratiques judiciaires bien mûries, semble encore loin de voir le jour.

654.- Ces incidences peuvent cependant être atténuées grâce à certains mécanismes en vue de les contrôler et d'assurer le bon fonctionnement du système dans son ensemble. Dès lors, elles ne constituent en aucun cas des préoccupations majeures pouvant affecter l'efficacité de ce système. Tel est également le cas, s'il s'agit des incidences négatives de l'intervention des tierces parties sur les Membres de l'OMC.

Chapitre 2

RISQUES ET LIMITES DE L'INTERVENTION CONCERNANT LES DROITS DES PARTIES

655.- Le SRD vise, pour l'un de ses objectifs, à « préserver les droits et les obligations résultant pour les Membres des accords visés »[1589]. Cela équivaut à dire que, non seulement les parties principales, mais également les tierces parties Membres, peuvent utiliser ce mécanisme pour défendre leur intérêt. Dans cette optique, offrir aux tierces parties Membres la possibilité de défendre leur intérêt ne devrait pas nuire aux droits des parties principales. Or, ce n'est souvent pas le cas. Comme N. Angelet l'a indiqué, « au-delà des droits de l'intervenant, l'intervention met toujours en cause les droits des parties au litige »[1590].

656.- « La participation de tiers n'est donc pas uniquement l'expression d'une position et sa divulgation, elle est également la prise en considération de ces positions par l'instance de règlement »[1591]. Cela signifie qu'en intervenant dans le règlement des différends à l'OMC, les tierces parties Membres cherchent également à s'imposer en pesant de leur poids sur les arguments des parties principales ainsi que sur le raisonnement du juge de l'OMC. Ces constatations ont donc mis en évidence que l'intervention pouvait avoir des incidences négatives sur les parties principales, dans la mesure où elle pose des obstacles sur le chemin que les parties principales suivent pour défendre leurs droits et intérêts.

657.- En outre, même pour les tierces parties, l'intervention présente également des limites dans la mesure où certains inconvénients qui persistent rendent

---

[1589] L'article 3.2 du Mémorandum d'accord. Voir également : WTO, *op. cit.,* note 9, pp. 2-3. Il en ressort également que les décisions des organes compétents (y compris l'ORD, l'Organe d'appel, les groupes spéciaux et les arbitres) sont censés prendre en compte et appliquer correctement les droits et les obligations énoncés dans l'Accord sur l'OMC. Conformément à l'article 19.2 du Mémorandum d'accord, ces décisions ne doivent pas modifier le cadre juridique de l'OMC régissant les relations entre les parties, ni accroître ou diminuer les droits et obligations prévus dans les accords de l'OMC.

[1590] RUIZ FABRI H. & SOREL J-M. (dir.), *op. cit.,* note 3, p. 82.

[1591] LORENZO L., *ibid.,* note 17, pp. 156-157.

souvent impossible l'accès en tant que tierces parties pour un bon nombre de Membres, notamment des pays en développement et des PMA Membres.

658.- Dans l'ensemble, nous examinerons dans ce chapitre les incidences négatives de l'intervention sur les droits Membres de l'OMC sous deux angles. D'une part, il s'agit des risques d'atteinte aux droits et intérêts des parties principales **(section 1)**, ce qui a souvent constitué une source d'inquiétude de ces Membres lors des discussions sur le renforcement du statut des tierces parties. D'autre part, il s'agit des limites pour les tierces parties **(section 2)**, ce qui nécessiterait des mesures appropriées en vue, d'une part, de renforcer leur participation au système, au moins en qualité de tierce partie, et d'autre part, de leur permettre de bénéficier davantage des utilités de cette participation.

Section 1 : LES RISQUES D'ATTEINTE AUX DROITS ET INTÉRÊTS DES PARTIES PRINCIPALES

659.- Le besoin de défendre des droits et intérêts légitimes d'une partie, mis en cause par une autre, lui conduit à l'utilisation d'un mode de règlement. Cependant, la réussite de cet objectif dépend non seulement des parties principales elles-mêmes, mais également de facteurs extérieurs hors de leur contrôle. Il s'agit peut-être de l'indépendance ou de l'impartialité du juge. Si ce dernier, dont le mandat est d'établir la vérité et dire le droit, ne réunit pas ces qualités, l'issue du différend pourra être faussée. De même, la présence des tierces parties dans le règlement bilatéral d'un différend peut fausser l'équilibre instauré pour les parties principales. En fournissant des arguments pour soutenir l'une des parties principales, les tierces parties peuvent aider cette partie à conforter sa position et à l'inverse, pousser l'autre partie à une position désavantageuse, pour gagner l'affaire. Les tierces parties peuvent aussi diminuer les chances d'obtenir une solution mutuellement convenue. Les parties principales craignent, par ailleurs, de voir affecter leurs droits procéduraux, en raison d'une concurrence des tierces parties durant le règlement du différend.

660.- Dans le contexte de l'OMC, les risques que présente l'intervention des tierces parties pour les parties principales sont de plus en plus complexes et multipliés, en raison de la panoplie des modes de règlement des différends envisagés dans le Mémorandum d'accord dans lesquels les tierces parties interviennent, ainsi que du nombre et de la fréquence de ces comparutions dans tel ou tel mode. Toutefois, et cela est important, ces risques peuvent être atténués du fait d'abord de la stratégie développée par les parties principales dans le cadre des consultations, du fait, ensuite et parfois, de la surveillance que le juge de l'OMC exerce à l'occasion des procédures dont il est saisi. Ceci nous amène donc à étudier ces risques dans deux contextes différents : l'un relatif aux consultations **(I)** et l'autre relatif aux travaux des groupes spéciaux et de l'Organe d'appel **(II)**.

I. Les risques durant la phase de consultations

661.- La présence des tierces parties Membres durant les consultations peut générer des risques pour les parties principales. Leur participation complique les négociations entre les parties principales en vue de parvenir à un accord commun contenant des solutions mutuellement acceptables[1592]. Il s'agit, dans ce cas de figure, d'un risque commun pour les parties principales dans la mesure où cela affecte la rapidité du règlement des différends[1593]. Pour chacune des parties principales, considérée individuellement, l'intervention peut affecter ses droits et intérêts de manière différente. Pour la partie plaignante, sur le point d'obtenir avec la partie défenderesse un accord commun contenant des concessions commerciales, elle doit les partager avec les tierces parties. Il s'agit donc d'un risque économique pour la partie demanderesse **(A)**. Pour la partie défenderesse, les consultations multilatéralisées font rebondir les tensions auxquelles elle doit faire face, ce qui constitue un risque politique **(B)**.

A. Le risque économique pour la partie demanderesse

662.- La présence des tierces parties dans les consultations peut prévenir des solutions bilatérales au détriment d'autres Membres de l'OMC et rendre plus efficace la notification de ces solutions à l'ORD. Toutefois, le revers de la médaille est que l'intérêt de la partie demanderesse risque d'être diminué. Comme L. Johns et K. J. Pelc l'ont constaté, dans le cas où une affaire peut être résolue dès l'étape des consultations, « les tierces parties diminuent la part d'une tarte de la partie plaignante »[1594]. La raison, très simple, s'explique par le jeu de la clause NPF. Chaque fois que les solutions mutuellement convenues sont notifiées à l'ORD, elles seront multilatéralisées et par la suite, les tierces parties pourront bénéficier de l'accès au marché du Membre défendeur aussi favorable que celui accordé au Membre plaignant. En d'autres termes, dans ces cas, « les concessions commerciales doivent être réparties entre un plus grand nombre d'États »[1595].

663.- Pour minimiser ce risque, la partie plaignante a la possibilité de déposer une demande de consultations conformément à l'article XXIII.1 du GATT ou à l'article XXIII.1 de l'AGCS. Notons que, par exemple, les articles XXII et XXIII du GATT offrent aux Membres de l'OMC deux possibilités de demander les consultations[1596]. Ces deux possibilités n'ont pas le même effet sur les tierces

---

[1592] JOHNS L. & PELC K. J., *ibid.,* note 1150, pp. 4-5.

[1593] Voir *supra,* para. 619.

[1594] « *Third parties decrease the complainant's share of pie* ». JOHNS L. & PELC K. J., *ibid.,* note 1150, p. 7.

[1595] « *Trade concessions must be distributed amongst a larger number of states* ». JOHNS L. & PELC K. J., *ibid.,* note 1150, p. 7.

[1596] Sous l'époque du GATT de 1947, il faut noter qu'à l'égard de la partie plaignante, ces deux possibilités de consultations avaient le même effet : si elles ne permettent pas d'aboutir à la fin du

parties. Si les consultations sont demandées au titre de l'article XXII du GATT, l'intervention peut être admise. Au contraire, l'accès des tierces parties aux consultations menées au titre de l'article XXIII du GATT est fermé[1597]. Il est important de noter que l'article 4.11 du Mémorandum d'accord ne régit que l'intervention suivant une demande de consultations déposée au titre de l'article XXII du GATT. En tout état de cause, même sous le GATT de 1947 ou au sein de l'ORD, il est impossible d'intervenir dans les consultations demandées au titre de l'article XXIII du GATT. Comme le Secrétariat de l'OMC l'a expliqué dans le guide relatif au système de règlement des différends publié en 2004 :

> « Pour des raisons pratiques, la principale différence entre ces deux fondements juridiques tient à la capacité d'autres Membres de l'OMC de participer en tant que tierces parties, ce qui n'est possible que lorsque les consultations se tiennent conformément à l'article XXII du GATT de 1994, à l'article XXII.1 de l'AGCS ou aux dispositions correspondantes des autres accords visés (article 4.11 du Mémorandum d'accord). Ainsi, le choix entre les articles XXII.1 et XXIII.1 du GATT de 1994 est stratégique, selon que le plaignant veut ou non permettre à d'autres Membres de participer. Si le plaignant invoque l'article XXII.1, l'admission de tierces parties intéressées dépend du défendeur, qui peut ou non les accepter. En choisissant l'article XXIII.1, le plaignant est à même d'empêcher la participation de tierces parties aux consultations. Cette option peut être avantageuse pour un plaignant qui a l'intention d'ouvrer en faveur d'une solution mutuellement convenue avec le défendeur sans intervention des autres Membres »[1598].

664.- Dès lors, pour éviter la participation d'autres Membres aux consultations, dans la pratique de l'ORD, certains Membres plaignants ont choisi de déposer une demande de consultations au titre de l'article XXIII du GATT, ou de

---

litige, la partie plaignante sera toujours capable de demander l'établissement d'un groupe spécial au titre de l'article XXIII.2 du GATT. C'était ce qui résultait directement de la pratique établie de l'affaire *Aide accordée par la France aux exportations de blé et de farine* (*Ibid.*, IC/SR.38, note 205, p. 12) et de la décision des PARTIES CONTRACTANTES en 1960 intitulée *Procedures for dealing with new import restrictions applied for balance-of-payments reasons and residual import restrictions.* Le paragraphe 9 de cette décision avait prévu : « *If consultations held under paragraph 1 of Article XXII do not lead to a satisfactory solution, any of the parties pursuant to paragraph 2 of Article XXII. Alternatively, a country whose interests are affected may resort to paragraph 2 of Article XXIII, it being understood that a consultation held under paragraph 1 of Article XXII would be considered by the CONTRACTING PARTIES as fulfilling the conditions of paragraph 1 of Article XXIII* ». *Ibid.*, BISD 9S/18, para. 9. Voir également : FOOTER M. E., *ibid.*, note 8, p. 242.

[1597] Sur ce sujet, voir : ANGELET N., *ibid.*, note 93, pp. 214-215 ; FOOTER M. E., *ibid.*, note 8, p. 239-243 ; JOHNS L. & PELC K., *ibid.*, note 1150, pp. 3-4.

[1598] WTO, *op. cit.*, note 9, pp. 45-46.

l'article XXIII de l'AGCS. Jusqu'en novembre 2014, 72 demandes de consultations ont été déposées conformément à cet article[1599]. Effectivement, aucune intervention n'a eu lieu dans le cadre de ces consultations. Si une demande de participation aux consultations est déposée dans telle ou telle affaire, elle sera automatiquement refusée. Par exemple, dans l'affaire *CE – Système généralisé de préférences* opposant la Thaïlande aux CE[1600], la Colombie et le Costa Rica ont demandé de participer aux consultations entre ces deux Membres. La Colombie a notamment insisté sur le fait que cette affaire était pour elle « de la plus haute importance » respectivement sur le plan politique, économique et commercial[1601]. Toutefois, ces deux Membres ont été informés, par la suite, que ces consultations se tiendraient bilatéralement entre les CE et la Thaïlande[1602].

665.- Par conséquent, le côté bilatéral prescrit pour ces consultations[1603], qui a été bien respecté, a fait obstacle à la présence des Membres tiers au cours de celles-ci. Un décompte de ces affaires montre que bon nombre d'entre elles se

---

[1599] Voir, par exemple, *Malaisie – Prohibition des importations de polyéthylène et de polypropylène,* Demande de consultations présentées par Singapour au titre de l'article XXIII.1 du GATT de 1994 du 13 janvier 1995, WT/DS1/1 ; *Brésil – Mesures visant la noix de coco desséchée,* Demande de consultations présentées par les Philippines du 20 décembre 1995, WT/DS22/1 ; *Corée – Lois, réglementations et pratiques dans le secteur des marchés de télécommunications,* Demande de consultations présentée par les Communautés européennes du 20 mai 1996, WT/DS40/1 ; *États-Unis – Traitement fiscal des « sociétés de ventes à l'étranger »,* Demande de consultations présentée par les Communautés européennes du 28 novembre 1997, WT/DS108/1 ; *Chili – Système des fourchettes de prix et mesures de sauvegarde appliqués à certains produits agricoles,* Demande de consultations présentée par l'Argentine du 12 octobre 2000, WT/DS207/1 ; *Argentine – Mesure de sauvegarde définitive à l'importation de pêches en conserve,* Demande de consultations présentée par le Chili du 24 septembre 2001, WT/DS238/1 ; *Pérou – Droits antidumping provisoires sur les huiles végétales en provenance d'Argentine,* Demande de consultations présentée par l'Argentine du 28 octobre 2002, WT/DS271/1 ; *Chili – Mesure de sauvegarde définitive appliquée aux importations de fructose,* Demande de consultations présentée par l'Argentine du 8 janvier 2003, WT/DS278/1 ; *Chili – Mesure de sauvegarde provisoire concernant certains produits laitiers,* Demande de consultations présentée par l'Argentine du 30 octobre 2006, WT/DS351/1 ; *États-Unis – Mesures compensatoires visant certains produits plats en acier au carbone laminés à chaud en provenance d'Inde,* Demande de consultations présentée par l'Inde du 18 avril 2012, WT/DS436/1, etc.

[1600] *Communautés européennes - Système généralisé de préférences,* WT/DS242.

[1601] ORD, *Compte rendu de la réunion tenue au Centre William Rappard le 18 janvier 2002,* WT/DSB/M/117, le 15 février 2002, p. 8. Elle a argumenté de plus que : « D'un point de vue systémique, les négociations relatives au Mémorandum d'accord offraient l'occasion d'améliorer la transparence interne dans le cadre du système de règlement des différends, condition préalable au renforcement de ce système. Il était essentiel d'améliorer les dispositions du Mémorandum d'accord relatives à la participation des tierces parties et à l'obligation d'informer les autres pays de l'issue des consultations. À cet égard, il importait également que l'on se penche sur la question du statut de codéfendeur dans les négociations relatives au Mémorandum d'accord ». *Ibid.,* WT/DSB/M/117, pp. 8-9.

[1602] *Ibid.,* WT/DSB/M/117, note 1600, p. 8. Voir également les consultations dans le cadre de l'affaire *Communautés européennes – Mesures affectant le traitement différencié et favorable du café,* WT/DS154. Quatre Membres (le Costa Rica, la Bolivie, le Pérou et la Colombie) ont déposé chacun une demande de participation aux consultations. Toutes ces demandes ont été refusées.

[1603] ANGELET N., *ibid.*, note 93, p. 215.

sont terminées dès l'étape de consultations sans que l'on n'en connaisse rien de l'issue. Cela suppose qu'en cas d'octroi des concessions commerciales par la partie défenderesse, sans présence des tierces parties dans telles ou telles consultations, on risque de ne rien savoir sur ces concessions. Ce faisant, la partie plaignante peut en bénéficier pleinement, sans devoir les partager avec d'autres Membres tiers.

666.- Il faut noter que si les parties principales ne peuvent pas trouver un accord commun lors des consultations menées conformément à cet article, la partie plaignante n'est jamais privée du droit de poursuivre la procédure contentieuse[1604]. Si c'est le cas, d'autres Membres disposent toujours de l'accès aux travaux de tel ou tel groupe spécial en qualité de tierces parties. Cela signifie que l'effet préventif de l'intervention d'une demande de consultations déposée au titre de l'article XXIII.1 du GATT ne joue que dans la phase de consultations ; il ne joue nullement sur les étapes suivantes.

667.- Une question se pose donc : si la partie plaignante peut choisir la base juridique pour sa demande de consultations, pourquoi ne choisit-elle pas, dans toutes les affaires, de la déposer au titre de l'article XXIII du GATT ou de l'article XXIII de l'AGCS ? La pratique selon laquelle une majorité des demandes de consultations introduites sur la base de l'article XXII du GATT et l'article XXII de l'AGCS, ce qui favorise l'intervention, a fait connaître une autre histoire. Il semble évident que, dans la majorité des affaires où les demandes de consultations ont été déposées au titre de l'article XXII.1 et où, par la suite, l'intervention devient possible, la partie plaignante soit prête à accepter ce risque économique, moyennant des soutiens plus forts d'autres Membres qui pourront l'aider à gagner l'affaire. Dans cette perspective, l'intervention présente donc un risque pour la partie défenderesse qui doit faire face à des tensions confortées par la présence de tierces parties supportant la partie plaignante.

B. Le risque politique : une augmentation de tensions pour la partie défenderesse

668.- L'intervention des tierces parties dans les consultations menées conformément à l'article XXII.1 du GATT de 1994 ou à l'article XXII.1 de l'AGCS est conçue pour objectif de permettre à d'autres Membres de l'OMC de se joindre à la partie plaignante[1605]. Cette idée résulte théoriquement de deux constatations. D'une part, l'article 4.11 du Mémorandum d'accord accorde à la partie défenderesse le droit d'examiner les demandes de participation aux consultations déposées par les Membres autres que la partie plaignante. D'autre part, si l'on admet qu'une des fonctions potentielles de l'intervention dans les consultations est

---

1604 FOOTER M. E., *ibid.*, note 8, pp. 242-243.

1605 ANGELET N., *ibid.*, note 93, pp. 216-217. Voir également les arguments présentés par Hong Kong sur ce sujet, lors d'une réunion de l'ORD : *Ibid.*, WT/DSB/M/11, note 143, para. 3.

d'éviter l'établissement de plusieurs groupes spéciaux connaissant d'une même question, cette fonction n'a de sens que si les tierces parties s'associent à la partie plaignante dès les consultations[1606]. Ce faisant, lorsque la partie plaignante choisit de déposer une demande de consultations à ce titre, elle cherche le soutien d'autres Membres qui peuvent intervenir et être à son côté[1607].

669.- Dans cette optique, la tension augmente pour la partie défenderesse lorsqu'un ou plusieurs Membres, autre que la partie plaignante, demande à participer aux consultations. Un appui exercé par ces tierces parties à la partie plaignante va renforcer la position de celle-ci et affaiblir celle de la partie défenderesse. De ce fait, il apparaît que, dès la décision de 1958, l'idée sous-tendant l'octroi à la partie défenderesse du droit de décider une demande de participation aux consultations consiste à lui laisser une certaine latitude pour rééquilibrer les rapports de force entre elle-même et la partie plaignante. Grâce à cette latitude, par exemple, les États-Unis ont refusé toutes les demandes de participation aux consultations dans deux affaires *États-Unis – Article 306 de la Loi de 1974 sur le commerce extérieur et modifications y relatives*[1608] et *États-Unis – Loi sur la compensation (Amendement Byrd)*[1609]. Dans la première affaire, les CE ont déposé une demande de consultations avec les États-Unis au sujet de l'article 306 de la Loi de 1974 sur le commerce extérieur et des modifications apportées à cet article par l'article 407 de la Loi de 2000 sur le commerce et le développement. Cet article, tel qu'il a été modifié, prévoit une révision obligatoire et unilatérale de la liste des produits faisant l'objet d'une suspension des concessions accordée conformément au GATT de 1994 après un certain temps. Les CE ont considéré que cet article constituait surtout une violation des dispositions du Mémorandum d'accord, étant donné qu'il permettait aux États-Unis de mener des actions unilatérales sans contrôle multilatéral préalable[1610]. 10 autres Membres ont déposé auprès des États-Unis une demande de participation aux consultations[1611]. Certains d'entre eux qui ont exprimé le soutien aux CE se sont vus refuser leur demande par les États-Unis.

1606 ANGELET N., *ibid.*, note 93, p. 217.

1607 Par exemple, dans l'affaire *CE – Bananes III,* à l'étape de mise en conformité des recommandations et constatations adoptées par l'ORD, l'Équateur a tout d'abord déposé une demande d'ouverture des consultations avec les CE au titre de l'article XXIII du GATT de 1994. Toutefois, deux semaines après, il a modifié la base juridique de sa demande d'ouverture des consultations vers l'article XXII.1 du GATT de 1994 (*Ibid.,* Recours de l'Équateur à l'article 21.5 du Mémorandum d'accord sur le règlement des différends, Demande de consultations du 20 novembre 2006, WT/DS27/65 ; du 29 novembre 2006, WT/DS27/65/Rev.1). Cette modification a été dédiée au fait que l'Équateur espérait attirer l'attention des tierces parties intervenant à l'appui de sa position. Voir également : BUSCH M. L. & REINHARDT E., *ibid.*, note 939, p. 1.

1608 *Ibid.,* WT/DS200, note 147.

1609 *Ibid.,* WT/DS217 & WT/DS234, note 200.

1610 *Ibid.,* Demande de consultations présentée par les Communautés européennes, WT/DS200/1, pp. 1-2.

1611 Ce sont l'Équateur, la Jamaïque, le Japon, le Guatemala, le Honduras, la République dominicaine, le Panama, le Canada, l'Australie et Sainte-Lucie.

Par exemple, le Japon a fait savoir que la mesure américaine litigieuse menaçait le caractère multilatéral du SRD, lorsqu'il s'agit d'une suspension de concessions ou d'autres obligations unilatérales par les États-Unis sans autorisation de l'ORD[1612]. De même, le Panama a qualifié la législation américaine législation carrousel[1613]. Ces critiques adressés à la législation américaine affaiblissaient donc la position des États-Unis dans les consultations. Dès lors, sous prétexte qu'il n'existait pas d'intérêt substantiel commercial chez les Membres requérants, les États-Unis les ont toutes refusées. Il s'agit de la même situation dans l'affaire *États-Unis – Loi de 2000 sur la compensation pour continuation du dumping et maintien de la subvention,* lorsque ce Membre défendeur a appliqué une même stratégie en refusant les demandes de participation aux consultations présentées par l'Argentine, le Canada et le Mexique. Face à la contestation de ce refus, exprimée par l'Argentine lors d'une réunion de l'ORD, les États-Unis ont fait savoir que :

> « On avait dit que le but du système était d'assurer une participation aussi large que possible au système de règlement des différends. Les États-Unis n'étaient pas d'accord sur ce point. Le but était de régler les différends. En l'espèce, transformer essentiellement les consultations en un groupe de travail n'était pas le meilleur moyen de régler un différend. [Les États-Unis estimaient] que personne ne pouvait prétendre, dans cette affaire, compte tenu de la longue liste de ceux qui avaient demandé les consultations, qu'il n'y avait pas une large participation à ces consultations »[1614].

670.- Sans tenir compte des arguments américains sur le but de ce système, il semble clair que le refus par les États-Unis des demandes de participation aux consultations les aidait à éviter une contestation plus grande contre une législation déjà accusée par plusieurs parties plaignantes de violer le droit de l'OMC. Comme les analyses de la première partie de cette étude l'ont constaté, le revers de cette latitude, consiste en la tentation par les parties défenderesses de refuser de manière abusive un nombre considérable de demandes de participation aux consultations. Dans cette optique, la latitude accordée à la partie défenderesse semble aller à l'encontre de la transparence de temps en temps exigée à ce stade.

671.- Toutefois, en exerçant cette latitude, la partie défenderesse doit faire face à un risque de voir augmenter le nombre des demandes d'ouverture des

---

[1612] *Ibid.,* Demande de participation aux consultations – Communication du Japon du 19 juin 2000, WT/DS200/4, p. 1.

[1613] *Ibid.,* Demande de participation aux consultations – Communication du Panama du 22 juin 2000, WT/DS200/9, p. 1.

[1614] *Ibid.,* WT/DSB/M/99, note 201, para. 59.

consultations officielles, déposées par les Membres qui se voient refuser leur demande de participation aux consultations[1615]. Cette possibilité est tout à fait réalisable. D'une part, elle a été déjà prévue dans le Mémorandum d'accord[1616] et considérée comme « une compensation »[1617] pour les Membres dont la demande de participation aux consultations est rejetée. D'autre part, elle a été également utilisée dans la pratique de l'ORD[1618]. Par conséquent, dans une telle situation, la partie défenderesse doit affronter des tensions encore plus grandes, puisque faire face à plusieurs plaignants se révèle toujours plus difficile que faire face à un plaignant unique, soutenu par d'autres Membres tierces parties.

672.- En bref, dans les consultations, le risque que présente l'intervention pour l'une ou l'autre partie principale reste à leur maîtrise. Chacune d'elle a pu mettre en œuvre sa propre stratégie pour le limiter. Cette possibilité résulte notamment du fait que, étant donné que les consultations sont conçues dans le Mémorandum d'accord en vue de permettre aux parties principales de parvenir rapidement à une résolution positive de leur litige[1619], une certaine latitude leur a été attribuée. Contrairement à cette possibilité, les parties principales auront du mal à éviter les risques qu'engendre pour elles l'intervention des tierces parties dans les phases devant les groupes spéciaux et de l'Organe d'appel, en l'absence de contrôle du juge.

II. Les risques durant la phase devant les groupes spéciaux et l'Organe d'appel

673.- Dans un contexte où les droits de tierces parties sont plus étendus que ceux qu'ils exercent dans la phase des consultations, le risque présenté par l'intervention est encore plus grand pour les parties principales **(A)**. Toutefois, étant donné que l'accès des tierces parties aux travaux des groupes spéciaux et de l'Organe d'appel est quasiment automatique, les parties principales ne peuvent en aucun cas en refuser l'accès pour s'assurer que cette intervention ne nuit pas à leurs droits et intérêts. L'équilibre entre la position des tierces parties et celle des parties plaignantes est alors placé entre les mains du juge de l'OMC **(B)**.

[1615] ANGELET N., *ibid.*, note 93, p. 215.

[1616] La dernière phrase de l'article 4.11 du Mémorandum d'accord stipule que : « S'il n'est pas donné suite à la demande de participation aux consultations, le Membre requérant aura la faculté de demander l'ouverture de consultations au titre du paragraphe 1 de l'article XXII ou du paragraphe 1 de l'article XXIII du GATT de 1994, du paragraphe 1 de l'article XXII ou du paragraphe 1 de l'article XXIII de l'AGCS, ou des dispositions correspondantes des autres accords visés ».

[1617] ANGELET N., *ibid.*, note 93, p. 215.

[1618] Voir *supra*, para. 359.

[1619] Voir l'article 3.3 du Mémorandum d'accord.

A. L'identification des risques

674.- La présence des tierces parties dans les travaux des groupes spéciaux ou de l'Organe d'appel risque de diminuer les droits procéduraux des parties principales en gommant la distinction établie par le Mémorandum d'accord entre les droits des parties principales et ceux des tierces parties **(1)**. L'intervention constitue également une menace pour les parties principales au sujet de la confidentialité des renseignements fournis par celles-ci **(2)** et s'accompagne de charges complémentaires que les parties principales peuvent avoir du mal à surmonter **(3)**.

1. Le risque de gommer la distinction entre les parties principales et les tierces parties

675.- Le Mémorandum d'accord établit une distinction précise entre les parties principales et les tierces parties[1620]. Les droits procéduraux des tierces parties ne sont jamais égaux à ceux des parties principales. Cette distinction semble importante dans la mesure où elle trace une délimitation permettant de ne pas se tromper sur le rôle des tierces parties dans la procédure de règlement des différends : elles ne deviennent jamais parties principales, dès lors, la décision de l'ORD n'a pas d'effets obligatoires sur les tierces parties.

676.- La pratique de l'ORD a pourtant montré que la participation active des tierces parties pouvait provoquer le risque de gommer cette distinction. Ce risque s'est déjà présenté dans deux cas précis. Il s'agit, d'une part, de la représentation conjointe par des experts privés d'une partie principale et d'une tierce partie, d'autre part, de l'octroi aux tierces parties de droits renforcés.

677.- En ce qui concerne la représentation conjointe par un cabinet d'avocat d'une partie principale et d'une tierce partie, rappelons tout d'abord qu'en règle générale, une partie principale ou une tierce partie est représentée devant les groupes spéciaux et l'Organe d'appel par ses fonctionnaires. Toutefois, depuis l'affaire *CE – Bananes III* dans laquelle l'Organe d'appel a déclaré admissible la participation des experts et juristes du secteur privé à la délégation de Sainte-Lucie durant les audiences de l'appel[1621], les parties principales et les tierces parties ont le libre choix d'être représentées par les fonctionnaires ou par les juristes privés. Il est alors possible qu'une partie principale et une tierce partie choisissent un même cabinet d'avocats privé pour les représenter. Dans ce cas précis, le risque de gommer la distinction entre une partie principale et une tierce partie

---

1620 Cette distinction est aussi affirmée par le juge de l'OMC. Dans l'affaire *CE – Bananes III*, par exemple, le groupe spécial a indiqué que « donner aux tierces parties tous les droits dont jouissent les parties atténuerait de façon inappropriée la distinction établie dans le Mémorandum d'accord entre parties et tierces parties ». *Ibid.*, WT/DS27/R/USA, note 611, para. 7.4.

1621 Voir *supra*, para. 438.

s'exprime par le fait que cette représentation conjointe fait se mêler le rôle respectif des avocats durant les travaux d'un groupe spécial ou de l'Organe d'appel. C'est pourquoi, dans l'affaire *CE – Préférences tarifaires,* lorsque l'Inde – partie plaignante – et le Paraguay – tierce partie – ont été représentés simultanément par le CCLO, les CE ont fait valoir leur inquiétude sur le fait qu' « autoriser le même conseil à représenter la partie plaignante et une tierce partie serait source de confusion et pourrait effectivement gommer la distinction entre les parties principales et les tierces parties, ce qui, (...) reste une caractéristique fondamentale des règles du Mémorandum d'accord »[1622].

678.- En ce qui concerne l'octroi aux tierces parties de droits renforcés, le risque de gommer la distinction établie dans le Mémorandum d'accord entre les parties principales et les tierces parties est encore plus grand.

Tout d'abord, dans le contexte où une demande de droits de tierces parties renforcés est soumise principalement au motif de mieux de protéger les droits substantiels des tierces parties, lorsque les droits de tierces parties sont renforcés à certains niveaux, le risque de gommer la distinction entre les tierces parties et les parties principales apparaît. Par exemple, dans l'affaire *CE – Bananes III,* au cours de la réunion de l'ORD datée du 8 mai 1996 durant laquelle les plaignants lui avaient déposé la demande d'établissement d'un groupe spécial, plusieurs Membres avaient exprimé leur intention de participer au travail de ce groupe spécial en qualité de tierces parties[1623]. Certains d'entre eux[1624] avaient également demandé à avoir un droit de participation plus large que celui prévu à l'article 10.2 du Mémorandum d'accord. En s'exprimant sur cette question, les États-Unis, un des plaignants, avaient indiqué que « cette demande s'adressait aux parties au différend et non à l'ORD pour qu'il prenne une décision à ce sujet ou y donne suite »[1625]. Il semble que cette déclaration soit basée sur la pratique de la CIJ dans laquelle le consentement des parties au différend joue un rôle important dans l'examen d'une requête à fin d'intervention déposée par un État autre que les États au différend, au titre de l'article 62 de son Statut, ainsi qu'à la pratique établie à l'époque du GATT de 1947[1626]. Bien que le groupe spécial dans cette affaire en ait autrement décidé[1627], il est raisonnable d'adhérer à l'idée qui sous-tendait

---

[1622] *Ibid.,* WT/DS246/R, note 115, para. 4.143.

[1623] ORD, *Compte rendu de la réunion tenue au Centre William Rappard le 8 mai 1996,* WT/DSB/M/16, le 4 juin 1996, pp. 1-6.

[1624] Par exemple, Belize, Dominique, Grenade, République dominicaine, Saint-Vincent-et-Grenadines, Côte d'Ivoire, Cameroun, Ghana, Jamaïque, Costa Rica, Colombie, Nicaragua, Venezuela. *Ibid.,* WT/DSB/M/16, note 1623, pp. 2-5.

[1625] *Ibid.,* WT/DSB/M/16, note 1623, p. 5.

[1626] Sur ce sujet, voir surtout : COVELLI N., *ibid.,* note 249, pp. 131-134.

[1627] Le groupe spécial a accordé aux tierces parties des droits élargis sans accord de la part des parties au différend. Il avait clairement indiqué dans sa décision que « l'impossibilité, pour les parties au différend, de parvenir à un accord sur cette question » était une de quatre raisons justifiant cette

cette déclaration. Étant donné qu'une participation plus profonde des tierces parties menacerait les droits procéduraux des parties principales, les États-Unis avaient voulu que l'examen d'une telle demande soit placé entre les mains des parties principales pour que ces dernières puissent limiter les incidences négatives de cette participation.

Ou bien, dans l'affaire *CE – Préférences tarifaires,* en répondant à la demande par le groupe spécial de faire des observations sur la requête de droits renforcés des tierces parties présentes dans ce différend, l'Inde, partie plaignante, a demandé au groupe spécial de veiller à ce que la décision de ce dernier d'octroyer aux tierces parties des droits additionnels « [ne permettait pas] que soient confondus les droits procéduraux accordés aux parties et ceux qui sont accordés aux tierces parties »[1628]. Cela signifie également que l'Inde a exprimé des préoccupations sur le fait que cet octroi aux tierces parties des droits additionnels permettrait aux tierces parties d'aller jusqu'à concurrencer la position des parties principales dans l'affaire, par exemple, à travers la possibilité de participer à la deuxième réunion de fond du groupe spécial et de faire des déclarations orales[1629].

Ensuite, dans le contexte de plaintes multiples où un plaignant dans une affaire devient tierce partie dans une autre affaire et inversement, si ces plaignants peuvent bénéficier des droits de tierces parties renforcés, ceci présente fortement un risque pour la partie défenderesse. Ce faisant, il est compréhensible que chaque fois que cette question se pose, la partie défenderesse a cherché à la contester. La position des CE dans les affaires *CE – Hormones,* des États-Unis dans les affaires *États-Unis – Loi antidumping de 1916* ou dans *États-Unis – Crevettes (Thaïlande)* et *États-Unis – Directive sur les cautions en douane* peut en est une illustration. Dans les affaires *CE – Hormones,* en opposant à la décision par le groupe spécial d'accorder aux États-Unis et au Canada des droits de tierces parties renforcés, les CE ont fait valoir que cette décision « serait très certainement préjudiciable à leurs droits substantiels et procéduraux en tant que défendeur »[1630]. Dans les affaires *États-Unis – Loi de 1916,* les États-Unis ont fortement contesté la demande par les CE et le Japon des droits de tierces parties renforcés. À l'appui de leur contestation, les États-Unis ont dénoncé, entre autres raisons[1631], que « la demande de droits de tierces parties élargis a selon toute apparence pour but de fournir aux tierces parties la possibilité de présenter une communication de plus

---

décision. *Ibid.,* WT/DS27/R/ECU, note 611, para. 7.8 ; COVELLI N., *ibid.,* note 249, pp. 132-133.

[1628] *Ibid.,* WT/DS246/R, note 115, Annexe A, p. A-1, para. 4.

[1629] *Ibid.,* WT/DS246/R, note 115, Annexe A, p. A-2, para. 8.

[1630] *Ibid.,* WT/DS26/R, note 263, para. 8.15.

[1631] *Ibid.,* WT/DS136/R, note 823, paras 3.11-3.13 ; *ibid.,* WT/DS162/R, note 824, para. 3.3-3.5.

dans la procédure qu'elles ont elles-mêmes engagée devant un groupe spécial »[1632]. Cette possibilité nuirait à la position des États-Unis lorsque, en tant que partie défenderesse dans telle ou telle procédure, ils ne disposaient de rien d'autre que des droits prévus par le Mémorandum d'accord.

679.- Ainsi, pour les parties principales, l'intervention de tierces parties, surtout dans les affaires où les tierces parties se sont fait octroyer des droits additionnels, a constitué un risque de diminution de leurs droits procéduraux. De plus, cette intervention peut présenter un risque pour la confidentialité des renseignements fournis par les parties principales.

2. Le risque lié à la confidentialité des renseignements

680.- Rappelons que le règlement des différends dans le cadre de l'OMC est régi dans son ensemble par le principe de confidentialité[1633] énoncée par un certain nombre des dispositions du Mémorandum d'accord[1634]. Cette confidentialité concerne à la fois la procédure et les renseignements déposés par les parties principales au juge. En ce qui concerne la confidentialité des renseignements, l'article 18.2 du Mémorandum d'accord énonce : « Les communications écrites présentées au groupe spécial ou à l'Organe d'appel seront traitées comme confidentielles, mais elles seront tenues à la disposition des parties au différend. (…) Les Membres traiteront comme confidentiels les renseignements qui auront été communiqués par un autre Membre au groupe spécial ou à l'Organe d'appel et que ce Membre aura désignés comme tels (…) ». Cela signifie que, de manière générale, les tierces parties intervenant dans un différend ont toujours l'obligation, comme tous les Membres de l'OMC au titre de cet article, de respecter la confidentialité de toutes les communications présentées par les autres parties.

681.- Toutefois, la participation des tierces parties durant les différentes étapes de règlement des différends de l'OMC risque de porter atteinte à cette confidentialité. Théoriquement, ce risque peut se présenter dans différents contextes. Tout d'abord, rappelons que les tierces parties disposent de l'accès aux communications présentées par les parties principales au juge de l'OMC. Elles ont également la possibilité de faire connaître au public leur position dans un différend. Elles peuvent rendre publics des renseignements reçus avant qu'ils ne soient autorisés à être divulgués. Ensuite, il existe des renseignements auxquels

[1632] *Ibid.*, WT/DS136/R, note 823, para. 3.14 ; *ibid.*, WT/DS162/R, note 824, para. 3.6.

[1633] BOSSCHE P. V. D., *ibid.*, note 9, pp. 212-218.

[1634] Par exemple, l'article 4.6 du Mémorandum d'accord régit la confidentialité dans la phase de consultations, l'article 14.1 dans celle du groupe spécial et l'article 18.2 portant sur le caractère général de la confidentialité des communications écrites présentées par les parties au groupe spécial ou à l'Organe d'appel.

les tierces parties n'ont pas le droit d'accès[1635], mais d'une manière ou d'une autre, ces renseignements peuvent parvenir aux tierces parties. Ou encore, dans le cas où une tierce partie est représentée par un cabinet d'avocat privé, ce cabinet d'avocat peut être la source de fuite d'informations, etc.

682.- Dans la pratique, ce risque a été évoqué deux fois dans les travaux des groupes spéciaux et une fois dans une réunion récente de l'ORD. Dans le cadre des travaux des groupes spéciaux, il a été signalé pour la première fois dans l'affaire *Mexique – Enquête antidumping concernant le sirop de maïs à haute teneur en fructose en provenance des États-Unis (Mexique – Sirop de maïs).* Le Mexique a fait savoir qu'il y avait une violation de la confidentialité lorsque certains renseignements résultant des consultations menées entre ce Membre et les États-Unis, la partie plaignante, inclus dans la première communication des États-Unis au groupe spécial, ont été également fournis aux tierces parties qui n'avaient pas été présentes au cours des consultations[1636]. Puis, dans l'affaire *CE – Préférences tarifaires,* la question de la confidentialité s'est posée dans le contexte d'une représentation conjointe par un conseil juridique[1637] d'une partie au différend (l'Inde) et d'une tierce partie (le Paraguay). Les CE ont allégué que cette représentation conjointe constituerait une incompatibilité avec les règles du Mémorandum d'accord relatives à la confidentialité[1638]. En règle générale, selon cette partie, le conseil d'une partie plaignante recevra des communications confidentielles et des documents du groupe spécial qu'il ne recevrait pas en tant que conseil d'une tierce partie. Dans la présente affaire, ce risque se voit atténué par le fait que les tierces parties bénéficiant des droits renforcés ont pu avoir un accès plus large aux documents. Toutefois, les CE ont fait part de leur préoccupation du fait que cela créerait un précédent pour d'autres affaires où les tierces parties ne bénéficient, à juste titre, que des droits prévus dans l'article 10 du Mémorandum d'accord[1639].

683.- Dans un autre contexte, les réunions de l'ORD où certaines accusations de violation par une partie principale de la confidentialité ont été formulées par une autre partie principale[1640], la question de confidentialité liée à l'intervention a

---

[1635] Par exemple, les documents résultants des consultations bilatérales des parties principales, les communications présentées par les parties principales pour la deuxième réunion de fond d'un groupe spécial lorsque les tierces parties ne disposent pas de droits renforcés, le rapport intérimaire d'un groupe spécial…

[1636] *Mexique – Enquête antidumping concernant le sirop de maïs à haute teneur en fructose (SHTF) en provenance des États-Unis*, Rapport du groupe spécial du 28 janvier 2000, WT/DS132/R, para. 7.36.

[1637] Dans le cadre de cette affaire, c'est la représentation exercée par le Centre consultatif sur la législation de l'OMC. Voir : *Ibid.*, WT/DS246/R, note 115, para. 7.3 et 7.4.

[1638] *Ibid.*, WT/DS246/R, note 115, para. 4.142.

[1639] *Ibid.*, WT/DS246/R, note 115, para. 4.142.

[1640] Par exemple, dans la réunion de l'ORD datée du 22 janvier 1998, les CE ont indiqué leurs préoccupations sur le fait que certains renseignements confidentiels fournis par ce Membre au groupe spécial chargé de l'affaire *Communautés européennes – Mesures affectant l'importation de certains*

été évoquée une seule fois. Au cours de la réunion datée du 22 janvier 2014, l'UE a fait savoir qu'elle avait réservé ses droits de tierce partie pour participer à la procédure de mise en conformité des recommandations et constatations adoptées par l'ORD dans l'affaire *États-Unis – Mesures affectant la production et la vente de cigarettes aux clous de girofle (États-Unis – Cigarettes aux clous de girofle)*[1641]. Sur ce point, il faut rappeler qu'après l'adoption par l'ORD du rapport de l'Organe d'appel et du groupe spécial chargés de cette affaire, le 12 août 2013, l'Indonésie, partie plaignante, sans passer par la procédure prévue à l'article 21.5 du Mémorandum d'accord, a demandé à l'ORD l'autorisation de suspendre des concessions ou d'autres obligations au titre de l'article 22.2 du Mémorandum d'accord. Étant donné la contestation formulée par les États-Unis concernant le niveau de la suspension, cette question a été soumise à l'arbitrage établi au titre de l'article 22.6 du Mémorandum d'accord. L'UE, tout en reconnaissant que « présenter une demande au titre de l'article 22.2 du Mémorandum d'accord (...) tout en omettant d'engager et de mener à bien une procédure de mise en conformité ou de suspendre les travaux du groupe spécial [de mise en œuvre] était incompatible avec l'article 23.1 et 23.2.a du Mémorandum d'accord »[1642], a voulu participer à ces procédures (y compris la procédure établie au titre de l'article 21.5 du Mémorandum d'accord s'il y a lieu, et l'arbitrage établi au titre de l'article 22.6 du même instrument) en qualité de tierce partie pour faire connaître ses préoccupations systémiques sur la chronologie ainsi que son intérêt spécifique dans cette affaire. Étant refusé l'accès de l'UE à l'arbitrage, et ayant été désignée comme confidentielle la décision de l'arbitre que l'UE avait reçue, ce Membre a tenté de soulever, de nouveau, cette question devant l'ORD. Cette tentative a été soutenue par plusieurs autres Membres. Toutefois, les États-Unis s'y sont opposés, en indiquant que la demande de l'UE et les observations la concernant étaient « inappropriées » et n'avaient « aucun fondement textuel »[1643]. L'opposition des États-Unis résulte

---

produits provenant de volailles ont été ébruités et contenus dans un document élaboré par un cabinet juridique privé à Bruxelles qui conseillait le gouvernement brésilien et envoyé à certains des principaux importateurs de viande de volaille dans les CE. Voir : ORD, *Compte rendu de la réunion tenue au Centre William Rappard le 22 janvier 1998*, WT/DSB/M/41, le 26 février 1998, p. 10. Ensuite, dans une réunion datée du 22 avril 1998, l'Indonésie a dénoncé la fuite du rapport intérimaire du groupe spécial chargé de l'affaire *Indonésie – Certaines mesures affectant l'industrie automobile*. Voir : ORD, *Compte rendu de la réunion tenue au Centre William Rappard le 22 avril 1998*, WT/DSB/M/45, le 10 juin 1998, pp. 19-21. Dans la réunion du 21 novembre 2006, les États-Unis ont dénoncé que le Brésil avait sans précédent et extrêmement violé les règles relatives à la confidentialité lorsque ce Membre avait divulgué ce qu'il prétendait être les positions des États-Unis dans le processus de compositions du groupe spécial établi au titre de l'article 21.5 du Mémorandum d'accord au cours d'une réunion de l'ORD. Voir : ORD. *Compte rendu de la réunion tenue au Centre William Rappard le 21 novembre 2006*, WT/DSB/M/222, le 12 janvier 2007, para. 82-83, etc.

[1641] *États-Unis – Mesures affectant la production et la vente de cigarettes aux clous de girofle*, plainte de l'Indonésie, WT/DS406.

[1642] ORD, *Compte rendu de la réunion tenue au centre William Rappard le 22 janvier 2014*, WT/DSB/M/341, le 25 avril 2014, para. 8.1.

[1643] *Ibid.*, WT/DSB/M/341, note 1642, para. 8.12.

fortement de la crainte que la participation de l'UE à cette procédure affecte le caractère confidentiel de la procédure[1644].

684.- Ainsi, dans les situations citées ci-dessus, aucune accusation de violation de la confidentialité n'a été formulée directement contre les tierces parties. En d'autres termes, les tierces parties ne sont pas une source de fuites des renseignements confidentiels. Néanmoins, leur intervention provoque encore des craintes de la part des parties principales, au cas où les informations confidentielles des parties principales seraient communiquées aux tierces parties ou que les tierces parties demandent l'accès à l'arbitrage. En dehors de ces risques, l'intervention peut également provoquer des charges supplémentaires aux parties principales.

3. Les charges supplémentaires pour les parties principales

685.- La participation en nombre des tierces parties et surtout l'octroi par un groupe spécial aux tierces parties de droits renforcés peuvent augmenter les coûts pesant sur les parties principales. Pour une partie principale qui est Membre développé et dispose aisément des ressources, ce n'est pas un grand problème. Cependant, pour une partie principale qui est un pays en développement Membre et manque encore de compétences et de ressources, cela constitue un obstacle important. Par exemple, dans l'affaire *Chine – Mesures relatives à l'exportation de terres rares, de tungstène et de molybdène* qui a opposé le Japon, l'UE et les États-Unis à la Chine, le Canada a demandé au groupe spécial de lui accorder les droits de tierce partie renforcés. S'exprimant sur cette demande, la Chine, partie défenderesse, l'a vivement contestée. Elle a fait savoir que :

> « La principale raison pour laquelle la Chine est opposée à la demande du Canada tient à la charge supplémentaire que l'octroi de droits de tierce partie renforcés ferait peser sur sa participation au présent différend. La Chine doit consacrer du temps, des dépenses et des ressources à la réponse aux éléments de preuve et aux arguments de trois plaignants distincts. Ces exigences sont amplifiées par le nombre « extraordinaire » de tierces parties, qui alourdit la charge incombant à la Chine, aux parties plaignantes et au Secrétariat. La Chine affirme qu'en raison du fondement de la demande du Canada, il serait « difficile » que le groupe spécial accorde ces droits renforcés sans en accorder de semblables aux autres tierces parties, étant donné que toutes les parties ont un intérêt systémique dans, par exemple, l'interprétation de l'article XX du GATT de 1994. Elle se dit donc préoccupée par le fait qu'elle devra répondre aux premières et deuxièmes communications de toutes les 19 tierces parties, ce qui lui imposera une « charge additionnelle considérable…à une étape de la procédure où ses ressources auront déjà été entièrement déployées ». Elle affirme que la conséquence de l'octroi de ces droits est

---

1644 RUIZ FABRI H. & MONNIER P., *ibid.*, note 1586, p. 1038.

qu'elle a besoin d'un délai supplémentaire de 30 jours pour se préparer en vue de la deuxième réunion de fond »[1645].

Il est raisonnable de penser que ce que la Chine a allégué serait entièrement exact si le groupe spécial accordait aux tierces parties les droits renforcés demandés par le Canada[1646]. Ces droits renforcés octroyés au Canada et à d'autres tierces parties leur permettraient d'avoir l'accès à la deuxième réunion de fond avec la possibilité de présenter des communications écrites ou orales et de poser aux parties principales des questions. Tout cela augmenterait les charges pour la Chine et disperserait les ressources que ce Membre mobilise en vue de préparer l'affaire. Vu sous cet angle, le rejet du groupe spécial de la demande du Canada a aidé la Chine et d'autres parties à éviter ces charges.

686.- La participation des tierces parties dans la phase des groupes spéciaux et de l'Organe d'appel présente donc des risques pour les parties principales. Toutefois, ces risques peuvent être atténués grâce au contrôle du juge.

B. Les risques atténués par le contrôle du juge de l'OMC

687.- Par rapport à l'étape de consultations dans laquelle chaque partie principale peut mettre en œuvre sa propre stratégie pour atténuer, voire éliminer les impacts de l'intervention des tierces parties, devant le juge de l'OMC, il est difficile que les parties principales puissent mettre en œuvre une stratégie de limitation pareille. Néanmoins, elles s'assurent qu'un certain contrôle auquel le juge de l'OMC a procédé a aidé à atténuer ces risques.

688.- Tout d'abord, le groupe spécial peut être amené à refuser l'octroi de droits renforcés en invoquant le rapprochement inopportun du statut des tierces parties avec celui octroyé aux parties principales. Par exemple, dans l'affaire *CE – Bananes III,* après avoir accordé aux tierces parties plusieurs droits renforcés, le groupe spécial a encore reçu une demande des tierces parties en vue d'obtenir le droit de participer au réexamen intérimaire[1647]. Tout en rejetant cette demande le groupe spécial a principalement basé sa décision sur l'idée que l'octroi de ce droit

---

[1645] *Ibid.,* WT/DS431/R, WT/DS432/R & WT/DS433/R, note 804, para. 7.6.

[1646] Ces droits comprennent ceux de recevoir des copies des communications écrites des parties, de leurs déclarations orales, de leurs réfutations et de leurs réponses aux questions du groupe spécial et des autres parties, à toutes les étapes de la procédure ; d'être présent pendant toute la durée de toutes les réunions de fond du groupe spécial avec les parties ; de présenter une deuxième communication écrite, et/ou présenter une déclaration orale, lors d'une séance spéciale réservée à cette fin, durant la deuxième réunion de fond, si une telle séance spéciale devait avoir lieu ; et d'examiner le projet de résumé de ses propres arguments figurant dans la partie descriptive du rapport du groupe spécial. *Ibid.,* WT/DS431/R, WT/DS432/R & WT/DS433/R, note 804, para. 7.1.

[1647] *Ibid.,* WT/DS27/R/ECU, note 611, para. 7.9.

additionnel atténuerait « de façon inappropriée la distinction établie dans le Mémorandum d'accord entre parties et tierces parties »[1648]. Ce motif a encore été évoqué dans d'autres affaires[1649].

Il faut noter que dans telle ou telle affaire, la contestation d'une ou des parties principales d'accorder aux tierces parties les droits renforcés joue aucun rôle décisif sur la décision des groupes spéciaux. Même dans l'affaire *États-Unis – Mesures compensatoires (Chine),* les États-Unis, dans la phase d'examen intérimaire, en demandant au groupe spécial de supprimer une partie des raisons avancées par le groupe spécial pour justifier son rejet de la demande du Canada en vue d'obtenir des droits renforcés, ont fait valoir que « l'opposition des parties à une demande de droits de tierce partie renforcés constitue un motif de rejet indépendant et suffisant »[1650]. Les raisons additionnelles invoquées par le groupe spécial laissaient entendre à tort, selon les États-Unis, qu'un groupe spécial disposait du pouvoir discrétionnaire d'accorder des droits renforcés pour toutes sortes de raisons, quand bien même il y a opposition des parties principales[1651]. Bien entendu, l'idée des États-Unis est très surprenante par deux raisons : tout d'abord, le pouvoir discrétionnaire d'un groupe spécial à cet égard a été confirmé depuis longtemps par l'Organe d'appel ; ensuite, lorsqu'un groupe spécial exerce son pouvoir discrétionnaire, l'opposition d'une des parties principales ne peut en aucun cas constituer une raison unique et suffisante pour étayer la décision du groupe spécial[1652]. Dès lors, les parties principales peuvent attirer l'attention du groupe spécial sur ce risque ; toutefois, la prise en compte de ce risque est entièrement laissée à l'appréciation du groupe spécial et dépend de l'équilibre que le groupe spécial établit entre les droits des tierces parties et ceux des parties principales.

689.- En ce qui concerne le risque lié à la confidentialité, le contrôle exercé par le juge de l'OMC a pu rassurer les parties principales. Dans les deux affaires *Mexique – Sirop de maïs* et *CE – Préférences tarifaires* susmentionnées[1653], les deux groupes spéciaux, après avoir attentivement examiné les préoccupations du Mexique et des CE, ont pu constater qu'aucune violation de la confidentialité liée à l'intervention des tierces parties n'avait été révélée. De plus, ils ont également eu l'occasion de se prononcer sur l'obligation des tierces parties de respecter et

---

1648 *Ibid.,* WT/DS27/R/ECU, note 611, para. 7.9.

1649 *Ibid.,* WT/DS136/R, note 823, para. 6.29-6.36 ; *ibid.,* WT/DS162/R, note 824, para. 6.29-6.35 ; *ibid.,* WT/DS246/R, note 115, para. 7.1 et Annexe A ; *ibid.,* WT/DS265/R, WT/DS266/R, WT/DS283/R, note 407, para. 2.5-2.9.

1650 *Ibid.,* WT/DS437/R, note 804, para. 6.3.

1651 *Ibid.,* WT/DS437/R, note 804, para. 6.3.

1652 COVELLI N., *ibid.,* note 249, p. 134.

1653 Voir *supra,* para. 682.

préserver la confidentialité des renseignements en particulier et de la procédure en général, ce qui mérite d'être cité intégralement ici :

> « À notre avis, le processus de règlement des différends serait sérieusement compromis si une partie ne pouvait pas utiliser les renseignements obtenus lors des consultations dans la suite de la procédure de groupe spécial simplement parce qu'une tierce partie qui n'a pas participé aux consultations choisit de participer à la procédure de groupe spécial [note de bas de page omis]. Comme le Mexique le fait observer, les parties à la procédure de groupe spécial ne peuvent pas s'opposer à la participation de tierces parties à ladite procédure. À notre avis, il serait anormal que la décision d'un Membre de participer à une procédure de groupe spécial en tant que tierce partie alors qu'il n'a pas ou n'a pas pu participer en tant que tierce partie aux consultations y relatives ait pour effet de limiter les éléments de preuve pouvant être invoqués au cours des consultations. *Les tierces parties sont soumises à la même obligation de préserver la confidentialité de la procédure de groupe spécial que les parties.* Nous concluons par conséquent que l'obligation de préserver la confidentialité des consultations n'est pas violée par l'inclusion de renseignements obtenus au cours des consultations dans la communication écrite d'une partie remise à une tierce partie lors de la procédure de groupe spécial venant ensuite, même si cette tierce partie n'a pas participé aux consultations »[1654].

Il est alors ajouté que :

> « Les Membres participant au processus de règlement des différends ont l'obligation de garantir la confidentialité, comme l'exigent l'article 18.2, l'article 14.1 et les procédures de travail, quelle que soit la personne qui leur sert de conseil juridique. Il va sans dire que cette obligation des Membres participant au processus de règlement des différends doit être respectée par l'ensemble de leurs représentants, y compris le conseil juridique. En outre, une discipline professionnelle générale veut qu'il incombe au conseil de préserver la confidentialité de toutes les communications qu'il échange avec la partie (ou la tierce partie) qu'il représente...»[1655].

690.- Il faut savoir que lorsque les tierces parties se voient accorder des droits renforcés, le risque d'atteinte à la confidentialité est également atténué. Même si le cycle de Doha ne trouve pas encore son terme pour que les droits procéduraux des tierces parties soient renforcés officiellement, ce risque est déjà atténué par la tendance bien affirmée à réduire la part de confidentialité des procédures, que

---

1654 *Ibid.*, WT/DS132/R, note 1636, para. 7.41.
1655 *Ibid.*, WT/DS246/R, note 115, para. 7.16.

ce soit en ouvrant un nombre progressif d'audiences au public ou en facilitant la participation des tierces parties[1656].

691.- Ainsi, l'intervention a pu soulever certaines difficultés pour les parties principales. Ces difficultés persistent encore et sont donc perçues comme présentant des risques pour la protection par les parties principales de leurs droits et intérêts dans l'avenir. Au-delà de ces risques, l'intervention peut également présenter des limites s'agissant des tierces parties elles-mêmes.

Section 2 : LES LIMITES DE L'INTERVENTION POUR LES TIERCES PARTIES

692.- «… Les Membres de l'OMC veulent deux choses des règles procédurales de l'intervention. Premièrement, ils veulent des règles procédurales qui protègent leurs intérêts dans le règlement des différends, dans lequel ils interviennent, dans la mesure raisonnable maximale possible sans porter atteinte aux intérêts des parties principales (…). Deuxièmement, ils veulent des règles procédurales claires et détaillées desquelles ils sont à l'aise et sur lesquelles ils ont convenu »[1657].

Cette idée, énoncée par N. Covelli pour conclure son étude, décrit avec clarté les espoirs des Membres de l'OMC en ce qui concerne l'évolution en cours des règles guidant l'intervention dans le Mémorandum d'accord. Ces propositions découlent des constatations relatives aux limites du régime d'intervention actuel[1658]. Force est de reconnaître que ces limites, tant au point de vue théorique que sous l'angle pratique, ont des incidences sur le statut des tierces parties dans la mesure où plusieurs d'entre elles ont des difficultés à défendre leurs intérêts. Les analyses de cette section nous permettront de revenir sur ces limites et difficultés **(I)**. De ce fait, nous tenterons également de suggérer quelques solutions **(II)**.

I. L'identification des limites

693.- Les limites du régime actuel d'intervention devant l'ORD se manifestent essentiellement sous deux aspects. D'une part, les droits et intérêts des tierces parties risquent d'être marginalisés **(A)**. D'autre part, d'autres limites résultent

---

[1656] RUIZ FABRI H. & MONNIER P., *ibid.*, note 1586, p. 1038.

[1657] « …*WTO Members want two things from intervention procedural rules. First, they want procedural rules that safeguard their interests in dispute settlement proceedings, in which they intervene, to the maximum reasonable extent possible without prejudicing the interests of disputing parties (…). Second, they want clear and detailed procedural rules that they are comfortable with and have agreed upon* ». COVELLI N., *ibid.*, note 168, p. 689.

[1658] COVELLI N. & SHARMA R., *ibid.*, note 865, pp. 1-34.

d'une utilisation non efficace de l'intervention pour une grande partie des Membres de l'OMC **(B)**.

A. Une atteinte aux droits des tierces parties

694.- La marginalisation des droits de tierces parties constitue une limite majeure pour les tierces parties. Plus ce risque est grand, moins le régime d'intervention est attractif. Dans le cadre de l'OMC, malgré une participation importante de Membres en qualité de tierces parties dans le règlement des différends, ce risque existe et concerne principalement la capacité des tierces parties de protéger leurs propres intérêts.

695.- Le risque d'atteinte aux droits et intérêts des tierces parties dans le règlement des différends est implicitement prévu dans le Mémorandum d'accord. À cet égard, il faut noter que l'article 10.4 du Mémorandum d'accord prévoit explicitement que :

> « Si une tierce partie estime qu'une mesure qui a déjà fait l'objet de la procédure des groupes spéciaux annule ou compromet des avantages résultant pour elle d'un accord visé, ce Membre pourra avoir recours aux procédures normales de règlement des différends prévues dans le présent mémorandum d'accord. Un tel différend sera, dans tous les cas où cela sera possible, porté devant le groupe spécial initial ».

696.- Le but essentiel de cette disposition est de permettre à une tierce partie d'entamer un recours direct contre la partie défenderesse si elle estime que ses droits et intérêts sont annulés ou compromis par la mesure ayant déjà fait l'objet d'une plainte. Il s'agit dès lors de permettre à une tierce partie de protéger ses droits et intérêts en devenant à son tour une partie principale[1659].

697.- Ce dispositif revient à reconnaître que le régime d'intervention prévu à l'article 10.2 et 10.3 du Mémorandum d'accord peut ne pas suffire à protéger les droits et intérêts des tierces parties. Cette constatation coïncide avec ce que nous avons eu déjà l'occasion d'examiner, dans la première partie de cette étude sur les différentes limites théoriques de ce régime d'intervention[1660]. La pratique de l'ORD confirme cela dans un bon nombre d'affaires.

698.- Le risque d'une atteinte aux droits et intérêts des tierces parties a en effet été évoqué dans plusieurs contextes différents. Tout d'abord, il a été considéré comme un motif de contestation, lorsqu'un Membre s'est vu refuser l'accès au système en qualité de tierce partie. Dans une réunion de l'ORD au cours de laquelle a été discuté le refus des États-Unis des demandes de participation aux

[1659] AREND K., *ibid.*, note 102, p. 382.
[1660] Voir *supra,* para. 325 et s.

consultations dans l'affaire *États-Unis – Article 306 de la Loi de 1974 sur le commerce extérieur et modifications y relatives*, Sainte-Lucie s'est exprimée sur ce point. À l'appui du rejet de la demande de Sainte-Lucie, les États-Unis invoquaient l'absence d'intérêt commercial substantiel[1661]. En contestant ce rejet, Sainte-Lucie a indiqué que conformément au principe fondamental de la bonne foi et surtout au principe de non-discrimination, il ne fallait pas que le Membre défendeur traite de manière discriminatoire et arbitraire les demandes de participation aux consultations[1662]. Lorsque tous les Membres de l'OMC ont un intérêt réel dans l'assurance du respect des règles de l'OMC, y compris celles contenues dans le Mémorandum d'accord, ce qui est indispensable à garantir la sécurité et la prévisibilité du système commercial multilatéral, selon ce Membre, il existe un déséquilibre établi dans le Mémorandum d'accord entre les parties principales et d'autres Membres. Ce déséquilibre résulte de ce que le Mémorandum d'accord confère davantage de poids aux intérêts des parties plaignantes qu'à ceux des autres Membres. La possibilité de rejeter de manière infondée sa demande de participation aux consultations aboutit alors à atteindre les droits et intérêts des Membres autres que les parties principales[1663]. Il faut noter à cet égard que le cas de Sainte-Lucie n'est pas unique. Plusieurs demandes de participation aux consultations ont été refusées sans aucune justification. S'y ajoute le rejet de certaines demandes des Membres d'avoir accès à différentes étapes du règlement des différends[1664]. Dès lors, ce risque est grandissant, lorsqu'un bon nombre de Membres autres que les parties principales ne peuvent pas faire valoir leurs droits en tant que tierces parties.

699.- Ensuite, dans les débats à l'ORD lors de la réunion du 8 mai 2001 au sujet des délais de notification au titre de l'article 10.2 du Mémorandum d'accord, proposé par une note explicative du Secrétariat de l'ORD[1665], Sainte-Lucie a fait part de ses inquiétudes concernant le délai de cinq jours pour une notification d'une participation aux travaux d'un groupe spécial de mise en conformité. Selon Sainte-Lucie, la brièveté du délai constitue un risque que les droits des tierces parties soient encore plus marginalisés[1666], un tel délai ne permettant pas aux petites missions des Membres auprès de l'OMC de se préparer.

[1661] *Ibid.*, WT/DSB/M/86, note 148, para. 84.

[1662] *Ibid.*, WT/DSB/M/86, note 148, para. 83.

[1663] *Ibid.*, WT/DSB/M/86, note 148, para. 83.

[1664] Par exemple, c'est le cas de l'Union européenne qui n'a pas pu obtenir l'accès aux procédures de mise en œuvre par un détournement de procédure par l'Indonésie dans l'affaire *États-Unis – Mesures affectant la production et la vente de cigarettes aux clous de girofle*, WT/DS406.

[1665] *Ibid.*, WT/DSB/M/101, note 313, para. 91-109. À cet égard, à la fin de la discussion, le Président de l'ORD a dû conclure qu' « il ne semblait pas approprié de suggérer l'application d'un délai de notification de cinq jours dans toutes les affaires d'exécution soulevées au titre de l'article 21.5, sauf dans le cas des groupes spéciaux qui examinaient uniquement des questions de subventions prohibées » (para. 109).

[1666] *Ibid.*, WT/DSB/M/101, 313, para. 105.

700.- Enfin, et surtout, lors de l'adoption du rapport de l'Organe d'appel et du groupe spécial dans l'affaire *CE – Bananes III (deuxième recours de l'Équateur à l'article 21.5)*, le Cameroun a insisté sur ce risque, lorsque le juge de l'OMC ne prend pas en compte les arguments soulevés par les tierces parties[1667] :

> « On pouvait comprendre qu'un certain nombre d'arguments soulevés par les tierces parties ne soient pas pris en compte lorsque l'organe, du moins l'Organe d'appel, décidait de les écarter au motif qu'ils étaient, selon lui, dénués de fondement, mais lorsque ces arguments étaient simplement passés sous silence, cela posait problème. Ces arguments devraient être traités et réfutés formellement. Le Cameroun se demandait si l'Organe d'appel avait décidé de faire fi du droit de se défendre »[1668].

701.- De tous les risques évoqués, il semble que le risque soulevé par le Cameroun soit le plus conséquent. Tout en reconnaissant que le juge a décidé de ne prendre en compte que les informations pertinentes dans les communications écrites ou orales soumises par les tierces parties[1669], la manière dont il traite ces communications peut susciter l'inquiétude. Il est très rare que les arguments des tierces parties soient discutés par le juge. Le silence du juge, ou plus précisément, l'absence de référence explicite aux arguments des tierces parties donne alors l'impression que ces arguments ne sont pas du tout examinés par le juge. C'est exactement le sens de l'intervention du Cameroun. Sans doute, la proposition du Cameroun selon laquelle les arguments des tierces parties devraient être traités et réfutés formellement peut être jugée inadaptée à la pratique de l'ORD tout en compliquant la tâche du juge et la procédure. Elle a attiré néanmoins l'attention sur le besoin des tierces parties que le juge prenne en compte leurs arguments.

702.- L'impossibilité d'avoir accès au règlement des différends ou la non prise en compte des arguments présentés par les tierces parties traduit la difficulté pour bon nombre des Membres d'aller défendre leurs droits et intérêts substantiels en qualité de tierces parties, tout comme P. Clegg a eu l'occasion de le constater dans l'affaire *CE – Bananes III*[1670]. En indiquant l'impossibilité des pays ACP tierces parties de faire valoir leurs droits légitimes résultant des accords visés et du Mémorandum d'accord, l'auteur a insisté sur le fait que :

> « À l'OMC, les défenseurs de la banane ACP, relégués au statut de tiers, se sont vus coupés des principaux centres d'influence et n'ont plus eu de rôle direct dans le processus. Il leur était donc impossible de se faire

---

1667 ORD, *Compte rendu de la réunion tenue au Centre William Rappard le 11 décembre 2008*, WT/DSB/M/260, le 03 mars 2009, para. 18.

1668 *Ibid.*, WT/DSB/M/260, note 1667, para. 18.

1669 Voir *supra*, para. 423-424.

1670 CLEGG P., « Conflit de la banane : Comment l'OMC marginalise les petits États », *L'Economie politique*, 2002, n°. 2, pp. 22-35.

reconnaître par l'OMC. Le statut et la stratégie étaient tous deux prédéterminés par les règles de l'OMC, et les États ACP ne pouvaient guère développer une stratégie propre pour améliorer leur position dans le processus de règlement des conflits. Ils sont devenus des joueurs marginaux dans l'OMC, non par choix, mais par construction. Au fur et à mesure que le conflit sur la banane faisait la navette entre le niveau de décision européen et le niveau mondial, les intérêts de l'ACP oscillaient entre l'activisme et la marginalisation. Plus ils étaient éloignés du processus de décision, plus les conséquences leur étaient dommageables »[1671].

Cette limite s'avère donc importante pour une grande partie des Membres intervenus en tant que tierces parties. Leur statut actuel ne leur a pas permis de peser de tout leur poids sur le processus de prise de décision du juge de l'OMC. S'y ajoutent également certaines limites résultant de l'absence ou de l'utilisation non efficace de ce moyen de participation.

B. Les limites résultant de l'utilisation non efficace de l'intervention

703.- Dans les analyses ci-dessus, l'on a eu l'occasion de constater les avantages que l'intervention était susceptible d'apporter aux pays en développement Membres tierces parties. Toutefois, ces avantages ne peuvent se transformer en des intérêts concrets que si les pays en développement Membres mettent en œuvre une bonne stratégie de comparution pour assurer une participation à la fois fréquente et active que le cas de la Chine a déjà illustrée[1672]. Il existe, toutefois, des exemples contraires à celui de la Chine. Un grand nombre de pays en développement n'utilisent toujours pas la procédure d'intervention **(1)**, ou l'utilisent, comme le Vietnam, de manière peu efficace **(2)**.

1. L'absence d'utilisation de l'intervention

704.- Les données statistiques nous montrent que parmi les quelques 120 pays en développement Membres à l'OMC, 55 seulement sont intervenus dans les consultations, 70 dans les travaux des groupes spéciaux et 62 en appel[1673]. Cela signifie que près de la moitié des pays en développement Membres ne sont jamais

---

[1671] CLEGG P., *ibid.*, note 1670, p. 31. Sur ce sujet, voir également : ORD, *Compte rendu de la réunion tenue au Centre William Rappard le 19 novembre 1999*, WT/DSB/M/71, p. 5 ; ORD, *Compte rendu de la réunion tenue au Centre William Rappard le 27 janvier 2000*, WT/DSB/M/74, p. 18 ; ORD, *Compte rendu de la réunion tenue au Centre William Rappard le 23 octobre 2000*, WT/DSB/M/91, para. 27 ; *ORD, Compte rendu de la réunion tenue au Centre William Rappard le 23 juillet 2003*, WT/DSB/M/153, para. 71.

[1672] Voir *supra*, para. 573 et s.

[1673] Voir *supra*, tableau 8.

tierces parties dans telle ou telle procédure[1674]. Certaines analyses susmentionnées ont déjà indiqué quelques raisons à cette situation.

705.- Indéniablement, une des raisons qui font de cette absence une limite pour des Membres en particulier et pour le système en général, c'est le manque de la part de l'OMC d'un mécanisme stimulant leur participation. Le traitement spécial et différencié prévu dans le Mémorandum d'accord (du point de vue de l'adaptation des procédures de règlement des différends) n'a pas suffi à faire disparaître les désavantages des pays en développement Membres ou des pays les plus moins avancés. Il est néanmoins certain que la protection, apportée par les applications du traitement spécial et différencié, de l'idée de justice procédurale, qui prône en même temps le respect de la souveraineté des États et l'égalité de traitement au plan international, aboutit en pratique à marginaliser les pays les moins favorisés[1675]. Les aides financières en vue de renforcer leur participation au système de règlement n'ont pas encore vu le jour. Plus exactement, ce n'est pas le budget, très minime, accordé à l'assistance technique de l'OMC, reposant sur des contributions volontaires des pays développés Membres, qui pourra durablement modifier cette tendance générale[1676].

706.- Dès lors, cette absence cause des répercussions négatives. D'une part, la multilatéralisation et la légitimation du système de règlement des différends de l'OMC pourraient être remises en cause. Effectivement, cette absence ne permet pas d'avoir une multilatéralisation plus forte. La transparence interne pourrait être menacée, étant donné que l'accès aux communications avant la distribution des rapports est toujours fermé aux Membres non-parties au différend[1677]. D'autre part, les Membres n'ayant pas participé en tant que tierce partie ou n'ayant pas efficacement utilisé ce moyen procédural, ne peuvent pas profiter des utilités que présente l'intervention, surtout en ce qui concerne la possibilité de renforcer leurs capacités et compétences juridiques sur le droit de l'OMC. Le cas du Vietnam peut illustrer cette constatation.

2. Une stratégie de participation peu efficace : le cas du Vietnam

707.- Avant de participer au SRD, le Vietnam a dû faire face à plusieurs enquêtes antidumping menées par des gouvernements étrangers, surtout par les

---

[1674] SHAFFER G., *ibid.*, note 366, p. 177.
[1675] CANAL-FORGUES E., *ibid.*, note 1523, p. 5.
[1676] CANAL-FORGUES E., *ibid.*, note 1523, p. 5.
[1677] Voir *supra*, tableau 7.1 et 7.2.

États-Unis sur le poisson-chat[1678] et sur les crevettes[1679]. Dans ces deux affaires, faute d'experts et d'avocats locaux compétents sur les questions touchant le droit international du commerce, le Vietnam s'est trouvé dans l'obligation de consulter les cabinets d'avocats étrangers. Cette situation a alors déclenché une alarme pour le gouvernement vietnamien sur le manque de capacités en droit international économique et sur les questions touchant à l'intégration économique internationale, d'autant plus que le coût d'utiliser des cabinets d'avocats étrangers pour la poursuite de ces procès antidumping aux États-Unis s'est avéré très élevé[1680].

708.- Depuis son adhésion à l'OMC, ce problème persiste encore. Dans la première affaire que le Vietnam a portée à l'ORD à l'encontre des États-Unis au sujet de certaines mesures antidumping mises en œuvre par ces derniers sur les crevettes en provenance du Vietnam, le manque de compétence et de capacités sur le règlement des différends de l'OMC a posé à ce Membre certaines difficultés. Dans la demande d'établissement du groupe spécial, il a fait référence à des mesures imposées par les États-Unis[1681] quand le Vietnam n'était pas encore Membre de l'OMC. De plus, devant le groupe spécial, il a cherché encore à contester les procédures en cours et à venir (notamment les quatrième et cinquième réexamens administratifs et l'examen à l'extinction). Toutefois, le groupe spécial n'a pu que constater que ces mesures ne faisaient pas partie de son mandat, parce que la demande d'établissement du groupe spécial présentée du Vietnam n'indiquait pas qu'il cherchait à saisir le groupe spécial de toute mesure américaine et de toute détermination ultérieure mise en place par les États-Unis[1682]. C'est pour

---

[1678] BRAMBILLA I., PORTO G., & TAROZZI A., « U.S. Antidumping on Vietnamese Catfish : Impacts on Mekong Farmers », March 2007, pp. 3-7, disponible sur : https://www.udesa.edu.ar/files/UAEconomia/Seminarios%20y%20Actividades/Seminarios%20Permanentes/2007/Brambilla.pdf (url consultée le 10 avril 2014) ; BRASHER P., « When is a catfish not a catfish : When it comes from Vietnam and Cut into the US », *Washington Post,* 27 December 2001, disponible sur : http://www.usvtc.org/httpdocs%202/General_Info/Catfish/washpost_dec_27.htm (url consultée le 10 avril 2014).

[1679] DO T. C., « Catfish, Shrimp, and the WTO : Vietnam Loses Its Innocence », *Vanderbilt Journal of Transnational Law,* 2010, vol. 43, n°. 5, pp. 1246-1248.

[1680] Sur ce sujet, voir notamment : THAI B. A., « An Analysis of 'Lessons Learned' From 'Catfish' and 'Shrimp' anti-dumping Cases », May 2005, pp. 1-42; disponible sur : http://www.baolawfirm.com.vn/dmdocuments/an_anylysis_of_lessons_learned_from_anti-dumping_case.pdf (url consultée le 20 novembre 2014).

[1681] Y compris les mesures contenues dans la décision du 5 décembre 2004 portant sur la détermination finale de l'existence de ventes à un prix inférieur à la juste valeur : certaines crevettes tropicales congelées et en boîte en provenance du Vietnam (*69 Fed. Reg. 71005*) et dans la décision du 12 septembre 2007 portant sur les résultats finals du premier réexamen administratif (*72 Fed. Reg. 52052*). Voir : *États-Unis – Mesures antidumping visant certaines crevettes en provenance du Vietnam,* Demande d'établissement d'un groupe spécial présentée par le Vietnam du 9 avril 2010, WT/DS404/5, p. 2.

[1682] RUIZ FABRI H. & MONNIER P., *ibid.*, note 761, p. 1427.

cette raison que le Vietnam a dû ensuite saisir l'ORD dans une nouvelle affaire au sujet de ces réexamens administratifs[1683].

709.- Comme T. Le l'a constaté dans son interview avec un fonctionnaire du Département d'administration de la concurrence, attaché au Ministère de l'industrie et du commerce du Vietnam :

> « Le Vietnam voulait vraiment utiliser les avocats locaux mais nous n'avons pu trouver aucune personne suffisamment qualifiée pour prendre complètement en charge le processus compliqué de règlement des différends de l'OMC, donc, il faut faire appel à des avocats étrangers et nous avons recommandé aux entreprises vietnamiennes impliquées dans ces litiges d'utiliser les services des cabinets d'avocats étrangers »[1684].

710.- Pour faire face à cette situation, le développement des avocats locaux ayant capacité de plaider dans les affaires relatives au commerce international et le renforcement de la compétence des fonctionnaires chargés des questions relatives à l'OMC sont devenus des objectifs importants pour le gouvernement vietnamien. Le Premier ministre vietnamien a rendu une décision importante sur l'approbation du projet intitulé « Développement des avocats au service de l'intégration économique internationale de 2010 à 2020 »[1685]. L'objectif général de ce projet est de « construire une équipe d'avocats professionnels qui connaissent bien le droit et la pratique du commerce international, parlent couramment l'anglais, maîtrisent bien les compétences de plaidoirie internationale, ayant capacité de conseiller sur les questions touchant l'intégration économique internationale aux organisations, individus, entreprises, et notamment aux organes du gouvernement, comités populaires de certaines provinces et aux groupes d'entreprises d'État »[1686]. Les objectifs concrets sont encore très ambitieux : en 2020, le Vietnam devra disposer d'une équipe de 1000 avocats ayant les compétences et qualités fixées ci-dessus, dont 150 capables de plaider au niveau international[1687]. Parmi les mesures prévues pour mettre en œuvre ces objectifs, le gouvernement vietnamien a également indiqué que jouerait un rôle important la formation des

---

1683 *États-Unis – Mesures antidumping visant certaines crevettes en provenance du Vietnam*, WT/DS429.

1684 « *Vietnam really wanted to hire indigenous lawyers but we could not find any person qualified enough to completely handle the complex WTO litigation process and so we hire foreign lawyers and we recommended the Vietnamese enterprises who were involved in WTO cases to hire foreign law firms* ». LE T., *ibid.*, note 1383, p. 681.

1685 Voir la Décision 123/QD-TTg du 18 janvier 2010 du Premier ministre vietnamien sur l'approbation du projet « Développement d'avocats au service de l'intégration économique international de 2010 à 2020 », disponible en vietnamien sur : http://www.chinhphu.vn/portal/page/portal/chinhphu/hethongvanban?class_id=1&mode=detail&document_id=92825 (url consultée le 15 décembre 2015).

1686 Voir l'article 1 de cette Décision.

1687 Voir l'article 1.I.2 de cette Décision.

avocats à travers leur participation directe à l'activité des organisations économiques internationales, en particulier au SRD. De même, dans son étude, après avoir examiné les points faibles de la formation des avocats et juristes au service de l'intégration économique internationale du Vietnam, T. Le a précisé qu'un des moyens pour renforcer les compétences était de mieux utiliser l'intervention en qualité de tierces parties dans le mécanisme de règlement des différends de l'OMC[1688].

711.- En pratique, après avoir adhéré à l'OMC en 2007, le Vietnam y a rapidement comparu en tant que tierce partie dans différentes affaires[1689]. Pour la première affaire dans laquelle il a été tierce partie, sa notification au titre de l'article 10.2 du Mémorandum d'accord n'a été déposée à l'ORD moins d'un mois après son adhésion[1690]. Cette intervention, bien qu'il n'ait ni déposé de communication écrite ni fait de déclaration orale lors de la première réunion de fond du groupe spécial avec les tierces parties, lui a offert une première et précieuse occasion de se familiariser avec le système. Il a notamment pu observer le fonctionnement de la procédure de règlement d'une affaire précise, ainsi qu'obtenir d'importantes informations en vue de préparer sa première plainte contre les États-Unis au sujet de la même mesure appliquée par ce Membre aux crevettes importées du Vietnam. De plus, la victoire de la Thaïlande dans cette affaire a renforcé la confiance du Vietnam sur la probabilité de gagner pour sa propre affaire : « comme le recours du Vietnam contre les États-Unis concernant les mesures antidumping sur les crevettes vietnamiennes est très similaire à l'affaire contre les États-Unis que la Thaïlande a gagné et où le Vietnam était tierce partie, il est clair que le Vietnam peut bien avoir gagné la confiance pour lancer sa propre affaire de la participation aux affaires précédentes en tant que tierce partie »[1691].

1688 LE T., *ibid.*, note 1383, pp. 703-704.

1689 Telles que : *États-Unis – Mesures concernant les crevettes en provenance de Thaïlande* (WT/DS343), *Inde – Droits additionnels et droits additionnels supplémentaires sur les importations en provenance des États-Unis* (WT/DS360) ; *Communautés européennes – Traitement tarifaire de certains produits des technologies de l'information* (WT/DS375, WT/DS376, WT/DS377) ; *États-Unis – Mesures affectant les importations de certains pneumatiques pour véhicules de tourisme et camions légers en provenance de Chine* (WT/DS399) ; *États-Unis – Utilisation de la réduction à zéro dans les mesures antidumping concernant des produits en provenance de Corée* (WT/DS402).

1690 Le 8 février 2007, le Vietnam a réservé ses droits de tierce partie dans les travaux du groupe spécial chargé de l'affaire *États-Unis – Mesures concernant les crevettes en provenance de Thaïlande.* Sa notification a été adressée à l'ORD après la composition du groupe spécial. Toutefois, sa participation a été ensuite admise, faute d'opposition des parties. *Ibid.*, WT/DS343/R, note 829, para. 1.9 et note de bas de page 4.

1691 « *As the complaint against the US regarding anti-dumping measures on shrimp from Vietnam is very similar to Thailand's successful case against the US which Vietnam had joined as a third party, it is clear that Vietnam may well have gained the confidence to launch their own dispute by participating in the previous dispute as a third party* ». THOMAS K., « China and the WTO Dispute Settlement System : From Passive

712.- Toutefois, passé ce premier moment d'enthousiasme, la stratégie du Vietnam afin de participer au règlement des différends en qualité de tierces parties ne s'est pas toujours révélée appropriée.

713.- *Tout d'abord*, le Vietnam n'a pas participé fréquemment au mécanisme de règlement des différends en qualité de tierces parties. Depuis son adhésion, le Vietnam a été tierce partie dans 21 affaires[1692] en tout, soit 12% des affaires introduites devant l'ORD à compter de la date d'adhésion officielle du Vietnam à l'OMC[1693]. Plus précisément, le Vietnam n'est jamais intervenu dans les consultations ; il a été tierce partie dans les travaux de 13 groupes spéciaux et dans neuf examens en appel[1694]. C'est une participation modeste par rapport à celle d'autres Membres, tels que la Thaïlande[1695] ou le Chili[1696]. Ce faisant, le Vietnam a manqué l'opportunité de participer à plusieurs affaires[1697], en particulier dans l'examen en appel où la question d'interprétation du droit de l'OMC s'avère très importante pour les Membres de l'OMC[1698].

714.- *Ensuite*, l'intervention du Vietnam n'a pas été diversifiée. Elle se limite uniquement aux affaires relatives au commerce des marchandises. Le Vietnam

---

Observer to Active Participant ? », p. 20, http://papers.ssrn.com/sol3/papers.cfm?abstract_id=1866259 (url consultée le 28 mars 2012).

[1692] La liste de ces affaires peut être consultée sur : http://wto.org/french/tratop_f/dispu_f/dispu_by_country_f.htm (consulté le 31 mars 2016).

[1693] Le Vietnam est devenu le 150e Membre de l'OMC le 11 janvier 2007. Depuis cette date et jusqu'à la date du 31 mars 2016, 172 affaires ont été portées devant l'ORD.

[1694] *Ibid.*, note 1692.

[1695] Voir également : CURRAN J., « Asian Participation in the WTO Dispute Settlement System », *ICTSD Programme on International Trade Law*, Information Note, December 2012, p. 3, disponible sur : http://www.ictsd.org/themes/global-economic-governance/research/asian-participation-in-the-wto-dispute-settlement-system (url consultée le 21 juin 2015).

[1696] Le Chili est devenu tierce partie dans 42 affaires, jusqu'en mars 2016. La liste de ces affaires peut être consultée sur : https://www.wto.org/french/tratop_f/dispu_f/dispu_by_country_f.htm (url consultée le 31 mars 2016). Voir également : FRANCKE M., « Chile's Participation in the Dispute Settlement System : Impact on Capacity Building », pp. 1-22, disponible sur : http://ictsd.org/downloads/2008/05/chiles-participation-in-the-dispute-settlement-system-impact-on-capacity-building.pdf (url consultée le 28 mars 2016).

[1697] LE T., *ibid.*, note 1383, p. 704.

[1698] Par exemple, dans les affaires *Chine – Matières premières,* certaines questions juridiques qui semblent intéressantes pour les Membres de l'OMC sont de savoir si les mesures chinoises relatives aux restrictions à l'exportation de certaines matières premières sont compatibles avec le droit de l'OMC et si un engagement dans le Protocole d'accession peut permettre à la Chine de recourir aux exceptions générales énoncées à l'article XX du GATT de 1994 pour justifier ses droits d'exportations incompatibles avec les règles de l'OMC. L'Organe d'appel, en examinant le texte de la section 11.3 de ce Protocole a confirmé la constatation du groupe spécial selon laquelle rien dans le Protocole d'accession chinois n'autorisait l'application de l'article XX du GATT de 1994 aux obligations de la Chine énoncées dans cette section. Voir : *Ibid.*, WT/DS394/AB/R, WT/DS395/AB/R & WT/DS398/AB/R, note 1310, para. 362.

n'a jamais été tierce partie dans les affaires relatives à l'AGCS[1699], à l'Accord sur l'ADPIC[1700] ou à l'Accord sur les mesures concernant les investissements et liés au commerce[1701]. En outre, cette intervention s'est concentrée notamment sur les affaires antidumping. Parmi ces 21 affaires, neuf affaires ont porté sur ce sujet. Ce choix s'explique surtout par un besoin immédiat et temporaire du Vietnam. Étant donné que les questions les plus fréquentes auxquelles ce Membre doit faire face concernent principalement les enquêtes antidumping menées par certains gouvernements étrangers contre les produits importés du Vietnam[1702], la participation en qualité de tierce partie dans telle ou telle affaire lui permet d'accéder à des renseignements et d'acquérir de l'expérience pour traiter avec efficacité de ces enquêtes[1703]. Toutefois, à long terme, cette stratégie ne permettra pas au Vietnam d'acquérir de l'expertise dans d'autres domaines du commerce international, notamment dans le domaine de l'investissement, pour mieux résoudre des différends commerciaux susceptibles de naître au sein et en dehors de l'OMC[1704].

715.- *Enfin*, le Vietnam n'est pas une tierce partie active. Dans la plupart des affaires, le Vietnam n'a comparu que de manière très passive : il n'a déposé aucune communication écrite et a fait une seule déclaration orale devant le groupe spécial saisi de l'affaire *Inde – Droits additionnels et droits additionnels supplémentaires*

[1699] Depuis son adhésion, six affaires contiennent des questions relatives à l'AGCS, dont deux ont été réglés par les groupes spéciaux. Ce sont les affaires *Chine – Mesures affectant les droits de commercialisation et les services de distribution pour certaines publications et certains produits de divertissement audiovisuels*, WT/DS363 ; et *Chine – Certaines mesures affectant les services de paiement électronique*, WT/DS413.

[1700] Depuis son adhésion, neuf affaires contiennent des allégations relatives à l'Accord sur l'ADPIC.

[1701] Depuis son adhésion, il existe 20 affaires relatives à cet accord. Voir cette liste sur : http://wto.org/french/tratop_f/dispu_f/dispu_agreements_index_f.htm?id=A25 (consulté le 5 janvier 2016).

[1702] Depuis 2002 jusqu'en décembre 2014, des produits originaires du Vietnam ont fait l'objet de 37 enquêtes antidumping menées par différents pays importateurs, tels que les États-Unis, l'UE, le Canada, la Turquie, le Brésil, etc. Liste de ces affaires peut être consultée sur : http://antidumping.vn/page/cases/anti-dumping/Viet-Nam (url consultée le 5 janvier 2016).

[1703] Il faut noter que les deux litiges introduits par le Vietnam à l'ORD concernent également les mesures antidumping appliquées par les États-Unis aux crevettes en provenance du Vietnam. Les groupes spéciaux se sont prononcés en faveur du Vietnam dans ces deux affaires. Voir : *Ibid.*, WT/DS404/R, note 761, et *États-Unis – Mesures antidumping visant certaines crevettes en provenance du Vietnam*, Rapport du groupe spécial du 17 novembre 2014, WT/DS429/R.

[1704] Pour faire face à cette situation, le Premier ministre vietnamien a dû rendre une décision sur le mécanisme de coordination entre les organismes gouvernementaux dans le règlement des différends liés à l'investissement international. Cette décision est considérée comme sans précédent au Vietnam. Voir la Décision 04/2014/QD-TTg du 14 janvier 2014 du Premier ministre vietnamien sur la promulgation du mécanisme de coordination dans le règlement des différends liés à l'investissement international, sur : http://vietlaw.gov.vn/LAWNET/docView.do?docid=27736&type=html&searchType=fulltextsearch&searchText= (url consultée le 15 décembre 2015).

sur les importations en provenance des États-Unis (*Inde – Droits d'importation additionnels*)[1705]. Si nous avons considéré qu'une simple participation passive des Membres leur permettrait déjà d'avoir des observations sur le fonctionnement du SRD, il faut noter également que l'effet de cette stratégie ne peut se limiter qu'à cela. En d'autres termes, pour pouvoir acquérir une expertise, il est nécessaire de s'impliquer plus profondément dans telle ou telle procédure. Dès lors, il apparaît clairement que la participation passive du Vietnam n'a pas pu produire davantage d'effets positifs sur la formation des cadres. Il s'agit donc d'un échec de la stratégie d'intervention du Vietnam.

716.- Plusieurs raisons concourent à ce bilan.

717.- *Premièrement*, le Vietnam manque d'un mécanisme de coordination entre les organes gouvernementaux et la Mission permanente auprès de l'OMC sur les questions liées au règlement des différends de l'OMC. En fait, après son adhésion à l'OMC en 2007, le gouvernement vietnamien a pensé restructurer l'équipe chargée de l'OMC et attribuer la responsabilité à cet égard à un ministère unique. De longues négociations se sont tenues en 2007 entre trois ministères (le Ministère des affaires étrangères, le Ministère de l'industrie et du commerce, et le Ministère de la justice) aucun n'entendant renoncer à jouer un rôle jugé important dans un tel processus. Finalement, cette responsabilité a été accordée au Ministère de l'industrie et du commerce, étant donné qu'il avait assuré la charge principale de coordination lors des négociations d'adhésion à l'OMC durant plus de 10 ans et qu'il disposait d'une équipe de spécialistes compétents en la matière[1706]. D'autres ministères joueront le rôle d'appui : chaque ministère établit donc un sous-comité responsable de régler les questions de l'OMC liées à son propre domaine. Dans ce mécanisme, la Mission permanente du Vietnam auprès de l'OMC ne joue qu'un rôle très limité : elle prend principalement en charge la transmission des informations liées au règlement des différends aux sous-comités concernés qui les analyseront et feront un rapport à leur ministre au sujet de tous les problèmes importants. Malgré cette répartition, la difficulté actuelle qui se pose pour le Vietnam est « l'absence d'un organisme national spécialisé notamment dans l'analyse des informations relatives à l'OMC et qui soit responsable de la prise des décisions touchant à la fois plusieurs ministères »[1707].

[1705] Voir *Inde – Droits additionnels et droits additionnels supplémentaires sur les importations en provenance des États-Unis*, Rapport du groupe spécial du 9 juin 2008, WT/DS360/R, para. 5.63-5.67.

[1706] L'article 2.22 du Décret 189/2007/ND-CP du 27 décembre 2007 du gouvernement vietnamien sur la réglementation des fonctions, tâches, pouvoirs et structure organisationnelle du Ministère de l'industrie et du commerce, disponible en vietnamien sur : http://vanban.chinhphu.vn/portal/page/portal/chinhphu/hethongvanban?class_id=1&_page=1&mode=detail&document_id=53799 (url consultée le 15 décembre 2014). Voir aussi : LE T., *ibid.*, note 1383, p. 684.

[1707] « *Lacks a national body that specifically specializes in analysing WTO information and is responsible for making decisions that may affect the different Ministries* ». LE T., *ibid.*, note 1383, p. 685.

718.- *Deuxièmement*, le Vietnam manque encore d'un fort pôle d'avocats compétents sur le commerce international et le règlement des différends à l'OMC. Le besoin de participer fréquemment et activement au règlement des différends de l'OMC est souvent confronté à une pénurie des ressources. En fait, ces deux éléments produisent des effets interdépendants[1708]. Le Vietnam n'est pas un cas exceptionnel. La prise en charge de la responsabilité du règlement des différends à l'OMC, dans l'enceinte du Ministère de l'industrie et du commerce vietnamien, a été effectivement attribuée au Département d'administration de la concurrence. Ce département a mis en œuvre des mesures différentes pour renforcer les compétences de ses fonctionnaires[1709]. Toutefois, il doit également faire face à une pénurie de ressources humaines de haute qualité et ayant compétence dans ce domaine[1710], ce qui limite sa capacité de participer au règlement des différends de l'OMC.

719.- *Troisièmement*, le Vietnam n'utilise pas encore les services fournis par le CCLO. Le Vietnam est devenu membre du CCLO en 2009. Il faut noter que les pays en développement membres du CCLO sont classés en trois catégories (A, B et C) en fonction de leur part du commerce mondial avec une correction à la hausse reflétant leur revenu par habitant. Cette classification détermine leur contribution au fonds de dotation et le taux des frais exigibles pour les services rendus par le CCLO, conformément à l'Annexe IV de l'Accord établissant le CCLO. Le Vietnam est classé parmi les membres de la catégorie B[1711]. Cette classification lui permet de bénéficier de frais un peu moins élevés par rapport aux frais affectés aux Membres de la catégorie A lors de l'utilisation des services fournis par ce centre. Toutefois, dans les 21 affaires où le Vietnam a été tierce partie et même dans deux affaires où le Vietnam a été plaignant contre les mesures antidumping appliquées par les États-Unis aux crevettes importées du Vietnam. « Le Vietnam a raté une occasion en n'utilisant pas le CCLO dans la préparation de ses affaires »[1712]. Cette situation s'explique par une relation plus stricte et bel et bien établie depuis longtemps entre les fonctionnaires du Ministère vietnamien de l'industrie et du commerce et certains cabinets d'avocats américains.

1708 SHAFFER G., *ibid.*, note 366, p. 183.

1709 LE T., *ibid.*, note 1383, pp. 685-686.

1710 Vietnam Competition Authority, *2013 Annual Report*, 2013, p. 52, disponible sur : http://vca.gov.vn/uploads/file/2014/04_08/Annual%20Report(1).pdf (url consultée le 15 décembre 2014).

1711 Actuellement, dans la catégorie B, on trouve 14 pays membres : Venezuela, Colombie, Égypte, Inde, Indonésie, Maurice, Oman, Pakistan, Philippines, Seychelles, Thaïlande, Turquie, Uruguay et Vietnam. Voir : http://www.acwl.ch/e/members/developing_countries.html (url consultée le 15 décembre 2014).

1712 « *Vietnam missed an opportuniy in not using the ACWL in the preparation of its case* ». LE T., *ibid.*, note 1383, p. 705.

720. En résumé, le Vietnam ne représente pas un cas exceptionnel. Il s'agit d'une situation à laquelle d'autres Membres doivent faire face. Dès lors, il est nécessaire d'avoir des solutions appropriées afin de les aider à surmonter ces difficultés.

II. Les solutions possibles

721.- Ces solutions sont conçues dans le but principal d'aider des Membres de l'OMC à surmonter les difficultés et inconvénients qu'ils ont rencontrés lors de leur intervention ou qui ont empêché leur intervention. Il s'agit tout d'abord d'une solution commune se traduisant par un recours direct contre les violations des droits de tierces parties **(A)**. D'autres solutions concernent particulièrement le cas des pays en développement **(B)**.

A. La solution commune : possibilité d'un recours direct contre une violation des droits de tierces parties

722.- Il faut d'abord rappeler que l'article 10.4 du Mémorandum d'accord prévoit qu'une tierce partie peut attaquer une mesure déjà mise en cause dans une procédure pendante si elle estime que cette mesure annule ou compromet ses droits et avantages. Cette possibilité a été utilisée dans la pratique de l'ORD[1713] lorsque les mesures en cause constituaient une violation des droits et intérêts matériels de tierces parties. Il ne s'est jamais agi d'une violation des droits procéduraux d'une tierce partie au titre des articles concernés du Mémorandum d'accord. Donc, lorsqu'une tierce partie estime qu'un tel droit a été violé, est-ce possible pour elle d'engager une nouvelle plainte contre cette violation ?

723.- Depuis la création de l'ORD et avant 2014, la réponse a été négative. Dans un grand nombre d'affaires, les Membres se sont vus refuser l'accès à certains modes de règlements prévus par le Mémorandum d'accord. Ce refus a été donné, soit par les Membres défendeurs au titre de l'article 4.11 du Mémorandum d'accord, soit par un groupe spécial, soit par l'Organe d'appel soit par l'arbitre établi au titre de l'article 22.6 du Mémorandum d'accord. Aucun recours direct n'a été porté contre ces refus, même dans les cas où ces tierces parties estimaient que ces refus n'étaient pas fondés.

[1713] Voir surtout l'affaire *Inde – Protection conférée par un brevet pour les produits pharmaceutiques et les produits chimiques pour l'agriculture* (*ibid.*, WT/DS79/R, note 1082). Dans cette affaire, les CE, après avoir participé aux travaux du groupe spécial chargé de l'affaire *Inde – Protection conférée par un brevet pour les produits pharmaceutiques et les produits chimiques pour l'agriculture,* portée par les États-Unis à l'encontre de l'Inde, a décidé d'introduire une même plainte contre cette partie défenderesse. Cette plainte est basée surtout sur l'article 10.4 du Mémorandum d'accord.

724.- Le 13 juin 2014, l'UE a introduit une demande de consultations[1714], sans précédent, contre l'Indonésie au motif que cette dernière avait violé les droits de l'UE en tant que tierce partie dans l'affaire *États-Unis – Cigarettes aux clous de girofle.* Rappelons que dans la phase de mise en œuvre relative à l'affaire *États-Unis – Cigarettes aux clous de girofle,* l'UE avait réservé le droit d'y participer en tant que tierce partie[1715]. Toutefois, l'accès de l'UE à telle ou telle procédure n'avait pas été admis, du fait que l'Indonésie n'avait pas eu recours à la procédure prévue à l'article 21.5 du Mémorandum d'accord et que les procédures énoncées à l'article 22.2 et 22.6 restaient toutes bilatérales et confidentielles, selon le souhait des parties principales. C'est pourquoi l'UE a décidé d'introduire une demande de consultations auprès de l'Indonésie. Cette plainte a pour but de contester deux mesures. D'une part, il s'agit de la décision de l'Indonésie de recourir à l'article 22.2 du Mémorandum d'accord et sa demande à cet effet, conjointement avec le fait que l'Indonésie a omis d'engager et de mener à bien une procédure de mise en conformité au titre de l'article 21.5. D'autre part, il s'agit de la demande de l'Indonésie visant à ce que l'UE soit exclue de la procédure du groupe spécial de la mise en conformité/d'arbitrage en qualité de tierce partie[1716].

725.- Il semble évident, avec cette demande de consultations, que l'UE ne veuille pas s'arrêter à cette étape. Elle voudrait aller plus loin pour obtenir des constatations formelles du juge de l'OMC, non seulement, sur la violation par l'Indonésie des droits de l'UE en tant que tierce partie dans la phase de mise en conformité, mais également sur la question de la chronologie, d'où un renforcement supplémentaire de l'obligation de recourir à la procédure de mise en œuvre énoncée à l'article 21.5 du Mémorandum d'accord[1717]. Dans cette perspective, cette affaire devient intéressante sous différents aspects.

726.- Tout d'abord, en ce qui concerne la question de la chronologie, il serait intéressant de voir le juge de l'OMC se prononcer sur le détournement de procédure exercé par l'Indonésie. Si un tel détournement est condamné, cela consolidera l'obligation d'un Membre de recourir à la procédure de l'article 21.5 avant de procéder à une demande d'autoriser la suspension de concessions et d'autres obligations conformément à l'article 22.2. De ce fait, cette obligation ne résultant pas du Mémorandum d'accord mais déjà affirmée par la jurisprudence de

---

1714 *Indonésie – Recours à l'article 22.2 du Mémorandum d'accord sur le règlement des différends dans le différend États-Unis – Cigarettes aux clous de girofle,* WT/DS481.

1715 Voir *supra*, para. 683.

1716 *Ibid.*, note 1714, Demande de consultations présentée par l'Union européenne du 19 juin 2014, WT/DS481/1, p. 4.

1717 RUIZ FABRI H. & MONNIER P., *ibid.*, note 1586, p. 1038.

l'ORD[1718], « est suffisamment consolidée pour devenir opposable »[1719] aux Membres de l'OMC. Dans cette optique, cela s'apparente à une *actio popularis*, étant donné que l'intérêt que l'UE cherche à défendre n'est pas son intérêt propre mais celui de tous les Membres et du système en général.

727.- La question concernant les droits de tierces parties éveille aussi l'intérêt. Pour la première fois dans la pratique de l'ORD cette question est posée sous cet angle[1720]. Dans le cadre de la présente affaire, il faut se demander si le détournement de procédure de l'Indonésie constitue une violation des droits de l'UE et si les arguments présentés à l'encontre de la présence de l'UE en qualité de tierce partie dans l'arbitrage au titre de l'article 22.6 du Mémorandum d'accord peuvent être considérés comme deux mesures au sens de l'article 3.3 du Mémorandum d'accord[1721], donc susceptibles d'être attaquées en tant que telles alors que l'arbitre décide le rejet de la demande de l'UE. Si les réponses sont affirmatives, cette affaire ouvrira une nouvelle page pour le régime d'intervention au sein de l'ORD : un Membre se voyant refuser l'accès en qualité de tierce partie (par exemple, aux consultations, à l'arbitrage établi au titre de l'article 22.6) ou étant confronté au rejet de sa demande en vue de l'obtention de droits renforcés, pourra porter directement une plainte initiale contre une ou plusieurs parties principales, même si la décision de rejet n'émane pas d'elle(s) mais du juge de l'OMC. Toutefois, il faut également reconnaître que, dans cette mesure, cela compliquerait le fonctionnement du SRD. D'un côté, plusieurs différends de ce type pourraient être introduits à l'ORD : alors qu'ils ne résoudraient que des questions relatives aux tierces parties, cela imposerait des charges importantes au système. De plus, en supposant qu'une violation des droits de l'UE en qualité de tierce partie soit constatée par le juge de l'OMC la façon dont l'Indonésie mettra en œuvre la recommandation de mise en conformité pose également des difficultés. Comment l'Indonésie pourra-t-elle rétablir les droits de l'UE en qualité de tierce partie dans

[1718] Dans les deux affaires *États-Unis/Canada – Maintien de la suspension d'obligations dans le différend CE – Hormones,* l'Organe d'appel a indiqué que : « Avant d'obtenir de l'ORD l'autorisation de suspendre des concessions, un Membre doit engager un processus de règlement du différend dans lequel il conteste la compatibilité avec les accords visés d'une mesure prise par un autre Membre. Le Membre qui engage ce processus ne sera autorisé à suspendre des concessions que lorsque le groupe spécial (et l'Organe d'appel, en cas d'appel) constate que la mesure est incompatible avec les accords visés et que le Membre ayant pris la mesure ne met pas en œuvre les constatations du Groupe spécial (ou de l'Organe d'appel) dans un délai raisonnable ou, s'il prend une mesure pour se conformer, que le Groupe spécial (et l'Organe d'appel) constate dans le cadre de la procédure de mise en conformité que la mesure n'a pas mis le Membre concerné en conformité. Autrement dit, le Membre ne pourra suspendre des concessions conformément à l'autorisation donnée par l'ORD qu'après avoir eu largement recours et s'être conformé aux règles et procédures du Mémorandum d'accord, conformément aux prescriptions de l'article 23.1 ». *Ibid.,* WT/DS320/AB/R & WT/DS321/AB/R, note 616, para. 374.

[1719] RUIZ FABRI H. & MONNIER P., *ibid.,* note 1586, p. 1039.

[1720] RUIZ FABRI H. & MONNIER P., *ibid.,* note 1586, p. 1038.

[1721] RUIZ FABRI H. & MONNIER P., *ibid.,* note 1586, p. 1039.

une procédure déjà fermée ? Dans l'affaire *États-Unis – Cigarettes aux clous de girofle*, l'Indonésie devra-t-elle recourir de nouveau à l'article 21.5 pour que l'UE puisse intervenir, alors que cette procédure de mise en conformité semble être déjà achevée, une solution mutuellement convenue par les parties principales ayant été arrêtée[1722] ? Ce sont là des difficultés considérables.

728.- Ainsi, la plainte déposée par l'UE à l'encontre de l'Indonésie pourrait créer un précédent dans le règlement des différends de l'OMC en vue de permettre de mieux défendre les droits de tierce partie lorsque ces droits sont violés. En dehors de cette possibilité, il faut également penser à d'autres solutions pour soutenir et promouvoir l'intervention des pays en développement Membres.

B. Les solutions propres aux pays en développement

729.- Il est ici nécessaire de promouvoir des solutions visant à combler les faiblesses des pays en développement Membres, surtout en matière de ressources humaines et financières. Dès lors, nous proposons surtout trois solutions visant à créer des coopérations entre eux dans le règlement des différends **(1)**, à promouvoir le partenariat public-privé **(2)** et à mobiliser les aides financières qui leur sont destinées **(3)**.

1. Le renforcement des coopérations dans le règlement des différends

730.- La coopération entre les pays en développement Membres au sein de l'OMC constitue déjà une solution solide pour renforcer leur position dans les négociations commerciales vis-à-vis des pays développés Membres[1723]. Bien que, jusqu'à présent, il n'existe qu'un petit nombre d'études sur l'efficacité de cette stratégie[1724], sa nécessité a été bien justifiée surtout dans la mesure où différentes coopérations formées[1725] entre les pays en développement Membres ont pu leur

---

[1722] *Ibid.*, note 1641, Notification d'une solution mutuellement convenue du 9 octobre 2014, WT/DS406/17.

[1723] Sur ce sujet, voir notamment : NARLIKAR A., *International Trade and Developing Countries : Bargaining Coalitions in the GATT and WTO,* RIPE Studies in Global Political Economy, Routledge, 2003, 238 p. ; ROLLAND S. E., *ibid.*, note 1335, pp. 483-551 ; DRAPER P. & SALLY R., « Developing Country Coalitions in Multilatral Trade Negociations : Aligning the Majors ? », *The South African Institute of International Affairs Trade Report,* 2005, n°. 8, 34 p. ; ODUWOLE J., « An Appraisal of Developing Country Coalition Strategy in the WTO Doha Round Agriculture Negociations », *Society of International Economic Law, 3rd Biennial Global Conference,* Singapore, July 12-14, 2012, 30 p., disponible sur : http://papers.ssrn.com/sol3/papers.cfm?abstract_id=2103225 (url consultée le 20 juin 2013) ; CHAKRABORTY D., BANERJEE P. & SENGUPTA D., *ibid.,* note 1286, pp. 1-17.

[1724] ROLLAND S. E., *ibid.,* note 1335, p. 499.

[1725] Cette liste peut être consultée directement sur le site de l'OMC à l'adresse suivant : http://wto.org/french/tratop_f/dda_f/negotiating_groups_f.htm (url consultée le 20 décembre 2014).

permettre de faire valoir leur voix et leurs arguments sur différents sujets de l'OMC et empêcher des processus rendant des décisions en leur défaveur[1726].

731.- Dans le cadre du règlement des différends à l'OMC, quoique le Mémorandum d'accord ne l'indique explicitement pas, certains types de coopération ont pu être créés. En ce qui concerne les Membres plaignants, ceux-ci ont toujours la possibilité d'introduire une seule plainte à l'encontre d'un autre Membre. C'était déjà le cas du Brésil et du Venezuela dans l'affaire *États-Unis – Essence*[1727], de l'Équateur, du Guatemala, du Honduras, du Mexique et des États-Unis dans l'affaire *CE – Bananes III*[1728], de l'Inde, de la Malaisie, du Pakistan et de la Thaïlande dans l'affaire *États-Unis - Crevettes*[1729], de l'Australie, du Brésil, du Chili, des CE, de l'Inde, de l'Indonésie, du Japon, de la République de Corée et de la Thaïlande dans l'affaire *États-Unis – Loi sur la compensation (Amendement Byrd)*[1730], etc. Dans telle ou telle affaire, ces plaignants ont déjà coopéré pour demander conjointement les consultations et l'établissement d'un seul groupe spécial[1731].

732.- Ensuite, il est possible que les co-plaignants introduisent séparément leur plainte, comme le prévoit l'article 9 du Mémorandum d'accord[1732]. Cet article donne différentes solutions pour assurer que, soit un seul groupe spécial examine ces plaintes multiples (article 9.1 et article 9.2), soit les procédures de plusieurs groupes spéciaux établis s'harmonisent (article 9.3). Dans ces cas de figure, les co-plaignants peuvent également opter pour une coopération afin de renforcer leur position vis-à-vis du défendeur.

733.- Il existe également une forme de coopération entre une partie principale et les tierces parties par exemple, prévue par l'article 4.11 du Mémorandum d'accord ou mise en évidence dans la pratique devant l'ORD[1733].

734.- Enfin, il s'agit des coopérations entre les tierces parties dans le règlement des différends. Le Mémorandum d'accord ne dit rien sur cette question. Toutefois, la pratique devant l'ORD, à maintes reprises, a démontré que les Membres pouvaient créer des coopérations lors de leur intervention en qualité de tierces parties. Les deux premières coopérations apparaissent dans l'affaire *CE – Bananes III*. Il s'agit tout d'abord de celle de pays ACP tierces parties. 12 pays parmi les 70 pays ACP signataires de la Convention Lomé intervenus en qualité de tierces

---

1726 ROLLAND S. E., *ibid.,* note 1335, p. 483.
1727 *Ibid.,* WT/DS2, note 29.
1728 *Ibid.,* WT/DS27, note 386.
1729 *Ibid.,* WT/DS58, note 152.
1730 *Ibid.,* WT/DS217 & WT/DS234, note 200.
1731 ROSAS A., *ibid.*, note 103, p. 79.
1732 ROSAS A., *ibid.*, note 103, pp. 78-81.
1733 ROLLAND S. E., *ibid.,* note 1335, pp. 541-542 ; voir *supra,* para. 668-672.

parties ont formé un groupe unique. Ces tierces parties ont présenté une communication unique au groupe spécial initial dans laquelle elles ont demandé des droits de tierces parties renforcés et ont eu l'occasion de présenter des opinions sur différentes questions juridiques mises en cause en vue de défendre leurs intérêts résultant de cette convention[1734]. Bien que les tierces parties ACP ainsi que les CE n'aient pas réussi à protéger le régime communautaire relatif aux bananes et que les tierces parties ACP n'aient pas réussi non plus à faire prendre en compte leurs intérêts[1735], cette coopération était significative pour plusieurs raisons. *Premièrement,* ces pays ont pu mobiliser leurs ressources très limitées pour participer en qualité de tierces parties. *Deuxièmement,* ils ont pu agir de manière coordonnée pour nommer un représentant unique et pour préparer une communication commune. Au lieu que chacun de ces 12 pays présente séparément sa communication écrite et orale, cette coopération leur a effectivement permis d'économiser, de manière importante, du temps et d'autres ressources. *Troisièmement,* cette coopération a facilité les travaux du groupe spécial, puisque la lecture d'une seule communication écrite se révélait plus simple que la lecture de 12 communications écrites séparées. Dès lors, la rapidité, l'un des principes guidant le règlement des différends de l'OMC, n'a pas du tout été affectée par une participation nombreuse des tierces parties.

Après cette expérience, les pays ACP ont continué à coopérer pour participer en qualité de tierces parties au règlement d'autres différends, tel est le cas par exemple dans le différend *CE – Subventions à l'exportation de sucre*[1736]. Cette stratégie a également été considérée comme une réussite de ces pays leur permettant de renforcer leur présence au sein du SRD[1737].

735.- Une autre coopération, dans l'affaire *CE – Bananes III,* a été celle établie entre la Colombie, le Costa Rica, le Nicaragua et le Venezuela. Elle a résulté du fait que ces quatre Membres étaient tous signataires d'un accord-cadre sur les bananes négocié entre la CE et des pays figurant parmi ses plus importants fournisseurs de bananes[1738]. Dans une communication commune, ils ont eu l'occasion d'exprimer surtout les arguments juridiques pour affirmer la compatibilité du régime communautaire avec l'accord sur l'agriculture, cet accord jouant le rôle de *lex specialis* et l'emportant sur les dispositions concernées du GATT, en tant que *lex generalis*[1739]. Ces États ont cherché également à soutenir la position des CE en indiquant que la répartition du contingent tarifaire et son administration étaient compatibles avec le GATT, car les dispositions pertinentes de l'accord-cadre sur

[1734] *Ibid.,* WT/DS27/R/ECU, note 611, pp. 5.1-5.76.
[1735] CLEGG P., *ibid.,* note 1670, p. 26.
[1736] *Ibid.,* WT/DS265/R, WT/DS266/R & WT/DS287/R, note 407, para. 5.1-5.12.
[1737] ALBASHAR F. A. S. A. & MANIRUZZAMAN A. F. M., *ibid.,* note 182, p 325.
[1738] *Ibid.,* WT/DS27/R/ECU, note 611, para. 5.87.
[1739] *Ibid.,* WT/DS27/R/ECU, note 611, para. 5.88.

les bananes reprises dans la liste des CE constituaient un accord au sein de l'article XIII.2.d du GATT[1740].

736.- Dans la pratique de l'ORD, des coopérations entre les pays en développement Membres tierces parties se retrouvent dans d'autres différends. Nous pouvons citer le cas du Brésil, de l'Uruguay et du Paraguay dans l'affaire *Argentine – Chaussures (CE)*[1741] ; de la Jamaïque et Maurice dans l'affaire *Mexique – Sirop de maïs*[1742] ; de la Dominique et Sainte-Lucie dans l'affaire *États-Unis – Article 301, Loi sur le commerce extérieur*[1743] ; de la Communauté andine et pays d'Amérique centrale dans l'affaire *CE – Préférences tarifaires*[1744] ; d'El Salvador et du Nicaragua dans l'affaire *République dominicaine – Mesures affectant l'importation et la vente de cigarettes sur le marché intérieur*[1745].

737.- Cependant, la coopération entre les tierces parties dans le règlement des différends devant l'ORD n'est pas une pratique fréquente. Compte tenu des avantages apportés par cette stratégie pour les tierces parties en particulier et pour le système en général, il semble donc nécessaire de développer cette pratique. Dans la plupart des cas mentionnés ci-dessus, les coopérations ont été créées, soit sur la base d'un intérêt commun résultant d'un accord commercial, soit sur la base d'un voisinage géographique, ou sur la base d'une intégration économique régionale. Dès lors, chaque fois que plusieurs pays en développement Membres se trouvent dans telle ou telle position et partagent un même intérêt, la coopération entre ces Membres peut être utilisée pour que, d'une part, tous puissent être présents en qualité de tierces parties et d'autre part, que leur voix devant le juge de l'OMC ait davantage de poids.

738.- En cas d'impossibilité de former une coopération pour intervenir dans le règlement des différends à l'OMC, chaque pays en développement Membre peut encore opter pour une autre solution. Il s'agit de la promotion des partenariats public-privé.

1740 *Ibid.,* WT/DS27/R/ECU, note 611, para. 5.88.

1741 *Argentine – Mesures de sauvegarde à l'importation de chaussures,* Rapport du groupe spécial du 25 juin 1999, WT/DS121/R, para. 6.1-6.12. La raison sous-tendant cette coopération était de « satisfaire à la demande du groupe spécial, tendant à ce que l'intervention des tierces parties soit aussi brève que possible » (para. 6.1).

1742 *Ibid.,* WT/DS132/R, note 1636, para. 5.654-5.665.

1743 *Ibid.,* WT/DS152/R, note 266, para. 5.101-5.140.

1744 *Ibid.,* WT/DS246/R, note 115, para. 5.1.

1745 *République dominicaine – Mesures affectant l'importation et la vente de cigarettes sur le marché intérieur,* Rapport du groupe spécial du 26 novembre 2004, WT/DS302/R, para. 5.75. Ces deux Membres ont indiqué que « compte tenu des liens historiques, juridiques et économiques étroits entre les deux pays et eu égard à leur statut commun de tierces parties au différend, (...), El Salvador et le Nicaragua ont décidé d'apporter une contribution commune aux travaux du groupe spécial ».

2. La promotion des partenariats public-privé

739.- Depuis la constatation de l'Organe d'appel dans l'affaire *CE – Bananes III*, tous les Membres, tant en qualité de parties principales qu'en qualité de tierces parties disposent de la possibilité d'être représentés par les juristes et avocats du secteur privé[1746]. Cette possibilité est très importante, surtout pour les pays en développement Membres ayant des ressources limitées. Les analyses concernant la Chine ont d'ailleurs bel et bien démontré que le partenariat public-privé établi par celle-ci était efficace pour renforcer ses capacités, d'où sa participation plus fréquente et plus active[1747].

740.- Le développement d'un partenariat public-privé constitue une stratégie qui devrait être prise en compte non seulement pour les intérêts à court terme, mais également à long terme :

> « Si les pays en développement sont tenus de participer véritablement dans le système de règlement des différends à l'OMC, ils devront continuer à renforcer la capacité et la coordination institutionnelle sur la politique commerciale à plusieurs niveaux, du niveau national au niveau régional et mondial. Ils devront, en particulier, développer leurs propres mécanismes coordinateurs permettant d'inclure les représentants du secteur privé et de la société civile. Les efforts de renforcement des capacités seront généralement plus durables s'ils imprègnent largement l'ensemble des institutions et sociétés »[1748].

3. Vers une aide financière destinée aux pays en développement tierces parties ?

741.- Rappelons que pour certains pays en développement Membres, tels que la Chine, le Brésil ou l'Inde, la question des ressources financières ne constitue pas d'obstacle majeur à leur intervention en qualité de tierce partie dans le règlement des différends de l'OMC. En revanche, pour un bon nombre d'autres pays en développement Membres, cette question constitue toujours un facteur empêchant une intervention fréquente et active.

742.- Dans le cadre des négociations relatives au Mémorandum d'accord du cycle de Doha, les aides financières aux pays en développement Membres ont déjà fait l'objet de vives discussions. Les deux derniers rapports du Président de l'ORD sur l'avancement de ces négociations ont révélé qu'un nouvel article relatif

---

[1746] Voir *supra*, para. 438.

[1747] Voir *supra*, para. 579.

[1748] « *If developing countries are to participate meaningfully in the WTO dispute settlement system, they will need to continue to increase institutional capacity and coordination of trade policy at multiple levels, from the national to the regional to the global. They will need, in particular, to develop their own coordinative mechanisms to include private sector and civil society representatives. Capacity building endeavors generally will be most sustainable if they permeate broadly throughout institutions and societies* ». SHAFFER G., *ibid.*, note 366, p. 186.

à ce sujet serait ajouté au Mémorandum d'accord. Cet article, intitulé « Fonds pour le règlement des différends »[1749], comporte deux mécanismes différents. Le premier mécanisme visera à créer un fonds pour le règlement des différends qui fonctionnera sur les critères adoptés par l'ORD[1750] et sera financé sur le budget ordinaire de l'OMC[1751]. Le deuxième mécanisme consistera en l'introduction de l'adjudication des frais de procédure aux pays en développement Membres ayant obtenu gain de cause dans un différend avec un Membre développé[1752]. De manière générale, il semble que ces deux mécanismes soient conçus en faveur des pays en développement Membres en tant que parties principales dans un différend précis. Ceci est bien clair pour le second mécanisme. En ce qui concerne le premier mécanisme, bien qu'il fonctionne sur la base des règles adoptées par l'ORD, la note de bas de page s'associant à l'article 28.2 propose que ces règles puissent inclure, entre autre, la condition selon laquelle le fonds pour le règlement des différends sera destiné à tous les pays en développement, dans tous les différends où ils sont parties principales. Ainsi, conformément à la portée de cet article, l'accès de ce fonds serait fermé aux pays en développement tierces parties. Si tel est le cas, les pays en développements Membres ayant des ressources limitées rencontreront toujours des difficultés lors de leur intervention en tant que tierces parties. Toutefois, ce que cette note propose n'est pas encore définitif. Cela veut dire que cette proposition pourra être modifiée dans l'avenir avec les négociations, et surtout au sein de l'ORD avant l'adoption finale des règles guidant le fonctionnement de ce fonds.

743.- Il faut noter également qu'il s'agit des propositions dans le cadre du cycle de Doha qui n'arrive pas encore à trouver son terme après plus de 15 ans de négociations. Donc, en attendant l'achèvement du cycle Doha, existe-t-il d'autres solutions en vue de les aider à y faire face ? La réponse paraît négative. Même la proposition d'abaisser les frais des services fournis par le CCLO en faveur des pays en développement Membres semble infaisable alors qu'il doit

---

[1749] *Ibid.*, TN/DS/25, note 6, Article 28 : Fonds pour le règlement des différends, pp. A.21-A.22.

[1750] L'article 28.2 propose que « les décaissements dans le cadre du fonds seront effectués conformément à des critères qui seront adoptés par l'ORD ». Ces critères pourront inclure les conditions suivantes : 1) Le fonds pour le règlement des différends est mis à la disposition de tous les pays en développement pour tous les différends auxquels ils sont parties en tant que plaignants, co-plaignants ou défendeurs. 2) Les Membres sont libres de choisir leurs propres représentants juridiques. 3) L'ORD pourra adopter d'autres critères pour assurer l'efficacité et le fonctionnement du fonds pour le règlement des différends. 4) Les pays en développement Membres auront recours au fonds conformément à un ensemble de règles qui seront élaborées à cette fin et approuvées par l'ORD ». *Ibid.*, TN/DS/25, note 6, pp. A.21-A.22.

[1751] Voir l'article 28.4.

[1752] L'article 28.5 stipulerait : « Dans un différend entre un pays développé Membre et un pays en développement Membre, dans les cas où celui-ci ne sera pas en mesure d'accéder au fonds par manque de ressources, l'ORD lui adjugera les frais juridiques dans le cas où les mesures du pays développé Membre auront été jugées incompatibles avec les accords visés ».

surmonter dans le même temps des difficultés budgétaires[1753]. Dès lors, la contrainte financière continue – et continuera – de peser lourdement sur la capacité des pays en développement de participer au règlement des différends.

-----o0o-----

CONCLUSION DU CHAPITRE 2

744.- Les risques et limites de l'intervention sur le statut des Membres de l'OMC constituent donc le deuxième aspect dans l'ensemble de ses incidences négatives. Ils s'avèrent en définitive être d'une particulière complexité surtout dans la mesure où il s'agit d'équilibrer les droits des parties principales et ceux des tierces parties.

745.- Pour les parties principales, les risques que présente l'intervention des tierces parties sur leur statut diffèrent en fonction de la phase dans laquelle ces tiers trouvent leur place. Tout d'abord, dans les consultations, la présence des tierces parties constitue un risque économique pour la partie plaignante dans la mesure où si ces consultations aboutissement à une solution mutuellement convenue, la partie plaignante doit partager les concessions commerciales contenues dans celle-ci avec les tierces parties. Ce faisant, certains Membres ont déposé des demandes de consultations conformément à l'article XXIII du GATT et à l'article XXIII de l'AGCS pour freiner toute intention d'intervention. Cependant, cela ne concerne pas tous les cas. Lorsqu'une demande de consultations est introduite sur la base de l'article XXII du GATT ou l'article XXII de l'AGCS, le risque de l'intervention est poussé vers la partie défenderesse. Cette dernière doit confronter la plainte appuyée par le soutien possible d'autres Membres en qualité de tierces parties. Dans ce cas précis, elle peut utiliser la latitude prévue à l'article 4.11 du Mémorandum d'accord pour limiter ce soutien. Bien déjà critiquée, cette latitude a fait l'objet des modifications dans le cycle de Doha avec une convergence claire au cours de l'année de 2013[1754] en vue de la contrôler. Ensuite, dans les phases de groupes spéciaux et de l'Organe d'appel, les risques s'expriment surtout à travers une atteinte portée à la confidentialité et au gommage de dis-

1753 SCHUNKEN K. R., « The Advisory Centre on WTO Law : A Success Story, But for Whom ? », *The Law and Practice of International Courts and Tribunals*, 2008, vol. 7, n°. 1, pp. 73-74 ; GREISBERGER A., *ibid.*, note 478, pp. 839-852.

1754 OMC, *Rapport annuel de 2014*, pp. 26-40, disponible sur: http://wto.org/french/res_f/booksp_f/anrep_f/anrep14_f.pdf (consulté le 2 juin 2014) ; *ibid.*, TN/DS/26, note 6, pp. 6-7.

tinction entre les droits des parties principales et ceux des tierces parties. Toutefois, grâce à un examen exercé au cas par cas par le juge, ces risques ont été atténués.

746.- En ce qui concerne les tierces parties, le régime actuel peut conduire à ce que leurs droits et intérêts soient marginalisés. De plus, une absence importante des Membres en qualité de tierces parties peut être le signe d'un régime moins attractif pour eux. Les études relatives au Vietnam ont révélé que le Vietnam et plusieurs autres pays n'avaient pas adopté une stratégie appropriée d'intervention. Nous espérons que certaines mesures proposées ci-haut pourront aider à améliorer la participation de ces Membres pour qu'ils puissent en tirer les utilités nécessaires pour renforcer leur position au sein de ce système.

CONCLUSION DU DEUXIÈME TITRE

747.- En somme, les préoccupations des Membres de l'OMC au sujet du renforcement du statut des tierces parties ne sont pas infondées. Les risques et limites analysés ci-dessus les ont d'ores et déjà justifiées.

748.- D'une part, il a été indiqué que le fonctionnement du système pourrait être perturbé, parce que la comparution des tierces parties a remis en cause, dans certains cas, l'exigence de la régularité de la procédure et certaines évolutions du système. D'autre part, la participation fréquente et nombreuse des tierces parties a posé des difficultés pour les parties principales de telle sorte que les arguments présentés par les tierces parties ont pu déséquilibrer la procédure qui a été déjà déséquilibrée[1755].

749.- Il est toutefois important de constater que, face à ces risques, les stratégies mises en œuvre par les parties principales et le contrôle de ces risques exercé par le juge en faveur des parties principales en particulier et du fonctionnement du système en général ont contribué à atténuer leur ampleur. Les efforts de ces acteurs pour modérer, dans une certaine mesure, ces déséquilibres ont effectivement permis d'alléger les impacts inattendus de cette intervention. Dans cette optique, ces efforts affirment toujours le rôle des parties au différend comme des acteurs principaux dans le règlement des différends, ainsi que le rôle du juge de l'OMC dans la mise en œuvre des principes de ce système de règlement des différends.

[1755] NGAMBI J., *op. cit.*, note 461, p. 250 ; LORENZO L., *ibid.*, note 17, p. 160.

CONCLUSION DE LA DEUXIÈME PARTIE

750.- Dans le règlement des différends de l'OMC, les tierces parties jouent un rôle particulier[1756]. Ce rôle particulier a été mis en évidence par l'ambivalence des incidences que leur intervention induit sur le système et sur les Membres.

751.- Au côté positif, le rôle des tierces parties s'exprime tout d'abord dans leur contribution à son bon fonctionnement, d'où une assurance pour la sécurité et la prévisibilité du système commercial multilatéral[1757]. En outre, l'intervention constitue également un moyen de renforcer le multilatéralisme et la légitimité de ce système. Devenir tierce partie dans une affaire pendante représente la façon appropriée pour un bon nombre de Membres afin d'avoir un accès plus complet à l'information, ce qui signifie la possibilité de rendre le système plus transparent aux yeux des Membres de l'OMC. Ensuite, il a été établi que les tierces parties trouvaient également leur place dans le renforcement de la position des Membres de l'OMC au sein de ce système.

752.- Au côté négatif, étant en mesure de s'exprimer sur les questions en cause, les moyens de preuve présentés par les tierces parties ont en définitive pu affecter à la fois la régularité de la procédure, les évolutions du système et les droits des parties principales. Même si ces incidences négatives ont été justifiées, celles-ci ont pu être compensées par le fait que dans plusieurs affaires, il existe un mécanisme permettant de les mettre sous la surveillance, soit des parties principales, soit du juge de l'OMC.

753.- C'est pourquoi, en tout état de cause, bien que certains auteurs jugent difficile de donner une évaluation globale sur les incidences de l'intervention des tierces parties[1758], selon nous, en comparant toutes celles-ci, le côté positif l'emporte clairement. Ce n'est pas parce que nous sous-estimons son côté négatif, mais parce que ces risques ou difficultés, d'une manière ou d'une autre, semblent

---

[1756] SACERDOTI G., « Commentaire », *in* RUIZ FABRI H. & SOREL J.-M. (dir.), *Le tiers à l'instance devant les juridictions internationales,* Coll. Contentieux international, Paris, A. Pedone, 2005, p. 239.

[1757] L'article 3.2 du Mémorandum d'accord. Voir également : JOHNS L. & PELC K. J., *ibid.,* note 1150, pp. 6-11.

[1758] JOHNS L. & PELC K. J., *ibid.,* note 1150, pp. 5-6.

moins conséquents que les contributions des tierces parties. Dans cette optique, nous partageons pleinement le constat de G. Sacerdotti :

> « L'exemple de l'OMC est (...) intéressant pour indiquer l'apport important que les tierces parties peuvent donner au système, tout en protégeant les positions individuelles différenciées que chaque tiers intervenant veut faire valoir spécifiquement »[1759].

En d'autres termes, les spécificités du cadre théorique et pratique de l'intervention dans le règlement des différends à l'OMC leur ont permis d'avoir une place considérable auprès du juge et des parties principales au différend en vue d'harmonisation des intérêts divergents, ce qui vise à assurer les objectifs communs du système dans son ensemble[1760].

1759 SACERDOTTI G., *ibid.,* note 1756, p. 241.
1760 ANTONIADIS A., *ibid.,* note 786, pp. 302-303.

CONCLUSION GÉNÉRALE

754.- L'étude de « l'intervention des tierces parties dans le règlement des différends à l'OMC » nous a permis tout d'abord de répondre aux deux principaux objectifs posés tout au long de cette recherche : le premier est relatif aux spécificités de cette procédure en comparaison avec celles existant auprès d'autres mécanismes internationaux de règlement des différends ; et le deuxième concerne le rôle des tierces parties dans le SRD.

755.- En tant que moyen de comparaître auprès des parties principales dans un litige né dans un contexte de forte interdépendance économique et commerciale entre les Membres de l'OMC, le régime juridique et la pratique de l'intervention des Membres en qualité de tierces parties comportent des spécificités par rapport aux autres procédures envisagées. Ces spécificités peuvent s'illustrer par les quatre points suivants :

756.- ***Premièrement***, les Membres de l'OMC peuvent intervenir dans différentes procédures prévues dans le Mémorandum d'accord. L'existence d'un large éventail de modes et de phases de règlement des différends leur donne des possibilités très variées d'être présents à côté des parties principales. Ils peuvent devenir tierces parties dans les consultations, dans les travaux des groupes spéciaux initiaux ou établis au titre de l'article 21.5, dans les travaux de l'Organe d'appel et même dans certains arbitrages établis au titre de l'article 22.6 du Mémorandum d'accord. Il faut noter que devant la CIJ, un État tiers ne dispose que de deux possibilités d'intervenir prévues aux articles 62 et 63 de son Statut. Devant la CJUE, la possibilité d'intervenir est prévue principalement dans le contexte des recours directs. Cette spécificité nous a permis, par la suite, d'évaluer de manière plus globale le rôle des tierces parties tout au long du processus de règlement des différends de l'OMC.

757.- ***Deuxièmement***, en ce qui concerne l'accès des tierces parties au système, il existe une hétérogénéité inévitable dans le régime juridique régissant l'intervention devant l'ORD. Si l'intervention dans la phase des consultations est subordonnée à des règles strictes, ce n'est pas le cas pour l'intervention dans les travaux des groupes spéciaux et de l'Organe d'appel. De plus, l'intérêt à intervenir, comme condition matérielle primordiale, n'est pas le même s'agissant de l'accès des tierces parties aux consultations et aux procédures contentieuses. À l'étape des consultations, les tierces parties ont l'obligation de démontrer à la partie défenderesse l'existence d'un intérêt commercial substantiel. L'inexistence d'une interprétation autoritaire et la pratique discrétionnaire des Membres en qualité de partie défenderesse, constituent l'obstacle principal opposé aux Membres voulant intervenir. À l'inverse, dans les travaux des groupes spéciaux et de l'Organe d'appel, l'accès des Membres en qualité de tierces parties n'est subordonné qu'à l'existence d'un intérêt substantiel. Cette condition de fond est moins exigeante que celle imposée par la CIJ. L'accès d'un État voulant intervenir, au titre de l'article 62 de son Statut est matériellement soumis à l'existence chez cet État d'un intérêt d'ordre juridique. L'interprétation et l'application de cette condition strictement données par la CIJ ont constitué, dans la plupart des cas, un frein empêchant la présence de tel ou tel État. En revanche, l'absence d'examen par les groupes spéciaux de ce critère provoque une intervention quasi automatique des Membres qui le souhaitent.

758.- ***Troisièmement***, des limites ont été mises en évidence dans les règles procédurales guidant la participation des tierces parties après que leur accès a été admis. Ces limites s'expriment tout au long des procédures prévues dans le Mémorandum d'accord.

Tout d'abord, le Mémorandum d'accord ne précise pas encore les droits des tierces parties intervenant dans les consultations. Les consultations ne sont pas conçues comme des « actes contentieux »[1761] puisque leur objectif fondamental est d'aider les parties principales à parvenir à une solution positive des différends[1762]. Ce faisant, et sans contrôle par les instances de règlement des différends, les parties au différend deviennent les acteurs principaux engagés dans cette procédure. Elles restent souveraines et disposent donc de toute liberté de déterminer et organiser la participation des tierces parties, sans qu'aucune concertation avec les tierces parties ne soit nécessaire. Ceci soulève un souci grandissant quant à l'efficacité de cette procédure, dans la mesure où les tierces parties, en raison de ladite imprécision, ont eu du mal à protéger leur intérêt commercial substantiel.

[1761] L'article 3.10 du Mémorandum d'accord prévoit que : « Il est entendu que les demandes de conciliation et les recours aux procédures de règlement des différends ne devraient pas être conçus ni considérés comme des actes contentieux, et que si un différend survient, tous les Membres engageront ces procédures de bonne foi dans un effort visant à régler ce différend. Il est également entendu que les recours et contre-recours concernant des questions distinctes ne devraient pas être liés ».

[1762] CANAL-FORGUES E., *op. cit.*, note 8, p. 52.

Ensuite, et de manière plus importante, il a été démontré que les droits des tierces parties dans les travaux des groupes spéciaux ne suffisent pas à leur permettre d'être présentes tout au long de cette procédure. Il s'agit d'une limite de ce régime par rapport à celui existant auprès de la CIJ ou de la CJUE. Bien entendu, cette limite résulte de ce que les négociateurs du Mémorandum d'accord dans le cycle d'Uruguay ont voulu maintenir une distinction entre les droits des tierces parties et ceux des parties principales. Toutefois, à ce stade, nous partageons entièrement l'idée de N. Angelet selon laquelle cette distinction a été maintenue à tort[1763], surtout par les organes de règlement des différends de l'OMC. Les tierces parties restent toujours tierces parties. D'une part, les décisions des organes juridictionnels de l'OMC sur le fond d'un différend n'ont pas de force de chose jugée sur les tierces parties. D'autre part, au titre de l'article 17.4 du Mémorandum d'accord, les tierces parties ne disposent pas du droit de faire appel d'une quelconque erreur commise par un groupe spécial dans son interprétation et son application d'une règle du droit de l'OMC, même dans le cas où cette erreur affecterait directement leurs droits. Dans la pratique, les tierces parties ont demandé à des groupes spéciaux d'élargir leurs droits procéduraux. Ces demandes ont été satisfaites dans certaines affaires et rejetées pour le reste. Force est de constater que l'examen par les groupes spéciaux de ces demandes et les débats qui les accompagnent ont constitué la pratique la plus riche de l'intervention.

Enfin, on remarque l'absence de règles relatives à la participation de tierces parties à certaines procédures, surtout dans la phase de mise en conformité des rapports adoptés. La raison de cette absence pourrait s'appuyer sur le fait que la mise en conformité est la phase n'impliquant que les parties principales. Néanmoins, selon nous, la pratique de la mise en conformité montre une nécessité non négligeable de l'implication des Membres autres que les parties principales, surtout en cas de l'application des mesures de rétorsion. Dans cette optique, nous avons proposé une plus grande multilatéralisation de cette procédure et sommes entièrement d'accord avec les progrès obtenus jusqu'en mars 2016 dans le cycle de Doha en la matière, notamment en ce qui concerne l'autorisation de la rétorsion pour le compte d'un pays en développement Membre qui ne serait pas en mesure de l'appliquer tout seul[1764].

1763 ANGELET N., *ibid.*, note 93, p. 230.

1764 *Ibid.*, TN/DS/26, note 6, pp. 131-132. Dans ce rapport, le Président de l'ORD a fait savoir qu'un alinéa b portant sur ce sujet avait proposé d'être inséré dans l'article 22.6 du Mémorandum d'accord comme suit : « Dans les cas où un pays en développement Membre aura été autorisé à suspendre des concessions ou d'autres obligations au titre de l'article 22:6 a) et où il considérera qu'il n'est pas possible ou efficace d'utiliser ce pouvoir, l'ORD autorisera, si ce Membre le demande, un autre Membre ou d'autres Membres à suspendre des concessions ou d'autres obligations pour le compte du Membre ayant présenté la demande, à moins qu'il ne décide par consensus de rejeter

759.- ***Quatrièmement***, la présence fréquente des tierces parties a été constatée dans la plupart des affaires portées à l'ORD. Jusqu'en mars 2016, dans 504 demandes de consultations introduites à l'ORD[1765], les tierces parties ont été présentes 513 fois dans 276 consultations. Elles ont également participé 1337 fois aux travaux de 244/254 groupes spéciaux[1766] et 841 fois[1767] aux 127/135 examens en appel de l'Organe d'appel. De plus, dans certains arbitrages établis au titre de l'article 22.6 du Mémorandum d'accord, quelques Membres ont tenté d'intervenir en tant que tierces parties. La fréquence impressionnante de l'intervention de tierces parties dans différentes phases de règlement des différends a, d'une part, montré l'activisme et le volontarisme d'un grand nombre de Membres qui ont voulu se présenter tout au long du règlement des différends à l'OMC pour faire connaître leur point de vue sur les différentes questions en cause. D'autre part, cette fréquence a également résulté d'une politique judiciaire ouverte exercée par le juge de l'OMC en faveur des Membres tierces parties. Les groupes spéciaux et l'Organe d'appel ont exercé, dans le cadre de leurs pouvoirs judiciaires, une ouverture appropriée et une certaine souplesse permettant une comparution aussi importante des tierces parties devant eux. La combinaison entre l'activisme des Membres et l'ouverture du juge a contribué à faire de l'intervention une des figures de la réussite incontournable du SRD. Cette combinaison constitue également une des spécificités de l'intervention devant cette juridiction par rapport à d'autres.

760.- ***Les spécificités susmentionnées nous ont permis de focaliser notre recherche sur le deuxième objectif, celui concernant le rôle des tierces parties au sein du SRD.*** En nous interrogeant sur cette question, nous avons mis en évidence que l'intervention des tierces parties comportait à la fois des incidences positives et négatives. Les incidences positives correspondent aux contributions des tierces parties à répondre au besoin d'information du juge de l'OMC, à renforcer le multilatéralisme et la légitimité du SRD, à défendre des intérêts des tierces parties. En revanche, cette intervention comporte également

la demande. L'autorisation établie dans le présent article sera la même que l'autorisation initiale accordée au titre de l'article 22:6 a) ».

[1765] La dernière demande de consultations a été introduite à l'ORD le 15 mars 2016 par le Japon à l'encontre de la Corée du Sud dans l'affaire *République de Corée – Mesure de sauvegarde concernant certains produits en fer ou en acier*, WT/DS504, note 1084.

[1766] Ce chiffre est établi par l'auteur à partir des rapports des groupes spéciaux publiés sur le site web de l'OMC. À noter que ces 254 groupes spéciaux comprennent 222 groupes spéciaux initiaux et 32 groupes spéciaux établis au titre de l'article 21.5 du Mémorandum d'accord. Ce chiffre est compté jusqu'aux travaux du groupe spécial connaissant de l'affaire *Union européenne – Mesures antidumping visant le biodiésel en provenance d'Argentine*, *ibid.*, WT/DS473/R, note 368.

[1767] Ce chiffre est établi jusqu'à l'examen en appel dans l'affaire *Communautés européennes – Mesures antidumping définitives visant certains éléments de fixation en fer ou en acier en provenance de Chine – Recours de la Chine à l'article 21.5 du Mémorandum d'accord sur le règlement des différends*. Le rapport de l'Organe d'appel (*ibid.*, WT/DS397/AB/RW, note 1086) a été rendu le 18 janvier 2016.

certains risques, par exemple au niveau des garanties de la régularité de la procédure, de l'évolution du système, et même des intérêts des parties principales. Il convient de constater que, dans ce cadre, les incidences négatives restent soit minimes, soit bien atténuées grâce à des stratégies appropriées mises en œuvre par les parties principales et à un contrôle du juge. Par conséquent, en mettant en équilibre l'ensemble des incidences, nous avons eu l'occasion de démontrer que les incidences positives l'emportaient largement. La balance penchant du côté positif de l'intervention, cela nous a donc permis de conclure que les tierces parties ont pu jouer un rôle important dans ce système. Cette recherche contribue, dès lors, à consolider la thèse sur la nécessité de renforcer davantage le statut des tierces parties.

761.- Toutefois, l'exercice par les tierces parties de ce rôle varie d'une affaire à une autre et dépend également de la fréquence, du niveau de leur participation ainsi que du poids des arguments présentés par elles-mêmes. Dès lors, l'écart entre le niveau de contribution des pays développés et celui des pays en développement Membres tierces parties peut être constaté. En ce qui concerne le degré de l'intervention des pays développés Membres, il n'y a aucun doute à confirmer qu'il est très élevé. Les États-Unis, l'UE, le Japon, l'Australie, la Nouvelle-Zélande... sont toujours comptés parmi les Membres intervenant le plus. Tout en reconnaissant que l'intervention constitue une bonne occasion d'évaluer également leur poids sur l'issue d'un litige, l'intervention de ces Membres a été marquée notamment par leur contribution non négligeable à l'interprétation et à l'évolution du droit de l'OMC. Cela s'explique dans la mesure où ils disposent d'avantages incomparables en matière de ressources humaines, de connaissances et d'expertise sur le droit de l'OMC et sur le droit international.

762.- En ce qui concerne les contributions des pays en développement Membres tierces parties, force est de constater que l'intervention fréquente d'une grande partie de ces Membres est un signe positif, non seulement pour renforcer la légitimité du SRD, qui a depuis toujours été fortement critiquée, mais également pour permettre de multilatéraliser davantage ce mécanisme. De plus, l'étude sur la pratique de l'intervention des tierces parties à l'OMC nous a également aidés à justifier que l'intervention constituait un moyen indispensable pour renforcer la position des pays en développement Membres au sein de ce système. Sous l'angle économique et financier, l'intervention des tierces parties est beaucoup moins coûteuse que l'engagement dans une affaire en qualité de partie principale. Sous l'angle juridique et procédural, les règles régissant l'intervention contenues dans le Mémorandum d'accord et dans les autres instruments pertinents sont moins exigeantes. Par conséquent, bon nombre de pays en développement

Membres en ont bénéficié pour accroître leur présence dans le mécanisme, surtout dans le but de consolider leurs capacités internes[1768]. L'étude du cas de la Chine qui est néanmoins considéré comme un cas à part a démontré que l'intervention constitue un moyen efficace pour atteindre ce but.

Cependant, dans cette recherche, nous avons eu l'occasion de constater que les difficultés inhérentes à une partie non négligeable des pays en développement Membres restaient encore un frein à leur participation au système. L'absence de participation de ces Membres en qualité de tierces parties ou l'utilisation non efficace de l'intervention (comme c'est le cas pour le Vietnam) impliquent des efforts grandissants à la fois des Membres eux-mêmes et du système pour que l'utilité de l'intervention soit au bénéfice de tous. Dans cette optique, nous avons envisagé la possibilité de proposer certaines mesures dans le but d'améliorer leur participation. En dehors des travaux en cours dans le cadre du cycle de Doha sur ce sujet, nous nous permettons de suggérer qu'il convient d'établir et de renforcer un partenariat public-privé et surtout de fournir une aide financière en faveur des pays en développement Membres qui sont en difficulté. Nous espérons que ces mesures suffiront à les aider simultanément à combler ces difficultés et à lever l'écart entre les différents niveaux d'intervention.

763.- En évaluant le rôle des tierces parties Membres, nous avons également indiqué que dans plusieurs affaires, les tierces parties pouvaient jouer le rôle d'*amicus curiae*. Dans le cadre de l'ORD, aucune assimilation n'existe entre la qualité de tierces parties et celle d'*amicus curiae*, et certaines tierces parties ont fortement contesté le dépôt par des personnes privées des mémoires d'*amicus curiae*. Non seulement pour but de défendre leurs propres intérêts[1769], bon nombre des tierces parties ont pu s'exprimer afin de protéger les intérêts communs ou de répondre aux besoins d'information du juge, ce qui caractérise surtout le rôle de l'*amicus curiae*[1770].

764.- On ne saurait conclure cette recherche sans constater que l'intervention des tierces parties devant l'ORD est un régime juridique en pleine évolution. Si le régime juridique régissant l'intervention devant la CIJ ou la CJUE reste plus stable, ce n'est pas le cas pour l'intervention devant l'ORD. À l'époque du GATT de 1947, les règles régissant l'intervention n'ont pas cessé de s'évoluer depuis l'ajout de la première procédure relative à l'intervention dans les consultations en 1958. Dans le cadre de l'OMC, cette évolution se poursuit à la fois à l'intérieur et à l'extérieur du cadre de règlement des différends.

[1768] *Ibid.*, TN/DS/26, note 6, p. 9.
[1769] RONEN Y. & NAGGAN Y., *ibid.*, note 443, pp. 807-808.
[1770] Sur ce point, voir surtout : MENETREY S., *op. cit.*, note 150, pp. 417-419.

765.- Ce processus a intrinsèquement débuté dans le système même de règlement des différends de l'OMC. Il résulte principalement de l'interprétation et de l'application des règles existantes. Tout d'abord, les Membres qui trouvaient que le statut des tierces parties restait imprécis et limité ont cherché à le rendre plus clair. Les confrontations entre les Membres tierces parties et les Membres parties principales dans le cadre des consultations ou dans les réunions de l'ORD sur ce sujet, les demandes de droits renforcés introduites auprès des groupes spéciaux semblent propres à illustrer ce besoin visant surtout à mieux protéger les intérêts légitimes des tierces parties. Dans cette mesure, il ne faut pas nier le rôle des parties principales. Bien qu'elles sachent que l'élargissement du statut des tierces parties pourrait avoir une influence sur leurs droits et intérêts, la pratique a démontré leur rôle dans cette évolution. En fait, plusieurs parties défenderesses ont admis bon nombre de demandes de participation aux consultations dans lesquelles les Membres requérants n'alléguaient que l'existence d'un seul intérêt substantiel ou systémique qui n'est pas « intérêt commercial substantiel » exigé au titre de l'article 4.11 du Mémorandum d'accord. De plus, dans plusieurs affaires, les demandes de participation aux consultations fondées sur l'existence d'un intérêt commercial substantiel ont été rejetées. Tout cela a démontré une nécessité de changer l'approche actuelle concernant l'examen des demandes de participation aux consultations.

Quant aux phases contentieuses, a été reconnu le rôle des parties principales au regard de l'évolution des droits de tierces parties, surtout à l'étape de l'examen en appel. Sachant qu'une tierce partie est privée du droit de faire appel, suite à une quelconque erreur commise par un groupe spécial relative à l'interprétation ou l'application des règles régissant l'intervention, certaines parties principales faisaient appel à la place des tierces parties. Ces appels ont effectivement permis d'obtenir des éclaircissements significatifs par l'Organe d'appel sur telle ou telle règle. Il faut reconnaître également que le juge de l'OMC a apporté une contribution considérable à cette évolution. Bien que le juge de l'OMC ne dispose pas du pouvoir de faire le droit et que ses rapports ne constituent pas un précédent ou « la pratique ultérieurement suivie » au sens de l'article 31 de la Convention de Vienne de 1969 sur le droit de traité[1771], ces rapports évoquent toujours « des attentes légitimes et devraient donc être pris en compte lorsqu'ils ont un rapport

[1771] L'article 31.3.b de cette convention exige que l'interprétation d'un traité doive tenir compte du contexte « de toute pratique ultérieurement suivie dans l'application du traité par laquelle est établi l'accord des parties à l'égard de l'interprétation du traité ».

avec un autre différend »[1772]. Il s'agit d'une sorte de « *de facto stare decisis* »[1773]. Dès lors, les interprétations et applications des règles régissant l'intervention, données par le juge de l'OMC, constituent également une source sur laquelle se baseront les modifications futures. En outre, il importe de constater ici l'activisme exercé par l'Organe d'appel. Cet organe a souvent modifié les règles contenues dans ses propres procédures de travail pour l'examen en appel afin d'encadrer de mieux en mieux l'intervention dans cette phase. Ces modifications ont permis à la fois de faciliter l'accès des participants tiers et d'éclairer les droits attribués à ces derniers conformément à l'article 17.4 du Mémorandum d'accord.

766.- À l'extérieur du cadre de règlement des différends, les travaux dans le cadre du cycle de Doha se poursuivent. L'amélioration du statut des tierces parties a déjà fait l'objet de discussions très constructives au sein des sessions extraordinaires de l'ORD. Les trois derniers rapports, datés de 2015, du président de l'ORD sur l'avancement des négociations sur le Mémorandum d'accord, ont donné des signes positifs à cet égard. Il indique qu'en ce qui concerne l'intervention dans les consultations, l'acceptation automatique des demandes de participation aux consultations en l'absence d'une notification de rejet transmise à temps par la partie défenderesse, et la transparence pour toutes les réponses à ces demandes constituaient deux objectifs communs à l'ensemble des Membres de l'OMC[1774]. En ce qui concerne l'intervention dans les phases contentieuses, l'élargissement des droits de tierces parties dans la phase des groupes spéciaux et une codification officielle du délai de notification de l'intérêt substantiel au titre de l'article 10.2 du Mémorandum d'accord semblent également faire consensus. Toutefois, il existe encore des divergences autour de certaines questions, telles que l'élargissement de l'accès à l'examen en appel en qualité de participants tiers aux Membres n'ayant pas notifié leur intérêt substantiel au titre de l'article 10.2 du Mémorandum d'accord, ou l'accès des tierces parties à l'arbitrage établi au titre de l'article 22.6[1775]... À notre avis, il n'est pas nécessaire que l'accès à l'examen en appel soit ouvert aux Membres n'ayant pas notifié leur intérêt substantiel

---

[1772] *Ibid.*, WT/DS8/AB/R, WT/DS10/AB/R & WT/DS11/AB/R, note 872, p. 17. Dans une réunion de l'ORD, le Brésil a affirmé son rattachement aux rapports adoptés en alléguant que : « Bien qu'aucun précédent contraignant n'ait été créé, les constatations et les conclusions des groupes spéciaux et de l'Organe d'appel adoptés par l'ORD avaient fait naître des attentes vis-à-vis des interprétations futures du Mémorandum d'accord et de l'Accord sur l'OMC. C'est pourquoi, compte tenu des conséquences systémiques des décisions et des recommandations prises dans une affaire particulière, le Brésil entendait faire connaître son avis sur certaines constatations de l'Organe d'appel... ». Voir : *Ibid.*, WT/DSB/M/50, note 1545, p. 14.

[1773] BRALA R., « The Precedent Setters : *De facto Stare Decisis* in WTO Adjudication (Part Two of a Trilogy) », *Journal of Transnational Law and Policy*, 1999, vol. 9, n°. 1, pp. 1-154. Sur ce sujet, voir également : DAVID F., « The Role of Precedent in the WTO – New Horizons ? », *Maastricht Faculty of Law Working Paper 2009-12*, October 2009, pp. 3-24.

[1774] *Ibid.*, TN/DS/26, note 6, pp. 6-7.

[1775] *Ibid.*, TN/DS/26, note 6, p. 7; *ibid.*, TN/DS/27, note 6, para. 3.45.

dès la phase du groupe spécial. Sous le point de vue procédural, cet accès élargi pourrait provoquer des charges supplémentaires pour l'Organe d'appel ainsi que pour les parties principales[1776]. De plus, le non-suivi de l'affaire dès la phase du groupe spécial pourrait influer sur l'efficacité de cette participation, alors que cette absence pourrait priver ces Membres de la possibilité de mieux comprendre le contexte de l'affaire, les questions juridiques et factuelles posées et réglées par le groupe spécial.

767.- Tout cela nous permet d'envisager que le sujet de l'intervention devant les instances de règlement des litiges de l'OMC puisse être approfondi par des recherches futures, portant sur les modifications obtenues à la fin des négociations de ce cycle, sur les pratiques qui les suivront ainsi que sur les incidences produites par telle ou telle modification.

[1776] *Ibid.*, TN/DS/26, note 6, p. 7; *ibid.*, TN/DS/27, note 6, para. 3.27.

ANNEXES

ANNEXE 1

Extrait des règles de procédure régissant l'intervention des tierces parties devant les juridictions internationales (sélection)

I. Dans le cadre du SRD

A. Les règles contenues dans le Mémorandum d'accord

1. Article 4.11 :

« Chaque fois qu'un Membre autre que les Membres qui prennent part aux consultations considérera qu'il a un intérêt commercial substantiel dans les consultations tenues en vertu du paragraphe 1 de l'article XXII du GATT de 1994, du paragraphe 1 de l'article XXII de l'AGCS ou des dispositions correspondantes des autres accords visés, il pourra informer lesdits Membres ainsi que l'ORD, dans les 10 jours suivant la date de transmission de la demande de consultations au titre dudit article, de son désir d'être admis à participer aux consultations. Ledit Membre sera admis à participer aux consultations à condition que le Membre auquel la demande de consultations est adressée reconnaisse l'existence d'un intérêt substantiel; dans l'affirmative, ils en informeront l'ORD. S'il n'est pas donné suite à la demande de participer aux consultations, le Membre requérant aura la faculté de demander l'ouverture de consultations au titre du paragraphe 1 de l'article XXII ou du paragraphe 1 de l'article XXIII du GATT de 1994, du paragraphe 1 de l'article XXII ou du paragraphe 1 de l'article XXIII de l'AGCS, ou des dispositions correspondantes des autres accords visés. »

2. Article 10 :

« 1. Les intérêts des parties à un différend et ceux des autres Membres dans le cadre d'un accord visé invoqué dans le différend seront pleinement pris en compte dans la procédure des groupes spéciaux.

2. Tout Membre qui aura un intérêt substantiel dans une affaire portée devant un groupe spécial et qui en aura informé l'ORD (dénommé dans le présent mémorandum d'accord "tierce partie") aura la possibilité de se faire entendre par ce

groupe spécial et de lui présenter des communications écrites. Ces communications seront également remises aux parties au différend et il en sera fait état dans le rapport du groupe spécial.

3. Les tierces parties recevront les communications présentées par les parties au différend à la première réunion du groupe spécial.

4. Si une tierce partie estime qu'une mesure qui a déjà fait l'objet de la procédure des groupes spéciaux annule ou compromet des avantages résultant pour elle d'un accord visé, ce Membre pourra avoir recours aux procédures normales de règlement des différends prévues dans le présent mémorandum d'accord. Un tel différend sera, dans tous les cas où cela sera possible, porté devant le groupe spécial initial. »

3. Article 17.4 :

« Seules les parties au différend, et non les tierces parties, pourront faire appel du rapport d'un groupe spécial. Les tierces parties qui auront informé l'ORD qu'elles ont un intérêt substantiel dans l'affaire conformément au paragraphe 2 de l'article 10 pourront présenter des communications écrites à l'Organe d'appel et avoir la possibilité de se faire entendre par lui. »

B. Les règles contenues dans les Procédures de travail pour l'examen en appel (WT/AB/WP/6)

1. Règle 24 : Participants tiers

« 1) Toute tierce partie pourra déposer une communication écrite contenant les motifs et arguments juridiques à l'appui de sa position. Cette communication sera déposée dans un délai de 21 jours après la date de dépôt de la déclaration d'appel.

2) Une tierce partie ne déposant pas une communication écrite notifiera au Secrétariat par écrit, dans le même délai de 21 jours, si elle a l'intention de comparaître à l'audience et, si tel est le cas, si elle a l'intention de faire une déclaration orale.

3) Les participants tiers sont encouragés à déposer des communications écrites pour faciliter la prise en compte intégrale de leurs positions par la section qui connaît de l'appel et afin que les participants et les autres participants tiers aient connaissance des positions qui seront prises à l'audience.

4) Toute tierce partie qui n'aura ni déposé une communication écrite conformément au paragraphe 1, ni présenté de notification au Secrétariat conformément au paragraphe 2, pourra notifier au Secrétariat qu'elle a l'intention de comparaître à l'audience, et pourra demander à faire une déclaration orale à l'audience. Les notifications et demandes en ce sens devraient être notifiées le plus tôt possible au Secrétariat par écrit. »

2. Règle 27.3 :

« a) Toute tierce partie qui aura déposé une communication conformément à la règle 24 1) ou aura notifié au Secrétariat conformément à la règle 24 2) qu'elle a l'intention de comparaître à l'audience pourra comparaître à l'audience, faire une déclaration orale à l'audience et répondre aux questions posées par la section.

b) Toute tierce partie qui aura notifié au Secrétariat conformément à la règle 24 4) qu'elle a l'intention de comparaître à l'audience pourra comparaître à l'audience.

c) Toute tierce partie qui aura présenté une demande conformément à la règle 24 4) pourra, à la discrétion de la section qui connaît de l'appel, et compte tenu des prescriptions relatives à la régularité de la procédure, faire une déclaration orale à l'audience et répondre aux questions posées par la section. »

II. Dans le cadre de la CIJ

A. Les règles contenues dans le Statut de la CIJ

« Article 62 :

1. Lorsqu'un État estime que, dans un différend, un intérêt d'ordre juridique est pour lui en cause, il peut adresser à la Cour une requête, à fin d'intervention.

2. La Cour décide.

Article 63 :

1. Lorsqu'il s'agit de l'interprétation d'une convention à laquelle ont participé d'autres États que les parties en litige, le Greffier les avertit sans délai.

2. Chacun d'eux a le droit d'intervenir au procès et, s'il exerce cette faculté, l'interprétation contenue dans la sentence est également obligatoire à son égard. »

B. Les règles contenues dans le Règlement de 1978

« Article 81

1. Une requête à fin d'intervention fondée sur l'article 62 du Statut, qui doit être signée comme il est prévu à l'article 38, paragraphe 3, du présent Règlement, est déposée le plus tôt possible avant la clôture de la procédure écrite. Toutefois, dans des circonstances exceptionnelles, la Cour peut connaître d'une requête présentée ultérieurement.

2. La requête indique le nom de l'agent. Elle précise l'affaire qu'elle concerne et spécifie :

a) l'intérêt d'ordre juridique qui, selon l'État demandant à intervenir, est pour lui en cause;

b) l'objet précis de l'intervention;

c) toute base de compétence qui, selon l'État demandant à intervenir, existerait entre lui et les parties.

3. La requête contient un bordereau des documents à l'appui, qui sont annexés.

Article 82

« 1. Un État qui désire se prévaloir du droit d'intervention que lui confère l'article 63 du Statut dépose à cet effet une déclaration, signée comme il est indiqué à l'article 38, paragraphe 3, du présent Règlement. Cette déclaration est déposée le plus tôt possible avant la date fixée pour l'ouverture de la procédure orale. Toutefois, dans des circonstances exceptionnelles, la Cour peut connaître d'une déclaration présentée ultérieurement.

2. La déclaration indique le nom de l'agent. Elle précise l'affaire et la convention qu'elle concerne et contient :

a) des renseignements spécifiant sur quelle base l'État déclarant se considère comme partie à la convention;

b) l'indication des dispositions de la convention dont il estime que l'interprétation est en cause;

c) un exposé de l'interprétation qu'il donne de ces dispositions;

d) un bordereau des documents à l'appui, qui sont annexés.

3. Une telle déclaration peut être déposée par un État qui se considère comme partie à la convention dont l'interprétation est en cause mais n'a pas reçu la notification prévue à l'article 63 du Statut. »

Article 83

« 1. Copie certifiée conforme de la requête à fin d'intervention fondée sur l'article 62 du Statut ou de la déclaration d'intervention fondée sur l'article 63 du Statut est immédiatement transmise aux parties, qui sont priées de présenter des observations écrites dans un délai fixé par la Cour ou, si elle ne siège pas, par le Président.

2. Le Greffier transmet également copie de la requête ou de la déclaration : a) au Secrétaire général de l'Organisation des Nations Unies; b) aux Membres des Nations Unies; c) aux autres États admis à ester devant la Cour; d) à tout autre État auquel a été adressée la notification prévue à l'article 63 du Statut. »

Article 84

« 1. La décision de la Cour sur l'admission d'une requête à fin d'intervention fondée sur l'article 62 du Statut ou la recevabilité d'une intervention fondée sur l'article 63 du Statut est prise par priorité à moins que, vu les circonstances de l'espèce, la Cour n'en décide autrement.

2. Si, dans le délai fixé conformément à l'article 83 du présent Règlement, il est fait objection à une requête à fin d'intervention ou à la recevabilité d'une déclaration d'intervention, la Cour entend, avant de statuer, l'État désireux d'intervenir ainsi que les parties. »

Article 85

« 1. Si une requête à fin d'intervention fondée sur l'article 62 du Statut est admise, l'État intervenant reçoit copie des pièces de procédure et des documents annexés et a le droit de présenter une déclaration écrite dans un délai fixé par la Cour. Il est fixé un autre délai dans lequel les parties peuvent, si elles le désirent, présenter des observations écrites sur cette déclaration avant la procédure orale. Si la Cour ne siège pas, les délais sont fixés par le Président.

2. Les délais fixés conformément au paragraphe précédent coïncident autant que possible avec ceux qui sont déjà fixés pour le dépôt des pièces de procédure en l'affaire.

3. L'État intervenant a le droit de présenter au cours de la procédure orale des observations sur l'objet de l'intervention. »

Article 86

« 1. Si une intervention fondée sur l'article 63 du Statut est déclarée recevable, l'État intervenant reçoit copie des pièces de procédure et des documents annexés et a le droit de présenter, dans un délai fixé par la Cour ou, si elle ne siège pas, par le Président, des observations écrites sur l'objet de l'intervention.

2. Ces observations sont communiquées aux parties et à tout autre État autorisé à intervenir. L'État intervenant a le droit de présenter au cours de la procédure orale des observations sur l'objet de l'intervention. »

III. Dans le cadre de la CJUE

A. Article 40 du Statut de la CJUE (version consolidée du protocole (n° 3) sur le Statut de la CJUE, annexé aux traités, tel que modifié par le règlement (UE, Euratom) n° 741/2012 du Parlement européen et du Conseil, du 11 août 2012 (JO L 228 du 23 août 2012, p. 1).

« **Article 40**

Les États membres et les institutions de l'Union peuvent intervenir aux litiges soumis à la Cour de justice.

Le même droit appartient aux organes et organismes de l'Union et à toute autre personne, s'ils peuvent justifier d'un intérêt à la solution du litige soumis à la Cour. Les personnes physiques ou morales ne peuvent pas intervenir dans les affaires entre États membres, entre institutions de l'Union ou entre États membres, d'une part, et institutions de l'Union, d'autre part.

Sans préjudice du deuxième alinéa, les États parties à l'accord sur l'Espace économique européen, autres que les États membres, ainsi que l'Autorité de surveillance AELE visée par ledit accord, peuvent intervenir aux litiges soumis à la Cour lorsque ceux-ci concernent un des domaines d'application de cet accord.

Les conclusions de la requête en intervention ne peuvent avoir d'autre objet que le soutien des conclusions de l'une des parties. »

B. Les règles contenues dans le Règlement de procédure de la Cour de justice (version consolidée du 25 septembre 2012)

« Article 129 : Objet et effets de l'intervention

1. L'intervention ne peut avoir d'autre objet que le soutien, en tout ou en partie, des conclusions de l'une des parties. Elle ne confère pas les mêmes droits procéduraux que ceux conférés aux parties et, notamment, celui de demander la tenue d'une audience.

2. L'intervention est accessoire au litige principal. Elle perd son objet lorsque l'affaire est rayée du registre de la Cour, à la suite d'un désistement ou d'un accord survenu entre les parties, ou lorsque la requête est déclarée irrecevable.

3. L'intervenant accepte le litige dans l'état où il se trouve lors de son intervention.

4. Une demande d'intervention qui est présentée après l'expiration du délai visé à l'article 130 mais avant la décision d'ouvrir la phase orale de la procédure prévue à l'article 60, paragraphe 4, peut être prise en considération. Dans ce cas, si le président admet l'intervention, l'intervenant peut présenter ses observations lors de l'audience de plaidoiries, si celle-ci a lieu.

Article 130 : Demande d'intervention

1. La demande d'intervention est présentée dans un délai de six semaines qui prend cours à la publication visée à l'article 21, paragraphe 4.

2. La demande d'intervention contient :

a) l'indication de l'affaire;

b) l'indication des parties principales;

c) les nom et domicile de l'intervenant;

d) les conclusions au soutien desquelles l'intervenant demande à intervenir;

e) l'exposé des circonstances établissant le droit d'intervenir lorsque la demande est présentée en vertu de l'article 40, deuxième ou troisième alinéa, du statut.

3. L'intervenant est représenté selon les dispositions de l'article 19 du statut.

4. Les articles 119, 121 et 122 du présent règlement sont applicables.

Article 131 : Décision sur la demande d'intervention

1. La demande d'intervention est signifiée aux parties aux fins de recueillir leurs observations écrites ou orales éventuelles sur cette demande.

2. Lorsque la demande est présentée au titre de l'article 40, premier ou troisième alinéa du statut, l'intervention est admise par décision du président et l'intervenant reçoit communication de tous les actes de procédure signifiés aux parties si celles-ci n'ont pas formulé d'observations sur la demande d'intervention dans les 10 jours qui suivent la signification visée au paragraphe 1 ou fait état, dans ce même délai, de pièces ou documents secrets ou confidentiels dont la communication à l'intervenant serait de nature à leur porter préjudice.

3. Dans les autres cas, le président statue sur la demande d'intervention par voie d'ordonnance ou défère la demande à la Cour.

4. S'il est fait droit à la demande d'intervention, l'intervenant reçoit communication de tous les actes de procédure signifiés aux parties à l'exception, le cas échéant, des pièces ou documents secrets ou confidentiels exclus de cette communication en vertu du paragraphe 3.

Article 132 : Présentation des mémoires

1. L'intervenant peut présenter un mémoire en intervention dans un délai d'un mois suivant la communication des actes de procédure visés à l'article précédent. Ce délai peut être prorogé par le président sur demande dûment motivée de l'intervenant.

2. Le mémoire en intervention contient :

a) les conclusions de l'intervenant tendant au soutien, total ou partiel, des conclusions d'une des parties;

b) les moyens et arguments invoqués par l'intervenant;

c) les preuves et offres de preuve s'il y a lieu.

3. Après le dépôt du mémoire en intervention, le président fixe, le cas échéant, un délai dans lequel les parties peuvent répondre à ce mémoire.

IV. Dans le cadre du TIDM

A. Les règles contenues dans le Statut du TIDM

« **Article 31 : Demande d'intervention**

1. Lorsqu'un État Partie estime que, dans un différend, un intérêt d'ordre juridique est pour lui en cause, il peut adresser au Tribunal une requête aux fins d'intervention.

2. Le Tribunal se prononce sur la requête.

3. Si le Tribunal fait droit à la requête, sa décision concernant le différend est obligatoire pour l'État intervenant dans la mesure où elle se rapporte aux points faisant l'objet de l'intervention.

Article 32 : Droit d'intervention à propos de questions d'interprétation ou d'application

1. Lorsqu'une question d'interprétation ou d'application de la Convention se pose, le Greffier en avertit sans délai tous les États Parties.

2. Lorsque, dans le cadre des articles 21 et 22 de la présente annexe, une question d'interprétation ou d'application d'un accord international se pose, le Greffier en avertit toutes les parties à cet accord.

3. Chaque partie visée aux paragraphes 1 et 2 a le droit d'intervenir au procès ; si elle exerce cette faculté, l'interprétation contenue dans le jugement est également obligatoire à son égard.

B. Les règles contenues dans le Règlement

« **Article 99**

1. Une requête à fin d'intervention fondée sur l'article 31 du Statut est déposée trente jours au plus tard après la date à laquelle le contre-mémoire est mis à disposition conformément à l'article 67, paragraphe 1, du présent Règlement. Toutefois, dans des circonstances exceptionnelles, le Tribunal peut connaître d'une requête présentée ultérieurement.

2. La requête doit être signée comme il est prévu à l'article 54, paragraphe 3, et indiquer le nom et l'adresse de l'agent. Elle précise l'affaire qu'elle concerne et spécifie:

a) l'intérêt d'ordre juridique qui, selon l'État Partie demandant à intervenir, est pour lui en cause;

b) l'objet précis de l'intervention.

3. Une requête à fin d'intervention fondée sur l'article 31 du Statut peut être admise indépendamment du choix fait par le requérant en vertu de l'article 287 de la Convention.

4. La requête contient un bordereau des documents à l'appui, qui sont annexés sous forme de copies.

Article 100

1. Un État Partie ou une entité autre qu'un État Partie visée à l'article 32, paragraphes 1 et 2, du Statut, qui désire se prévaloir du droit d'intervention que lui confère l'article 32, paragraphe 3, du Statut dépose à cet effet une déclaration. Ladite déclaration est déposée trente jours au plus tard après la date à laquelle le contre-mémoire est mis à disposition conformément à l'article 67, paragraphe 1, du présent Règlement. Toutefois, dans des circonstances exceptionnelles, le Tribunal peut connaître d'une déclaration présentée ultérieurement.

2. La déclaration doit être signée comme il est indiqué à l'article 54, paragraphe 3, et indiquer le nom et l'adresse de l'agent. Elle précise l'affaire qu'elle concerne et:

a) indique les dispositions de la Convention ou de l'accord international dont la partie déclarante estime que l'interprétation ou l'application est en cause;

b) contient un exposé de l'interprétation qu'elle donne de ces dispositions ou de l'application qu'elle en fait;

c) inclut un bordereau des documents à l'appui, qui sont annexés sous forme de copies.

Article 101

1. Copie certifiée conforme de la requête à fin d'intervention fondée sur l'article 31 du

Statut ou de la déclaration d'intervention fondée sur l'article 32 du Statut est immédiatement transmise aux parties, qui sont priées de présenter des observations écrites dans un délai fixé par le Tribunal ou, s'il ne siège pas, par le Président.

2. Le Greffier transmet également copie de la requête ou de la déclaration :

a) aux États Parties;

b) à toute autre partie à laquelle doit être adressée la notification prévue à l'article 32, paragraphe 2, du Statut;

c) au Secrétaire général de l'Organisation des Nations Unies;

d) au Secrétaire général de l'Autorité lorsque l'affaire est devant la Chambre pour le règlement des différends relatifs aux fonds marins.

Article 102

1. La décision du Tribunal sur l'admission d'une requête à fin d'intervention fondée sur l'article 31 du Statut ou la recevabilité d'une intervention fondée sur l'article 32 du Statut est prise par priorité à moins que, vu les circonstances de l'espèce, le Tribunal n'en décide autrement.

2. Si, dans le délai fixé conformément à l'article 101, il est fait objection à une requête à fin d'intervention ou à la recevabilité d'une déclaration d'intervention, le Tribunal entend, avant de statuer, l'État Partie, ou l'entité autre qu'un État Partie, désireux d'intervenir ainsi que les parties.

Article 103

1. Si une requête à fin d'intervention fondée sur l'article 31 du Statut est admise, l'État Partie intervenant reçoit une copie des pièces de procédure et des documents annexés et a le droit de présenter une déclaration écrite dans un délai fixé par le Tribunal. Il est fixé un autre délai dans lequel les parties peuvent, si elles le désirent, présenter des observations écrites sur cette déclaration avant la procédure orale. Si le Tribunal ne siège pas, les délais sont fixés par le Président.

2. Les délais fixés conformément au paragraphe 1 coïncident autant que possible avec ceux qui sont déjà fixés pour le dépôt des pièces de procédure en l'affaire.

3. L'État Partie intervenant a le droit de présenter au cours de la procédure orale des observations sur l'objet de l'intervention.

4. L'État Partie intervenant n'est pas autorisé à désigner un juge *ad hoc* ou à s'opposer à un accord aux fins du désistement de l'instance conformément à l'article 105, paragraphe 1.

Article 104

1. Si une intervention fondée sur l'article 32 du Statut est déclarée recevable, l'intervenant reçoit une copie des pièces de procédure et des documents annexés et a le droit de présenter, dans un délai fixé par le Tribunal ou, s'il ne siège pas, par le Président, des observations écrites sur l'objet de l'intervention.

2. Ces observations sont communiquées aux parties et à tout autre État Partie, ou entité autre qu'un État Partie, autorisé à intervenir. L'intervenant a le droit de présenter au cours de la procédure orale des observations sur l'objet de l'intervention.

3. L'intervenant n'est pas autorisé à désigner un juge *ad hoc* ou à s'opposer à un accord aux fins du désistement de l'instance conformément à l'article 105, paragraphe 1. »

V. Article 2013 de l'ALÉNA

« Article 2013 : Participation d'une tierce Partie

Une Partie qui n'est pas une Partie contestante sera en droit, après signification d'un avis écrit aux Parties contestantes et à sa section du Secrétariat, d'assister à toutes les audiences, de présenter des conclusions écrites et orales au groupe spécial et de recevoir les conclusions écrites des Parties contestantes. »

VI. Article 40 of Treaty for the Establishment of the East African Community (as amended on 14th Decembre, 2006, and 20th August, 2007)

« **Article 40 : Intervention**

A Partner State, the Secretary General or a resident of a Partner State who is not a party to a case before the Court may, with leave of the Court, intervene in that case, but the submissions of the intervening party shall be limited to evidence supporting or opposing the arguments of a party to the case. »

VII. Article 36 of the Treaty the Treaty establishing the Common Market for Eastern and Southern Africa le 8 décembre 1994

« **Article 36 : Intervention**

A Member State, the Secretary-General or a resident of a Member State who is not a party to a case before the Court may with leave of the Court, intervene in that case, but the submissions of the intervening party shall be limited to evidence supporting or opposing the arguments of a party to the case. »

VIII. Articles 71 et 72 de l'Acte additionnel n° 4/00/CEMAC-041-CCE-CJ-02, portant Règles de procédure de la chambre judiciaire de la Cour de justice de la Communauté économique et monétaire de l'Afrique central

« **Article 71 -** L'intervention d'un tiers est recevable en tout état de cause jusqu'à la clôture des débats.

Article 72 - L'intervention peut être spontanée ou provoquée par une des parties qui, en cours d'instance, décide de mettre un tiers en cause, de l'appeler en garantie ou en déclaration de jugement commun. La requête est notifiée selon le cas aux parties ou aux tiers. Elle comporte tous les éléments propres à justifier l'entrée du tiers dans le litige. »

IX. Article 21 Protocole sur la Cour de justice de la Communauté économique des États de l'Afrique de l'Ouest, de 1991, amendé en 2005

« **Article 21: Application for Intervention**

Should a Member State consider that it has an interest that may be affected by the subject matter of a dispute before the Court, it may submit by way of a written application a request to be permitted to intervene. »

X. Article 30 du Protocole sur le Tribunal de la Communauté de développement de l'Afrique australe (*the Southern African Development Community,* SADC) et ses règles de procédures de 2000

« Article 30 : Application to be joined as a party

Should a Member State28, natural or legal person consider that it or he or she has an interest of a legal nature that may affect or be affected by the subject matter of a dispute before the Tribunal, it or he or she may submit by way of a written application in such a form and manner as the rules of procedure may prescribe a request to be permitted to intervene. »

XI. Article 48.2 de la Convention établissant l'Association européenne de libre-échange, consolidée au 20 septembre 2010

« A Member State which is not a party to the dispute, on delivery of a written notice to the disputing parties, shall be entitled to make written submissions to the arbitral tribunal, to receive written submissions of the disputing parties, attend all hearings and make oral submissions. »

XII. Dans le cadre de l'Accord des partenaires économiques stratégiques transpacifiques entre Singapour, le Brunei, la Nouvelle-Zélande et le Chili (Accord P4)

A. Article 15.4: Consultations

« 4. Whenever a Party other than the consulting Parties considers that it has an interest in the consultations, such Party may notify the consulting Parties within 7 days after the notification of the request for consultations, of its desire to be joined in the consultations. The Party complained against shall give positive consideration to any request from a Party to attend consultations requested by any other Party. »

B. Annex 15.B : Model Rules of Procedure for Arbitral Tribunals

« **Third Parties**

8. A Party to this Agreement which has an interest in the matter before the arbitral tribunal may notify the disputing Parties of this interest no later than 10 days after the request for the establishment of the arbitral tribunal. In the case of a matter regarding perishable goods an interest has to be notified no later than 7 days after the request for the establishment of the arbitral tribunal.

9. A third Party shall have an opportunity to make written submissions to the arbitral tribunal and be present at the hearings of the arbitral tribunal. »

XII. Dans le cadre de l'ASEAN

A. The 2004 ASEAN Protocol on Enhanced Dispute Settlement Mechanism

« Article 11 : Third Parties

1. The interests of the parties to a dispute and those of other Member States under a covered agreement at issue in the dispute shall be fully taken into account during the panel process.

2. Any Member State having a substantial interest in a matter before a panel and having notified its interest to the SEOM (referred to in this Protocol as a "third party") shall have an opportunity to be heard by the panel and to make written submissions to the panel. These submissions shall also be given to the parties to the dispute and shall be reflected in the panel report.

3. Third parties shall receive the submissions of the parties to the dispute to the first substantive meeting of the panel.

4. If a third party considers that a measure already the subject of a panel proceeding nullifies or impairs benefits accruing to it under any covered agreement, that Member State may have recourse to normal dispute settlement procedures under this Protocol. Such a dispute shall be referred to the original panel wherever possible. »

B. 2010 Protocol to the ASEAN Charter on Dispute Settlement mechanisms, adopted in Hanoi, Vietnam on 8th April 2010

« **Article 13 : Third party**

1. Any Member State which has notified its substantial interests in a matter in dispute within thirty (30) days from the notification of the reply of the Responding Party consenting to the request for the establishment of the arbitral tribunal pursuant to Paragraph 3 of Article 8 or the notification of the decision of the ASEAN Coordination Council directing the Parties to the dispute to resolve their dispute through arbitration pursuant to Article 9, shall have rights and obligations of a Third Party.

2. The Third Party shall have an opportunity to be heard by the arbitral tribunal and to make submissions to the arbitral tribunal. These submissions shall also be given to the Parties to the dispute and shall be reflected in the award of the arbitral tribunal.

3. The Third Party shall receive from the Parties to the dispute their submissions to the first substantive meeting of the arbitral tribunal. »

ANNEXE 2

Liste des tableaux

ANNEXE 3

Liste des titres abrégés des affaires de l'OMC citées dans l'ouvrage

Titre abrégé	Affaire	Code de l'affaire
Argentine – Chaussures (CE)	Argentine – Mesures de sauvegarde à l'importation de chaussures	WT/DS121
Argentine – Droits antidumping sur la viande de volaille	Argentine – Droits antidumping définitifs visant la viande de volaille en provenance du Brésil	WT/DS241
Australie – Cuir pour automobiles II	Australie – Subventions accordées aux producteurs et exportateurs de cuir pour automobiles	WT/DS126
Australie – Pommes	Australie – Mesures affectant l'importation de pommes en provenance de Nouvelle-Zélande	WT/DS367
Australie – Saumon	Australie – Mesures visant les importations de saumons	WT/DS18
Brésil – Aéronefs	Brésil – Programme de financement des exportations pour les aéronefs	WT/DS46
Canada – Autos	Canada – Certaines mesures affectant l'industrie automobile	WT/DS139 WT/DS142
Canada – Énergie renouvelable	Canada – Certaines mesures affectant le secteur de la production d'énergie renouvelable	WT/DS412
Canada – Exportations de blé et importations de grains	Canada – Mesures concernant les exportations de blé et le traitement des grains importés	WT/DS276
Canada – Produits laitiers	Canada – Mesures visant l'importation de lait et l'exportation de produits laitiers	WT/DS103 WT/DS113
Canada – Programme de tarifs de rachat garantis	Canada – Mesures relatives aux Programme de tarifs de rachat garantis	WT/DS426
CE – Amiante	Communautés européennes – Mesures affectant l'amiante et les produits en contenant	WT/DS135

CE – Bananes III	Communautés européennes – Régime applicable à l'importation, à la vente et à la distribution des bananes	WT/DS27
CE – Hormones	Communautés européennes – Mesures communautaires concernant les viandes et les produits carnés (hormones)	WT/DS26 WT/DS48
CE – Linge de lit	Communautés européennes – Droits antidumping sur les importations de linge de lit en coton en provenance de l'Inde	WT/DS141
CE – Marques et indications géographiques	Communautés européennes – Protection des marques et des indications géographiques pour les produits agricoles et les denrées alimentaires	WT/DS174
CE – Morceaux de poulet	Communautés européennes – Classification douanière des morceaux de poulet désossés et congelés	WT/DS269 WT/DS286
CE – OGM	Communautés européennes – Mesures affectant l'approbation et la commercialisation des produits biotechnologiques	WT/DS291 WT/DS292 WT/DS293
CE – Préférences tarifaires	Communautés européennes – Conditions d'octroi de préférences tarifaires aux pays en développement	WT/DS246
CE – Produits des technologies de l'information	Communautés européennes et leurs États membres – Traitement tarifaire de certains produits des technologies de l'information	WT/DS375 WT/DS376 WT/DS377
CE – Sardines	CE – Désignation commerciale des sardines	WT/DS231
Chili – Système de fourchettes de prix	Chili – Système de fourchette de prix et mesures de sauvegarde appliqués à certains produits agricoles	WT/DS207
Chine – Matières premières	Chine – Mesures relatives à l'exportation de diverses matières premières	WT/DS394 WT/DS395 WT/DS398
Chine – Publications et produits audiovisuels	Chine – Mesures affectant les droits de commercialisation et les services de distribution pour certaines publications et certains produits de divertissement audiovisuels	WT/DS363
Chine – Terres rares	Chine – Mesures relatives à l'exportation de terres rares, de tungstène et de molybdène	WT/DS431 WT/DS432 WT/DS433
États-Unis – Aéronefs civils gros porteurs (2ème plainte)	États-Unis – Mesures affectant le commerce des aéronefs civils gros porteurs (deuxième plainte)	WT/DS353
États-Unis – Article 301, Loi sur le commerce extérieur	États-Unis – Articles 301 à 310 de la Loi de 1974 sur le commerce extérieur	WT/DS152

États-Unis – Automobiles	États-Unis - Imposition de droits d'imposition sur les automobiles en provenance du Japon au titre des articles 301 et 304 de la loi de 1974 sur le commerce extérieur	WT/DS6
États-Unis – Bois de construction IV	États-Unis – Détermination finale en matière de droits compensateurs concernant certains bois d'œuvre résineux en provenance du Canada	WT/DS257
États-Unis – Certains produits en provenance des CE	États-Unis – Mesures à l'importation de certains produits en provenance des Communautés européennes	WT/DS165
États-Unis – Coton upland	États-Unis – Subventions concernant le coton upland	WT/DS267
États-Unis – Crevettes (Thaïlande)	États-Unis – Mesures concernant les crevettes en provenance de Thaïlande	WT/DS343
États-Unis – Directive sur les cautions en douane	États-Unis – Directive sur les cautions en douane pour les marchandises assujetties à des droits antidumping/compensateurs	WT/DS345
États-Unis – DRAM	États-Unis – Droit antidumping sur les semi-conducteurs pour mémoires RAM dynamiques (DRAM) d'un mégabit ou plus, originaires de Corée	WT/DS99
États-Unis – Droits antidumping et compensateurs (Chine)	États-Unis – Droits antidumping et droits compensateurs définitifs visant certains produits en provenance de Chine	WT/DS379
États-Unis – Essence	États-Unis – Normes concernant l'essence nouvelle et ancienne formule	WT/DS2
États-Unis – FSC	États-Unis – Traitement fiscal des « sociétés de ventes à l'étranger »	WT/DS108
États-Unis – Jeux	États-Unis – Mesures visant la fourniture transfrontières des services de jeux et paris	WT/DS285
États-Unis – Loi de 1916	États-Unis – Loi antidumping de 1916	WT/DS136 WT/DS162
États-Unis – Loi sur la compensation (Amendement Byrd)	États-Unis – Loi de 2000 sur la compensation pour continuation du dumping et maintien de la subvention	WT/DS217
États-Unis – Mesures compensatoires (Chine)	États-Unis – Mesures compensatoires visant certains produits en provenance de Chine	WT/DS437
États-Unis – Plomb et Bismuth II	États-Unis – Imposition de droits compensateurs sur certains produits en acier au carbone, plomb et bismuth laminés à chaud originaires du Royaume-Uni	WT/DS138
États-Unis – Règles d'origine pour les textiles	États-Unis – Règles d'origine concernant les textiles et les vêtements	WT/DS243

États-Unis – Sauvegardes concernant l'acier	États-Unis – Mesures de sauvegarde définitives à l'importation de certains produits en acier	WT/DS248 WT/DS249 WT/DS251 WT/DS252 WT/DS253 WT/DS254 WT/DS258 WT/DS259
États-Unis – Subventions à l'agriculture	États-Unis – Subventions et autres mesures de soutien interne pour le maïs et d'autres produits agricoles	WT/DS357
États-Unis – Vêtement de dessous	États-Unis – Restrictions à l'importation de vêtements de dessous de coton et de fibres synthétiques ou artificielles en provenance du Costa Rica	WT/DS24
États-Unis – Volaille (Chine)	États-Unis – Certaines mesures visant les importations de volaille en provenance de Chine	WT/DS392
États-Unis/Canada – Maintien de la suspension	États-Unis/Canada – Maintien de la suspension d'obligations dans le différend CE – Hormones	WT/DS320 WT/DS321
États-Unis – Crevettes	États-Unis – Prohibition à l'importation de certaines crevettes et de certains produits à base de crevettes	WT/DS58
Inde – Brevet (États-Unis)	Inde – Protection conférée par un brevet pour les produits pharmaceutiques et les produits chimiques pour l'agriculture	WT/DS50
Inde – Droits d'importation additionnels	Inde – Droits additionnels et droits additionnels supplémentaires sur les importations en provenance des États-Unis	WT/DS360
Indonésie – Produits horticoles et produits d'origine animale	Indonésie – Importation de produits horticoles, d'animaux et de produits d'origine animale	WT/DS455
Japon – Boissons alcooliques II	Japon-Taxes sur les boissons alcooliques	WT/DS8
Mexique – Sirop de maïs	Mexique – Enquête antidumping concernant le sirop de maïs à haute teneur en fructose en provenance des États-Unis	WT/DS132
Philippines – Spiritueux distillés	Philippines – Taxes sur les spiritueux distillés	WT/DS403
République dominicaine – Mesures de sauvegarde	République dominicaine – Mesures de sauvegarde visant les importations de sacs en polypropylène et de tissu tubulaire	WT/DS415 WT/DS416 WT/DS417 WT/DS418
Turquie – Riz	Turquie – Mesure affectant l'importation de riz	WT/DS334

BIBLIOGRAPHIE

TABLE DE LA BIBLIOGRAPHIE

I. Ouvrages

- AYNES A. & VUITTON X., *Droit de la preuve : Principes et mise en œuvre processuelle,* Coll. Droit & Professionnels, Paris, LexisNexis, 2013, 315 p.
- BERMANN G. A. & MAVROIDIS P. C. (edt.), *WTO Law and Developing Countries*, New York, Cambridge University Press, 2007, 372 p.
- BETTATI M., *Le trafic de drogue : Pour un contrôle international des stupéfiants,* Paris, Odile Jacob, 2015, 288 p.
- BHUIYAN S., SANDS P. & SCHRIJVER N. (edt.), *International Law and Developing Countries : Essays in Honour of Kamal Hossain,* Leiden, Brill Nijhoff, 2014, 330 p.
- BOSSCHE P. V. D., *The Law and Policy of the World Trade Organization, Text, Cases and Materials*, 2nd edition, Cambridge, Cambridge University Press, 2008, 917 p.
- BOWN C. P., *Self-Enforcing Trade : Developing Countries and WTO Dispute Settlement,* Washington, Brookings Institution Press, 2010, 282 p.
- CADIET L. (dir.), *Dictionnaire de la Justice,* Paris, PUF, 2004, 1362 p.
- CADIET L., NORMAND J. & MEKKI S. A., *Théorie générale du procès,* Paris, PUF, 2010, 994 p.
- CANAL-FORGUES E., *L'institution de la conciliation dans le cadre du GATT,* Bruxelles, Bruylant, 1993, 687 p.
- CANAL-FORGUES E., *Le règlement des différends à l'OMC,* 3e édition, Bruxelles, Bruylant, 2008, 218 p.
- CARREAU D. & JUILLARD P., *Droit international économique,* 4e édition, Paris, Dalloz, 2010, 770 p.
- CARREAU D. & MARRELLA F., *Droit international,* 11e édition, Paris, A. Pedone, 2012, 733 p.
- CHAISSE J. & BALMELLI T. (edt.), *Essays on the Future of the World Trade Organization, Volume II : The WTO Judicial System : Contributions and Challenges,* Genève, Éditions interuniversitaires suisses, 2008, 350 p.
- CHANDRASEKHARA RAO P. & KHAN R. (edt.), *The International Tribunal for the law of the sea : Law and Practive,* The Hague, Kluwer Law International, 2001, 281 p.

- CHINKIN C., *Third Parties in International Law,* Oxford, Clarendon Press, 1993, 356 p.
- CIJ, *La Cour internationale de Justice,* 5e edition, La Haye, 2004, 252 p.
- COMBACAU J. & SUR S., *Droit international public,* 9e édition, Paris, Montchrestien, 2010, 820 p.
- CORNU G. (dir.), *Vocabulaire juridique,* 9e édition, Association Henri Capitant, Paris, Quadrige/PUF, 2011, 1095 p.
- COT J.-P., *La conciliation internationale,* Paris, A. Pedone, 1968, 389 p.
- CÔTÉ C.-E., *La participation des personnes privées au règlement des différends internationaux économiques : l'élargissement du droit de porter plainte à l'OMC,* Bruxelles, Bruylant et Éditions Yvons Blais, 2007, 635 p.
- DAILLIER P., FORTEAU M. & PELLET A., *Droit international public,* 8e édition, Paris, L.G.D.J., 2009, 1709 p.
- DE MOULINS-BEAUFORT E. & POIRIER P. (dir.), *Gouvernance mondiale et éthique au XXIe siècle,* Collège des Bernadins, Paris, 2013, 248 p. ROSENNE S., *Intervention in the International Court of Justice,* Leiden, Martinus Nijhoff Publishers, 1993, 207 p.
- DECAUX E. (dir.), *Le Pacte international relatif aux droits civils et politiques : Commentaire article par article,* Paris, Economica, 2011, 996 p.
- DUPUY P.-M. & KERBRAT Y., *Droit international public,* 11e édition, Paris, Dalloz, 2012, 929 p.
- DUPUY P.-M., *Droit international public,* 9e édition, Paris, Dalloz, 2008, 879 p.
- EL BOUDOUHI S., *L'élément factuel dans le contentieux international,* Bruxelles, Bruylant, 2013, 359 p.
- EYFFINGER A., *The International Court of Justice,* The Hague, Kluwer Law International, 1996, 428 p.
- FASTENRATH U. (edt.), *From bilateralism to community interest: essays in honour of Judge Bruno Simma,* Oxford, Oxford University Press, 2011, 1346 p.
- FISCHER T. C., *The United States, the European Union and the « Globalization » of World Trade : Allies or Adversaries ?,* Westport, Quorum Books, 2000, 342 p.

- GANTZ D. A., *Liberalizing International Trade after Doha : Multilateral, Plurilateral, Regional, and Unilateral Initiatives,* Cambridge International Trade and Economic Law Series, New York, Cambridge University Press, 2013, 376 p.
- GALLAGHER P., *Guide to Dispute Settlement,* The Hague, Kluwer Law International, 2002, 166 p.
- GALLAGHER P., *The First Ten Years of the WTO 1995-2005,* Cambridge, Cambrigde University Press, 2005, 244 p.
- GAO H. & LEWIS D. (edt.), *China's Participation in the WTO,* London, Cameron May, 2005, 486 p.
- GARNER B. A. (editor in chief), *Black's Law Dictionary,* 9th edition, Minnesota, West – Thomson Reuteurs, 2009, 1920 p.
- GEORGE S., *Remettre l'OMC à sa place,* Mille et une nuits, Paris, Fayard, 2001, 110 p.
- GEORGIEV D. & DER BORGHT K. V., *Reform and Development of the WTO Dispute Settlement System,* London, Cameron May, 2006, 475 p.
- GHERARI H. & SZUREK S. (dir.), *L'émergence de la société civile internationale : vers la privatisation du droit international »,* CEDIN Paris X, Cahiers internationaux n° 18, Paris, A. Pedone, 350 p.
- GIORGETTI C. (edt.), *The Rules, Practice, and Jurisprudence of International Courts and Tribunals,* Leiden/Boston, Martinus Nijhoff Publishers, 2012, 611 p.
- GUINCHARD S. *et al.*, *Droit processuel : Droit commun et droit comparé du procès équitable*, 5e édition, Paris, Dalloz, 2009, 1307 p.
- GUINCHARD S. *et al.*, *Droit processuel : Droits fondamentaux du procès,* 7e édition, Paris, Dalloz, 2013, 1401 p.
- GUINCHARD S. *et al.*, *Procédure civile*, 27e édition, Paris, Dalloz, 2003, 1235 p.
- HUDEC R. E., *The GATT Legal System and World Trade Diplomacy*, 2nd edition, New Hampshire, Butterworth Legal Publishers, 1990, 376 p.
- JEULAND E., *Droit processuel : une science de la reconstruction des liens de droit,* Collection : Manuel, Paris, L.G.D.J., 2007, 614 p.
- JURVILLIERS-ZUCCARO E., *Le tiers en droit administratif,* thèse, Université de Nancy 2, 2010, 602 p.

- KIEFFER B., *L'Organisation mondiale du commerce et l'évolution du droit international public,* Bruxelles, Larcier, 2008, 371 p.
- KOLB R., *La Cour internationale de la Justice,* Paris, A. Pedone, 2013, 1356 p.
- KOLB R., *Théorie du droit international,* 2e édition, Bruxelles, Bruylant, 2013, 830 p.
- KOVAR R., *Le règlement des différends économiques interétatiques dans les organisations internationales,* Association des hautes études internationales, Paris, 1969-1970, 97 p.
- LASOK K. P. E., *The European Court of Justice : Practice and Procedure,* 2nd edition, London, Butterworths, 1994, 437 p.
- *Le grand Larousse illustré 2014,* Paris, Larousse, 2014, 2078 p.
- LESAFFRE H., *Le Règlement des différends au sein de l'OMC et le droit de la responsabilité internationale*, Paris, L.G.D.J, 2007, 614 p.
- MACHROUH J., *Justice et développement selon l'Organisation mondiale du commerce,* Paris, L'Harmattan, 2008, 337 p.
- MAHINGA J.-G., *Le Tribunal international du droit de la mer,* Bruxelles, Larcier, 2013, 376 p.
- MENETREY S., *L'amicus curiae, vers un principe commun de droit procédural ?*, Paris, Dalloz, 2010, 506 p.
- MITCHELL A. D., *Legal Principles in WTO Disputes,* Melbourne, Cambrigde University Press, 2008, 308 p.
- NARLIKAR A., *International Trade and Developing Countries : Bargaining Coalitions in the GATT and WTO,* RIPE Studies in Global Political Economy, Routledge, 2003, 238 p.
- NGAMBI J., *La preuve dans le règlement des différends de l'Organisation mondiale du commerce,* Bruxelles, Bruylant, 2010, 597 p.
- NIYUNGEKO G., *La preuve devant les juridictions internationales,* Bruxelles, Bruylant & Éd. de l'Université de Bruxelles, 2005, 480 p.
- OMC, *Résultats des négociations commerciales multilatérales du cycle d'Uruguay : textes juridiques,* GATT, Genève, 1994, 591 p.

- PACE V., *L'Organisation mondiale du commerce et le renforcement de la réglementation juridique des échanges commerciaux internationaux*, Paris, L'Harmattan, 2000, 480 p.
- PALMETER D. & MAVROIDIS P. C., *Dispute Settlement in the World Trade Organization, Practice and Procedure*, 2nd edition, Cambridge, Cambridge University Press, 2004, 348 p.
- PETERSMANN E.-U., *The GATT/WTO Dispute Settlement System : International Law, International Organizations and Dispute Settlement*, London, Kluwer Law International, 1997, 347 p.
- PETERSMANN E.-U. (edt.), *International Trade Law and the GATT/WTO dispute settlement system*, London, Kluwer Law International, 1997, 704 p.
- PNUD, *Rapport sur le développement humain 2013 : l'essor du Sud – le progrès humain dans un monde diversifié*, 2013, 224 p.
- RENUCCI J.-F., *Traité de droit européen des droits de l'homme*, 2e édition, Paris, L.G.D.J. – Lextenso éditions, 2012, 1297 p.
- ROMANO C. P., ALTER K. J. & SHANY Y. (edt.), *The Oxford Handbook of International Adjudication*, New York, Oxford University Press, 2014, 975 p.
- ROSENAU J. N. & CZEMPIEL E.-O. (edt.), *Governance Without Government : Order and Change in World Policies*, Cambridge, Cambridge University Press, 1992, 311 p.
- RUIZ FABRI H. & SOREL J.-M. (dir.), *Indépendance et impartialité des juges internationaux*, Coll. Contentieux international, Paris, A. Pedone, 2010, 302 p.
- RUIZ FABRI H. & SOREL J.-M. (dir.), *La motivation des décisions des juridictions internationales*, Coll. Contentieux international, Paris, A. Pedone, 2008, 286 p.
- RUIZ FABRI H. & SOREL J.-M. (dir.), *La preuve devant les juridictions internationales*, Coll. Contentieux international, Paris, A. Pedone, 2007, 480 p.
- RUIZ FABRI H. & SOREL J.-M. (dir.), *La saisine des juridictions internationales*, Coll. Contentieux international, Paris, A. Pedone, 2006, 319 p.
- RUIZ FABRI H. & SOREL J.-M. (dir.), *Le principe du contradictoire devant les juridictions internationales*, Coll. Contentieux international, Paris, A. Pedone, 2004, 198 p.

- RUIZ FABRI H. & SOREL J.-M. (dir.), *Le tiers à l'instance devant les juridictions internationales,* Coll. Contentieux international, Paris, A. Pedone, 2005, 266 p.
- RUIZ FABRI H. & STERN B. (dir.), *La jurisprudence de l'OMC/The Case of the WTO,* vol. 1999-2, Leiden, Martinus Nijhoff Publishers, 2008, 317 p.
- RUIZ FABRI H. (dir.), *Procès équitable et enchevêtrement des espaces normatifs : travaux de l'atelier de droit international de l'UMR de droit comparé de Paris,* Société de législation comparée, Paris, 2003, 290 p.
- SACERDOTI G., YANOVICH Y. & BOHANES J. (edt.), *The WTO at Ten : The Contribution of the Dispute Settlement System*, Cambridge, Cambridge University Press, 2006, 531 p.
- SAINT-HILAIRE P. D., *Le tiers à l'acte juridique,* Bibliothèque de droit privé, tome 333, Paris, L.G.D.J, 2000, 571 p.
- SALMON G. (dir.), *Dictionnaire de droit international public,* Bruxelles, Bruylant/AUF, 2001, 1198 p.
- SANTULLI C., *Droit du contentieux international,* Paris, Montchrestien, 2005, 584 p.
- TANIGUCHI Y., YANOVICH Y. & BOHANES J. (edt.), *The WTO in the Twenty-first Century: Dispute Settlement, Negociations, and Regionalism in Asia,* Cambridge, Cambridge University Press, 2007, 507 p.
- TAXIL B., *L'OMC et les pays en développement,* Paris, Montchrestien, 1998, 179 p.
- VAN DAMME I., *Treaty Interpretation by the WTO Appellate Body,* Oxford, Oxford University Press, 2009, 419 p.
- VANGRASSTEK C., *History and Future of the World Trade Organization,* WTO Publications, Geneva, 2013, 660 p.
- VILLENEUVE C. & BACK F., *Le Fleuve aux Grandes Eaux,* Québec/Amérique, 1995, 118 p.
- VINCENT P., *L'OMC et les pays en développement,* Bruxelles, Larcier, 2010, 398 p.
- VOEFFRAY F., *L'*action popularis *ou la défense de l'intérêt collectif devant les juridictions internationales,* Paris, Presses universitaires de France, 2004, 403 p.

- WAINCYMER J., *WTO Litigation : Procedural Aspects of Formal Dispute Settlement*, London, Cameron May, 2002, 935 p.
- WEISS F. (edt.), *Improving WTO dispute settlement procedures : issues and lessons from the practice of other international courts and tribunals*, London, Cameron May, 2000, 430 p.
- WHEATLEY S., *The Democratic Legitimacy of International Law, in* Studies in International Law, vol. 29, Oxford and Portland, Hart Publishing, 2010, 400 p.
- WOLFRUM R., STOLL P.-T. & KAISER K. (edt.), *WTO : Institutions and Dispute Settlement*, Leiden, Martinus Nijhoff Publishers, 2006, 671 p.
- World Trade Organization, *A Handbook on the WTO Dispute Settlement System*, Cambridge, Cambridge University Press, 2004, 215 p.
- World Trade Organization, *WTO Analytical Index : Supplement Covering New Developments in WTO Law and Practice (October 2011 – August 2013)*, 239 p., disponible sur : http://wto.org/english/res_e/booksp_e/analytic_index_e/ai_new_dev_e.pdf (url consultée le 10 juillet 2014).
- WU C.-H., *WTO and the Greater China : Economic Integration and Dispute Resolution*, Nijhoff International Trade Law Series, vol. 8, Martinus Nijhoff Publishers, 2012, 308 p.
- YERXA R. & WILSON B. (edt.), *Key Issues in WTO Dispute Settlement: the first ten years*, Cambridge, Cambridge University Press, 2005, 289 p.
- ZERAH D., *L'exigence d'une gouvernance mondiale*, Paris, L.G.D.J.-Lextenso, 2013, 204 p.
- ZIMMERMANN T. A., *Negotiating the Review of the WTO Dispute Settlement Understanding*, London, Cameron May, 2006, 350 p.

II. Articles et chroniques

- ABDELGAWARD W., JOURDAIN-FORTIER C. & MOINE-DUPUIS I., « Chronique du règlement des différends de l'OMC (début juillet 2008 à début juillet 2009) », *Revue internationale de droit économique*, 2009, vol. 23, n°. 4, pp. 465-502.
- ABDELGAWARD W., JOURDAIN-FORTIER C. & MOINE-DUPUIS I., « Chronique du règlement des différends de l'OMC (2006-2008) », *Revue internationale de droit économique*, 2008, vol. 22, n°. 3, pp. 357-393.

- ABI-SAAB G., « Commentaire », in RUIZ FABRI H. & SOREL J.-M. (dir.), *La preuve devant les juridictions internationales*, Coll. Contentieux international, Paris, A. Pedone, 2007, pp. 97-104.
- AHLBORN C. & PFITZER J. H., « Transparency and Public Participation in WTO Dispute Settlement », 2009, 58 p., disponible sur : http://www.ciel.org/Publications/Transparency_WTO_Dec09.pdf (url consultée le 31 mai 2013).
- AHN D., « Korea in the GATT/WTO Dispute Settlement System : Legal Battle for Economic Development », *Journal of International Economic Law,* 2003, vol. 6, n°. 3, pp. 597-633.
- ALALI P., « Judicial Lobbying at the WTO : The Debate over the use of *amicus curiae* briefs and the U.S. experience », *Fordham International Law Journal,* 2000, vol. 24, n°. 1-2, pp. 62-94.
- ALAWODE G., « Right of participation in WTO dispute settlement proceedings : a study of cases involving *amicus curiae* briefs », May 13 2011, 18 p., disponible sur : http://www.dundee.ac.uk/cepmlp/gateway/?news=31249 (url consultée le 31 mai 2013).
- ALBASHAR F. A. S. A. & MANIRUZZAMAN A. F. M., « Reforming the WTO Dispute Settlement System : A Rethink of the Third Party Right of Access to Panel and Appeal Processes from Developing Countries' Perspectives », *The Journal of World Investment & Trade,* 2011, vol. 11, n°. 3, pp. 311-373.
- AL-QAHTANI M., « The status of would-be intervening States before the International Court of Justice and the application of *Res Judicata* », *The Law and Practice of International Courts and Tribunal,* 2003, vol. 2, n°. 2, pp. 269-294.
- ALTER K. J., « Who Are the « Masters of the Treaty » ?: European Governments and the European Court of Justice », *International Organization,* 1998, vol. 52, n°. 1, pp. 121-147.
- ANGELET N., « Le tiers à l'instance dans la procédure de règlement des différends de l'OMC », *in* RUIZ FABRI H. & SOREL J.-M. (dir.), *Le tiers à l'instance devant les juridictions internationales,* Coll. Contentieux international, Paris, A. Pedone, 2005, pp. 207-238.
- ANTONIADIS A., « Enhanced Third Party Rights in the WTO Dispute Settlement Understanding », *Legal Issues of Economic Integration,* 2002, vol. 29, n°. 3, pp. 285-304.

- AREND K., « Understanding on Rules and Procedures Governing the settlement of disputes (DSU) : Article 10 », *in* WOLFRUM R., STOLL P.-T., KAISER K. (edt.), *WTO : Institutions and Dispute Settlement,* Leiden, Martinus Nijhoff, 2006, pp. 373-385.

- BAILEY M. A., « Signals from the Tenth Justice : the Political Role of the Solicitor General in Supreme Court Decision Making », *American Journal of Political Science,* 2005, vol. 49, n°. 1, pp. 72-85.

- BENZING M., « Community Interests in the Procedure of International Courts and Tribunals », *The Law and Pratice of International Courts and Tribunals,* 2006, vol. 5, n°. 3, pp. 369-408.

- TORRES BERNARDEZ S., « L'intervention dans la procédure de la Cour internationale de Justice », *in* Académie de droit international, *Recueil des cours,* tome 256, 1995, pp. 193-457.

- BERRI M., « The Special Procedures Before the Court of Justice of the European Communities », *Common Market Law Review,* 1971, vol. 8, n°. 1, pp. 8-11.

- BLACKHURST R., LYAKURWA B. & OYEJIDE A., « Improving African Participation in the WTO », *Paper commissioned by the World Bank for a Conference at the WTO on 20-12 September 1999,* disponible sur : http://www.iatp.org/files/Improving_African_Participation_in_the_WTO.htm (url consultée le 27 mars 2014).

- BLEISCHWITZ R., « International Raw Materials Markets : Rising Prices and Growing Conflict Potential », *in* DEBIEL T., MESSNER D. & NUSCHELER F. (edt.), *Global Trends 2007 – Vulnerability and Human Security in the 21st Century : What are the current threats to global human security,* Bonn, 2006, pp. 65-78.

- BLIN O., « La stratégie communautaire dans l'Organisation mondiale du commerce », *Journal du droit international (Clunet),* 2006, n°.1, pp. 89-125.

- BOHANES J. & GARZA F., « Going Beyond Stereotypes : Participation of Developing Countries in WTO Dispute Settlement », *Trade, Law and Development,* 2012, vol. 4, n°. 1, p. 45-126.

- BORDES A., « Le rôle du mécanisme de règlement des différends de l'OMC entre souveraineté réglementaire et institutionnalisation : quel avenir ? », *in* BLIN O. (dir.), *Regards croisés sur le règlement des différends de l'Organisation mondiale du commerce (OMC) : Actes de la journée d'étude du 1er décembre 2006, à l'Université des sciences sociales de Toulouse,* Bruxelles, Bruylant, 2009, pp. 25-32.

- BOSSCHE P. V. D., « Reform of the WTO dispute settlement system : What to expect from the Doha Development Round ? », *in* CHARNOVITZ S., STEGER D. & BOSSCHE P. V. D. (edt.), *Law in the Service of Human Dignity : Essays on Honour of Florentino Feliciano,* Cambridge, Cambridge University Press, 2005, pp. 103-126.
- BOSSCHE P. V. D., « The WTO Dispute Settlement System and Arab and Islamic Countries », *in* The International Bureau of the Permanent Court of Arbitration (edt.), *Strengthening Relations with Arab and Islamic Countries Through International Law : E-commerce, The WTO Dispute Settlement Mechanism and Foreign Investment,* The Hague, Kluwer Law International, 2001, pp. 185-206.
- BOWN C. P. & CROWLEY M. A., « Trade deflection and trade depression », *Journal of International Economics,* 2007, vol. 72, n°. 1, pp. 176-201.
- BOWN C. P. & MCCULLOCH R., « Developing Countries, Dispute Settlement, and the Advisory Centre on WTO Law », *World Bank Policy Research Working Paper N°. 5168,* January 1, 2010, 41 p., disponible sur : http://papers.ssrn.com/sol3/papers.cfm?abstract_id=1533686 (url consultée le 17 avril 2013).
- BOWN C. P., « MFN and the Third-Party Economic Interests of Developing Countries in GATT/WTO Dispute Settlement », Paper prepared for the *« Developing Countries in the WTO Legal System Conference »* at the University of Minnesota, May 22-26, 2007, 46 p., disponible sur : http://people.brandeis.edu/~cbown/papers/developing_mfn.pdf (url consultée le 17 avril 2013).
- BOWN C. P., « Participation in WTO Dispute Settlement : Complainants, Interested Parties and Free Riders », January 2005, 25 p., disponible sur : http://people.brandeis.edu/~cbown/papers/free_ride.pdf (url consultée le 31 mars 2012).
- BRALA R., « The Precedent Setters : *De facto Stare Decisis* in WTO Adjudication (Part Two of a Trilogy) », *Journal of Transnational Law and Policy,* 1999, vol. 9, n°. 1, pp. 1-154.
- BRAMBILLA I., PORTO G., & TAROZZI A., « U.S. Antidumping on Vietnamese Catfish : Impacts on Mekong Farmers », March 2007, pp. 3-7, disponible sur : https://www.udesa.edu.ar/files/UAEconomia/Seminarios%20y%20Actividades/Seminarios%20Permanentes/2007/Brambilla.pdf (url consultée le 10 avril 2014).

- BRASHER P., « When is a catfish not a catfish : When it comes from Vietnam and Cut into the US », *Washington Post,* 27 December 2001, disponible sur : http://www.usvtc.org/httpdocs%202/General_Info/Catfish/washpost_dec_27.htm (url consultée le 10 avril 2014).
- BURDA J., « L'efficacité du mécanisme de règlement des différends de l'OMC : vers une meilleure prévisibilité du système commercial multilatéral », *Revue québécoise de droit international,* 2005, vol. 18, n°. 2, pp. 9-10.
- BURDEAU G., « La privatisation des organisations internationales », *in* GHERARI H. & SZUREK S. (dir.), *L'émergence de la société civile internationale : vers la privatisation du droit international »,* CEDIN Paris X, Cahiers internationaux n° 18, Paris, A. Pedone, pp. 179-197.
- BUSCH L. M. & REINHARDT E., « Fixing What « Ain't Broke » ? Third Party Rights, Consultations and the DSU », *in* GEORGIEW D. & VAN DER BORGHT K. (edt.), *Reform and Development of the WTO Dispuste Settlement System,* London, Cameron May, 2006, pp. 73-86.
- BUSCH M. & REINHARDT E., « Testing International Trade Law : Empirical Studies of GATT/WTO Dispute Settlement », *in* KENNEDY D. L. M. & SOUTHWICK J. D. (edt.), *The Political Economy of International Trade Law : Essays in Honour of Robert E. Hudec,* Cambridge, Cambridge University Press, 2002, p. 457-481.
- BUSCH M. L. & REINHARDT E., « Three's a Crowd : Third Parties and WTO Dispute Settlement », *World Politics,* April 2006, vol. 58, n°. 3, pp. 446-477.
- BUSCH M. L. & REINHARDT E., « Developing Countries and General Agreement on Tariffs and Trade/World Trade Organization Dispute Settlement », *Journal of World Trade,* 2003, vol. 37, n°. 4, pp. 719-736.
- BUSCH M. L. & REINHARDT E., « With a Little Help from Your Friends ? Developing Country Complaints and Third Party Participation », Paper prepared for presentation at the conference on « Developing Countries in the WTO Legal System », University of Minnesota Law School, May 24-26, 2007, 25 p., disponible sur : http://faculty.georgetown.edu/mlb66/Busch%20&%20Reinhardt--Developing%20Countries%20and%20Third%20Parties.pdf (url consultée le 12 juin 2013).
- BUSCH M. L., REINHARDT E. & SHAFFER G., « Does legal capacity matter ? A survey of WTO members », *World Trade Review,* 2009, vol. 8, n°. 4, pp. 559-577.

- BUSSEUIL G., GARINOT J.-M., JOURDAIN-FORTIER C. & MOINE-DUPUIS I., « Chronique des décisions de l'Organe de Règlement des différends (ORD), août 2009-novembre 2010) », *Revue internationale de droit économique*, 2010, vol. 24, n°. 4, pp. 475-518.
- BUSSEUIL G., GARINOT J.-M., JOURDAIN-FORTIER C., MOINE-DUPUIS I. & PIRONON V., « Chronique commentée des décisions de l'Organe de règlement des différends (novembre 2011-août 2013), *Revue internationale de droit économique*, 2013, vol. 27, n°. 3, pp. 333-397.
- BUTLER L., « Effects and Outcomes of *Amicus Curiae* Briefs at the WTO : An Assessment of NGO Experiences », May 8 2006, 24 p., disponible sur : http://nature.berkeley.edu/classes/es196/projects/2006final/butler.pdf (url consultée le 31 mai 2013).
- CAMPO D. F. & BEGHIN J. C., « Dairy Food Consumption, Production and Policy in Japan », Center for Agricultural and Rural Development – Iowa State University, *Working Paper 05-WP 401*, August 2005, pp. 16-21, disponible sur : http://www.card.iastate.edu/publications/dbs/pdffiles/05wp401.pdf (consulté le 10 avril 2014).
- CANAL-FORGUES E., « La procédure d'examen en appel de l'Organisation mondiale du Commerce », *Annuaire français de droit international*, 1996, vol. 42, pp. 845-863.
- CANAL-FORGUES E., « Mutations de l'ordre juridique international et système de règlement de différends de l'OMC », 12 p., disponible sur : http://www.cedroma.usj.edu.lb/pdf/omc/ECF.pdf (url consultée le 10 juillet 2013).
- CARMODY C., « Beyond the Proposals : Public Participation in International Economic Law », *American University International Law Review*, 2011, vol. 15, n°. 4, pp. 1321-1346.
- CARMODY C., « Of Substantial Interest : Third Parties Under GATT », *Michigan Journal of International Law*, 1996-1997, vol. 18, n°. 4, pp. 615-657.
- CARMODY C., « WTO Obligations as Collective », *The European Journal of International Law*, 2006, vol. 17, n°. 2, pp. 419-443.
- CAZALA J., « L'invocation de l'*estoppel* dans le cadre de la procédure de règlement des différends de l'Organisation mondiale du commerce », *Revue générale de droit international public*, 2003, vol. 107, n°. 4, pp. 885-905.

- CAZALA J., « L'utilisation du système de règlement des différends de l'Organisation mondiale du commerce par les BRICs », *L'Observateur des Nations Unies*, 2012-2, vol. 33, pp. 69-87.
- CHAISSE J. & CHAKRABORTY D., « Implementing WTO rules through negotiations and sanctions : the role of trade policy review mechanism and dispute settlement system », *University of Pennsylvania Journal of International Economic Law,* 2006, vol. 28, n°. 1, pp. 153-185.
- CHAKRABORTY D., BANERJEE P. & SENGUPTA D., « Strengthening Developing Country Coalitions in WTO Negociations : Is IBSAC (India, Brazil, South Africa, China) the Right Forum ? », January 15, 2011, 17 p., disponible sur : http://papers.ssrn.com/sol3/papers.cfm?abstract_id =1747697 (url consultée le 20 juin 2013).
- CHARMIER G., « Le Japon cherche à s'affranchir de l'utilisation des terres rares », *BE Japon 628,* le 28 septembre 2012, disponible sur : http://www.bulletins-electroniques.com/actualites/71083.htm (consulté le 11 octobre 2014).
- CHARNOVITZ S., « Transparency and Participation in the World Trade Organization », *Rutgers Law Reviez,* 2004, vol. 56, n°. 4, pp. 927-959.
- CHARPENTIER J., « L'affaire de la *Barcelona Traction* devant la Cour internationale de Justice (arrêt du 5 février 1970) », *Annuaire français de droit international,* 1970, vol. 16, pp. 307-328.
- CHI M., « China's Participation in WTO Dispute Settlement over the past decade : Experiences and Impacts », *Journal of International Economic Law,* 2012, vol. 15, n°. 1, p. 29-49.
- CHINKIN C., « Third-party Intervention before the International Court of Justice », *American Journal of International Law,* 1986, vol. 80, n°. 3, pp. 495-531.
- CHINKIN C., « Intervention before the International Court of Justice », *in* WEISS F. (edt.), *Improving WTO dispute settlement procedures : issues and lessons from the practice of other international courts and tribunals*, London, Cameron May, 2000, pp. 111-117.
- CHOI W.-M., « To Comply or not to Comply ? - Non-implementation Problems in the WTO Dispute Settlement System », *Journal of World Trade,* 2007, vol. 41, n°. 5, pp. 1043-1071.
- CLEGG P., « Conflit de la banane : Comment l'OMC marginalise les petits États », *L'Economie politique*, 2002, n°. 14, pp. 22-35.

- COLLINS D., « Institutionalized Fact Finding at the WTO », *University of Pennsylvania Journal of International Economic Law*, 2006, vol. 27, n°. 2, pp. 367-391.
- Commission du droit international, « Fragmentation du droit international : Difficultés découlant de la diversification et de l'expansion du droit international », Rapport du Groupe d'étude de la Commission du droit international du 28 juillet 2006, A/CN.4/L.702.
- CONTI J. A., « Learning to Dispute : Repeat Participation, Expertise and Reputation at the World Trade Organization », *Law & Social Inquiry*, 2010, vol. 35, n°. 3, pp. 625-662.
- CÔTÉ C.-E., « Obstacles et ouvertures processuelles pour les acteurs privés défendant des intérêts non commerciaux dans l'interprétation des accords de l'OMC », *Les Cahiers de droit*, 2009, vol. 50, n°. 1, pp. 207-244.
- COTTIER T., « Les tâches de l'OMC : évolution et défis », *Revue internationale de droit économique*, 2004, vol. 18, n°. 3, pp. 273-291.
- COVELLI N. & SHARMA R., « Proposals for reform of the WTO Dispute Settlement Understanding in Respect of Third Parties », *International Trade Law and Regulation*, 2003, vol. 9, n°. 1, pp. 1-34.
- COVELLI N., « Member Intervention in World Trade Organization Dispute Settlement Proceedings After *EC-Sardines* : The Rules, Jurisprudence, and Controversy », *Journal of World Trade*, 2003, vol. 37, n°. 3, pp. 673-690.
- COVELLI N., « Public International Law and Third Party Participation in WTO Panel Proceedings », *Journal of World Trade*, 1999, vol. 33, n°. 2, pp. 125-139.
- CUENDET S., EL BOUDOUHI S. & HERVE A., « Les rapports des groupes spéciaux et de l'Organe d'appel de l'OMC (2012) », *Annuaire français de droit international*, 2012, vol. 58, pp. 567-603.
- CURRAN J., « Asian Participation in the WTO Dispute Settlement System », *ICTSD Programme on International Trade Law*, Information Note, December 2012, 12 p., disponible sur : http://www.ictsd.org/themes/global-economic-governance/research/asian-participation-in-the-wto-dispute-settlement-system (url consultée le 21 juin 2016).
- DAVEY W. J., « The WTO Dispute Settlement System : The First Ten Years », *Journal of International Economic Law*, 2005, vol. 8, n°. 1, pp. 17-50.

- DAVEY W. J., « Reforming WTO Dispute Settlement », in *Illinois Public Law and Legal Theory Research Papers Series,* Research Paper No. 04-01, January 29, 2004, 41 p.
- DAVEY W. J., « The WTO Dispute Settlement System : How Have Developing Countries Fared ? », in *Illinois Public Law and Legal Theory Research Papers Series,* Research Paper No. 05-17, November 30, 2005, 40 p.
- DAVID F., « The Role of Precedent in the WTO – New Horizons ? », *Maastricht Faculty of Law Working Paper 2009-12,* October 2009, pp. 3-24.
- DE SCHUTTER O., « Le tiers à l'instance devant la cour de justice de l'Union européenne », *in* RUIZ FABRI H. & SOREL J.-M. (dir.), *Le tiers à l'instance devant les juridictions internationales,* Coll. Contentieux international, Paris, A. Pedone, 2005, pp. 85-119.
- DINTILHAC J.-P., « L'égalité des armes dans les enceintes judiciaires », disponible sur : http://www.courdecassation.fr/publications_cour_26/rapport_annuel_36/rapport_2003_37/deuxieme_partie_tudes_documents_40/tudes_theme_egalite_42/enceinte_judiciaires_6255.html (url consultée le 10 septembre 2012).
- DO T. C., « Catfish, Shrimp, and the WTO : Vietnam Loses Its Innocence », *Vanderbilt Journal of Transnational Law,* 2010, vol. 43, n°. 5, pp. 1235-1264.
- DONALDSON V., « The Appellate Body : Institutional and Procedural Aspects », *in* MACRORY P. F., APPLETON A. E. & PLUMMER M. G. (edt.), *World Trade Organisation : Legal Economic and Political Analysis,* New York, Springer, 2005, pp. 1277-1340.
- DOUSSIS E., « L'intérêt juridique comme condition de l'intervention devant la Cour internationale de Justice », *Revue Hellénique de droit international,* 1999, vol. 52, n°. 2, pp. 281-288.
- DRAPER P. & SALLY R., « Developing Country Coalitions in Multilatral Trade Negotiations : Aligning the Majors ? », *The South African Institute of International Affairs Trade Report,* n°. 8, 2005, 34 p.
- DUFOUR G., OUELLET R. & BREAULT P., « Organe de règlement des différends de l'Organisation mondiale du commerce », *Revue québécoise de droit international,* 2008, vol. 21, n°. 1, pp. 415-460.
- ELIAS T. O., « Chapter 4 : The limits of the right of intervention in a case before the International Court of Justice », *in* ELIAS T. O, *The International Court of Justice and some contemporary problems,* 1983, pp. 84-99.

- ELSIG M. & STUCKI P., « Low-income developing countries and WTO litigation : Why wake up the sleeping dog ? », *Review of International Political Economy,* 2012, vol. 19, n°. 2, pp. 292-316.

- ELSIG M., « The World Trade Organization's Legitimacy Crisis : What does the Beast Look Like », *Journal of World Trade*, 2007, vol. 41, n°. 1, pp. 75-98.

- ESSERMAN S. & HOWSE R., « The creative evolution of world trade », *Financial Times,* August 23, 2005, disponible sur : http://www.steptoe.com/assets/attachments/1067.pdf (url consultée le 10 juillet 2014).

- ESTY D. C., « The World Trade Organization's Legitimacy Crisis », *Yale Law School Faculty Scholarship Series,* paper 433, 2002, pp. 1-2, disponible sur : http://digitalcommons.law.yale.edu/cgi/viewcontent.cgi?article=1432&context=fss_papers (url consultée le 10 avril 2013).

- ESTY D. C., « We the People : Civil Society and the World Trade Organization », *in* BRONCKERS M. & QUICK R. (edt.), *New Directions in International Economic Law : Essays in Honor of John H. Jackson,* The Hague, Kluwer Law International, 2000, pp. 87-99.

- EWELUKWA U. U., « African States, Aggressive Multilateralism and the WTO Dispute Settlement System – Politics, Process, Outcomes and Prospects », 2005, 85 p., disponible sur : https://www.carnegiecouncil.org/publications/articles_papers_reports/5213.html/_res/id=sa_File1/5213_fellowPaper_ewelukwa.pdf (url consultée le 30 octobre 2014).

- EWING-CHOW M., GOH A. W. S. & PATIL A. K., « Are Asian WTO Members Using the WTO DSU « Effectively » ? », *Journal of International Economic Law,* 2013, vol. 16, n°. 3, pp. 669-705.

- FAKHRI M., « Reconstruing WTO Legitimacy Debates », *Notre Dame Journal of International & Comparative Law*, 2011, vol. 2, n°. 1, pp. 64-100.

- FEUER G., « L'Uruguay Round, les pays en développement et le droit international du développement », *Annuaire français de droit international,* 1994, vol. 40, pp. 758-775.

- FOOTER M. E., « Developing Country Practice in the Matter of WTO Dispute Settlement », *Journal of World Trade,* 2001, vol. 35, n°. 1, pp. 55-98.

- FOOTER M. E., « Some Aspects of Third Intervention in GATT/WTO Dispute Settlement Proceedings », *in* PETERSMANN E.-U. (edt.), *International Trade Law and the GATT/WTO Dispute Settlement System*, London, Kluwer Law International, 1997, pp. 213-214.

- FRANCIONI F., « WTO Law in contexte : the integration of international humain right and environmental law in the dispute settlment », *in* SACERDOTI G., YANOVICH Y. & BOHANES J. (edt.), *The WTO at Ten : The Contribution of the Dispute Settlement System*, Cambridge, Cambridge University Press, 2006, pp. 143-154.

- FRANCK S., « The Legitimacy Crisis in Investment Treaty Arbitration : Privatizing Public International Law Through Inconsistent Decisions », *Fordham Law Review*, 2005, vol. 73, n°. 4, pp. 1521-1537.

- FRANCKE M., « Chile's Participation in the Dispute Settlement System : Impact on Capacity Building », 22 p., disponible sur : http://ictsd.org/downloads/2008/05/chiles-participation-in-the-dispute-settlement-system-impact-on-capacity-building.pdf (url consultée le 28 mars 2016).

- FRISON-ROCHE M.-A., « Le principe du contradictoire et les droits de la défense devant l'Organe de règlement des différends de l'Organisation mondiale du commerce », *in* RUIZ FABRI H. et SOREL J.- M. (dir.), *Le principe du contradictoire devant les juridictions internationales*, Coll. Contentieux international, Paris, A. Pedone, 2004, pp.125-148.

- FUKUNAGA Y., « Civil Society and the Legitimacy of the WTO Dispute Settlement System », *Brooklyn Journal of International Law*, 2008-2009, vol. 34, n°. 1, pp. 85-118.

- FUKUNAGA Y., « Discontinuity in the Internalization of the World Trade Organization Rules : Assessing the Democratic Deficit Critique Against the World Trade Organization Dispute Settlement System », *Alberta Law Review*, 2009, vol. 46, n°. 4, pp. 1039-1060.

- GABILONDO J. L. P., « Developing Countries in the WTO Dispute Settlement Procedures Improving their Participation », *Journal of World Trade*, 2001, vol. 35, n°. 4, pp. 483-488.

- GALANTER M., « Why the 'Have' Come Out Ahead : Speculations on the Limits of Legal Change », *Law & Society Review*, 1974, vol. 9, n°. 1, pp. 95-160.

- GALEY M. & GIRARD C., « Le procès équitable dans l'espace normatif anglo-saxon : l'éclairage du droit public anglais », *in* FABRI H. R. (dir.), *Procès équitable et enchevêtrement des espaces normatifs : Travaux de l'atelier de droit international de l'UMR de Droit comparé de Paris »*, Société de législation comparée, Paris, 2003, pp. 53-87.

- GAL-OR N., « The Concept of Appeal in International Dispute Settlement », *The European Journal of International Law*, 2008, vol. 19, n°. 1, pp. 43-65.

- GANTZ D. A., « Dispute Settlement under the NAFTA and the WTO : Choice of Forum Opportunities and Risks for the NAFTA Parties », *American University International Law Review*, 1999, vol. 14, n°. 4, pp. 1025-1106.

- GAO H., « Taming the Dragon : China's Experience in the WTO Dispute Settlement System », *Legal Issues of Economic Integration*, 2007, vol. 34, n°. 4, pp. 369-392.

- GAO H., « Aggressive Legalism : The East Asian Experience and Lessons for China », in GAO H. & LEWIS D. (edt.), *China's Participation in the WTO*, London, Cameron May, 2005, pp. 315-351.

- GARRETT G. & SMITH J. M., « The Politics of WTO Dispute Settlement », 2002, 49 p., disponible sur : http://citeseerx.ist.psu.edu/viewdoc/download?doi=10.1.1.35.408&rep=rep1&type=pdf (url consultée le 31 mai 2013).

- GARRETT G., KELEMEN R. D. & SCHULZ H. « The European Court of Justice, National Governments, and Legal Integration in the European Union », *International Organization*, 1998, vol. 52, n°. 1, pp. 149-176.

- GAZZINI T., « The Legal Nature of WTO Obligations and the Consequences of their Violation », *The European Journal of International Law*, 2006, vol. 17, n°. 4, pp. 723-742.

- GERVASONI S., « *Commentaire* », *in* RUIZ FABRI H. & SOREL J.-M. (dir.), *Le tiers à l'instance devant les juridictions internationales*, Coll. Contentieux international, Paris, A. Pedone, 2005, pp. 105-114.

- GHERARI H., « La preuve dans le règlement des différends de l'OMC », *in* RUIZ FABRI H. & SOREL J.-M. (dir.), *La preuve devant les juridictions internationales*, Coll. Contentieux international, Paris, A. Pedone, 2007, pp. 69-96.

- GIANG T., « Nhật Bản mở rộng nguồn cung đất hiếm ngoài Trung Quốc » (*« Le Japon cherche l'offre de terres rares en dehors de la Chine »*), *L'Agence de presse du Vietnam*, le 20 août 2012, disponible sur : http://www.vietnamplus.vn/nhat-ban-mo-rong-nguon-cung-dat-hiem-ngoai-tq/158549.vnp (url consultée le 11 octobre 2014).

- GNAHOUI D. R., « Le principe du respect de la situation particulière des pays en développement et de l'assistance au développement », *Revue internationale de droit économique,* 2003, vol. 17, n°. 3, pp, 373-386.
- GOH G. & WITBREUK T., « An Introduction to the WTO Dispute Settlement System », *University of Westerm Australian Law Review,* May 2001, vol. 30, n°. 1, pp. 51-74.
- GOH G. & WITBREUK T., « The WTO Dispute Settlement System », 31 p., disponible sur : http://www.dfat.gov.au/trade/negotiations/disputes/wto_disputes-papers-dispute_settlement.pdf (url consultée le 31 mai 2013).
- GOMEZ-MERA L. & MOLINARI A., « Overlapping Institutions, Learning and Dispute Initiation in Regional Trade Agreements : Evidence from South America », 2013, 35 p., disponible sur : *papers.ssrn.com/sol3/papers.cfm?abstract_id=2213595(url consultée le 2 mars 2014).*
- GONZALO V. P. & BADER A.-H., « The Transparency Deficit of Dispute Settlement in the World Trade Organization », *Manchester Journal of International Economic Law,* 2011, vol. 8, n°. 1, pp. 2-17.
- GRANGER M.-P. F., « When governments go to Luxembourg...: the influence of goverments on the Court of Justice », *European Law Review,* 2004, vol. 29, pp. 1-31.
- GREIG D. W., « Third Party Rights and Intervention Before the International Court », *Virginia Journal of International Law,* 1991-1992, vol. 32, n°. 2, pp. 285-376.
- GREISBERGER A., « Enhanching the Legitimacy of the World Trade Organization : Why the United States and the European Union Should Support the Advisory Centre on WTO Law », *Vanderbilt Journal of Transnational Law,* 2004, vol. 37, n°. 3, pp. 827-860.
- GROSECLOSE T. & McCARTY N., « The Politics of Blame : Bargaining before an Audience », *American Journal of Political Science,* 2001, vol. 45, n°. 1, pp. 100-119.
- HAN L. & GAO H., « China's Experience in Utilizing the WTO Dispute Settlement Mechanism », *in* SHAFFER G. C. & MELENDEZ-ORTIZ R. (edt.), *Dispute Settlement at the WTO : the Developing Country Experience,* Cambridge, Cambridge University Press, 2010, pp. 137-173.

- HARRIS D., « The Honeymoon is Over : Evaluating the US WTO Intellectual Property Complaint against China », *Fordham International Law Journal,* 2008, vol. 32, n°. 1, pp. 96-187.
- HELFER L. R. & SLAUGHTER A.-M., « Why States Create International Tribunals : A Response to Professors Posner and Yoo », *California Law Review,* May 2005, vol. 93, pp. 1-58.
- HERVEY C., « The Byrd Amendment Battle : American Trade Politics at the WTO », *Hastings International and Comparative Law Review,* Fall 2003, vol. 27, issue 1, pp. 131-156.
- HILLMAN J., « An Emerging International Rule of Law ? The WTO Dispute Settlement System's Role in its Evolution », *Ottawa Law Review,* 2010-2012, vol. 42, n°. 2, pp. 269-284.
- HORN H., JOHANNESSON L. & MAVROIDIS P. C., « The WTO Dispute Settlement System 1995-2010 : Some Descriptive Statistics », *Journal of World Trade,* 2011, vol. 45, n°. 6, pp. 1107-1138.
- HSIEH P. L., « China's Development of International Economic Law and WTO Legal Capacity Building », *Journal of International Economic Law,* 2010, vol. 13, n°. 4, pp. 997-1036.
- HU X., « The role of international law in the development of WTO law », *Journal of International Economic Law,* 2004, vol. 7, n°. 1, pp. 143-167.
- HUDEC R. E., « Broadening the Scope of Remedies in WTO Dispute Settlement », *in* WEISS F. (edt.), *Improving WTO dispute settlement procedures : issues and lessons from the practice of other international courts and tribunals*, London, Cameron May, 2000, pp. 369-400.
- HUGHES V., « Why is the WTO Dispute Settlement mechanism so successful ? », *in* ANZSIL Conference, Victoria University Wellington, New Zealand, 6 July 2012, p. 13, disponible sur : http://mdsweb.vuw.ac.nz/Mediasite/Viewer/Viewers/Viewer320TL.aspx?mode=Default&peid=375b3db3-0b6d-4d8e-b3b0-7d45a9d2d904&pid=3daf095e-e1a8-4f1f-8ec2-0abfd39640be&playerType=WM7# (url consultée le 10 septembre 2013).
- HUTNICK J. A. L., « Pandering to the Audience : Understanding Third Party Influence on Compliance with World Trade Organization Dispute Settlement Decisions », *American Political Science Association 2010 Annual Meeting,* September 5, 2010, 34 p.

- HUYNH H., « Thị trường đất hiếm : Thực trạng và triển vọng » (« *Les marchés de terres rares : État des lieux et perspective* »), *The Saigon Economic Times,* le 17 mai 2011, disponible sur : http://www.thesaigontimes.vn/home/thegioi/hoso/53359/ (url consultée le 11 octobre 2015).
- International Centre for Trade and Sustainable Development (ICTSD), « Dispute Settlement at the WTO : The Developing Country Experience », *ICTSD International Trade Law Programme*, Information Note, April 2012, 10 p., disponible sur : http://ictsd.org/downloads/2012/05/developing-country-experiences-information-note.pdf (url consultée le 10 avril 2013).
- IOANNIDIS M., « A Procedural Approach to the Legitimacy of International Adjudication : Developing Standards of Participation in WTO Law », *German Law Journal*, 2011, vol. 12, n°. 5, pp. 1175-1202.
- IWASAWA Y., « Third Parties before International Tribunals : the ICJ and the WTO », *in* ANDO N., McWHINNEY E., WOLFRUM R. (edt.), *Liber Amicorum Judge Shigeru Oda*, The Hague, Kluwer Law International, 2002, vol. 2, pp. 871-892.
- JACOB P., « L'intervention devant la Cour internationale de Justice à la lumière des décisions rendues en 2011 : Lente asphyxie ou résurrection ? », *Annuaire français de droit international*, 2011, vol. 57, pp. 213-234.
- JEFFRESS L. & MAYANOBE J.-P., « A World Struggle is Underway : An Interview with Jose Bove », *Z Magazine,* June 2001, disponible sur : http://www.thirdworldtraveler.com/Reforming_System/World_Struggle_Underway.html (url consultée le 2 avril 2013).
- JIMENEZ A. A., « The WTO AB Report on *Mexico – Sofl drink,* and the Limits of the WTO Dispute Settlement System », *Legal Issue of Economic Integration,* 2006, vol. 33, n°. 3, pp. 319-333.
- JOHNS L. & PELC K. J., « Who Gets to Be in the Room ? Manipulating Participation in WTO Disputes », *APSA 2011 Annual Meeting Paper,* 40 p., disponible sur : http://papers.ssrn.com/sol3/papers.cfm?abstract_id=1900238## (url consultée le 13 janvier 2013).
- JOHNS L. & PELC K. J., « Overcrowding in WTO Dispute Settlement : Why Don't More Countries Join as Third Parties », September 21, 2012, 38 p., disponible sur : https://www.princeton.edu/politics/about/file-repository/public/Leslie_Johns_Paper.pdf (url consultée le 31 mai 2013).
- JOHNSON T. R., WAHLBECK P. J. & SPRIGGS J. F., « The influence of Oral Arguments on the U.S. Supreme Court », *American Political Science Review,* 2006, vol. 100, n°. 1, pp. 99-113.

- JOUANNET E., « Incertitudes sur le tiers et désordres de la justice internationale », *in* RUIZ FABRI H. & SOREL J.-M. (dir.), *Le tiers à l'instance devant les juridictions internationales,* Coll. Contentieux international, Paris, A. Pedone, 2005, pp. 255-263.

- KHOURY M. E., « The role of environmentalist NGOs in the Democratisation of the WTO Dispute Settlement Procedure », *Southern Cross University Law Review*, 2012, vol. 15, pp. 53-72.

- KIM C., « East Asia in the WTO dispute settlement mechanism », *in* TANIGUCHI Y., YANOVICH Y. & BOHANES J. (edt.), *The WTO in the Twenty-first Century: Dispute Settlement, Negociations, and Regionalism in Asia,* Cambridge, Cambridge University Press, 2007, pp. 261-266.

- KINGSBURY B. & DONALDSON M., « From Bilateralism to Publicness in International Law », *in* FASTENRATH U. *et al.* (edt.), *From Bilateralism to Community Interest : Essays in Honour of Judge Bruno Simma,* Oxford, Oxford University Press, 2011, pp. 79-89.

- KLEBES-PELISSIER A., « L'Organisation mondiale du commerce confrontée à la législation commerciale américaine », *Revue trimestrielle de droit européen,* 2002, n°. 2, pp. 183-207.

- KORINEK J. & KIM J., « Export restrictions on strategic raw materials and their impact in trade and global supply », *in* OECD Workshop on Raw Materials, Paris, 30 October 2009, 25 p., disponible sur : http://www.oecd.org/tad/ntm/43934153.pdf (url consultée le 30 novembre 2013).

- LAGRANGE E., « Le tiers à l'instance devant les juridictions internationales à vocation universelle », *in* RUIZ FABRI H. & SOREL J.-M. (dir.), *Le tiers à l'instance devant les juridictions internationales,* Coll. Contentieux international, Paris, A. Pedone, 2005, pp. 9-72.

- LAMY P., « The Place of the WTO and its Law in the International Legal Order », *European Journal of International Law*, 2006, vol. 17, n°. 5, pp. 969-984.

- LANFRANCHI M.-P, « L'Organisation mondiale du commerce et la protection de l'environnement », *in* MALJEAN-DUBOIS S. (dir.), *L'outil économique en droit international et européen de l'environnement,* Paris, La documentation française, 2002, pp. 127-143.

- LE T., « Vietnam's Experience in Developing International Trade Lawyers Following Five Years of World Trade Organization Accession », *Journal of World Trade,* 2013, vol. 47, n°. 3, p. 675-705.

- LEFORT C., « Le tiers dans le nouveau Code de procédure civile », *in Liber amicorum de R. Martin*, Paris-Bruxelles, L.G.D.J.-Bruylant, 2004, pp. 156-196.
- LEIBOWITZ L. E. & STOEL J. T., « Repeal of the Byrd Amendment – Foreign and Domestic Efforts Result in the End of a WTO-Illegal US Practice », *Global Trade and Customs Journal*, 2007, vol. 2, n°. 1, pp. 73-77.
- LIM C. L., « Asian WTO Members and the Amicus Brief Controversy : Arguments and Strategies », *Asian Journal of WTO & International Health Law and Policy*, February 2006, vol. 1, n°. 1, pp. 44-61.
- LIM C. L., « The *Amicus Curiae* Brief Issue at the WTO », *Chinese Journal of International Law*, 2005, vol. 4, n°. 1, pp. 85-120.
- LUCARI T., « Intervention under article 62 of the Statute of the I.C.J. », *Brooklyn Journal of International Law*, 1983, vol. 8, n°. 2, pp. 270-272.
- MAGNUS J., « Compliance with WTO Dispute Settlement Decisions : Is there a Crisis ? », *in* YERXA R. & WILSON B. (edt.), *Key Issues in WTO Dispute Settlement : the First Ten Years*, Cambridge, Cambridge University Press, 2005, pp. 242-250.
- MAKI P. C., « Interpreting GATT Using the Vienna Convention on the Law of Treaties : A Method to Increase the Legitimacy of the Dispute Settlement System », *Minnesota Journal of Global Trade*, 2000, vol. 9, n°. 1, pp. 343-360.
- MALKAWI B. H., « Arab Countries' (Under) Participation in the WTO Dispute Settlement Mechanism », *Flinders Law Journal*, 2012, vol. 14, n°. 1, pp. 1-35.
- MANDURA C., « Daring to Dispute : Are there shifting trends in African participation in WTO dispute settlement ? », *Tralac Trade Brief*, n° 3/2005, disponible sur : http://www.tralac.org/wp-content/blogs.dir/12/files/2011/uploads/TB3_Calvin_Maduna_Web.pdf (url consultée le 27 mars 2012).
- MARCEAU G. & HURLEY M., « Transparency and Public Participation in the WTO : A Report Card on WTO Transparency Mechanisms », *Trade, Law and Development*, 2012, vol. 4, n°. 1, pp. 19-44.
- MARCEAU G., « WTO Dispute Settlement and Human Rights », *European Journal of International Law*, 2002, vol. 13, n°. 4, pp. 753-814.
- MARCEAU G., « NAFTA and WTO Dispute Settlement Rules, A Thematic Comparison », *Journal of World Trade*, 1997, vol. 31, n°. 2, pp. 25-81.

- MARCEAU G., « Rules on Ethics for the New World Trade Organization Dispute Settlement Mechanism – The Rules of Conduct for the Understanding on Rules and Procedures Governing the Settlement of Disputes », *Journal of World Trade,* 1998, vol. 32, n°. 3, pp. 60-62.
- MCGINLEY G. P., « Intervention in the International Court : the Libya/Malta Continental Shelf Case », *International and Comparative Law Quarterly,* 1985, vol. 34, n°. 4, pp. 671-694.
- MCKENZIE M., « Case Note : European Communities – Conditions for the granting of tariff preferences to developing countries », *Melbourne Journal of International Law,* 2005, vol. 6, n°. 1, pp. 118-141.
- MCNELIS N., « What Obligations Are Created by World Trade Organization Dispute Settlement Reports », *Journal of World Trade,* 2003, vol. 37, n°. 3, pp. 647-672.
- MCRAE D., « Measuring the effectiveness of the WTO dispute settlement system », *Asian Journal of WTO & International Health Law and Policy,* 2008, vol. 3, n°. 1, pp. 1-20.
- MCRAE D., « What is the future of WTO dispute settlement ? », *Journal of International Economic Law,* 2004, vol. 7, n°. 1, pp. 3-21.
- MEHDI R., « La preuve devant les juridictions communautaires », *in* RUIZ FABRI H. & SOREL J.-M. (dir.), *La preuve devant les juridictions internationales,* Coll. Contentieux international, Paris, A. Pedone, 2007, pp. 165-182.
- MERCURIO B., « The Australian Contribution to the Jurisprudence of the WTO Dispute Settlement Process », 48 p., disponible sur : http://www.gtcentre.unsw.edu.au/sites/gtcentre.unsw.edu.au/files/mdocs/australia_WTO.pdf (url consultée le 31 mai 2013).
- MICHALOPOULOS C., « The Participation of the Developing Countries in the WTO », 1999, 38 p., disponible sur : http://www.worldbank.org/html/dec/Publications/Workpapers/WPS1900series/wps1906/wps1906.pdf (url consultée le 17 avril 2013).
- MITCHELL A., « Due Process in WTO disputes », *in* YERXA R. and WILSON B. (edt.), *Key Issues in WTO Dispute Settlement : the First Ten Years,* Cambridge, Cambridge University Press, 2005, pp. 144-160.
- MORVAN S., « L'émergence du pouvoir judiciaire au sein de l'OMC », *La Semaine Juridique Edition générale,* 26 juin 2002, n°. 26, pp. 1171-1175.

- MOSOTI V., « Africa in the First Decade of WTO Dispute Settlement », *Journal of International Economic Law,* 2006, vol. 9, n°. 2, pp. 427-453.
- NOTTAGE H., « Developing Countries in the WTO Dispute Settlement System », *Global Economic Governance Programme,* Working Paper 2009/47, January 2009, 28 p.
- NOUVEL Y., « Aspects généraux de la conformité du droit interne au droit de l'OMC », *Annuaire français de droit international,* 2002, vol. 48, pp. 657-674.
- NOUVEL Y., « L'unité du système commercial multilatéral », *Annuaire français de droit international,* 2000, vol. 46, pp. 654-670.
- NOUVEL Y., « Les relations économiques internationales à l'heure de la transparence », *in* SOREL J.-M. (edt.), *Le droit international économique à l'aube du XXIe siècle : en hommage aux professeurs Domique Carreau et Patrick Juillard,* Paris, A. Pedone, 2009, pp. 177-190.
- O'ROURKE K. H., « Globalization and Inequality : Historical Trends », *National Bureau of Economic Research,* Working Paper 8339, 46 p., disponible sur : http://www.nber.org/papers/w8339.pdf (url consultée le 10 avril 2013).
- ODEL J. O., « The Seatle Impasse and Its Implications for the World Trade Organization », *in* KENNEDY D. L. M. & SOUTHWICH J. D. (edt.), *The Political Economy of International Trade Law : Essays in Hornour of Robert E. Hudec,* Cambridge, Cambridge University Press, 2002, pp. 400-429.
- ODUWOLE J., « An Appraisal of Developing Country Coalition Strategy in the WTO Doha Round Agriculture Negociations », *Society of International Economic Law, 3rd Biennial Global Conference,* Singapore, July 12-14, 2012, 30 p., disponible sur : http://papers.ssrn.com/sol3/papers.cfm?abstract_id =2103225 (url consultée le 20 juin 2013).
- OESCH M., « Standard of Review in WTO Dispute Resolution », *Journal of International Economic Law,* 2003, vol. 6, n°. 3, pp. 635-659.
- Organe international de contrôle des stupéfiants, « Chapitre I : Responsabilité partagée en matière de lutte contre la drogue à l'échelle internationale », *in Rapport de l'Organe international de contrôle des stupéfiants pour 2012,* E/INCB/2012/1, New York, 2013, pp. 1-10, disponible sur : http://www.incb.org/documents/Publications/AnnualReports/AR2012/AR_2012_F.pdf (url consultée le 10 novembre 2014).

- OXFAM, « Dumping : the Beginning of the End ? Implication of the Ruling in the Brazil/US Cotton Dispute », *Oxfam briefing Paper,* August 2004, p. 11, disponible sur : http://policy-practice.oxfam.org.uk/publications/dumping-the-beginning-of-the-end-implications-of-the-ruling-in-the-brazilus-cot-114472 (url consultée le 10 juillet 2013).
- PALCHETTI P., « Opening the International Court of Justice to Third States : Intervention and Beyond », *in* FROWEIN J. A. & WOLFRUM R. (edt.), *Max Planck Yearbook of United Nations Law,* 2002, vol. 6, pp. 131-181.
- PALMER D., « Some secrecy needed in trade talks : Ron Kirk », *Reuteurs,* disponible sur : http://www.reuters.com/article/2012/05/14/us-usa-trade-kirk-idUSBRE84C0AQ20120514?feedType=RSS&feedName=everything&virtualBrandChannel=11563 (url consultée le 10 juillet 2014).
- PANIZZON M., « Good Faith, Fairness and Due Process in WTO Dispute Settlement Practice », *in* CHAISSE J. and BALMELLI T. (edt.), *Essays on the Future of the World Trade Organization, Volume II : The WTO Judicial System : Contributions and Challenges,* Genève, Éditions interuniversitaires suisses, 2008, pp. 1-53.
- Parliament of Australia – House of Representatives Committees, « Chapter 2 : Australia and the World Trade Organisation », *in Inquiry into Australia's Relationship with the World Trade Organisation,* Report 42, 24 september 2001, 102 p., disponible sur : http://www.aph.gov.au/parliamentary_business/committees/house_of_representatives_committees?url=jsct/wto/report.htm (url consultée le 20 juillet 2012).
- PAUWELYN J., « A Typology of Multilateral Treaty Obligations : Are WTO Obligations Bilateral or Collective in Nature ? », *The European Journal of International Law,* 2003, vol. 14, n°. 5, pp. 928-936.
- PAUWELYN J., « Going Global, Regional, or Both ? Dispute Settlement in the Southern African Development Community (SADC) and Overlaps with the WTO and other Jurisdictions », *Minnesota Journal of Global Trade,* 2004, vol. 13, n°. 2, pp. 231-304.
- PAUWELYN J., « The Limits of Litigations : « Americanization » and Negotiation in the Settlement of WTO Disputes », *Ohio State Journal on Dispute Resolution,* 2003, vol. 19, n°. 1, pp. 121-132.
- PAUWELYN J., « The nature of WTO obligations », *Jean Monnet Working Paper 1/02,* 2002, pp.1-47, disponible sur : http://www.jeanmonnetprogram.org/archive/papers/02/020101.html (url consultée le 20 mai 2014).

- PAUWELYN J., « The Role of Public International Law in the WTO : How Far Can We Go ? », *The American Journal of International Law*, 2001, vol. 95, n°. 3, pp. 535-578.
- PELLET A., « Les transformations de la gouvernance mondiale », *in* S.F.D.I., Colloque de Nancy, *L'État dans la mondialisation,* Paris, A. Pedone, 2013, pp. 562-571.
- PETERSMANN E.-U., « Ten Years of the WTO Dispute Settlement System : Past, Present, and Future », *Journal of International Law & Policy*, 2005-2006, vol. 3, pp. 1-48.
- PIEROLA F., « Third-party Participation in WTO Dispute Settlement Proceedings for Training Purposes », *Global Trade and Customs Journal*, 2007, vol. 2, n°. 10, p. 367-368.
- PORNCHAI D., « Case study on Thailand's Experience in the WTO Dispute Settlement System », ICTSD Paper, 2006, disponible sur : http://www.ictsd.org/dlogue/2006-01-25/Pornchai.pdf (url consultée le 10 avril 2013).
- PREVOST D., « Opening Pandora's Box : The Panel's Findings in the *EC-Biotech Products* Dispute », *Legal Issues of Economic Integration,* 2007, vol. 34, n°. 1, pp. 67-102.
- PUIG G. V. & AL-HADDAB B., « The Transparency Deficit of Dispute Settlement in the World Trade Organization », *Manchester Journal of International Economic Law,* 2011, vol. 8, n°. 1, pp. 2-17.
- REINISCH A., « The Use and Limits of Res Judicata and Lis Pendens as Procedural Tools to Avoid Conflicting Dispute Settlement Outcomes », *The Law and Practice of International Courts and Tribunals,* 2004, n°. 3, pp. 37-77.
- RIVIER R., « La preuve devant les juridictions interétatiques à vocation universelle (CIJ et TIDM) », *in* RUIZ FABRI H. & SOREL J.-M. (dir.), *La preuve devant les juridictions internationales,* Coll. Contentieux international, Paris, A. Pedone, 2007, pp. 9-54.
- ROGOWSKY R., « The Effectiveness of the DSU for Developing and Middle Income Countries », a paper presented at the World Trade Forum, World Trade Institute, Berne, August 16-17, 2002.
- ROLLAND S. E., « Developing Country Coalitions at the WTO : In Search of Legal Support », *Harvard International Law Journal,* 2007, vol. 48, n°. 2, pp. 483-551.

- RONEN Y. & NAGGAN Y., « Chapter 37 : Third Parties », *in* ROMANO C. P., ALTER K. J. & SHANY Y. (edt.), *The Oxford Handbook of International Adjudication*, New York, Oxford University Press, 2014, pp. 807-827.

- Rongead-Global Citizen Initiative -Alliance pour un monde responsable et solidaire - Fondation Charles Mayer pour le progrès de l'homme, *De l'échec de Seattle…aux conditions d'une gouvernance globale*, 68 p., disponible sur : http://www.rongead.org/IMG/pdf/Delechec.pdf (url consultée le 10 juillet 2013).

- ROSAS A., « Joinder of Parties and Third Party Intervention in WTO Dispute Settlement », *in* WEISS F. (edt.), *Improving WTO dispute settlement procedures : issues and lessons from the practice of other international courts and tribunals*, London, Cameron May, 2000, pp. 77-87.

- RUIZ FABRI H., « Le règlement des différends au sein de l'OMC : naissance d'une juridiction, consolidation d'un droit », *in* KAHN P., LOQUIN E., LEBEN C. & SALEN M. (dir.), *Souveraineté étatique et marchés internationaux à la fin du 20ème siècle : à propos de 30 ans de recherche du CREDIMI – Mélanges en l'honneur de Philippe Kahn*, Paris, Litec, 2000, p. 303-334.

- RUIZ FABRI H. & MONNIER P., « Organisation mondiale du commerce : Chronique du règlement des différends 2007-2008 », *Journal du droit international (Clunet)*, 2008, n°. 3, pp. 845-914.

- RUIZ FABRI H. & MONNIER P., « Organisation mondiale du commerce : Chronique du règlement des différends 2004 », *Journal du droit international (Clunet)*, 2005, n°. 3, pp. 917-997.

- RUIZ FABRI H. & MONNIER P., « Organisation mondiale du commerce : Chronique du règlement des différends 2002 », *Journal du droit international (Clunet)*, 2003, n°. 3, pp. 895-960.

- RUIZ FABRI H. & MONNIER P., «Organisation mondiale du commerce : Chronique du règlement des différends 2013-2014 », *Journal du droit international (Clunet)*, 2014, n°. 3, pp. 1031-1069.

- RUIZ FABRI H. & MONNIER P., «Organisation mondiale du commerce : Chronique du règlement des différends 2011-2012 », *Journal du droit international (Clunet)*, 2012, n°. 3, p. 1423-1522.

- RUIZ FABRI H. & MONNIER P., «Organisation mondiale du commerce : Chronique du règlement des différends 2009-2010 », *Journal du droit international (Clunet)*, 2010, n°. 3, pp. 911-953.

- RUIZ FABRI H., « L'appel dans le règlement des différends de l'Organisation Mondiale du Commerce (OMC) : Trois ans après, quinze rapports plus tard », *Revue générale de droit international public,* 1999, vol. 103, n°. 1, pp. 47-128.
- RUIZ FABRI H., « Le contentieux de l'exécution dans le règlement des différends de l'Organisation mondiale du commerce », *Journal du droit international,* 2000, n°. 3, pp. 605-645.
- RUIZ FABRI H., « Le juge de l'OMC (Organisation mondiale du commerce) : ombres et lumières d'une figure judiciaire singulière », *Revue générale de droit international public,* 2006, vol. 110, n°. 1, pp. 39-82.
- RUIZ FABRI H., « Le règlement des différends dans le cadre de l'Organisation Mondiale du Commerce (OMC) », *Journal du droit international,* 1997, n°. 3, pp. 709-755.
- SACERDOTI G., « Commentaire », *in* RUIZ FABRI H. & SOREL J.-M. (dir.), *Le tiers à l'instance devant les juridictions internationales,* Coll. Contentieux international, Paris, A.Pedone, 2005, p. 239-244.
- SACERDOTI G., « The Dispute Settlement System of the WTO : Structure and Function in the Perspective of the First 10 Years », *The Law and Practice of International Courts and Tribunals,* 2006, vol. 5, n°. 1, pp. 49-75.
- SANDFORD I., « The Importance of Transparency in WTO Dispute Settlement », *Lowy Institute Conference on Enhancing Transparency in the Multilateral Trading System,* 4 July 2007, 11 p., disponible sur : http://lowyinstitute.richmedia-server.com/docs/ETMTS/Iain_Sandford.pdf (url consultée le 17 mai 2013).
- SANSON M., « Faciliting Access to Dispute Settlement for African Members of the World Trade Organization », *The Indian Journal of International Economic Law,* 2009, vol. 2, n°. 1, pp. 1-52.
- SANTANA DE ANDRADE D. B., « Les régimes autosuffisants : une menace à l'unité de l'ordre juridique international ? », *L'Observateur des Nations Unies,* 2011-2012, vol. 31, pp. 13-32.
- SANTOLINI T., « L'intervention des tiers dans le procès constitutionnel en droit comparé », 16 p., disponible sur : http://www.droitconstitutionnel.org/congresParis/comC5/SantoliniTXT.pdf (url consultée le 10 septembre 2013).

- SANTULLI C., « Qu'est-ce qu'une juridiction internationale ? Des organes répressifs internationaux à l'ORD », *Annuaire français de droit international*, 2000, vol. 46, p. 58-81.
- SCHEIDER A., « Democracy and Dispute Resolution : Individual Rights in International Trade Organizations », *University of Pennsylvania Journal of International Economic Law*, 1998, vol. 19, n°. 2, pp. 587-638.
- SCHUNKEN K. R., « The Advisory Centre on WTO Law : A Success Story, But for Whom ? », *The Law and Practice of International Courts and Tribunals*, 2008, vol. 7, n°. 1, pp. 59-79.
- SHADIKHODJAEV S. & PARK N., « Cessation and Reparation in the GATT/WTO Legal System : A View from the Law of State Responsibility », *Journal of World Trade*, 2007, vol. 35, n°. 6, pp. 1237-1258.
- SHAFFER G., « Chapter 7 : Developing Country Use of the WTO Dispute Settlement System: Why it Matters, the Barriers Posed », in HARTIGAN J. (edt.), *Trade Disputes and the Dispute Settlement Understanding of the WTO: an Interdisciplinary Assessment*, Frontiers of Economics and Globalization Series, Chapter 7, 2009, pp. 167-190.
- SHAFFER G., « Can WTO Technical Assistance and Capacity-building serve developing Countries ? », *Wisconsin International Law Journal*, 2005, vol. 23, n°. 4, pp. 643-686.
- SHAFFER G., « The Challenges of WTO Law : Strategies for Developing Country Adaptation », *World Trade Review*, 2006, vol. 5, n°. 2, pp. 177-199.
- SHAFFER G., « The World Trade Organization Under Challenge : Democracy and the Law and Politics of the WTO's Treatment of Trade and Environment Matters », *Havard Environmental Law Review*, 2001, vol. 25, n°. 1, pp. 1-93.
- SHAFFER G., SANCHEZ M. R & ROSENBERG B., « Brazil's Response to the Judicialized WTO Regime : Strengthening the State through Diffusing Expertise », 66 p., disponible sur : http://ictsd.org/downloads/2008/06/brazil_paper1.pdf (url consultée le 10 avril 2012).
- SHAFFER G., « How to Make the WTO Dispute Settlement System Work for Developing Countries : Some Proactive Developing Country Strategies », *in* International Center for Trade and Sustainable Development, *Towards a Development-Supportive Dispute Settlement System in the WTO*, ICTSD Resource Paper N°. 5, March 2003, pp. 1-65, disponible sur : http://ictsd.org/downloads/2008/06/dsu_2003.pdf (url consultée le 31 mai 2013).

- SHAHRJERDI P. & TOMKIEWICZ V., « Le procès équitable dans l'espace normatif de l'Organisation mondiale du commerce », *in* FABRI H. R. (dir.), *Procès équitable et enchevêtrement des espaces normatifs : Travaux de l'atelier de droit international de l'UMR de Droit comparé de Paris,* Société de législation comparée, Paris, 2003, pp. 267-290.
- SIMMA B., « From Bilateralism to community interest in international law », in Académie de droit international, *Receuil des cours,* tome 250, Martinus Nijhoff Publishers, 1994, pp. 217-384.
- SIROEN J.-M., « L'unilatéralisme des États-Unis », *Annuaire français de relations internationales,* 2000, vol. 1, pp. 570-582.
- SMITH J., « Inequality in International Trade ? Developing Countries and WTO Dispute Settlement », *Review of International Political Economy,* 2004, vol. 11, n°. 3, pp. 542-573.
- SMITH J. M., « WTO dispute settlement : the Politics of Procedure in Appellate Body rulings », *World Trade Review,* 2003, vol. 2, n°. 1, pp. 65-100.
- STAINER S. & WEISS F., « Chapter 13 : Transparency as an Element of Good Governance in the Practice of the WTO », *in* BHUIYAN S., SANDS P. & SCHRIJVER N. (edt.), *International Law and Developing Countries : Essays in Honour of Kamal Hossain,* Leiden, Brill Nijhoff, 2014, pp. 262-287.
- STEGER D. P., « *Amicus Curiae :* Participant or Friend ? The WTO and NAFTA Experience », *in* BOGDANDY A. V., MAVROIDIS P. C., & MENY Y. (edt.), *European Integration and International Coordination : Studies in Honour of Claus-Dieter Ehlermann,* The Hague/London/New York, Kluwer Law International, 2002, pp. 419-450.
- STEGER D. P., « The Appellate Body and its Contribution to WTO Dispute Settlement », *in* KENNEDY D. L. M. & SOUTHWICH J. D. (edt.), *The Political Economy of International Trade Law : Essays in Honor of Robert E. Hudec,* Cambridge, Cambridge University Press, 2002, pp. 135-155.
- STERN B., « L'intervention des tiers dans le contentieux de l'OMC », *Revue générale de droit international public,* 2003, vol. 107, n°. 2, pp. 257-303.
- STOLL P.-T. & STEINMANN A., « WTO Dispute Settlement : The Implementation Stage », FROWEIN J. A. & WOLFRUM R. (edt.), *Max Planck Yearbook of United Nations Law,* 1999, vol. 3, pp. 407-437.

- THAI B. A., « An Analysis of 'Lessons Learned' From 'Catfish' and 'Shrimp' anti-dumping Cases », May 2005, pp. 1-42, disponible sur : http://www.baolawfirm.com.vn/dmdocuments/an_anylysis_of_lessons_learned_from_antidumping_case.pdf (url consultée le 20 novembre 2014).
- THIRLWAY H., « The Law and Procedures of the International Court of Justice 1960-1989, Supplement, 2011 : Parts Eleven, Twelve and Thirteen », *The British Yearbook of International Law,* 2012, vol. 82, n°. 1, pp. 1-177.
- THOMAS K., « China and the WTO Dispute Settlement System : From Passive Observer to Active Participant ? », 22 p., disponible sur : http://papers.ssrn.com/sol3/papers.cfm?abstract_id=1866259 (url consultée le 28 mars 2012).
- TONG Q., « China's First Decade Experience in the WTO Dispute Settlement System : Practice and Prospect », *Asian Journal of WTO & International Health Law and Policy,* 2012, vol. 7, n°. 1, pp. 143-179.
- TREVES T., « Aspects of Legitimacy of Decisions of International Courts and Tribunals », *in* WOLFRUM R. & ROBEN V. (edt.), *Legitimacy in International Law,* New York, Springer, 2008, pp. 169-187.
- TREVES T., « Commentaire », *in* RUIZ FABRI H. & SOREL J.-M. (dir.), *Le tiers à l'instance devant les juridictions internationales,* Coll. Contentieux international, Paris, A. Pedone, 2005, pp. 73-78.
- TREVES T., « The Rules of the International Tribunal for the Law of the Sea », *in* CHANDRASEKHARA RAO P. & KHAN R. (edt.), *The International Tribunal for the law of the sea : Law and Practice,* The Hague, Kluwer Law International, 2001, pp. 135-160.
- USHER J. A., « Joinder of Actions, Submission of Observation in References for Preliminary Rulings, and Intervention by Member States, Community Institutions, and Any Other Person in ECJ Proceedings », *in* WEISS F. (edt.), *Improving WTO dispute settlement procedures : issues and lessons from the practice of other international courts and tribunals*, London, Cameron May, 2000, pp. 89-109.
- VAN DAMME I., « Treaty Interpretation by the WTO Appellate Body », *European Journal of International Law*, 2010, vol. 21, n°. 3, pp. 605-648.
- VAZQUEZ MARTINEZ R. A., « Improving Remedies at the WTO Dispute Settlement for Developing Countries : A compatibility study of three

main proposals with the current system », March 24, 2013, 47 p., disponible sur : http://papers.ssrn.com/sol3/papers.cfm?abstract_id=2408392 (url consultée le 5 mai 2014).

- VERHOEVEN J., « Souveraineté et mondialisation : libres propros », *in* LOQUIN E. & KESSEDJIAN C. (dir.), *La mondialisation du droit,* Colloque, Dijon, 13-15 septembre 1999, Paris, Litec, 2000, pp. 43-57.

- VON BOGDANDY A. & VENZKE I., « Chapter 23 : The Spell of Precedents : Lawmaking by International Courts and Tribunals », *in* ROMANO C. P., ALTER K. J. & SHANY Y. (edt.), *The Oxford Handbook of International Adjudication,* New York, Oxford University Press, 2014, pp. 503-522.

- WAINCYMER J., « Transparency of dispute settlement within the World Trade Organization », *Melbourne University Law Review,* 2000, vol. 24, n°. 3, pp. 797-838.

- WANG T., « China's Coming of Age in the WTO War », *Forbes,* April 20, 2009, disponible sur : http://www.forbes.com/2009/04/20/china-wto-trade-markets-economy-law.html (url consultée le 20 novembre 2014).

- WANG T., « Where Are China's WTO Lawyers ? », *Forbes,* April 27, 2009, disponible sur : http://www.forbes.com/2009/04/27/china-wto-law-business-economy-trade.html (url consultée le 20 novembre 2014).

- WAREGNE J.-M., « L'OMC après Seattle : le chantier inachevé », *Courrier hebdomadaire du CRISP,* 2001/7-8, n°. 1712-1713, pp. 5-76.

- WEISS F., « Chapter 27 : Third Parties in GATT/WTO Dispute Settlement Proceedings », *in* DENTERS E. & SCHRIJVER N. (edt.), *Reflections on International Law from the Low Countries in Honour of Paul de Waart,* The Hague, Martinus Nijhoff Publishers, 1998, pp. 458-472.

- WEISS F., « The limits of the WTO : facing non trade-issues », SACERDOTI G., YANOVICH Y. & BOHANES J. (edt.), *The WTO at Ten : The Contribution of the Dispute Settlement System*, Cambridge, Cambridge University Press, 2006, pp. 155-190.

- WENHUA J. & CUI H., « China's Path to the Center Stage of WTO Dispute Settlement : Challenges and Responses », *Global Trade and Customs Journal,* 2010, vol. 9, n°. 5, pp. 366-377.

- WENHUA J. & CUI H., « China's Experience in Dealing with WTO Dispute Settlement : A Chinese Persperctive », *Journal of World Trade,* 2011, vol. 45, n°. 1, pp. 1-37.

- WOLFE R., « Regulatory Transparency, Developing Countries and the WTO », *World Trade Review,* 2003, vol. 2, n°. 2, pp. 157-158.
- WOLFRUM R., « Intervention in the Proceedings before the International Court of Justice and the International Tribunal for the Law of the Sea », *in* CHANDRASEKHARA RAO P. & KHAN R. (edt.), *The International Tribunal for the law of the sea : Law and Practice,* The Hague, Kluwer Law International, 2001 pp. 161-172.
- WOLFRUM R., « Interventions in Proceedings Before International Courts and Tribunals : To What Extent May Interventions Serve the Pursuance of Community Interests », *in* BOSCHIERO N., SCOVAZZI T., PITEA C. & RAGNI C. (edt.), *International Courts and the Development of International Law,* New York, Springer, 2013, pp. 219-231.
- YEARWOOD R. R. F., *The Interaction Between World Trade Organization (WTO) Law and External International Law : The Constrained Openness of WTO Law (A Prologue to a Theory),* Book Reviewed by COOREMAN B., *Leiden Journal of International Law*, 2013, vol. 26, n°. 2, pp. 492-497.
- YENKONG H. N., « Third Party Rights and the Concept of legal interest in WTO Settlement Dispute : Extending Participatory Rights to Enforcement Right », *Journal of World Trade,* 2005, vol. 38, n°. 5, pp. 757-772.
- YENKONG N. H & ROBERTO R.-H., « WTO Dispute Settlement System and the Issue of Compliance : Multilateralizing the Enforcement Mechanism », *Manchester Journal of International Economic Law,* 2004, vol. 1, n°. 3, pp. 15-30.
- YU X. A., « Byrd's View Might Not Give You a Whole Picture – The Battle in the World Trade Organization on the Continued Dumping and Subsidy Offset Act of 2000 », *Florida Journal of International Law,* June 2005, vol. 17, n°. 2, pp. 417-438.
- ZAMBELLI M., « L'*amicus curiae* dans le règlement des différends de l'OMC : État des lieux et perspectives », *Revue internationale de droit économique,* 2005, vol. 19, n°. 2, pp. 197-218.
- ZIMMERMANN T. A., « The DSU Review (1998-2004) : Negotiations, Problems and Perspectives », *in* GEORGIEW D. & VAN DER BORGHT K. (edt.), *Reform and Development of the WTO Dispuste Settlement System,* London, Cameron May, 2006, pp. 451-452.
- ZOLLER E., « Américanisation », *in* CADET L. (dir.), *Dictionnaire de la justice,* Paris, PUF, 2004, pp. 30-34.

- ZOLLER E., « Procès équitable et due process of law », *Recueil Dalloz*, 2007, pp. 517-523.
- ZONNEKEYN G. A., « The Appelate Body's Communication on *Amicus Curiae* Briefs in the *Asbestos* Case », *Journal of World Trade,* 2001, vol. 35, n°. 3, pp. 553-563.

III. Documents officiels hors OMC

- Accord des partenaires économiques stratégiques transpacifiques entre Singapour, le Brunei, la Nouvelle-Zélande et le Chili, sur : http://www.mfat.govt.nz/downloads/trade-agreement/transpacific/main-agreement.pdf (url consultée le 10 novembre 2011).
- Acte additionnel n° 4/00/CEMAC-041-CCE-CJ-02, portant Règles de procédure de la chambre judiciaire de la CEMAC de 2002, disponible sur : http://www.cemac.int/sites/default/files/documents/files/Regles_procedure_CJ.pdf (url consultée le 11 janvier 2012).
- Conférence des Nations Unies sur le commerce et l'emploi, *Acte final et documents connexes,* E/CONF.2/78, publication des Nations Unies, 1948.II.D.4, disponible également sur : http://www.wto.org/french/docs_f/legal_f/havana_f.pdf (url consultée le 10 mai 2012).
- Convention établissant l'Association européenne de libre-échange, consolidée au 20 septembre 2010, disponible sur : http://www.efta.int/media/documents/legal-texts/efta-convention/efta-convention-texts/efta-convention-consolidated.pdf (url consultée le 15 décembre 2011).
- Pacte international relatif aux droits civils et politiques du 16 décembre 1966, *in* Nations Unies, *Recueil des Traités,* vol. 999, p. 171.
- Règlement de la Cour internationale de Justice, adopté le 14 avril 1978 et entré en vigueur le 1er juillet 1978 avec amendement entré en vigueur le 14 avril 2005. La version électronique de ce Règlement est disponible sur le site : http://www.icj-cij.org/documents/index.php?p1=4&p2=3&p3=0 (url consultée le 10 septembre 2013).
- The Treaty establishing the Common Market for Eastern and Southern Africa (COMESA) : http://www.comesa.int/attachments/article/28/COMESA_Treaty.pdf (url consultée le 10 janvier 2012).
- Traité de la Communauté de développement de l'Afrique australe de 1992, amendé de 2001, disponible sur : http://www.sadc.int/files/1413/

5292/8369/Protocol_on_the_Tribunal_and_Rules_thereof2000.pdf (url consultée le 15 décembre 2011).

- Traité établissant la communauté de l'Afrique de l'Est du 30 novembre 1999 entre l'Uganda, la Kenya et la Tanzanie, dernièrement amendé en 2007, voir : OMC - Comité du commerce et du développement, *Communauté de l'Afrique de l'Est, Communication des Parties du 11 octobre 2000*, WT/COMTD/25 ; OMC - Comité du commerce et du développement, *Notification d'un accord commercial régional – Notification de l'adhésion de la République du Rwanda et de la République du Burundi au Protocole instituant l'Union douanière de l'Afrique de l'Est – Addendum du 15 octobre 2012*, WT/COMTD/N/14/add.2.
- Traité instituant la Communauté économique et monétaire de l'Afrique centrale (CEMAC) signé en 1994, disponible sur : http://www.cemac.int/sites/default/files/documents/files/Regles_procedure_CJ.pdf (url consultée le 11 janvier 2012).
- Traité sur la Communauté économique des États de l'Afrique de l'Ouest de 1977, amendé en 1993, disponible sur : http://www.courtecowas.org/site/index.php?option=com_wrapper&view=wrapper&Itemid=33&lang=en (url consultée le 10 décembre 2011).
- *Annex IV of the Agreement Establishing the ACWL*, disponible sur : http://www.acwl.ch/e/documents/Annex_IV.pdf (consulté le 10 novembre 2014).
- Projet d'articles sur la responsabilité de l'État pour fait international illicite, Documents officiels de l'Assemblée générale, cinquante-sixième session, Supplément n° 10 (A/56/10), pp. 388-404.

IV. Documents officiels de l'OMC et pratique de l'ORD

A. Documents relatifs aux consultations

- *Malaisie – Prohibition des importations de polyéthylène et de polypropylène*, Demande de consultations présentées par Singapour au titre de l'article XXIII.1 du GATT de 1994 du13 janvier 1995, WT/DS1/1.
- *États-Unis - Imposition de droits d'imposition sur les automobiles en provenance du Japon au titre des articles 301 et 304 de la loi de 1974 sur le commerce extérieur*, WT/DS6. Demande de participation aux consultations présentées au titre de l'article 4.11 du Mémorandum d'accord sur le règlement des différends - Communautés européennes du 6 juin 1995, WT/DS6/2 ; Demande de participation aux consultations au titre de l'article 4.11 du Mémorandum

d'accord sur le règlement des différends - Communication de l'Australie du 12 juin 1995, WT/DS6/3.

- *Japon - Taxes sur les boissons alcooliques*, Demande de participation aux consultations présentée au titre de l'article 4.11 du Mémorandum d'accord sur le règlement des différends - Communication des États-Unis du 17 juillet 1995, WT/DS8/2.

- *Brésil – Mesures visant la noix de coco desséchée,* Demande de consultations présentées par les Philippines du 20 décembre 1995, WT/DS22/1.

- *Communautés européennes – Régime applicable à l'importation, à la vente et à la distribution des bananes,* Recours de l'Équateur à l'article 21.5 du Mémorandum d'accord sur le règlement des différends – Demande de consultations du 20 novembre 2006 , WT/DS27/65 ; du 29 novembre 2006, WT/DS27/65/Rev.1.

- *Turquie – Restrictions à l'importation de produits textiles et de vêtements,* Demande de participation aux consultations – Communication des Communautés européennes du 19 février 1996, WT/DS29/2 ; Demande de participation aux consultations – Communication du Pérou du 28 février 1996, WT/DS29/4 ; Demande de participation aux consultations – Communication de l'Inde du 29 février 1996, WT/DS29/5 ; Demande de participation aux consultations – Communication du Canada du 1er mars 1996, WT/DS29/8 ; Demande de participation aux consultations – Communication du Brésil du 1er mars 1996, WT/DS29/7 ; Demande de participation aux consultations – Communication de la Corée du 1er mars 1996, WT/DS29/6 ; Acceptation par la Turquie de la demande de participation aux consultations présentée par les Communautés européennes au titre de l'article 4.11 du Mémorandum d'accord sur le règlement des différends du 15 avril 1996, WT/DS29/9.

- *Corée – Lois, réglementations et pratiques dans le secteur des marchés de télécommunications,* Demande de consultations présentée par les Communautés européennes du 20 mai 1996, WT/DS40/1.

- *Inde – Restrictions quantitatives à l'importation de produits agricoles, textiles et industriels,* Demande de participation aux consultations - Communication des Communautés européennes du 28 mai 1997, WT/DS90/3 ; Demande de participation aux consultations - Communication de la Suisse du 31 juillet 1997, WT/DS90/6.

- *Communautés européennes – Mesures visant l'exportation de fromages fondus,* Demande de participation aux consultations – Communication du Japon du 21 octobre 1997, WT/DS104/2.

- *États-Unis – Traitement fiscal des « sociétés de ventes à l'étranger »*, Demande de consultations présentée par les Communautés européennes du 28 novembre 1997, WT/DS108/1.
- *Chili – Taxes sur les boissons alcooliques*, Demande de participation aux consultations – Communication des États-Unis du 23 juillet 1997, WT/DS110/2.
- *États-Unis – Imposition de droits compensateurs sur certains produits en acier au carbone, plomb et bismuth laminés à chaud originaires du Royaume-Uni*, Demande de participation aux consultations – Communication du Canada du 16 juillet 1998, WT/DS138/2.
- *États-Unis – Article 110 5) de la Loi des États-Unis sur le droit d'auteur*, Demande de participation aux consultations – Communication de l'Australie du 15 février 1999, WT/DS160/2.
- *États-Unis – Article 306 de la Loi de 1974 sur le commerce extérieur et modifications y relatives*, Demande de consultations présentée par les Communautés européennes, WT/DS200/1, le 5 juin 2000 ; Demande de participation aux consultations – Communication du Japon du 19 juin 2000, WT/DS200/4 ; Demande de participation aux consultations – Communication du Canada du 23 juin 2000, WT/DS200/8 ; Demande de participation aux consultations – Communication du Panama du 22 juin 2000, WT/DS200/9.
- *Chili – Système des fourchettes de prix et mesures de sauvegarde appliqués à certains produits agricoles*, Demande de consultations présentée par l'Argentine du 12 octobre 2000, WT/DS207/1.
- *Argentine – Mesure de sauvegarde définitive à l'importation de pêches en conserve*, Demande de consultations présentée par le Chili du 24 septembre 2001, WT/DS238/1.
- *États-Unis – Règles d'origine concernant les textiles et les vêtements*, Demande de participation aux consultations – Communication du Bangladesh du 31 janvier 2002, WT/DS243/2 ; Demande de participation aux consultations – Communication des Communautés européennes du 30 janvier 2002, WT/DS243/3.
- *États-Unis – Mesures de sauvegarde définitives à l'importation de certains produits en acier*, Demande de participation aux consultations – Communication du Venezuela du 20 mars 2002, WT/DS248/2 ; Demande de participation aux consultations – Communication du Canada du 15 mars 2002, WT/DS248/7 ; Demande de participation aux consultations – Communication du Mexique du 22 mars 2002, WT/DS248/8.

- *Pérou – Droits antidumping provisoires sur les huiles végétales en provenance d'Argentine*, Demande de consultations présentée par l'Argentine du 28 octobre 2002, WT/DS271/1.
- *Chili – Mesure de sauvegarde définitive appliquée aux importations de fructose*, Demande de consultations présentée par l'Argentine du 8 janvier 2003, WT/DS278/1.
- *Communautés européennes – Mesures affectant l'approbation et la commercialisation des produits biotechnologiques*, Demande de participation aux consultations – Communication du Pérou du 22 mai 2003, WT/DS291/2 ; Demande de participation aux consultations – Communication de la Colombie du 26 mai 2003, WT/DS291/3 ; Communication des Communautés européennes, le 17 juin 2003, WT/DS291/17.
- *Chili – Mesure de sauvegarde provisoire concernant certains produits laitiers*, Demande de consultations présentée par l'Argentine du 30 octobre 2006, WT/DS351/1, et du 09 janvier 2007, WT/DS356/1.
- *États-Unis – Mesures compensatoires visant certains produits plats en acier au carbone laminés à chaud en provenance d'Inde*, Demande de consultations présentée par l'Inde du 18 avril 2012, WT/DS436/1.
- *Indonésie – Importation de produits horticoles, d'animaux et de produits d'origine animale*, Demande de participation aux consultations – Communication présentée par l'Australie du 22 janvier 2013, WT/DS455/4 ; Demande de participation aux consultations – Communication présentée par le Canada du 24 janvier 2013, WT/DS455/3 ; Demande de participation aux consultations – Communication présentée par l'Union européenne du 24 janvier 2013, WT/DS455/2 ; Communication présentée par l'Indonésie du 25 février 2013, WT/DS455/5 ; Communication conjointe de l'Union européenne et du Canada du 7 mars 2013, WT/DS455/6.
- *Australie – Certaines mesures concernant les marques de fabrique ou de commerce, les indications géographiques et autres prescriptions en matière d'emballage neutre applicables aux produits du tabac et à leur emballage*, Demande de participation aux consultations – Communication présentée par le Canada du 8 mai 2013, WT/DS458/2 ; Demande de participation aux consultations – Communication présentée par la Nouvelle-Zélande du 8 mai 2013, WT/DS458/3 ; Demande de participation aux consultations – Communication présentée par la Norvège du 13 mai 2013, WT/DS458/4 ; Demande de participation aux consultations – Communication présentée par l'Ukraine du 14 mai 2014, WT/DS458/5 ; Demande de participation aux consultations – Communication présentée par le Honduras du 13 mai 2013,

WT/DS458/6 ; Demande de participation aux consultations – Communication présentée par l'Union européenne du 16 mai 2013, WT/DS458/7 ; Demande de participation aux consultations – Communication présentée par la République dominicaine du 17 mai 2013, WT/DS458/8 ; Demande de participation aux consultations – Communication présentée par l'Uruguay du 17 mai 2013, WT/DS458/9 ; Demande de participation aux consultations – Communication présentée par le Brésil du 17 mai 2013, WT/DS458/10 ; Demande de participation aux consultations – Communication présentée par le Guatemala du 17 mai 2013, WT/DS458/11 ; Demande de participation aux consultations – Communication présentée par le Nicaragua du 17 mai 2013, WT/DS458/12.

- *Indonésie – Recours à l'article 22.2 du Mémorandum d'accord sur le règlement des différends dans le différend États-Unis – Cigarettes aux clous de girofle,* Demande de consultations présentée par l'Union européenne du 19 juin 2014, WT/DS481/1.

B. Rapports et communications de groupes spéciaux

1. Rapports et communications des groupes spéciaux initiaux

1996

- *Brésil – Mesures visant la noix de coco desséchée,* Rapport du groupe spécial du 17 octobre 1996, WT/DS22/R.

- *États-Unis – Normes concernant l'essence nouvelle et ancienne formules,* Rapport du groupe spécial du 29 janvier 1996, WT/DS2/R.

- *États-Unis – Restrictions à l'importation de vêtements de dessous de coton et de fibres synthétiques ou artificielles en provenance du Costa Rica,* Rapport du groupe spécial du 8 novembre 1996, WT/DS24/R.

1997

- *Communautés européennes – Mesures communautaires concernant les viandes et les produits carnés (hormones),* Rapport du groupe spécial du 18 août 1997, WT/DS26/R/USA & WT/DS48/R/CAN.

- *Communautés européennes – Régime applicable à l'importation, à la vente et à la distribution des bananes,* Rapport du groupe spécial du 22 mai 1997, WT/DS27/R/ECU & WT/DS27/R/USA.

1998

- *Australie – Mesures visant les importations de saumons,* Rapport du groupe spécial du 12 juin 1998, WT/DS18/R.

- *Communautés européennes – Classement tarifaire de certains matériels informatiques,* Rapport du groupe spécial du 05 février 1998, WT/DS62/R.
- *Corée – Taxes sur les boissons alcooliques,* Rapport du groupe spécial du 17 septembre 1998, WT/DS75/R & WT/DS84/R.
- *États-Unis – Prohibitions à l'importation de certaines crevettes et de certains produits à base de crevettes,* Rapport du groupe spécial du 15 mai 1998, WT/DS58/R.
- *Inde – Protection conférée par un brevet pour les produits pharmaceutiques et les produits chimiques pour l'agriculture,* Rapport du groupe spécial du 24 août 1998, WT/DS79/R.
- *Indonésie – Certaines mesures affectant l'industrie automobile,* Rapport du groupe spécial du 2 juillet 1998, WT/DS54/R.
- *Irlande – Classement tarifaire de certains matériels informatiques,* Rapport du groupe spécial du 05 février 1998, WT/DS68/R.
- *Japon – Mesures affectant les pellicules et papiers photographiques destinés aux consommateurs,* Rapport du groupe spécial du 31 mars 1998, WT/DS44/R.
- *Royaume-Uni – Classement tarifaire de certains matériels informatiques,* Rapport du groupe spécial du 05 février 1998, WT/DS67/R.

1999

- *Canada – Mesures visant l'exportation des aéronefs civils,* Rapport du groupe spécial du 14 avril 1999, WT/DS70/R.
- *Canada – Mesures visant l'importation de lait et l'exportation de produits laitiers,* Rapport du groupe spécial du 17 mai 1999, WT/DS103/R & WT/DS113/R.
- *Turquie – Restrictions à l'importation de produits textiles et de vêtement,* Rapport du groupe spécial du 31 mai 1999, WT/DS34/R.
- *Chili – Taxes sur les boissons alcooliques,* Rapport du groupe spécial du 15 juin 1999, WT/DS87/R et WT/DS110/R.
- *Argentine – Mesures de sauvegarde à l'importation de chaussures,* Rapport du groupe spécial du 25 juin 1999, WT/DS121/R.
- *États-Unis – Articles 301 à 310 de la Loi de 1974 sur le commerce extérieur,* Rapport du groupe spécial du 22 décembre 1999, WT/DS152/R.

2000

- *Canada – Certaines mesures concernant l'industrie automobile,* Rapport du groupe spécial du 11 février 2000, WT/DS142/R.

- *Canada – Certaines mesures concernant l'industrie automobile,* Rapport du groupe spécial du 11 février 2000, WT/DS139/R &WT/DS142/R.
- *Canada – Protection conférée par un brevet pour les produits pharmaceutiques,* Rapport du groupe spécial du 17 mars 2000, WT/DS114/R.
- *Communautés européennes – Mesures affectant l'amiante et les produits en contenant,* Rapport du groupe spécial du 18 septembre 2000, WT/DS135/R.
- *Corée – Mesures affectant les marchés publics*, Rapport du groupe spécial du 1er mai 2000, WT/DS163/R.
- *États-Unis – Loi antidumping de 1916,* Rapport du groupe spécial du 31 mars 2000, WT/DS136/R.
- *États-Unis – Loi antidumping de 1916,* Rapport du groupe spécial du 29 mai 2000, WT/DS162/R.
- *États-Unis – Mesures à l'importation de certains produits en provenance des Communautés européennes,* Rapport du groupe spécial du 17 juillet 2000, WT/DS165/R.
- *Guatemala – Mesure antidumping définitive concernant le ciment Portland gris en provenance du Mexique,* Rapport du groupe spécial du 24 octobre 2000, WT/DS156/R.
- *Mexique – Enquête antidumping concernant le sirop de maïs à haute teneur en fructose (SHTF) en provenance des États-Unis*, Rapport du groupe spécial du 28 janvier 2000, WT/DS132/R.

2001

- *Argentine – Mesures antidumping définitives à l'importation de carton en provenance d'Allemagne et mesures antidumping définitives à l'importation de carreaux de sol en céramique en provenance d'Italie*, Rapport du groupe spécial du 28 septembre 2001, WT/DS189/R.
- *États-Unis – Mesure de sauvegarde transitoire appliquée aux fils de coton peignés en provenance du Pakistan,* Rapport du groupe spécial du 31 mai 2001, WT/DS192/R.

2002

- *États-Unis – Loi de 2000 sur la compensation pour continuation du dumping et maintien de la subvention*, Rapport du groupe spécial du 16 septembre 2002, WT/DS217/R & WT/DS234/R.

2003

- *Argentine - Droits antidumping définitifs visant la viande de volaille en provenance du Brésil,* Rapport du groupe spécial du 22 avril 2003, WT/DS241/R.

- *États-Unis – Mesures de sauvegarde définitives à l'importation de certains produits en acier*, Rapport du groupe spécial du 11 juillet 2003, WT/DS248/R, WT/DS249/R, WT/DS251/R, WT/DS252/R, WT/DS254/R, WT/DS253/R, WT/DS258/R & WT/DS259/R.
- *Communautés européennes – Conditions d'octroi de préférences tarifaires aux pays en développement,* Rapport du Groupe spécial du 1er décembre 2003, WT/DS246/R.

2004

- *Canada – Mesures concernant les exportations de blé et le traitement des grains importés,* Rapport du groupe spécial du 6 avril 2004, WT/DS276/R.
- *Communautés européennes – Subventions à l'exportation de sucre,* Rapport du groupe spécial du 15 octobre 2004, WT/DS265/R, WT/DS266/R & WT/DS283/R.
- *États-Unis – Subventions concernant le coton upland,* Rapport du groupe spécial du 08 septembre 2004, WT/DS267/R.
- *République dominicaine – Mesures affectant l'importation et la vente de cigarettes sur le marché intérieur,* Rapport du groupe spécial du 26 novembre 2004, WT/DS302/R.

2005

- *Communautés européennes – Classification douanière des morceaux de poulet désossés et congelés*, Rapport du groupe spécial du 30 mai 2005, WT/DS286/R.
- *Communautés européennes – Mesures affectant le commerce des navires de commerce,* Rapport du groupe spécial du 22 avril 2005, WT/DS301/R.
- *Communautés européennes – Protection des marques et des indications géographiques pour les produits agricoles et les denrées alimentaires,* Rapport du groupe spécial du 15 mars 2005, WT/DS174/R.

2006

- *Communautés européennes – Mesures affectant l'approbation et la commercialisation des produits biotechnologiques,* Communication du Président du groupe spécial du 29 septembre 2006, WT/DS291/32, WT/DS292/26 & WT/DS293/26.
- *Communautés européennes – Mesures affectant l'approbation et la commercialisation des produits biotechnologiques*, Rapport du groupe spécial du 29 septembre 2006, WT/DS291/R, WT/DS292/R & WT/DS293/R.

2007

- *Turquie – Mesures affectant l'importation de riz*, Rapport du groupe spécial du 21 septembre 2007, WT/DS334/R.

2008

- *États-Unis – Directive sur les cautionnements en douane pour les marchandises assujetties à des droits antidumping/ compensateurs*, Rapport du groupe spécial du 29 février 2008, WT/DS345/R.
- *États-Unis – Mesures antidumping visant les crevettes en provenance de Thaïlande*, Rapport du groupe spécial du 28 février 2008, WT/DS343/R.
- *Inde – Droits additionnels et droits additionnels supplémentaires sur les importations en provenance des États-Unis*, Rapport final du groupe spécial du 09 juin 2008, WT/DS360/R.

2009

- *Chine – Mesures affectant les droits de commercialisation et les services de distribution pour certaines publications et certains produits de divertissement audiovisuels*, Rapport du groupe spécial du 12 août 2009, WT/DS363/R.

2010

- *Australie – Mesures affectant l'importation de pommes en provenance de Nouvelle-Zélande*, Rapport du groupe spécial du 9 août 2010, WT/DS367/R.
- *Communautés européennes et certains pays membres – Mesures affectant le commerce des aéronefs civils gros porteurs*, Rapport du groupe spécial du 30 juin 2010, WT/DS316/R.
- *Communautés européennes et leurs États membres – Traitement tarifaire de certains produits des technologies de l'information*, Rapport du groupe spécial du 16 août 2010, WT/DS375/R, WT/DS376/R & WT/DS377/R.
- *États-Unis – Certaines mesures visant les importations de volaille en provenance de Chine*, Rapport du groupe spécial du 29 septembre 2010, WT/DS392/R.
- *Communautés européennes – Mesures affectant le commerce des aéronefs civils gros porteurs*, Rapport du groupe spécial du 30 juin 2010, WT/DS316/R.

2011

- *Chine – Mesures relatives à l'exportation de diverses matières premières*, Rapport du groupe spécial du 05 juillet 2011, WT/DS394/R, WT/DS395/R & WT/DS398/R.
- *États-Unis – Mesures affectant le commerce des aéronefs civils gros porteurs (deuxième plainte)*, Rapport du groupe spécial du 31 mars 2011, WT/DS353/R.

- *États-Unis – Mesures antidumping visant certaines crevettes en provenance du Viet Nam,* Rapport du groupe spécial du 11 juillet 2011, WT/DS404/R.
- *Union européenne – Mesures antidumping visant certaines chaussures en provenance de Chine,* Rapport du groupe spécial du 28 octobre 2011, WT/DS405/R.
- *Communautés européennes – Mesures prohibant l'importation et la commercialisation de produits dérivés du phoque,* Rapport du groupe spécial du 25 novembre 2011, WT/DS400/R & WT/DS401/R.

2012

- *République dominicaine – Mesures de sauvegarde visant les importations de sacs en polypropylène et de tissu tubulaire,* Rapport du groupe spécial du 31 janvier 2012, WT/DS415/R, WT/DS416/R, WT/DS417/R & WT/DS418/R.
- *Canada – Certaines mesures affectant le secteur de la production d'énergie renouvelable* et *Canada – Mesures relatives aux Programme de tarifs de rachat garantis,* Rapport du groupe spécial du 19 décembre 2012, WT/DS412/R & WT/DS426/R.

2013

- *Chine – Mesures antidumping et compensatoires visant les produits à base de poulet de chair en provenance des États-Unis,* Rapport du groupe spécial du 2 août 2013, WT/DS427/R.

2014

- *Chine – Mesures relatives à l'exportation de terres rares, de tungstène et de molybdène,* Rapport du groupe spécial du 26 mars 2014, WT/DS431/R, WT/DS432/R & WT/DS433/R.
- *États-Unis – Mesures compensatoires visant certains produits en provenance de Chine,* Rapport du groupe spécial du 14 juillet 2014, WT/DS437/R.
- *Argentine – Mesures affectant les importations de marchandises,* Rapport du groupe spécial du 22 août 2014, WT/DS438/R, WT/DS444/R & WT/DS445/R.
- *États-Unis – Mesures antidumping visant certaines crevettes en provenance du Viet-nam,* Rapport du groupe spécial du 17 novembre 2014, WT/DS429/R.

2015

- *Chine – Mesures imposant des droits antidumping sur les tubes, sans soudure, en acier inoxydable haute performance (HP-SSST) en provenance de l'Union européenne,* Rapport du groupe spécial du 13 février 2015, WT/DS454/R & WT/DS460/R.

2016

- *Inde – Certaines mesures relatives aux cellules solaires et aux modules solaires,* Rapport du groupe spécial du 24 février 2016, WTDS456/R.

- *États-Unis – Mesures antidumping et mesures compensatoires visant les gros lave-linge à usage domestique en provenance de Corée,* Rapport du groupe spécial du 11 mars 2016, WT/DS464/R.
- *Union européenne – Mesures antidumping visant le biodiésel en provenance d'Argentine,* Rapport du groupe spécial du 29 mars 2016, WT/DS473/R.

2. Rapport des groupes spéciaux établis au titre de l'article 21.5 du Mémorandum d'accord

- *Communautés européennes – Régime applicable à l'importation, à la vente et à la distribution des bananes – Recours des Communautés européennes à l'article 21.5* (Rapport du groupe spécial du 19 avril 1999, WT/DS27/RW/EEC.
- *Australie – Mesures visant les importations de saumons – Recours du Canada à l'article 21.5 du Mémorandum d'accord sur le règlement des différends,* Rapport du groupe spécial du 18 février 2000, WT/DS18/RW.
- *Australie – Subventions accordées aux producteurs et exportateurs de cuir pour automobiles – Recours des États-Unis à l'article 21.5 du Mémorandum d'accord sur le règlement des différends,* Rapport du groupe spécial du 21 janvier 2000, WT/DS126/RW.
- *Canada – Mesures visant l'importation de lait et l'exportation de produits laitiers – Recours des États-Unis et de la Nouvelle-Zélande à l'article 21.5 du Mémorandum d'accord,* Rapport du groupe spécial du 11 juillet 2001, WT/DS103/RW et WT/DS113/RW.
- *États-Unis – Traitement fiscal des « sociétés de ventes à l'étranger » - Recours des Communautés européennes à l'article 21.5 du mémorandum d'accord sur le règlement des différends,* Rapport du groupe spécial du 20 août 2001, WT/DS108/RW.
- États-Unis – *Détermination finale en matière de droits compensateurs concernant certains bois d'œuvre résineux en provenance du Canada - Recours à l'article 21.5*, Rapport du groupe spécial du premier août 2005, WT/DS257/RW.
- *Chili – Système des fourchettes de prix et mesures de sauvegarde appliquées à certains produits agricoles - Recours à l'article 21.5*, Rapport du groupe spécial du 7 mai 2007, WT/DS207/RW.
- *États-Unis – Subventions concernant le coton upland – Recours du Brésil à l'article 21.5 du Mémorandum d'accord sur le règlement des différends,* Rapport du groupe spécial du 18 décembre 2007, WT/DS267/RW.
- *Communautés européennes – Régime applicable à l'importation, à la vente et à la distribution des bananes - Deuxième recours de l'Équateur à l'article 21.5 du Mémorandum d'accord sur le règlement des différends*, Rapport du groupe spécial du 7 avril

2008, WT/DS27/RW2/ECU ; *Recours des États-Unis à l'article 21.5 du Mémorandum d'accord sur le règlement des différends*, Rapport du groupe spécial du du 19 mai 2008, WT/DS27/RW/USA.

- *États-Unis – Mesures relatives à la réduction à zéro et aux réexamens à l'extinction - Recours du Japon à l'article 21.5*, Rapport du groupe spécial du 24 avril 2009, WT/DS322/RW.

C. Rapports et communications de l'Organe d'appel

1996

- *États-Unis – Normes concernant l'essence nouvelle et ancienne formules*, Rapport de l'Organe d'appel du 29 avril 1996, WT/DS2/AB/R.
- *Japon – Taxes sur les boissons alcooliques,* Rapport de l'Organe d'appel du 4 octobre 1996, WT/DS8/AB/R, WT/DS10/AB/R & WT/DS11/AB/R.

1997

- *Brésil – Mesures visant la noix de coco desséchée,* Rapport de l'Organe d'appel du 21 février 1997, WT/DS22/AB/R.
- *Communautés européennes – Régimes applicables à l'importation de bananes,* Rapport de l'Organe d'appel du 9 septembre 1997, WT/DS27/AB/R.
- *États-Unis – Mesures affectant les importations de chemises, chemisiers et blouses, de laine, tissés en provenance d'Inde,* Rapport de l'Organe d'appel du 25 avril 1997, WT/DS33/AB/R.
- *États-Unis – Restrictions à l'importation de vêtements de dessous de coton et de fibres synthétiques ou artificielles,* Rapport de l'Organe d'appel du 10 février 1997, WT/DS24/AB/R.
- *Inde – Protection conférée par un brevet pour les produits pharmaceutiques et les produits chimiques pour l'agriculture,* Rapport de l'Organe d'appel du 19 décembre 1997, WT/DS50/AB/R.

1998

- *Argentine – Mesures affectant les importations de chaussures, textiles, vêtements et autres articles,* Rapport de l'Organe d'appel du 22 avril 1998, WT/DS56/AB/R.
- *Communautés européennes – Mesures affectant l'importation de certains produits provenant de volailles,* Rapport de l'Organe d'appel du 13 juillet 1998, WT/DS69/AB/R.
- *Communautés européennes – Mesures communautaires concernant les viandes et les produits carnés (hormones)*, Rapport de l'Organe d'appel du 16 janvier 1998, WT/DS26/AB/R & WT/DS48/AB/R.

- *États-Unis – Prohibition à l'importation de certaines crevettes et de certains produits à base de crevettes,* Rapport de l'Organe d'appel du 12 octobre 1998, WT/DS58/AB/R.
- *Guatemala – Enquête antidumping concernant le ciment Portland en provenance du Mexique,* Rapport de l'Organe d'appel du 2 novembre 1998, WT/DS60/AB/R.

1999

- *Argentine – Mesures de sauvegarde à l'importation de chaussures*, Rapport de l'Organe d'appel du 14 décembre 1999, WT/DS121/AB/R.
- *Brésil – Programme de financement des exportations pour les aéronefs,* Rapport de l'Organe d'appel du 02 août 1999, WT/DS46/AB/R.
- *Canada – Mesures visant l'exportation des aéronefs civils*, Rapport de l'Organe d'appel du 2 août 1999, WT/DS70/AB/R.
- *Corée – Taxes sur les boissons alcooliques,* Rapport de l'Organe d'appel du 18 janvier 1999, WT/DS75/AB/R & WT/DS84/AB/R.

2000

- *Australie – Mesures visant les importations de saumon,* Rapport de l'Organe d'appel du 20 octobre 2000, WT/DS18/AB/R.
- *Communautés européennes – Mesures affectant l'amiante et les produits en contenant,* Communication de l'Organe d'appel du 8 novembre 2000, WT/DS135/9.
- *États-Unis – Imposition de droits compensateurs sur certains produits en acier au carbone, plomb et bismuth laminés à chaud originaires du Royaume-Uni,* Rapport de l'Organe d'appel du 10 mai 2000, WT/DS138/AB/R.
- *États-Unis – Loi antidumping de 1916,* Rapport de l'Organe d'appel du 28 août 2000, WT/DS136/AB/R & WT/DS162/AB/R.
- *États-Unis – Traitement fiscal des « sociétés de ventes à l'étranger »*, Rapport de l'Organe d'appel du 24 février 2000, WT/DS108/AB/R.
- *États-Unis – Mesures à l'importation de certains produits en provenance des Communautés européennes*, Rapport de l'Organe d'appel du 11 décembre 2000, WT/DS165/AB/R.

2001

- *Communautés européennes – Mesures affectant l'amiante et les produits en contenant,* Rapport de l'Organe d'appel du 12 mars 2001, WT/DS135/AB/R.
- *États-Unis – Mesures de sauvegarde à l'importation de viande d'agneau fraîche, réfrigérée ou congelée en provenance de Nouvelle-Zélande et d'Australie*, Rapport de l'Organe d'appel du 1er mai 2001, WT/DS177/AB/R & WT/DS178/AB/R.

- *États-Unis – Prohibition à l'importation de certaines crevettes et de certains produits à base de crevettes*, Recours de la Malaisie à l'article 21.5 du Mémorandum d'accord sur le règlement des différends, Rapport de l'Organe d'appel du 22 octobre 2001, WT/DS58/AB/RW.
- *Mexique – Enquête antidumping concernant le sirop de maïs à haute teneur en fructose (SHTF) en provenance des États-Unis – Recours des États-Unis à l'article 21.5 du Mémorandum d'accord sur le règlement des différends*, Rapport de l'Organe d'appel du 22 octobre 2001, WT/DS132/AB/RW.
- *Thaïlande – Droits antidumping sur les profilés en fer ou en aciers non alliés et les poutres en H en provenance de Pologne*, Rapport de l'Organe d'appel du 12 mars 2001, WT/DS122/AB/R.

2002

- *Chili – Système de fourchettes de prix et mesures de sauvegarde appliqués à certains produits agricoles*, Rapport de l'Organe d'appel du 23 septembre 2002, WT/DS207/AB/R.
- *Communautés européennes – Désignation commerciale des sardines*, Rapport de l'Organe d'appel du 26 septembre 2002, WT/DS231/AB/R.
- *États-Unis – Traitement fiscal des « sociétés de ventes à l'étranger » - Recours des Communautés européennes à l'article 21.5 du Mémorandum d'accord sur le règlement des différends*, Rapport de l'Organe d'appel du 14 janvier 2002, WT/DS108/AB/RW.
- *Inde – Mesures concernant le secteur automobile*, Rapport de l'Organe d'appel du 19 mai 2002, WT/DS146/AB/R & WT/DS175/AB/R.

2003

- *Communautés européennes – Droits antidumping sur les importations de linge de lit en coton en provenance d'Inde, Recours de l'Inde à l'article 21.5 du Mémorandum d'accord sur le règlement des différends*, Rapport de l'Organe d'appel du 8 avril 2003, WT/DS141/AB/RW.
- *États-Unis – Loi de 2000 sur la compensation pour continuation du dumping et maintien de la subvention*, Rapport de l'Organe d'appel du 16 janvier 2003, WT/DS217/AB/R & WT/DS234/AB/R.

2004

- *Canada – Mesures concernant les exportations de blé et le traitement des grains importés*, Rapport de l'Organe d'appel du 30 août 2004, WT/DS276/AB/R.
- *Communautés européennes – Préférences tarifaires*, Rapport de l'Organe d'appel du 7 avril 2004, WT/DS246/AB/R.

- *États-Unis – Détermination finale en matière de droits compensateurs concernant certains bois d'œuvre résineux en provenance du Canada,* Rapport de l'Organe d'appel du 19 janvier 2004, WT/DS257/AB/R.

2005

- *Communautés européennes – Classification douanière des morceaux de poulet désossés et congelés,* Rapport de l'Organe d'appel du 12 septembre 2005, WT/DS269/AB/R & WT/DS286/AB/R.
- *États-Unis – Mesures visant la fourniture transfrontières de services de jeux et paris,* Rapport de l'Organe d'appel du 07 avril 2005, WT/DS285/AB/R.
- *Communautés européennes – Subventions à l'exportation de sucre,* Rapport de l'Organe d'appel du 28 avril 2005, WT/DS265/AB/R, WT/DS266/AB/R & WT/DS283/AB/R.

2006

- *Mexique – Mesures fiscales concernant les boissons sans alcool et autres boissons,* Rapport de l'Organe d'appel du 06 mars 2006, WT/DS308/AB/R.

2008

- *Canada – Maintien de la suspension d'obligations dans le différend CE-Hormones,* Rapport de l'Organe d'appel du 16 octobre 2008, WT/DS321/AB/R.
- *CE – Bananes III, Recours des États-Unis à l'article 21.5 du Mémorandum d'accord sur le règlement des différends,* Rapport de l'Organe d'appel du 26 novembre 2008, WT/DS27/AB/RW/USA.
- *États-Unis – Maintien de la suspension d'obligations dans le différend CE-Hormones,* Rapport de l'Organe d'appel du 16 octobre 2008, WT/DS320/AB/R.
- *États-Unis – Mesures antidumping finales visant l'acier inoxydable en provenance du Mexique,* Rapport de l'Organe d'appel du 30 avril 2008, WT/DS344/AB/R.
- *États-Unis – Subventions concernant le coton upland,* Rapport de l'Organe d'appel du 2 juin 2008, WT/DS267/AB/R.
- *Inde – Droits additionnels et droits additionnels supplémentaires sur les importations en provenance des États-Unis,* Rapport de l'Organe d'appel du 30 octobre 2008, WT/DS360/AB/R.

2009

- *Chine – Mesures affectant les droits de commercialisation et les services de distribution pour certaines publications et certains produits de divertissement audiovisuels,* Rapport de l'Organe d'appel du 21 décembre 2009, WT/DS363/AB/R.

- *États-Unis – Lois, réglementations et méthode de calcul des marges de dumping ("réduction à zéro") - Recours à l'article 21.5*, Rapport de l'Organe d'appel du 14 mai 2009, WT/DS294/AB/RW.

2011

- *Communautés européennes et certains États Membres – Mesures affectant le commerce des aéronefs civils gros porteurs*, Rapport de l'Organe d'appel du 18 mai 2011, WT/DS316/AB/R.
- *États-Unis – Droits antidumping et droits compensateurs définitifs visant certains produits en provenance de Chine*, Rapport de l'Organe d'appel du 11 mars 2011, WT/DS379/AB/R.
- *Philippines – Taxes sur les spiritueux distillés*, Rapport de l'Organe d'appel du 21 décembre 2011, WT/DS396/AB/R & WT/DS403/AB/R.

2012

- *Chine – Mesures relatives à l'exportation de diverses matières premières*, Rapport de l'Organe d'appel du 30 janvier 2012, WT/DS394/AB/R, WT/DS395/AB/R & WT/DS398/AB/R.

2013

- *Canada – Certaines mesures affectant le secteur de la production d'énergie renouvelable* et *Canada – Mesures relatives au Programme de tarifs de rachat garanti*, Rapport de l'Organe d'appel du 06 mai 2013, WT/DS412/AB/R & WT/DS426/AB/R.

2014

- *Communautés européennes – Mesures prohibant l'importation et la commercialisation de produits dérivés du phoque*, Rapport de l'Organe d'appel du 22 mai 2014, WT/DS400/AB/R & WT/DS401/AB/R.

2015

- *Argentine – Mesures affectant l'importation de marchandises*, Rapport de l'Organe d'appel du 15 janvier 2015, WT/DS445/AB/R.

2016

- *Communautés européennes – Mesures antidumping définitives visant certains éléments de fixation en fer ou en acier en provenance de Chine*, Recours de la Chine à l'article 21.5 du Mémorandum d'accord sur le règlement des différends, Rapport de l'Organe d'appel du 18 janvier 2016, WT/DS397/AB/RW.

D. Décisions des arbitres

- *Communautés européennes – Mesures concernant les viandes et les produits carnés – Plainte initiale des États-Unis – Recours des Communautés européennes à l'arbitrage*, Décision des arbitres du 12 juillet 1999, WT/DS26/ARB.

- *Communautés européennes – Mesures concernant les viandes et les produits carnés – Plainte initiale du Canada – Recours des Communautés européennes à l'arbitrage,* Décision des arbitres du 12 juillet 1999, WT/DS48/ARB.
- *Communautés européennes – Régime applicable à l'importation, à la vente et à la distribution des bananes – Recours des Communautés européennes à l'arbitrage au titre de l'article 22 :6 du Mémorandum d'accord sur le règlement des différends,* Décision des arbitres du 9 avril 1999, WT/DS27/ARB.
- *Brésil – Programme de financement des exportations pour les aéronefs – Recours du Brésil à l'arbitrage au titre de l'article 22 :6 du Mémorandum d'accord sur le règlement des différends et de l'article 4.11 de l'Accord SMC,* Décision des arbitres du 28 août 2000, WT/DS46/ARB.
- *États-Unis – Mesures visant la fourniture transfrontière des services de jeux et paris – Recours des États-Unis à l'arbitrage au titre de l'article 22 :6 du Mémorandum d'accord sur le règlement des différends,* Décision des arbitres du 21 décembre 2007, WT/DS285/ARB.

E. Comptes rendus des réunions de l'ORD

- ORD, *Compte rendu de la réunion du 27 septembre 1995,* WT/DSB/M/7.
- ORD, *Compte rendu de la réunion tenue au Centre William Rappard du 11 octobre 1995,* WT/DSB/M/8.
- ORD, *Compte rendu de la réunion tenue au Centre William Rappard le 21 février 1996,* WT/DSB/M/11.
- ORD, *Compte rendu de la réunion tenue au Centre William Rappard le 17 avril 1996,* WT/DSM/M/14.
- ORD, *Compte rendu de la réunion tenue au Centre William Rappard le 24 avril 1996,* WT/DSB/M/15.
- ORD, *Compte rendu de la réunion tenue au Centre William Rappard le 8 mai 1996,* WT/DSB/M/16.
- ORD, *Compte rendu de la réunion tenue au Centre William Rappard le 3 décembre 1996,* WT/DSB/M/27.
- ORD, *Compte rendu de la réunion tenue au Centre William Rappard le 30 juillet 1997,* WT/DSB/M/36.
- ORD, *Compte rendu de la réunion tenue au Centre William Rappard le 25 septembre 1997,* WT/DSB/M/37.

- ORD, *Compte rendu de la réunion tenue au Centre William Rappard le 16 janvier 1998*, WT/DSB/M/40.
- ORD, *Compte rendu de la réunion tenue au Centre William Rappard le 22 janvier 1998*, WT/DSB/M/41.
- ORD, *Compte rendu de la réunion tenue au Centre William Rappard le 13 mars 1998*, WT/DSB/M/43.
- ORD, *Compte rendu de la réunion tenue au Centre William Rappard le 22 avril 1998*, WT/DSB/M/45.
- ORD, *Compte rendu de la réunion tenue au Centre William Rappard le 6 novembre 1998*, WT/DSB/M/50.
- ORD, *Compte rendu de la réunion tenue au Centre William Rappard du 14 octobre 1999*, WT/DSB/M/69.
- ORD, *Compte rendu de la réunion tenue au Centre William Rappard les 27 octobre et 3 novembre 1999*, WT/DSB/M/70.
- ORD, *Compte rendu de la réunion tenue au Centre William Rappard le 19 novembre 1999*, WT/DSB/M/71.
- ORD, *Compte rendu de la réunion tenue au Centre William Rappard le 27 janvier 2000*, WT/DSB/M/74.
- ORD, *Compte rendu de la réunion tenue au Centre William Rappard le 7 juin 2000*, WT/DSB/M/83.
- ORD, *Compte rendu de la réunion tenue au Centre William Rappard le 27 juillet 2000*, WT/DSB/M/86.
- ORD, *Compte rendu de la réunion tenue au Centre William Rappard le 23 octobre 2000*, WT/DSB/M/91.
- ORD, *Compte rendu de la réunion tenue au Centre William Rappard le 17 novembre 2000*, WT/DSB/M/92.
- ORD, *Compte rendu de la réunion tenue au Centre William Rappard le 16 février 2001*, WT/DSB/M/99.
- ORD, *Compte rendu de la réunion tenue au Centre William Rappard le 1er mars 2001*, WT/DSB/M/100.
- ORD, *Compte rendu de la réunion tenue au Centre William Rappard du 12 mars 2001*, WT/DSB/M/101.

- ORD, *Compte rendu de la réunion tenue au Centre William Rappard le 18 janvier 2002*, WT/DSB/M/117.
- ORD, *Compte rendu de la réunion tenue au centre William Rappard du 23 octobre 2002*, WT/DSB/M/134.
- ORD, *Compte rendu de la réunion tenue au Centre William Rappard le 23 juillet 2003*, WT/DSB/M/153.
- ORD, *Compte rendu de la réunion tenue au Centre William Rappard le 10 décembre 2003*, WT/DSB/M/160.
- ORD, *Compte rendu de la réunion tenue au Centre William Rappard les 17 février et 19 mars 2004*, WT/DSB/M/165.
- ORD, *Compte-rendu de la réunion tenue au Centre William Rappard le 19 mai 2004*, WT/DSB/M/169.
- ORD, *Compte rendu de la réunion tenue au Centre William Rappard du 26 octobre 2006*, WT/DSB/M/211.
- ORD, *Compte rendu de la réunion tenue au Centre William Rappard le 21 novembre 2006*, WT/DSB/M/222.
- ORD, *Compte rendu de la réunion tenue au Centre William Rappard le 11 décembre 2008*, WT/DSB/M/260.
- ORD, *Compte rendu de la réunion tenue au Centre William Rappard le 28 janvier 2013*, WT/DSB/M/328.
- ORD, *Compte rendu de la réunion tenue au Centre William Rappard le 26 mars 2013*, WT/DSB/M/330.
- ORD, *Compte rendu de la réunion tenue au centre William Rappard le 22 janvier 2014*, WT/DSB/M/341.

F. Rapports des groupes spéciaux et documents sous le GATT de 1947

1. Rapports des groupes spéciaux

- *Canada – Administration de la loi sur l'examen de l'investissement étranger*, Rapport du groupe spécial du 7 février 1984, BISD 30S-140.
- *CEE – Régime concernant les prix minimums à l'importation, le certificat et le cautionnement pour certains produits transformés à base de fruits et légumes*, BISD 25S/68.
- *CEE – Règlement relatif aux importations de pièces détachées et composants*, Rapport du groupe spécial adopté le 16 mai 1990, BISD 37S/132.

- *États-Unis – L'article 337 de la Loi douanière de 1930*, Rapport du groupe spécial adopté le 7 novembre 1989, BISD 36S/345.
- *États-Unis – Redevances pour les operations douanières*, Rapport du groupe spécial adopté le 2 février 1988, BISD 35S/245.
- *États-Unis – Taxes sur le pétrole et certains produits d'importation*, Rapport du Groupe spécial adopté le 17 juin 1987, BISD 34S/154.
- *European community – Tariff Treatment on imports of citrus products from certain countries in the Mediterranean region*, Report unadopted of the Panel of 7 February 1985, L/5776, disponible sur : http://wto.org/gatt_docs/English/SULPDF/90080242.pdf (url consultée le 10 septembre 2012).
- *Hot-rolled Lead and Bismuth Carbon Steel Product*, SCM/185 du 15 november 1994, rapport non adopté, disponible sur : http://wto.org/gatt_docs/English/SULPDF/91830022.pdf (url consultée le 10 février 2014)).
- *Japon – Commerce des semi-conducteurs*, Rapport du groupe spécial adopté le 4 mai 1988, BISD 35S-116.
- *Japon – Droits de douane, fiscalité et pratiques en matière d'étiquetage concernant les vins et les boissons alcooliques importés*, Rapport du groupe spécial adopté le 10 novembre 1987, BISD 34S-92.
- *Les mesures appliquées par le Japon aux importations de cuirs*, Rapport du groupe spécial adopté les 15/16 mai 1984, BISD 31S/94.
- *Minutes of Meeting held in the Palais des Nations, Geneva on 15 July 1976*, C/M/115.
- *Papier journal*, Rapport du groupe spécial adopté le 20 novembre 1984. BISD 31S/114.
- *Restrictions appliquées par le Japon à l'importation de tabacs fabriqués en provenance des États-Unis*, Rapport du groupe spécial du 11 juin 1981, BISD 28S/100.

2. Autres documents

- *Amélioration des règles et procédures de règlement des différends du GATT*, Décision du 12 avril 1989, L/6489, BISD 36S/61-67.
- GATT – Comité d'intersession, *Compte rendu des réunions tenues au Palais des Nations et au Bâtiment électoral, à Genève, du 14 avril au 2 mai 1958*, IC/SR.38, le 19 mai 1958.

- GATT – PARTIES CONTRACTANTES, *Rapport du Comité d'intersession : Rapport présenté aux PARTIES CONTRACTANTES sur les travaux du Comité entre la douzième et la treizième session,* L/886.
- GATT – CONTRACTING PARTIES, *Compte rendu de la quinzième séance tenue au Palais des Nations à Genève le 10 novembre 1958*, SR.13/15.
- GATT - Conseil, *Participation des tierces parties aux travaux des groupes spéciaux – Déclaration du Président du Conseil du 21 juin 1994.*
- GATT – Intersessional Committee, *Sumary Record of the meeting held at the Palais des Nations and the Bâtiment Electoral, Geneva on 14 April – 2 May 1958,* IC/SR.38.
- GATT – Comité d'intersession, *Compte rendu des réunions tenues au Palais des Nations à Genève du 24 au 26 septembre 1958,* IC/SR.41.
- GATT, *Consultations au titre de l'article XXII – Demande de consultations avec les États membres de la CEE présentée par l'Australie du 4 juin 1959,* L/1010.
- GATT, *Consultations au titre de l'article XXII – Demande de consultations avec les États membres de la CEE présentée par l'Inde du 15 août 1958,* L/841.
- GATT, *Consultations au titre de l'article XXII – Demande de consultations avec les États membres de la CEE présentée par le Royaume-Uni du 28 juillet 1958,* L/838.
- Accord général sur les tarifs douaniers et le commerce – PARTIES CONTRACTANTES, *Consultations dans le cadre de l'article XXII – Procédure adoptée le 10 novembre 1958,* L/928.
- GATT, *Minutes of Meeting held in the Centre William Rappard on 12 March 1985,* C/M/186.
- GATT, *Minutes of Meeting held in the Centre William Rappard on 26 May 1983,* C/M/183.
- GATT, *Understanding regarding notification, consultation, dispute settlement and surveillance,* Annex – Agreed Description of the Customary Practice of the GATT in the Field of Dispute Settlement (Article XXIII:2), Adopted on 28 November 1979, L/4907.
- Accord général sur les tarifs douaniers et le commerce – PARTIES CONTRACTANTES, *Mémorandum d'accord concernant les notifications, les consultations, le règlement des différends et la surveillance,* Adopté le 28 novembre 1979, L/4907.

- GATT – Conseil, *Procès-verbal de la réunion tenue au Palais des Nations,* Genève, le 19 décembre 1972, C/M/83.
- GATT – Conseil, *Procès-verbal de la réunion tenue au Palais des Nations,* à Genève le 15 juillet 1976, C/M/115.

G. Documents relatifs au cycle de Doha

1. Documents du Comité de l'agriculture

- Comité de l'agriculture – Session extraordinaire, *Négociation agricoles à l'OMC – Réduction de la pauvreté : Initiative sectorielle en faveur du Coton,* Proposition conjointe du Bénin, du Burkina Faso, du Mali et du Tchad du 16 mai 2003, TN/AG/GEN/4.
- Comité de l'agriculture – Session extraordinaire, *Rapport résumé de la 19eme réunion de la Session extraordinaire du Comité de l'agriculture tenue le 1er juillet 2003,* Note du Secrétariat du 25 août 2003, TN/AG/R/9.

2. Documents de l'ORD – session extraordinaire

a. Compte rendu des réunions

- ORD – Session extraordinaire, *Compte rendu de la réunion tenue au Centre William Rappard le 16 avril 2002,* TN/DS/M/1.
- ORD – Session extraordinaire, *Compte rendu de la réunion tenue au Centre William Rappard du 10 septembre 2002,* TN/DS/M/4.
- ORD – Session extraordinaire, *Compte rendu de la réunion tenue au Centre William Rappard le 14 octobre 2002,* TN/DS/M/5.
- ORD – Session extraordinaire, *Compte rendu de la réunion tenue au Centre William Rappard du 13 au 15 novembre 2003,* TN/DS/M/6.
- ORD – Session extraordinaire, *Compte rendu de la réunion tenue au Centre William Rappard du 16 au 18 décembre 2002,* TN/DS/M/7.
- ORD – Session extraordinaire, *Compte rendu de la réunion tenue au Centre William Rappard du 28 au 30 janvier 2003,* TN/DS/M/8.
- ORD – Session extraordinaire, *Compte rendu de la réunion tenue au Centre William Rappard du 28 février 2005,* TN/DS/M/23.
- ORD – Session extraordinaire, *Compte rendu de la réunion tenue au Centre William Rappard les 24 et 25 avril 2006,* TN/DS/M/32.

b. Propositions de modifier le Mémorandum d'accord

- ORD – Session extraordinaire, *Contribution des Communautés européennes et de leurs États membres à l'amélioration du mémorandum d'accord de l'OMC sur le règlement des différends – Communication des Communautés européennes du 13 mars 2002*, TN/DS/W/1.
- ORD – Session extraordinaire, *Négociations sur les améliorations et les clarifications à apporter au Mémorandum d'accord sur le règlement des différends – Communication de l'Australie du 8 juillet 2002*, TN/DS/W/8.
- ORD – Session extraordinaire, *Proposition du Costa Rica – Droits des tierces parties – Communication du Costa Rica du 24 juillet 2002*, TN/DS/W/12.
- ORD – Session extraordinaire, *Négociations concernant le Mémorandum d'accord sur le règlement des différends – Proposition du groupe africain du 25 septembre 2002*, TN/DS/W/15.
- ORD – Session extraordinaire, *Négociations sur le Mémorandum d'accord sur le règlement des différends – Propositions du Groupe des PMA du 9 octobre 2002*, TN/DS/W/17.
- ORD – Session extraordinaire, *Négociations concernant le Mémorandum d'accord sur le règlement des différends – Proposition concernant le Mémorandum d'accord présentées par Cuba, le Honduras, l'Inde, la Malaisie, le Pakistan, Sri Lanka, la Tanzanie et le Zimbabwe du 7 octobre 2002*, TN/DS/W/18.
- ORD – Session extraordinaire, *Négociations concernant le Mémorandum d'accord sur le règlement des différends – Traitement spécial et différencié en faveur des pays en développement – Propositions concernant le Mémorandum d'accord sur le règlement des différends présentées par Cuba, le Honduras, l'Inde, l'Indonésie, la Malaisie, le Pakistan, Sri Lanka, la Tanzanie et le Zimbabwe du 9 octobre 2002*, TN/DS/W/19.
- ORD – Session extraordinaire, *Contribution de la Jamaïque au réexamen, prescrit à Doha, du Mémorandum d'accord sur le règlement des différends – Communication de la Jamaïque du 10 octobre 2002*, TN/DS/W/21.
- ORD – Session extraordinaire, *Négociations sur les améliorations et clarifications à apporter au Mémorandum d'accord sur le règlement des différends – Proposition du Japon du 28 octobre 2002*, TN/DS/W/22.
- ORD – Session extraordinaire, *Contribution du Territoire douanier distinct de Taiwan, Penghu, Kinmen et Matsu au réexamen, prescrit à Doha, du Mémorandum d'accord sur le règlement des différends – Communication du Territoire douanier distinct de Taiwan, Penghu, Kinmen et Matsu du 27 novembre 2002*, TN/DS/W/25.

- ORD – Session extraordinaire, *Négociation sur les améliorations et clarifications à apporter au Mémorandum d'accord sur le règlement des différends – Communication de l'Australie du 22 janvier 2003*, TN/DS/W/34.
- ORD – Session extraordinaire, *Contribution du Territoire douanier distinct de Taiwan, Penghu, Kinmen et Matsu au réexamen, prescrit à Doha, du Mémorandum d'accord sur le règlement des différends – Communication du Territoire douanier distinct de Taiwan, Penghu, Kinmen et Matsu du 22 janvier 2003*, TN/DS/W/36.
- ORD - Session extraordinaire, *Contribution des Communautés européennes et de leurs États membres à l'amélioration et à la clarification du Mémorandum d'accord de l'OMC sur le règlement des différends – Communication des Communautés européennes du 23 janvier 2003*, TN/DS/W/38.
- ORD – Session extraordinaire, *Amendement du Mémorandum d'accord sur les règles et procédures régissant le règlement des différends – Texte proposé par le Mexique du 27 janvier 2003*, TN/DS/W/40.
- ORD – Session extraordinaire, *Texte des propositions du groupe africain concernant les négociations sur le Mémorandum d'accord sur le règlement des différends – Communication du Kenya du 24 janvier 2003*, TN/DS/W/42.
- ORD – Session extraordinaire, *Contribution de la Jordanie à l'amélioration et la clarification du Mémorandum d'accord de l'OMC sur le règlement des différends – Communication de la Jordanie du 28 janvier 2003*, TN/DS/W/43.
- ORD – Session extraordinaire, *Négociation sur les améliorations et clarifications à apporter au Mémorandum d'accord sur le règlement des différends – Communication de l'Australie du 17 février 2003*, TN/DS/W/49.
- ORD – Session extraordinaire, *Amendements spécifiques du Mémorandum d'accord sur le règlement des différends – Propositions de libellés présentées par la Chine du 5 mars 2003*, TN/DS/W/51.
- ORD – Session extraordinaire, *Nouvelle contribution de la Jordanie à l'amélioration et la clarification du Mémorandum d'accord sur le règlement des différends – Communication de la Jordanie du 21 mars 2003*, TN/DS/W/53.
- ORD – Session extraordinaire, *Flexibilité et contrôle exercé par les membres – Proposition de texte révisé présentée par le Chili et les États-Unis – Communication du Chili et des États-Unis du 30 mai 2007*, TN/DS/W/89.
- ORD – Session extraordinaire, *Diagnostic des problèmes concernant le mécanisme de règlement des différends : Quelques réflexions présentées par le Mexique du 16 juillet 2007*, TN/DS/W/90.

- ORD – Session extraordinaire, *Texte des propositions du groupe africain pour les négociations sur le Mémorandum d'accord sur le règlement des différends – Communication de la Côte d'Ivoire du 5 mars 2008,* TN/DS/W/92.

c. Rapports du Président de l'ORD

- ORD – Session extraordinaire, *Rapport du Président, M. l'Ambassadeur Péter Balás, au Comité des négociations commerciales,* le 06 juin 2003, TN/DS/9.
- ORD – Session extraordinaire, *Rapport du Président, M. l'Ambassadeur Ronald Saborío Soto, au Comité des négociations commerciales,* le 21 avril 2011, TN/DS/25.
- ORD – Session extraordinaire, *Rapport du Président, M. l'Ambassadeur Ronald Saborío Soto, au Comité des négociations commerciales,* le 30 janvier 2015, TN/DS/26.
- ORD – Session extraordinaire, *Rapport du Président, M. l'Ambassadeur Ronald Saborío Soto, au Comité des négociations commerciales,* le 6 août 2015, TN/DS/27.
- ORD – Session extraordinaire, *Rapport du Président, M. l'Ambassadeur Ronald Saborío Soto, au Comité des négociations commerciales,* le 4 décembre 2015, TN/DS/28.

3. Programme de travail de Doha

- OMC, *Programme de travail de Doha – Décision adoptée par le Conseil général le 1er août 2004,* WT/L/579.
- Conférence ministérielle – Neuvième session, *Coton – Décision ministérielle du 7 décembre 2013,* WT/MIN(13)/41, WT/L/916.
- Conférence ministérielle – Neuvième session, *Accord sur la Facilitation des échanges – Décision ministérielle du 7 décembre 2013,* WT/MIN(13)/35, WT/L/910.

H. Autres documents

1. Documents émanant de l'Organe d'appel

- Organe d'appel, *Modifications qu'il est proposé d'apporter aux procédures de travail pour l'examen en appel – Communication de l'Organe d'appel du 8 avril 2004,* WT/AB/WP/W/8.
- Organe d'appel, *Modifications apportées aux procédures de travail pour l'examen en appel – Communication de l'Organe d'appel du 19 décembre 2002,* WT/AB/WP/W/6.

- Organe d'appel, *Procédures de travail pour l'examen en appel – Communication de l'Organe d'appel du 7 octobre 2004*, WT/AB/WP/W/9.
- Organe d'appel, *Procédures de traivail pour l'examen en appel – Communication de l'Organe d'appel du 27 juillet 2010*, WT/AB/WP/W/11.
- Organe d'appel, *Procédures de travail pour l'examen en appel du 15 février 1996*, WT/AB/WP/1.
- Organe d'appel, *Procédures de travail pour l'examen en appel du 15 septembre 2010*, WT/AB/WP/6.
- Organe d'appel, *Procédures de travail pour l'examen en appel du 1er janvier 2005*, WT/AB/WP/5.
- Organe d'appel, *Procédures de travail pour l'examen en appel du 1er mai 2003*, WT/AB/WP/4.
- Organe d'appel, *Procédures de travail pour l'examen en appel du 24 janvier 2002*, WT/AB/WP/3.
- Organe d'appel, *Procédures de travail pour l'examen en appel du 28 février 1997*, WT/AB/WP/2.
- Organe d'appel, *Rapport annuel de l'Organe d'appel pour 2004*, le 25 janvier 2005, WT/AB/3.
- Organe d'appel, *Rapport annuel de l'Organe d'appel pour 2005*, le 25 janvier 2006, WT/AB/5.
- Organe d'appel, *Rapport annuel pour 2012*, le 9 avril 2013, WT/AB/18.
- Organe d'appel, *Rapport annuel pour 2013*, le 14 mars 2014, WT/AB/20.
- Organe d'appel, *Rapport annuel pour 2014*, le 3 juillet 2015, WT/AB/24.
- Organe d'appel, *Rapport annuel pour 2015*, le 3 juin 2016, WT/AB/26.

2. Documents émanant de l'ORD

- ORD, *Délai de notification de l'intention de participer aux travaux d'un groupe spécial en qualité de tierce partie*, Note d'information du Secrétariat du 21 février 2001, JOB(01)/25.
- ORD, *Notification des solutions convenues d'un commun accord au titre de l'article 3.6 du Mémorandum d'accord sur le règlement des différends*, Note documentaire du Secrétariat du 7 août 1996, WT/DSB/W/35.
- ORD, *Règles de conduite relatives au Mémorandum d'accord sur les règles et procédures régissant le règlement des différends du 11 décembre 1996*, WT/DSB/RC/1.

3. Documents émanant de l'OMC et ses autres organes

- Comité du commerce et de l'environnement, *Rapport (1996) du Comité du commerce et de l'environnement*, le 12 novembre 1996, WT/CTE/1.
- Comité du commerce et du développement, *Communauté de l'Afrique de l'Est – Communication des Parties du 11 octobre 2000*, WT/COMTD/25.
- Comité du commerce et du développement, *Notification d'un accord commercial régional – Notification de l'adhésion de la République du Rwanda et de la République du Burundi au Protocole instituant l'Union douanière de l'Afrique de l'Est – Addendum du 15 octobre 2012*, WT/COMTD/N/14/add.2.
- Conseil général, *Compte rendu de la réunion tenue au Centre William Rappard le 22 novembre 2000*, WT/GC/M/66.
- OMC, *Rapport annuel de 2014*, disponible sur: http://wto.org/french/res_f/booksp_f/anrep_f/anrep14_f.pdf (consulté le 2 juin 2014).
- OMC, *Statistiques du commerce international 2013*, disponible sur : https://www.wto.org/french/res_f/statis_f/its2013_f/its13_highlights1_f.pdf (url consultée le 10 novembre 2013).
- OMC, *Trois organisations collaborent pour aider les pays en développement à gérer les différends commerciaux*, Communiqué de presse du 3 mai 2012, disponible sur : http://www.wto.org/french/news_f/pres12_f/pr661_f.htm (url consultée le 10 juillet 2013).

4. Documents relatifs à certains différends

- Australia, *Argentina – Measures affecting the importation of Goods (WT/DS438, WT/DS444, WT/DS445) – Third Party written submission of Australia*, disponible sur : http://www.dfat.gov.au/trade/negotiations/disputes/DS438-DS444-DS445-australia-third-party-written-submission.html (url consultée le 10 février 2014).
- Australia, *China – Mesures affecting Trading rights and distribution services for certain publications and audiovisual entertainment products DS363 – Australian Responses to Panel Questions to Third Parties*, Geneva, 11 August 2008, disponible sur : http://dfat.gov.au/international-relations/international-organisations/wto/wto-dispute-settlement/Pages/china-measures-affecting-trading-rights-and-distribution-services-for-certain-publications-and-audiovisual-entertainment-pr.aspx (url consultée le 10 octobre 2014).
- *Canada – Mesures visant l'importation de lait et l'exportation de produits laitiers*, Notification de la solution convenue d'un commun accord, le 15 mai 2003 WT/DS103/33.

- *Chine – Mesures relatives à l'exportation de diverses matières premières,* Rapport de situation de la Chine du 07 décembre 2012, WT/DS394/19, WT/DS395/18 & WT/DS398/17; Rapport de situation de la Chine – Addendum du 18 janvier 2013, WT/DS394/19/Add.1, WT/DS395/18/Add.1 & WT/DS398/17/Add.1.
- *États-Unis – Mesures affectant les textiles et les vêtements (II),* Notification de la solution convenue d'un commun accord, le 31 juillet 2000, WT/DS151/10.
- United States, *Answers of the United States to Questions by the Panel in Chile – Price Band System and Safeguard Measures Relating to Certain Agricultural Products,* October 4, 2001, disponible sur : http://www.ustr.gov/webfm_send/53 (url consultée le 2 avril 2013).
- United States, *Answers of the United States to the Panel's Questions to the third parties in Brazil – Measures affecting Imports of Retreaded Tyres (WT/DS332),* July 21, 2006, disponible sur : http://www.ustr.gov/webfm_send/47 (url consultée le 2 avril 2013).
- United States, *Responses of the United States to questons from the Panel and Australia in Australia – Measures affecting the Importation of Apples from New Zealand (WT/DS367),* September 23, 2008, disponible sur : http://www.ustr.gov/webfm_send/42 (url consultée le 3 avril 2013).
- United States, *Third party Submission of the United States of America in Australia – Mesures affecting the importation of apples from New Zealand,* August 1, 2008, disponible sur : http://www.ustr.gov/webfm_send/43 (url consultée le 3 avril 2013).
- *États-Unis – Subventions concernant le coton upland,* Notification d'une solution convenue d'un commun accord du 23 octobre 2014, WT/DS267/46.

V. Jurisprudence et documents émanant d'autres juridictions internationales

A. Jurisprudence et documents émanant de la CIJ et de la CPIJ

- Cour permanente de justice internationale – Comité consultatif de juristes, *Procès-verbaux des séances du Comité,* 16 juin-24 juillet 1920.
- *Haya de la Torre (Colombie c/ Pérou),* Arrêt du 13 juin 1951, C.I.J. Recueil 1951, p. 71.
- *Sud-Ouest africain,* deuxième phase, Arrêt, C.I.J. Recueil 1966, p. 6.

- *Barcelona Traction, Light and Power Company Limited (Belgique c. Espagne)*, Deuxième phase, Arrêt du 5 février 1970, C.I.J. Recueil 1970, p. 3.
- CIJ Mémoires, *Essais nucléaires*, vol. I, pp. 149-159, et vol. II, pp. 89-94.
- *Plateau continental (Tunisie/Jamahiriya arabe libyenne)*, Requête à fin d'intervention, Arrêt, C.I.J. Recueil 1981, p. 3.
- *Plateau continental (Jamahiriya arabe libyenne/Malte)*, Requête à fin d'intervention, Arrêt, C.I.J. Recueil 1984, p. 3.
- *Différend frontalier terrestre, insulaire et maritime (El Salvador/Honduras)*, Requête à fin d'intervention du Nicaragua, Arrêt, C.I.J. Recueil 1990, p. 92.
- *Différend frontalier terrestre, insulaire et maritime (El Salvador/Honduras, Nicaragua (intervenant)*, Arrêt du 11 septembre 1992, C.I.J. Recueil 1992, p. 351.
- *Timor oriental (Portugal c. Australie)*, Arrêt, C.I.J. Recueil 1995, p. 105.
- *Frontière terrestre et maritime entre le Cameroun et le Nigéria*, Exceptions préliminaires, Arrêt, C.I.J. Recueil 1998, p. 275.
- *Frontière terrestre et maritime entre le Cameroun et le Nigéria*, Requête à fin d'intervention, ordonnance du 21 octobre 1999, C.I.J. Recueil 1999, p. 1029.
- *Différend territorial et maritime (Nicaragua c. Colombie)*, Requête à fin d'intervention du Honduras, Arrêt du 4 mai 2011, *C.I.J. Recueil 2011*, p. 348.
- *Immunités juridictionnelles de l'État (Allemagne c. Italie)*, Requête à fin d'intervention, ordonnance du 4 juillet 2011, C.I.J. Recueil 2011, p. 494.
- *Immunités juridictionnelles de l'État (Allemagne c. Italie)*, Arrêt, C.I.J. Recueil 2012, p. 107.
- HABSCHEID W. J., « Les conditions de l'intervention volontaire dans un procès civil. Étude de théorie générale de la procédure et de droit comparé en vue de l'interprétation de l'article 62 du Statut de la Cour internationale de Justice », *in* CIJ Mémoires, *Plateau continental (Tunisie/Jamahiriya arabe libyenne)*, vol. III, pp. 459-484.

B. Jurisprudence de la Cour de justice de l'Union européenne

- *Alexopoulou/Commission*, affaire C-155/98 P-I, Ordonnance du Président de la Cour du 23 juillet 1998, Recueil de la jurisprudence, 1998.I, p. 4948 et s.

- *Amylum et autres c. Conseil et Commission,* Affaires jointes 116 et 143/77, Ordonnance de la Cour du 12 avril 1978, Recueil de jurisprudence, 1978, p. 893 et s.
- *Belgique c. Vloeberghs et Haute autorité,* Affaires jointes 9 et 12/60, Arrêt de la Cour du 12 juillet 1962, Recueil de jurisprudence 1962, p. 335 et s.
- *Biogen c. Smithkline Beecham Biologicals,* C-181/95, Ordonnance du Président de la Cour du 26 février 1996, Recueil de la jurisprudence, 1996.I, p. 717 et s.
- *Breedband et Aciéries du Temple / Haute Autorité,* Affaires jointes C-42/59 et C-49/59, Tierce opposition, Recueil de la jurisprudence 1962, p. 145 et s.
- *British Coal/Commission,* Affaire T-367/94, Ordonnance du président de la troisième chambre du Tribunal de première instance du 24 mars 1997, Recueil de la jurisprudence, 1997.II, pp. 477 et s.
- *CAS Succhi di Frutta/Commission,* Affaire T-191/96, Ordonnance du Tribunal de première instance (deuxième chambre) du 20 mars 1998, Recueil de la jurisprudence 1998.II, pp. 583 et s.
- *CIRFS e.a. /Commission,* C-313/90, Arrêt de la Cour (cinquième chambre) du 24 mars 1993, Recueil de la jurisprudence, 1993.I, p. 1183 et s.
- *Commission c. République française,* n° 167/73, Arrêt du 4 avril 1974, Recueil de la jurisprudence 1974, p. 359 et s.
- *Commission des Communautés européennes c. République française,* C-232/78, Arrêt de la Cour du 25 septembre 1979, *Recueil de la jurisprudence,* 1979, p. 2729 et s.
- *Commission des Communautés européennes c. Royaume-Uni de Grande-Bretagne et d'Irlande du Nord,* C-231/78, Arrêt de la Cour du 29 mars 1979, *Recueil de la jurisprudence,* 1979, p. 1447 et s.
- *Confédération nationale des producteurs de fruits et légumes et autres c. Conseil de la Communauté économique européenne,* Affaires jointes 16/62 et 17/62, Ordonnance de la Cour du 24 octobre 1962, Recueil de la jurisprudence, 1962, p. 940 et s.
- *Contamination radioactive des denrées alimentaires (Parlement c. Conseil),* C. 70/88, Conclusions de l'avocat général M. Walter Van Gerven, présentées le 26 juin 1991, Recueil de la jurisprudence, 1991.I, p. 4544 et s.
- *Matra / Commission,* C-225/91, Arrêt de la Cour du 15 juin 1993, *Recueil de la jurisprudence,* 1993, I-pp.3253-3254.

- *National Power et PowerGen/Bristish Coal et Commission,* Affaires jointes C-151/97 P(1) et C-157/97 P(I), Ordonnance de la CJCE du 17 juin 1997, Recueil de la jurisprudence, 1997.I, p. 3491 et s.

- *Roquette c. Conseil,* Affaire 138/79, Arrêt de la Cour du 29 octobre 1980, Recueil de jurisprudence, 1980, p. 3333 et s.

VI. Autres documents et sites web

- Décision 04/2014/QD-TTg du 14 janvier 2014 du Premier ministre vietnamien sur la promulgation du mécanisme de coordination dans le règlement des différends liés à l'investissement international, sur : http://vietlaw.gov.vn/LAWNET/docView.do?docid=27736&type=html&search Type=fulltextsearch&searchText= (url consultée le 15 décembre 2015).

- Décision 123/QD-TTg du 18 janvier 2010 du Premier ministre vietnamien sur l'approbation du projet « Développement d'avocats au service de l'intégration économique international de 2010 à 2020 », disponible en vietnamien sur : http://www.chinhphu.vn/portal/page/portal/chinh phu/hethongvanban?class_id=1&mode=detail&document_id=92825 (url consultée le 15 décembre 2013).

- Décret 189/2007/ND-CP du 27 décembre 2007 du gouvernement vietnamien sur la réglementation des fonctions, tâches, pouvoirs et structure organisationnelle du Ministère de l'industrie et du commerce, disponible en vietnamien sur : http://vanban.chinhphu.vn/portal/page/portal/chi nhphu/hethongvanban?class_id=1&_page=1&mode=detail&document_id=53799 (url consultée le 15 décembre 2014).

- http://antidumping.vn/page/cases/anti-dumping/Viet-Nam (url consultée le 5 janvier 2015).

- http://www.acwl.ch/e/members/developing_countries.html (url consultée le 15 décembre 2014).

- Vietnam Competition Authority, *2013 Annual Report,* 2013, p. 52, disponible sur : http://vca.gov.vn/uploads/file/2014/04_08/Annual%20Report(1).pdf (url consultée le 15 décembre 2014).

INDEX

A

B

C

D

E

F

G

H

I

J

L

M

O

P

R

S

T

U

V

TABLE DES MATIÈRES

L'HARMATTAN ITALIA
Via Degli Artisti 15; 10124 Torino
harmattan.italia@gmail.com

L'HARMATTAN HONGRIE
Könyvesbolt ; Kossuth L. u. 14-16
1053 Budapest

L'HARMATTAN KINSHASA
185, avenue Nyangwe
Commune de Lingwala
Kinshasa, R.D. Congo
(00243) 998697603 ou (00243) 999229662

L'HARMATTAN CONGO
67, av. E. P. Lumumba
Bât. – Congo Pharmacie (Bib. Nat.)
BP2874 Brazzaville
harmattan.congo@yahoo.fr

L'HARMATTAN GUINÉE
Almamya Rue KA 028, en face
du restaurant Le Cèdre
OKB agency BP 3470 Conakry
(00224) 657 20 85 08 / 664 28 91 96
harmattanguinee@yahoo.fr

L'HARMATTAN MALI
Rue 73, Porte 536, Niamakoro,
Cité Unicef, Bamako
Tél. 00 (223) 20205724 / +(223) 76378082
poudiougopaul@yahoo.fr
pp.harmattan@gmail.com

L'HARMATTAN CAMEROUN
BP 11486
Face à la SNI, immeuble Don Bosco
Yaoundé
(00237) 99 76 61 66
harmattancam@yahoo.fr

L'HARMATTAN CÔTE D'IVOIRE
Résidence Karl / cité des arts
Abidjan-Cocody 03 BP 1588 Abidjan 03
(00225) 05 77 87 31
etien_nda@yahoo.fr

L'HARMATTAN BURKINA
Penou Achille Some
Ouagadougou
(+226) 70 26 88 27

L'HARMATTAN SÉNÉGAL
10 VDN en face Mermoz, après le pont de Fann
BP 45034 Dakar Fann
33 825 98 58 / 33 860 9858
senharmattan@gmail.com / senlibraire@gmail.com
www.harmattansenegal.com

L'HARMATTAN BÉNIN
ISOR-BENIN
01 BP 359 COTONOU-RP
Quartier Gbèdjromèdé,
Rue Agbélenco, Lot 1247 I
Tél : 00 229 21 32 53 79
christian_dablaka123@yahoo.fr

Achevé d'imprimer par Corlet Numérique - 14110 Condé-sur-Noireau
N° d'Imprimeur : 133030 - Dépôt légal : octobre 2016 - *Imprimé en France*

www.ingramcontent.com/pod-product-compliance
Lightning Source LLC
LaVergne TN
LVHW021447121026
849957LV00027B/283
* 9 7 8 2 3 4 3 1 0 4 8 3 6 *